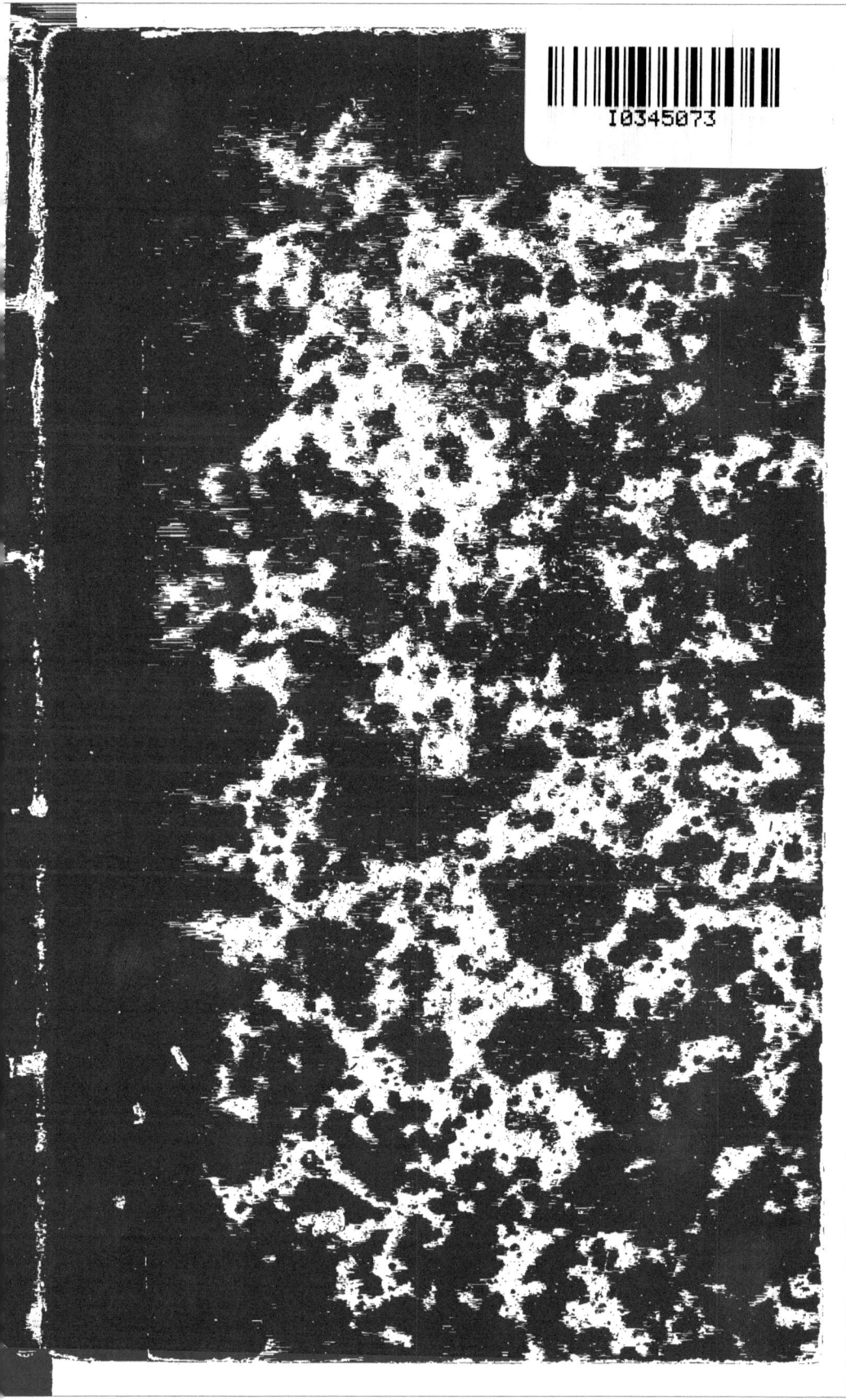

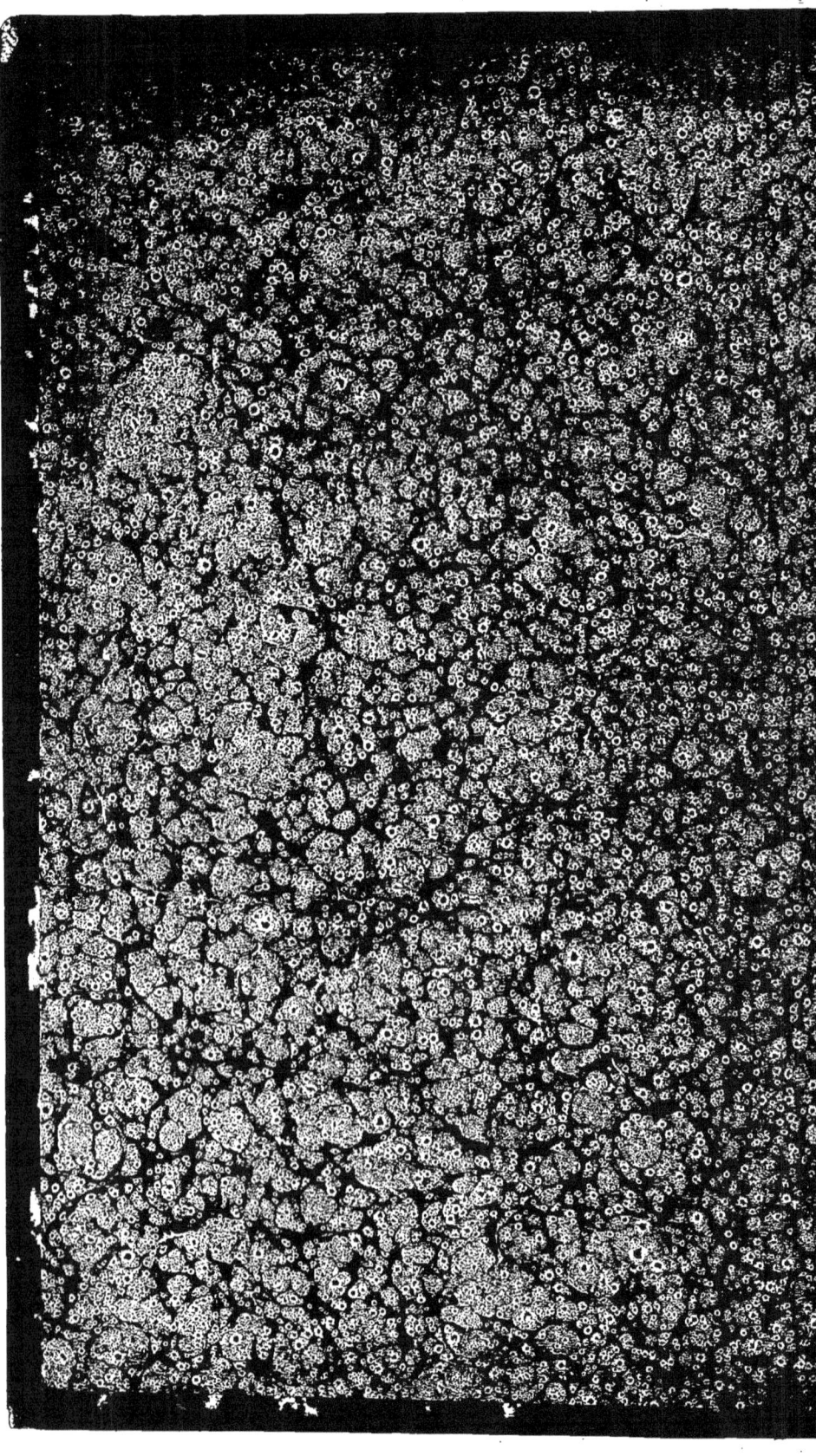

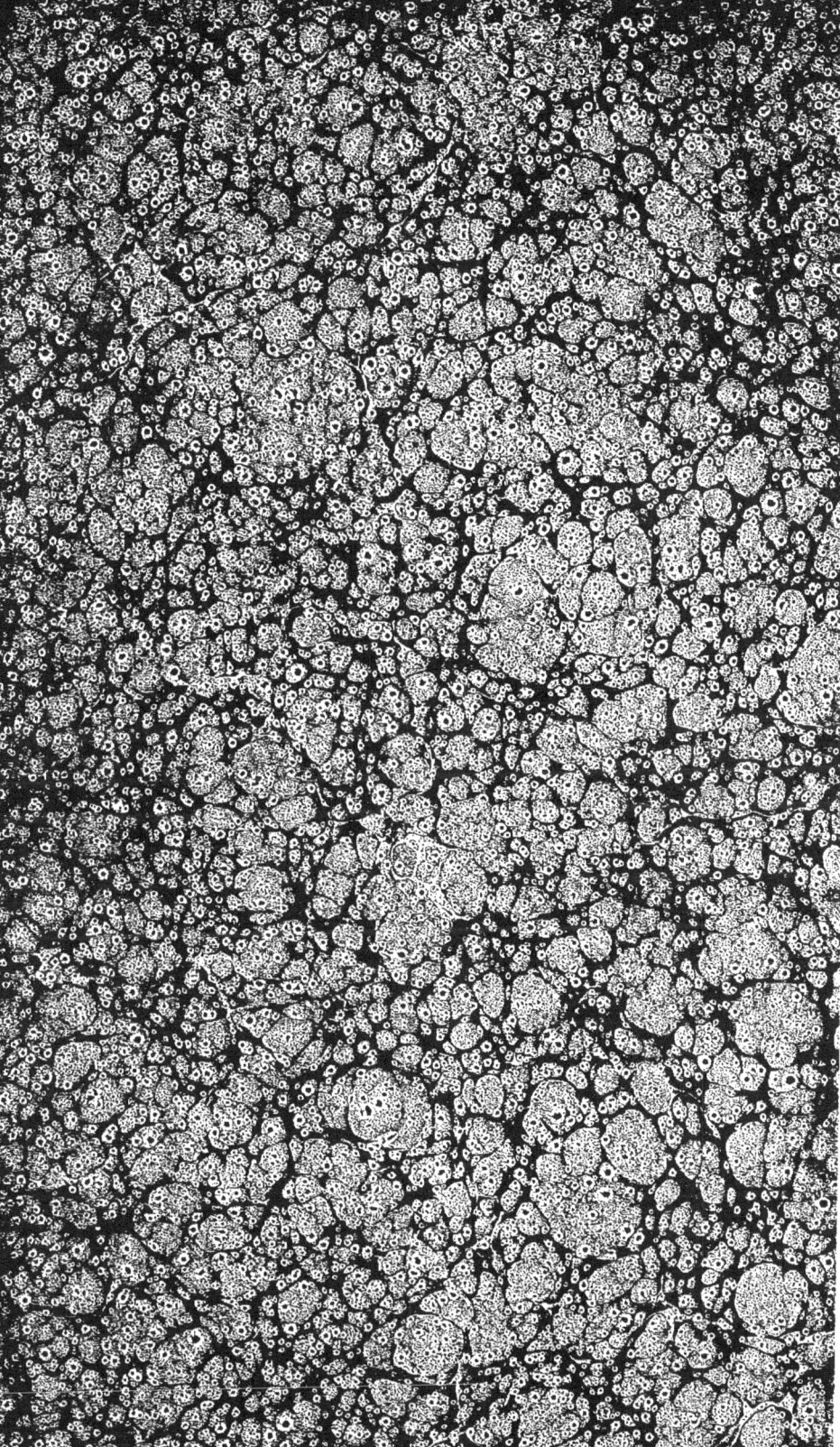

X 3844
14. V⸗
V ©

32720

LE CUISINIER

MODERNE.

PARIS. — IMPRIMERIE DE CASIMIR,
rue de la Vieille-Monnaie, n° 12.

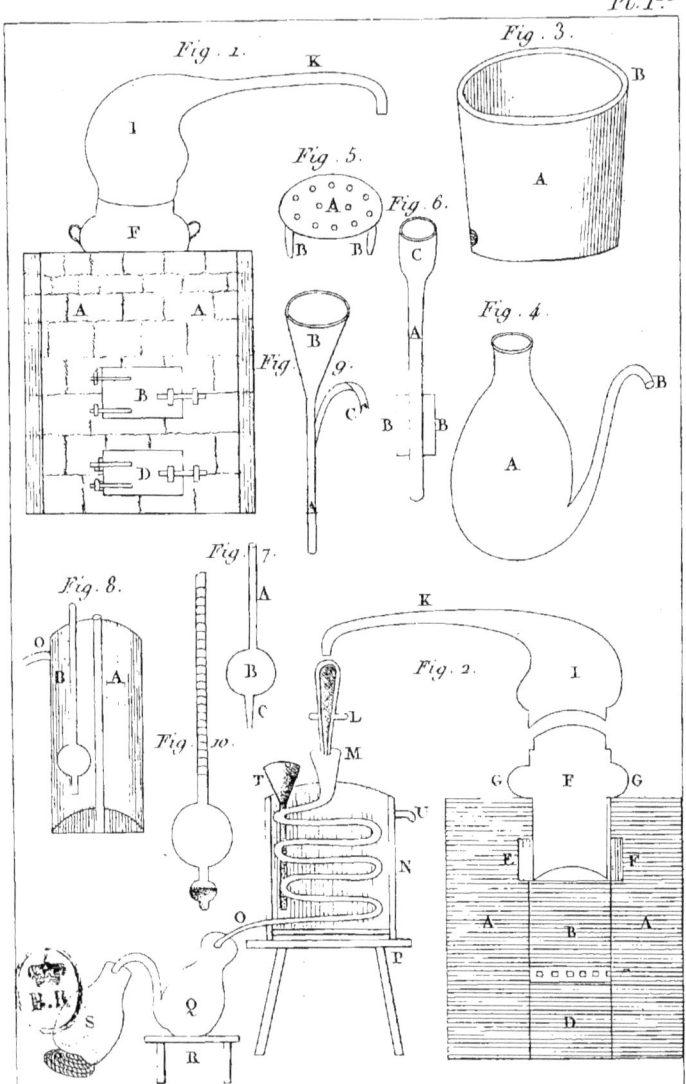

Pl. 1.ʳᵉ

LE CUISINIER

MODERNE,

Mis à la portée de tout le monde,

ou

TRAITÉ

DES SUBSTANCES ALIMENTAIRES,

Contenant :

PREMIÈRE PARTIE,

L'Art de faire la *Cuisine*, la *Pâtisserie*, les Crêmes, les Gelées, les Compotes, des Procédés pour la conservation des Viandes, des OEufs, Beurre, Lait, Bouillon, Légumes, etc. ;

DEUXIÈME PARTIE,

Toutes les Préparations de l'OFFICE et toutes celles dépendantes des Arts du Distillateur et du Confiseur, qui peuvent s'exécuter facilement dans l'économie domestique.

AVEC SIX PLANCHES.

PAR BOREL, CHEF DE CUISINE.

A PARIS,

CHEZ CORBET AINÉ, LIBRAIRE,

QUAI DES AUGUSTINS, N° 61.

1836.

HORS-D'OEUVRE.

« La fin de nostre agriculture est d'estre nourri
« et entretenu des biens que, par elle, Dieu nous
« donne, desquels l'usage est d'autant plus agréable
« à l'homme, que mieux il reconnaît la bonté du
« père céleste au soin qu'il a de lui fournir ses né-
« cessités, ains de délices, autant qu'il en est requis
« pour se maintenir et conserver en bon estat. C'est
« où se rapportent toutes sortes de négoces que d'a-
« voir de quoi manger, boire, se vestir, se loger, se ré-
« jouir : mais plus particulièrement à l'agriculture,
« de laquelle sortent immédiatement les divers ali-
« mens servans à ces choses. Or, puisque par soi-
« gneuse et pénible culture nous tirons de la terre
« ces riches thrésors-là, par nécessaire conséquence
« nous nous devons instruire du moyen équitable
« de les employer à la gloire de Dieu, pour user et
« non abuser de ses biens. Et encores que tout le
« monde se serve du rapport de la terre, si est-ce
« qu'avec raison, peuvent être donnés et reçus, sur
« telle matière, des salutaires advis, d'autant plus
« reçerchables que mieux chacun désire s'accom-
« moder chez soi. »

Je transcris cette espèce d'introduction, qu'Olivier de Serres a placée au commencement du *huitième lieu de son Théâtre d'agriculture*, pour légitimer, auprès de certaines personnes, l'introduction d'un ouvrage de *cuisine* dans un cours d'agronomie.

A la vérité Olivier de Serres s'est borné à donner des recettes pour la conservation des diverses substances alimentaires et pour faire des confitures, des vins artificiels et des liqueurs; mais il entrait dans son plan de traiter spécialement de la *cuisine*, et s'il ne l'a pas fait, c'est que le temps lui a manqué.

« J'avoy délibéré, dit-il, d'adjouter ici l'appareil
« journalier des vivres, mais mon peu de loisir me
« contraint d'en renvoyer le discours en autre sai-
« son, pour lors monstrer à nostre mère de famille
« *ceste partie de cuisine tant requise à l'ornement de*
« *sa maison*, afin de la délivrer du souci d'envoyer
« à la ville chercher des cuisiniers pour les banquets
« et autres légitimes occurrences. »

Dix-huit siècles avant Olivier de Serres, Caton le Censeur, l'un des plus grands hommes de la république romaine, avait inséré dans son *Économie rurale* les recettes de plusieurs préparations alimentaires usitées de son temps.

Ces illustres agronomes avaient pensé, avec infiniment de raison, que ce n'était pas assez de donner aux agriculteurs de sages préceptes sur les moyens d'obtenir en abondance les substances alimentaires qui sont l'objet de tous leurs travaux, mais qu'il fallait leur enseigner encore à en jouir de la manière la plus agréable et la plus saine.

C'est qu'en effet l'art de préparer les alimens est d'une importance beaucoup plus grande que ne paraissent le croire certaines gens qui, par une contradiction très-commune, attachent cependant le plus vif intérêt à jouir de ses produits.

C'est que cet art tend sans cesse à augmenter le nombre des substances alimentaires, en dépouillant les unes des saveurs désagréables dont elles sont naturellement imprégnées, et en donnant aux autres la sapidité dont elles sont dépourvues, sapidité qui est indispensable pour en rendre la digestion facile, ou, ce qui est la même chose, pour les rendre plus alimentaires, car il n'y a que ce qui se digère bien qui nourrisse.

C'est que la pratique de cet art exige des connaissances nombreuses et variées, qu'on rencontre rarement au même degré dans des professions que nos préjugés ont placées plus haut dans l'échelle sociale.

Ainsi, par exemple, la pharmacie, qui est classée parmi les professions savantes, n'exige pas des connaissances aussi étendues que celles qui sont indispensables pour la préparation des substances alimentaires.

Le pharmacien et le cuisinier doivent également diriger toutes leurs opérations par les principes de la chimie; tous deux doivent avoir étudié et bien connaître les propriétés d'une foule de substances.

Le pharmacien n'agit le plus souvent que sur des drogues simples, et par voie de simple mélange. Le commerce lui fournit, toutes préparées, la plupart des drogues composées.

Le cuisinier fait tout par lui-même; ce n'est que chez nos voisins d'outre-mer que les cuisines sont approvisionnées de jus et de sauces *officinales*. Dans les cuisines françaises toutes les préparations sont *magistrales;* le génie de l'artiste les improvise au moment du besoin.

Si la première partie des ordonnances du médecin s'adresse à la pharmacie, la seconde s'adresse à la cuisine, avec cette notable différence que le *modus faciendi* est toujours prescrit au pharmacien, tandis qu'on se borne à désigner la préparation qu'on attend du cuisinier, en s'en rapportant à son intelligence sur la manière d'opérer, et souvent, ce qui est plus capital, sur le choix des substances.

Si, par le résultat de cette double ordonnance, le malade guérit, on attribue la cure à la drogue du pharmacien; qui sait cependant si elle n'est pas due à la préparation du cuisinier? Que de gens se sont trouvés guéris en jetant la drogue par la fenêtre, et en la remplaçant par une aile de volaille cuite à point, ou par un bon consommé!

Raphaël aurait achevé son tableau de la *Transfiguration*, et ne serait pas mort à la fleur de l'âge, s'il avait eu plus de confiance dans son cuisinier que dans son médecin.

A ce propos, je me rappelle qu'un vieux docteur, qui avait eu tout le temps d'apprécier l'incertitude de la médecine, homme du reste rempli d'humanité et de franchise, me contait qu'allant un jour visiter une grande dame, la femme du suisse de l'hôtel avait réclamé ses soins pour son mari; il trouva le malade alité, et dans un état qui lui parut fort inquiétant, mais n'apercevant aucun symptôme caractéristique, il eut recours à la médecine expectante, et se borna à prescrire une pinte d'eau de riz. Le lendemain, il avança l'heure de sa visite pour avoir plus de temps à consacrer à son malade de la loge, qui, d'après ce qu'il avait vu la veille, lui donnait de l'inquiétude. Quel fut son étonnement de le voir dans la cour, vaquant à ses occupations habituelles. Le médecin l'examine, lui tâte le pouls, fait les questions d'usage; tous les symptômes morbides avaient disparu: le malade était complétement guéri sans convalescence. Qu'avez-vous donc fait, dit le médecin? — Monsieur, ce que vous avez prescrit. — Eh! qu'ai-je prescrit? — Monsieur, *une pinte d'eau-de-vie*. — Et vous l'avez bue? — Oui, monsieur, tout entière. Le vieux docteur ajoutait : Je crois en vérité que mon malade serait mort s'il avait exécuté mon ordonnance. C'était un suisse de Suisse.

Je reviens à mon sujet, si toutefois je m'en suis écarté.

Si le pharmacien doit apercevoir et réparer les erreurs, les incompatibilités chimiques et les dosages meurtriers qui échappent parfois à d'illustres docteurs, le cuisinier doit savoir éviter, ou du moins éluder, les associations bizarres que lui prescrit un maître ignorant.

Le pharmacien, les ordonnances sous les yeux, puise dans ses bocaux, pèse, triture et mélange : heureux le malade, si la drogue indiquée par l'étiquette du bocal est bien celle qui le remplit; le pharmacien ne la déguste pas : il la juge à l'œil; mais plusieurs autres ont la même apparence : s'il se trompe, c'est rarement lui qu'on accuse, c'est la maladie.

Qu'on compare à ce travail mécanique si facile, parce qu'il est sans responsabilité, la série d'opérations intellectuelles qui doivent se dérouler dans le cerveau d'un artiste chargé de composer, *ex abrupto*, un repas de cent couverts à trois services, qu'il exécutera le lendemain. Chez nos voisins et bons amis les Anglais, c'est là une opération fort simple; cinquante potages de tortue, cent poulets, cinquante plats de venaison et autant de rotsbifs, font toute l'affaire; les préparations pour chaque nature de mets sont toujours les mêmes : l'artiste n'a à surveiller que deux ou trois vastes marmites et une douzaine de broches. Le travail si important des sauces n'est pas de son ressort : il les prend chez l'épicier comme le poivre et le girofle.

Mais en France, une table de cent couverts doit être garnie à chaque service de soixante plats et autant de hors-d'œuvre, dont chacun ne peut être répété plus de deux ou trois fois : le nombre des préparations à diriger est donc très-grand, et la foule des substances employées est immense. Là, il n'y a ni ordonnance ni *codex* à consulter; le cuisinier doit tout tirer de sa tête, et suivre à la fois les opérations les plus disparates; il doit tout goûter et tout apprécier, car il répondra de tout; un seul plat manqué peut ternir la réputation la mieux établie.

Si la supériorité de l'art de la cuisine sur celui de la pharmacie pouvait être contestée, une épreuve, facile à faire, aurait bientôt levé tous les doutes. Qu'on place un cuisinier et un pharmacien également distingués, l'un dans une cuisine, et l'autre dans une pharmacie; le premier, aidé du *codex*, fera mieux une masse de pilules ou un électuaire, que le second n'exécutera un poulet à la Marengo ou une béchamelle, d'après les prescriptions des Fouret et des Caresme.

Il y a mieux, les savans qui composent la section de chimie de l'Institut, ont voulu quelquefois s'essayer en cuisine; mais presque toujours leur science s'est trouvée en défaut, et ils n'ont jamais pu s'élever à une grande hauteur : Fourcroi n'a donné qu'une théorie incomplète du pot au feu; celle du rôti, qui est due à M. le comte Chaptal, a peu satisfait les artistes; à la vérité, la manière d'assaisonner la salade, découverte par ce savant, a réuni plus de suffrages; et la recette pour faire la gelée de groseilles, qu'il a insérée dans sa *Chimie appliquée à l'Agriculture,* a obtenu l'assentiment général; mais ce sont de faibles compositions. M. Chevreul, qui a fait de si beaux travaux sur le beurre, les graisses et les huiles, n'a pas encore abordé la théorie des roux et des jus, qui jetterait un si grand jour sur les opérations culinaires les plus importantes. Le moyen proposé par M. le baron Thénard pour conserver le beurre frais, en le faisant fondre à une température peu élevée, n'a encore été mis en usage dans aucune cuisine accréditée. Enfin M. Gay-Lussac, qui a expliqué d'une manière si lumineuse comment les substances alimentaires sont conservées par le procédé du *Cuisinier Appert,* a échoué dans la recherche d'un autre mode.

Ces vains essais de tant de savans prouvent de nouveau ce qu'on savait déjà : qu'on peut être très-profond dans la théorie d'un art, et cependant le pratiquer fort mal ; aussi peut-on avancer, avec beaucoup de vraisemblance, que tous les membres de la section de chimie, individuellement ou en masse, ne parviendraient pas, sans un apprentissage assez long, à exécuter une matelote ou même un miroton : pas plus que les membres de la section de mécanique ne réussiraient, du premier jet, à poser un cordon de sonnette, de la place du président à la loge du portier.

Un art, auquel les savans illustres qui s'en sont occupés n'ont pu faire faire quelques progrès sensibles, n'est point assurément un art vulgaire; et les artistes qui le professent avec une distinction incontestée, ont bien le droit de se plaindre du superbe dédain qu'affectent pour eux les gens qui goûtent le plus leurs productions.

Si j'avais l'honneur d'être membre de l'Académie des Inscriptions et Belles-Lettres, je placerais ici une belle dissertation sur l'antiquité de l'art culinaire; c'est assurément le plus ancien de tous, si, comme le dit maître Rabelais, *messer Gaster* est le premier maître ès-arts du monde; aussi le trouvons-nous en honneur dans les temps les plus reculés. Les héros d'Homère immolent eux-mêmes les victimes; de jeunes guerriers en découpent les chairs, et en couvrent des dards qu'ils présentent à la flamme du foyer.

C'est là une cuisine de guerre qui ressemble beaucoup à celle des indigènes de l'Amérique du Nord, que nous qualifions de sauvages, quoiqu'ils se soient élevés, par les simples lumières de la nature, jusqu'à une préparation alimentaire qui serait accueillie avec faveur sur les meilleures tables de l'empire britannique. Je veux parler d'une bosse de bison à l'estoufade, telle qu'on sait la préparer, sans braisière et sans marmite, dans les vastes savanes qui s'étendent à l'ouest du Mississipi.

Plus tard, ce sont les prêtres qui immolent les victimes; c'est-à-dire qui remplissent les fonctions de bouchers, car toute tête de bétail était immolée en l'honneur des dieux : les prêtres s'en réservaient les meilleurs morceaux; ils brûlaient sur l'autel la graisse et les entrailles, dont on ne savait que faire; et celui qui avait présenté la victime, mangeait le reste avec sa famille et ses amis.

Les mêmes usages, avec les mêmes abus, s'étaient introduits chez les Hébreux. On voit, dans le chapitre du Ier livre *des Rois*, que certains prêtres ne se contentaient pas de la part légale qui leur était attribuée : voici le passage; je le cite d'autant plus volontiers qu'il semble indiquer que les prêtres avaient perfectionné la cuisine, et qu'ils se contentaient difficilement de celle du peuple.

« ℣ 12. Or, les enfans d'Héli (1) étaient des en-
« fans de Bélial qui ne connaissaient pas le Seigneur.

« ℣ 13. Ni le devoir des prêtres à l'égard du
« peuple, car, qui que ce soit qui eût immolé une
« victime, le serviteur du prêtre venait, pendant
« qu'on en faisait cuire la chair, et tenant à la main
« une fourchette à trois dents.

« ℣ 14. Il la mettait dans la *chaudière*, dans le *chau-*
« *dron*, dans la *marmite* ou dans le *pot*, et tout ce qu'il
« pouvait enlever avec la fourchette était pour le
« prêtre : il traitait ainsi tout le peuple qui venait
« à Silo.

« ℣ 15. Avant aussi qu'on fît brûler la graisse de
« l'hostie, le serviteur du prêtre venait, et disait à
« celui qui immolait : Donnez-moi de la chair, afin
« que je la fasse cuire pour le prêtre; car je ne re-
« cevrai pas de vous de chair cuite, j'en veux de
« la crue.

« ℣ 16. Celui qui immolait lui disait : Qu'on fasse
« auparavant brûler la graisse de l'hostie, selon la
« coutume, et après cela prenez de la chair autant
« que vous voudrez; mais le serviteur lui répon-
« dait : Non, vous en donnerez présentement, ou
« j'en prendrai de force. »

---

(1) C'était le grand-prêtre auprès duquel était élevé le jeune Samuel, consacré au Seigneur, et qui plus tard devint prophète, et coupa en morceaux, en présence de Saül et d'Israël, le roi Agag, qui était fort gras.

Ce passage est très-curieux, en ce qu'il prouve que le peuple d'Israël avait au moins quatre manières de préparer les viandes : cela résulte évidemment de la désignation faite, dans le verset 14, de quatre espèces de vases qui servaient à les faire cuire. Ces vases différaient entre eux suivant la nature des préparations auxquelles ils étaient destinés, mais leurs différences sont fort mal indiquées par les mots *chaudière, chaudron, marmite* et *pot*, qui, chez nous, se rapportent à des vases employés à peu près aux mêmes usages. Les traducteurs du texte sacré se sont évidemment mépris sur le sens des mots, méprise très-commune chez les érudits lorsqu'il s'agit d'arts qu'ils ne connaissent pas.

Les viandes étaient sans doute cuites en grosses pièces, ce qui explique l'usage de la fourchette à trois dents : elle aurait rapporté trop peu pour l'appétit des prêtres, que l'Écriture qualifie d'enfans de Bélial, si on l'avait plongée dans un ragoût : peut-être aussi est-ce pour se soustraire à cette exigeance que les ragoûts et les hachis ont été inventés.

La demande impérieuse d'une portion de chair crue indique que les prêtres connaissaient d'autres préparations que celles qui étaient en usage parmi le peuple : cette cuisine sacerdotale n'était sans doute pas sans mérite ; tout prêtre veut vivre de l'autel, et aime à en vivre confortablement.

Si le vieux proverbe, *tel maître, tel valet*, est exact, les prêtres de ce temps-là étaient peu polis, et le peuple d'Israël était fort endurant.

Il est remarquable que parmi les préparations culinaires qui étaient soumises à la fourchette du prêtre, il n'est nullement question de chairs rôties. C'est cependant le rôti qu'on trouve toujours à l'origine de l'art culinaire chez tous les peuples, à l'exception des habitans des îles de la mer Pacifique, qui paraissent avoir débuté par *l'estoufade*, particularité qui suffirait pour établir qu'ils appartiennent à une race distincte de toutes les autres.

Si l'usage du rôti s'était perdu sous le grand-prêtre Héli, il reparait avec éclat sous le roi David; ce prince, pour célébrer la dédicace du temple, immola 20,000 bœufs, « et il distribua à chacun en « particulier, tant aux hommes qu'aux femmes, « une portion de pain et un morceau de bœuf rôti, « avec de la farine frite à l'huile. (*Paralipomènes*, « liv. I, ch, xvi, ⅴ 3.) »

Les 20,000 bœufs furent mangés, ce qui prouve que les Hébreux, réunis à Jérusalem pour la dédicace, étaient en grand nombre et avaient bon appétit.

Que doit-on entendre par farine frite à l'huile? Les commentateurs, qui se sont escrimés sur cette question, ont vu dans la farine frite une espèce de pâtisserie, des crêpes ou des beignets. Pour un cuisinier, cette question ne peut présenter aucune difficulté: la farine frite à l'huile est un véritable *roux*, base fondamentale d'une sauce que l'on servait avec le rôti. Ainsi l'invention du roux remonte au moins jusqu'au roi David: si elle lui est due, il faut ajouter aux titres de gloire de ce grand prince celui d'avoir fait faire un pas immense à l'art culinaire.

On sait peu de chose sur la cuisine des Grecs: on ne peut la juger par les compositions bizarres de mets que les savans ont recueillies. Un peuple si ingénieux, si excellent appréciateur des productions de tous les arts libéraux, n'avait certainement pas une cuisine vulgaire. Celle des Romains est beaucoup mieux connue; il est facile d'en suivre les progrès:

simple et grossière pendant les premiers siècles de la république, elle ne commence à être professée avec distinction qu'après la destruction de Carthage; elle atteint son époque la plus brillante après la conquête de la Grèce et de l'Asie mineure; sous l'empire, elle se caractérise par les plus dégoûtantes profusions; l'irruption des Barbares la fait retourner à sa grossièreté primitive; mais au lieu de pourvoir aux besoins modérés de républicains dont la frugalité était la première vertu, elle doit assouvir les appétits gloutons des hordes que la faim avait précipitées du nord sur le midi de l'Europe.

Le système féodal, dont ces Barbares avaient apporté le germe avec eux, s'établit, et couvre de son vaste réseau toutes les contrées de l'Europe. Les populations sont divisées en deux parties; l'une, de beaucoup la plus nombreuse, doit travailler sans cesse pour nourrir ses oppresseurs, et ne manger que pour ne pas mourir de faim; ce sont les serfs ou vilains; d'eux sont sortis plus tard les cultivateurs libres, les commerçans et les industriels, gens qui ont conservé l'habitude du travail et la sobriété de leurs pères, partant toujours vilains; l'autre, chevauche, guerroie sans cesse et dévore : ce sont les chevaliers ou gentilshommes; d'eux sont sortis les seuls vrais nobles qu'il y ait dans le monde; ceux-ci n'ont plus la manie guerroyante de leurs pères, mais ils ont conservé le même appétit; si on leur donne, ils ne disent jamais : C'est assez; c'est d'eux qu'on a dit, *prendre, recevoir et demander*, c'est toute leur science.

Sous ce système, l'art de la cuisine redescend au point où il était dans les temps homériques; où il est encore chez les Sious et les Mingos.

Tout chef qui a des vivres trouve des guerriers qui les mangent, et qui, par reconnaissance, et pour avoir meilleur appétit le soir, guerroient et pillent pour son compte pendant toute la journée ; tant que les vivres abondent, les chevaliers sont nombreux autour de leur suzerain ; du reste ils n'exigent pas une chère très-délicate ; d'énormes pièces de bœuf, des moutons entiers, des quartiers de porc et de venaison, le vin du crû et de la paille fraîche font tous les frais de l'hospitalité qu'ils reçoivent ; récompense digne des services.

Dans les sept à huit premiers siècles qui suivirent l'invasion des Barbares, les possesseurs des grands fiefs n'avaient pas de meilleur emploi à faire de leurs revenus, qui consistaient en bétail, en grains, et autres produits du sol ; toute industrie était détruite ; un seul art, celui de fabriquer des armes, avait survécu ; des armures à toute épreuve étaient une nécessité ; des armures ornées de ciselures et d'incrustations grossières étaient, avec quelques étoffes que les Juifs apportaient à travers mille dangers, le seul luxe de ces temps barbares.

Mais après les croisades, ceux qui avaient échappé à leurs désastres rapportèrent dans leurs manoirs les goûts plus recherchés qu'ils avaient contractés au milieu des peuples de l'Orient, dont les uns, les Grecs, avaient conservé de nombreux vestiges de l'antique civilisation ; et les autres, les Sarrasins, avaient créé rapidement une civilisation qui, quoique toute récente, dépassait celle des Grecs.

Les tables furent couvertes de mets plus délicats ; les vins de l'Archipel remplacèrent les vins du crû ; quelques meubles commencèrent à se montrer dans les manoirs; les châtelains, leurs femmes et leurs filles, se vêtirent des riches étoffes que le commerce de l'Inde avait rendues communes en Égypte, en Syrie et à Constantinople.

Jusque-là, tout chef qui pouvait disposer dans l'année de deux cents bœufs, avec les autres accessoires alimentaires, avait pu entretenir autant d'hommes d'armes que deux cents bœufs pouvaient en nourrir : les peaux du bétail qu'on mangeait suffisaient alors pour payer les armes et le petit nombre d'autres objets que le chef était obligé d'acheter ; mais quand, par l'introduction du luxe, un seul vêtement fut payé par dix ou quinze paires de bœufs, quand il fallut en donner autant pour une pièce de vin grec, et plus encore pour les précieuses épices de l'Inde, qui étaient devenues un article de luxe obligé dans toutes les grandes cuisines, force fut aux seigneurs féodaux de restreindre le nombre de leurs hommes d'armes, par l'impossibilité où ils étaient de les entretenir comme auparavant : on disait alors : Pas de table, pas d'hommes d'armes, comme on a dit depuis : Pas d'argent, pas de Suisse.

On a attribué la destruction du régime féodal à la ruine de la plupart des feudataires engagés dans les croisades ; cela n'est pas exact : ce que les partans avaient perdu avait été recueilli ou envahi par ceux qui étaient restés, et notamment par les moines, gens tout aussi disposés à soutenir les abus de cet odieux système que leurs devanciers. C'est le goût du luxe, et surtout celui de la bonne chère, rapportés de la Terre-Sainte par les dévots guerriers qu'une ferveur épidémique y avait entraînés, qui ont sapé par la base ce monstrueux édifice.

Ces goûts exotiques se répandirent et se développèrent avec une rapidité extrême; l'art de la cuisine surtout fit des progrès immenses qui attestent le génie de ceux qui présidèrent à sa renaissance. Les noms de ces grands restaurateurs de l'art culinaire ne sont pas parvenus jusqu'à nous, mais quelques-unes des préparations qui leur sont dues ont traversé les siècles, et sont encore en usage. Cela seul suffirait pour leur donner des droits à notre reconnaissance, s'ils n'y avaient pas acquis un titre plus certain en préparant la chute de la féodalité qu'ont achevée leurs successeurs.

Nous voyons en effet dans l'histoire les guerres intestines s'éteindre partout, l'ordre renaître, l'industrie et le commerce se développer, la liberté des communes et le pouvoir monarchique s'établir sur des bases solides, en raison directe des progrès de l'art culinaire. Sous François Ier, cet art a déjà atteint un haut degré de perfection; tous les autres arts fleurissent; l'influence du premier de tous sur leurs progrès n'échappe pas à un homme de génie, et Rabelais proclame ce célèbre axiome : *messer Gaster est le premier maître ès-arts du monde.*

Après la mort tragique de Henri II, l'art décline sous ses faibles successeurs; aussi le royaume est-il en proie aux dissensions et aux ligues : les gens de guerre consomment grossièrement tous les vivres, et réduisent le reste de la population à faire maigre chère; c'est pendant cette époque désastreuse que les nobles factieux, ligués contre le meilleur des rois, essayèrent de nourrir les bons habitans de Paris de pain fabriqué avec les ossemens de leurs pères; triste cuisine assurément. Henri, de son côté, laissait entrer dans la ville miches de Gonesse, moutons de Beauvais, bœufs de Normandie et poulardes du Mans : l'issue d'une lutte ainsi engagée fut telle qu'elle devait être; le parti qui offrait la meilleure cuisine réunit tous les suffrages, à l'exception de ceux d'un très-petit nombre de gens tout-à-fait dépourvus d'appétit.

Je veux que chaque paysan puisse manger une poule au pot tous les dimanches, est non-seulement le vœu d'un bon cœur, mais une pensée profonde en politique. Lorsque le simple manouvrier peut manger cinquante-deux poules au pot par an, car on peut bien le dispenser du jeûne en carême, la cuisine est partout en honneur; et Henri, qui avait jeûné plus d'une fois, à son grand regret, car il était doué d'un appétit vigoureux, avait parfaitement apprécié l'influence de cet art sur la prospérité et la tranquillité des États. Henri n'eut pas le temps de voir l'accomplissement de son vœu : il périt, assassiné par un homme de la faction des jeûneurs. Le cardinal de Richelieu, en coupant les dernières têtes de l'hydre de la féodalité, prépara les vastes progrès de l'art culinaire, et la splendeur que les autres arts qui marchent à sa suite répandirent sur la première moitié du règne de Louis XIV. Cet illustre prince reconnut toute l'importance de la cuisine, et lui imprima le sceau de sa grandeur. Ses ordonnances, pour le service des cuisines royales, forment une véritable législation culinaire qui a reçu la sanction du temps; jusqu'à lui, les diverses préparations alimentaires s'exécutaient indifféremment par une seule classe d'artistes connus sous le nom de cuisiniers. Louis XIV sentit tout ce que ce système avait de vicieux, et il comprit très-bien que, pour faire faire à un art aussi compliqué tous les progrès dont il était susceptible, il fallait y introduire la division du travail, qui a tant d'influence sur la prospérité des fabriques, et honorer ceux qui le cultivent; peut-être cette idée lui avait-elle été suggérée par Colbert. Quoi qu'il en soit, il donna à tous les artistes culinaires le titre respectable *d'officiers*, et les divisa en plusieurs catégories, dont chacune reçut des attributions spéciales; ainsi il y eut des *officiers de bouche*, chargés exclusivement de toute la partie de la cuisine qui s'exécute dans des casseroles, des marmites, des braisières, des poissonnières, sur le gril ou au four; des *officiers de rôt*, chargés exclusivement des rôtis royaux; des *officiers verduriers*, préparateurs des salades, des bouquets garnis, etc.; des *officiers* proprement dits, qui sont restés en possession de faire toutes les préparations comprises sous l'expression générique d'*office*, c'est-à-dire les sucreries, les compotes, la pâtisserie fine ou petit four, les confitures, etc.; les *officiers du gobelet*, qui sont chargés du soin et de la préparation de tous les liquides, froids, glacés ou chauds, depuis l'eau de la fontaine de Ville-d'Avray, moins bonne mais moins vulgaire que celle de la Seine, jusqu'au vin de Sillery; des *officiers des en-cas*, chargés de pourvoir aux besoins imprévus, et de satisfaire les désirs pressans dans toutes les branches de l'art, etc., etc., etc.

A la tête de chaque catégorie fut placée une hiérarchie de dignitaires, dont le chef eut ses aides de camp ou *hâteurs*, pour porter partout ses ordres et accélérer le service; ces chefs ressortissant eux-mêmes d'un haut dignitaire, dont on peut dire: *Mens agitat molem.*

Sous un régime si bien ordonné, l'art alimentaire fit d'étonnans progrès, et aurait atteint, sous un seul règne, son plus haut point de perfection, si le grand roi avait fini comme il avait commencé; mais, pendant les dernières années de sa vie, ayant perdu l'appétit, il se livra aux gens qui prêchent l'abstinence sans l'observer eux-mêmes; et, entraîné par leurs perfides conseils, non-seulement il ne pensa plus à accomplir le vœu si paternel de son aïeul, mais il en vint jusqu'à se laisser persuader que tout ce qui était dans la possession de ses sujets était à lui. Il agit en conséquence de cette belle idée, et ceux qui exécutaient ses ordres lui en laissant ignorer, comme c'est l'usage, les funestes résultats, réduisirent la majeure partie des habitans à une si chétive pitance, qu'un grand nombre se firent soldats pour ne pas mourir de faim, sort qu'éprouvèrent beaucoup de vieillards, beaucoup de femmes et beaucoup d'enfans. Jamais la France n'avait eu si pauvre cuisine que pendant les douze premières années du dix-huitième siècle. Il y avait loin de là à la poule au pot du bon Henri.

La régence et le règne de Louis XV, sont des époques glorieuses pour l'art culinaire; les princes et les plus grands seigneurs n'en dédaignent pas la pratique : les Condé, les Conti, les Soubise, les Chevreuse, les Montmorency, les Périgord, les Coigni, les Villars, les Denesle, les Mailli, les Villeroi, et une foule d'autres véritables gentilshommes, tous nobles de nom et de race, inventent des mets distingués auxquels ils attachent leurs noms, comme sur une planche de salut qui les empêchera d'être engloutis par le torrent des âges. Le monarque lui-même ne reste pas étranger au mouvement qu'il a imprimé; il s'exerce dans l'office, et ce mot célèbre : *La France, ton café f... le camp*, attestera à jamais le noble usage qu'il faisait des loisirs que lui laissaient le tour, la chasse, la table, et le reste.

Malheureusement Louis XV crut qu'il suffirait à sa gloire de faire fleurir le premier des arts dans les cuisines royales, et dans celles des parasites de toute monarchie absolue. Le peuple, bien loin d'obtenir la poule au pot, depuis si long-temps promise, fut obligé de contribuer plus que jamais à l'approvisionnement des royales et nobles cuisines : cette faute grave de Louis, qui ne sera sans doute pas rappelée sur le monument qu'on lui élève si à propos dans l'allée des Veuves, fut ce qui contribua le plus à la révolution qui éclata sous son successeur.

Plus on étudiera l'histoire sous le rapport culinaire, plus on se convaincra que les grandes commotions soi-disant politiques qui changent la face des États, ont leur première cause dans la cuisine. Les uns, sous prétexte des services qu'ils rendent, et dont on les dispenserait volontiers, veulent remplir leurs immenses marmites aux dépens de toutes les autres : comme ces enfans de Bélial dont parle l'Écriture, ils plongent leur fourchette à trois dents dans la chaudière, dans le chaudron, dans la marmite et dans le pot ; rien ne leur échappe, tout ce que la fourchette rapporte est pour eux : non contents de cela, il leur faut encore de la chair crue pour l'accommoder à leur guise ; du reste nul souci pour ceux qui pourvoient aux besoins de leurs vastes appétits ; ils ne s'informent jamais si ces pauvres diables conservent quelque chose à mettre sous la dent.

Parmi les autres, un petit nombre, grâces à la modération de leurs désirs, ont un peu de superflu ; un plus grand nombre obtiennent à peu près le nécessaire par leur travail, mais tous ne se sont pas encore élevés jusqu'à la poule au pot : la grande masse, composée de quelques vingt-deux millions de têtes, n'a pas même le nécessaire; et l'existence d'un bon tiers de cette masse serait un problème insoluble pour la raison, si elle n'était pas un fait bien constaté.

Tous ces gens doivent contribuer à l'approvisionnement des grandes marmites, qui plus, qui moins, mais presque toujours en raison inverse des moyens, tous se prêtent cependant d'assez bonne grâce à cette exigence; mais comme on en conclut ordinairement qu'on ne leur a pas pris assez, et que l'année suivante on leur demande davantage, il arrive un moment où force est de s'arrêter, et même de rétrograder; car dans ce bas monde, où rien n'est en repos, qui n'avance pas recule.

J'aurais encore beaucoup de choses à dire sur ce sujet, j'avais même esquissé l'histoire de l'art depuis 1789 jusqu'au temps présent, et même un peu au-delà, mais le vieil aphorisme, *Il faut rester sur son appétit pour éviter les indigestions*, me revient en mémoire, et je m'arrête tout court.

TRAITÉ

DE LA PRÉPARATION

DES

SUBSTANCES ALIMENTAIRES.

ABAISSE, terme de pâtisserie; on nomme ainsi un morceau de pâte étendu avec le rouleau, dont on fait le fond d'un grand nombre de pâtisseries, et le dessus de quelques-unes.

On fait des abaisses de différentes pâtes, suivant l'usage auquel on les destine; pour la composition de ces pâtes, *voyez* Pâte.

ABATTIS. On nomme ainsi l'ensemble des diverses parties qu'on retranche d'une volaille destinée à être rôtie. La tête et le cou, les ailerons, les pattes, le gésier et le foie d'une volaille composent un abattis.

On prépare les abattis de différentes manières : la plus simple est de les faire cuire dans la marmite, pour les manger avec le bœuf bouilli. Voici quelques autres préparations.

Abattis en haricot. — Entrée. Faites roussir dans le beurre une demi-cuillerée de farine (*voyez* Roux), passez-y les abattis, et mouillez ensuite avec du bouillon; assaisonnez d'un bouquet garni, poivre et épices; pas de sel, parce que le bouillon est salé, et qu'il le deviendra davantage en se réduisant : faites cuire à grand feu, sauf à remettre du bouillon; quand les ailerons sont cuits aux trois quarts, faites un roux sucré (*voyez* Roux), et passez-y des navets jusqu'à ce qu'ils aient pris une belle couleur; versez le tout sur les abattis, et laissez achever la cuisson; dégraissez.

On peut substituer des marrons aux navets, ou mettre moitié des uns et des autres.

Abattis en matelote. — *Entrée.* Passez les abattis dans un roux, mouillez avec moitié vin et moitié bouillon; ajoutez un bouquet garni, sel, poivre, une pointe d'ail; faites cuire à grand feu; quand les abattis sont cuits à moitié, mettez dans le ragoût de petits ognons passés au beurre, et des champignons sur la fin; ajoutez une demi-cuillerée de câpres, et mettez au fond du plat, dans lequel vous servez, quelques morceaux de pain rôti, ou, ce qui est préférable, des croûtons passés au beurre.

Abattis en fricassée de poulets. — *Entrée.* Faites-les blanchir après les avoir épluchés, et faites comme il est prescrit pour la fricassée de poulets. (*Voyez* ce mot.)

Voyez aussi Ailerons.

ABLETTE, très-petit poisson d'eau douce, plat et couvert d'écailles d'un blanc nacré. Sa chair est fade : on ne le mange qu'en friture.

ABRICOT. Il y en a un grand nombre d'espèces : les meilleurs à manger crus sont, l'abricot-pêche, dont la chair est très-fondante, et l'alberge, qui est assez rare dans beaucoup de contrées. (*Voyez* Compote.)

ACIDE ACÉTIQUE. C'est le nom qu'on donne au vinaigre lorsqu'il a été distillé : le vinaigre est séparé par la distillation d'une substance extractive qui diminuait l'énergie de son action et la rendait plus supportable à l'estomac. On doit donc éviter de faire un usage habituel du vinaigre distillé. Tel est celui qu'on obtient par la carbonisation du bois en vase clos. Presque tous les vinaigres du commerce en sont mélangés.

Une autre falsification du vinaigre, qui est très-commune dans le commerce, consiste à y ajouter de l'acide sulfurique, dont une très-petite quantité suffit pour lui donner une grande force. Il y a des moyens assez simples de reconnaître cette falsification : je ne les indiquerai pas, parce que je suis très-convaincu qu'on n'en fera pas usage ; je préfère donner les moyens de faire, sans beaucoup d'embarras et presque sans frais, d'excellent vinaigre ; c'est, après tout, l'expédient le plus facile pour se soustraire aux falsifications que je viens de signaler. (*Voyez* Vinaigre.)

AGNEAU. La chair de l'agneau très-jeune est visqueuse ; et, comme elle est cependant imprégnée de graisse, elle se digère difficilement. Lorsque l'agneau a deux mois et plus, sa chair a perdu presque toute sa viscosité, et elle se rapproche beaucoup, par ses propriétés diététiques, de celle des volailles blanches. On mange presque toutes les parties de l'agneau.

La tête, les pieds, le foie, le cœur, le mou ou poumon, composent ce qu'on appelle une *issue*.

Têtes d'agneau. — *Entrée*. Prenez deux têtes dont le collet ne soit pas séparé ; ôtez-en les mâchoires et le museau, et, après les avoir fait blanchir, mettez-les dans une petite marmite, avec du bouillon, deux verres de vin blanc, la moitié d'un citron coupé en tranches, la peau ôtée, ou du verjus en grains ; plus un bouquet garni, sel, poivre, et quelques racines. Couvrez les têtes de bardes de lard ; quand elles seront cuites, servez-les pour entrée avec une sauce piquante.

Autre façon. — *Entrée*. Faites cuire, comme ci-dessus, mais sans vin. Faites cuire à petit feu ; quand les têtes sont cuites, découvrez les cervelles. Dressez les têtes dans un plat avec une sauce à la ravigote ou à la poivrade (*voy.* ces mots) ; ou bien prenez le fond de la cuisson, passez-le au tamis ; épaississez, s'il est nécessaire, avec un morceau de beurre manié de farine :

ajoutez une liaison de jaunes d'œuf et une pincée de persil haché ; versez sur les têtes.

Au lieu d'une sauce, on peut employer un salpicon, un ragoût de crêtes, etc. (*Voy*. ces mots.)

Issue d'agneau. — *Entrée* ou *hors d'œuvre*. Otez les mâchoires et le museau de la tête ; faites dégorger dans l'eau avec le reste de l'issue coupé par morceaux ; faites blanchir, et ensuite faites cuire à petit feu, avec du bouillon, un peu de beurre, un bouquet garni, sel et poivre. Quand tout est cuit, faites une liaison avec trois jaunes d'œuf délayés avec un peu de lait : ajoutez un filet de verjus ; faites lier la sauce sans bouillir. Dressez la tête dans le plat, la cervelle découverte, le restant de l'issue autour ; versez la sauce par-dessus.

Pieds d'agneau. — *Entrée*. Après les avoir échaudés, on les fait cuire jusqu'à ce qu'ils soient mollets. On enlève l'os du milieu, et on les farcit avec rouelle de veau, petit lard, moelle de bœuf, le tout haché, sel et poivre. On les trempe ensuite dans de l'œuf battu ; on les couvre de mie de pain et on les fait frire. On les sert avec une garniture de persil frit.

Riz d'agneau au blanc. — *Entrée*. Faites blanchir les riz d'agneau ; passez-les au beurre, avec des champignons et un bouquet garni ; mouillez avec du bouillon. Quand ils sont cuits, liez la sauce avec une liaison de jaunes d'œuf et de crême : ajoutez un jus de citron.

Riz d'agneau frits. — *Rôt* ou *entrée*. Faites mariner les riz, préalablement dégorgés et blanchis avec le jus de deux citrons ; farinez-les ensuite, et faites-les frire. Servez avec du persil frit.

Épaule d'agneau en ballon. — *Entrée*. Désossez complétement deux épaules d'agneau ; assaisonnez-les dans l'intérieur de sel, gros poivre et muscade râpée ; lardez la chair à l'extérieur avec des morceaux de truffes, ou, à défaut, avec des filets de champignon passés à l'huile ; renversez les deux épaules l'une sur l'autre ; rassemblez les chairs de manière à leur donner la forme d'une boule aplatie, et cousez-les par les bords avec du gros fil. Piquez l'une des épaules avec du lard fin ; formez, avec les lardons, un dessin régulier. Foncez une casserole avec des bardes de lard et quelques tranches ou des parures de veau ; placez le ballon au milieu : ajoutez quelques carottes et ognons, un panais, un bouquet garni, un verre de bouillon, autant de vin blanc, sel et poivre ; ajoutez aussi les épluchures des truffes que vous avez employées. Fermez la casserole avec le couvercle, luté de pâte, et faites cuire à petit feu : deux heures suffisent. Lorsque le ballon est cuit, ôtez-le ; enlevez les fils et dressez-le sur le plat.

Passez le fond de la cuisson après l'avoir dégraissé, faites-le réduire s'il est nécessaire, et versez sur le plat.

Poitrine d'agneau à la Sainte-Menehould. — *Entrée.* Mettez au fond d'une casserole des bardes de lard et quelques émincées de jambon, ou des parures de viande, et par-dessus, la poitrine entière après l'avoir parée ; ajoutez deux ou trois carottes et autant d'ognons, un bouquet garni, sel, poivre et deux clous de girofle ; mouillez avec une cuillerée à pot de bouillon, et faites cuire à très-petit feu ; quand elle sera cuite, enlevez les os des côtes, dorez avec du beurre tiède et panez partout ; faites griller à petit feu. Servez avec une sauce piquante.

Agneau rôti à l'anglaise. — *Rôt.* Piquez un quartier d'agneau (celui de devant est plus délicat) avec des lardons fins du côté de la peau, dorez l'autre côté avec du beurre tiède, et panez-le de mie de pain ; assaisonnez de sel, poivre et persil haché très-fin. Enveloppez le quartier dans une grande feuille de papier pour qu'il ne soit pas trop vivement saisi par le feu. Faites rôtir : lorsqu'il est cuit aux trois quarts, retirez-le du feu, et sans le débrocher, panez une seconde fois le côté qui n'est pas lardé, ne remettez pas l'enveloppe de papier, et approchez le quartier d'un feu vif pour lui faire prendre couleur. Servez avec un jus de citron, ou deux citrons sur une assiette.

Côtelettes d'agneau à la parmesane. — Entrée. Parez des côtelettes d'agneau, saucez-les dans du beurre tiède, et panez-les avec de la mie de pain et du fromage de Parme râpé. Battez deux œufs entiers, trempez-y les côtelettes et couvrez-les de nouveau de mie de pain et de fromage ; passez-les au beurre jusqu'à ce qu'elles soient cuites et de belle couleur. Servez à sec, ou avec une sauce tomate.

Blanquette d'agneau. — Entrée. Émincez un gigot ou toute autre partie d'agneau rôti ; passez des champignons coupés par quartiers dans du beurre, et lorsqu'il commence à tourner en huile, ajoutez plus ou moins de farine, suivant l'étendue de la blanquette ; tournez pour la mêler aux champignons, mouillez avec du jus blond de veau, ou à défaut avec du bouillon ; assaisonnez de sel, poivre, persil et ciboule non hachés, faites mijoter à petit feu pendant une demi-heure. Avant de servir ajoutez une liaison de jaunes d'œuf, mêlez-la bien pour qu'elle ne tourne pas. Un filet de jus de citron donne une saveur agréable à la blanquette.

Quartier d'agneau en fricandeau. — Entrée. Piquez-le par-dessus avec du petit lard, faites-le blanchir et mettez-le dans une casserole avec du bouillon et un bouquet garni. Quand il est cuit on retire la casserole pour dégraisser la sauce et la passer ; on la fait réduire presque entièrement et on y passe le fricandeau pour le glacer du côté du lard ; cela fait on le dresse sur le plat, on détache ce qui est au fond de la casserole en la mettant sur le feu avec du jus ou du bouillon ; on assaisonne convenablement, et on verse cette sauce sous le fricandeau. Pour glacer celui-ci on le frotte du côté du lard avec un peu de la glace qui est au fond de la casserole; on se sert pour cela du dos d'une cuillère.

Le fricandeau se sert aussi avec un ragoût d'épinards ou cuit à la braise (*voyez* ce mot) avec des cornichons.

AIL. Dans le centre et dans le nord de la France, on n'emploie guère l'ail que comme assaisonnement et avec beaucoup de modération; mais dans le midi on le mange en substance, soit cru, soit blanchi à l'eau et cuit ensuite dans divers ragoûts. L'ail est un stimulant très-actif qui facilite la digestion; il doit spécialement cette propriété à un principe âcre, très-volatil, qu'il contient. Ce principe est soluble dans l'eau; aussi l'ail perd-il de son activité par la cuisson et surtout par la décoction.

L'ail cru est un assaisonnement très-convenable pour les individus robustes qui vivent d'alimens grossiers et surtout de pain mal fermenté.

Cuit, après avoir été préalablement blanchi, son âcreté a presque entièrement disparu; il excite avec moins d'énergie, et les personnes qui n'ont pas l'estomac très-irritable s'en accommodent très-bien.

L'ail a la propriété vermifuge : on le donne aux enfans qui ont des vers, en infusion dans le lait ou dans le bouillon. Il paraît aussi exciter les systèmes muqueux et lymphatique, convenir pour débarrasser les poumons des matières glaireuses qui s'y accumulent quelquefois, et remédier à la cachexie pituiteuse.

L'ail est vulgairement regardé comme un préservatif des maladies pestilentielles, et si l'on fait attention aux circonstances les plus favorables au développement de ces maladies, on voit que cette opinion n'est pas dénuée de fondement : l'observation nous apprend que l'homme fait, qui jouit d'une santé vigoureuse et ne s'écarte pas des lois du régime, est beaucoup moins exposé à contracter ces maladies que l'homme faible et affaibli par des écarts dans le régime. On conçoit donc que les moyens qui augmentent l'activité de l'estomac et de tous les organes sont très-propres à diminuer la disposition aux maladies contagieuses ; l'ail peut donc être utile à cet égard, non, comme le croit le vulgaire, en neutralisant les miasmes contagieux, mais en excitant les tissus organiques, et les rendant par là moins susceptibles d'être pénétrés par ces miasmes.

Quelle que soit la partie du corps avec laquelle l'ail est mis en contact, son principe odorant passe en partie dans les voies de la circulation, et infecte la matière de la transpiration et les urines; le lait des vaches qui ont mangé des plantes alliacées est imprégné de l'odeur de ces végétaux.

AILERONS. Les ailerons forment la partie principale des abattis, dont, dans beaucoup de cas, on ne les sépare pas; mais il y a plusieurs préparations dans lesquelles les ailerons entrent seuls ; en voici quelques-unes.

Ailerons aux petits ognons et au fromage. — Entrée. Prenez six ou huit ailerons de dindons que vous ferez blanchir après les avoir échaudés pour en enlever tout le duvet : mettez-les dans une casserole avec un bouquet de persil, ciboules et clous de girofle, une feuille de laurier et un peu de basilic. Mouillez avec moitié vin blanc et moitié bouillon; faites cuire à petit feu ; une demi-heure après mettez-y au moins une douzaine de petits ognons blanchis un quart d'heure à l'eau bouillante, et bien épluchés ensuite ; assaisonnez-les de sel et épices mélangées ; achevez la cuisson et retirez les ailerons pour les égoutter ; passez la sauce au tamis et faites la réduire si elle est trop longue ; ajoutez-y gros comme une noix de beurre manié d'un peu de farine, faites lier sur le feu; mettez un peu de sauce au fond d'un plat et couvrez-la d'une demi-poignée de fromage de Parme ou de Gruyères râpé; arrangez dessus les ailerons, en y entremêlant les ognons; arrosez le tout avec le reste de la sauce; couvrez avec du fromage râpé; posez le plat sur un fourneau, et faites bouillir à petit feu jusqu'à ce qu'il n'y ait presque plus de sauce; faites prendre couleur au-dessus en posant sur le plat un couvercle de tourtière avec bon feu.

Ailerons à la purée. — *Entrée.* Faites-les cuire comme ci-dessus sans ajouter de petits ognons; quand ils sont cuits retirez-les et faites réduire presque entièrement la sauce; passez-y les ailerons pour les glacer.

Dressez les ailerons sur une purée de pois ou de lentilles (*voyez* Purée *et* Ragoût); détachez la glace qui est au fond de la casserole, en la posant sur le feu avec un peu de jus ou de bouillon; versez sur la purée.

Ailerons à la Sainte-Menehould. — *Entrée.* Faites-les cuire avec moitié bouillon et moitié vin blanc, un bouquet garni, gros poivre et muscade, pas de sel, le bouillon étant déjà salé; faites bouillir jusqu'à ce que la sauce s'attache aux ailerons; saucez-les dedans et laissez-les refroidir après les avoir retirés de la casserole; trempez-les dans l'huile et panez-les avec de la mie de pain; faites-les griller ou mettez-les sous le four de campagne pour leur faire prendre couleur; arrosez-les auparavant d'un peu d'huile. Servez avec un jus de citron.

Ailerons frits. — *Entrée.* Faites cuire des ailerons comme il est prescrit pour une fricassée de poulets; que la sauce soit courte et bien liée; laissez-les refroidir sur une assiette; quand ils sont froids, trempez-les dans leur sauce et panez-les, trempez-les ensuite dans l'œuf battu pour les paner une seconde fois; faites frire jusqu'à ce qu'ils soient bien blonds. Servez avec du persil frit.

ALCALI. Terme générique par lequel on désigne des

substances qui ont toutes une propriété commune, celle de se combiner avec les acides.

Deux de ces substances, la potasse et la soude, ou plus exactement les carbonates de potasse et de soude, sont quelquefois employées dans les cuisines.

Beaucoup de légumes verts et presque tous les légumes secs cuisent difficilement dans les eaux de puits et même de fontaine qui sont souvent chargées de principes terreux ; l'expérience a appris qu'en mettant dans ces eaux un nouet de cendres, la cuisson des légumes y devenait plus prompte et plus complète : c'est alors la potasse qui agit ; car toutes les cendres, et surtout celles de bois neuf, en contiennent une notable quantité.

La potasse agit dans ce cas en décomposant les sels terreux contenus dans l'eau, et qui étaient un obstacle à la cuisson. L'emploi du nouet de cendres est donc une bonne pratique ; mais elle a l'inconvénient d'introduire dans le liquide en ébullition une grande quantité de matière inutile, car la meilleure cendre ne contient pas le dixième de son poids de potasse.

Il est donc préférable d'employer le carbonate de potasse seul, ou mieux encore le carbonate de soude qui se trouve abondamment dans le commerce sous le nom de sel de soude. Deux grammes ou trente-six grains par litre suffisent pour les eaux les plus chargées de sels terreux.

ALE, espèce de bière. (*Voyez* Bière.)

ALICANTE (VIN D'). (*Voyez* Vins.)

ALISE, fruit de l'alisier : il est acerbe, et n'est propre qu'à faire des boissons économiques.

ALOSE. Poisson de mer qui pénètre souvent dans les embouchures des rivières. Il acquiert quelquefois la taille du saumon.

Alose grillée. — *Entrée.* On écaille l'alose et on

l'incise légèrement ; on la frotte de beurre avec un peu de sel, ou on la marine avec de l'huile, sel, poivre, persil, ciboule et muscade ; on la fait griller à petit feu ; si elle est très-grosse, on la met à la broche, où elle cuit plus également : dans ce cas, on l'arrose avec sa marinade. Quand elle est cuite, on la sert avec une sauce aux câpres, ou sur une purée d'oseille.

On la sert aussi avec une sauce faite avec du beurre, persil et ciboule hachés, sel, poivre et muscade ; on passe le tout à la casserole ; on lie la sauce avec le foie délayé, ou avec de la farine qu'on fait roussir, si on veut conserver le foie pour garniture.

Alose au court-bouillon. — *Entremet* ou *rôt*. Faites cuire l'alose avec du vin blanc, sel, poivre, un bouquet garni, clous de girofle, quelques tranches de citron et un morceau de beurre. Quand elle est cuite, servez à sec dans une serviette.

Filets d'alose. — *Entrée* ou *entremet*. Coupez en filets la chair d'une alose cuite ; mettez-les chauffer dans une bonne sauce ou ragoût à votre choix.

Ou bien trempez-les dans une pâte à frire un peu légère ; faites frire, et servez avec persil frit.

ALOUETTE. Les jeunes alouettes prises à l'automne, quand elles sont grasses et tendres, se mettent à la broche, après les avoir piquées de lard ou couvertes de bardes. On place des rôties dans la lèchefrite pour recevoir ce qui s'écoule. On sert sur les rôties.

Lorsqu'on fait rôtir les alouettes on ne les vide pas.

Salmi d'alouettes. — *Rôt*. On les fait cuire aux trois quarts à la broche ; ensuite on leur ôte la tête et ce qu'elles ont dans le corps : on jette le gésier ; on pile le surplus de ce qui a été retranché dans un mortier, en le délayant avec un peu de vin blanc et de bouillon ; on passe à l'étamine, et on fait chauffer les alouettes dans ce coulis ; en servant on ajoute des croûtons frits et une demi-cuillerée d'huile qu'on incorpore avec la sauce.

Alouettes en ragoût. — *Hors-d'œuvre.* Plumez, flambez et videz une douzaine d'alouettes; passez-les dans une casserole avec un morceau de beurre, un bouquet garni, des champignons et un riz de veau; ajoutez une bonne pincée de farine; mouillez avec moitié vin blanc et moitié bouillon; ajoutez un peu de jus pour donner couleur; ou à défaut, faites un petit roux : faites bouillir et réduire au point d'une sauce liée; assaisonnez de poivre, sel et muscade râpée; un peu de jus de citron.

Alouettes en caisse. — *Entrée.* Coupez les ailerons et les pattes d'une douzaine d'alouettes; fendez-les par le dos pour ôter tout ce qu'elles ont dans le corps; jetez les gésiers; et, avec le reste, faites une farce, en y ajoutant du lard râpé, de la moelle de bœuf, des champignons, foies gras, sel, poivre, muscade, fines herbes, le tout haché et ensuite pilé : liez cette farce avec deux jaunes d'œuf, et farcissez-en le corps des alouettes; faites cuire à petit feu dans une casserole foncée de bardes de lard et tranches de veau, avec persil, ciboule, sel, poivre et épices. Quand elles sont cuites, faites une caisse de papier; étendez dans le fond une couche de farce; posez les alouettes par-dessus, couvrez-les de farce, panez légèrement; mettez ensuite la caisse au four, pour faire prendre couleur à son contenu. Servez avec une sauce hachée et un jus de citron : on sert aussi la caisse à sec.

ALOYAU, pièce de bœuf coupée le long des vertèbres, au haut du dos. Il y a des aloyaux de première, de seconde et de troisième pièce : ceux de la première ont plus de filet que les suivantes.

Pour les préparations de l'aloyau, *voyez* Bœuf.

AMANDES. Il y en a de deux espèces, les amandes

douces et les amandes amères. Les amandes douces lorsqu'elles sont fraîches se digèrent assez facilement, parce que l'huile qu'elles contiennent est à l'état d'une véritable émulsion ; sèches, les amandes douces ne deviennent digestibles que par une complète trituration qui opère une nouvelle combinaison de l'huile avec le mucilage ; cependant toutes les personnes dont l'estomac n'est pas très-robuste doivent user de cet aliment avec beaucoup de modération.

Les amandes dites amères, celles des pêches, des abricots, des cerises, etc., contiennent, indépendamment d'une huile grasse, un principe amer et aromatique. Il est bien constaté que ce principe n'est autre chose que l'acide hydrocyanique ; il est excitant et très-vénéneux lorsqu'il est concentré ; aussi ne pourrait-on pas manger sans danger une certaine quantité d'amandes amères où ce principe existe abondamment ; mais lorsqu'il est uni à une grande quantité de fécule, au lieu de produire des accidens fâcheux il devient tonique et accélère la digestion toujours pénible des amandes, et rend le lait qu'on en prépare moins pesant sur l'estomac ; aussi mêle-t-on avec avantage aux amandes douces, quelques amandes amères dans la préparation du lait d'amandes. (*Voyez* Compote, Pâtisserie fine.)

AMBIGU. Repas dans lequel on sert à la fois des entrées, du rôti, des entremets et du dessert. Les déjeûners, les repas que l'on sert la nuit, au milieu d'un bal, sont presque toujours des ambigus.

AMBROISIE. On nomme ainsi une espèce de *chenopodium* qu'on cultive dans quelques jardins à cause de son odeur suave. L'ambroisie peut, dans beaucoup de cas, être associée au baume des jardins et au basilic pour aromatiser le vinaigre. On peut en faire entrer aussi dans les bouquets garnis. (*Voyez* Vinaigre.)

AMIDON. L'amidon est la fécule qu'on extrait de la

farine de froment. Cette fécule est pure, sans odeur et presque sans saveur ; elle est alimentaire : on n'en fait point usage comme aliment ; assaisonnée d'une manière convenable, elle pourrait être substituée aux autres fécules.

ANANAS. Fruit exotique qu'on ne peut cultiver chez nous qu'en serre chaude. Son parfum est très-agréable ; son suc est très-acide, quoique naturellement sucré ; on prévient les mauvais effets de cette acidité en faisant macérer l'ananas avec du sucre et du vin.

Ananas au vin de Madère. Lorsque les ananas sont très-gros on tranche la partie la plus voisine de la queue, et après avoir incisé légèrement l'enveloppe extérieure, on cerne avec un couteau long et étroit et à lame d'argent, le cylindre charnu qu'elle renferme ; on le coupe en tranches de une ligne et demie à deux lignes d'épaisseur ; on les couvre de sucre en poudre, et on les fait macérer pendant une heure ou deux avec du vin de Madère ou de Rivesaltes. On rassemble ensuite les tranches ; on reforme le cylindre et on le couvre de l'enveloppe dont on n'a pas séparé la couronne. On pose le tout dans un compotier, et on verse autour le vin dans lequel on a fait macérer l'ananas.

Quand l'ananas est trop petit pour être traité comme il vient d'être indiqué, on le coupe en tranches, sans en rien séparer, et on le fait macérer à l'ordinaire.

On peut faire faire la macération dans du vin rouge : on préfère pour cela un vin un peu chaud, et possédant un bouquet agréable.

ANCHOIS. Petit poisson de mer, ayant la tête grosse, les yeux larges et noirs, le corps argenté et le dos rond. On sale ce poisson pour le conserver ; mais auparavant on en ôte la tête et les entrailles.

L'anchois n'est guère employé que comme assaisonnement : il entre dans les sauces et les salades. Il doit à sa nature ou à sa préparation une propriété excitante qui facilite la digestion quand on en use avec modération. Prise avec excès et souvent, la chair de l'anchois présente tous les effets qui accompagnent l'abus des stimulans.

Salade d'anchois. — *Hors-d'œuvre.* Lavez les anchois dans du vin ; levez la chair par filets, et mêlez-les à une salade de jeunes laitues et de cerfeuil.

Beurre d'anchois. — *Hors-d'œuvre.* (*Voyez* Élémens de sauces.)

Rôties d'anchois. — *Hors-d'œuvre.* Prenez des tranches de pain de la longueur et de la largeur du doigt ; faites-les frire dans l'huile ; arrangez-les dans un plat, en mettant par-dessus une sauce faite avec de l'huile fine, vinaigre (peu), gros poivre, persil, ciboule et échalottes hachées. Couvrez à moitié les rôties avec des filets d'anchois, préalablement lavés avec du vin.

On fait frire les arêtes des anchois qui ont servi. On les trempe dans une pâte faite avec du vin blanc, de la farine, un peu de poivre et de sel, un œuf et un petit morceau de beurre : on les frit ensuite. On les sert pour hors d'œuvre, avec un jus d'orange et persil frit.

Anchois farcis frits. — *Hors-d'œuvre.* Prenez des anchois entiers ; nettoyez-les et fendez-les en deux ; ôtez-en l'arête ; mettez à la place une petite farce bien liée avec des œufs ; trempez-les dans une pâte à beignets (*voy.* Pâte à frire), et faites-les frire de belle couleur. Servez à sec.

Canapé. — *Hors-d'œuvre.* Faites griller des tranches de pain et coupez-les ensuite par filets. Couvrez le plat, dans lequel vous vous proposez de servir, avec du parmésan râpé ; mettez dessus les filets de pain, après les avoir roulés dans le fromage ; laissez un petit vide entre.

Lavez deux douzaines d'anchois, et faites-les dessaler dans du lait ; arrangez-les ensuite en travers sur les filets de pain ; arrosez le tout avec de l'huile, et couvrez de fromage. Mettez au four pour faire prendre couleur.

ANDOUILLE. (*Voy*. Charcuterie).

ANGELOT. Espèce de fromage qui se fabrique en Normandie ; il est d'une qualité fort médiocre.

ANGUILLE. Poisson d'eau douce, ayant la forme extérieure d'un serpent. Sa peau est sans écailles, unie et glissante ; sa chair est tendre et nourrissante, mais imprégnée de graisse et d'une substance visqueuse qui la rend assez difficile à digérer.

Anguille à la matelote. — *Entrée.* Faites un roux, passez-y de petits ognons jusqu'à ce qu'ils soient colorés ; ajoutez du beurre, des champignons, un bouquet garni, sel, poivre, muscade, et une feuille de laurier ; mouillez, avec moitié vin rouge et moitié bouillon, gras ou maigre : ajoutez l'anguille coupée par tronçons. Faites cuire à grand feu pendant une demi-heure ; mettez quelques croûtes dans le plat que vous devez servir ; arrangez l'anguille par-dessus, et versez la sauce sur le tout. Si la sauce n'est pas assez liée, mettez-y du beurre manié de farine.

On peut joindre à l'anguille quelque autre poisson de rivière, carpe, brochet, barbeau, etc.

Toutes les matelotes se font comme celle-ci.

Anguille à la tartare. — *Rôt.* Passez au beurre des carottes et des ognons coupés en tranches, et un fort bouquet garni ; ajoutez un peu de farine ; mouillez avec du vin blanc ; assaisonnez avec sel et épices mélangées. Faites bouillir une demi-heure ; passez la sauce, et mettez-y l'anguille coupée en tronçons. Lorsqu'ils sont cuits, retirez-les pour les faire refroidir ; roulez-les dans la mie de pain ; trempez-les ensuite dans l'œuf battu, pour les paner une seconde fois. Faites-les griller sur un petit feu, et couvrez avec le four de campagne.

Servez avec une sauce piquante.

Anguille en fricassée de poulets. — *Entrée.* Coupez l'anguille en tronçons ; mettez-les dans une casserole, avec un morceau de beurre, un bouquet garni et des champignons ; passez le tout, et ajoutez ensuite une pincée de farine ; mouillez avec bouillon et vin blanc. Quand l'anguille est cuite, mettez dans la sauce une liaison de jaunes d'œuf et de crème.

Servez pour entrée.

Anguille marinée. — *Entremets.* Coupez-la par tronçons, et faites-les mariner avec vin blanc, sel, poivre, laurier, ciboules et jus de citron ou verjus. Deux heures suffisent pour faire prendre le goût de la marinade. Farinez-les ou trempez-les dans une pâte claire, et faites-les frire dans du beurre. Servez avec une garniture de persil frit.

Il vaut mieux fariner l'anguille que de la tremper dans une pâte à frire : cette pâte retient une grande quantité du corps gras dans lequel la friture s'opère. Or, les corps gras qui ont éprouvé l'action d'une forte chaleur, et celle de la friture dépasse 200 degrés, sont dans un état particulier de décomposition qui les rend très-indigestes : les estomacs les plus robustes peuvent à peine les supporter. Lorsque la pâte à frire contient du blanc d'œuf, comme elle se prend à la première impression de chaleur, elle se pénètre moins de friture ; et, si l'on ajoute aussi un peu d'eau-de-vie, elle est beaucoup plus légère.

Anguille en terrine. — *Entrée.* Coupez en tronçons une anguille et un brochet ; frottez la terrine avec du beurre frais ; assaisonnez de sel, poivre et épices. Arrangez ensuite les morceaux de poisson ; mettez au milieu un fort bouquet garni, et assaisonnez comme ci-dessus : ajoutez un verre de vin blanc et du beurre. Couvrez la terrine avec son couvercle, et lutez-le au pourtour avec de la pâte : faites cuire à petit feu. Quand le poisson est cuit, découvrez la terrine, ôtez le bouquet, et ajoutez un ragoût de laitances. Servez chaud.

Pâté d'anguille. (*Voyez* Pâtisserie.)

Anguille aux cornichons. — *Entrée.* Coupez une grosse anguille par tronçons, et faites-la mariner avec de l'huile, sel et épices, et un jus de citron ; embrochez-la avec une hâtelette enveloppée de papier, et faites-la cuire à la broche. Quand elle est cuite, servez avec un ragoût de cornichons, qui se fait ainsi :

Faites *suer* des tronçons de carpe dans une casserole, jusqu'à ce qu'ils soient attachés ; retirez-les alors de la casserole, et faites-y un roux ; mouillez avec du bouillon maigre, et faites bouillir à petit feu pendant une heure après y avoir mis un bouquet, quelques champignons entiers, sel, poivre et épices. Passez la sauce au tamis, et ajoutez-y des cornichons blanchis. Servez le ragoût avec l'anguille.

Anguille à la Sainte-Menehould. — *Entremets.* Coupez par tronçons une grosse anguille ; faites une Sainte-Menehould, avec du beurre manié de farine, du lait, sel, poivre, laurier, persil et ciboules entières ; faites lier sur le feu, et mettez-y cuire l'anguille. Quand elle est cuite et froide, trempez-la dans la Sainte-Menehould, panez-la, trempez-la dans l'œuf battu pour la paner une seconde fois, et faites griller. Servez avec une rémoulade dans une saucière.

Il y a beaucoup d'autres manières de préparer l'anguille ; mais la plupart semblent avoir été imaginées par des gens qui conspiraient contre ceux qui se portent bien. Les recettes ci-dessus sont celles qui donnent les mets les plus agréables et les moins contraires à la santé. On doit préférer surtout celles qui prescrivent de faire griller l'anguille, ou de la faire cuire à l'étuvée.

API. Petite pomme à peau luisante, teinte, du côté qui a été frappé par le soleil, d'un rouge vif bien nuancé. C'est la plus jolie de toutes les pommes ; elle se conserve long-temps, et fait, pendant la mauvaise saison, l'ornement des desserts : c'est là son principal mérite. Sa chair est dure, sans être cassante : elle se digère très-difficilement.

APPÉTIT. Léger sentiment de la faim qui nous fait éprouver le désir de manger. L'appétit subsiste encore lorsque le besoin qui l'a fait naître est satisfait : cela arrive surtout lorsqu'on se trouve en présence de mets dont la saveur agréable a déjà été éprouvée. Si alors on continue à manger, jusqu'à ce que l'appétit ne se fasse plus sentir, on a dépassé de beaucoup le terme du besoin ; la digestion est pénible, et quelquefois ses suites sont fâcheuses.

Il faut rester sur son appétit, est un vieux précepte auquel on se trouve toujours bien de se conformer.

ARABIQUE (GOMME). La gomme arabique est employée dans diverses préparations de l'art du confiseur, elle fait la base de la pâte de jujubes, de la pâte de guimauve, etc.

Les gommes paraissent être un intermédiaire entre la fécule et le sucre : elles sont réellement alimentaires.

ARACK. On désigne sous ce nom une eau-de-vie fabriquée dans l'Inde, et qui est, dit-on, un produit du riz fermenté. On donne quelquefois cette dénomination au tafia, qui est le produit de la distillation des mélasses.

ARACHIDE. On nomme pistaches de terre les semences de l'*arachis hipigea*, renfermées dans des siliques qui s'enfoncent en terre au moment de leur maturité. Ces semences sont huileuses et comestibles. Elles fournissent une huile bonne à manger.

L'arachide, originaire des régions équatoriales, est cultivée depuis quelques années dans nos provinces méridionales.

AROMATES. Expression générique qui s'applique à toutes les substances qui sont imprégnées d'une huile essentielle odorante.

Ces substances sont nombreuses dans le règne végétal. Les aromates employés dans la préparation des alimens ou des liqueurs, sont, parmi les semences, le poivre, la muscade, le macis, espèce de *brou* qui enveloppe la muscade; le piment de la Jamaïque, l'anis, la badiane, la coriandre, les amandes amères, etc;

Parmi les écorces : la canelle, la cascarille, l'écorce du calycanthus, etc. ;

Parmi les fruits entiers : la gousse de vanille, les écorces d'oranges, de citrons, de cédrats, de bergamotes, etc., les fruits avortés du giroflier;

Parmi les racines : le gingembre, l'iris, etc. ;

Parmi les feuilles : celles de laurier, d'oranger, du laurier-cerise, etc. ;

Et parmi les plantes herbacées : l'estragon, le baume ou tanaisie odorante, le basilic, le thym et toutes les labiées, etc.

Le règne animal fournit l'ambre gris, qu'on croit être l'excrément d'une espèce de cachalot ; et le musc, autre sécrétion d'un animal peu connu.

Tous les aromates ont une propriété stimulante bien déterminée. On doit en user avec beaucoup de modération.

Les amandes amères, qu'on ne peut se dispenser de classer parmi les aromates, ne partagent pas leur propriété stimulante; elles en ont une toute contraire : le principe auquel elles doivent leur arome est, de tous les poisons, le plus violent lorsqu'il est pur et concentré. Il éteint la vie instantanément.

Ce principe est trop peu abondant dans les amandes amères pour devenir dangereux; il ne le serait que si on mangeait de ces semences avec excès : il est vraisemblable que lorsqu'on associe les amandes amères aux autres aromates dont les propriétés sont opposées, l'action du principe délétère qu'elles contiennent se trouve neutralisée.

ARROCHE, plante dont on mêle les feuilles avec celles de l'oseille pour corriger la trop grande acidité de celle-ci.

ARTICHAUT. Beaucoup de personnes regardent l'artichaut comme échauffant et occasionant de l'agitation pendant le sommeil : quelques-uns lui ont même attribué une vertu aphrodisiaque. Ces opinions ne paraissent pas fondées sur des faits très-décisifs.

Artichauts à la sauce blanche. — *Entremets.* Otez les dernières feuilles du bas, et coupez le dessous jusqu'au vif; coupez aussi l'extrémité des feuilles; mettez-les dans l'eau bouillante avec du sel; lorsqu'ils sont cuits, égouttez-les, et enlevez les feuilles du milieu; retirez le foin et remettez les feuilles en place.

Servez avec une sauce blanche dans une saucière, ou avec une sauce sans beurre. (*Voyez* Sauces.)

Artichauts frits. — *Entremets.* Après les avoir épluchés et blanchis, on les coupe en 8 ou en 12, suivant leur grosseur; on ôte le foin, et on rogne les feuilles extérieures à leur jonction avec le cul : on ne doit laisser que le plus tendre; trempez-les dans une pâte à frire, qu'on rend plus légère en y ajoutant une cuillerée d'eau-de-vie.

Artichauts à la barigoule. — *Entremets.* Parez-les comme ci-dessus; faites blanchir et ôtez le foin; mettez, dans une casserole, avec du lard râpé, du beurre et de l'huile, des champignons, des échalottes, du persil haché très-fin, sel, poivre et muscade râpée; passez le tout au feu; laissez refroidir, et remplissez vos artichauts avec cette farce; mettez-les, dans une casserole, sur des bardes de lard; ajoutez un verre de bouillon et un bouquet garni, sel et poivre, faites cuire à petit feu : sur la fin mettez, sur un couvercle, des charbons ardens, et posez-le sur la casserole, pour rissoler les feuilles. Arrangez les artichauts sur un plat; faites un roux, mouillez-le avec la cuisson des artichauts, et arroser-les avec cette sauce.

Artichauts à la poivrade. — *Hors-d'œuvre.* Choisissez l'espèce d'artichaut dont la tête est ronde, et dont les feuilles latérales sont couchées sur celles du centre, et ne se replient pas en dehors comme dans l'espèce commune. Il y en a deux variétés, l'une à feuilles vertes, et l'autre à feuilles violettes; toutes les deux ont la chair assez tendre : parez-les et servez comme hors-d'œuvre. On sert avec un huilier.

Les petits artichauts de l'espèce commune se mangent aussi crus. Il faut un bon estomac pour les digérer.

Artichauts à l'espagnole. — *Entremets.* Coupez-les comme pour les faire frire; faites-les cuire avec huile, persil, ciboules, champignons, une pointe d'ail, le tout haché, et du bouillon; quand ils sont cuits, dégraissez; liez avec un peu de jus, ou faites un petit roux que vous ajoutez à la sauce avec un jus de citron.

Artichauts à la Villeroi. — *Entremets.* Coupez de l'ognon en gros dés, passez-le au beurre jusqu'à ce qu'il soit bien coloré, assaisonnez de sel et épices, et laissez refroidir dans le beurre, mais hors de la casserole; faites cuire des culs d'artichauts séparés de leurs feuilles; après les avoir fait égoutter, emplissez-les avec l'ognon, couvrez avec de la mie de pain ou du fromage râpé; faites prendre couleur au four ou sous le four de campagne, et servez à sec.

ASPERGES. — *Entremets.* On les épluche en les râclant avec un couteau; on les coupe de la même longueur et on les assemble en petites bottes pour les faire cuire; on les jette dans l'eau bouillante : elles ne doivent y rester que quelques minutes; si on les y laisse trop long-temps la partie la plus tendre se sépare en partie, et ce qui reste est mou et filandreux. L'asperge bien cuite doit être tendre, mais assez cassante pour se rompre nettement en travers du côté de l'extrémité qui est seule comestible.

On sert les asperges chaudes, avec une sauce blanche dans une saucière, ou avec une sauce sans beurre. (*Voyez* Sauces.)

Refroidies, on les sert avec un huilier à côté.

Asperges aux petits pois.—*Entremets.* Faites blanchir fortement les asperges sans les faire cuire tout-à-fait; coupez la partie tendre en morceaux de six à huit lignes; achevez de les faire cuire à petit feu dans une casserole avec un morceau de beurre, un bouquet de persil et ciboule et un verre de bouillon; quand elles sont cuites et qu'il n'y a presque plus de sauce, mettez-y un peu de sucre, un peu de sel, poivre, muscade et liaison de deux jaunes d'œuf délayés dans de la crème; faites lier sur le feu. Servez pour entremets.

Omelette aux pointes d'asperges. — *Entremets.* Coupez les asperges en petits pois après les avoir fait blanchir; passez-les au roux dans une casserole avec sel, poivre, persil et ciboule hachés; quand elles sont cuites, ajoutez un peu de crème et versez le tout, en brouillant, dans des œufs préparés pour une omelette. Faites l'omelette à l'ordinaire, et servez pour entremets.

ASPIC. On nomme ainsi des filets de volailles, de

gibier, renfermés dans une masse de gelée à laquelle on donne une forme régulière au moyen d'un moule. (*Voyez* Gelées.)

ASSAISONNEMENT. Tout ce qui contribue à relever la saveur des substances alimentaires est un assaisonnement. L'assaisonnement considéré dans certaines limites est un besoin réel ; la plupart de nos alimens nous paraîtraient bien fades si on n'en relevait la saveur avec du sel ; cet accroissement de sapidité ne se borne pas à flatter notre palais, il détermine aussi une plus abondante sécrétion de la salive et des autres fluides qui, en se mêlant à nos alimens dans l'estomac, en facilitent la digestion.

L'assaisonnement le plus général est le sel ; tous les peuples connus en font usage, et ceux qui n'en ont pas dans le territoire qu'ils occupent parcourent de grandes distances pour s'en procurer.

Les animaux eux-mêmes, et notamment tous les quadrupèdes ruminans et plusieurs espèces d'oiseaux ont une appétence marquée pour le sel ; ceux qui en mangent ont plus de vigueur et sont plus rarement atteints des maladies propres à leur espèce.

Après le sel, et avant les épices, viennent les végétaux de la famille des alliacées : l'ail, l'ognon, l'échalotte, la ciboule, etc. Parmi ces végétaux l'ognon est employé à la fois comme substance alimentaire et comme assaisonnement ; les autres, et surtout l'ail, ne peuvent être considérés que comme des assaisonnemens très-énergiques ; ils stimulent fortement sans avoir les inconvéniens qui accompagnent ordinairement l'usage peu modéré des épices, sans doute parce qu'ils ne sont pas entièrement dépourvus de la propriété alimentaire.

Le sel, les alliacées et les végétaux aromatiques sont les seuls assaisonnemens que la nature a attribués à notre climat : ils ont suffi long-temps ; mais aussitôt que la découverte du passage par le cap de Bonne-Espérance eut rendu nos communications avec l'Inde plus faciles, le prix des épices, qui jusqu'alors avait été excessif, baissa tellement que leur usage se répandit dans toutes les classes.

Il arriva à cette époque ce qui arrivera toujours lorsqu'une chose qui a été long-temps rare et chère, devient subitement commune et à bon marché : on fit un usage excessif des épices; personne ne pourrait supporter aujourd'hui les ragoûts de nos aïeux. On est revenu peu à peu à des goûts plus simples : on fait à présent un usage très-modéré des épices, excepté dans les campagnes où cet usage est peut-être un besoin; il y a même beaucoup de personnes qui s'en abstiennent entièrement : sans doute elles font bien.

De toutes les épices le poivre est celle dont l'emploi est le plus général, c'est aussi celle dont on est le moins tenté d'abuser; on fait peu d'usage aujourd'hui en cuisine du girofle et de la muscade; celui du safran, qui entrait autrefois dans presque toutes les préparations alimentaires, est entièrement abandonné.

Le sucre est à la fois une substance alimentaire et un assaisonnement, et cette double propriété suffit pour qu'on n'ait à craindre aucun danger dans son usage; il n'y a que l'abus qui pourrait nuire, et encore faudrait-il qu'il fût poussé loin.

AVELINE. Fruit du coudrier ou noisetier. L'aveline est plus grosse que la noisette; elle est couverte d'une peau rouge; on la tire de nos provinces méridionales.

AVOINE. On emploie le gruau d'avoine entier et réduit en farine; on trouvera à l'article *Potage* diverses préparations de ces substances.

AUBERGINE. Fruit d'une espèce de solanée dont on fait une grande consommation dans nos provinces méridionales, et qui commence à se répandre dans le nord.

Aubergines à la languedocienne. Fendez-les en deux dans le sens de leur longueur, ôtez les graines et ciselez la chair avec la pointe d'un couteau en long et en large ; évitez d'endommager la peau ; saupoudrez-les de sel fin, poivre et muscade, mettez-les sur un gril à feu doux et arrosez-les d'huile.

On peut aussi les farcir ; pour cela on lève la plus grande partie de la chair que l'on hache avec du blanc de volaille, du lard, de la mie de pain trempée dans du lait et quelques jaunes d'œuf. On remplit les moitiés d'aubergine avec cette farce, et on les fait griller.

AUTOMNE. L'automne est une saison d'abondance. A cette époque de l'année les viandes de boucherie sont plus savoureuses que pendant l'été, parce qu'elles proviennent d'animaux mieux nourris, et que la température permet de leur laisser éprouver, sans crainte qu'il soit dépassé, le degré de mortification qui les rend plus tendres et plus digestibles.

Les volailles de basse-cour ont acquis toute leur perfection : leur chair est plus faite et plus alimentaire que dans la saison précédente.

On a, dans l'automne, tous les gibiers de l'été, moins la caille, et de plus les bécasses et bécassines, les pluviers, les sarcelles et les rouges-gorges, etc., etc.

Le poisson de mer qui, pendant la saison chaude, ne pouvait être transporté sans altération, recommence à arriver dans l'état de fraîcheur qui est indispensable pour en faire un aliment sain.

Sauf les petits pois et les petites fèves, l'automne fournit tous les légumes du printemps et de l'été, et il offre de plus le céleri, la truffe, le navet, la betterave, les scorsonères, etc.

En fruits, on a encore, pendant le mois de septembre,

quelques melons tardifs, ainsi que les dernières pêches, les cerises du nord, et quelques espèces de prunes.

L'absence des fruits d'été est amplement compensée sur nos tables par les raisins de toute espèce, les figues, les poires beurrées, les doyennés, les rousselets, etc.; et quelques espèces de pommes qui se distinguent par leur chair fine et cassante, et par l'énormité de leur volume, telles que les calvilles, et les reinettes d'Angleterre et de Canada.

C'est aussi dans cette saison que les laitages sont le plus abondans et ont le plus de qualité, parce que les animaux qui les produisent ont une nourriture plus substantielle, et sont, sous tous les rapports, dans un meilleur état que dans la saison précédente.

AZEROLES, fruits de l'azerolier, arbrisseau très-rapproché de l'aubépine. L'azerole est un petit fruit qui ne vaut pas grand'chose. On le mange cependant dans nos provinces méridionales.

BADIANE. C'est une semence ayant l'odeur de l'anis, mais plus forte et plus suave : on l'emploie pour aromatiser des liqueurs.

On la nomme aussi anis étoilé, anis de la Chine.

BAIN-MARIE. Quand, dans un vase plein d'eau bouillante, on en plonge un autre contenant des substances qu'on veut faire chauffer ou cuire, on a ce qu'on appelle un *bain-marie*.

Ce qu'on met dans le second vase ne peut pas acquérir la température de l'eau bouillante, et ne s'échauffe qu'avec lenteur et d'une manière régulière; ce qui est utile dans certaines circonstances, et ce qui est fort difficile d'obtenir quand on fait chauffer à feu nu.

Ainsi quand on veut réchauffer une sauce qui a été liée avec des jaunes d'œuf, elle tourne presque toujours quand on met sur un fourneau le vase qui la contient : cet effet est dû à l'action trop vive du feu qui coagule les parties de jaune qui étaient dans un état de suspension dans la sauce, et qui lui donnaient de la consistance en formant avec les matières grasses une véritable émulsion; ces parties coagulées se réunissent en grumeaux, et la partie grasse de la sauce se sépare, et apparaît sous forme d'huile. On prévient cette séparation en chauffant les sauces liées au bain-marie.

Dans le fourneau-potager de Harel, il y a une casserole suspendue sur le pot-au-feu : sur cette première casserole on peut en placer une seconde, et même une troisième; le tout est recouvert par un seau de fer-blanc rempli d'eau; au moyen de cette disposition, les casseroles placées sous le seau se trouvent dans un véritable bain de vapeur, aussitôt que le liquide qui remplit le pot-au-feu est en ébullition; ce bain de vapeur transmet, aux corps qui y sont plongés, une température plus élevée que le bain-marie; aussi les légumes, et même les viandes, qu'on met dans les casseroles du fourneau-potager de Harel, y cuisent-ils très-bien.

Voyez la description du fourneau de Harel au mot Fourneaux.

BARBEAU-BARBILLON. Poisson d'eau douce, oblong, de grandeur médiocre, et couvert d'écailles légères. Il doit son nom à quelques filamens qui pendent de chaque côté de ses lèvres, et qui simulent une espèce de barbe.

Les œufs du barbeau purgent violemment; ainsi on doit avoir soin de les tirer avec les entrailles, avant de faire cuire le poisson.

La chair du barbeau est insipide : elle a besoin, plus que celle de tout autre poisson d'eau douce, que sa saveur soit relevée par des assaisonnemens.

Barbeaux à l'étuvée. — *Entrée*. Après avoir écaillé et vidé les barbeaux, mettez-les cuire dans une casserole, avec du vin rouge, sel, poivre, muscade, un bouquet garni; et un bon morceau de beurre ; quand ils sont cuits, liez la sauce avec un peu de beurre manié de farine.

Ou bien, après les avoir fait cuire comme ci-dessus, et lorsque la sauce est réduite, mettez-y pour liaison un petit roux. Servez avec des tranches de citron.

Barbeau au court-bouillon. — *Rôt.* Si le barbeau est gros, videz-le sans l'écailler, mettez-le dans un grand plat, et arrosez-le de vinaigre bouillant, assaisonné de sel et poivre.

Faites ensuite bouillir à grand feu, dans une poissonnière, du vin, du verjus, sel, poivre, clous, muscade, laurier, ognon, écorce de citron ou d'orange; quand l'ébullition sera complète, mettez le barbeau dans la poissonnière, et laissez-le cuire jusqu'à ce que le bouillon soit suffisamment réduit. Quand il est cuit, écaillez-le, et dressez-le à sec sur une serviette, dans un plat garni de persil ou de cresson.

Barbeau grillé. — *Entrée.* Videz et écaillez le poisson; incisez-le légèrement sur le dos; frottez-le de beurre et de sel fin; puis mettez-le sur le gril; quand il est cuit, dressez-le dans un plat avec une sauce aux anchois, à laquelle on peut ajouter des huîtres blanchies.

On peut aussi le servir à la sauce blanche, assaisonnée de sel, poivre, une pointe d'ail, et deux anchois, ou des olives tournées, c'est-à-dire dont on a séparé la chair des noyaux.

Le barbeau encore jeune se nomme barbillon. La manière de l'apprêter est toujours la même.

BARBOTTE, c'est un très-bon poisson d'eau douce : on doit le limoner à l'eau bouillante pour le nettoyer, mais il faut l'y laisser peu de temps, parce qu'il s'écorcherait. On doit jeter les œufs en l'habillant; le court-bouillon doit être cuit avant d'y mettre les barbottes, parce qu'il ne faut qu'un moment pour les cuire.

Cuites au court-bouillon, on les sert avec différentes sauces. On les sert aussi frites, après avoir été farinées.

On les fait entrer dans les matelotes.

Le foie des barbottes est la partie la plus délicate de ce poisson. (*Voyez* Lotte.)

BARBUE. Poisson de mer qui diffère peu du turbot ; il est moins large et plus épais. La chair de ce poisson est moins ferme et plus délicate que celle du turbot ; elle prend avec plus de facilité l'assaisonnement. Les jeunes barbues sont très-préférables aux vieilles.

Barbue marinée. — *Entremets.* Après l'avoir vidée, incisez-la sur le dos pour lui faire prendre la marinade ; laissez-la mariner pendant deux heures avec verjus, sel, poivre, ciboules, laurier, citron ; trempez-la dans du beurre fondu, poudrez-la de sel, mie de pain ou chapelure fine ; faites cuire au four dans une tourtière ; servez avec garniture de croûtons et persil frit.

Barbue au court-bouillon. — *Entrée.* Faites cuire à l'eau de sel, ou avec moitié lait et moitié eau de sel, ou au court-bouillon avec des ognons coupés en tranches, ciboules, thym, laurier, persil, ail, girofle, gros poivre ; salez fortement. Si vous voulez que la barbue soit très-blanche, il faut faire bouillir le court-bouillon à part pendant un quart d'heure ; passez-le au tamis ; frottez avec un citron le côté blanc de la barbue ; versez par-dessus le court-bouillon ; faites cuire à petit feu et sans bouillir, de peur que le poisson ne se rompe : il est cuit quand il cède sous le doigt ; retirez et faites égoutter.

Cuit comme il est prescrit ci-dessus, on le sert avec une sauce blanche aux câpres, ou couvert d'une bechamelle. (*Voyez* ce mot à l'article Sauces.)

Barbue à la Sainte-Menehould. — *Entremets.*

Levez les chairs d'une barbue de desserte ; faites-les chauffer dans une béchamelle un peu épaisse ; arrangez le tout dans un plat, en unissant bien le dessus ; panez avec de la mie de pain, et saupoudrez avec du fromage de Parme râpé ; faites prendre couleur sous un four de campagne ou avec une pelle rouge.

Barbue à la sauce aux anchois. Après avoir mariné une barbue, faites-la frire ; levez ensuite la chair en filets, et servez-la avec une sauce aux anchois.

BARDE. On nomme ainsi une tranche mince de lard dont on garnit le fond des casseroles dans beaucoup de cas, et dont on recouvre les viandes, et presque toutes les volailles et gibier.

Barder, exprime l'action de couvrir de bardes : on barde une volaille ; on *fonce* une casserole avec des bardes, c'est-à-dire on en couvre le fond avec des tranches de lard.

BARTAVELLE. (*Voyez* Perdrix.)

BASELLE. Plante dont les feuilles se préparent comme celles de l'épinard.

BASILIC. Plante aromatique dont l'odeur est très-suave. On en met dans les bouquets garnis : elle est préférable au thym auquel on l'associe souvent. Comme cette plante est toujours fort tendre, on peut en introduire dans les *fournitures* de salade.

BATONS ROYAUX. C'est une espèce de rissoles. Faites une farce très-fine avec ce que vous jugerez convenable ; roulez-la en forme de petits fuseaux, que vous enveloppez dans de petites abaisses de pâte fine ; faites frire. On les emploie à garnir une pièce de bœuf ; ou bien on les sert comme hors-d'œuvre.

BATTERIE DE CUISINE. Expression figurée qui s'applique à l'ensemble des vases et ustensiles de cuivre qu'on réunit dans une cuisine, pour servir aux diverses préparations alimentaires : par cette expression, on compare une cuisine à un arsenal, et les ustensiles qu'elle contient à l'artillerie.

Une batterie de cuisine complète doit contenir :

Un assortiment de casseroles, garnies de leurs couvercles, et étagées par grandeurs depuis la plus petite dimension jusqu'à la plus grande ;

Deux ou trois braisières ;

Deux poissonnières ;

Une turbotière ;

Trois marmites, une grande, une moyenne et une petite ;

Plusieurs fours de campagne avec des tourtières de diverses dimensions ;

Des moules à pâtisseries et à gelées ;

Un assortiment d'écumoires, des passoires ;

Plusieurs chaudrons et bouilloires, des grils ;

Plus ou moins de tout cela, selon l'étendue des besoins ; mais il vaut mieux en avoir trop que d'être exposé à en manquer.

La batterie de cuisine est généralement faite en cuivre étamé en dedans ; c'est une mince défense contre le vert-de-gris, car l'étamage de la plus grande casserole emploie au plus un demi-gros d'étain. Heureusement la plupart des substances, qui peuvent déterminer la formation du vert-de-gris, n'ont aucune action à chaud sur le cuivre. Il n'en est pas de même à froid ; aussi doit-on bien se garder de laisser refroidir, dans les vases de cuivre, les préparations qu'on y a faites.

On doit faire étamer souvent ; c'est un motif de plus pour avoir toujours des pièces de rechange. Mais l'étamage ne doit jamais dispenser de la plus grande propreté. Un vase qui a été long-temps sans servir, même après avoir été étamé à neuf, ne doit jamais être employé avant d'avoir été frotté à sec avec un peu de blanc d'Espagne, ensuite lavé et bien essuyé.

BAUME. On le confond quelquefois avec la menthe : le véritable baume des cuisines, nommé dans beaucoup d'endroits *baume coq,* est la tanaisie odorante, plante très-éloignée des menthes. Le baume a une odeur très-agréable, et qui s'allie bien avec les substances alimentaires tirées du règne animal. On l'emploie aussi comme fourniture dans les salades. Le basilic, qui est plus commun, peut le remplacer dans tous les cas.

BÉATILLES. Nom qu'on donnait autrefois à quelques viandes délicates qui entrent dans la composition des tourtes, telles que ris de veau, crêtes, rognons, etc. Aujourd'hui les béats sont devenus plus sobres. (*Voyez* Tourtes.)

BECCARD. Les uns disent que c'est la femelle du saumon, qui a le museau plus crochu que le mâle; d'autres croient que les saumons de printemps deviennent beccards aux mois d'août et de septembre, époque de l'année où le saumon est moins bon. (*Voyez* Saumon.)

BÉCASSE, BÉCASSINE, oiseaux de passage. La bécassine ne diffère de la bécasse que par sa couleur, et par sa taille qui est moindre. La chair des deux espèces a une sapidité très-prononcée et qui plaît généralement : elle est alimentaire et stimulante, et se digère avec facilité.

Bécasses et bécassines rôties. Ne les videz pas; couvrez-les de bardes, avec des feuilles de vigne dessous; mettez des rôties dans la lèchefrite pour recevoir ce qui en tombe; servez-les sur les rôties et un citron à côté.

Bécasses farcies à la broche. Fendez-les par-derrière pour les vider; employez tout ce que vous retirez excepté le gésier; hachez le reste et mêlez-le avec du lard râpé, ou un morceau de beurre, persil, ciboules, champignons hachés et un peu de sel; mettez cette farce dans le corps : cousez l'ouverture et faites cuire à la broche.

Servez pour rôt avec une sauce ou ragoût à votre choix.

Bécasses en salmis. — *Entrée.* Quand elles sont à demi cuites à la broche, retirez-les pour les découper ; mettez les morceaux dans une casserole avec du vin ; ajoutez champignons, câpres, anchois, le tout haché fin ; faites cuire doucement ; mettez du jus pour lier la sauce, après l'avoir dégraissée ; ajoutez aussi un jus de bigarade ou de citron.

Bécasses à la provençale.—*Entrée.* Faites rôtir les bécasses à la broche avec bardes et feuilles de vigne.

Passez au beurre ou au lard fondu, des foies gras, des ris de veau, avec persil et ciboules hachés, sel, poivre et muscade : mouillez avec un verre de vin, et ajoutez des câpres et un anchois hachés, des olives séparées de leur noyau et un bouquet garni ; liez avec un peu de jus.

Servez les bécasses sur le ragoût.

Terrine de bécasses.—*Entrée.* Ne videz pas les bécasses ; piquez-les de gros lard assaisonné ; garnissez le fond d'une braisière de bardes de lard et tranches de bœuf battues, avec sel, poivre, bouquet garni, ognon coupé par tranches, carottes, panais, ciboules entières et persil haché, un peu de basilic et épices ; mettez-y les bécasses l'estomac en dessous ; assaisonnez dessus comme dessous ; ajoutez des tranches de bœuf ou de veau et des bardes de lard ; couvrez la braisière, et faites cuire feu dessus et dessous.

Mettez dans une casserole un peu de jambon et de lard coupé en dés ; laissez roussir un peu, et ajoutez ciboules, persil et champignons hachés ; passez le tout ensemble, et mouillez avec du jus, ou à défaut avec de bon bouillon. Lorsque tout est cuit, ajoutez, pour lier la sauce, un peu de coulis de veau et de jambon, ou du beurre d'anchois manié de farine, et une demi-cuillerée de câpres.

Quand les bécasses sont cuites, tirez-les de la braisière; laissez-les égoutter; dressez-les dans la terrine, et versez par-dessus la sauce ci-dessus : c'est ce qu'on nomme *sauce hachée*.

BECFIGUE, petit oiseau dont la chair est excellente et facilement digestible. On ne le vide pas; on le fait rôtir enveloppé d'une barde de lard et d'une feuille de vigne. On sert pour rôt avec une bigarade à côté.

BÉCHAMELLE, nom d'une espèce de sauce blanche. (*Voyez* Sauces.)

BEIGNETS. Les beignets sont une espèce de pâtisserie que l'on peut varier d'une infinité de manières, mais qui est toujours frite au beurre, au sain-doux ou à l'huile. La qualité des beignets tient beaucoup à la nature de la pâte qui enveloppe les substances qui en font la base; cette pâte doit être croquante, légère, et absorber peu de friture. On l'obtient telle en la composant de fleur de farine, délayée avec du vin blanc, des jaunes d'œuf, une demi-cuillerée d'huile. On y incorpore ensuite un blanc d'œuf fouetté en neige : l'addition d'un petit verre d'eau-de-vie contribue à la rendre encore plus légère. (*Voyez* Pâte.)

Beignets de riz. — *Entremets.* Faites crever du riz dans du lait avec du sucre, un filet d'eau de fleurs d'orange, ou une pincée de cannelle en poudre; ajoutez un peu de beurre; lorsque le riz sera bien crevé, ajoutez une liaison de jaunes d'œuf; versez le riz dans un vase pour le faire refroidir; formez-en des boules grosses comme des noix; trempez-les dans l'œuf battu et faites-les frire. On les saupoudre de sucre en poudre à mesure qu'on les tire de la friture.

Beignets soufflés. Pets de nonne.—*Entremets.* Mettez dans une casserole gros comme un œuf de beurre, du citron vert râpé, un quarteron de sucre et un bon verre d'eau ; faites bouillir, et délayez-y autant de farine qu'il est nécessaire pour faire une pâte liée et épaisse ; remuez continuellement avec une cuillère de bois ou une spatule, jusqu'à ce qu'elle commence à s'attacher à la casserole ; alors mettez-la dans une autre, et cassez-y successivement des œufs, en remuant toujours pour les bien mêler avec la pâte, jusqu'à ce qu'elle devienne molle sans être claire ; mettez-la sur un plat, et étendez-la de l'épaisseur d'un doigt ; faites chauffer de la friture, et quand elle est médiocrement chaude, trempez-y le manche d'une cuillère, et, avec le manche, enlevez gros comme une noix de pâte que vous faites tomber dans la friture en poussant avec le doigt ; continuez jusqu'à ce qu'il y en ait assez dans la poêle ; faites frire à petit feu en remuant sans cesse ; quand les beignets sont bien montés et de belle couleur, retirez-les pour les égoutter, et saupoudrez-les de sucre fin.

Beignets de brioche. — *Entremets.* Trempez, dans du lait sucré et aromatisé, des tranches de brioche ; mettez-les égoutter ; farinez-les ensuite, et faites-les frire. Le lait doit avoir été réduit à moitié avant d'y mettre tremper les brioches.

Beignets de feuilles de vigne.—*Entremets.* Faites tremper, pendant une heure, de jeunes feuilles de vigne dans de l'eau-de-vie ou du kirschenwasser, couvrez-les de frangipane ; et après les avoir roulées, trempez-les dans une pâte à frire.

Voyez Frangipane.

Beignets au fromage. — *Entremets.* Prenez une livre de fleur de farine, trois petits fromages à la crême très-frais ; cassez trois œufs et un demi-quarteron de moelle de bœuf hachée et pilée ; détrempez et mêlez bien la pâte, en y ajoutant suffisante quantité de vin blanc ; assaisonnez d'une pincée de sel fin et d'une once de sucre en poudre; quand cette pâte est épaisse comme de la bouillie bien cuite, on y ajoute de l'écorce de citron râpée ou hachée fin. On fait ces beignets comme les autres, en jetant dans la friture de petites portions de pâte.

Quand on retire les beignets de la friture on les arrose d'un peu d'eau de fleurs d'orange, et on les saupoudre de sucre.

Beignets de fraises. — *Entremets.* Épluchez des fraises-ananas; faites-les macérer pendant une heure avec du vin et du sucre en poudre; faites-les égoutter; roulez-les dans le sucre, et ensuite trempez-les dans une pâte à frire légère, dans laquelle vous aurez incorporé un blanc d'œuf fouetté en neige. Faites frire de belle couleur.

Beignets de confiture. — *Entremets.* Prenez des pains à chanter de la grandeur d'un écu, ou découpez-les dans de plus grands; mettez sur chacun un peu de marmelade d'abricots ou de prunes, ou telle autre confiture un peu consistante; couvrez avec un autre morceau de pain à chanter, et collez les bords en mouillant.

Incorporez, dans une pâte à frire faite au vin blanc, trois blancs d'œuf fouettés en neige; trempez-y les beignets; faites frire; égouttez-les ensuite, et posez-les sur des feuilles de cuivre; poudrez-les de sucre fin, et glacez-les au four ou avec la pelle rouge.

Beignets d'omelette. — *Entremets.* Faites une ou plusieurs omelettes au sucre bien minces, retournez-les en chausson et coupez-les en losange; trempez-les dans une pâte, et faites frire de belle couleur.

Beignets de crême. — *Entremets.* Faites réduire à près de moitié une pinte de lait et laissez-le refroidir; délayez-y six jaunes d'œuf, cinq macarons, dont un amer, une cuillerée de fleur d'orange pralinée en poudre, deux cuillerées de fleur de farine et un quarteron de sucre;

faites bouillir pendant huit ou dix minutes sans cesser de tourner : il faut que cette crême soit épaisse étant chaude, afin que, refroidie, elle ait beaucoup de consistance; versez dans un grand plat pour faire refroidir ; lorsqu'elle est froide, coupez-la en carrés longs, en losanges, etc.; farinez-les et faites-les frire. On peut aussi les tremper dans l'œuf battu et les paner, ou les tremper dans une pâte à frire.

Toutes les crêmes peuvent être mises en beignets, il ne s'agit que de leur donner de la consistance par l'addition de la farine ou de la fécule de pommes de terre.

Si la crême, étant faite, se trouvait n'avoir pas assez de consistance, on pourrait lui en donner en la pétrissant avec des macarons, ou des biscuits de Reims en poudre.

Beignets de pommes.—Entremets. Pelez des pommes, ôtez-en le cœur, et coupez-les en tranches de une à deux lignes d'épaisseur; faites-les macérer pendant deux heures avec un peu d'eau-de-vie, du sucre et de la cannelle en poudre, et un peu de jus de citron si les pommes sont naturellement fades : après les avoir fait égoutter, trempez-les dans une pâte à frire ; mettez-les dans une friture qui ne soit pas trop chaude; laissez prendre couleur; ensuite retirez la poêle du feu pour que les pommes cuisent; lorsqu'elles sont cuites saupoudrez de sucre. Ce qui reste de la marinade est excellent pour sucrer du vin chaud.

Les pommes les plus faciles à cuire sont préférables pour les beignets qui par là restent moins long-temps dans la friture. Les pommes de calville et de reinette d'Angleterre sont les meilleures, mais, comme elles ont peu d'acide, il faut ajouter à la marinade un peu de jus de citron.

Beignets de poires.—Entremets. On prend des poires qui conservent leur forme en cuisant; celles de bon-chrétien et de martin-sec ont surtout cette propriété; on les fait cuire comme une compote; étant cuites, on les laisse refroidir, et on les coupe par quartiers ou en tranches; on les trempe dans une pâte à frire, et on les fait frire rapidement.

Beignets d'abricots.—Entremets. Prenez des abricots qui ne soient pas entièrement mûrs; ouvrez-les en deux, ôtez les noyaux, et saupoudrez avec du sucre en poudre : trempez dans une pâte et faites frire.

Beignets de cerises et de prunes.—Entremets. Prenez des cerises et des prunes à moitié desséchées au four; marinez-les avec de l'eau-de-vie, du sucre en poudre et deux amandes amères concassées.

Faites frire après les avoir trempées dans la pâte. Il faut ôter les noyaux.

BETTE. C'est la poirée, dont on joint souvent les feuilles à l'oseille pour en adoucir l'acidité. Les grosses côtes des plus grandes feuilles se mangent sous le nom de *cardes*.

Cardes de poirée. — Entremets. Faites-les cuire dans de l'eau avec un peu de sel; quand elles sont cuites mettez-les égoutter.

Faites une sauce blanche avec une pincée de farine, du bouillon, du beurre, sel, poivre et un filet de vinaigre; faites-la lier sur le feu, et mettez-y bouillir les cardes pour qu'elles prennent goût. Ajoutez, en servant, une liaison de jaunes d'œuf.

Les cardes sont par elles-mêmes assez insipides, elles ont besoin d'être relevées par un peu d'assaisonnement.

BETTERAVES. Les jaunes sont plus sucrées et moins âcres que les autres.

Betteraves frites. — Entremets. Faites-les cuire au four ou sous la cendre, et après les avoir pelées, coupez-les en tranches un peu épaisses; trempez-les dans une pâte à frire, et faites frire de belle couleur. Assaisonnez auparavant les betteraves et la pâte avec sel, poivre, et un filet de vinaigre ou de verjus.

Betteraves en salade.—Entremets. Faites-les cuire au four; coupez-les en tranches, et marinez-les avec huile, vinaigre, sel et poivre.

Ainsi marinées on les ajoute aux salades d'herbes comme garniture.

BEURRE. Le beurre est, de toutes les matières grasses qu'on tire des substances animales, la plus voisine de l'état végétal; il est certainement plus aisé à digérer que l'huile d'olives, mais aussi il rancit bien vite, et d'autant plus vite qu'il conserve encore un peu de sérosité laiteuse; en le faisant fondre on lui ôte cette sérosité, on le rend plus compacte, moins pénétrable par l'air, et on le conserve long-temps sans qu'il rancisse; mais il acquiert, par cette opération, une âcreté particulière qui est due au développement de plusieurs acides; en général, le meilleur beurre, pour tous les usages de la cuisine, est celui qui, n'ayant pas commencé à rancir, n'a point éprouvé l'action du feu.

Beurre fondu. Faites fondre trente livres de beurre avec quelques clous de girofle, trois feuilles de laurier; laissez cuire à petit feu pendant trois heures sans écumer; lorsqu'il est parfaitement clair, retirez le chaudron du feu; laissez reposer une heure, et écumez ensuite; versez-le dans des pots de grès; mettez à part et consommez d'abord la dernière portion qui est un peu louche. Lorsque le beurre est pris, couvrez les pots avec de fort papier mis en double, ou mieux avec du parchemin mouillé, et mettez-les dans un endroit frais. On pose, sur les couvertures en papier, une ardoise ou une tuile, pour empêcher les souris et les insectes de s'introduire dans les pots.

Autre manière de faire fondre le beurre. Le but qu'on se propose, en faisant fondre le beurre, est de le séparer d'un peu de *serum* et de fromage, qu'il retient toujours à l'état frais, et qui contribue à accélérer son altération; on atteint ce but en laissant le beurre en fusion pendant long-temps à une température supérieure à celle de l'eau bouillante; la partie aqueuse du *serum* s'évapore, et la partie solide se précipite avec le fromage; le beurre se trouve débarrassé de toutes les matières étrangères; mais il éprouve, dans cette opération, un changement qui altère sa saveur, et qui ne permet plus de l'employer dans beaucoup de cas.

Pour éviter cet inconvénient, fondez le beurre au bain-marie. Il ne faut pas que l'eau du bain-marie bouille, il suffit qu'elle ait une chaleur assez forte pour fondre le beurre complétement; tenez-le dans cet état pendant deux ou trois heures; et lorsqu'il est bien clarifié, laissez-le refroidir; séparez le beurre de son dépôt, grattez le dessous du pain; faites-le refondre et versez-le dans de petits pots contenant chacun deux ou trois livres. Couvrez et conservez comme il a été prescrit ci-dessus. Le beurre doit être fondu dans un vase de fer-blanc ou de poterie, pour qu'il ne se forme pas de vert-de-gris pendant le refroidissement.

Beurre salé. Lavez le beurre à plusieurs eaux, en le pétrissant pour en faire sortir tout le *serum* qu'il contient; rassemblez-le ensuite en tas, et pressez-le pour le débarrasser de l'eau qu'il peut avoir retenu; prenez-en à la fois deux ou trois livres que vous étendrez de l'épaisseur de cinq à six lignes, avec un rouleau, sur une table bien propre et mouillée; saupoudrez par-dessus du sel fin et bien sec, à raison d'une demi-once par livre, pour le beurre à demi-sel, et d'une once pour le beurre salé. Repliez en trois le gâteau de beurre, pétrissez-le bien, et mettez-le ensuite dans un pot de grès, en le pressant pour qu'il ne reste pas de vide; continuez ainsi jusqu'à ce que tout le beurre soit préparé; terminez en mettant sur la dernière couche de beurre, deux doigts de sel.

Lorsqu'on entame un pot de beurre salé, on est obligé d'ôter le sel qui le recouvre ; alors la superficie et tout le tour de la masse, qui est presque toujours détachée du pot, se trouvent en contact avec l'air et se rancissent.

Pour prévenir cet inconvénient, faites, à chaud, une saumure saturée de sel ; laissez-la refroidir et versez-la dans le pot de beurre, jusqu'à ce que la superficie soit couverte de deux ou trois doigts. Mettez sur le beurre un caillou ou un morceau de grès bien propre pour l'empêcher de flotter sur la saumure, s'il se détachait du pot, ce qui arrive souvent : par ce moyen, le beurre ne sera pas exposé à se rancir, et il restera bon jusqu'à la fin. (*Voyez* Élémens de sauces.)

BIÈRE. Boisson fermentée faite avec de l'orge germée et séchée, du houblon et de l'eau. La bière varie en force et en qualité suivant les proportions dans lesquelles ces substances entrent dans sa fabrication.

Le houblon est associé à l'orge dans la fabrication de la bière, non-seulement à cause de la saveur agréable qu'il lui communique, mais aussi parce qu'il en retarde la dégénération acide ; plus la bière est chargée de houblon, plus elle se conserve, lorsqu'elle est convenablement préparée.

Toutes les substances amères ont la propriété de conserver la bière : les brasseurs le savent fort bien, et plusieurs d'entre eux, pour épargner la dépense du houblon qui est cher, lui substituent l'ortie, le buis, et même l'opium. Ces sophistications ne sont pas toujours sans danger.

La petite bière étanche bien la soif et d'une manière durable ; en même temps elle nourrit ; elle excite légèrement les organes digestifs et la sécrétion des urines : Sydenham la recommande aux goutteux. Il était lui-même atteint de la goutte et il s'en trouvait bien.

Les bières fortes, telles que le porter et l'ale, dont

les Anglais font un grand usage, contiennent beaucoup plus d'alcool que la petite bière; elles font en conséquence renouveler plus promptement le sentiment de la soif; elles excitent vivement, et on ne doit en boire qu'avec beaucoup de modération.

Les bières fortes, prises en grande quantité, produisent des vertiges, une ivresse accompagnée d'indigestion, et plus durable que celle des vins alcooliques. Il est cependant bien constaté que les bières les plus fortes contiennent à peine autant d'alcool que des vins que nous considérons comme faibles : on est fondé par cette observation à admettre qu'il existe dans la bière un principe enivrant tout-à-fait étranger à l'alcool.

BISQUE. C'est une espèce de potage ou ragoût qu'on compose de diverses manières. (*Voyez* Potages.)

BLANC. (*Voyez* Sauces.)

BLANC-MANGER. Quelle que soit la manière dont on le fait, c'est toujours une gelée animale rendue blanche et opaque par l'addition d'un lait d'amandes; on y ajoute aussi divers aromates et d'autres substances qui en varient la qualité.

Blanc-manger simple. — Entremets. Faites un lait d'amandes avec six onces d'amandes douces et une douzaine d'amandes amères; ajoutez en pilant très-peu d'eau, et délayez la pâte avec un demi-litre de lait, avant de l'exprimer.

Faites dissoudre huit onces de sucre dans ce lait d'amandes, et ajoutez-y vingt-quatre onces de gelée forte (*voyez* Gelée); faites fondre sur le feu, et emplissez-en des petits pots, ou un moule que vous renverserez sur une assiette avant de servir. Il faut que la gelée soit forte pour qu'on puisse la renverser. Dans les temps chauds il faut poser le moule sur la glace.

Le blanc-manger a besoin d'être aromatisé avec de l'eau de fleurs d'orange.

Quand le blanc-manger a pour base une gelée faite

avec de la gélatine pure, comme la colle de poisson ou celle qu'on extrait des os, c'est un aliment léger qui convient beaucoup lorsqu'il s'agit de tempérer et de rafraîchir; mais quand on y emploie la gelée qu'on obtient en faisant réduire un bouillon de viande dégraissé, comme elle contient alors plus ou moins d'*osmazome* (*voyez* ce mot), le blanc-manger devient alors tonique et il acquiert une propriété excitante.

Autre blanc-manger. — Entremets. Pilez un quarteron d'amandes mondées, en ajoutant un peu d'eau pour empêcher la séparation de l'huile; ajoutez-y un demi-litre de consommé fait sans légumes et complétement dégraissé : au lieu de légumes on met dans le pot où se fait le consommé deux ou trois clous de girofle, un bâton de cannelle et du sel. Quand le bouillon est bien mêlé avec les amandes, on y ajoute deux onces environ de blanc de volaille rôtie, haché et pilé, après qu'on en aura ôté la peau, les nerfs et les os.

Au lieu de volaille, on peut se servir de veau rôti bien blanc; on peut ajouter aussi, gros comme un œuf de mie de pain de gruau, ce qui rendra le blanc-manger plus épais.

Le tout bien mêlé, on passe à l'étamine en tordant, et on reverse ce qui a passé sur le marc, en tordant toujours pour extraire tout ce qui peut l'être.

On verse ce qui a passé dans un poêlon en ajoutant le jus d'un ou deux citrons et un quarteron de sucre, plus ou moins, selon le goût. On met le poêlon sur un feu vif; on remue d'abord pour que le blanc-manger s'épaississe, et on le laisse un peu reposer; ensuite on le remue de temps en temps avec une cuillère. On en verse sur une assiette, et quand il se prend en gelée en refroidissant, il est cuit.

Dans cette préparation, la gelée se fait par la réduction d'un consommé, c'est-à-dire, d'un bouillon de viande très-chargé. On y ajoute en outre de la viande pilée : tout se réunit donc pour en faire un aliment d'une digestion facile sans doute, mais tonique et même très-excitant.

BIGARADE. Espèce d'orange dont le suc acide est employé comme assaisonnement. On emploie au même usage son écorce, dont l'arome diffère de celui des autres espèces.

BLANQUETTE. Espèce de ragoût qui se fait avec des viandes blanches. (*Voyez* Veau, Volaille, Agneau.)

BLETTE. Espèce de plante dont on ajoute la feuille à celle de l'oseille pour tempérer l'acidité de celle-ci.

BISCUIT. (*Voyez* Pâtisserie.)

BLOND. Blond de veau ou jus blond. (*Voyez* Élémens de sauces.)

BLANCHIR. C'est jeter, pendant quelques instans, dans l'eau bouillante les viandes, les poissons et les légumes, pour lesquels cette opération est indiquée.

On blanchit les légumes pour leur ôter quelque principe âcre ou amer; les poissons pour les *limoner*, c'est-à-dire pour leur ôter une substance visqueuse qui adhère à leur peau ou à leurs écailles, et les viandes pour les dégorger. Pour ces dernières, l'eau dans laquelle on les blanchit ne doit être que médiocrement chaude, à moins que le contraire ne soit indiqué dans les prescriptions.

BOEUF. La chair du bœuf, provenant d'un animal de quatre à cinq ans, imprégnée de graisse sans l'être trop, est éminemment alimentaire, et d'une facile digestion pour tous les estomacs sains. La chair des bœufs qui ont été fatigués par un trop long travail, celle des vaches qui ont porté plusieurs fois, est presque toujours lâche et fibreuse, et alors elle ne peut être digérée que par les estomacs robustes.

La chair du bœuf étant celle dont la consommation est la plus étendue, et contenant, dans de justes proportions, tous les principes qui se retrouvent plus ou moins dans les autres viandes, il serait assez naturel d'exposer ici les propriétés particulières de chacun de ces principes; mais comme c'est par ces propriétés qu'on explique ce qui se passe dans une des opérations les plus répétées de la cuisine, la décoction des viandes pour faire du bouillon, je renvoie l'exposé de ces propriétés à l'article Bouillon.

Je renvoie également, aux mots Rôti et Braise ou Étuvée, quelques considérations sur ces modes de cuisson des viandes, qui s'appliquent à celles de tous les animaux servant à notre nourriture.

Il ne sera traité ici que de la chair de bœuf proprement dite; pour le reste, c'est-à-dire pour les parties qu'on nomme en général *issues*, *voyez* Bouilli, Cervelle, Gras-double, Langue, Palais, Queue, Rognons.

Bœuf bouilli. Quel que soit le morceau, il faut le désosser et le ficeler avant de le mettre dans la marmite. On lui donne en le ficelant une forme régulière, un peu bombée en dessus, qui doit être le côté couvert de graisse. Quand la viande est trop sèche, on la pique en travers avec du gros lard, ou avec de la graisse de bœuf prise sur le rognon.

Le plat sur lequel on sert le bœuf doit être garni de persil en branches.

On peut faire pour le bœuf une sauce aux anchois de la manière suivante: hachez des anchois après les avoir fait dessaler pendant une demi-heure, et ôtez l'arête; passez-les au beurre avec un peu de farine; mouillez avec du bouillon, et ajoutez des cornichons coupés en dés; assaisonnez de poivre et de muscade; faites cuire à petit feu: ajoutez une cuillerée de câpres avant de servir.

On sert aussi le bœuf avec une sauce tomate. (*Voyez* Sauces, Bouilli.)

Les sauces, pour le bœuf, se servent dans une saucière.

Garniture de choucroute. Lavez la quantité de choucroute nécessaire; mettez-la dans une casserole avec des tranches de petit lard, un cervelas et des saucisses; mouillez avec du bouillon et de la graisse d'oie ou de volaille, faites cuire pendant deux heures à petit feu : dressez le bœuf sur un plat, et entourez-le de choucroute égouttée, avec les saucisses, et le cervelas dépouillé de son enveloppe et coupé en tranches.

Miroton. — *Entrée.* Prenez un plat qui supporte le feu, versez-y de bon bouillon non dégraissé, avec persil, ciboules, câpres, un anchois et une pointe d'ail, le tout haché, sel et poivre; mettez par-dessus, le bœuf coupé en tranches minces; assaisonnez comme en dessous; couvrez le plat et faites bouillir à petit feu pendant une demi-heure.

Autre. Coupez le bœuf en tranches minces; coupez toujours en travers pour que la viande soit courte; coupez aussi en tranches une douzaine d'ognons; passez-les au beurre ou avec de la graisse de potage, jusqu'à ce qu'ils soient roux; ajoutez un peu de farine et mouillez avec du bouillon; assaisonnez de sel, poivre et un filet de vinaigre; faites bouillir un quart d'heure, et versez sur le bouilli disposé dans un plat; faites bouillir doucement pendant une demi-heure.

On couvre, si l'on veut, le miroton avec de la chapelure.

Hachis de bœuf. — *Entrée.* Hachez quelques ognons avec persil, ciboules, un peu de basilic ou de thym; passez-les au beurre, jusqu'à ce qu'ils soient presque cuits; ajoutez une demi-cuillerée de farine, et tournez jusqu'à ce qu'elle ait pris une belle couleur; mouillez avec du bouillon, un demi-verre de vin blanc; assaisonnez de sel et poivre; quand l'ognon est bien cuit et la sauce réduite, mettez le bœuf haché; laissez-le pendant une demi-heure sur un feu doux.

On ajoute, si l'on veut, de la moutarde.

Quenelles de bœuf bouilli. — *Entrée.* Hachez finement du bœuf bouilli avec des pommes de terre cuites, du beurre ou de la graisse de potage, et quelques œufs entiers; maniez bien le tout, et formez-en des boulettes que vous passerez au beurre dans une casserole. Servez à sec ou avec une sauce piquante.

Les quenelles sont meilleures lorsqu'on les fait avec un hachis comme ci-dessus.

Bœuf bouilli en matelote.—*Entrée.* Faites un roux avec du beurre et une demi-cuillerée de farine; passez-y des petits ognons entiers, et faites-les cuire à moitié; mouillez avec moitié vin rouge et moitié bouillon gras ou maigre; ajoutez un peu de beurre et quelques champignons si vous en avez, sel, poivre, et une feuille de laurier : quand les ognons sont bien cuits, versez le tout sur les tranches de bouilli préparées dans un plat, que vous mettrez sur un feu doux, pour faire mijoter la matelote pendant une demi-heure.

Bifteck.—*Entrée.* Coupez des tranches de filet de l'épaisseur du doigt, battez-les; graissez avec un peu de beurre le fond d'une sautoire, espèce de casserole très-peu profonde; placez-y les biftecks, et mettez la sautoire sur un feu vif; retournez-les; et quand ils sont cuits, mettez-les dans un plat chaud, avec gros comme une noix, sur chacun, de beurre manié avec des fines herbes, sel et poivre; ajoutez un peu de jus de citron.

Les biftecks aux pommes de terre se font de même; seulement on garnit le plat avec des pommes de terre coupées en long, et passées au beurre jusqu'à ce qu'elles aient pris une belle couleur.

On sert aussi les biftecks avec un beurre d'anchois;

Ou avec une sauce tomate;

Ou avec une garniture de cresson de fontaine ou de cresson alénois. On ajoute un jus de citron.

Bifteck au vin de Madère. — *Entrée.* Coupez en tranches un filet de bœuf paré auparavant; battez-les, frottez de beurre une sautoire, et mettez-y les biftecks, en les saupoudrant de sel et poivre; posez sur un feu vif pour que la viande soit saisie; retournez les morceaux, et ne les laissez pas trop cuire; mettez dans la sautoire un verre de vin blanc, ajoutez un peu de gelée, et faites réduire vivement; versez sur les biftecks, que vous aurez retirés de la sautoire pour les dresser sur un plat chaud.

Filet de bœuf rôti. — *Rôt.* Parez un filet et piquez-le finement; attachez-le sur la broche au moyen d'un atelet: donnez-lui une forme régulière. Ne faites pas trop cuire. On sert avec une sauce piquante ou une sauce tomate.

Aloyau rôti. Il faut l'embrocher de manière que le poids soit égal de tous les côtés; mettez des brochettes pour le contenir dans la même position. Ne faites pas trop cuire ni surtout dessécher. Servez avec les mêmes sauces que le filet.

On doit manger l'aloyau rôti un peu rouge et saignant: la chair est plus tendre et plus délicate. Ceux qui le veulent plus cuit le coupent par tranches et y font une sauce avec le jus, sel, poivre, un peu de vinaigre, quelques anchois et des câpres.

On fait bouillir un peu la sauce avec les tranches. (*Voyez* Aloyau.)

Hachis de bœuf rôti. — *Entrée.* Faites roussir une cuillerée de farine dans du beurre, et passez-y la viande hachée très-fin; mouillez avec un fond de braise, ou à défaut, avec du bouillon et du vin; assaisonnez de sel, poivre et fines-herbes hachées. Ajoutez, sur la fin, un morceau de beurre.

Servez avec des croûtons passés au beurre, ou avec des œufs mollets disposés régulièrement.

Hachis à la lyonnaise. — *Entrée.* Hachez très-fin deux cervelles cuites à l'eau, avec du bœuf rôti; ajoutez du beurre d'anchois (*voyez* Élémens de Sauces) et trois ou quatre jaunes d'œuf; assaisonnez de sel, poivre, muscade et fines herbes; formez-en des boules de moyenne grosseur; roulez-les dans la mie de pain, et passez-les au beurre jusqu'à ce qu'elles aient pris une belle couleur.

Servez avec une sauce tomate ou à sec.

Émincé d'aloyau. — *Entrée.* Passez l'émincé dans un roux fait avec une demi-cuillerée de farine et du beurre; mouillez avec moitié bouillon, moitié vin; assaisonnez de sel, poivre, muscade, une pointe d'ail et un bouquet garni; faites bouillir et réduire; ajoutez, au moment de servir, une cuillerée d'huile.

La chair de bœuf rôtie durcit ordinairement pendant les premiers momens de l'ébullition qu'on lui fait éprouver, mais si l'ébullition se prolonge, elle s'attendrit et s'imprègne intimement de l'assaisonnement, ce qui la rend plus savoureuse.

Aloyau à la braise. — *Entrée.* Prenez un aloyau bien garni de filets; piquez-le de gros lard assaisonné d'épices et fines herbes hachées; garnissez le fond d'une braisière de bardes de lard et de tranches de bœuf maigre, épaisses d'un doigt et battues; assaisonnez d'épices mélangées et de sel, fines herbes, une feuille de laurier; ajoutez des ognons et carottes, et la moitié d'un citron coupé en tranches; mettez l'aloyau dans la braisière, les filets au fond pour qu'ils prennent plus de goût; ficelez-le auparavant pour pouvoir le tirer sans le défaire quand il sera cuit; assaisonnez dessus comme dessous, mouillez avec un verre de bouillon et autant de vin blanc, et couvrez avec des bardes de lard et des tranches de bœuf. Lutez le couvercle de la braisière avec de la pâte; faites cuire feu dessus, feu-dessous.

Lorsque l'aloyau est cuit, tirez-le de la braisière,

laissez-le égoutter; mettez-le dans un plat; dégraissez le fond de cuisson de la braise, passez-le au tamis et versez sur l'aloyau.

On peut aussi servir l'aloyau braisé avec un ragoût de riz de veau, foie gras, champignons, culs d'artichauts, etc.

Bœuf à la mode. — *Entremets.* On prend un bon morceau de cuisse, on le bat et on le pique de gros lard assaisonné; on le met dans une casserole avec sel, poivre, laurier et citron vert; on lute le couvercle avec de la pâte, et on pose la casserole sur un feu doux. On laisse le bœuf *suer*, en entretenant toujours petit feu jusqu'à ce qu'il ait jeté tout son jus; alors, quand il est presque cuit, on ajoute un verre de bon vin et on le fait bouillir; quand le jus est assez réduit, on tire le bœuf pour le servir avec un jus de citron.

Voici une autre manière :

Faites un roux, et passez-y le morceau de bœuf; ajoutez des carottes, quelques ognons, sel, gros poivre, et un bouquet garni. Mouillez avec moitié vin et moitié bouillon. Faites cuire à petit feu : dégraissez.

Bœuf à la maître d'hôtel. — *Entrée.* Prenez un morceau de poitrine; faites-le cuire à moitié dans une marmite; ensuite piquez-le de gros lard assaisonné : mettez-le dans une casserole avec bardes de lard au fond, sel, poivre, fines herbes en bouquet, laurier, un verre de vin blanc et autant de bouillon. Étant cuit, dressez le morceau dans un plat, et mettez par-dessus un ragoût de champignons, huîtres, câpres et olives tournées, c'est-à-dire dont on a séparé les noyaux de la chair.

Bœuf à l'écarlate. — *Entremets.* Dressez un beau morceau de bœuf, piquez-le de gros lard assaisonné; frottez-le avec du salpêtre, deux gros par livres, et mettez-le dans une terrine avec genièvre concassé, thym, basilic, gros poivre, clous de girofle.

Saupoudrez avec un mélange de trois quarts de sel et un quart de cassonnade; employez-en deux onces par livre de viande : laissez le morceau pendant huit jours dans la saumure en le retournant souvent. Lorsqu'il a pris le sel, faites-le tremper pendant deux heures dans l'eau froide, ou lavez-le avec de l'eau chaude; enveloppez d'un linge blanc et ficelez; faites cuire à petit feu, avec moitié vin rouge et moitié eau, des ognons, des carottes, un panais, une gousse d'ail et un bouquet garni. Quand la pièce est cuite, ce qui n'a lieu qu'après cinq ou six heures, laissez refroidir dans sa cuisson, si le vase employé est de terre, mais s'il est de cuivre, mettez le bœuf dans une terrine, et versez la cuisson par-dessus.

On pare le morceau avant de servir, pour enlever la superficie qui n'est pas rouge.

Bœuf à la braise. — Entremets. Prenez un bon morceau de culotte coupé carrément, désossez-le, et piquez-le de gros lard assaisonné. Mettez le morceau dans une braisière, ou dans une terrine proportionnée à sa grosseur, avec des carottes, ognons et un bouquet garni. Le fond de la braisière doit avoir été préalablement couvert de bardes de lard; ajoutez la moitié d'un jarret de veau; assaisonnez de sel et gros poivre, clous de girofle. Mouillez avec du bouillon et un bon verre de vin blanc; lutez le couvercle avec de la pâte, et faites cuire à petit feu. Au moment de servir, dégraissez et servez avec les légumes autour. Quand on veut servir la pièce froide, on passe la cuisson, et on la laisse refroidir dans un vase de faïence, jusqu'à ce qu'elle soit prise en gelée : on sert la pièce avec la gelée autour. On ne sert pas le jarret de veau, qui n'est mis dans la braise que pour faire de la gelée.

On prépare aussi à la braise l'entre-côte et le filet. On ajoute à la cuisson, passée au tamis, un beurre d'anchois, ou de la marmelade de tomates, ou des cornichons. On se sert des parures du filet pour garnir la braisière.

Noix de bœuf braisée. — *Entremets* ou *Entrée*, selon que la pièce est servie froide ou chaude. Piquez une noix de bœuf avec du gros lard assaisonné. Couvrez le fond de la braisière avec des bardes de lard et des émincés de veau. Après avoir placé la noix, couvrez-la de bardes et d'émincés, ou de parures de viandes et de volailles; ajoutez des carottes et ognons, un bouquet garni, sel et poivre; mouillez avec une bouteille de bon vin blanc et un petit verre d'eau-de-vie : lutez la braisière, et faites cuire à petit feu.

Pour servir la pièce chaude, dégraissez la cuisson, faites-la réduire, et liez-la en y délayant une cuillerée de marmelade de tomates. (*Voyez* Élémens de Sauces.)

Si on se propose de servir la pièce froide, il faut ajouter dans la braise, un jarret de veau coupé en plusieurs morceaux. On passe la cuisson, et si elle est trouble, on la clarifie avec un blanc d'œuf. (*Voy.* Clarifier.)

Autre bœuf à la mode. Faites un roux, et lorsqu'il a pris une belle couleur, passez-y le morceau de bœuf, mouillez avec du bouillon : ajoutez des carottes, des ognons, un bouquet garni, sel et gros poivre. Faites cuire à petit feu, et dégraissez avant de servir.

Entre-côte grillée. — *Entrée.* Ne laissez que l'os principal de la côte; battez-la, et trempez-la dans du beurre fondu après l'avoir manié avec de la mie de pain : faites griller à petit feu sans dessécher. La chair de bœuf doit toujours rester un peu rouge intérieurement après la cuisson; elle en est plus tendre et plus délicate.

Servez avec une sauce piquante, dans laquelle vous mettrez des cornichons.

On peut aussi servir l'entre-côte avec une sauce tomate (*voyez* Sauces), ou avec une purée d'ognon (*voyez* Ragoût), ou avec un beurre d'anchois. (*Voyez* Élémens de Sauces.)

Bœuf à la béarnaise.—*Entrée* ou *Rôt*. Faites bouillir dans la marmite un morceau de poitrine de bœuf : retirez-le lorsqu'il est à moitié cuit ; faites-le égoutter et refroidir ; piquez-le de gros lard assaisonné (*voyez* Lard assaisonné), et mettez-le à la broche ; arrosez, pendant la cuisson, avec une marinade composée de vinaigre, sel, poivre, muscade, ognon haché et écorce de citron râpée. Lorsque le morceau est assez cuit, débrochez-le pour le faire mijoter dans la marinade coupée avec du bouillon ou avec du jus.

Roulade de bœuf. — *Entrée* ou *Entremets.* Prenez des tranches de bœuf larges et épaisses d'un doigt ; battez-les avec le couperet : faites une farce avec du blanc de volaille, de la rouelle de veau, du lard gras et maigre, une cervelle ou un riz de veau, persil, ognons et champignons, le tout haché ; assaisonnez convenablement ; et, pour lier la farce, ajoutez quatre jaunes d'œuf et un peu de crème. Étendez cette farce sur les tranches, et roulez-les sur elles-mêmes ; faites cuire dans une braise (*voyez* Braise) à petit feu : dégraissez la cuisson, faites-la réduire et passez-la.

On peut y ajouter, au moment de servir, de la conserve de tomate, ou un beurre d'anchois.

Si l'on veut servir à froid, faites réduire fortement la cuisson après l'avoir passée ; versez-la dans un plat, et posez la roulade par-dessus.

Côte de bœuf à la casserole. — *Entrée.* Piquez une côte, de gros lard assaisonné, et passez-la au beurre jusqu'à ce qu'elle ait pris une belle couleur des deux côtés ; il faut pour cela un feu un peu vif ; étouffez-le ensuite et laissez cuire doucement.

Ajoutez à la cuisson des cornichons coupés en tranches, et après leur avoir fait faire quelques bouillons, versez sur la côte dressée dans un plat.

Côte de bœuf à la lyonnaise. — *Entrée.* Passez

une côte dans une casserole, avec quatre cuillerées d'huile, sur un feu vif : faites prendre couleur, modérez ensuite le feu. Lorsque la côte est cuite, dressez-la sur un plat, et couvrez-la d'un ragoût d'ognons préparé de la manière suivante :

Coupez de gros ognons en deux et ensuite en tranches; remettez un peu d'huile dans la casserole, et, quand elle est bien chaude, jetez-y l'ognon, et faites-le frire jusqu'à ce qu'il ait pris une belle couleur ; ajoutez alors suffisante quantité de vinaigre, ou de la moutarde, sel, poivre, et un peu de bouillon.

BOISSON. (*Voyez* Bière, Cidre, Eau, Eau-de-vie, Vins.)

BONNE-DAME. C'est la même plante que l'arroche, qu'on associe à la poirée et à l'oseille pour en tempérer l'acidité.

BOUILLIE. Farine ou fécule cuite dans du lait.

La bouillie la plus légère est celle qui est faite avec la fécule de pommes de terre ; c'est aussi celle qui a le moins besoin d'une longue cuisson.

La bouillie, faite avec la farine de froment, séchée au four jusqu'à être légèrement roussie, est plus alimentaire que celle de fécule, et plus digestible que celle qu'on fait avec la farine de froment non passée au four. Cette dernière, pour être saine, doit être très-cuite : on doit attendre qu'elle commence à *gratiner,* ce qui d'ailleurs contribue à lui donner de la sapidité.

On rend la bouillie beaucoup plus agréable en y ajoutant quelques jaunes d'œuf et un peu d'eau de fleurs d'orange.

BOUILLI. Mot générique qu'on applique à toutes les viandes qu'on a fait bouillir avec de l'eau pour en extraire une partie des sucs.

Le bouilli retient peu de parties solubles. Plus le bouillon est chargé, moins la viande retient de gélatine et d'osmazome (*voyez* Bouillon), et les parties fibreuses, quoique amollies et attendries par la décoction, doivent être d'autant moins digestibles qu'elles ont été plus dépouillées de leurs parties solubles. Ainsi, quoique la substance fibreuse soit alimentaire, comme elle est d'autant plus soluble dans nos organes, qu'elle contient plus de gélatine et d'osmazome, il est évident que plus elle en est dépouillée par l'ébullition, moins elle est propre à la nutrition.

Enfin la viande bouillie a moins de saveur, elle est moins tonique, moins stimulante que le rôti.

Cependant on peut parvenir à faire cuire une viande quelconque par décoction, sans l'épuiser de tous ses sucs. Si, par exemple, au lieu d'eau, on met dans la marmite du bouillon déjà fait, la viande qu'on y ajoutera perdra moins de ses sucs, parce que l'eau, à mesure qu'elle se charge de sucs dissous, perd de sa propriété dissolvante : on obtient le même effet en mettant beaucoup de viande dans la marmite et peu d'eau ; le bouillon, dans ce cas, est très-chargé de gélatine et d'osmazome, et cependant la viande a peu perdu.

Dans la décoction, les viandes blanches s'épuisent beaucoup plus promptement que les autres. Si on les fait cuire avec beaucoup d'eau, sans addition d'autre viande, il n'en reste que la partie fibreuse qui ne conserve presque aucune sapidité. Si, au contraire, on fait bouillir une volaille avec beaucoup de viande et peu d'eau, et qu'on ait soin de la retirer avant que la chair se détache d'elle-même, elle conserve presque tous ses sucs, et devient un aliment savoureux.

L'établissement connu autrefois à Paris sous le nom de *Marmite perpétuelle* était une application des observations qui viennent d'être exposées : là on cuisait des volailles dans un bouillon complètement saturé et d'ailleurs peu étendu : les volailles n'y pouvaient donc rien perdre. Ce bouillon était toujours le même, en ce sens qu'on ne l'épuisait jamais entièrement, et qu'on ne faisait qu'y ajouter un peu d'eau pour réparer les pertes de l'évaporation, etc.; de là la dénomination de *Marmite perpétuelle*. Les volailles qui en sortaient étaient excellentes. Cet établissement n'existe plus.

Bouillon gras. Pour bien comprendre ce qui se passe quand on fait cuire, dans de l'eau, une viande quelconque, il est indispensable de connaître les propriétés des principes constituans de la chair des animaux.

Ces principes sont : la *fibrine*, la *gélatine*, l'*osmazome*, la *graisse* et l'*albumine*.

La *fibrine* est insoluble; c'est elle qui fait la base des muscles ou de la chair proprement dite. Quand un morceau de viande a long-temps bouilli dans un grand volume d'eau, ce qui en reste est de la fibrine presque pure. La fibrine est peu alimentaire; et, lorsqu'elle est entièrement épuisée des principes solubles auxquels elle était unie, sa digestion est difficile pour les estomacs qui ne sont pas doués d'une grande force. La fibrine pure n'a aucune saveur.

La *gélatine* est soluble dans l'eau chaude ou bouillante; dans l'eau froide elle se gonfle et ne se dissout que très-imparfaitement. Elle est la base et la partie nourrissante du bouillon; c'est elle qui, lorsqu'elle est abondante, lui donne la propriété de se prendre en gelée en se refroidissant. La gélatine existe dans toutes les parties de la chair, mais plus abondamment dans les cartilages et dans les os. La gélatine pure est insipide.

L'*osmazome* est très-soluble, même à froid; c'est le principe sapide des viandes. Il paraît n'exister que dans les chairs et le sang; les cartilages, les graisses et les os en sont dépourvus. C'est à l'osmazome que le bouillon doit sa saveur, et l'arome particulier qui le caractérise. L'osmazome a une propriété stimulante bien déterminée; il excite l'appétit, et contribue à rendre les digestions plus faciles.

La *graisse* est insoluble dans l'eau : elle se fond par la chaleur, et vient nager à la surface du liquide ; mais comme elle est enveloppée dans des cellules formées par une membrane très-fine qui ne se dissout pas, une partie de la graisse reste toujours adhérente aux fibres, à moins que l'ébullition ne soit très-prolongée ; celle qui s'élève à la surface provient des cellules qui n'étaient pas entières, ou qui ont été brisées par la force de l'ébullition. La graisse existe séparément dans certaines parties des animaux, et dans d'autres, elle est interposée dans les fibres. Ces dernières sont toujours les plus tendres, les plus digestibles et les plus nourrissantes.

La graisse seule ne peut être digérée que par les estomacs les plus robustes.

L'*albumine* est de la même nature que le blanc d'œuf : elle est soluble dans l'eau froide ou tiède, et se coagule à un degré de chaleur inférieur à celui de l'eau bouillante. L'albumine abonde dans le sang : on la retrouve aussi dans toutes les parties de la chair.

C'est l'albumine qui, en se coagulant après avoir été dissoute, forme ce qu'on appelle l'*écume* à la surface du liquide dans lequel on fait cuire de la viande. Et, d'après ce qui a été dit précédemment de l'abondance de l'albumine dans le sang, on conçoit que, moins la viande a été saignée, plus elle doit donner d'écume. Mais, d'un autre côté, comme le sang contient beaucoup d'osmazôme, la viande peu saignée produit un bouillon plus savoureux que celle qui l'a été davantage.

La propriété que possède l'albumine de se coaguler au-dessous de la température de l'eau bouillante, explique les résultats différens que l'on obtient de la cuisson de la viande dans l'eau, selon la manière dont on y procède.

Il est évident que, si l'on met la viande dans la marmite lorsque l'eau bout, ou si l'on fait bouillir l'eau avec rapidité, l'albumine, en se coagulant dans le premier cas à la surface, et dans le second à l'intérieur de la viande, doit empêcher la gélatine et l'osmazome de se dissoudre dans l'eau, et qu'on ne peut obtenir, en procédant ainsi, qu'un bouillon peu substantiel et sans parfum.

La coagulation de l'albumine, à l'intérieur des morceaux de viande, a toujours lieu plus ou moins, suivant leur grosseur, parce que les points les plus éloignés de la surface prennent toujours le degré de chaleur qui coagule l'albumine avant que celle-ci soit entièrement dissoute. Ce qui le prouve, c'est qu'une forte pièce de bœuf, surtout lorsqu'elle est épaisse, est toujours moins épuisée par l'ébullition qu'une plus petite et plus mince, quoiqu'on ait fait bouillir la première aussi long-temps, et dans un volume d'eau proportionné à sa grosseur.

Si on faisait cuire la viande dans la seule vue d'avoir du bouillon, il faudrait la hacher, la manier dans l'eau froide, et la faire chauffer lentement jusqu'à ébullition; par là on dépouillerait la viande de tous ses principes solubles, et on obtiendrait, en une demi-heure, un bouillon très-chargé.

Mais, comme dans la plupart des cas, on se propose d'obtenir à la fois de bon bouillon et un morceau de viande savoureux, il est nécessaire, pour atteindre ce double but, de mettre toujours dans la marmite un morceau de viande un peu gros, sauf à faire du bouillon pour deux ou trois jours, espace de temps pendant lequel il est facile de le conserver en toutes saisons, comme on le verra plus loin.

Les os sont composés d'une base terreuse à laquelle ils doivent leur solidité, de gélatine très-abondante, et d'une matière grasse analogue à la moelle. La gélatine est si abondante dans les os, que deux onces de ceux-ci en contiennent autant qu'une livre de viande. Cette gélatine, enveloppée dans la base terreuse, n'est soluble qu'à la surface des os entiers : si on les brise, comme on multiplie par là les surfaces, l'eau dissout plus de gélatine : elle la dissout entièrement quand les os sont broyés.

Cette gélatine des os est pure, et par conséquent insipide ; c'est ce qui a discrédité les bouillons faits uniquement avec les os ; mais lorsqu'on mêle les os concassés ou pulvérisés avec la viande, l'osmazome de celle-ci donne assez de parfum au bouillon, qui se trouve plus chargé de gélatine et plus nourrissant.

On a trouvé le moyen d'extraire la gélatine des os, et de la conserver indéfiniment à l'état sec. Ce moyen est dû à M. Darcet, l'un de nos chimistes à qui on doit le plus d'application de la science à l'économie domestique. Cette extraction a lieu en grand dans plusieurs établissemens dont les produits sont recherchés ; on commence à en faire un grand usage dans les préparations alimentaires.

Les viandes des vieux animaux contiennent plus d'osmazome que celle des jeunes. Les viandes brunes en contiennent plus que les blanches ; les premières donnent donc du bouillon plus parfumé.

Lorsque les viandes sont cuites à la broche, les propriétés de l'osmazome deviennent plus sensibles ; la sapidité est plus forte et l'arôme plus exalté ; c'est ce qui explique pourquoi on obtient un bouillon d'une saveur plus agréable, lorsqu'on met dans la marmite de débris de viandes rôties.

On obtient le même effet lorsque, avant de mettre la viande dans la marmite, on la fait ce qu'on appelle *suer* dans une casserole, c'est-à-dire chauffer à sec jusqu'à ce qu'elle commence à s'attacher.

La viande du bœuf est celle qui donne le meilleur bouillon ; celle du veau ne donne qu'un bouillon sans couleur et sans goût. Après la viande de bœuf, vient celle du mouton, qui donne un bouillon de bon goût pourvu que la chair ne soit pas trop grasse. Celle du mouton à grande taille communique souvent, surtout quand il est gras, un goût de suif au bouillon : elle n'a pas cet inconvénient quand elle est rôtie ou grillée.

Les volailles ajoutent peu à la sapidité du bouillon, à moins qu'elles ne soient vieilles et un peu grasses, car leur graisse a une saveur plus prononcée que celle des quadrupèdes. Le pigeon lorsqu'il est vieux, la perdrix et les lapins, ajoutent beaucoup à la sapidité et à l'arôme du bouillon. La chair de ces animaux n'est peut-être si abondante en osmazome que parce qu'elle contient tout leur sang.

La viande la plus fraîche donne de meilleur bouillon que celle qui est mortifiée.

D'après ce qui précède, il est facile d'indiquer la marche à suivre pour avoir toujours de bon bouillon sans trop épuiser la viande.

Prendre toujours le plus fort morceau de viande que comporte la consommation habituelle, en réunissant, s'il est nécessaire, celle de plusieurs jours ; par là on aura de meilleur bouillon et de meilleure viande, et il y aura économie de combustible. Choisir la viande la plus fraîche et la plus épaisse ; si le morceau est mince, il sera totalement épuisé par la cuisson.

Ne pas laver la viande, ce qui la dépouillerait d'une partie de ses sucs : la ficeler, après en avoir séparé les os, pour qu'elle ne se déforme pas ; mettre dans la marmite une pinte d'eau au plus par livre de viande.

Faire chauffer la marmite lentement. En opérant ainsi, l'albumine se dissoudra d'abord et se coagulera ensuite ; et, comme dans cet état, elle est plus légère que le liquide, elle s'élèvera à la surface en entraînant les impuretés qu'il peut contenir. L'albumine coagulée produit le même effet que les blancs d'œuf qu'on emploie pour clarifier.

En général l'écume est d'autant plus abondante que l'ébullition a été plus lente : il doit y avoir au moins une heure d'intervalle entre le moment où la marmite est mise au feu, et celui où l'écume se rassemble à la surface.

Lorsque l'écume est bien formée, on l'enlève. Il faut prévenir l'ébullition de la marmite, parce qu'alors l'écume se dissout en partie, et le surplus se précipite, ce qui trouble la transparence du bouillon. Si le feu est bien conduit, on n'a pas besoin de rafraîchir la marmite pour faire monter de nouvelle écume : cela n'est nécessaire que lorsque le feu a été trop fort dans le commencement.

Lorsque la marmite est bien écumée et qu'elle commence à bouillir, on sale et on met les légumes, qui consistent en trois carottes, deux navets, un panais et un bouquet de poireaux et de céleri ficelés. On peut ajouter aussi un quartier de chou et un ognon piqué de deux clous de girofle. On ajoute encore, pour donner de la couleur et un goût assez agréable au bouillon, la moitié d'un ognon brûlé et un fragment de carotte desséchée jusqu'à commencement de torréfaction.

On brise avec le couperet les os qui ont été séparés de la viande, et ceux qui restent des rôtis de la veille ; plus ils sont brisés, plus ils rendent de gélatine, qui est le principe nutritif du bouillon. Les parties cartilagineuses des rôtis doivent aussi être hachées grossièrement. On enferme le tout dans un sac de toile claire, et on le met dans la marmite. Si un morceau de mouton ou de veau a été ajouté à la viande de bœuf pour en compléter le poids, on peut, avec avantage, le faire griller légèrement avant de le mettre dans la marmite, ou le passer au beurre dans une casserole.

Six ou sept heures d'ébullition lente et toujours égale sont nécessaires pour que le bouillon acquière toutes les propriétés requises. Cette ébullition est toujours difficile à régulariser avec un feu de cheminée ; on y parvient au contraire sans peine et sans soin en employant le fourneau économique dont la planche I contient la figure. L'explication qui précède la planche indique la manière de se servir de ce fourneau.

Dans tous les cas, la marmite doit être couverte pour diminuer autant que possible l'évaporation. On ne doit jamais remplir la marmite, même lorsqu'on en retire du bouillon; cependant si la viande reste à découvert, il faut ajouter de l'eau bouillante jusqu'à ce que la viande soit baignée. Ceci, au surplus, ne doit s'entendre que pour les marmites qui sont posées devant un feu de cheminée; quand la marmite est engagée dans un fourneau économique, comme elle n'éprouve l'action du feu que par-dessous, et que les vapeurs qui s'élèvent retombent sans cesse, la viande peut rester sans inconvénient à découvert.

Consommé. Mettez dans la marmite un bon morceau de bœuf, une épaule de mouton bien dégraissée et cuite à moitié à la broche, un vieux chapon bien en chair; quelques carottes, ognons, dont un piqué de deux clous de girofle, navets, un panais et un pied de céleri. Mouillez avec du bouillon de la veille au lieu d'eau. On ne met pas de sel, puisque le bouillon est déjà salé.

Lorsque le chapon est suffisamment cuit, on le retire: si on le laissait plus long-temps, les chairs se détacheraient. On le sert au gros sel, avec un bol de consommé, ou au riz. (*Voyez* Chapon au riz.) On ne laisse le bœuf que quatre heures dans la marmite, après qu'elle a été écumée.

Le consommé réduit à moitié peut remplacer le jus dans toutes les sauces.

Autre consommé. Prenez un bon morceau de bœuf et un morceau de poitrine de mouton, passez-les dans une casserole, et faites-les suer jusqu'à ce qu'ils commencent à s'attacher, comme lorsqu'on fait du jus. Cela fait, mouillez avec du bouillon pour dissoudre la glace qui s'est formée, et mettez le tout dans la marmite, avec une vieille volaille ; achevez de remplir avec du bouillon. Écumez, et ensuite faites bouillir doucement pendant cinq ou six heures.

Pour conserver le bouillon. On sait avec quelle promptitude le bouillon s'aigrit dans les temps chauds. Tous les moyens usités pour prévenir cette altération sont sans effet ; elle a lieu dans les garde-manger les mieux exposés, et même dans les caves les plus fraîches, où d'ailleurs le bouillon est sujet à contracter un mauvais goût. Il y a un moyen fort simple, mais sûr, de conserver le bouillon en tout temps. Il consiste à le faire bouillir soir et matin dans les plus fortes chaleurs, et une fois en vingt-quatre heures dans les temps ordinaires. On peut, en usant de ce moyen, le conserver presque indéfiniment. L'ébullition détruit le principe fermentescible, comme cela est prouvé par les résultats du procédé de M. Appert, qui consiste, comme on sait, à faire chauffer au bain-marie des vases remplis des substances les plus altérables, qui se conservent ensuite, pourvu que les vases soient bien bouchés. Mais on ne peut prendre, pour conserver du bouillon pendant quelques jours, les soins minutieux qu'exige la fermeture hermétique d'un vase ; on obtient le même effet en répétant les ébullitions du liquide qu'on veut conserver, sans le soustraire au contact de l'air.

Comme par ces ébullitions répétées le bouillon se concentre de plus en plus, il faut le saler très-peu dans la marmite lorsqu'on se propose de le conserver. (*Voyez* Potages.)

Bouillon maigre. (*Voyez* Potages maigres.)

BOULETTES. (*Voyez* Quenelles.)

BOUQUET GARNI. C'est un petit paquet de persil, ciboules, etc., qu'on ajoute à presque toutes les cuissons de viande ou de poisson, pour les aromatiser et en relever la saveur. Le bouquet se retire toujours avant de servir. (*Voyez* Élémens de Sauces.)

BOURRACHE. Plante médicinale assez commune dans les jardins. Elle contient du nitre, et son infusion est prescrite comme rafraîchissante.

Ses fleurs, d'un bleu très-pur, sont quelquefois employées comme *fourniture* de salade : on les associe avec les fleurs de capucine.

BRAISE. Faire cuire une viande quelconque à la braise, c'est la mettre dans une casserole proportionnée à sa grosseur, et dont on a garni le fond avec des bardes de lard et des tranches de veau ou autre viande : on assaisonne et on recouvre avec des bardes et des tranches de veau. On ajoute aussi des légumes, tels que ognons, carottes, panais, champignons, etc., et toujours un bouquet garni. On *mouille* le tout avec un peu de bouillon, ou avec moitié vin et moitié bouillon ; quelquefois avec du vin seul. On peut même ne pas mouiller du tout ; mais, dans ce cas, il faut bien garnir la casserolle avec des bardes de lard, et faire cuire à très-petit feu. Il est bon de luter le couvercle de la casserole avec de la pâte, pour empêcher, autant que possible, l'évaporation ; mais comme il est alors impossible de retourner la viande, il est utile de se servir d'une braisière dont le couvercle emboîtant porte un rebord relevé, ce qui permet d'y mettre de la braise allumée ou des cendres rouges. Par ce moyen la viande reçoit l'impression de la chaleur de tous côtés : c'est ce qu'on appelle cuire *feu dessus, feu dessous*. Les viandes *braisées* cuisent en grande partie à la vapeur ; elles ne plongent que très-peu dans le *mouillement* : tout ce qui est au-dessus ne recevant que l'impression de la vapeur, ces viandes ne peuvent s'épuiser comme celles qu'on fait bouillir dans un grand volume de liquide ; elles conservent donc presque tous leurs sucs : le peu qui s'en dissout dans le mouillement l'a bientôt saturé. Alors il ne peut plus se charger davantage, et comme il perd toujours quelque chose par évaporation, si bien luté que soit le vase, il se concentre de plus en plus : il forme alors ce que les cuisiniers appellent *glace*, qui s'attache au fond de la casserole ou de la braisière.

Cette glace, qui adhère immédiatement à la surface métallique qui repose sur les charbons, éprouve un très-haut degré de chaleur, insuffisant pour la brûler, mais qui suffit cependant pour produire un commencement d'altération qui se manifeste par une odeur généralement agréable, et analogue à celle du sucre brûlé. Les principes solubles de la viande, dont cette *glace* est composée, acquièrent en même temps une sapidité qu'ils n'avaient pas auparavant.

Les viandes cuites à la braise sont tendres, faciles à diviser, et comme elles ont conservé tous leurs sucs, et que leur saveur est exaltée, elles sont très-nourrissantes et d'une digestion facile.

Étuvée, estoufade, sont synonymes de *braise*.

Braise à sec. Foncez la braisière avec des bardes de lard et des tranches de bœuf, veau ou mouton, battues avec le plat du couperet; posez la viande sur ce fond, et couvrez-la avec des bardes et des tranches; assaisonnez partout. Lutez la braisière, et posez-la sur un feu très-doux; faites suer jusqu'à ce que la viande soit cuite : ajoutez alors un verre de vin blanc ou rouge, selon l'espèce de viande, et faites bouillir.

Braise mouillée. Couvrez de bardes et de tranches le fond d'une braisière; posez le morceau à cuire, et couvrez-le comme le fond; assaisonnez de sel et épices, avec un bouquet garni : ajoutez, si vous voulez, quelques ognons et carottes, un panais, des truffes, des champignons. Mouillez avec du bouillon, ou moitié vin et moitié bouillon, ou enfin avec du vin seul, selon la nature des viandes et le goût de chacun. Faites cuire à petit feu et long-temps.

Un peu de caramel, ou même du sucre ajouté aux

braises, accroit leur saveur. Les marrons, qui contiennent du sucre, y font aussi très-bien comme garniture.

Autre braise. Enveloppez la pièce à cuire avec des émincés de veau ou de mouton, et, par-dessus, des bardes de lard; ficelez-la et mettez-la dans une braisière juste à sa grandeur, et dont le fond doit être préalablement couvert de bardes et d'émincés; mouillez avec un verre de vin de Malaga, assaisonnez de sel, poivre et muscade; ajoutez quelques truffes coupées en tranches; faites cuire à très-petit feu et long-temps.

Cette braise est excellente pour les faisans et les perdrix. On farcit ces gibiers avant de les mettre dans la braise.

On peut remplacer le vin de Malaga par du vin blanc : on ajoute alors un peu de caramel. (*Voyez* Élémens de Sauces.)

Quand on braise des viandes noires, on peut mouiller avec du vin rouge.

BRAISIÈRE. Casserole destinée aux braises : elle est de forme oblongue, un peu plus profonde que les autres casseroles. Il faut en avoir de différentes grandeurs. Les plus petites ont un manche; les grandes ont deux poignées, toutes ont un couvercle emboîtant, avec un bord relevé qui permet de les couvrir de braise ou de cendres rouges.

Les terrines ovales, en poterie, sont aussi très-commodes pour braiser. Elles coûtent peu, et il est facile d'en avoir de toutes les dimensions; elles ont même un avantage sur les braisières de cuivre étamé, c'est de s'échauffer lentement et de se refroidir de même : il est moins difficile par conséquent de les tenir à une température à peu près égale.

BRÊME. Poisson d'eau douce qui ressemble assez à la carpe, mais dont les écailles sont plus larges. La brême a la chair molle et fade.

Brême grillée. — *Entrée.* Après l'avoir écaillée et vidée, incisez-la sur les côtés; frottez-la de beurre fondu; saupoudrez de sel et faites griller. Servez avec une sauce faite avec du beurre, persil et ciboules hachés fin, sel et poivre, un filet de vinaigre et un anchois.

On sert aussi la brême avec une purée d'oseille.

La meilleure manière de préparer ce poisson serait de le faire cuire au court-bouillon, mais il n'en vaut pas trop la peine.

BRESOLLES.—*Entrée.* Coupez de la rouelle de veau en filets minces; foncez une casserole avec une tranche de jambon, huile, persil, ciboules, champignons, une pointe d'ail, le tout haché fin et mêlé avec l'huile: mettez dans la casserole une couche de filets; arrosez avec l'huile mêlée aux fines herbes, et assaisonnez de sel et poivre; mettez ensuite une autre couche de filets; arrosez comme la première fois et continuez ainsi. Faites cuire à petit feu. Quand les bresolles sont cuites, levez-les une à une, et mettez-les dans une casserole à part: dégraissez la sauce; liez-la, s'il est nécessaire, avec un peu de farine, ou, ce qui vaut mieux, avec quelques marrons cuits et pilés; versez sur les bresolles et faites chauffer sans bouillir.

On prépare en bresolles toutes les viandes, mais surtout le veau, le mouton et la chair du dindon.

BRIDER. C'est fixer, au moyen d'une ficelle qu'on passe avec un carrelet, dit aiguille à brider, les membres des volailles et du gibier dans la position qu'ils doivent avoir.

BRIOCHE. (*Voyez* Pâtisserie.)

BROCHE. Tout le monde sait ce que c'est qu'une broche. On doit en avoir de différentes grosseurs, suivant la force des pièces qu'on fait rôtir. Les bécasses, bécassines, perdrix, cailles, et autres volatiles de petite grosseur, sont embrochés avec des atelets, qu'on attache à la broche. Les atelets sont des tringles de petit fer plat, pointues par un bout. On les fait quelquefois en argent. Les broches et atelets doivent être tenus très-propres : quand ils sont rouillés ils communiquent une saveur ferrugineuse peu agréable aux parties qu'ils traversent. On se contente ordinairement de les essuyer avec soin : il serait préférable de les écurer avec du sablon avant de s'en servir.

BROCHET. Poisson d'eau douce ; c'est celui de nos rivières et de nos étangs qui atteint les plus grandes dimensions : ses œufs purgent violemment.

Brochet au court-bouillon. — Rôt. Pour la composition du court-bouillon, *voyez* ce mot.

Pour cuire au court-bouillon il faut une poissonnière, vase de cuivre beaucoup plus long que large, et dont les dimensions doivent être proportionnées à la longueur du poisson à cuire. Le fond de la poissonnière est couvert d'une plaque de métal mobile et percée de trous ; deux tiges de métal soudées à ses extrémités servent à enlever la plaque. C'est sur cette plaque qu'on dépose le poisson, qui, lorsqu'il est cuit, peut être retiré facilement sans être brisé, parce qu'on l'enlève avec la plaque qui est comme une écumoire taillée à sa dimension.

Quand on n'a pas de poissonnière garnie de plaque mobile, on enveloppe le poisson dans un linge pour le faire cuire ; par ce moyen on peut l'enlever après la cuisson sans le rompre.

Le brochet au court-bouillon se sert avec les écailles.

Brochet en fricandeau. — Entrée. Coupez un brochet en tronçons après l'avoir écaillé, vidé et lavé ; piquez-les en dessus de petit lard, et mettez-les dans une casserole avec un verre de vin blanc, du bouillon, un bouquet garni et de la rouelle de veau coupée en dés, sel, gros poivre et muscade. La cuisson faite, passez la sauce au tamis; faites-la réduire, et, quand il n'en reste presque plus, passez-y les tronçons du côté du lard pour les glacer; un peu de sucre, ou, ce qui vaut mieux, un peu de caramel ajouté à la sauce, facilite le glacement.

Quand le poisson est glacé on le dresse sur un plat chaud, et on détache ce qui est au fond de la casserole en y mettant un peu de jus ou de bon bouillon : on verse cette sauce sous le poisson.

Brochet à la tartare. — Entremets. Faites mariner les tronçons écaillés avec de l'huile, sel, gros poivre, persil, ciboules, champignons et deux échalottes hachées très-fin; saucez-les dans la marinade, et panez-les avec de la mie de pain; faites-les cuire sur le gril, en les arrosant avec le reste de la marinade. Faites prendre un belle couleur. Servez à sec avec une rémoulade dans une saucière.

Filets de brochets.—Entremets. Coupez en filets la chair des brochets de desserte. Servez-les avec une sauce à la béchamelle ou aux câpres et anchois, ou toute autre qui vous convient. (*Voyez* Sauces.)

Brochet à la genevoise. — Entrée. Ficelez un brochet de deux en deux doigts, et mettez-le dans une poissonnière de sa grandeur avec sel, poivre, un ognon piqué de deux clous de girofle et un bouquet garni; mouillez avec une chopine de vin par livre de poisson : il faut moitié vin blanc et moitié vin rouge. La poissonnière doit être mise sur un feu de cheminée très-vif, et poussé assez vivement pour que les vapeurs vineuses qui s'élèvent s'enflamment. Quand le feu a ainsi fait son effet, mettez une demi-livre de beurre dans la poissonnière; laissez cuire doucement; ajoutez épices mélangées. La cuisson doit durer une heure : quand le court-bouillon est assez réduit, jetez-y des morceaux de beurre en remuant toujours la poissonnière; enfin retirez et égouttez le poisson, et versez la sauce dans une casserole; farinez-la en y mettant du beurre peu à peu en remuant toujours pour l'empêcher de se séparer, ce qu'on appelle *tourner en huile*. Dressez le brochet dans un plat, et versez la sauce par-dessus.

Brochet à la sauce Robert. — *Entrée.* Coupez un brochet par tronçons après l'avoir fendu et ciselé; faites mariner avec sel, gros poivre, ognons, citron en tranches, basilic, laurier et vinaigre; égouttez ensuite les morceaux et, après les avoir farinés, faites-les frire; servez avec une sauce Robert. (*Voyez* Sauces.)

Cuit au court-bouillon ou mariné, le brochet se sert avec diverses sauces. Il faut toujours qu'elles soient un peu relevées, parce que la chair du brochet est naturellement fade.

On prépare aussi le brochet en matelote.

Brochet à la broche. — *Rôt.* Incisez-le légèrement après l'avoir écaillé; lardez-le avec des filets d'anguille assaisonnés de sel, poivre, muscade et fines herbes hachées; embrochez en long, et arrosez en cuisant avec vin blanc, vinaigre et citron vert. Quand il est cuit, on fait fondre des anchois dans ce qui est tombé dans la lèchefrite; on y ajoute des huîtres qu'on fait chauffer sans bouillir, des câpres, du sel et du poivre: on lie cette sauce avec un peu de jus ou avec un roux.

BROCOLIS. Espèce de chou-fleur dont la tête, au lieu d'être serrée et compacte, est divisée en un grand nombre de rameaux, séparés les uns des autres, plus longs que dans le chou-fleur ordinaire, et terminés chacun par une petite tête analogue à celle du chou-fleur, mais grosse à peine comme le pouce.

Il y a des brocolis blancs et des brocolis violets; ils sont rares en France, où ils dégénèrent rapidement. On les prépare comme les choux-fleurs communs.

On donne improprement le nom de brocolis à de

petites pommes de chou grosses comme le pouce, qui croissent sur la tige d'une espèce de chou qu'on cultive assez communément en Belgique : ces petites pommes sont connues à Paris sous le nom de choux de Bruxelles. On les prépare comme les choux communs à la braise. (*Voyez* Chou.)

BRUGNON. Espèce de pêche dont la chair est peu fondante. Il est rare que sa maturité soit parfaite au-delà du centre de la France.

BRULURE. Les brûlures sont des accidens trop communs dans la cuisine, pour que l'indication des remèdes, qui sont reconnus comme les plus propres à en prévenir les suites, puisse paraître déplacée dans cet ouvrage. Les plus fortes brûlures auraient presque toujours des suites très-légères si on y appliquait de suite les remèdes convenables : pour peu qu'on attende, l'action du feu, qui d'abord n'a attaqué que la superficie de la peau, pénètre dans l'intérieur, et occasione de grands désordres qu'il aurait été faciles de prévenir.

Les premiers soins à prendre doivent avoir pour but de diminuer l'inflammation, qui est toujours la suite des brûlures, ou même de l'empêcher de naître.

On arrosera donc la partie brûlée avec de l'eau la plus froide possible, sans le moindre délai. Si la partie est couverte d'un vêtement, on commencera à l'imbiber d'eau froide jusqu'à ce qu'elle pénètre à la brûlure ; ou, ce qui est préférable, on plongera tout le membre dans l'eau froide; si on n'a pas d'eau froide sous la main, on enlèvera de suite le vêtement, et on appliquera sur la brûlure un corps froid, et, s'il est possible, de nature métallique. Par ces moyens on empêchera la continuité d'action du calorique.

Lorsque la brûlure sera à nu, on la couvrira avec des compresses trempées dans l'eau la plus froide, même à la glace, et qu'on renouvellera de minute en minute, ou qu'on arrosera par-dessus. Si on peut se procurer de l'alun, on en fera dissoudre dans l'eau froide, et on en imbibera des compresses qu'on posera sur la brûlure. On arrosera fréquemment les compresses pendant la première heure sans les lever; et, pendant les cinq ou six heures suivantes, on aura soin de ne pas les laisser s'échauffer et se dessécher. Ces moyens, et surtout l'emploi de l'eau d'alun, suffisent souvent pour prévenir les suites de brûlures très-fortes.

Après cinq ou six heures d'arrosage, on fixe les compresses avec des bandelettes, et on ne fait plus rien. Il se forme ordinairement, sous la compresse, une croûte qui prend de l'épaisseur et de la dureté, et qui se sépare d'elle-même dans un temps plus ou moins long. L'alun agit, dans ce cas, par sa propriété astringente; aussi peut-on le remplacer par d'autres substances qui jouissent de la même propriété, quoiqu'à un degré moindre. Tel est, par exemple, la pulpe crue de pommes de terre; on en recouvre la brûlure, et on la renouvelle à mesure qu'elle s'échauffe. Cette pulpe agit par le froid qu'elle apporte, et par le principe astringent qu'elle contient. Pour obtenir la pulpe de pommes de terre, on les frotte sur une râpe ordinaire, ou, à défaut de râpe, on les écrase avec un marteau jusqu'à ce qu'elles soient réduites en bouillie.

En général, la première chose à faire pour une brûlure, c'est de refroidir le plus qu'on peut la partie affectée; on emploie à ce refroidissement l'eau la plus froide et même la glace; ce refroidissement doit être continué sans interruption pendant une heure; ensuite, et même plus tôt si on le peut, tout en continuant à refroidir la partie brûlée et celles avoisinantes, on passe à l'emploi des astringens; l'eau d'alun, l'eau de goulard, la pulpe de pommes de terre, la boue ferrugineuse qu'on trouve dans l'auget des meules à émoudre, etc.; ou les toniques, tels que l'éther, l'alcool, l'eau-de-vie. Ces dernières substances doivent être employées sans compresses : on en mouille de temps en temps la partie brûlée.

Si, malgré l'emploi des moyens ci-dessus, la plaie vient à suppuration, on la panse alors avec le cérat siccatif ou avec le baume de Geneviève.

BUISSON. Se dit des écrevisses qu'on range en pyramide sur une assiette.

CABILLEAU. C'est le même poisson que celui qu'on nomme morue lorsqu'il est salé, et merluche lorsqu'il est salé et séché.

Cabilleau au court-bouillon.—Entrée. Faites cuire dans un court-bouillon blanc, fait avec une bonne poignée de sel, une pinte d'eau, ail, carottes, panais, ognons, et un fort bouquet garni. Ce court-bouillon doit être fait à petit feu pendant une demi-heure ; ensuite on le passe au tamis, et on y ajoute le double de lait : on fait cuire le cabilleau dans le court-bouillon.

Servez avec le court-bouillon réduit, ou avec une sauce aux câpres et anchois, ou simplement avec du beurre bien frais qu'on fait fondre.

On fait cuire aussi très-souvent le cabilleau avec de l'eau, du vinaigre et du sel : on le sert avec les sauces indiquées ci-dessus.

On prépare aussi le cabilleau à la béchamelle. (*Voyez* Sauces.)

Cabilleau pané. — Entrée ou *entremets*. Coupez-le en plusieurs morceaux, que vous ferez mariner avec du beurre que l'on fait fondre, sel, gros poivre, persil, ciboules, échalottes, ail, le tout haché; thym, laurier, basilic en poudre, le jus de deux citrons : faites mariner pendant une heure. Dressez ensuite les morceaux sur le plat que vous devez servir, avec toute la marinade ; panez-les de mie de pain, et faites cuire au four, ou sous un four de campagne. (*Voyez* Morue.)

CAILLE. Oiseau de passage, dont la chair est très-délicate et d'une digestion facile quand elle n'est pas trop grasse.

Cailles à la broche. — *Rôt*. Videz-les, et après les avoir fait revenir sur de la braise, couvrez-les d'une feuille de vigne, avec une barde de lard par-dessus : faites rôtir. Servez avec un jus de bigarade. On met des rôties dans la lèchefrite pour recevoir le jus et la graisse des cailles ; on dresse celles-ci sur les rôties.

Cailles à la braise. — *Entrée*. Faites une braise avec des tranches de veau, des bardes de lard, un bouquet garni, un peu de beurre, du sel et gros poivre, un demi-verre de vin blanc et une cuillerée de bouillon. Faites cuire à petit feu ; retirez-les ensuite, et mettez dans la cuisson un peu de jus, ou, à défaut, faites un petit roux que vous ajouterez. Dégraissez la sauce. On peut faire cuire avec les cailles un riz de veau, qui servira de garniture.

Cailles au gratin. — *Entrée*. Flambez et videz une demi-douzaine de cailles ; passez-les au beurre avec un fort bouquet garni et des champignons ; mettez-y une bonne pincée de farine, et mouillez-les avec un verre de vin blanc, du bouillon et du jus, seulement ce qu'il en faut pour donner couleur, sel et poivre. Quand la cuisson est à moitié, ajoutez un riz de veau blanchi et coupé en gros dés ; achevez de cuire, et faites réduire.

Hachez les foies des cailles avec persil, ciboules, mie de pain, beurre, sel, gros poivre, et deux jaunes d'œuf. Prenez le plat que vous devez servir ; couvrez son fond avec cette petite farce, et mettez-le sur le feu jusqu'à ce qu'elle soit gratinée. Dressez les cailles sur ce gratin, et versez sur le tout la sauce réduite et le riz de veau.

CAILLÉ. On nomme ainsi le lait coagulé naturellement ; il diffère de celui qu'on coagule, par l'addition de la présure, en ce que ce dernier contient la partie butyreuse, tandis que le caillé, qui se forme spontanément, en est presque entièrement dépourvu, parce que la crême a eu le temps de s'élever à la surface. Le caillé, ainsi dépourvu de matière butyreuse, est un aliment léger et très-rafraîchissant. Le caillé, qui contient la crême, est plus nutritif, mais moins digestible pour beaucoup de personnes. Il semble que la légère acidité du caillé naturel aide à la dissolution de la matière caséeuse, ou stimule l'estomac et augmente l'abondance des sucs destinés à la dissoudre : l'addition du sel y concourt, et plus encore celle du sucre qui, lui-même, est une substance alimentaire. (*Voyez* Lait, Fromage, Présure.)

CANARD. Il y en a de deux espèces, le domestique et le sauvage, qu'on considère comme gibier. La chair des deux espèces, sans être d'une digestion très-difficile, ne convient qu'aux estomacs sains.

Canards à la broche. — *Rôt*. Après les avoir vidés et flambés, on les fait rôtir sans les piquer ni les barder. Il faut éviter de les faire trop dessécher. On sert avec un jus de citron ou de bigarade.

Canards en salmis. — *Entrée* ou *rôt*. Faites-les cuire à moitié à la broche ; levez les quatre membres, après avoir coupé en filets ou en aiguillettes toute la chair de l'estomac ; levez toutes les autres chairs ; mettez le tout dans une casserole avec un verre de vin rouge, des échalottes hachées, un peu de zeste de bigarade râpé, deux cuillerées de jus ou de bon bouillon, sel, poivre et muscade ; faites réduire. Quelque temps avant de servir, ajoutez deux cuillerées d'huile et le foie du canard bien écrasé ; servez avec des croûtons passés au beurre. Si vous n'êtes pas pressé, pilez les carcasses avec des échalottes, persil, sel, poivre et muscade : passez au beurre les carcasses pilées ; mouillez avec du vin blanc ; faites bouillir à petit feu : passez la cuisson, et employez-la pour mouiller le salmis.

Canard à la braise et aux navets.—Entrée. Prenez un canard sauvage ou domestique ; piquez-le avec du gros lard assaisonné ; garnissez une braisière de bardes de lard et de tranches de bœuf ; mettez votre canard sur ce fond, et ajoutez ognons, carottes, persil, tranches de citron, fines herbes, sel, poivre, clous de girofle ; couvrez avec des bardes ; mouillez avec moitié vin et moitié bouillon : faites cuire feu dessus, feu dessous.

Le canard à la braise peut se servir avec des navets. Pour cela, après avoir épluché les navets en leur donnant une forme agréable, passez-les au sain-doux ou au beurre, jusqu'à ce qu'ils aient pris une belle couleur, ce qui arrive plus tôt lorsqu'on ajoute un peu de sucre ; retirez-les pour les faire égoutter, et mettez-les dans une casserole avec du jus, ou, à défaut de jus, avec du bouillon ; faites-les mijotter jusqu'à ce qu'ils soient cuits ; dressez le canard, et versez par-dessus le ragoût de navets. Si la sauce est trop claire, liez-la avec un peu de beurre manié de farine.

Voici une autre manière plus économique. Le canard étant piqué et fariné, faites-lui prendre couleur dans du lard fondu ; faites un petit roux dans une casserole, et mouillez-le avec du vin blanc, sel, poivre, clous, ognons, tranches de citron et un fort bouquet garni : faites cuire.

Les canards cuits de cette manière ou à la braise, peuvent se servir aux navets ou avec tout autre ragoût, tels que de purée verte de pois, de concombres, de petits pois, au céleri, aux olives, etc.

Pâté chaud de canard.—Entrée. Piquez deux canards avec du gros lard et du jambon ; assaisonnez de sel, poivre, fines herbes, épices, persil et ciboules hachés. Faites une abaisse de pâte fine ; mettez au fond du lard pilé assaisonné comme ci-dessus ; placez les canards ; garnissez le tout de filets de mouton piqués de lard et jambon ; assaisonnez dessus comme dessous ; couvrez de bardes et de tranches de veau, et ajoutez un morceau de beurre ; recouvrez d'une abaisse, et faites cuire au four pendant quatre ou cinq heures.

Faites un ragoût de riz de veau, foie gras, crêtes, champignons, truffes : passez le tout dans une casserole avec du lard fondu et mouillez avec du jus : laissez cuire pendant une demi-heure à petit feu ; ensuite dégraissez et liez avec un coulis de jus et de jambon.

Le pâté étant cuit, ôtez la feuille de papier de dessous ; dressez-le dans un plat, ôtez les bardes de lard et les tranches de veau ; dégraissez et jetez le ragoût dans le pâté.

CAPILOTADE. — *Entrée*. Ragoût qu'on fait avec des restes de volailles, de gibier et de viande rôtie.

Mettez, dans une casserole, de la viande cuite coupée par morceaux avec du beurre, sel, écorce d'orange, poivre, muscade, ciboules et persil hachés, câpres et des croûtons de pain : mouillez avec du bouillon ; faites cuire jusqu'à ce que la sauce soit suffisamment réduite. Ajoutez, sur la fin, une pointe de vinaigre ou de verjus, et de la chapelure de pain.

On peut mouiller avec moitié bouillon et moitié vin quand la capilotade est faite avec des viandes noires ; dans ce cas, on ajoute à la fin une cuillerée d'huile. On peut commencer aussi par un roux.

CAPRES. Boutons à fleurs du câprier, arbrisseau qui ne peut être cultivé que dans les parties les plus chaudes de nos provinces méridionales. Les meilleures câpres sont petites, vertes et tendres : elles sont toniques et excitantes. Elles s'associent avec avantage à presque toutes les sauces.

CAPRONS. Nom d'une espèce de fraise. (*Voyez* Fraises.)

CAPUCINES. Ses boutons à fleurs, cueillis avant leur épanouissement, se confisent au vinaigre et peuvent remplacer les câpres.

On confit aussi les graines quand elles sont encore bien tendres.

Les fleurs épanouies servent à garnir les salades.

CARAMEL. (*Voyez* Élémens de Sauces.)

CARDES. (*Voyez* Bette *et* Poirée.)

CARDONS. Il y en a deux espèces, le cardon d'Espagne, qui est très-épineux, et le cardon ordinaire, qui a peu ou point d'épines, et qui paraît se rapprocher de l'artichaut commun. On préfère le cardon d'Espagne parce que ses côtes sont plus épaisses et plus charnues.

Faites blanchir les cardons après les avoir épluchés et avoir séparé les filets : étant coupés par morceaux, mettez-les dans une casserole avec du jus ou de bon bouillon, de la moelle de bœuf et un peu de fromage de Parmesan, ou autre, râpé ; assaisonnez de sel, poivre et muscade ; faites mijoter le tout ensemble. Quand ils sont cuits, dégraissez et ajoutez un filet de vinaigre.

Ou bien faites un roux de belle couleur et un peu chargé de farine ; mouillez avec de bon bouillon, et ajoutez les cardons blanchis ; mettez au milieu d'un plat une croûte de pain, et dressez par-dessus les morceaux de cardons ; versez la sauce ; saupoudrez le tout de fromage râpé et de chapelure fine, et faites prendre couleur sous le four de campagne. Servez pour *entremets*.

Ragoût de cardons. — *Entremets* ou *garniture*. Mettez dans une marmite ou une casserole un morceau de beurre, une pincée de farine, du sel et de l'eau ; faites bouillir, et mettez-y les cardons épluchés. Lorsqu'ils sont à demi cuits, retirez-les pour les faire égoutter ; mettez-les ensuite dans une casserole avec un peu de jus de veau et de jambon : à défaut de jus, faites un roux, et mouillez avec du bouillon. Lorsque les cardons sont bien cuits, ajoutez gros comme une noix de beurre manié de farine, et remuez en tournant pour que le mélange soit intime.

On sert ce ragoût soit seul, soit sous un filet de bœuf

ou de mouton, ou sous une épaule, sous des fricandeaux, et généralement sous toute espèce de viande qui se sert en entrée.

CAROTTE, l'une des racines les plus employées en cuisine : elle entre dans presque toutes les préparations alimentaires, soit comme garniture, soit comme assaisonnement.

Les carottes contiennent une notable quantité de sucre, qui ajoute à leur propriété nutritive. Lorsqu'on fait éprouver aux carottes un commencement de torréfaction, le sucre qu'elles contiennent passe à l'état de caramel, qui est très-soluble : c'est ce qui explique pourquoi un petit morceau de carotte desséchée au four, suffit pour donner une belle couleur à une grande quantité de bouillon.

Puisque les carottes contiennent beaucoup de sucre (au moins 10 pour cent), il est évident que le sucre n'est pas déplacé dans toutes les préparations alimentaires dont ces racines font partie. On peut donc en ajouter dans beaucoup de cas, avec avantage, malgré le préjugé qui le repousse.

On attribue aux carottes une propriété épurative.

Ragoût de carottes. — *Entremets.* Coupez-les en morceaux de la longueur de deux doigts, ou en rouelles; faites-les cuire dans de bon bouillon, auquel on ajoute un verre de vin blanc, un bouquet garni, gros poivre et muscade, pas de sel à cause du bouillon. Quand elles sont cuites, ajoutez un peu de jus pour lier la sauce, ou, à défaut de jus, liez avec un morceau de beurre manié de farine.

Ou bien faites blanchir les carottes entières jusqu'à ce qu'elles soient à moitié cuites; coupez-les ensuite en rouelles; faites un roux, passez-y les carottes, mouillez avec deux tiers de bouillon et un tiers de vin blanc : ajoutez un bouquet garni, poivre et muscade. Achevez la cuisson; liez la sauce avec un morceau de beurre manié de farine.

CARPE. Poisson d'eau douce, l'un des plus communs dans nos rivières et nos étangs. Sa chair est facile à digérer; elle nourrit peu; elle a peu de saveur, mais elle s'imprègne facilement de tous les assaisonnemens.

Carpe à l'étuvée. — *Entrée.* Coupez en tronçons une ou plusieurs carpes, après les avoir écaillées et vidées; ne perdez pas le sang, qui sert à lier la sauce; mettez le tout dans un chaudron, avec du vin, suffisante quantité de beurre, sel, poivre, clous de girofle, écorce d'orange et ognon : faites bouillir sur un feu vif. Si le feu prend à la surface du chaudron, ce qui arrive quand le vin employé est de bonne qualité, laissez-le brûler jusqu'à ce qu'il s'éteigne de lui-même. Laissez cuire jusqu'à ce que la sauce soit réduite et presque tarie.

Carpe frite. — *Entremets.* Ouvrez par le dos la carpe vidée et écaillée; mettez-la dans la friture bouillante. Quand elle est cuite, qu'elle a pris une belle couleur, retirez-la pour la faire égoutter, et saupoudrez-la de sel.

On farine la carpe avant de la faire frire.

Carpe grillée. — *Entrée.* Après l'avoir écaillée, vidée et ciselée, frottez-la de beurre fondu, et saupoudrez-la de sel fin. Faites-la griller.

Faites un ragoût de champignons ou mousserons, laitances et culs d'artichaut; faites frire des croûtons que vous mettrez dans le ragoût avec ognons et câpres : mettez ce ragoût sur la carpe. (*Voyez* Ragoût de Champignons.)

Carpe au bleu. — *Rôt.* Après avoir vidé la carpe, arrosez-la avec du vinaigre ou du vin bouillant, ce qui la fait devenir bleue : elle ne doit point être écaillée. Faites-la cuire ensuite au court-bouillon. (*Voyez* ce mot.) Servez à froid avec une garniture de persil.

On peut aussi la servir chaude avec une sauce aux câpres et aux anchois, ou avec une partie du court-bouillon qu'on lie par un morceau de beurre manié de farine, et qu'on fait réduire à grand feu. C'est alors une *entrée*.

Carpe farcie. — *Entremets*. Enlevez la chair de la carpe sans briser l'arête, et hachez-la avec ciboule, persil, champignons, sel, poivre et muscade. Ajoutez une douzaine de grains de coriandre et deux clous de girofle pilés ; mêlez le tout, et pilez-le dans un mortier avec un morceau de mie de pain cuit dans du lait, un bon morceau de beurre et quatre jaunes d'œuf crus. Quand tout est pilé, mettez l'arête, dont vous n'aurez pas séparé la tête ni la queue, sur une tourtière beurrée, et couvrez-la avec la farce que vous dressez de manière à représenter la forme de la carpe : servez-vous pour cela d'un couteau trempé dans un œuf entier battu. Arrosez la farce avec du beurre fondu, et panez avec de la mie de pain bien fine. Faites cuire au four ou sous le four de campagne, feu dessus, feu dessous.

Hachis de carpe. — *Entrée*. Écaillez, videz et écorchez la carpe ; prenez-en la chair en la levant par tranches ; mettez-la dans une casserole, sur un feu doux, en la remuant pour la faire dessécher un peu ; renversez ensuite le contenu de la casserole sur une table, et ajoutez-y un morceau de beurre, un peu de persil et de ciboule, avec un champignon. Hachez le tout ensemble ; faites ensuite un petit roux dans une casserole, et mettez-y le hachis avec sel, poivre et un peu de jus de citron. Remuez toujours pour que rien ne s'attache ; mouillez avec du bouillon de poisson, ou une purée claire, ou du jus.

Filets de carpe. — *Entremets*. Coupez une carpe en tronçons, et levez la chair en filets, que vous ferez mariner avec vin, jus de citron, bouillon, sel, poivre, muscade. Trempez ensuite les filets dans une pâte à frire claire, ou farinez-les : faites frire au beurre, et servez avec persil frit.

Carpe marinée. — *Entrée.* Prenez une belle carpe, et après l'avoir vidée, mettez dans le corps du beurre manié de fines herbes hachées et assaisonnées ; faites ensuite mariner la carpe avec des fines herbes hachées, huile fine, laurier, thym, basilic, sel, poivre, muscade, et le jus d'un citron. Quand la carpe a été suffisamment marinée, faites-la griller, et servez avec une rémoulade. (*Voyez* ce mot aux Sauces.)

Carpe à la bourguignonne. — *Entrée.* Habillez une belle carpe sans en perdre le sang, que vous recueillerez dans une casserole ; lavez l'intérieur avec de bon vin rouge, que vous ferez tomber dans la casserole qui contient le sang, mettez ensuite la carpe dans un plat, et piquez-la partout pour y faire pénétrer du sel fin. Laissez-la deux heures dans le sel ; mettez-la ensuite dans une poissonnière avec quelques tranches d'ognon dans le fond, un bouquet garni et une bouteille de vin rouge. Faites cuire à petit feu.

Quand elle est cuite, passez le court-bouillon dans un tamis, et versez-le dans la casserole où est le sang, avec un bon morceau de beurre manié de farine : faites bouillir à grand feu jusqu'à forte réduction. Ajoutez un anchois haché, muscade râpée et câpres entières.

Dressez la carpe dans un plat, la sauce par-dessus.

Carpe à l'étuvée au blanc. — *Entrée.* Coupez une carpe par tronçons, et faites-la mariner avec une chopine de vin blanc, sel et poivre ; passez des champignons coupés en gros dés, avec une douzaine d'ognons blancs blanchis, un bouquet garni et un morceau de beurre ; mouillez avec du bouillon. Quand les champignons et les ognons sont à moitié cuits, mettez-y la carpe avec sa marinade ; quand elle est cuite, liez la sauce avec de la crême et des jaunes d'œuf.

CARRÉ DE MOUTON. (*Voyez* Mouton.)

CARRÉ DE VEAU. (*Voyez* Veau.)

CARRELET. Poisson de mer plat, imitant la forme d'une losange. On l'apprête comme la plie. (*Voyez* Plie.)

CASSEROLES. On fait des casseroles en fer-blanc, en cuivre étamé, en fonte, en zinc, en terre, en faïence, en plaqué d'argent et en argent.

Les casseroles en fer-blanc ne présentent aucun inconvénient pour la salubrité, mais elles se détruisent avec rapidité. Lorsqu'on y fait roussir du beurre, l'étain coule et laisse le fer à nu, et lorsqu'il est dans cet état, il ne tarde pas à être percé. Les casseroles de fer-blanc transmettent rapidement la chaleur, ce qui expose les substances qu'on y fait cuire à être brûlées.

Le cuivre est le métal le plus généralement employé pour les casseroles. Il a l'avantage de durer long-temps, mais si les vases qu'on en fait ne sont pas entretenus avec une excessive propreté, si on y laisse refroidir des substances grasses ou acides, on s'expose au danger d'être empoisonné.

Cet empoisonnement n'est pas toujours mortel ; souvent même il est inaperçu : cependant on ne peut douter que des incommodités plus ou moins graves, qu'on attribue à d'autres causes, ne doivent souvent être rapportées qu'à un véritable empoisonnement par le vert-de-gris.

On se fie trop sur l'étamage : peut-être serait-il préférable d'y renoncer. On n'oserait certainement pas se servir d'un vase de cuivre non étamé, sans l'avoir auparavant *écuré* avec du sablon ou de la cendre. On s'en dispense presque toujours pour les vases étamés, quoiqu'on sache très-bien que l'étain commence à fondre avant que le beurre bouille : alors une partie du cuivre est à nu. L'étamage forme d'ailleurs une couche si mince, que le moindre frottement suffit pour l'enlever. On peut donc être certain que, dans toute casserole qui a servi à faire un seul roux, ou qui a été écurée une seule fois, une partie du cuivre n'est plus garantie par l'étamage : il vaudrait mieux, je le répète, ne plus étamer du tout, et employer le cuivre à nu, ce qui obligerait à plus de propreté.

On devrait aussi remplacer, pour tous les vases de cuisine, le cuivre rouge par le cuivre jaune, qui est moins attaquable.

On a fait, il y a quelques années, beaucoup de casseroles de zinc, et le bon marché en répandait l'usage ; mais on a bientôt reconnu que ce métal était trop facilement attaquable par les graisses, par les acides, et même par l'eau pure, pour que son emploi dans les cuisines fût sans inconvénient : on y a généralement renoncé.

Les casseroles de poterie vernissées ne sont pas sans inconvénient lorsque leur couverte est composée, comme cela a presque toujours lieu, d'oxides de plomb et de cuivre.

La faïence, lorsqu'elle supporte le feu, ou une poterie fortement cuite et sans couverte, ou avec une couverte non métallique, sont les substances les plus convenables pour toutes les préparations alimentaires. Malheureusement on trouve rarement de la faïence qui aille au feu, et l'art du potier est encore bien en arrière. Nous avons quelques contrées où l'on fait des poteries salubres quoique grossières : avec un peu plus de soin on leur donnerait toute la perfection désirable.

Les casseroles de fonte sont très-saines. Elles ont seulement l'inconvénient de noircir toutes les préparations qui contiennent des substances astringentes ; ces casseroles seraient parfaites si, sans beaucoup ajouter à leur prix, on parvenait à les polir en dedans.

Les casseroles d'argent et de plaqué d'argent sont, par leur prix, des ustensiles de luxe; celles de plaqué cependant ne sont pas tellement chères qu'on ne puisse en avoir quelques-unes pour des usages particuliers; par exemple, pour les crêmes, les gelées, et autres préparations, dont on doit écarter avec soin tout goût étranger à leur nature.

A défaut de plaqué, on peut appliquer aux mêmes usages des casseroles d'étain allié d'un centième à un centième et demi de cuivre jaune : cet alliage est salubre, et les vases qu'on en ferait seraient propres à beaucoup de préparations alimentaires : il faudrait seulement éviter d'y faire bouillir du beurre, de l'huile ou des graisses.

CASSEROLE. Faites cuire dans une braise un morceau de viande quelconque; quand elle est cuite et bien égouttée, dressez-la sur un plat, et couvrez-la de riz à moitié cuit, avec de bon bouillon bien nourri avec du lard ; arrosez avec du lard fondu ; unissez avec un couteau, en formant une masse demi-ronde ; faites cuire au four bien chaud, afin que la croûte soit dorée et croquante. Servez à sec après avoir égoutté la graisse. *Entrée.*

CASSIS. Groseillier à fruit noir. Ce fruit ne se mange ni cru ni cuit : il entre dans quelques ratafias.

CASSONNADE. La cassonnade ne diffère du sucre en pain que par son état pulvérulent et sa moins grande pureté : elle retient une notable quantité de mélasse qui la rend grasse au toucher; la cassonnade a une saveur plus sucrée que le sucre en pain; cependant elle contient moins de sucre pur : cette saveur plus intense est due à la plus grande dissolubilité de la cassonnade, dont toutes les molécules peuvent agir à la fois sur l'organe du goût : le sucre, moins soluble, et d'autant moins soluble qu'il est plus pur, n'a qu'une action successive qui paraît moins intense. Si on fait fondre le sucre dans l'eau, il affecte plus vivement l'organe du goût qu'une quantité égale de cassonnade fondue dans un même poids d'eau. (*Voyez* Sucre.)

CAVE. Pour qu'une cave puisse conserver sans altération les vins légers, il faut que sa température soit peu variable, ce qui exige qu'elle soit creusée à une certaine profondeur au-dessous du sol, ou au moins couverte par des bâtimens. Si elle est trop humide, les cercles des tonneaux ne tardent pas à se pourrir ; si elle est trop sèche, parce qu'il y existe des courans d'air, le vin perd beaucoup par évaporation à travers les tonneaux, et ceux-ci doivent être remplis fréquemment. La cave ne doit pas être tout-à-fait privée de lumière : une obscurité absolue y attire beaucoup d'insectes, et y détermine, sur les cercles et sur les douves, des végétations qui tendent à les détruire.

Il faut aussi éviter qu'une cave soit exposée aux ébranlemens qu'occasione, jusqu'à une certaine distance, le passage des voitures. Ces ébranlemens déterminent l'ascension de la partie la plus légère de la lie, dont le mélange avec le vin suffit souvent pour le faire tourner à l'aigre.

Enfin si la cave est en communication avec un bûcher rempli de bois vert, avec un amas de fruits, avec des latrines, ou avec tout autre dépôt de matières en fermentation continuelle, il est impossible de conserver le vin dans les tonneaux sans qu'il s'altère ; l'altération peut même se communiquer jusqu'au vin en bouteilles, si celles-ci ne sont pas parfaitement bouchées et cachetées.

La cave doit être tenue constamment dans un état de propreté parfaite : on doit faire enlever de temps en temps les ordures qui tombent par les soupiraux, lorsque ceux-ci sont ouverts à la surface du sol. On évitera d'y resserrer des légumes, et notamment des choux, choux-fleurs, poireaux, ognons, etc. (*Voyez* Vins.)

CAVIAR. OEufs d'esturgeon séchés et fumés. On en prépare beaucoup en Russie, sur les bords du Volga, où l'on fait sous la glace une pêche considérable d'esturgeons, qu'on transporte à Saint-Pétersbourg. Le caviar est un véritable mets de Cosaques.

CÉLERI. Espèce d'ache imprégnée d'une odeur forte et d'un principe âcre : le céleri ne devient comestible que par l'étiolement qui affaiblit son arome et fait disparaître son âcreté. Il n'est pas également bon dans tous les terrains : le meilleur est toujours celui qui a été le plus complétement étiolé, qui est blanc, et dont les côtes des feuilles sont pleines et non creuses, et se cassent nettement sans former des filets. Il est rare qu'il réunisse toutes ces qualités.

On mélange le céleri avec toutes les salades d'hiver : on le mange aussi cru, avec une rémoulade. (*Voyez* ce mot.)

Il y a une espèce de céleri qui a une racine tubéreuse grosse comme le poing : cette espèce est peu cultivée en France.

Céleri au jus. — *Entremets*. Parez des pieds de céleri, en ôtant toutes les feuilles qui sont dures et vertes ; coupez les pieds d'égale longueur et faites-les blanchir ; faites un roux léger ; passez-y le céleri et mouillez avec de bon bouillon ; assaisonnez avec sel, gros poivre et muscade râpée : quand le céleri est cuit, liez la sauce avec quelques cuillerées de jus, ou avec quelque fond de cuisson, ou enfin avec du beurre manié de farine.

Céleri frit. — *Entremets*. Après l'avoir épluché et blanchi, faites-le cuire dans du bouillon ; égouttez-le et trempez-le dans une pâte à frire : faites frire de belle couleur.

Surtout choisissez, pour faire frire, du céleri bien plein, et rognez les feuilles très-près de la racine. Fendez les pieds en deux ou en quatre, suivant leur grosseur.

CEPS. Espèce de champignon très-commun dans le midi. (*Voyez* Champignons.)

CERF. La chair du cerf qui a passé trois ans est dure,

coriace, et d'une digestion difficile, même pour les estomacs robustes; celle des jeunes cerfs est plus tendre, plus délicate, et convient assez à toutes les personnes qui ont l'estomac sain. Les cerfs qui vivent dans des parcs où ils ne sont pas inquiétés, et où ils trouvent facilement une nourriture abondante, ont la chair moins sèche, plus imprégnée de graisse, plus facile à diviser, et par suite plus digestible que celle des cerfs qui vivent dans l'état sauvage. La même remarque s'applique aux daims et aux chevreuils.

Cerf rôti.—Rôt. Lardez la longe ou l'épaule de lard assaisonné, et faites-la mariner avec vin blanc et verjus, sel, gros poivre, un fort bouquet garni et tranches de citron vert : faites rôtir en arrosant avec la marinade ; liez ce qui est tombé dans la lèchefrite avec du jus, ou avec un roux un peu chargé de farine; ajoutez câpres et jus de citron, gros poivre. Servez comme sauce.

Cerf en civet. — Entrée. Coupez la chair par morceaux, et piquez-les de gros lard assaisonné ; passez à la casserole avec du lard fondu; mouillez avec moitié bouillon et moitié vin ; assaisonnez avec sel, gros poivre, laurier, citron vert, bouquet garni ; faites cuire à petit feu et long-temps.

Étant cuit, liez la sauce avec un roux, auquel vous ajouterez du sucre.

CERFEUIL. Herbe aromatique qui ne s'emploie que comme assaisonnement : on lui attribue une propriété rafraîchissante et diurétique.

CERISES. Les communes, dont la chair est peu ou point colorée, contiennent beaucoup d'acide et peu de sucre : elles sont très-rafraîchissantes, mais quand on en mange avec excès, elles fatiguent l'estomac.

L'espèce commune a cependant donné naissance à des variétés dont la chair est douce, légèrement acide et sucrée. Celles de ces variétés qui ont la chair colorée et peu consistante sont les meilleures. La matière colorante y paraît associée à un principe légèrement astringent qui en facilite la digestion.

Les guignes qui ont la forme d'un cœur, et dont la chair est presque noire, ont une saveur douce jusqu'à la fadeur : il leur manque un peu de l'acide qui se trouve en excès dans les cerises communes.

Le bigarreau a la chair ferme et compacte, peu aqueuse et d'une digestion très-difficile.

On mange rarement la merise, qui a peu de chair et une saveur amère, qu'elle doit à la présence d'un peu d'acide prussique. (*Voyez* Compote.)

Cerises séchées au four. Choisissez les cerises dont la chair est rouge et qui, quoique très-juteuse, est plus consistante que celle des cerises communes : cette espèce mûrit tard ; il y en a même une variété tirée depuis peu du nord de l'Europe, qui ne mûrit qu'en septembre.

Elles doivent être mûres sans être tournées ; arrangez-les sur des claies et exposez-les au soleil ; mettez-les dans un four médiocrement chaud, d'où vous les retirerez quand elles en auront pris la température ; lorsqu'elles sont refroidies, remettez-les au four, et continuez ainsi jusqu'à ce qu'elles soient assez sèches pour être gardées.

En opérant ainsi, les cerises restent molles ; leur acidité disparaît en partie, et elles ont un goût agréable.

Quand elles sont refroidies, on les lie par paquets, et on les serre dans un endroit qui ne soit ni trop humide ni trop sec.

CERNEAUX. Noix vertes dont on sépare l'amande de la coquille et du brou, en la *cernant* avec la pointe d'un couteau. On sert les cerneaux avec de l'eau assaisonnée de beaucoup de sel, gros poivre, verjus ou jus de citron.

Les noix, dans cet état, sont beaucoup plus digestibles que quand elles sont sèches.

CERVELAS. (*Voyez* Charcuterie.)

CERVELLE. La cervelle est par elle-même insipide : elle tire sa saveur des assaisonnemens qu'on y ajoute, et qui la rendent d'une digestion plus facile.

Cervelle de bœuf et de veau — Entrée. On la fait cuire à la braise avec vin blanc, sel, gros poivre et bouquet garni : quand elle est cuite, on la dresse dans un plat ; on fait réduire la cuisson, et on la lie avec du beurre manié de farine. Au moment de servir on ajoute des câpres, un anchois haché, et on verse le tout sur les cervelles.

Cervelle frite. — Entremets. Coupez-la en morceaux, et faites-la mariner avec sel, poivre, vinaigre, un morceau de beurre manié de farine, ail, persil, ciboules, thym, laurier, basilic ; trempez-la dans une pâte légère et faites frire de belle couleur. Servez avec persil frit.

Cervelle de bœuf en matelote. — Entrée. Faites-la dégorger dans l'eau tiède, et blanchir un moment à l'eau bouillante ; faites-la cuire enveloppée de bardes de lard, avec du bouillon, un citron en tranches, dont on a ôté la première peau, sel, poivre, un bouquet garni, une gousse d'ail, et un verre de vin blanc ou rouge ; faites blanchir des ognons blancs, dont vous aurez coupé la tête et le côté de la racine, et ôté la première peau ; passez-les au beurre avec un peu de sucre, jusqu'à ce qu'ils aient pris couleur : ajoutez-y quelques champignons ; mouillez avec un demi-verre de vin, quelques cuillerées de jus, ou de la cuisson de la braise, sel et gros poivre : quand la sauce de ce ragoût est assez réduite, dressez la cervelle, et versez le ragoût par-dessus.

Cervelles au beurre noir. — Entrée. Faites cuire les cervelles à la braise : servez avec du beurre noir et du persil frit par-dessus.

Pour faire le beurre noir, faites chauffer du beurre dans une casserole jusqu'à ce qu'il devienne d'un brun foncé ;

ajoutez du vinaigre, que vous aurez fait bouillir à part avec du sel et du poivre.

Cervelles à la sauce tomate. — *Entrée.* Faites-les cuire à la braise, et couvrez-les avec une sauce tomate. (*Voyez* Sauces.)

Cervelles à la mayonnaise. — *Entremets.* Faites-les cuire à la braise, et couvrez-les d'une mayonnaise après les avoir laissées refroidir. (*Voyez* Sauces, *art.* Mayonnaise.)

Cervelles à la poulette. — *Entrée.* Faites-les cuire à la braise ; quand elles sont cuites retirez-les, et faites réduire la cuisson avec des champignons coupés en quatre, du persil haché fin, sel, gros poivre, muscade râpée : ajoutez une bonne cuillerée de jus blond, ou du bouillon avec un morceau de beurre ; faites réchauffer les cervelles dans cette sauce ; et, au moment de servir, mettez-y une liaison de deux ou trois jaunes d'œuf et un jus de citron.

Cervelles en caisse. — *Entrée.* Après avoir fait dégorger, dans l'eau tiède, deux cervelles, coupez chacune en trois morceaux, et essuyez-les entre deux linges ; faites-les mariner avec de l'huile, le jus de deux citrons, sel, gros poivre, persil, ciboules, une pointe d'ail, champignons, le tout haché très-fin ; faites de petites caisses de papier beurré ou frotté d'huile ; couvrez le fond de chaque caisse avec une barde de lard ; mettez les cervelles dessus avec leur marinade ; couvrez avec de petites bardes ; faites cuire à petit feu sur le gril, en ayant soin de retourner les morceaux. Servez dans les caisses.

CHABLIS. (*Voyez* Vins.)

CHAIR. A l'article *Bouillon* on a fait connaître les propriétés qui caractérisent chacun des principes constituans des viandes ; il reste à considérer la chair des divers animaux quadrupèdes et volatiles sous le rapport alimentaire, et sous celui de la digestibilité.

L'effet bien connu des viandes qui proviennent d'animaux trop jeunes, est d'être d'une digestion pénible, et de donner la diarrhée, ou au moins d'augmenter sensiblement la quantité des évacuations naturelles : en général, elles sont laxatives, et le sont d'autant plus qu'elles approchent davantage de cet état de viscosité glaireuse qu'elles ont dans l'origine. Beaucoup de personnes ne peuvent même manger de veau sans être incommodées et purgées : à la vérité, dans ces alimens la fibre est plus molle, plus aisée à diviser ; mais si l'on veut chercher le point où toutes les viandes ont toutes les propriétés les plus favorables à la nutrition, il faut les prendre dans le moment où la partie gélatineuse a perdu cette viscosité, et où la substance fibreuse n'a point encore acquis une trop grande solidité, ni une trop forte proportion avec la substance gélatineuse.

Parmi les chairs des jeunes animaux que leur viscosité rend peu alimentaires et difficilement digestibles, il faut mettre au premier rang celle du cochon de lait ; il est peu d'alimens qui conviennent à moins d'estomacs, et qui occasionent des indigestions plus violentes.

Viennent ensuite les chairs du veau, de l'agneau et du chevreau, tués peu de semaines après leur naissance : les ordonnances de police prescrivent de ne les abattre que lorsqu'ils sont âgés au moins de six semaines ; ce terme est encore trop court, au moins pour le veau, qu'on devrait toujours attendre jusqu'à trois mois : deux mois peuvent suffire pour l'agneau et le chevreau ; mais leur chair est plus savoureuse et plus nutritive lorsqu'on leur laisse dépasser ce terme.

La chair des jeunes oiseaux, domestiques ou sauvages, et celle des jeunes gibiers à poil, a perdu toute viscosité peu de jours après leur naissance. Leur chair est tendre sans être molle ; elle est blanche et gélatineuse sans viscosité ; elle se digère facilement, et convient aux estomacs les plus faibles.

Parmi les animaux adultes, les chairs blanches sont

celles qui, en général, se digèrent le mieux, surtout lorsqu'elles ne sont pas trop imprégnées de graisse : et même dans ceux de ces animaux qui ont été engraissés, il y a des parties qui ne sont point surchargées de graisse, et qui peuvent fournir un aliment convenable aux convalescens et aux estomacs les plus faibles; telles sont, par exemple, dans les chapons, poulardes et poulets d'Inde, les chairs qui avoisinent l'aile et s'étendent sur la poitrine, et qui, dans ces animaux qui volent peu, sont fort tendres, et néanmoins peu pénétrées de graisse parce que leurs fibres sont très-rapprochées.

La chair de porc fait une exception parmi les chairs blanches; elle est dense, ferme et résistante; elle est peu facilement digestible, mais elle nourrit beaucoup ceux qui la digèrent : quelqu'abondante que soit la graisse du cochon, elle pénètre peu sa chair, dont le tissu est serré et laisse peu d'intervalle entre les fibres qui le composent.

Parmi les animaux à chair noire, abondante en osmazome, le bœuf et le mouton sont ceux dont on consomme le plus. La chair de ces animaux est, en général, éminemment nutritive et d'une digestion facile pour tous les gens en santé. Cependant ces propriétés varient selon le sexe, l'âge et l'état particulier des animaux de chaque espèce.

Le bœuf, fatigué par l'âge et le travail, a la chair dure, coriace, peu imprégnée de gélatine : elle se divise difficilement, résiste à la mastication et aux organes digestifs, et, par suite, elle est peu alimentaire : on peut placer sur la même ligne la chair des femelles qui ont porté : elle est presque toujours lâche, sans être tendre, et elle résiste encore plus à l'action des organes digestifs que celle des mâles déjà vieux.

A égalité d'âge, la chair des animaux engraissés est toujours plus tendre, plus sapide, plus digestible et plus alimentaire que celle des animaux maigres.

La graisse, interposée dans les fibres musculaires des premiers, les amollit, les rend plus souples, plus aisées à diviser, et par conséquent à dissoudre et à digérer : dans ces chairs, la graisse paraît amalgamée avec la gélatine, et cette union qui rend la graisse plus soluble, donne encore aux chairs que ces matières pénètrent, une légèreté et une mollesse que l'on désigne, dans certaine partie du bœuf bouilli, par l'expression de *pièce tremblante*. Toutes les chairs qui sont dans ce cas se divisent aisément, non-seulement dans la bouche, mais sous l'instrument.

Si on voulait classer les divers animaux suivant la digestibilité de leur chair, on mettrait au premier rang le poulet et le lapereau ;

Au second, le perdreau, le jeune faisan, et le pigeon âgé au plus de deux mois ;

Au troisième, les volailles adultes ;

Au quatrième, le mouton et le bœuf ;

Et au dernier, le lièvre, le cerf, le chevreuil, le daim et le sanglier.

CHAMPAGNE. (*Voyez* Vins.)

CHAMPIGNONS. Il y en a un grand nombre d'espèces, parmi lesquelles très-peu sont comestibles : les autres sont, la plupart, des poisons dangereux.

Les espèces dont on fait le plus d'usage sont :

Le champignon commun, qu'on trouve sur les friches, et qu'on élève aussi sur couche ;

Le mousseron, l'oronge, le ceps, la truffe.

Les champignons sont d'une composition très-compliquée ; ils contiennent tous de l'albumine, de la gélatine, de l'osmazome, de la matière sucrée, de la matière grasse, de la fibre végétale, réunissant ainsi les principes constituans des animaux et des végétaux. Ce qui est très-remarquable, c'est que les espèces comestibles contiennent ces principes à peu près dans les mêmes proportions que les espèces les plus délétères.

Les champignons comestibles et les truffes sont alimentaires, mais d'une digestion difficile, même pour les estomacs robustes, lorsqu'on en mange avec quelque excès. Les indigestions qu'ils occasionent simulent quelquefois l'empoisonnement.

Les champignons et les truffes doivent toujours être pris dans le plus grand état de fraîcheur ; car il y a peu de substances qui s'altèrent avec plus de rapidité, et dont l'altération change plus complétement les propriétés : cette altération suffit quelquefois pour que les espèces les moins suspectes produisent presque les mêmes effets que les espèces les plus vénéneuses.

Le champignon commun, élevé sur couche, est l'espèce dont l'usage présente le moins d'inconvénient ; c'est aussi celle dont on consomme le plus ; c'est surtout à elle que se rapportent les préparations suivantes, qui sont cependant applicables à toutes les autres.

Ragoût de champignons. (*Voyez* Ragoûts, *article* Champignons.)

Champignons à la provençale. — *Entrée.* Prenez des champignons de couche grands et ouverts. On reconnaît qu'ils sont frais lorsque les feuillets sont d'un rose clair ; s'ils sont noirs, il faut les rejeter. Coupez les queues très-court, et enlevez la peau blanche qui les recouvre ; mettez-les sur une tourtière, ou dans une caisse de papier beurré sur le gril, la queue en haut, avec un peu d'huile qu'on verse sur les feuillets, sel fin, gros poivre et muscade râpée, persil et ciboules hachés : ne les retournez pas : quand ils sont cuits, dressez-les sur un plat : ils doivent être bien imbibés d'huile. On peut, en servant, les saupoudrer de chapelure fine.

Croûte aux champignons. — *Entrée.* Épluchez des champignons ; coupez en quatre les plus gros et les moyens en deux ; mettez-les dans une casserole avec un morceau de beurre, un bouquet de persil et ciboules ;

passez le tout; ajoutez un morceau de beurre manié de farine et mouillez avec de bon bouillon; assaisonnez avec sel, gros poivre et muscade; faites bouillir et ensuite cuire à petit feu. Au moment de servir, retirez le bouquet et mettez une liaison de jaunes d'œuf délayés avec de la crême; mettez dans le milieu du plat une belle croûte bien blonde que vous beurrerez des deux côtés et que vous poserez un instant sur le gril, versez le ragoût de champignons sur cette croûte.

Champignons frits. — *Hors-d'œuvre*. Faites-les amortir dans une casserole avec un peu de bouillon, puis saupoudrez-les de farine, sel et poivre; faites-les frire au beurre ou à l'huile; servez avec persil frit et jus d'orange.

On peut aussi les faire frire crus.

On les fait aussi cuire avec du vin blanc, et on les assaisonne de jus d'orange, sel et poivre.

CHAPON. Le chapon a la chair moins délicate que la poularde; cependant l'un et l'autre se préparent de même. Il faut les choisir ayant la chair blanche et la peau fine; on convertit souvent en poulardes des poules qui ont pondu; on les reconnaît à leur derrière qui est rouge et très-ouvert. Les chapons vieux se reconnaissent à la longueur de leurs ergots et à la coloration de leur chair. C'est à l'âge de six à huit ou dix mois que le chapon et la poularde ont acquis toutes leurs perfections. Pour les préparations de l'un et de l'autre, *voyez* Poularde.

CHARBONNÉES. — *Entrée*. On nomme ainsi un petit aloyau qui est tiré des fausses côtes et qui n'a de la chair que d'un côté.

Quand elles sont tendres, on les fait cuire sur le gril, après les avoir trempées dans une marinade composée d'huile, persil, ciboule et champignons hachés, sel, gros poivre, et ensuite panés avec de la mie de pain. Servez avec jus de citron.

Il est mieux de les faire cuire à la braise. (*Voyez* ce mot.) Dans ce cas, on les sert sur un ragoût de légumes.

CHARCUTERIE. L'usage de la chair de cochon est tellement répandu, que l'art de la préparer, soit pour la conserver, soit pour la consommation immédiate, fait l'objet d'une industrie particulière. Partout où cette industrie s'exerce, au lieu de faire faire chez soi un grand nombre des préparations dont la chair du cochon est susceptible, on préfère avec raison s'en pourvoir chez le charcutier qui, travaillant en grand, peut toujours faire mieux et à meilleur marché; cependant, comme dans les campagnes et même dans beaucoup de villes où il n'y a pas de charcutier, on tue dans chaque ménage un ou plusieurs cochons par an, on décrira ici les procédés par lesquels on peut tirer de leur chair, le parti le plus utile et le plus agréable.

Les préparations de la chair de cochon fraîche et autres qui se font habituellement dans toutes les cuisines, se trouveront à l'article *Cochon*.

Boudin. Il y en a de deux espèces, du noir et du blanc. La base du premier est du sang, ordinairement de cochon. Le second est fait avec du blanc de volaille, du lait et de la mie de pain, etc. C'est la même composition que la *farce*.

Le sang, qui compose en grande partie le boudin noir, contient beaucoup d'osmazome (*voyez* Bouillon) qui doit lui donner une propriété excitante; il est aussi très-alimentaire; mais dans le boudin, tel qu'on le prépare ordinairement, il est peu facilement digestible, ce qui est dû sans doute à la grande quantité de graisse qu'on y mélange ordinairement.

Boudin noir (préparation du). Passez au sain-doux des ognons coupés en dés jusqu'à ce qu'ils soient fondus, sans cependant être colorés; coupez aussi en dés autant de livres de panne qu'il y a de litres de sang ; mêlez le tout ensemble et ajoutez du persil et de la ciboule hachés, sel, épices et un peu de crème ; assaisonnez de sel et épices mélangées, entonnez ce mélange dans des boyaux bien lavés et noués par le bout ; fermez-les lorsqu'ils sont pleins, en évitant d'y laisser de l'air ; mettez le boudin dans de l'eau chaude, sans être bouillante, jusqu'à ce qu'il commence à être ferme, ce qui est dû à la congélation de l'albumine du sang. (*Voyez* Bouillon.) Retirez alors le boudin pour le mettre égoutter et refroidir. On le coupe ensuite par morceaux, en bec de flûte.

On supprime si l'on veut l'ognon et la ciboule, que beaucoup de personnes supportent difficilement dans le boudin.

Préparation du boudin blanc. Faites réduire du lait avec de la mie de pain jusqu'à consistance de bouillie très-épaisse ; hachez et pilez du blanc de volaille rôtie et de la panne, et ajoutez le tout à la mie de pain bouillie avec le lait. Ajoutez encore des ognons coupés en dés et fondus dans le sain-doux sans roussir, et quelques jaunes d'œuf crus ; mêlez tout ensemble, après avoir assaisonné de sel et épices ; remplissez de ce mélange des boyaux de volaille bien nettoyés ; faites-les cuire dans l'eau chaude sans bouillir.

C'est ici le jaune d'œuf qui, en cuisant, donne de la fermeté au boudin.

On peut substituer au blanc de volaille, de la chair de veau, de lapin, de perdrix, etc.

On peut aussi faire du boudin blanc au maigre en remplaçant le blanc de volaille par de la chair de poisson, et la panne par du beurre ; du reste on opère de même.

Cuisson des boudins. Ciselez légèrement les boudins noirs, et faites-les griller, ou faites-les cuire à sec dans une sautoire. Servez pour *hors-d'œuvre.*

Les boudins blancs se cuisent de même.

On sert ordinairement un pot de moutarde avec les boudins noirs.

Andouille de cochon.—Hors-d'œuvre. Prenez de gros boyaux de cochon, faites-les tremper dans de l'eau pendant un jour ou deux, après les avoir préalablement lavés et nettoyés; faites-les blanchir dans l'eau bouillante avec un peu de sel, quelques tranches d'ognon et de citron et un peu de vin blanc. Jetez-les ensuite dans de l'eau froide et coupez-les en lanières; prenez du ventre de cochon dont vous ôterez le gras; coupez-le aussi par tranches de la longueur des andouilles; formez les andouilles avec moitié boyaux et moitié ventre, et assaisonnez-les de bon goût. Couvrez-les de leurs robes que vous aurez fait tremper quelque temps dans du vin blanc, pour leur ôter tout mauvais goût; ficelez-les par chaque bout. Les andouilles faites, mettez-les dans un pot bien bouché, sur un feu médiocre, avec de l'eau, un ognon piqué de clous de girofle, deux feuilles de laurier, deux verres de vin blanc, sel et poivre, faites cuire doucement; écumez, et ajoutez une pinte de lait; laissez refroidir dans le bouillon, retirez-les ensuite. On les fait griller sur une feuille de papier et on les sert chaudes.

Lorsqu'on veut conserver les andouilles, on les place au fond du saloir, ensuite on les retire; on les fait sécher et quelquefois on les fume en les suspendant dans la cheminée; on les fait cuire comme les andouilles fraîches et ensuite on les grille.

Andouilles de veau. — Hors-d'œuvre. Prenez des boyaux de veau un peu gros, bien lavés; coupez-les de la longueur des andouilles, et ficelez-les par un des bouts. Prenez du lard blanchi, de la tétine et de la fraise de veau, le tout blanchi et coupé par rouelles ou aiguillettes; mettez le tout dans une casserole à l'exception des boyaux; assaisonnez avec des épices mélangées, une feuille de laurier, sel, poivre, échalottes hachées fin, un demi-setier de crême; passez le tout sur le fourneau; retirez ensuite la casserole et jetez-y quatre ou cinq jaunes d'œuf, et un peu de mie de pain; le tout étant bien lié, prenez les boyaux et emplissez-les promptement à l'aide d'un entonnoir à douille courte et large; ficelez ensuite le boyau.

Faites cuire comme les andouilles de cochon.

Pour les servir, on les trempe dans un peu de graisse, on les pane et on les fait griller à petit feu.

Andouille aux choux. — *Entrée*. Faites blanchir des choux de Milan; mettez-les ensuite cuire avec une andouille, un morceau de lard maigre et peu de sel. Faites cuire à petit feu. Servez l'andouille sur les choux avec une rémoulade chaude.

Andouillettes. — *Hors-d'œuvre*. Prenez de la rouelle de veau; hachez-la avec du lard, fines herbes, jaunes d'œuf crus, sel, poivre et muscade; formez les andouillettes de ce hachis; passez-les à la casserole pour leur faire prendre couleur. Servez avec un ragoût de champignons.

Saucisses. — *Hors-d'œuvre*. Hachez de la chair de cochon dépouillée de nerfs et de membranes, avec quantité égale de lard; ajoutez persil, ciboules, thym et basilic hachés, sel et épices; mettez le tout ensemble; formez-en de petites masses ovales, et enveloppez-les avec de la crépine, après les avoir aplaties.

Les saucisses rondes se préparent de la même manière, excepté qu'au lieu d'envelopper la chair avec de la crépine, on l'entonne dans des intestins de volaille bien nettoyés.

On peut varier à volonté les proportions de chair et de lard; mais il est essentiel que l'un et l'autre soient hachés très-fin.

Pour rendre les saucisses plus délicates, on peut y

ajouter des blancs de volaille ou de la rouelle de veau, des truffes et des champignons hachés.

Saucisson de Lyon. — *Hors-d'œuvre.* Prenez de la chair de cochon courte et maigre; ajoutez moitié en poids de filet de bœuf et autant de lard : ainsi pour quatre livres de cochon il faudra deux livres de filet et deux livres de lard. Hachez le cochon et le filet, et pilez-les ensuite; coupez le lard en dés; mêlez de manière que le lard soit réparti également; assaisonnez, pour la quantité ci-dessus, avec sept onces de sel, un gros de poivre fin, un gros de poivre concassé moyen, deux gros de poivre entier, quatre gros de nitre, ail et échalottes si vous voulez; pétrissez le tout, et laissez reposer pendant vingt-quatre heures; remplissez de ce mélange de gros boyaux bien nettoyés et lavés successivement à l'eau chaude et au vinaigre; foulez avec un tampon de bois bien uni, pour ne pas déchirer les boyaux dans lesquels il ne doit pas rester d'air; fermez-les et ficelez-les comme une carotte de tabac; mettez-les dans un saloir, avec sel et salpêtre, pendant huit jours; retirez-les ensuite pour les faire sécher dans la cheminée. On reconnaît qu'ils sont assez secs quand ils sont devenus blancs : faites bouillir de la lie de vin avec de la sauge, du thym et du laurier; resserrez les ficelles des saucissons et barbouillez-les avec cette lie; lorsqu'ils sont secs, on les enveloppe de papier et on les conserve dans la cendre.

Saucisson de Bologne. Prenez de la chair de porc grasse et maigre; hachez-la, et pour douze livres ajoutez une demi-livre de sel, deux onces de poivre entier, et autant de bon vin blanc et de sang qu'il est nécessaire pour lier la pâte : pétrissez le tout ensemble; remplissez-en des boyaux en pressant la viande. Faites les saucissons de la longueur qui vous convient, et nouez-les fortement avec une ficelle : faites-les sécher à l'air ou à la fumée; quand ils sont secs, séparez-les; frottez-les avec de l'huile d'olives, et enfermez-les dans un vase.

Cervelas. Saucisson gros et court dont la chair de porc est ordinairement la base.

Cervelas de Milan. Prenez six livres de chair de porc maigre, une livre de bon lard, quatre onces de sel, une once de poivre, le tout bien haché et mêlé; ajoutez une demi-bouteille de bon vin blanc et une livre de sang de porc, avec une demi-once de cannelle et girofle pilés, et de gros lardons faits de tête de porc et saupoudrés avec les épices indiquées ci-dessus; mélangez bien le tout avant de l'introduire dans des intestins bien lavés et nettoyés, qu'on noue de six pouces en six pouces : faites cuire pendant deux heures dans de l'eau; et, pour empêcher qu'ils ne crèvent, piquez-les avec une aiguille lorsque la première impression de la chaleur a coagulé le sang. Lorsqu'ils sont cuits, on les fait sécher jusqu'à ce qu'ils soient tout-à-fait fermes.

Cervelas ordinaire. Prenez de la chair de cochon bien tendre et entrelardée, hachez-la avec du persil et un peu d'ail; assaisonnez de sel et épices mêlées; emplissez de ce mélange des intestins de grosseur convenable; faites cuire pendant deux ou trois heures.

Hure de cochon. — Entremets. Désossez entièrement une tête de cochon, en évitant d'attaquer la peau, piquez-la en dedans avec du gros lard et des truffes; assaisonnez avec sel, gros poivre, épices, persil, ciboules et un peu de sauge hachée. Laissez-la s'imprégner de l'assaisonnement pendant vingt-quatre heures.

Remplissez l'intérieur de la tête avec la langue, la cervelle, une langue de veau à l'écarlate, de la panne, du petit lard et des truffes, le tout coupé en filets, entremêlez ces filets pour qu'en coupant la tranche soit bien marbrée : recousez alors la tête de manière à lui donner à peu près sa première forme; enveloppez-la dans un linge blanc, pas plus grand qu'il ne faut et que vous coudrez.

Mettez-la dans une braisière avec les os concassés, quelques couennes, de la sauge, thym, basilic, laurier, un bouquet de persil et ciboules, sel et clous de girofle; mouillez avec de l'eau et une bouteille de vin : il faut que la tête soit baignée; faites cuire à petit feu pendant huit heures; lorsqu'elle sera cuite, ce que l'on reconnaît lorsqu'en la piquant avec une lardoire on n'éprouve presque point de résistance, ôtez la braisière du feu, en y laissant la tête jusqu'à ce qu'on puisse y toucher sans se brûler; retirez-la alors : pressez-la pour en extraire le liquide qui aura pénétré dans l'intérieur, et laissez refroidir.

Quand elle est froide on ôte l'enveloppe, et, après l'avoir parée, on la couvre partout de chapelure de pain passée au tamis et bien blonde.

Fromage de cochon.—Hors-d'œuvre. Désossez complétement une tête de cochon; levez toute la chair, sans couper la couenne; coupez la chair en filets; séparez le gras d'avec le maigre; coupez les oreilles de la même manière; assaisonnez le tout avec sel, poivre et épices, thym, laurier, basilic, persil, sauge hachée très-fin, zeste et jus de citron : mettez la peau de la tête dans un saladier, et arrangez sur cette peau les filets, en entremêlant le gras et le maigre; ajoutez-y un peu de panne, de la langue à l'écarlate, et des truffes si vous en avez : lorsque tout est employé, retroussez la peau, retranchez-en ce qui est inutile, et cousez-la de manière à former une boule plate, que vous mettez dans une marmite juste à sa grandeur, avec des racines, un fort bouquet garni, sel et épices; mouillez avec de l'eau et du vin blanc; faites cuire à petit feu pendant six ou sept heures. Lorsque le fromage est cuit, laissez-le refroidir jusqu'à ce qu'on puisse le toucher, et mettez-le dans un moule ou dans une casserole de fer-blanc; chargez-le pour lui faire prendre la forme du moule.

On fait aussi ce fromage avec des oreilles seulement. On les épluche bien, on les fend en deux; et, après les avoir assaisonnées, on les met à plat dans une braisière, et on les fait cuire dans du vin blanc. Quand elles sont cuites on les range dans un moule par couches, en mettant entre chacune des tranches de langue à l'écarlate déjà cuite : on presse comme ci-dessus.

Il ne faut jamais employer de vases de cuivre pour mouler ces fromages, ni, en général, pour y faire refroidir des matières grasses ou acides, ou seulement salées, parce que le meilleur étamage n'empêche pas la formation du vert-de-gris à froid.

Fromage d'Italie.—Hors-d'œuvre. Hachez et pilez un foie de cochon ou de veau; hachez et pilez séparément deux tiers de lard et un tiers de panne, de manière que le poids du lard et de la panne égale celui du foie; mêlez le tout ensemble, et assaisonnez de sel, épices, persil, ciboules, thym, basilic, sauge hachée, anis et coriandre pilés; couvrez exactement le fond et les côtés d'un moule ou d'une casserole de fer-blanc avec une crépine ou des bardes de lard; mettez-y le hachis, et recouvrez de bardes; faites cuire au four; laissez refroidir entièrement dans le moule; et, pour en sortir le fromage, trempez le moule pendant un instant dans l'eau bouillante.

Pieds de cochon à la Sainte-Menehould.—Entrée. Fendez-les en deux dans le sens de la fourchure du pied; réunissez les deux moitiés, et, pour empêcher qu'elles ne se déforment en cuisant, enveloppez-les avec un large ruban de fil; faites cuire dans une marmite avec carottes, ognons, persil, ciboules, aromates, sel et poivre; mouillez avec moitié eau et moitié vin : faites cuire à petit feu pendant vingt-quatre heures : quand ils sont cuits, on les met avec leur cuisson dans une terrine, où on les laisse refroidir avant de les développer.

Langues fourrées. — *Hors-d'œuvre.* Prenez des langues de cochon, de bœuf ou de veau ; ôtez-en le cornet, et faites-les blanchir un quart d'heure à l'eau bouillante ; enlevez la première peau ; ensuite mettez les langues dans un pot de grès, en les arrangeant de manière à laisser le moins de vide qu'il est possible ; saupoudrez-les de sel mêlé avec un seizième de salpêtre et d'herbes aromatiques hachées grossièrement ; faites de même à chaque couche ; quand toutes les langues sont arrangées, couvrez-les d'un plateau de bois, sur lequel vous mettrez des poids afin de les comprimer, et pour qu'elles trempent dans la saumure. Laissez-les dans le sel pendant huit ou dix jours ; au bout de ce temps, retirez-les pour les faire égoutter, et enveloppez-les d'un boyau de cochon ou de veau, que vous liez par les deux bouts. Si on veut les fumer, on les place sur un grillage élevé de quatre à cinq pieds au-dessus du foyer, et on entretient par-dessous un petit feu de branches de genevrier vert, sur lequel on jette de temps en temps quelques herbes aromatiques.

Jambons de Bayonne. Attachez le manche des jambons à la noix avec une ficelle, et mettez-les en presse entre deux planches chargées de pierres pendant vingt-quatre heures, et plus si la saison le permet ; saupoudrez-les ensuite de sel mêlé à un douzième de salpêtre, et laissez-les encore en presse pendant trois ou quatre jours ; faites une saumure avec du vin et de l'eau, que vous saturerez de sel en la faisant bouillir : faites bouillir avec la saumure du thym, sauge, laurier, basilic, genièvre, poivre, coriandre et anis ; tirez la saumure à clair, et laissez-la refroidir. Rangez les jambons dans un saloir en bois, ou en grès, ce qui vaut mieux, et versez la saumure par-dessus : il faut qu'ils soient baignés ; ajoutez encore quelques poignées de sel ; laissez-les dans la saumure pendant quinze jours ou trois semaines, suivant la saison : ensuite retirez-les pour les faire sécher : quand ils sont secs, enfumez-les comme les langues pendant quatre à cinq jours, à différens intervalles ; frottez-les avec de la grosse lie ; laissez-les sécher et conservez-les sous la cendre.

Pieds de cochon farcis. — Hors-d'œuvre. Faites cuire des pieds entiers, comme ceux qui se préparent à la Sainte-Menehould ; désossez-les, et faites une farce comme il suit : hachez des blancs de volaille cuite, mettez sur le feu, avec de bon bouillon, de la mie de pain, de la tétine de veau hachée : autant de tétine qu'il y a de mie et de blanc ; faites réduire jusqu'à ce que la mie ait tout bu, et qu'il en résulte une bouillie épaisse et presque sèche ; ajoutez les blancs hachés, des truffes coupées en tranches, trois jaunes d'œuf, sel, poivre et épices ; mêlez le tout ensemble avec un peu de crême ; remplissez de ce mélange l'intérieur des pieds, que vous enveloppez avec de la crépine par le gros bout, pour que la farce ne s'échappe pas ; dorez les pieds avec du beurre tiède et panez-les. Faites griller à petit feu.

Petit salé. Coupez le filet et la poitrine, et en général toutes les parties maigres et entrelardées du cochon, en plusieurs morceaux : faites une couche de sel au fond d'un saloir de grès ; arrangez les morceaux par couches, en les pressant pour qu'il ne reste pas de vide ; couvrez chaque couche avec du sel mélangé de salpêtre ; une once de ce dernier par livre ; mettez plus de sel sur la dernière couche ; couvrez le saloir avec un linge plié en quatre, et posez par-dessus un plateau de bois surmonté d'une grosse pierre. Au bout de cinq ou six jours, on peut retirer le petit salé et s'en servir. Si on veut le garder plus long-temps il faut ne pas épargner le sel.

Lard en planches. Levez le lard en en séparant la chair : frottez-le avec du sel fin bien sec, à raison d'une livre de sel pour dix livres de lard ; mettez les morceaux l'un sur l'autre, lard contre lard, et couvrez-les d'une planche que vous chargerez avec de fortes pierres. Laissez-le en presse pendant vingt-cinq jours au moins, et suspendez-le ensuite dans un endroit sec et aéré.

Lard à l'anglaise. Prenez une flèche de cochon, dont vous enlèverez toute la graisse intérieure qui ne fait pas partie du lard ; frottez-la des deux côtés avec du sel, et laissez-la vingt-quatre heures dans cet état ; faites un mélange dans la proportion de deux parties de sel et une de cassonnade ; essuyez la flèche, et frottez-la avec le mélange dessus et dessous ; arrosez-la tous les jours pendant trois semaines, avec la saumure qui s'est formée ; au bout de ce temps, séchez-la à la fumée, et conservez-la dans un endroit sec, non exposé au soleil.

Sain-doux. Séparez de la panne toutes les membranes, battez-la et coupez-la en petits morceaux, que vous ferez fondre dans un chaudron avec très-peu d'eau ; ajoutez-y quelques clous de girofle et des feuilles de laurier : faites fondre à petit feu et long-temps. On reconnaît que le sain-doux est à son point quand les *cortons* deviennent cassans. Il faut veiller à ce qu'il ne prenne pas de couleur. On le fait refroidir à moitié ; on le passe au tamis et on le conserve dans des pots.

Jambons et langues de Mayence. Faites une saumure dans les proportions suivantes : huit livres de sel, une livre de salpêtre, une livre de cassonnade, deux onces de calamus aromaticus enfermé dans un nouet, et suffisante quantité d'eau pour dissoudre le tout ; faites bouillir cette saumure pendant une demi-heure, et laissez-la ensuite refroidir ; mettez les jambons et les langues dans cette saumure pendant trois semaines ; faites ensuite sécher comme il a été prescrit pour les jambons.

Si, avant de mettre les jambons et les langues dans la saumure, on les met tremper dans de l'eau de puits pendant vingt-quatre ou quarante-huit heures, ils en seront meilleurs et plus tendres. (*Voyez* Cochon.)

CHARLOTTE.—*Entremets*. La charlotte est une espèce de pâté de fruits cuits en marmelade : on y emploie ordinairement les pommes, mais la plupart des fruits à pulpe abondante peuvent être préparés de cette manière.

Charlotte de pommes. — Après avoir pelé les pommes et en avoir retranché les cœurs, coupez-les en morceaux, et faites-les fondre sans eau dans une bassine ; quand elles seront en marmelade, ajoutez du sucre en poudre (le tiers du poids des pommes), un peu de cannelle en poudre, le jus et la moitié du zeste d'un citron ; faites réduire la marmelade.

Coupez des tranches minces de pain, les unes en carré long, les autres en triangles ; trempez-les dans le beurre tiède : couvrez, avec les triangles, le fond d'une casserole beurrée : avec les carrés longs revêtissez les bords de la casserole jusqu'à la hauteur à laquelle vous voulez l'emplir.

La casserole étant ainsi préparée, remplissez-la de la marmelade de pommes ; unissez le dessus, et panez-le avec de la mie de pain trempée dans du beurre ; mettez la casserole sur des cendres rouges ; couvrez avec le four de campagne un peu chaud, ou avec un couvercle sur lequel vous mettrez du feu. Lorsque la charlotte aura pris une belle couleur, renversez-la sur un plat.

Charlotte de poires. Pelez des poires de messire Jean ; ôtez-en les cœurs et les parties pierreuses, et coupez-les en morceaux ; mettez-les dans une casserole avec un verre d'eau ; couvrez la casserole, et faites cuire jusqu'à ce que les poires cèdent sous le doigt : écrasez-les sur un tamis de crin un peu clair ; ajoutez à la pulpe le quart de son poids de sucre, un peu de cannelle en poudre, et le jus d'un citron : préparez et faites cuire comme il est prescrit ci-dessus.

Autre. Pour faire une charlotte avec des fruits qui ont peu de pulpe, au lieu de faire réduire la marmelade jusqu'à consistance suffisante, on peut lui donner une consistance artificielle en y ajoutant des biscuits secs en poudre : le mélange en étant opéré entièrement, on procède à la préparation et à la cuisson comme pour la charlotte de pommes.

CHATAIGNE. La châtaigne contient une forte proportion (10 à 14 pour 100) de sucre tout-à-fait identique avec celui qu'on extrait de la canne; cependant elle s'allie très-bien à toutes les viandes, nouvelle preuve de l'utilité qu'on peut retirer de l'addition du sucre à une foule de préparations alimentaires d'où on l'a exclu. Les châtaignes peuvent être introduites dans toutes les farces, et employées comme garniture pour les viandes cuites à la braise. Elles se conservent difficilement jusqu'à la fin de l'hiver; mais, lorsqu'on les a fait sécher à l'étuve, comme cela se pratique en grand dans quelques provinces, et notamment dans le Limousin, elles peuvent être gardées indéfiniment. On en trouve, depuis quelque temps, à l'état sec et dépouillées de leur première peau, et de la pellicule intérieure, chez la plupart des épiciers.

CHAUDIÈRE. Une chaudière d'une certaine dimension est une dépendance indispensable de toute cuisine bien montée; on s'en sert pour faire cuire de gros légumes, des jambons; pour préparer des confitures communes, telles que le raisiné, etc.

Cette chaudière se suspend ordinairement à la crémaillère de la cheminée, et on ne peut la chauffer qu'en employant une énorme quantité de combustible, et en exposant son contenu à la fumée, et souvent à être souillé par la suie dont un feu vif détermine la chute. On évite ces inconvéniens, et l'on obtient une grande économie de combustible en établissant la chaudière dans un fourneau construit exprès, d'après la description suivante :

CHAUDIÈRE MONTÉE DANS UN FOURNEAU EN MAÇONNERIE.

Coupe horizontale sous la chaudière, fig. 1, pl. 1.

A Massif du fourneau ;
B Foyer ;
C Ouverture sur le devant, par laquelle s'échappe la fumée ;
D Canal autour de la chaudière, pour la circulation de la flamme et de la fumée ;
E Cheminée composée d'un tuyau de tôle, ou, ce qui est préférable, en poterie ;
F Petite ouverture communiquant directement du foyer à la cheminée : elle sert à déterminer le tirage ; elle doit être assez étroite pour que la plus grande partie de la flamme ne puisse prendre cette direction, et soit obligée de rétrograder vers l'ouverture C.

Coupe verticale, fig. 2, pl. 1.

A Massif du fourneau ;
B Foyer ;
D Canaux de circulation autour de la chaudière ;
F Ouverture communiquant du foyer à la cheminée ;
G Grille du foyer : elle est composée de barreaux, espacés de deux à trois lignes au plus ;
H Chaudière ;
I Cendrier.

Élévation, fig. 3, pl. 1.

A Massif du fourneau ;
B Porte du foyer ;
C Porte du cendrier.

On n'est pas dans l'usage de mettre une grille aux foyers où l'on ne brûle que du bois, et, dans ce cas, on supprime le cendrier. Cependant comme la combustion rapide du bois est le meilleur moyen de l'économiser, en lui faisant produire tout l'effet qu'on doit en attendre, je crois qu'il vaut mieux conserver la grille. Alors la porte du foyer doit être pleine sans aucune ouverture ;

mais la porte du cendrier doit avoir une petite porte qui donnera le moyen de ménager le feu à volonté.

Dans le même but de modérer le feu, il est bon de mettre une *clef* au tuyau qui sert de cheminée.

Une chaudière ainsi montée sur un fourneau en maçonnerie présente le moyen le plus économique de faire chauffer promptement une grande masse d'eau.

On peut s'en servir pour faire chauffer la lessive, l'eau des savonnages, etc.

On y peut cuire aussi des pommes de terre, de l'orge, du seigle, etc., pour les bestiaux.

Lorsqu'on l'emploie à cet usage, il faut mettre au fond de la chaudière un clayon d'osier fortement barré et portant des pieds de deux ou trois pouces de haut. On ne met de l'eau que jusqu'à la hauteur du clayon sur lequel on jette les racines et les grains; la chaudière peut être entièrement remplie de pommes de terre. On ne doit la remplir de grains que jusqu'à moitié tout au plus, pour éviter que le renflement qu'ils subissent ne les en fasse sortir.

On n'a ainsi que très-peu d'eau à chauffer; ce qui n'exige qu'une modique quantité de combustible. Il n'est pas nécessaire d'ajouter de l'eau pendant la cuisson des pommes de terre qui n'en absorbent pas, mais il faut en ajouter souvent lorsqu'on fait cuire des grains qui absorbent la vapeur à mesure qu'elle se forme. Les grains cuits ainsi, ou seulement renflés jusqu'à ce qu'ils commencent à crever, sont une nourriture qui convient parfaitement aux bestiaux qu'on veut engraisser, et notamment aux porcs. Les volailles la mangent avec avidité. On peut traiter de même le maïs et même l'avoine. Ce dernier grain, ainsi renflé, nourrit avec économie les chevaux qui, soit par l'usure de leurs dents, ou par une trop grande avidité, avalent l'avoine sèche sans la mâcher.

La chaudière, lorsqu'on la chauffe, doit toujours

être couverte, et pour que la fermeture soit plus exacte, le couvercle doit être garni à son pourtour d'une bande de lainage grossier.

Pour empêcher le couvercle de se *gauchir* par l'action de la vapeur, il faut le composer de deux couches de bois posées à fils croisés. Il serait plus sûr de le doubler en plomb.

Une chaudière de fonte suffit dans la plupart des cas; on en fait aujourd'hui de très-grandes dimensions. Si cependant on avait besoin de faire cuire de grandes masses, il faudrait faire une chaudière de cuivre. Il serait inutile de la faire étamer, parce que l'étamage durerait peu; mais il faudrait veiller à ce qu'on la nettoyât avec soin chaque fois qu'on voudrait s'en servir.

Le même fourneau peut servir à un alambic en en réduisant les proportions suivant le diamètre de la cucurbite. La hauteur du foyer doit être la même dans tous les cas.

La maçonnerie du fourneau se fait en briques, ou mieux encore en tuileaux cimentés avec de la terre à four. On ne doit employer le plâtre ou le mortier qu'à l'extérieur.

CHEMINÉE. La cheminée de la cuisine doit être grande, sans cependant être d'une étendue et d'une hauteur démesurées, comme c'était l'usage autrefois. Ces immenses foyers avaient l'inconvénient de remplir les cuisines de fumée, ce qui forçait à tenir continuellement ouverte ou la porte ou une fenêtre.

Cinq pieds d'ouverture, deux pieds de profondeur et quatre de hauteur, sont des dimensions très-suffisantes. Le foyer doit être élevé de six pouces, sur une largeur de quinze pouces, du côté de chaque jambage. On recouvre le milieu avec une plaque de fonte, sous laquelle il reste, par conséquent, un vide de trente pouces de large, six pouces de haut, et de toute la profondeur de la cheminée.

Ce vide sert à tenir chaudement des plats, au moyen de la chaleur que le foyer communique à la plaque.

La cheminée doit être couverte en hotte, se rétrécissant en un tuyau de deux pieds de large, sur un pied de profondeur : ces dimensions sont suffisantes pour admettre un ramoneur. Il vaudrait mieux, sous beaucoup de rapports, renoncer à cette mauvaise pratique de *ramonage,* qui consiste à faire monter un enfant dans la cheminée pour en enlever la suie. On pourrait alors faire les tuyaux de cheminée beaucoup plus étroits, ce qui serait un préservatif assuré contre la fumée; les tuyaux s'engorgeraient moins de suie, et il suffirait, pour les nettoyer, d'y introduire un petit fagot qu'on promène dans l'intérieur au moyen de deux cordes dont l'une est tirée par en-bas, et l'autre par un homme qu'on fait monter sur le toit.

La hotte de la cheminée doit avoir à son pourtour une saillie de huit à dix pouces, qui sert à placer plusieurs ustensiles dont l'usage est le plus fréquent et qui sont ainsi sous la main.

Une des dépendances nécessaires de toute cheminée de cuisine est la crémaillère. Cet instrument est trop connu pour qu'il soit nécessaire de le décrire. Il n'en est pas de même d'une pièce qu'on ajoute à la crémaillère dans quelques localités et dont l'usage n'est pas général : on l'appelle *servante,* nom qui exprime très-bien son utilité. On s'en sert pour poser la poêle sur le feu, tandis que sa *queue* est soutenue par le crochet d'un chenet qui n'a que cette destination et celle de porter la broche. *Voir* la fig. 4, pl. 1.

CHERVIS. Racine dont on fait aujourd'hui fort peu d'usage : on lui préfère, avec raison, le salsifis et la scorzonère.

On fait cuire le chervis à l'eau, et on le fait frire après l'avoir trempé dans une pâte; ou bien, après l'avoir fait égoutter, on le sert avec un bon morceau de beurre qu'on fait seulement fondre.

CHEVREAU. On le prépare, dans toutes ses parties, comme l'agneau; âgé de plus de cinq à six mois, sa chair est coriace et imprégnée d'une odeur désagréable.

CHEVREUIL. Lorsque le chevreuil est jeune, sa chair est assez tendre, et sa cuisson n'exige pas de préparation particulière; mais lorsqu'il a plus de trois ans, il est indispensable d'en faire mariner les diverses parties avant de les faire cuire : cette marinade se fait avec du vinaigre ou du verjus, sel, poivre, aromates, ognons en tranches, persil et ciboules. Les morceaux doivent rester dans la marinade pendant quarante-huit heures au moins, et davantage si c'est une grosse pièce. On peut ensuite le faire cuire à la broche ou à la braise. On le sert toujours avec une sauce très-relevée.

Comme sa chair est sèche, il est toujours bon de le piquer de gros lard assaisonné. (*Voyez* Cerf.)

CHICORÉE. La chicorée sauvage, qui est verte, ne se mange qu'en salade : il faut la choisir jeune et tendre. La chicorée cultivée est blanchie par étiolement. On la mange aussi en salade; surtout la variété qui a les feuilles un peu larges, et qu'on nomme *scarole*. C'est ordinairement la chicorée frisée qu'on prépare par la cuisson.

Ragoût de chicorée. — Entremets. Faites-la blanchir à l'eau bouillante; mettez-la ensuite dans l'eau froide, et pressez-la fortement entre les mains pour l'égoutter; donnez-lui quelques coups de couteau pour la diviser; mettez-la ensuite dans une casserole, et mouillez avec du jus, ou avec quelques cuillerées d'un fond de cuisson : à défaut de jus, mouillez avec de bon bouillon : dans ce dernier cas on y ajoute du beurre manié de farine pour liaison, et on fait réduire. On sert ce ragoût, avec des croûtons frits, pour *entremets*, ou sous une pièce de mouton rôtie.

Ou bien faites un roux avec du lard fondu ou du beurre et de la farine, fines herbes hachées, sel, poivre et muscade ; passez-y la chicorée blanchie, égouttée et hachée grossièrement ; ajoutez un morceau de beurre, et laissez mijoter pendant quelque temps.

CHOU. Le chou est, parmi les légumes herbacés, celui qui nourrit le plus ; c'est aussi celui dont l'usage est le plus répandu. Il y en a un grand nombre de variétés dont la meilleure est celle dite de Milan.

Chou farci. — *Entrée.* Enlevez les feuilles extérieures d'un chou de Milan ; faites-le blanchir un quart d'heure à l'eau bouillante ; égouttez-le : enlevez avec un couteau tout le trognon ; écartez les feuilles sans les casser, et remplissez le chou avec une farce faite de chair de porc maigre, des marrons rôtis, sel, poivre et épices, ou telle autre farce qui vous conviendra ; couvrez l'ouverture avec quelques feuilles, et ficelez le tout. Posez le chou, l'ouverture en haut, dans une casserole, sur des bardes de lard ; mettez-en aussi par-dessus ; ajoutez carottes, ognons, dont un piqué de deux clous de girofle, un bouquet garni, sel, poivre et muscade ; mouillez avec du bouillon ; faites cuire à petit feu. Lorsque le chou est bien cuit et la sauce réduite, dressez-le dans un plat et versez la sauce par-dessus ; si celle-ci est trop claire, faites réduire vivement, en ajoutant un morceau de beurre manié de farine.

Chou au lard. — *Entrée.* Coupez un chou par quartiers, et faites-le blanchir : après l'avoir égoutté, mettez-le dans une casserole sur des bardes de lard, avec un morceau de petit salé ; mouillez avec du bouillon ; assaisonnez avec gros poivre, muscade et un bouquet garni ; faites bouillir, et ensuite cuire à petit feu ; dressez le chou dans un plat, le petit salé par-dessus ; réduisez la cuisson ; liez-la avec un morceau de beurre manié de farine, et versez sur le chou.

Chou au lait. — *Entremets.* Faites-le cuire à l'eau de sel jusqu'à ce qu'il s'écrase facilement entre les doigts; égouttez-le, et, après l'avoir haché grossièrement, passez-le au beurre avec sel, gros poivre, girofle broyé; mouillez avec du lait; faites mijoter jusqu'à ce que le chou soit bien fondu et bien lié.

Chou à la flamande. — *Entrée.* Blanchissez un chou; ôtez-en le trognon et hachez-le grossièrement; mettez-le dans une casserole avec du beurre, un ognon piqué de deux clous de girofle, sel, gros poivre et muscade râpée; une pointe d'ail; mêlez-les bien avec le beurre; faites cuire à très-petit feu en les retournant de temps en temps : lorsqu'il est cuit, ôtez l'ognon et ajoutez un morceau de beurre.

Pain de chou. — *Entrée.* Faites blanchir un chou entier; levez-en les feuilles, dont vous retranchez les grosses côtes : faites mariner une noix de veau avec de l'huile, persil, ciboules, champignons, ail, échalottes, le tout haché; sel, gros poivre; faites mariner aussi quelques tranches minces de jambon.

Étendez sur la table quelques feuilles de chou, et mettez par-dessus des tranches de veau et de jambon, et un peu de la marinade; couvrez avec des feuilles; ajoutez de nouvelles tranches, et continuez ainsi; ficelez le tout, et faites cuire dans une braise bien nourrie (*voyez* Braise); faites réduire la cuisson après l'avoir dégraissée; liez-la avec un peu de beurre manié de farine, s'il est nécessaire, et versez-la sous le pain.

Garbure de choux au fromage. — *Potage.* Faites blanchir des choux jusqu'à ce qu'ils soient aux trois quarts cuits, égouttez-les, et séparez les feuilles dont vous ôterez les plus grosses côtes.

Prenez une soupière, ou une terrine qui supporte le feu; faites au fond un lit de feuilles de chou; couvrez-le de tranches minces de fromage de Gruyère, et celles-ci avec des tranches de pain ; faites un nouveau lit de feuilles de chou, de fromage et de pain, et continuez ainsi jusqu'à la fin ; assaisonnez chaque couche de gros poivre et épices ; mouillez avec d'excellent bouillon chaud, et faites mijoter pendant une heure.

Servez avec une jatte de bouillon à côté.

Choux rouges. On les fait cuire à l'eau de sel, et on les marine avec du vinaigre, un peu d'huile, sel, gros poivre et muscade râpée : on les sert pour *hors-d'œuvre.*

Choux - pâtisserie. — *Entremets.* Prenez du fromage mou bien gras ; mettez-le dans un vase ouvert avec quantité suffisante de farine ; ajoutez-y de l'écorce de citron vert confit hachée et un peu de sel ; détrempez bien le tout : incorporez-y ensuite quatre ou cinq jaunes d'œuf pour en faire comme une pâte à beignets ; prenez une tourtière que vous graisserez bien ; dressez-y les choux avec une cuillère ; dorez-les et mettez-les au four, où il faut qu'ils cuisent doucement. Étant cuits on les glace avec du sucre : on fait sécher cette glace à l'entrée du four.

Autre manière. Faites bouillir deux verres d'eau dans une casserole avec gros comme une noix de beurre et un peu de sel ; quand l'eau bout, mettez deux ou trois poignées de farine ; délayez le tout ensemble sur le feu, et remuez toujours jusqu'à ce que la pâte se détache de la casserole : râpez-y un peu de sucre ; ôtez ensuite la pâte de dessus le feu, et changez-la de casserole ; délayez-y des œufs frais, jaune et blanc, jusqu'à ce qu'elle soit liquide : beurrez de petits moules à pâté ; formez dedans les choux, et faites cuire au four.

CHOU-CROUTE. Le nom allemand est *sauerkraut*, qui signifie choux aigres. Pour faire la chou-croute, on coupe des choux pommés en tranches très-minces qui se divisent en filets ; on en remplit des tonneaux ; on assaisonne avec du sel, du poivre et du genièvre. La masse ne tarde pas à entrer en fermentation, dont le résultat est la formation d'un acide qui prévient l'altération ultérieure des choux. On a soin que ceux-ci soient toujours surmontés par le liquide acide, et pour cela on charge la masse avec une grosse pierre inattaquable par les acides. La chou-croute se conserve long-temps. Elle fait, en Allemagne, la base principale des provisions de ménage. La chou-croute est un aliment sain, et surtout un bon correctif des inconvéniens qui accompagnent l'usage habituel des viandes salées et fumées.

Cuisson de la chou-croute. Laissez-la tremper dans l'eau fraîche pendant deux heures ; faites-la égoutter, et mettez-la dans une casserole avec du petit lard coupé en tranches minces, un cervelas entier et des saucisses ; mouillez avec quelque fond de cuisson bien gras, ou de la graisse et du jus de rôti, et surtout de la graisse d'oie : à défaut de tout cela, mettez plus de lard, et mouillez avec du bouillon ; faites cuire à petit feu. La cuisson terminée, égouttez la chou-croute, dressez-la sur un plat, le lard en dessus, entremêlé de saucisses et de tranches de cervelas, dont la peau doit être retirée. Servez comme *entrée* ou pour *garniture*. (*Voy*. Bœuf.)

CHOUX-FLEURS. Les choux-fleurs doivent être épluchés avec soin, et il est indispensable d'en séparer les rameaux, parce qu'il se loge très-souvent dans leurs intervalles de grosses chenilles et des limaces.

Choux-fleurs à la sauce blanche. — *Entremets.* Faites-les cuire à l'eau de sel, et ne les mettez dans l'eau que lorsqu'elle est bouillante ; égouttez-les quand ils sont cuits ; dressez-les en demi-boule, et versez par-dessus une sauce blanche : râpez-y de la muscade.

Choux-fleurs farcis. — *Entremets.* Faites-les seulement blanchir à l'eau de sel. Étant bien égouttés, mettez-les sur des bardes de lard, la tête en bas, dans une casserole de la grandeur du fond du plat dans lequel vous devez servir; remplissez tous les vides que laissent les choux-fleurs avec une farce composée de rouelle de veau, graisse de bœuf, persil, ciboules, champignons, sel, épices, et trois œufs entiers; mouillez avec de bon bouillon; faites cuire à petit feu; quand les choux-fleurs sont cuits, et qu'il n'y a plus de sauce, posez le plat sur la casserole, et renversez-la brusquement en contenant le plat avec la main gauche.

Versez par-dessus une sauce espagnole bien liée, ou une sauce tomate. (*Voyez* Sauces.)

Choux-fleurs en pain. — *Entremets.* Faites cuire à l'eau de sel : faites-les égoutter ; ensuite saupoudrez-les de fromage de Parmesan râpé : dressez-les en calotte sur un plat dont le fond sera beurré et saupoudré de fromage ; couvrez-les avec une sauce blanche un peu épaisse, dans laquelle vous aurez mis un peu de fromage ; unissez bien ; saupoudrez encore de fromage, et panez avec de la mie de pain ; arrosez ensuite de beurre tiède, et panez une seconde fois ; posez le plat sur des cendres chaudes ; couvrez avec le four de campagne jusqu'à ce que le pain ait pris une belle couleur.

CIBOULE. Cette plante est trop connue pour qu'il soit nécessaire de la décrire ; elle fait toujours partie des bouquets garnis qu'on met dans toutes les cuissons pour donner du goût. On la mange quelquefois crue, quoique dans cet état elle soit peu digestible.

CIBOULETTE OU CIVETTE. Espèce de ciboule en miniature. On l'emploie aux mêmes usages; crue, elle se digère aussi très-difficilement.

CIDRE ET POIRÉ. Le premier de ces liquides se prépare avec le suc de pommes, et le second avec le suc de poires. L'un et l'autre contiennent beaucoup d'acide malique, et souvent de l'acide acétique. Le poiré est plus acide, plus alcoolique et moins sucré que le cidre. Il faut le boire peu de temps après sa préparation, tandis que le bon cidre peut se conserver deux ou trois ans. On doit le conserver dans des celliers dont la température soit toujours au-dessus de zéro; car il se congèle facilement, et alors il est perdu. Le cidre et le poiré désaltèrent bien, nourrissent moins que la bière et enivrent facilement. Le poiré agace les nerfs de beaucoup de personnes.

En Normandie et en Bretagne on fait un grand usage du cidre; on va le prendre à la futaille, où, lorsque celle-ci est vidée en partie, et qu'une grande surface de liquide est en contact avec l'air, le cidre acquiert une acidité vive, devient nuisible à l'économie animale et cause des coliques violentes semblables aux coliques minérales : cet effet est tellement dû à l'altération du cidre par l'action de l'air, qu'il n'est jamais produit par ce liquide lorsqu'il est conservé dans des bouteilles. Le poiré est sujet au même inconvénient : mêlé au vin, il ajoute à l'ivresse que cause celui-ci, et produit des coliques d'entrailles.

CIVET. (*Voyez* Lièvre.)

CLARIFIER. C'est séparer d'un liquide les parties qui altèrent sa transparence. (*Voy.* Gelées animales, Sucre.)

COCHON. La chair du cochon est l'une des plus sapides et des plus alimentaires, mais elle ne se digère bien que par les estomacs robustes. Les personnes dont l'estomac est faible doivent s'en abstenir.

Cochon de lait rôti. — *Rôt.* Trempez-le un instant dans l'eau bouillante pour l'épiler; quand il est bien net, videz-le et troussez-le après l'avoir frotté dans tout l'intérieur avec du beurre pétri avec des fines herbes, sel, poivre et muscade; mettez-y aussi quelques zestes de citron; ciselez légèrement la peau de la tête, des épaules et des cuisses, pour l'empêcher de crever; faites rôtir et arrosez souvent avec de l'huile, pour que la peau devienne croquante et prenne une belle couleur.

Cochon de lait en blanquette. — *Entrée.* Coupez en filets les restes d'un cochon de lait rôti; passez au beurre, dans une casserole, des champignons coupés aussi en filets, un bouquet garni, une gousse d'ail, deux échalottes; mettez une pincée de farine, et mouillez avec moitié vin blanc et moitié bouillon; assaisonnez de sel, poivre et muscade; faites réduire à moitié; ôtez alors le bouquet et mettez vos filets; faites chauffer sans bouillir. Au moment de servir, ajoutez une liaison de trois jaunes d'œuf et un jus de citron ou une bonne cuillerée de verjus.

Pieds de cochon à la Sainte-Menehould. — *Entrée.* Prenez des pieds de cochon cuits comme il a été indiqué à l'article *Charcuterie;* trempez-les dans du beurre tiède, panez-les, et après les avoir assaisonnés de sel fin et gros poivre, tâchez de leur faire prendre beaucoup de mie de pain; faites griller à un feu doux. Servez à sec avec un moutardier.

On fait griller de même, et on sert aussi à sec les pieds de cochon aux truffes.

Oreille de cochon à la Sainte-Menehould. — *Entrée.* Faites-la cuire dans une braise. Lorsqu'elle est cuite et refroidie, dorez-la avec du beurre tiède et ensuite panez-la; couvrez-la ensuite avec de l'œuf battu et panez une seconde fois; faites prendre couleur sous un four de campagne. Servez avec une rémoulade.

Oreille de cochon à la purée. — *Entrée.* Faites cuire comme à l'article précédent, et servez sur une purée de lentilles ou de pois verts.

Ou bien, faites cuire deux oreilles avec un litre de lentilles, un bon bouquet garni de deux ognons piqués de deux clous de girofle, sel, gros poivre. Retirez les oreilles quand elles sont cuites et tenez-les chaudement. Séparez les lentilles du bouillon et écrasez-les pour les passer en purée à travers une passoire fine. Ajoutez un peu de bouillon pour faciliter le passage de la purée ; assaisonnez suffisamment et faites réduire la purée si elle est trop claire.

Côtelettes de cochon à la poêle.—Entrée. Mettez-les dans une poêle ou une tourtière beurrée; saupoudrez-les, pendant qu'elles cuisent, de mie de pain assaisonnée de fines herbes, sel et poivre ; passez au beurre dans une casserole, des échalottes hachées. Mouillez avec le jus des côtelettes, sel et poivre; faites lier avec du beurre manié de farine. Au moment de servir, ajoutez une cuillerée de moutarde. Servez avec cette sauce.

On fait aussi griller les côtelettes de cochon sur un feu doux, et on les sert avec une sauce Robert ou une sauce aux cornichons.

Queue de cochon à la purée.—Entrée. Faites cuire comme les oreilles et servez sur une purée de lentilles ou de pois.

Cervelles de cochon. On les prépare comme les cervelles de veau.

Rognons de cochon. — Hors-d'œuvre. Faites un roux ; passez-y les rognons coupés en tranches avec sel et épices, persil et échalottes hachés. Mouillez avec un verre de vin blanc ou rouge ; ajoutez sur la fin du beurre manié de farine pour lier la sauce.

Rôtie au lard.—Hors-d'œuvre. Coupez les deux extrémités d'un pain mollet d'une livre, et piquez-le d'une extrémité à l'autre avec du petit lard ; coupez ensuite, en travers, le pain en tranches minces ; trempez ces tranches dans des œufs battus comme pour une omelette, et faites-les frire à petit feu. Servez à sec ou avec sauce.

Échinée de cochon rôtie.—Rôt. Parez-la carrément, et ciselez la graisse dont elle est couverte ; tenez à la broche pendant deux heures. Servez à sec ou avec une sauce Robert, ou une sauce piquante.

Le cochon doit toujours être très-cuit. Sa viande se dessèche moins au feu que toutes les autres. Avant de la faire rôtir, il faut la garder pendant un ou deux jours, et même plus, suivant la saison, en la saupoudrant de sel et d'épices.

Cuisson des jambons. Enlevez légèrement avec un couteau bien affilé le dessus de la chair, et tout ce qui est jaune au pourtour ; laissez la couenne et coupez le bout du jarret.

Faites dessaler le jambon en le trempant plus ou moins de temps dans l'eau froide, selon la saison et le degré de salure que vous reconnaîtrez en piquant la noix avec une pointe de bois ; enveloppez le jambon d'un gros linge, et mettez-le dans un vase proportionné à sa grandeur, avec des carottes, des ognons, dont un piqué de clous de girofle et un fort bouquet garni. Mouillez avec moitié eau et moitié vin ; faites cuire pendant cinq ou six heures à petit bouillon. Le jambon est assez cuit, quand, en le perçant avec une lardoire, on n'éprouve que peu de résistance. On l'ôte alors de la braisière, on retire l'os du milieu et on le laisse refroidir ; on enlève ensuite la couenne sans toucher à la graisse. On couvre avec du persil haché fin et de la chapelure, et on sert pour *rôt*.

Jambon aux épinards. —*Entrée.* Prenez une belle tranche de jambon cuit ; passez dans du beurre une grosse carotte, deux ognons, persil, laurier, thym, poivre et épices ; ajoutez la tranche de jambon et mouillez avec une cuillerée de jus et un verre de vin ; à défaut de jus, avec de bon bouillon et un peu de caramel. Quand les légumes sont à peu près cuits, passez le fond, remettez la tranche dans la casserole avec le fond passé. Mettez du feu sur un couvercle au-dessus de la casserole. Prenez de temps en temps une cuillerée du fond, et versez-la sur la tranche, jusqu'à ce qu'elle soit bien glacée.

Passez au beurre des épinards blanchis et bien verts ;

assaisonnez de sel et poivre ; mouillez avec du jus et de la cuisson de la tranche. Servez sur les épinards, le côté glacé en dessus.

COINGS. Fruits du coignassier ; fort mauvais à manger crus. On en fait des compotes, des confitures et des conserves : toutes ces préparations ont une propriété astringente bien déterminée, mais plus sensible dans les compotes et les marmelades qui contiennent toute la substance du fruit.

Les coings ont une odeur très-forte qui ne plaît pas à tout le monde ; mais quand elle est étendue, elle est assez agréable. Cet arome du coing est employé avec avantage dans la fabrication des vins de liqueurs artificiels. (*Voyez* Vins.)

Compote de coings. — *Dessert.* Enveloppez des coings avec des feuilles de papier mouillé, et enterrez-les dans la cendre chaude ou sous la braise ; lorsqu'ils sont cuits, coupez-les par tranches et saupoudrez-les de sucre en poudre ; arrosez-les avec un peu d'eau de fleurs d'orange, et laissez le sucre se fondre en tenant le compotier sur la cendre chaude.

Si les coings ne sont pas assez cuits, ou s'ils le sont inégalement, coupez-les par quartiers, ôtez-en le cœur, et mettez-les dans un poêlon pour les faire cuire avec du sucre et de l'eau.

COMPOTES. Les compotes sont des confitures assez peu cuites pour que la forme des fruits ne soit que légèrement altérée. Les compotes sont destinées à être mangées de suite ; on en fait avec presque toutes les espèces de fruits qui, dans cette préparation, conservent mieux leur saveur propre que dans les confitures.

Compote de pommes. — *Dessert,* ainsi que toutes les autres. Pelez avec un couteau à lame d'argent des pommes de reinette blanche (on doit éviter le contact du fer, qui les colore), coupez-les en deux ou laissez-les entières. Jetez les pommes dans l'eau à mesure qu'elles sont pelées, pour les empêcher de noircir.

Mettez les pommes dans une casserole ou un poêlon, avec une quantité de sucre proportionnée au nombre des pommes, et assez d'eau pour le faire fondre; ajoutez le jus d'un citron et un morceau de cannelle. Retournez les pommes de temps en temps pour qu'elles s'imprègnent de sucre; aussitôt qu'elles sont cuites, retirez-les; faites réduire le sirop et versez-le sur les pommes.

Lorsqu'on fait souvent des compotes, au lieu d'employer du sucre, il vaut mieux se servir de sirop de sucre préparé d'avance. Les compotes sont alors beaucoup plus belles. (*Voyez* Sirop.)

Il y a beaucoup de pommes, telles que la reinette d'Angleterre, le calville rouge, le châtaignier, etc., qui sont très-bonnes en compote, mais qui ont le défaut de se fondre; pour éviter cela, on ne les pèle pas; on les coupe en deux, on enlève le cœur, et on les met cuire dans le sucre, la peau en dessous, en les arrosant de temps en temps de sirop; quand elles sont cuites, on les met dans le compotier, la peau en dessus, et on les saupoudre de sucre fin.

Quand on laisse les pommes entières, il faut en retirer le cœur avec un instrument qu'on appelle *vide-pomme*. On remplit le trou avec quelque gelée ou marmelade.

Un peu d'écorce de citron donne un goût très-agréable aux compotes de pommes. L'addition du jus de citron est indispensable sur l'arrière-saison, quand les pommes ont perdu presque toute leur acidité.

Compote de poires. On y emploie toutes les poires qui ne sont pas fondantes : le martin sec, le rousselet, le bon chrétien d'hiver, la royale, etc. Faites-les cuire après les avoir pelées, avec moins de sucre que les pommes, un peu de jus de citron et un morceau de cannelle.

Comme les poires sont rarement blanches, il est bon de les colorer : un peu de carmin délayé dans le sirop suffit pour cela. L'étain contribue aussi à donner une couleur rouge aux poires. Les casseroles récemment étamées produisent surtout cet effet. On l'obtient en mettant dans le sirop un morceau d'étain fin qui peut être employé pendant longues années à cet usage.

Quand les poires sont très-grosses, on les coupe par quartiers. Si on les laisse entières, on ne les vide pas, on leur laisse la queue.

Compote de poires grillées. Pour que cette compote soit très-bonne, il faut la faire avec des poires de bon chrétien ou de martin sec; mettez-les entières et sans les peler, sur un fourneau rempli de charbons ardens; retournez-les jusqu'à ce que la peau soit entièrement grillée; nettoyez-les avec un couteau sans les laver, et faites-les cuire comme ci-dessus avec un morceau de cannelle; ajoutez au sirop, lorsqu'il est un peu refroidi, un peu de caramel et un petit verre de bonne eau-de-vie.

Compote de cerises, prunes, etc. Les compotes de cerises, de prunes, de groseilles, de verjus, de framboises, etc., se font comme les confitures des mêmes fruits. Seulement on met moins de sucre et on se contente de faire cuire les fruits sans les réduire comme lorsqu'on veut les conserver.

Compote de pêches. Ouvrez de belles pêches; ôtez-en les noyaux et ne les pelez pas; rangez les moitiés de pêches au fond d'une casserole, la peau en dessus; mettez dans chaque moitié une cuillerée à café de vin de Lunel; saupoudrez avec du sucre en poudre; mettez aussi dans la casserole un demi-verre de vin de Lunel; couvrez la casserole avec une assiette remplie d'eau que vous renouvellerez quand elle commencera à être bien chaude.

Posez la casserole sur des cendres chaudes. Les pêches doivent être cuites sans être déformées.

Compote d'abricots. Disposez les abricots comme ci-dessus, et mettez dans chaque moitié un peu d'eau de fleur d'orange avec du sucre en poudre. Saupoudrez le tout amplement de sucre, et mettez aussi au fond de la casserole un peu d'eau de fleurs d'orange.

On peut faire les compotes de pêches et d'abricots d'une manière plus simple, en procédant comme pour une marmelade; mettez moins de sucre et faites moins cuire.

Compote de pêches au vin. Plongez des pêches dans l'eau bouillante pendant deux ou trois minutes; enlevez la peau; ouvrez-les, ôtez les noyaux, et roulez les moitiés dans du sucre en poudre.

Arrangez ces moitiés dans un compotier, en les saupoudrant de sucre, ajoutez quelques framboises et des fraises bien mûres; laissez le tout macérer dans le sucre pendant une heure; versez ensuite de bon vin de Bordeaux, jusqu'à ce que les pêches soient couvertes; fermez le compotier. Cette préparation doit être achevée deux heures avant de servir.

Compote de poires à l'eau-de-vie. Faites blanchir à l'eau bouillante des poires de bon chrétien ou de martin sec, pendant cinq ou six minutes. Il suffit qu'elles soient atteintes de chaleur dans leur milieu; laissez refroidir; pelez les poires, coupez-les en tranches; couvrez-les de sucre en poudre, et laissez-les macérer pendant deux heures; ajoutez ensuite un demi-verre d'eau-de-vie, une cuillerée d'eau de fleurs d'orange et deux cuillerées d'eau.

Compote d'abricots verts. Prenez des abricots peu avancés; on se sert ordinairement de ceux qui tombent; brossez-les pour enlever le duvet; faites avec deux parties de sucre et une partie d'eau, un sirop clair; jetez-y les abricots, et faites cuire tout doucement. Quand ils sont cuits, retirez-les et faites réduire le sirop s'il est trop clair; goûtez-le pour reconnaître s'il est d'une acidité agréable; dans le cas contraire, ajoutez du jus de citron. On prépare de même les amandes.

Compote de fraises. Prenez des fraises ananas qui ne soient pas trop mûres; mettez du sucre en poudre au fond d'un bocal, un lit de fraises dessus, ensuite un lit de sucre, etc. Laissez macérer pendant une heure ou deux; ensuite mettez dans le bocal un verre de vin de Frontignan ou de Rivesaltes; faites cuire au bain-marie.

On peut faire de même une compote de framboises.

Compote de marrons. Épluchez des marrons grillés sans être noirs, mais d'une belle couleur; écrasez-les légèrement sans les briser; faites clarifier du sucre avec le tiers de son poids d'eau et le jus d'un citron. Quand le sucre est bien écumé, versez le tout chaud sur les marrons; ajoutez deux cuillerées d'eau de fleurs d'orange; laissez-les pendant une heure ou deux se saturer de sucre; faites-leur faire ensuite un bouillon dans le sirop.

CONCOMBRE. Le concombre est très-peu alimentaire : on lui attribue une propriété rafraîchissante très-prononcée. Cru, il est quelquefois purgatif, surtout lorsque sa maturité n'est pas parfaite.

Concombres en ragoût. — Entremets. Coupez-les en morceaux après les avoir pelés exactement; passez-les à la casserole avec du beurre, un ognon coupé par rouelles, sel et poivre; laissez cuire doucement. Au moment de servir, liez la sauce avec des jaunes d'œuf délayés dans du verjus ou dans de la crême.

Voici une autre manière qui est préférable à celle qui précède.

Mettez les concombres coupés dans une tourtière sur un feu doux, pour leur faire jeter leur eau. Après les avoir égouttés, passez-les au beurre légèrement roussi, et assaisonnez de sel, poivre, verjus en grains concassés légèrement. Servez avec une liaison de jaunes d'œuf et râpez un peu de muscade par-dessus.

Concombres farcis.—Entremets. Pelez des concombres et ôtez-en les semences par l'un des bouts; remplissez-les d'une bonne farce, grasse ou maigre (*Voy.* Farce); et faites-les cuire dans de bon bouillon ou dans du jus.

Liez la sauce, avant de servir, avec du jus, ou à défaut avec du beurre manié de farine.

Concombres en salade. Coupez-les par tranches que vous rangerez par lits dans un plat, en les saupoudrant de sel. Laissez-les ainsi pendant deux heures; égouttez-les et assaisonnez-les avec de l'huile, du vinaigre, sel et poivre.

Ragoût de concombre pour garniture. Faites-les mariner, coupés par tranches, avec sel, poivre, un peu de vinaigre, deux ognons coupés en tranches. Ensuite pressez-les dans une serviette, et passez-les avec du lard fondu; mouillez avec du jus et laissez cuire à petit feu. Liez la sauce, après l'avoir dégraissée, avec du jus de veau et de jambon.

CONSERVATION DES SUBSTANCES ALIMENTAIRES. Un traité spécial sur la conservation des substances alimentaires serait tout-à-fait déplacé ici. On se bornera donc à indiquer, parmi les moyens de conservation employés, ceux dont les effets sont le mieux constatés et qui s'appliquent aux substances les plus usuelles.

Conservation des petits pois et des fèves. Choisissez les fèves lorsqu'elles sont à peine au quart de la grosseur qu'elles doivent atteindre. Il y en a une espèce qui reste verte, même en se séchant : elle est préférable aux autres.

Quant aux pois, il faut donner la préférence à ceux de l'arrière-saison, tels que les carrés verts et blancs, qui restent tendres, quoique gros.

Procédez de la même manière pour les pois et pour les fèves.

Plongez-les une minute dans l'eau bouillante et ensuite dans l'eau fraîche. Égouttez-les et faites-les ressuyer en les étendant en couche mince sur un châssis, garni d'un canevas.

Mettez-les ensuite dans un four doux, sur des claies garnies de feuilles de papier, jusqu'à ce qu'ils aient pris la température du four ; retirez alors les claies pour les exposer à un courant d'air. Lorsque les légumes sont refroidis, on les remet au four, et l'on continue ainsi jusqu'à ce que les fèves ou les pois soient parfaitement secs, non pas à l'état cassant, mais à peu près comme sont les haricots séchés naturellement.

Il est inutile de dire qu'on doit de temps en temps réchauffer le four en y brûlant quelques broussailles.

Pour que l'opération soit aussi parfaite qu'elle peut l'être, il faut que les légumes soient cueillis et séchés le même jour. S'ils n'étaient pas assez secs, on les laisserait dans le four pendant la nuit.

On renferme les pois et les fèves dans des bouteilles bien nettes et bien sèches. On met dans chaque bouteille de fèves un bouquet de sariette qu'on a fait sécher.

Les bouteilles doivent être bien bouchées et tenues dans un endroit sec.

Quand on veut se servir de ces légumes : on les fait tremper pendant quelques heures dans de l'eau tiède, ou, dès la veille, dans de l'eau froide. On jette l'eau des fèves et on les prépare à l'ordinaire. Quant aux pois, on les couvre à peine d'eau ; ils l'absorbent en totalité et on les prépare comme des petits pois frais.

Les légumes ainsi préparés sont excellens. Le procédé ci-dessus est facile à exécuter. On peut, dans un jour, préparer la provision de six mois.

Conservation des haricots verts et des culs d'artichaut. On choisit les haricots bien tendres, on en sépare les filets en les cassant par les deux bouts, et on les fait blanchir pendant un demi-quart d'heure; on les plonge ensuite dans l'eau fraîche, et, après les avoir fait égoutter et ressuyer, on les étale sur des claies qu'on met alternativement au four et à l'air jusqu'à dessiccation complète. On les renferme ensuite dans des sacs de papier ou dans des boîtes qu'on tient dans un endroit sec. On les fait tremper avant de les faire cuire.

Traités ainsi, les haricots verts ne contractent pas ce goût de moisi qu'ils ont toujours lorsqu'ils ont été séchés à l'air et surtout à l'ombre.

On fait blanchir les artichauts jusqu'à demi-cuisson ; on les plonge dans l'eau froide, et après les avoir égouttés, on en sépare les feuilles et le foin. Les culs se sèchent par des expositions alternatives au four doux et à l'air.

Par un temps très-sec, on parviendrait à sécher tous ces légumes à l'air ; mais il arriverait rarement qu'on pût terminer l'opération dans un seul jour. L'humidité de la nuit détruirait en partie l'ouvrage de la journée ; or, lorsque des substances végétales éprouvent des alternatives de sécheresse et d'humidité, il est à peu près impossible qu'elles n'en soient pas altérées.

Conservation des fruits. Pour la conservation des fruits frais, *voyez* Fruitier.

On conserve beaucoup de fruits par la dessiccation. Les prunes, les cerises, les abricots, les raisins et les poires, sont surtout ceux qu'on soumet à cette préparation.

Pour les prunes, les cerises et les abricots, le procédé est le même que pour les petits pois : seulement, au lieu de faire blanchir la plupart des fruits, on les fait amortir au soleil avant de les mettre au four. Les alternatives d'exposition à l'air et de mise au four doivent être souvent répétées. On tient le four très-doux dans le commencement et on élève un peu sa chaleur vers la fin. On doit choisir les fruits les plus charnus, parce qu'ils perdent moins à la dessiccation.

Les meilleures poires, pour faire sécher, sont le colmar, le rousselet, le beurré, le martin sec, le doyenné et le messire Jean. On les cueille un peu avant leur maturité. On les fait blanchir jusqu'à ce qu'elles cèdent sous le doigt. Après les avoir fait égoutter, on les pèle et on les range sur des plats, la queue en haut. Elles rendent alors un sirop qu'on réserve pour l'usage qui va être indiqué.

On met les poires sur des claies qu'on dépose dans un four chauffé au même degré que lorsqu'on en retire le pain. On les y laisse douze heures, ensuite on les retire et après les avoir aplaties avec la paume de la main, on les trempe dans le sirop mis en réserve et auquel on a ajouté un peu de sucre. On les remet ensuite au four, moins chaud que la première fois. On répète trois fois la même opération, c'est-à-dire qu'on les trempe deux fois dans le sirop et qu'on les met trois fois au four ; à la dernière, on les laisse pendant un temps assez long pour qu'elles puissent sécher suffisamment. Elles doivent être d'une couleur café clair et avoir leur chair ferme et transparente. On les renferme dans des boîtes garnies de papier, deux rangs l'un sur l'autre, ensuite une feuille de papier, puis deux autres rangs.

La dessiccation des raisins ne peut être faite avec avantage que dans les contrées, peu communes en France, où les raisins de certaines espèces sont à la fois très gros et très-abondans en matière sucrée. Dans ces contrées, la chaleur du soleil suffit presque toujours pour opérer une dessiccation complète.

Conservation par le vinaigre. Les cornichons, les graines tendres de capucines, les jeunes épis de maïs, les griottes parmi les cerises, et quelques espèces de prunes charnues, se confisent au vinaigre.

On prépare aussi avec cet acide les choux rouges et les haricots verts.

Choux rouges au vinaigre. Otez-en les trognons, et coupez-les en tranches de l'épaisseur du doigt; faites-les blanchir un quart d'heure; plongez-les ensuite dans l'eau fraîche, et après les avoir fait égoutter, exposez-les dans un courant d'air, sur des claies à claire-voie et suspendues; quand les choux sont bien ressuyés, arrangez-les dans des pots de grès, de manière à laisser le moins de vide possible : saupoudrez chaque couche de sel, gros poivre, girofle et genièvre; remplissez ensuite le pot avec de fort vinaigre. S'il n'était pas assez fort, on pourrait y ajouter un douzième d'eau-de-vie. Pour que les choux restent toujours plongés, il faut poser dessus un caillou non soluble dans l'acide, ou au moins un morceau de brique bien cuite. Les pots doivent être couverts avec soin avec des vessies de cochon ou de bœuf, ou du parchemin.

Les choux confits se servent comme *hors-d'œuvre.* Beaucoup de personnes les préfèrent aux cornichons. Il est certain qu'ils sont plus digestibles.

Haricots verts au vinaigre. Il faut les choisir tendres, en ôter les filets, et les faire blanchir pendant un quart d'heure; on les trempe ensuite dans l'eau froide; lorsqu'ils sont refroidis on les égoutte, et on les fait ressuyer en les étendant sur des claies suspendues. Il faut choisir, pour cette opération, un jour sec, car il est essentiel que les haricots portent très-peu de leur eau dans la saumure.

Cette saumure se compose de trois parties d'eau, une partie de vinaigre et une demi-livre de sel par pinte de liquide : c'est à peu près tout ce qu'il en peut prendre. Arrangez les haricots dans des pots de grès, en les couchant dans le même sens ; empêchez-les de surnager en les couvrant d'un caillou ou d'un fragment de brique. Remplissez les pots avec la saumure, et couvrez-les avec des ronds d'ardoise, recouverts eux-mêmes de feuilles de parchemin ou de vessies.

Lorsqu'on veut se servir de ces haricots, on les fait tremper une demi-heure dans l'eau chaude sans être bouillante ; on les jette ensuite dans l'eau froide, où on les laisse jusqu'au moment de les préparer.

Cornichons, et autres substances confites au vinaigre. On trouvera, à l'article *Élémens de Sauces*, une recette fort en usage pour confire des cornichons au vinaigre. En voici une autre qui est préférable :

On choisit des cornichons petits et bien verts ; on leur coupe la queue et on les brosse un à un ; on les met dans un linge blanc ; on les saupoudre avec du sel en poudre fine, et on les secoue pendant quelque temps pour multiplier les points de contact ; ensuite on suspend le linge qui les contient pendant douze ou quinze heures. Les cornichons perdent ainsi la moitié de leur eau de végétation, et sont mieux disposés à absorber le vinaigre. On range les cornichons dans un vase, en y ajoutant de l'estragon, du piment, quelques ognons blancs, du laurier et de l'ail ; on verse sur le tout, et à froid, de bon vinaigre blanc ; si le vinaigre ne paraît pas assez fort, on y ajoute un douzième ou un quinzième d'eau-de-vie, qui ne tarde pas à se convertir en vinaigre très-fort. Ces cornichons sont très-verts, et beaucoup plus fermes que ceux sur lesquels on verse à plusieurs reprises du vinaigre bouillant.

Les jeunes épis de maïs, lorsqu'ils sont très-tendres, se mettent à froid dans le vinaigre après les avoir fait macérer pendant quelque temps avec du sel fin. Si les épis sont un peu avancés, on les blanchit, on les fait ressuyer, et on les macère avec le sel, avant de les mettre dans le vinaigre.

Les petits ognons, pris au moment où on les arrache, n'ont besoin que d'être dépouillés de leurs premières peaux ; mais lorsqu'ils sont arrachés depuis quelque temps, il est bon de les faire blanchir.

Les boutons à fleurs et les graines de capucine se mettent dans le vinaigre à mesure qu'on les récolte.

On confit aussi au vinaigre des cerises et des prunes. Il faut choisir les espèces les plus charnues, et cueillir les fruits avant que leur maturité soit complète. On doit les piquer avec une aiguille pour faciliter la pénétration du vinaigre.

Conservation de l'oseille. Lavez-la à grande eau, et, après l'avoir fait égoutter, hachez-la ; mettez-la dans un grand chaudron, avec du sel en suffisante quantité ; supprimez le beurre qu'on conseille quelquefois d'y ajouter ; faites fondre l'oseille à grand feu en remuant sans cesse ; lorsqu'elle commence à réduire, modérez un peu le feu, et continuez l'évaporation en remuant sans cesse le fond du chaudron jusqu'à ce que l'oseille soit assez cuite ; laissez-la refroidir à moitié, et emplissez-en des pots de grès de la contenance de deux à trois livres au plus, afin que, lorsqu'ils seront entamés, ils ne restent pas long-temps en vidange.

On emplit les pots jusqu'à fleur du bord, mais comme l'oseille prend du retrait en se refroidissant, il se forme un vide d'environ un doigt dans le haut : on remplit ce vide avec du beurre fondu refroidi à moitié, et lorsqu'il est pris, on pose dessus un rond d'ardoise, et on couvre le tout avec du parchemin ou des vessies ; par ce moyen, l'oseille et le beurre étant soustraits au contact de l'air, l'une et l'autre se conservent en bon état.

Le plus difficile, dans cette opération, c'est de s'arrêter au point précis de cuisson, qui préserve l'oseille de toute altération ; si on reste en deçà, l'oseille ne tarde pas à se moisir ; si, au contraire, on le dépasse, ou si pour l'atteindre on néglige un instant de remuer, il est bien rare que l'oseille ne s'attache pas dans quelque partie, ce qui communique à toute la masse un goût de brûlé fort désagréable. Il est difficile d'éviter ces inconvéniens en travaillant dans un chaudron ; l'oseille y est toujours ou trop cuite ou pas assez. On opère beaucoup mieux dans une grande bassine à confitures ; cependant lorsqu'on a une grande quantité d'oseille à confire, on peut la faire fondre d'abord dans un vaste chaudron, et terminer ensuite la cuisson en plusieurs fois dans la bassine.

Conservation des champignons et mousserons. Celle des mousserons est facile : l'exposition à l'air et au soleil suffit.

Les champignons étant plus charnus se sèchent plus difficilement. On doit les choisir lorsque leur chapeau commence à s'ouvrir ; on en enlève la première peau ; on coupe les queues très-court ; on les fait amortir à l'air, et on achève de les sécher en les mettant alternativement sur des claies, dans un four doux et à l'air : cette dessiccation doit être opérée rapidement.

On doit les conserver dans un endroit très-sec. On peut les couper par morceaux, ce qui, en multipliant les surfaces, favorise la dessiccation.

Conservation du persil et du cerfeuil. Ces plantes d'assaisonnement, dont on manque quelquefois pendant l'hiver, se dessèchent très-bien en employant les moyens indiqués dans plusieurs des articles précédens, c'est-à-dire l'exposition au four doux et à l'air. On se sert du cerfeuil et du persil en branches. Lorsqu'ils sont bien secs, on attend qu'ils aient repris un peu de souplesse, et on les renferme dans des boîtes garnies de papier.

On parvient à les dessécher à l'air par un temps sec ; on les expose pour cela au soleil sur des claies, et recouverts de feuilles de papier, pour que la lumière ne les décolore pas.

C'est de cette manière qu'on doit sécher toutes les plantes aromatiques et autres qu'on désire conserver. Plus la dessiccation sera rapide, moins ces plantes auront perdu de leurs propriétés.

On sèche aussi de même les fleurs de sureau, de tilleul, etc.

Quand on veut se servir du persil et du cerfeuil desséchés, on les fait tremper dans de l'eau tiède; on les emploie ensuite à l'ordinaire.

Conservation des œufs. Dans la campagne, on met les œufs par couches dans un tonneau, sur un lit de cendres, en prenant soin d'empêcher leur contact; on les recouvre avec des cendres, puis on fait un autre lit d'œufs et ainsi de suite : ils se conservent assez bien de cette manière, mais ils se vident un peu.

Ils se conservent mieux lorsqu'on les enveloppe un à un dans du papier, et qu'on les recouvre avec de la paille d'avoine ou du sable bien sec.

D'autres enfouissent les œufs dans un tas de blé.

Ces divers moyens réussissent plus ou moins selon l'état des œufs; il est certain que ceux qui ne sont pas fécondés se conservent intacts beaucoup plus long-temps que les autres.

Le moyen le plus sûr, et dont l'emploi est le plus facile, pour la conservation des œufs, est celui dont on a fait, depuis quelques années, un assez grand usage pour l'approvisionnement de Paris; il consiste à plonger les œufs dans l'eau bouillante.

On fait bouillir de l'eau dans un chaudron; on met une ou deux douzaines d'œufs dans une passoire qu'on plonge dans le chaudron pendant environ une minute, ensuite on la retire. Il ne faut pas mettre trop d'œufs à la fois, parce qu'on arrêterait, pendant trop long-temps, l'ébullition de l'eau.

Par ce moyen, une légère couche du blanc d'œuf est coagulée, et forme, sur la surface intérieure de la coquille, une espèce d'enduit qui s'oppose à l'évaporation de la substance de l'œuf, et par conséquent au contact de l'air, qui afflueraît à travers la coquille pour remplir le vide formé par l'évaporation.

Les œufs, ainsi conservés, peuvent être employés à presque tous les usages de la cuisine.

Conservation par le procédé Appert. Ce procédé est d'un effet certain, mais son exécution exige des soins et des ustensiles qu'on a rarement à sa disposition; il consiste à renfermer les substances à conserver, dans des bouteilles à large ouverture qu'on ferme hermétiquement, et qu'on plonge ensuite dans un bain-marie, entretenu à l'ébullition, pendant un espace de temps dont l'étendue varie suivant la nature de chaque substance. Le plus difficile est la fermeture du vase; si elle n'est pas parfaite, si la plus petite molécule d'air peut s'introduire dans l'intérieur, tout est perdu, le vase lui-même éclate, non sans danger pour ceux qui sont présens à l'explosion.

Il vaut mieux abandonner l'application de ce procédé à l'industrie, qui s'en est emparée, et en acheter les produits, que de l'introduire dans l'économie domestique.

Conservation par les matières grasses. On conserve très-bien, et long-temps, des perdrix, des cailles, des pigeons, des langues, du bœuf à l'écarlate, en les couvrant de sain-doux : pour cela, on fait cuire aux trois quarts, et à la broche, les oiseaux ; et en totalité, à la braise, les langues et le bœuf : on les arrange dans des pots de grès, de manière à laisser le moins de vide possible, et on verse sur le tout du sain-doux fondu et très-chaud.

Les cuisses d'oie, et les canards coupés par quartier,

qu'on conserve dans nos provinces méridionales, se couvrent avec la graisse qu'ils rendent en cuisant.

On peut conserver aussi les viandes en les immergeant dans l'huile.

On les coupe par morceaux, qu'on place et qu'on arrange dans des pots de grès, après les avoir trempés dans l'huile; on les comprime fortement, et on les couvre d'huile à l'épaisseur d'un ou deux doigts : on ferme hermétiquement les pots.

La chair de veau, surtout celle qui est courte, lorsqu'elle a été ainsi conservée dans l'huile, à laquelle on ajoute quelques anchois, a tout-à-fait la saveur de l'esturgeon.

Le sain-doux et l'huile, employés à la conservation des viandes, n'ont perdu aucune de leurs qualités.

CORIANDRE. Graine d'une espèce d'ombellifère. La coriandre entre dans la composition de plusieurs liqueurs; on l'associe presque toujours à d'autres aromates, dont elle sert à modifier la saveur.

CORMES. Fruits du cormier. On ne les mange, comme les nèfles, avec lesquelles ils ont beaucoup de rapport, que lorsqu'ils ont éprouvé une altération particulière, qui paraît dépasser le terme de la maturité complète.

Les cormes sont astringentes, on ne doit en user qu'avec modération.

CORNE DE CERF. Herbe d'une saveur âcre, qu'on emploie dans les salades comme garniture.

CORNICHONS. (*Voyez* Conservation, Élémens de Sauces.)

CORNOUILLE. Fruit du cornouiller mâle. C'est un fruit sauvage pour lequel la culture n'a rien fait encore.

COTELETTES. (*Voyez* Veau, Mouton, Agneau, Cochon.)

COULIS. Ce mot exprime la même chose que jus. (*Voyez* Élémens de Sauces.)

COUPE-PATE. On nomme ainsi une espèce d'emporte-pièce en fer-blanc ou en cuivre étamé, qui sert à découper des abaisses de pâtisserie. On a, à cet effet, des coupe-pâte de différentes formes.

COURGE-CITROUILLE. Espèce de cucurbitacée dont on emploie la chair pour faire des potages. On lui préfère le potiron.

COURT-BOUILLON. On nomme ainsi le liquide assaisonné dans lequel on fait cuire certains poissons, soit qu'on les destine à être servis à sec ou avec une sauce. Le court-bouillon, dans lequel il entre presque toujours un acide ou du vin, contribue à relever la saveur un peu fade de la chair de poisson, et fait disparaître, en grande partie, l'odeur ammoniacale que cette chair exhale, pour peu qu'elle ait subi un commencement d'altération.

Pour faire un court-bouillon, mettez, dans une poissonnière, du vin rouge ou blanc, des ognons, des carottes coupées en tranches, une poignée de persil, quelques clous de girofle, trois feuilles de laurier, un peu de thym et basilic, sel et gros poivre. Si le vin est de bonne qualité, on peut le couper avec moitié eau.

A défaut de vin, on emploie un mélange d'eau et de vinaigre.

On ajoute, avec avantage, dans tous les court-bouillons, du jus de citron ou du verjus.

Souvent on fait cuire le court-bouillon à part, et ce n'est que lorsqu'il est fait et passé, qu'on s'en sert pour faire cuire le poisson.

Cette méthode est la meilleure. Les légumes n'ont pas le temps de cuire, et ne communiquent aucune saveur au court-bouillon, si celui-ci se fait pendant la cuisson du poisson.

COUVERCLE. Les couvercles des casseroles sont ordinairement plats dessus et dessous. Il est cependant utile d'en avoir quelques-uns qui portent un rebord en dessus, pour qu'on puisse au besoin les couvrir de braise allumée ou de cendres chaudes.

Les couvercles des braisières doivent toujours être garnis d'un rebord d'un pouce de hauteur.

CRÊME. La crême qui s'élève par le repos à la surface du lait, est un composé de serum, d'un peu de matière caséeuse ou de fromage et d'une grande quantité de beurre à l'état d'émulsion. La crême est peu digestible par elle-même : elle ne convient qu'aux estomacs sains. On en facilite la digestion en y ajoutant du sucre et quelques aromates, surtout de l'eau de fleurs d'orange.

On désigne aussi sous le nom de crême, diverses préparations dont le lait est la base et qui se font par cuisson; la crême naturelle s'apprête de diverses manières, et toujours à froid.

Cet article sera donc divisé en deux paragraphes, dont l'un comprendra les crêmes faites à froid, et l'autre, les crêmes cuites.

§ 1er. CRÊMES FAITES A FROID.

Crême fouettée. — *Dessert.* Prenez une demi-pinte de crême levée sur du lait de la veille, ou une pinte de bon lait que vous ferez réduire à moitié; mettez-y un quarteron de sucre et une bonne pincée de gomme arabique en poudre, dissoute dans de l'eau de fleurs d'orange.

Fouettez avec une poignée d'osier jusqu'à ce que la crême soit toute réduite en neige.

On ne doit fouetter la crême que peu de temps avant de servir, parce qu'elle ne tarde pas à tomber, surtout lorsqu'il fait chaud. On peut la conserver plus long-temps en mettant le vase qui la contient sur de la glace pilée, à laquelle on ajoute du sel. On recouvre avec un plat sur lequel on met aussi de la glace.

On aromatise avec de l'eau de rose, de l'eau de fleurs d'orange et de l'eau de cannelle.

Crême en mousse à la vanille. Faites bouillir pendant quelques instans le tiers d'une gousse de vanille avec un peu de lait. Passez au tamis sur la crême à fouetter.

Crême en mousse au café. Prenez du café peu brûlé et faites-en une forte infusion dans une cafetière à la Dubelloi. Ajoutez-en une ou deux cuillerées, suivant la force de l'infusion, à la quantité de crême prescrite ci-dessus. Il faut mettre six onces de sucre.

Crême en mousse aux liqueurs. Mettez dans la crême six onces de sucre; augmentez aussi la quantité de gomme arabique. Ajoutez un ou deux petits verres de liqueur à votre choix.

Crême en mousse au chocolat. Triturez dans un mortier deux onces de chocolat fin à la vanille. Quand il sera bien en pâte, ajoutez-y la crême déjà sucrée, et dans laquelle vous aurez mis un peu plus de gomme qu'à l'ordinaire. Délayez le tout et fouettez fortement.

Crême en mousse aux fruits. Prenez un demi-litre de crême bien fraîche : ajoutez-y six onces de sucre en poudre, une petite cuillerée à café de gomme arabique en poudre et un moyen verre de pulpe de fraises passée au tamis.

Fouettez bien le tout; enlevez la mousse à mesure qu'elle se forme et dressez-la en rocher.

On peut faire de cette manière des crêmes de framboises, de pêches, d'abricots, de mirabelles.

§ 2. — CRÊMES CUITES.

Toutes les crêmes cuites se servent comme *entremets*. Mettez dans une pinte de crême ou de bon lait six jaunes d'œuf et six onces de sucre; ajoutez l'aromate qui vous convient le mieux. Mêlez bien le tout; mettez sur un feu doux, ou, ce qui est préférable, au bain-marie; conduisez le feu très-doucement, même pour le bain-marie qui doit à peine bouillir, remuez sans cesse avec une cuillère : lorsque la crême est faite, retirez-la pour la laisser refroidir.

On fait la crême dans le plat où elle doit être servie.

Avant d'ajouter les œufs, on fait bouillir la crême ou le lait avec le sucre. On attend qu'elle soit refroidie pour y mettre les œufs.

Crême aux pistaches. Prenez une pinte de crême ou de bon lait; faites bouillir avec six onces de sucre; pilez bien fin un quarteron de pistaches mondées, et ajoutez-les à la crême bouillante : faites faire un bouillon et laissez refroidir; ajoutez un œuf entier et quatre jaunes; mêlez bien le tout; faites cuire au bain-marie et procédez comme ci-dessus.

Crême cuite au chocolat. Prenez une pinte de lait, une chopine de crême, trois jaunes d'œuf, deux onces de chocolat et cinq onces de sucre : mêlez ensemble le lait, la crême et le sucre; faites bouillir jusqu'à réduction d'un quart; laissez refroidir; ajoutez les œufs et le chocolat pilé fin. Mêlez bien le tout et faites cuire au bain-marie, ou sur les cendres chaudes.

Crême cuite au café. Procédez comme ci-dessus, en substituant au chocolat une forte infusion de café. Une demi-tasse doit suffire. Il faut que le café ne soit pas trop brûlé.

Crême renversée. On nomme ainsi une crême assez solide pour se tenir sur une assiette, en conservant la forme du moule dans lequel elle a été cuite. Quelques blancs d'œuf suffisent pour lui donner la solidité nécessaire.

Voici la manière de procéder :

On mesure la crême dans le moule dont on doit faire usage, et on a soin d'en mettre un peu plus qu'il ne peut en contenir : on la fait bouillir avec le sucre pendant quelques minutes, et on la laisse refroidir.

Si le moule tient une pinte, on met douze jaunes d'œuf et trois œufs entiers. On mélange bien le tout; on passe à l'étamine et on ajoute en même temps l'aromate, s'il est liquide; dans le cas contraire, on a dû le faire bouillir avec la crême.

Beurrez légèrement le moule et emplissez-le avec la crême. Plongez-le dans un bain-marie qui doit être à peine bouillant. Couvrez le moule d'un couvercle avec des charbons allumés par-dessus. Lorsque la crême est bien prise, renversez-la sur une assiette.

Mettez sur le feu ce qui reste de crême. Tournez-la comme une sauce blanche; dès qu'elle s'attache à la cuillère, retirez-la du feu, tournez-la un instant, puis versez-la autour de la crême renversée.

Crême à l'italienne. Mêlez bien ensemble un demi-litre de crême, quatre jaunes d'œuf et deux blancs, trois onces de sucre en poudre, une cuillerée de sucre caramélisé; fouettez le tout ensemble; quand la crême est bien en neige, dressez-la sur le compotier et saupoudrez-la avec du sucre en poudre; mettez-le compotier sur des cendres chaudes. Couvrez avec le four de campagne médiocrement chaud, jusqu'à ce que la crême soit prise.

Crême à la frangipane. Délayez dans un litre de lait deux cuillerées de fécule de pommes de terre, six jaunes d'œuf, du citron vert râpé, de la fleur d'orange pralinée en poudre, un quarteron de sucre. Faites cuire sur des cendres chaudes, ou au bain-marie, en tournant toujours.

C'est avec cette crême, qu'on peut aromatiser comme on veut, qu'on fait les tartes à la frangipane.

Crême brûlée. Mettez dans un poêlon non étamé,

un quarteron de sucre avec une cuillerée d'eau. Laissez-le fondre et poussez la cuisson jusqu'à ce qu'il prenne une couleur de cannelle foncée; versez alors dans le poêlon trois quarts de litre de lait que vous aurez fait bouillir avec un morceau de cannelle, un peu de citron vert et une pincée de coriandre concassée; faites dissoudre le caramel dans la crème; passez au tamis et laissez refroidir: délayez dans la crème six jaunes d'œuf. Faites cuire à l'ordinaire.

Crême au thé. On fait réduire à moitié une pinte de crême et on y ajoute une tasse de forte infusion de thé, six jaunes d'œuf et un quarteron de sucre. On opère, du reste, comme il est prescrit dans les articles précédens.

Si on veut faire la crème dans un moule et la renverser, de manière qu'elle conserve la forme du moule, on ajoute trois œufs entiers aux six jaunes.

Crêmes soufflées cuites. (*Voyez* Soufflé.)

Crêmes en petits pots. Toutes les crêmes cuites peuvent se mettre en petits pots. Les préparations sont toujours les mêmes, on y ajoute seulement un ou deux et quelquefois trois œufs entiers. On fait prendre la crême au bain-marie dans une casserole. On peut aussi mettre les pots dans un four doux.

Observation sur les crêmes cuites. Les crêmes cuites doivent leur consistance aux jaunes d'œuf qu'on y ajoute. Il suffit que ces jaunes éprouvent le degré de chaleur qui opère leur cuisson, sans détruire entièrement leur liquidité : c'est ainsi qu'ils sont dans les œufs mollets. Si ce terme est dépassé, les molécules de jaune éparses dans la crème se concrètent et se séparent. La crème devient grumeleuse : elle est ce qu'on appelle *tournée*. Si on fait la crème à feu nu, il faut que celui-ci soit très-doux, tourner sans cesse avec une cuillère, et se hâter de retirer le plat dans lequel on opère, aussitôt que la crême approche du degré de consistance qu'elle doit acquérir; car la chaleur dont le plat est imprégné la recuira encore. Il y a plus de sûreté à opérer au bain-marie. Celui-ci ne doit pas bouillir.

Quand en ajoute des œufs entiers à une crême, le blanc de ces œufs en se coagulant lui donne une consistance solide; la crême se rapproche alors de ce qu'on appelle œufs au lait. La consistance obtenue est d'autant plus forte que le nombre des œufs entiers est plus grand; mais il y a un degré de consistance qui ne peut être dépassé sans que la crême perde de sa délicatesse.

Toutes les fois qu'on ajoute des œufs entiers à une crême, elle doit être cuite au bain-marie, ou dans un four doux; elle est cuite suffisamment aussitôt qu'elle a pris une consistance égale. On peut accélérer la prise ou l'achever, en couvrant le plat avec un four de campagne.

On glace les crêmes en les saupoudrant de sucre sur lequel on passe une pelle rouge.

CRÊPES. Faites une bonne pâte à frire avec de la farine, du lait, des jaunes d'œuf et un peu d'eau-de-vie; mettez un peu de beurre dans une poêle, et lorsqu'il est assez chaud, versez-y une cuillerée de pâte que vous étendez sur tout le fond de la poêle. Retournez la crêpe lorsqu'elle est cuite d'un côté.

En la retirant, saupoudrez-la de sucre.

CRESSON. Il y en a deux espèces tout-à-fait différentes : le cresson de fontaine et le cresson alénois. Ce dernier n'est guère employé que comme garniture. Le cresson de fontaine se mange en salade, soit seul, soit mélangé avec d'autres herbages. On en garnit des volailles rôties, etc.

Le cresson de fontaine peut remplacer les épinards. On en fait un grand usage préparé ainsi, dans les environs d'Erfurth, où l'on a trouvé le moyen d'en récolter abondamment au milieu des hivers les plus rigoureux.

CRÊTES. Les crêtes de coq sont un manger très-délicat. On les fait entrer dans presque tous les ragoûts. (*Voyez* Ragoût.)

CREVETTES. Espèce de crustacé plus petit que l'écrevisse. On le pêche dans la mer. Il est facilement altérable, ce qui oblige à le faire cuire quand on le transporte dans l'intérieur. On ne mange que la queue des crevettes. On les mange avec une sauce composée d'huile, vinaigre, sel et poivre.

CROQUANTE. (*Voyez* Pâtisserie fine.)

CROQUIGNOLLES. (*Voyez* Pâtisserie fine.)

CROQUETTES. Ce sont des espèces de beignets dont la base est un hachis de viande, des marmelades de fruits, etc.

Croquette de chapon. — *Hors-d'œuvre.* Hachez finement de la chair de chapon avec quelques marrons rôtis; assaisonnez de sel, poivre et muscade râpée; ajoutez quelques jaunes d'œuf pour lier le hachis. On peut y mettre aussi une mie de pain trempée dans du lait, ou dans du jus.

Formez avec le hachis des boulettes oblongues que vous roulerez dans de la mie de pain très-fine; trempez-les dans l'œuf battu; panez-les une seconde fois et faites-les frire.

On fait des croquettes avec toutes sortes de viande. On en fait aussi avec du riz cuit au gras ou au lait.

Croquettes de pommes. Prenez de la pâte de feuilletage (*voyez* Pâte feuilletée), étendez-la bien mince et découpez-la avec un emporte-pièce, en cercles de deux pouces et demi de diamètre. Mettez sur une moitié de chaque cercle un petit tas de marmelade de pommes. Repliez par-dessus l'autre moitié du cercle de pâte et soudez les bords en les pinçant avec les doigts. Faites frire.

On peut servir de cette manière toute espèce de marmelades.

CROUTONS. Tranches de mie de pain découpées en rond, en losange, etc., qu'on fait frire avec un peu de beurre dans la casserole, pour en garnir quelques ragoûts et surtout des épinards et des purées.

CROUTE AU POT. (*Voyez* Potage.)

CUISINE. La bonne disposition d'une cuisine influe plus qu'on ne croit sur la réussite des diverses préparations alimentaires.

Elle doit être vaste, pour qu'on y soit toujours à l'aise; bien éclairée pour qu'on puisse y tout surveiller d'un coup d'œil, et sans cesse entretenue dans un état de propreté parfaite.

Si elle est pavée en grandes dalles de pierre dure, avec une légère pente vers une partie quelconque, il suffira d'y jeter quelques seaux d'eau tous les matins, pour la nettoyer complétement.

Le plancher et les murs doivent être passés à l'eau de chaux et badigeonnés tous les ans.

Il est bon que son exposition soit au plein nord, ce qui l'empêchera d'être infestée par les mouches pendant l'été.

La cheminée doit avoir un fort tirage, ce qui l'empêche toujours de fumer, et est d'ailleurs le plus sûr moyen de débarrasser la cuisine de toutes les vapeurs qui se dégagent pendant la cuisson des alimens.

Les fourneaux de toute nature doivent être surmontés d'une vaste hotte qui ira s'ouvrir dans le tuyau de la cheminée. Par ce moyen, la vapeur du charbon et celle des mets en cuisson prendront une direction constante et ne se répandront pas dans la cuisine, d'où elles pénètrent très-souvent dans les pièces voisines.

La cuisine doit être garnie de tous les ustensiles nécessaires. Un peu de superflu en ce genre est préférable à une épargne malentendue. Les ustensiles de cuivre doivent surtout être multipliés, afin qu'il y en ait toujours de rechange et qu'on ne soit pas obligé d'en employer dans un état douteux.

Un four à pâtisserie est une dépendance indispensable d'une cuisine bien ordonnée. Ce four est utile dans beaucoup de circonstances, et quand on ne l'a pas, il est impossible, ou au moins très-difficile, de faire un grand nombre de préparations très-agréables.

DAIM. Toutes les préparations qu'on fait subir à la chair du cerf conviennent à celle du daim. (*Voyez* Cerf.)

DARIOLE. (*Voyez* Pâtisserie fine.)

DATTES. Fruit du palmier dattier. Les dattes sont presque entièrement composées d'un sucre mucilagineux qui les rend très-alimentaires. C'est la principale nourriture des arabes. On en sert rarement en France sur les tables; mais on les fait entrer souvent dans la composition des boissons adoucissantes où on les associe avec les raisins secs, les jujubes et les figues. Les dattes sont fort bonnes à manger, mais elles conviennent peu aux estomacs faibles.

DAUBE. Préparation de viandes ou de volailles qui se mange froide ou chaude.

Bœuf en daube. — Entremets. Prenez une belle tranche de bœuf coupée carrément. Laissez-la mortifier et battez-la avec un rouleau de bois pour l'attendrir. Enlevez la peau et faites des entailles profondes dans la chair; lardez ensuite en tout sens avec de gros lardons assaisonnés.

Mettez le morceau dans une braisière avec de l'eau, ou, ce qui est préférable, du bouillon, des fines herbes, du laurier, du girofle, des marrons, quelques tranches de lard ou un quarteron de moelle, sel et poivre; faites cuire jusqu'à ce que le bouillon soit consommé. Sur la fin, on ajoute un peu de verjus ou de vinaigre, ou du vin.

Daube de dindon. Choisissez un vieux dindon gras. Troussez-lui les pattes dans le corps : lardez-le avec du lard assaisonné. Mettez-le dans une braisière avec du bouillon et un demi-verre d'eau-de-vie, couvrez de bardes de lard. Ajoutez deux ognons, deux carottes, un panais, un bouquet garni, sel et poivre. Faites cuire à petit feu pendant cinq ou six heures. Dressez le tout dans un plat et versez la cuisson sur la daube ; servez chaud ou froid, à volonté.

On peut désosser et servir froid.

DÉCANTER. C'est séparer, par simple écoulement, et sans filtration, un liquide clair du dépôt qu'il a formé.

DÉSINFECTION DES VIANDES. Si l'altération qu'ont éprouvée les viandes est peu profonde, un simple lavage à l'eau bouillante, ensuite avec du vinaigre, et enfin l'immersion dans l'eau froide, suffisent pour leur enlever tout mauvais goût.

Mais si l'infection a fait des progrès, enlevez d'abord la superficie de ce qui est gâté; trempez la viande pendant quelques instans dans l'eau bouillante, à laquelle vous aurez ajouté du vinaigre ; frottez-la ensuite dans l'eau froide. Si ces moyens ne suffisent pas, enveloppez la viande dans un linge, après l'avoir couverte de poussier de charbon, et faites-la bouillir ainsi dans l'eau pendant une demi-heure, plus ou moins, suivant le degré d'infection : lavez-la ensuite à l'eau fraîche, et faites-la cuire dans de nouvelle eau, ou à la broche, suivant la destination que vous lui avez donnée.

Si c'est une volaille, remplissez tout le corps avec du charbon concassé et débarrassé de poussier, mais non lavé. La braise récente est préférable. Faites-la bouillir un quart d'heure avec les précautions indiquées ci-dessus.

DINDON. La femelle est plus délicate et plus tendre que le mâle; l'un et l'autre se préparent cependant de la même manière.

Pour éviter des répétitions inutiles, on se bornera ici à décrire quelques préparations du dindon. Pour les autres, on renverra à l'article Poularde, dont la plupart des préparations sont applicables au dindon.

Dindon en galantine.—Entremets. Désossez entièrement un dindon de bonne grosseur et bien en chair; commencez par le dos, et prenez garde d'endommager la peau; levez une partie des chairs de l'estomac et des cuisses, en retranchant de celles-ci tous les nerfs qui s'y trouvent; coupez en filets la moitié de la chair que vous avez levée sur le dindon, et hachez le reste.

Prenez un morceau de rouelle de veau proportionné à la grosseur du dindon, et autant de lard bien gras; coupez-en la moitié en filets et en lardons, et hachez l'autre moitié : préparez encore des filets de truffes, si vous voulez en mettre, et de langue à l'écarlate; étendez la peau du dindon, la chair en dessus; couvrez-la de la farce que vous avez faite, en mêlant les viandes hachées que vous avez assaisonnées de sel, poivre et épices : sur cette couche, arrangez, en les entremêlant, des filets de dindon, de veau, de lard, de truffes et de langue; recouvrez d'une couche de farce; mettez encore des filets, et ainsi de suite ; roulez la peau du dindon ; cousez-la pour que rien ne s'en échappe. Donnez à la galantine une forme allongée; couvrez-la de bardes de lard, et enveloppez-la d'une toile claire que vous contiendrez avec une ficelle; mettez-la dans une braisière juste à sa grandeur, avec des bardes de lard dessus et dessous ; ajoutez un fort jarret de veau coupé en morceaux, quatre carottes coupées, quatre ognons, dont un piqué de clous de girofle, un fort bouquet garni, sel, poivre et épices.

Pendant tous ces préparatifs, concassez la carcasse ;

mettez-la dans une casserole avec deux ou trois cuillerées à pot de bouillon ; faites bouillir pendant une heure ; passez le jus au tamis, et servez-vous-en pour mouiller la galantine ; ajoutez un verre de vin blanc ou un demi-verre d'eau-de-vie ; faites cuire à petit feu pendant quatre heures.

Retirez la braisière du feu, et n'ôtez la galantine que lorsqu'elle est un peu refroidie ; sans cette précaution, elle prendrait une mauvaise couleur : passez la cuisson ; si elle est trop longue, faites-la réduire. Elle est à son point quand, en se refroidissant, elle se prend en gelée.

Pour que cette gelée soit limpide et bien transparente, il faut la clarifier. Pour cela, fouettez un blanc d'œuf, et ajoutez-le à la gelée un peu plus que tiède ; mêlez bien et faites chauffer ; quand la gelée aura jeté quelques bouillons, passez-la à travers un tamis ou une serviette : laissez-la prendre, et servez-la autour de la galantine.

On fait de la même manière des galantines de chapons, de lapins, de lièvres, etc.

Cuisses de dindon à la sauce Robert.—Entrée. Ciselez légèrement les cuisses d'un dindon cuit à la broche ; assaisonnez-les de sel et de poivre ; faites griller à feu doux. Servez avec une sauce Robert. (*Voyez* Sauces.)

Dindonneau à la languedocienne. — Rôt. On le met à la broche, et on l'arrose avec de l'huile ; ce qui lui fait prendre une belle couleur et rend la peau croquante.

On le sert avec une sauce piquante. (*Voyez* Sauces.)

Ailerons et abattis de dindon. (*Voyez* ces mots.)

Capilotade de dindon.—Entrée. Coupez les chairs d'un dindon en filets minces, que vous arrangez par couches dans une casserole, en assaisonnant chaque couche avec persil, ciboules, échalottes, basilic, champignons, le tout haché très-fin, sel, poivre et muscade râpée; mettez, dessus et dessous, quelques bardes de lard; mouillez avec un verre de vin blanc; faites cuire à petit feu; vers la fin, ajoutez deux cuillerées d'huile fine. Écrasez le foie dans la sauce, pour la lier. En servant, ajoutez le jus d'un citron ou du verjus, ou un filet de vinaigre.

Hachis de dindon à la béchamelle. — *Entrée.* Hachez très-fin les chairs d'un dindon rôti : faites bouillir une quantité suffisante de béchamelle (*voyez* ce mot) un peu claire; mettez-y le hachis avec un peu de beurre, sel, poivre et muscade; tenez chaudement sans faire bouillir. Servez avec des croûtons ou des œufs pochés.

Dindon farci à la crême. — *Entrée.* Faites rôtir un dindon et laissez-le refroidir; enlevez l'estomac en laissant les cuisses et les ailes; hachez la chair de l'estomac avec de la mie de pain trempée dans de la crême, rouelle de veau, graisse de bœuf et lard blanchi; assaisonnez de sel, poivre et muscade : pilez le tout ensemble, et remplissez-en tout le vide du dindon, en figurant, autant que possible, la partie enlevée : unissez avec un couteau trempé dans l'œuf battu; panez avec de la mie de pain et faites cuire au four.

Dindon gras à la Périgord. — *Rôt.* Prenez deux livres de truffes pelées, lavées, et bien essuyées; maniez-les avec du lard râpé, sel et gros poivre, et farcissez-en un dindon frais tué; cousez-le; troussez les pattes en long, et laissez-le mortifier et prendre le goût des truffes pendant trois ou quatre jours. Faites-le cuire ensuite à la broche, enveloppé de lard et de papier. Quand il est cuit à propos, servez avec une sauce hachée aux truffes.

Dindon farci — *Rôt.* Faites une farce avec du lard, rouelle de veau, marrons, champignons, ciboules, fines herbes; détachez la peau de dessus l'estomac d'un dindon ; cela se fait avec le doigt, au moyen d'une incision à la peau ; on farcit cet endroit entre chair et peau, et aussi l'intérieur : on ficelle pour que rien ne tombe ; cela fait, on fait rôtir. Étant rôti, on le dresse dans un plat avec un ragoût fait de riz de veau, champignons, truffes, culs d'artichaut, crêtes, sel et bon beurre : on le mouille de jus de veau ou de bon bouillon. Ce ragoût, bien mitonné et cuit à propos, se verse sur le dindon.

De la chair de saucisse, ou du lard maigre haché avec des marrons rôtis, fait une très-bonne farce dont on peut remplir tout l'intérieur du dindon.

EAU. La meilleure eau est celle des rivières dont le cours est rapide, et qui coulent sur un lit de sable, de cailloux ou de roches.

Les eaux de puits sont presque toujours, et les eaux de source sont très-souvent chargées de sels terreux qui altèrent leur pureté sans troubler leur transparence, et même en y ajoutant. Ces eaux ne dissolvent pas le savon, et les légumes y cuisent mal : elles sont lourdes à l'estomac, et rendent les digestions pénibles, surtout chez les personnes délicates qui n'y sont pas habituées. Les eaux de pluie, simplement filtrées, sont très-pures et très-légères.

L'eau des étangs, des marais, et celle de la plupart des ruisseaux qui coulent dans des lits étroits, ou obstrués par des roseaux ou autres plantes aquatiques, est toujours chargée de substances organiques en dissolution, qui lui communiquent une saveur fade et nauséabonde. Ces eaux ne peuvent devenir salubres qu'après avoir été filtrées à travers un mélange de sable et de charbon en poudre ; après la filtration, et avant d'en faire usage, il faut les agiter pour leur rendre l'air qu'elles ont perdu en traversant le filtre.

L'eau pure ne suffit pas toujours pour apaiser la soif intense, à moins d'être prise en quantité qui peut devenir préjudiciable : en trop grande abondance, elle énerve les forces digestives, et ne convient pas seule quand celles-ci ont besoin de stimulant ; c'est ce qu'on observe chez les personnes dont l'estomac est faible, inactif, et se charge d'une grande quantité de glaires.

Quelques raisons portent à croire que l'eau jouit de la faculté nutritive, non pas seule, mais, dans les diverses combinaisons qu'elle forme avec les autres substances alimentaires. L'action nutritive de ces combinaisons est, non-seulement en proportion de la matière solide, mais aussi de la quantité d'eau dont elles sont imprégnées.

L'eau très-froide, glacée même, agit comme un excellent tonique, sans exciter aucune irritation, et même en calmant celle qui peut exister dans l'estomac.

ÉCHALOTTE. L'échalotte n'est employée que comme assaisonnement ; elle est plus excitante que l'ognon, mais moins que l'ail ; son odeur est aussi moins forte, et plus de personnes la supportent que celle de l'ail.

L'échalotte est l'un des ingrédiens obligés de toutes les sauces piquantes.

ÉCHAUDÉS. (*Voyez* Pâtisseries.)

ÉCHINÉE. Nom d'un morceau de cochon coupé sur le dos, du côté de l'épaule, et contenant moitié des vertèbres et une partie des côtes. (*Voyez* Cochon.)

ÉCORCES. Les écorces de citron, d'orange, de bigarade, de cédrat, fraîches ou confites au sucre, servent à aromatiser plusieurs préparations alimentaires.

ÉCREVISSES. Crustacés d'eau douce que tout le monde connaît. On en ajoute à presque tous les ragoûts. On les prépare aussi au court-bouillon, et de diverses manières pour les manger seules.

Écrevisses à la gasconne. — *Entremets.* Prenez de grosses écrevisses ; faites-les cuire dans une casserole avec persil, ciboules, champignons, deux gousses d'ail, le tout haché menu, un ognon piqué de clous de girofle, une feuille de laurier, deux verres de vin blanc, un demi-verre d'huile, sel, poivre, tranches de citron; quand elles sont cuites, retirez l'ognon, le laurier et les tranches de citron, et servez à courte-sauce. Si elle est trop longue, faites-la réduire.

Écrevisses au court-bouillon.—Entremets. Faites-les cuire comme ci-dessus, en retranchant l'huile; augmentez aussi la dose du vin, ou étendez-le d'un peu d'eau. Servez les écrevisses à sec sur un lit de persil. Arrangez-les en pyramide.

Bisque d'écrevisses. (*Voyez* Potage.)

Coulis d'écrevisses. (*Voyez* Jus.)

ÉCUMOIRE. Lorsque les écumoires sont en cuivre, il est presque impossible d'empêcher qu'il ne se forme du vert-de-gris dans les trous; ce vert-de-gris n'est point atteint par le frottement lorsqu'on essuie l'écumoire; il serait préférable de se servir d'écumoires de fer-blanc; à la vérité elles se détruisent vite, mais comme elles ne coûtent pas cher, on peut les renouveler souvent.

ÉLÉMENS DE SAUCES. On réunit, sous ce titre, diverses substances simples ou composées qui entrent dans la plupart des sauces, comme assaisonnement, ingrédiens, ou comme base principale.

Bouquet garni. On le compose de tiges de persil avec leurs feuilles, de ciboules entières, d'un ognon garni de deux clous de girofle, d'un peu de thym et de basilic, d'une feuille de laurier, et, si l'on veut, d'une gousse d'ail. Pour éviter qu'il ne se sépare, et pour l'enlever à volonté, on le lie avec du fil.

Le bouquet sert à donner du goût à toutes les sauces.

Vinaigre à l'estragon. Mettez infuser, pendant un mois, une forte poignée de sommités d'estragon dans quatre litres de bon vinaigre; ajoutez un verre d'eau-de-vie. Filtrez, et conservez dans des bouteilles bien bouchées. L'eau-de-vie facilite la dissolution de la partie aromatique de l'estragon, et ajoute à la force du vinaigre.

Vinaigre aromatique. Mettez infuser, dans six litres de fort vinaigre :

Quatre onces de feuilles d'estragon,

Un once de feuilles de baume,

Un peu de thym et de basilic,

Une demi-once de fleurs de sureau séchées rapidement au soleil, sous des feuilles de papier.

Une douzaine d'échalottes et une gousse d'ail,

Deux douzaines de petits ognons,

Un gros de girofle et une demi-muscade,

Ajoutez une demi-bouteille d'eau-de-vie et une poignée de sel ;

Faites infuser pendant un mois ; ensuite filtrez.

Il y a de l'avantage à faire flétrir au soleil les feuilles d'estragon et de baume avant de les mettre dans le vinaigre, qui les pénètre alors, et dissout mieux leur principe aromatique.

Cornichons. Brossez les cornichons pour en enlever le duvet, et jetez-les à mesure dans l'eau froide ; égouttez-les ensuite pour les mettre dans un pot de grès, avec estragon, petits ognons blancs, graines de capucines, poivre long encore vert, girofle, muscade et sel fin, dont on saupoudre légèrement le tout. On ne risque rien de mettre beaucoup de petits ognons, et surtout de graines de capucines, qui, lorsqu'on les choisit avant qu'elles aient acquis de la dureté, peuvent remplacer les câpres. Le pot étant rempli jusqu'à deux ou trois doigts du bord, faites bouillir de fort vinaigre, et versez-le bouillant sur les cornichons ; faites-le bouillir encore le lendemain, et versez-le de même. On répète une troisième fois cette opération, ensuite on couvre le pot avec un parchemin, et on le tient dans un endroit qui ne soit pas humide.

Le vinaigre, en bouillant, acquiert de la force, parce

que l'eau qu'il contient, étant plus légère que l'acide, s'évapore la première.

On doit éviter de faire bouillir le vinaigre dans un vase de terre vernissé, dont il dissoudrait la couverte, qui contient beaucoup d'oxide de plomb.

Il est préférable de faire bouillir le vinaigre dans un vase de cuivre bien écuré, le vinaigre n'attaquant pas ce métal à chaud.

On confit aussi au vinaigre les jeunes épis de maïs lorsqu'ils n'ont encore que la grosseur du doigt; les boutons à fleurs de la capucine, cueillis avant leur épanouissement, et plusieurs fruits, tels que des prunes et des abricots, avant leur maturité. (*Voy.* Conservation.)

Verjus. Choisissez le verjus lorsque ses grains ne sont pas encore transparens : séparez les grains de la grappe et pilez-les dans un mortier : exprimez le jus avec une presse, et passez-le à la chausse jusqu'à ce qu'il soit tout-à-fait limpide. On ajoute une once de sel blanc par pinte.

Il faut souffrer les bouteilles avant de les remplir de verjus; sans cela il fermenterait, chasserait les bouchons, et ne tarderait pas à se gâter. Pour souffrer, on prend des mèches qui servent à souffrer les vins; coupez-les en morceaux, et attachez-en un à un fil de fer dont l'une des extrémités est repliée en crochet, et l'autre attachée solidement à un bouchon très-conique, pour qu'il puisse entrer dans les goulots de toutes les bouteilles. La longueur du fil de fer doit être réglée de manière que, lorsque le bouchon est posé sur le goulot, le crochet se trouve au milieu de la panse de la bouteille; la mèche étant allumée, on la plonge dans la bouteille jusqu'à ce que celle-ci paraisse remplie de vapeurs; on retire alors la mèche, on bouche la bouteille, et, quelques instans après, on la remplit de verjus : les bouteilles bien bouchées sont couchées à la cave.

Le verjus entre comme assaisonnement dans beaucoup de sauces; il ne peut pas toujours être suppléé par le vinaigre, dont l'odeur s'accorde mal avec plusieurs préparations.

A défaut de verjus on peut prendre du raisin de vigne, lorsqu'il n'est pas encore ce qu'on appelle tourné; on en traite le suc comme il vient d'être indiqué.

Conserve de tomates. Prenez des tomates bien mûres, coupez-les par quartier, et mettez-les dans une bassine à confitures, avec des ognons coupés en rouelle, jusqu'à concurrence du vingtième du poids des tomates; quelques clous de girofle, du sel, du gros poivre et de la muscade : faites bouillir à grand feu; lorsque les tomates sont bien fondues, passez le tout au tamis de crin un peu clair; remuez ce qui reste sur le tamis avec une cuillère pour faire passer toute la pulpe; remettez ce qui a passé dans la bassine et ajoutez du caramel : faites réduire à grand feu, jusqu'à ce que, en laissant tomber un peu de la conserve sur une assiette, elle prenne en refroidissant une consistance solide. Emplissez-en des pots à confitures, et couvrez-les à l'ordinaire, c'est-à-dire en mettant sur la conserve un rond de papier trempé dans l'eau-de-vie, et une enveloppe de papier en double sur le pot.

Il faut tenir cette conserve dans un endroit sec, parce que le sel et le caramel attirent fortement l'humidité de l'air.

Cette conserve s'ajoute à un grand nombre de sauces qu'elle améliore. Elle est très-bonne aussi dans les potages gras.

Caramel. Pour faire du caramel, mettez du sucre blanc en poudre dans un poêlon, ou tout autre vase de cuivre non étamé : on peut substituer la cassonade blanche au sucre, mais il ne faut pas employer les sucres gras qui ne caramélisent qu'à un haut degré de chaleur, et qui alors deviennent tout-à-fait noirs. Faites chauffer à sec, sur un feu vif, en remuant le sucre pour que toutes ses parties soient atteintes. Lorsqu'il a pris une belle couleur brune, sans l'être trop, retirez le poêlon du feu, versez-y de l'eau en quantité suffisante pour délayer le caramel : on le conserve dans un vase de verre bien bouché.

Le caramel sert à colorer les potages et le riz. On l'ajoute aux purées de légumes secs. Il s'allie très-bien à toutes les sauces brunes.

Le caramel, lorsqu'il est bien fait, doit conserver une saveur sucrée très-prononcée, mais qui n'est plus la même que celle du sucre pur.

Cette addition du sucre à des sucs de viande, peut blesser quelques préjugés; cependant cette addition a lieu tous les jours. La purée de pois verts est sucrée, et on la mange au gras; les châtaignes contiennent 12 à 14 pour 100 de sucre, et on en met dans beaucoup de ragoûts; les ognons et les carottes brûlés, qu'on met aujourd'hui dans tous les potages pour donner au bouillon de la couleur et du goût, ne doivent leurs propriétés dans cet état qu'au sucre qu'ils contiennent, et qui a été caramélisé par l'action de la forte chaleur qu'on leur a fait subir.

Épices mélangées. Pilez séparément un quarteron de poivre, deux gros de girofle, quatre gros de muscade et une once de gingembre; passez ensemble toutes les poudres au tamis pour les mélanger : conservez dans un vase bien fermé.

En préparant ce mélange soi-même, on est plus sûr de ses proportions que si on l'achetait tout fait.

Essence d'assaisonnement. Mettez, dans un poêlon de faïence, une bouteille de vin blanc, un verre de vinaigre et le jus de quelques citrons, deux onces de poivre en grains, un quarteron de sel, un gros de girofle, un gros de muscade, un gros de macis, deux onces de mousserons séchés, cinq ou six feuilles de laurier, un bouquet de thym et de basilic, une poignée d'échalottes écrasées, une demi-once de persil sec, et une gousse d'ail coupée en tranches; faites bouillir; laissez ensuite le tout digérer sur le feu sans bouillir pendant sept ou huit heures, le poêlon bien couvert; passez avec expression, filtrez et conservez dans des flacons bien bouchés.

Cette essence sert à assaisonner les sauces dont le goût doit être relevé.

Mousserons et morilles. Dans les grandes villes, on a des champignons de couche toute l'année; mais dans les campagnes, il n'y a qu'une saison où l'on puisse s'en procurer. Il n'y a aucun moyen de conserver le champignon sans lui faire perdre son arome et sa saveur.

Il n'en est pas de même du mousseron et de la morille: l'un et l'autre se dessèchent très-bien, et se conservent long-temps sans que leurs propriétés soient altérées.

On fait sécher les morilles, après les avoir bien lavées pour en séparer la terre qu'elles contiennent toujours. Pour les sécher, on les enfile en chapelets, qu'on expose à un courant d'air pour que leur dessication soit rapide. Lorsqu'elles sont sèches, on les enferme dans des sacs de papier qu'on tient à l'abri de l'humidité.

Le mousseron se trouve sur les friches sèches et couvertes d'un gazon court; son chapeau a rarement plus d'un pouce à un pouce et demi de diamètre, en forme de calotte d'abord, et ensuite en forme de parasol aplati; ses feuillets sont disposés comme ceux du champignon comestible: ils ne tiennent pas à la queue, et sont séparés par des demi-feuillets; sa queue est coriace; ce dernier caractère réuni aux autres, suffit pour le distinguer de plusieurs autres espèces qui ont à peu près le même port; il est, dans toutes ses parties, de la même couleur, jaune nanquin; quelquefois il sèche sur pied; alors sa couleur est plus foncée. Il est très-sujet à être piqué des vers : on ne s'en aperçoit qu'en séparant la queue du chapeau. Il vient rarement à l'ombre, et alors il ne vaut rien.

Le mousseron est le champignon le plus agréablement parfumé. Il est trop petit pour être préparé à part, mais il est excellent en garniture dans les ragoûts.

Quand on le cueille il faut couper la queue très-court, pour que le sable, qui est à son extrémité inférieure, ne s'introduise pas dans les feuillets; d'ailleurs cette queue, qui est coriace, ne vaut pas la peine d'être conservée.

Le mousseron se sèche facilement; il suffit, pour cela, de l'exposer au soleil sur une claie. Séché, il se conserve long-temps sans perdre son parfum, pourvu qu'on le tienne à l'abri de l'humidité.

Il est plus commode de le mettre en poudre grossière après l'avoir bien desséché : on l'enferme alors dans des bouteilles de verre.

Une pincée de poudre de mousseron suffit pour communiquer un parfum et une saveur très-agréables à toutes les sauces auxquelles on l'ajoute.

Marrons séchés. Les marrons font très-bien dans tous les ragoûts, où ils peuvent remplacer avec avantage des substances beaucoup plus coûteuses. On en fait assez généralement usage pendant l'hiver; mais cette ressource vient à manquer dès les premières chaleurs du printemps. Il est cependant facile d'en conserver pendant toute l'année; il suffit, pour cela, de les étendre sur des claies en lits peu épais, et de les mettre alternativement dans un four doux et à l'air jusqu'à dessication complète : alors, en les chauffant un peu plus fortement, il devient facile de leur enlever l'enveloppe extérieure et la pellicule qui adhère à la pulpe. On les enferme au sec, et ils se conservent très-bien.

Dans cet état, on s'en sert pour garnir toutes sortes

de ragoûts, surtout ceux à sauce brune. On les ajoute aussi, en les hachant, aux farces dont on remplit les volailles.

Beurre d'anchois. Lavez quelques anchois, séparez les chairs, et, après les avoir hachées, pilez-les dans un mortier; ajoutez suffisante quantité de beurre, et faites une pâte du tout.

Le beurre d'anchois est employé pour assaisonner les biftecks, et on le mêle à diverses sauces.

Beurre aux fines herbes. Hachez très-fin du cerfeuil avec un peu de pimprenelle, d'estragon, de cresson alénois et de civette blanchie auparavant; incorporez le tout avec suffisante quantité de beurre. On peut ajouter aussi la chair d'un anchois.

Beurre de piment. Hachez très-fin un piment (ou plus si vous voulez) encore vert: il est préférable de le piler dans un mortier; on l'incorpore ensuite avec suffisante quantité de beurre. On peut y ajouter la chair d'un anchois et quelques fines herbes.

Le beurre au piment, comme ceux qui sont préparés aux anchois et aux fines herbes, indépendamment de son usage dans diverses sauces, peut se servir comme *hors-d'œuvre*.

Jus. Garnissez le fond d'une casserole avec des tranches de veau et de jambon, ou de lard maigre, et quelques bardes de lard; ajoutez toute autre viande que vous aurez à votre disposition, en quantité relative à la quantité de jus que vous voulez faire. Une livre de viande doit produire une demi-livre ou le quart d'un litre de jus. Ajoutez des ognons, carottes, panais coupés par tranches; assaisonnez avec gros poivre et muscade râpée et un bouquet garni, peu ou point de sel, surtout si vous mouillez avec du bouillon déjà salé.

Faites suer le tout sur un feu doux jusqu'à ce que la viande ait jeté son jus; augmentez alors le feu jusqu'à ce que la viande commence à s'attacher à la casserole; à ce moment retirez la viande et les légumes; faites un roux dans la casserole, avec gros comme une noix de beurre par livre de viande, et une pincée de farine; mouillez avec du bouillon; remettez dans la casserole ce qui en a été tiré, et laissez mijoter pendant deux heures au moins; passez le jus à l'étamine après l'avoir dégraissé.

On peut varier les viandes pour faire le jus, mais il faut toujours du veau et du jambon. Une vieille perdrix qu'on coupe en quatre morceaux, ou le train de derrière d'un lapin, donne au jus une saveur très-agréable.

Le jus fait ainsi, est un extrait de tous les principes solubles et nutritifs des viandes auxquelles l'action du feu communique une nouvelle énergie, qui se manifeste par une sapidité plus prononcée et toujours agréable lorsque le jus est bien fait. Il résulte de là que le jus a une propriété excitante. Sous ce rapport, il facilite la digestion; mais aussi il convient peu aux estomacs irritables.

Le jus ajouté aux substances qui, par elles-mêmes, sont peu alimentaires, les rend plus nutritives, en même temps qu'elles les rend plus digestibles; ainsi on peut l'associer avec avantage à tous les légumes herbacés, et aux viandes qu'une longue décoction a, en partie, épuisées de leurs sucs.

Ajouté aux substances très-alimentaires, le jus devient trop stimulant; il habitue à une alimentation trop abondante. Il est bon de n'en pas faire un emploi trop fréquent; mais, quand on n'en fait qu'un usage modéré, les estomacs sains n'en éprouvent aucun inconvénient.

Jus blond de veau. Garnissez le fond d'une casserole de tranches de veau; ajoutez des abatis de volailles si vous en avez, avec un peu de beurre ou du lard fondu, des ognons, des carottes et un bouquet garni; assaisonnez avec du gros poivre et de la muscade : mouillez avec une cuillerée à pot de bouillon, et laissez réduire sans laisser attacher; mouillez encore avec du bouillon en suffisante quantité pour que tout soit couvert; faites bouillir et écumez; ensuite amortissez le feu, et faites cuire doucement pendant deux heures.

Faites séparément un roux blanc, passez-y des champignons pendant quelques minutes, et versez-y le jus des viandes en remuant toujours pour que le roux se mélange intimement; faites bouillir, écumez et tenez la casserole sur un feu doux pendant une bonne heure. Passez à l'étamine après avoir dégraissé.

Ce jus a des propriétés moins excitantes que celui qui est fait avec des viandes noires, au rang desquelles il faut mettre au moins les jambons, qui sont toujours plus colorés que les autres parties du porc.

Lorsqu'on laisse attacher légèrement la viande, le jus est un peu plus coloré et plus sapide, il est alors, quant à ses propriétés diététiques, un intermédiaire entre le jus brun et celui dont la recette est ci-dessus.

Jus de gibier. Prenez des débris de gibier rôti, lapins, perdrix, bécasses, etc., chair et os, hachez le tout et pilez dans un mortier; ajoutez des émincés de veau, un peu de jambon et quelques bardes de lard; mouillez avec moitié bouillon et moitié vin blanc (un verre de chaque); faites réduire jusqu'à ce qu'il n'y ait presque plus rien, sans cependant laisser attacher; ajoutez alors du bouillon en quantité suffisante pour tout couvrir; plus des carottes, des ognons, thym, basilic; assaisonnez avec gros poivre et muscade râpée : faites cuire à petit feu : dégraissez et passez au tamis.

On peut faire de même un jus de volailles en employant des débris de dindon, chapon, poularde, etc.

Roux. Mettez dans une casserole gros comme la moitié d'un œuf de beurre; lorsqu'il bout, ajoutez une demi-cuillerée de farine, en remuant toujours pour qu'elle se mêle bien avec le beurre. Cette opération doit se faire sur un feu un peu vif, jusqu'à ce que le beurre ait commencé à prendre couleur ; on ralentit ensuite le feu, en continuant à tourner jusqu'à ce que le roux ait atteint une couleur cannelle ; c'est alors qu'on y passe ce qu'on veut faire cuire : on mouille ensuite.

Lorsque ce roux est destiné à lier une sauce trop claire, on incorpore avec le beurre autant de farine qu'il en peut prendre.

Le beurre qu'on fait roussir acquiert une propriété tonique et excitante qu'il n'avait pas auparavant. C'est ce qui fait dire que les roux échauffent ; il est certain qu'ils conviennent peu aux estomacs faibles, qui sont en même temps irritables ; mais pour toutes les personnes qui ont l'estomac sain, la légère excitation occasionée par l'usage des roux, est plutôt favorable que nuisible ; on peut même dire que cette excitation est indispensable pour ceux qu'une vie laborieuse oblige à manger beaucoup pour réparer de grandes pertes ; et elle l'est d'autant plus que leurs alimens habituels sont moins facilement digestifs.

Roux blanc. Mettez un morceau de beurre dans une casserole, et ajoutez la farine aussitôt qu'il est fondu ; tournez vivement, en évitant qu'il prenne couleur : on mouille de suite. Ce roux sert à lier les sauces qui ne doivent pas être colorées ; dans ce cas, on délaie le roux avec un peu de sauce, puis on ajoute le surplus.

Ce roux a des propriétés moins stimulantes que celui ci-dessus.

Essence de jambon. Prenez des tranches de jambon cru bien minces ; battez-les et garnissez-en le fond d'une casserole ; faites suer jusqu'à ce que les tranches commencent à s'attacher ; ajoutez alors du lard fondu et un peu de farine ; remuez avec une cuillère, et ensuite ajoutez du jus, ou à défaut du bouillon ; assaisonnez avec épices mêlées, pas de sel, un bouquet garni, un jus de citron, deux clous de girofle et une poignée de champignons hachés. Quand tout est cuit, passez à l'étamine.

Si on veut que cette essence soit liée, on y ajoute, une demi-heure ou trois quarts d'heure avant de la passer, quelques croûtes de pain qu'on laisse mitonner ; on passe ensuite à travers une étamine avec expression.

Coulis de veau et de jambon. Foncez une casserole avec quelques bardes de lard ; garnissez ensuite la casserole de tranches de veau un peu épaisses, et couvrez-les de tranches de jambon ; ajoutez une cuillerée de bouillon et une demi-cuillerée de sucre en poudre : faites suer le tout un quart d'heure, et poussez ensuite le feu. Quand la réduction sera complète, et que la viande aura pris une belle couleur, mettez dans la casserole un bon morceau de beurre, avec des croûtes de pain chapelées ; mouillez avec du bouillon, et laissez mijoter le tout pendant une heure au moins : passez ensuite à l'étamine.

Coulis d'écrevisses. Jetez les écrevisses dans l'eau bouillante jusqu'à ce qu'elles soient rouges ; retirez-les à l'eau froide.

Épluchez les queues, dont vous mettez la chair à part ; pilez ce qui reste dans un mortier, jusqu'à ce que le tout soit en pâte ; délayez avec de bon bouillon, et passez à l'étamine en tordant.

Si ce coulis est destiné pour un ragoût, on le tient épais à consistance de purée.

Mettez dans le coulis les queues épluchées, après les avoir fait cuire avec un peu de bouillon jusqu'à réduction presque totale.

Faites chauffer le coulis sans qu'il bouille, et faites-en usage comme il est prescrit.

Autre jus blanc. Faites cuire une poularde ou un chapon à la broche ; on peut aussi se servir d'un dindon, ou même de débris de volaille déjà cuite : désossez et ôtez la peau ; hachez les chairs ; pilez dans un mortier une poignée d'amandes douces débarrassées de leur peau ; ajoutez-y la chair de volaille hachée, des jaunes d'œuf durcis, du poivre, du sel, et un peu de muscade râpée, et pilez de nouveau le tout ensemble, de manière à faire une pâte fine.

D'un autre côté, mettez deux livres de veau et un morceau de jambon coupés par tranches, dans une casserole, avec un peu de beurre, sel et poivre ; ajoutez ognons, carottes, panais, champignons, ou poudre de mousseron, et un bouquet garni ; mouillez avec de bon bouillon, et faites cuire à petit feu : lorsque le veau est cuit, retirez-le de la casserole, ainsi que les légumes, et délayez dans le fond de cuisson le blanc de volaille pilé avec les amandes et les jaunes d'œuf ; faites chauffer un peu sans bouillir : passez à l'étamine avec expression.

Jus à la minute. Quand on n'a pas de jus, on peut en faire en peu de temps en faisant réduire de bon bouillon, jusqu'à ce que le résidu commence à s'attacher ; on mouille alors avec deux tiers de bouillon et un tiers de vin blanc, et on épaissit le jus au moyen d'un roux brun qu'on fait à part.

Jus de poisson. Faites griller deux perches ou un brochet à petit feu ; ôtez la peau, séparez la chair, et pilez-la dans un mortier avec des amandes douces débarrassées de leur peau, et quatre à cinq jaunes d'œuf.

Mettez dans une casserole cinq ou six ognons, deux carottes, autant de panais, le tout coupé en tranches, plus un bouquet garni ; faites-les cuire avec un morceau de beurre, en remuant de temps en temps ; quand les légumes commencent à roussir, mouillez avec une purée claire ; ajoutez-y les arêtes et les têtes des poissons ; faites bouillir un quart d'heure, et passez au tamis dans une autre casserole ; ajoutez-y des champignons, ciboules entières, et un peu de thym et de basilic, un ognon piqué et un peu de mie de pain ; faites cuire à petit feu pendant un quart d'heure ; délayez-y ensuite le poisson pilé avec les amandes et les œufs ; faites mitonner le tout sans bouillir, car le jus tournerait, et passez à l'étamine.

On peut faire le même jus avec du turbot, du cabilleau, et surtout avec des merlans.

Jus de racines. Mettez dans une casserole des carottes, ognons, navets, panais, etc., deux pieds de céleri, deux laitues, un bouquet de cerfeuil et un petit chou, ce dernier émincé, et les racines coupées en tranches ; ajoutez un bon morceau de beurre et une demi-pinte d'eau ; faites bouillir jusqu'à ce que toute l'eau étant évaporée, les légumes commencent à frémir dans le beurre : mouillez avec assez d'eau pour que les légumes soient baignés ; ajoutez des pois frais, des haricots ; assaisonnez avec sel, poivre et girofle : faites bouillir pendant trois heures. Passez avec expression, et liez le jus avec un roux.

En tenant ce jus un peu clair, c'est un excellent bouillon pour des potages maigres.

Jus de champignons. Épluchez des champignons de couche, ajoutez-y quelques mousserons si vous en avez, et un morceau de beurre, ou du lard coupé en dés ; faites-les rissoler sur un feu vif ; lorsqu'ils sont bien roux, ajoutez un peu de farine qui doit roussir aussi ; mouillez avec de bon bouillon gras ou maigre ; et, après avoir laissé bouillir pendant quelques minutes, passez le jus, et conservez-le dans un flacon pour vous en servir au besoin. Assaisonnez avec du sel, poivre, muscade et un jus de citron.

Les champignons peuvent servir à garnir divers ragoûts.

ÉMINCÉ. *Émincer*, c'est couper en tranches minces.

Un ragoût composé de tranches de bœuf ou de mouton rôtis, se nomme un *émincé*.

On nomme aussi *émincées* des tranches de bœuf et de veau, etc., dont on se sert pour garnir des braises.

ÉMULSION. On nomme ainsi le mélange intime qui a lieu dans certaines circonstances entre une substance huileuse et l'eau. On nomme aussi *semences émulsives*, celles qui étant imprégnées d'une huile grasse, forment, lorsqu'on les triture avec l'eau, une émulsion. Les amandes, et toutes les semences des fruits à noyaux, sont dans ce cas. Le jaune d'œuf est aussi à l'état d'une véritable émulsion, qui peut se combiner avec une nouvelle quantité de matière grasse. La sauce dite *mayonnaise* est un exemple de cette combinaison. (*Voyez* Sauces.)

ENDIVE. Nom spécifique de la chicorée cultivée.

ENTONNOIR. Instrument bien connu qui sert à transvaser des liquides dans des vases à petite ouverture : il est bon d'en avoir quelques-uns en verre pour les ratafias et liqueurs.

ENTRE-COTE. (*Voyez* Charbonnée, Bœuf.)

ENTRÉE. On désigne sous le nom d'*entrée* les préparations alimentaires qu'il est d'usage de servir avec, ou immédiatement après les potages; ce sont presque toujours des mets chauds. Le beurre, les radis, les artichauts, les melons, les huîtres, etc., qu'on sert avec les entrées, sont des *hors-d'œuvre*. (*Voyez* Hors-d'œuvre.)

ENTREMETS. On nomme généralement *entremets* les diverses préparations qu'on sert après, ou avec le rôti, et avant le dessert. Les légumes, les crèmes cuites, plusieurs espèces de pâtisserie et quelques ragoûts, sont considérés comme *entremets*. Cette distinction, entre les entrées et les entremets, est, au reste, fort arbitraire; elle dépend surtout de l'époque du repas à laquelle un plat est servi.

ÉPAULE. (*Voyez* Veau, Mouton, Agneau.)

ÉPEAUTRE. Espèce de blé qui diffère du froment.

Le pain en est bon et savoureux : ce grain est peu cultivé en France.

ÉPERLAN. Poisson de mer, ressemblant au goujon, mais un peu plus gros. Sa chair est très-délicate et se digère facilement.

Éperlans frits. Farinez-les, et faites-les frire de belle couleur. Servez avec du persil frit. On les embroche par la tête avec un hatelet avant de les jeter dans la friture.

Éperlans au court-bouillon. Faites-les cuire avec vin blanc, citron vert, poivre, sel et laurier; servez sur une serviette avec du persil, pour les manger à l'huile et au vinaigre, ou avec une rémoulade.

Éperlans à l'anglaise. Videz, lavez et essuyez les éperlans; mettez-les dans une casserole avec un morceau de beurre, sel et poivre; faites-leur prendre couleur sur de la cendre chaude; retirez-les ensuite pour les laisser refroidir : trempez-les dans du beurre chaud, et panez-les pour les faire griller ensuite.

Faites une sauce avec beurre, sel, gros poivre, muscade, un filet de vinaigre, un peu de jus d'ognon et de la moutarde; faites lier sur le feu, et servez sous les éperlans.

ÉPICES. Nom générique par lequel on désigne certaines substances aromatiques qui sont plus spécialement employées à la préparation des viandes qu'à tout autre usage : le poivre, la muscade, le macis, le girofle, le piment de la Jamaïque, le gingembre, sont des épices.

Le safran, la vanille, la cannelle, l'anis, la badiane, l'ambre, le musc, etc., sont désignés par la dénomination d'aromates.

Les épices sont fortement toniques et stimulantes; elles excitent jusqu'à l'irritation les organes digestifs. On ne saurait apporter trop de modération dans leur usage : les personnes qui ont l'estomac très-irritable doivent même s'en abstenir entièrement.

Il n'en est pas de même des gens de la campagne, et de tous ceux qui se livrent à des travaux pénibles. Leurs estomacs, dont la sensibilité est émoussée par l'habitude d'une nourriture grossière, ont besoin d'être fortement excités. Le poivre et le girofle sont éminemment propres à produire cette excitation ; aussi en fait-on un grand usage dans toutes les préparations de la cuisine rurale.

La muscade et le macis sont des épices plus douces que le poivre et le girofle : elles irritent moins ; cependant il est toujours bon de n'en faire qu'un usage très-modéré.

Le gingembre est peu employé aujourd'hui dans la préparation des alimens. On le mange presque toujours confit au sucre ; ainsi préparé, c'est un tonique qui ne convient qu'aux estomacs robustes. (*Voyez* Élémens de sauces.)

ÉPINARDS. — *Entremets.* Plante de la famille des arroches, dont on mange les feuilles cuites. Les épinards éprouvent peu d'altération dans leur couleur pendant leur passage dans le canal intestinal ; cependant ils ne sont pas indigestes. Ils sont très-peu alimentaires. On les regarde comme adoucissans.

Épinards à la maître d'hôtel. Faites-les blanchir à l'eau bouillante jusqu'à ce qu'ils s'écrasent facilement lorsqu'on les presse entre les doigts ; jetez-les de suite dans l'eau froide ; égouttez-les et pressez-les pour en faire sortir l'eau qu'ils retiennent ; hachez-les grossièrement ; mettez-les à sec dans une casserole, et faites-les chauffer au bain-marie ; ajoutez sel, gros poivre et muscade râpée : quand ils sont chauds, mettez-y un bon morceau de beurre, et remuez jusqu'à ce qu'il soit fondu et bien mêlé.

Épinards à la cuisinière. Mettez les épinards, blanchis et hachés, dans une casserole avec un bon morceau de beurre, gros poivre et muscade râpée ; quand ils sont passés, ajoutez un peu de beurre manié de farine et du lait. Servez avec des croûtons.

Épinards au gras. Mettez les épinards, blanchis, hachés et pressés, dans une casserole avec un bon morceau de beurre, gros poivre et muscade; quand ils sont bien passés, ajoutez du jus ou un fond de cuisson, ou, à défaut, de bon bouillon; dans ce dernier cas on ajoute, vers la fin, un peu de beurre manié de farine pour les lier.

Épinards au sucre. Faites cuire avec un bon morceau de beurre, et assaisonnez avec un peu de sel, un morceau de sucre, un peu d'écorce de citron et deux macarons pilés. Servez avec des croûtons.

Tourte d'épinards. Après avoir blanchi, égoutté, pressé et haché les épinards, pilez-les dans un mortier avec de l'écorce de citron vert confit, du sucre, un morceau de beurre frais et un peu de sel : quand le tout est bien pilé, foncez une tourtière avec une abaisse de pâte feuilletée; étendez dessus les épinards; faites-y quelques dessins avec des filets de pâte et un cordon autour; faites cuire au four ou sous un four de campagne; râpez ensuite du sucre sur la tourte, et glacez-la avec une pelle rouge.

Rissoles d'épinards. Préparez les épinards comme ci-dessus, en y ajoutant deux macarons d'amandes amères et de l'eau de fleurs d'orange.

Faites, avec de la pâte de feuilletage, une abaisse très-mince; coupez-la en morceaux, sur chacun desquels vous mettrez un peu d'épinards; repliez la pâte, et soudez-la en pressant sur les bords avec les doigts : il faut mouiller les parties qu'on veut souder; parez les rissoles avec un couteau; ensuite faites-les frire de belle couleur : saupoudrez-les de sucre; glacez avec une pelle rouge, et servez chaudement.

Crème d'épinards. Les épinards étant blanchis, pressés et hachés, prenez-en gros comme deux œufs avec un demi-quarteron d'amandes douces pelées et bien pilées, un peu de citron vert, trois ou quatre macarons d'amandes amères et du sucre à proportion; ensuite prenez une chopine de crême, un demi-setier de lait et six jaunes d'œuf; délayez bien le tout ensemble, et passez à l'étamine; mettez la crême sur de la cendre chaude; couvrez-la avec le four de campagne garni de feu jusqu'à ce qu'elle soit prise.

Servez-la chaude ou froide, comme vous voudrez.

Plantes qui peuvent remplacer l'épinard. La baselle et la tétragone sont cultivées dans quelques jardins pour remplacer l'épinard, mais cette culture est peu répandue.

Parmi les plantes communes, le cresson de fontaine est celle qui se rapproche le plus, par son goût, de l'épinard. Les feuilles tendres de la betterave, et les sommités des fèves, peuvent aussi être préparées de la même manière.

ESSENCE DE JAMBON. (*Voyez* Élémens de sauces.)

ESSENCE D'ASSAISONNEMENT. (*Voyez* Élémens de sauces.)

ESTRAGON. Plante aromatique bien connue qui entre comme garniture dans toutes les salades. L'estragon facilite la digestion, en excitant surtout la sécrétion de la salive : il entre dans la composition de tous les vinaigres aromatiques.

ESTURGEON. Poisson de mer qui parvient à une grande dimension : on le prend souvent dans les eaux douces, parce qu'il remonte les rivières. Sa chair a beaucoup d'analogie avec celle du veau.

Esturgeon rôti. Prenez-en un tronçon; piquez-le de gros lard bien assaisonné, et faites-le mariner avec vinaigre, vin blanc, sel, gros poivre et épices; faites ensuite rôtir à la broche, en l'arrosant avec sa marinade. Servez avec une sauce piquante.

Esturgeon braisé. — *Entrée* ou *entremets*. Piquez un tronçon comme ci-dessus, et mettez-le dans une braisière juste à sa grandeur, avec du lard râpé, quatre ognons coupés en tranches, deux carottes et un panais émincés, un fort bouquet garni, sel, poivre et épices; épicez fortement; mouillez avec du vin blanc; faites cuire à grand feu; servez avec une sauce piquante, dans laquelle vous ferez entrer une partie du fond de cuisson.

Esturgeon en fricandeau. — *Entrée.* Piquez de menu lard des tranches d'esturgeon, farinez-les un peu, et faites-leur prendre couleur dans du lard fondu ou du sain-doux; quand elles sont colorées, mettez-les dans une casserole avec du jus, des fines herbes, tranches de citron, truffes, champignons, riz de veau: quand elles sont cuites, dégraissez et servez, en ajoutant à la sauce un filet de verjus.

ÉTAIN. Métal très-salubre, qui a l'inconvénient de ne pas supporter, sans se fondre, le degré de chaleur nécessaire pour faire bouillir les matières grasses: on pourrait cependant s'en servir pour faire des marmites à potages, surtout celles qui, comme dans le fourneau de Harel, ne sont chauffées que par-dessous.

ÉTAMAGE. (*Voyez* Batterie de cuisine.)

ÉTÉ. Dans cette saison, le bœuf et le veau donnent les meilleures viandes de boucherie, mais la rapidité avec laquelle elles s'altèrent pendant les grandes chaleurs, et surtout par l'effet des orages, empêche souvent de leur laisser éprouver le degré de mortification qui est nécessaire pour les attendrir. Le mouton, mal nourri pendant l'été, a peu de saveur.

On commence à avoir des poulardes et des dindonneaux; les cannetons, les pigeons sont abondans, mais le menu gibier est rare, les chasses n'étant pas ouvertes.

Le poisson de mer arrive toujours; cependant il est

rare qu'il soit dans un état de fraîcheur satisfaisant : le poisson d'eau douce ne le remplace qu'en partie.

On a encore tous les légumes du printemps, moins les asperges ; mais on a de plus les artichauts, les concombres, les choux-fleurs, les cardons, les pommes de terre, etc.

C'est surtout par l'abondance et la variété des fruits que l'été se distingue ; les desserts peuvent offrir à la fois des fraises, des cerises, des abricots, des prunes, des groseilles, des framboises, des pêches, des figues, et plusieurs espèces de poires. A cette longue liste on peut encore ajouter, vers la fin de la saison, diverses variétés de raisins, qui, dans les bonnes expositions, ont acquis une maturité complète.

Le melon, ce premier des *hors-d'œuvre*, n'est dans toute sa perfection que pendant l'été.

ÉTUVÉE. Ce mot est synonyme de *braise* ; cependant il s'applique plus spécialement à une préparation de poisson, qui consiste à le faire cuire avec du beurre, sel, poivre, laurier, ognons piqués de girofle, vin, et un peu d'eau. (*Voyez* Braise.)

ÉVENT, *goût d'évent*. C'est celui que contractent les vins dans les tonneaux qui ne sont pas bien bouchés.

Si ce goût est peu prononcé, on peut le faire disparaître en collant le vin et en le soutirant après quinze jours de repos.

Si le goût d'évent est très-fort, il faut mêler au vin dix à douze pour cent de lies fraîches, rouler le tonneau une fois par jour pendant un mois, coller et soutirer. On ajoute ensuite au vin quatre à cinq bouteilles d'eau-de-vie.

FAISAN. Oiseau de la famille des gallinacées, originaire de l'Asie mineure, et que les Romains ont transporté en Europe, où il s'est naturalisé. La chair du faisan est très-délicate lorsque l'animal est jeune ; mais quand il est adulte, et encore plus lorsqu'il est vieux, sa chair est dure et coriace : c'est alors que, pour l'attendrir, on fait mortifier le faisan jusqu'à ce qu'il présente des signes évidens de putréfaction. L'odeur qu'il exhale dans cet état est loin d'être agréable ; mais elle flatte apparemment certains amateurs, gens blasés, qui trouvent dans leur goût dépravé un immense avantage, celui de manger seuls leur mets de prédilection. Ils s'en acquittent fort bien.

La meilleure manière de préparer les jeunes faisans, c'est de les faire rôtir après les avoir laissés mortifier pendant l'espace de temps en usage pour les autres gibiers.

Les faisans adultes sont excellens cuits à la braise. Quant à ceux qui sont vieux, ils ne sont bons qu'en pâtés, où on les amalgame avec des viandes plus succulentes.

Faisan rôti. Piquez-le de lard fin ; faites-le rôtir à feu doux, et arrosez souvent.

Farcissez le faisan, avant de l'embrocher, avec des truffes passées au lard fondu, et des marrons grillés ; à défaut de truffes, mettez des champignons ou des mousserons.

Faisan en salmi. — *Entremets.* Dépecez un faisan cuit aux trois quarts à la broche ; coupez les ailes et les cuisses en deux ; levez les blancs et toutes les chairs qui tiennent à la carcasse ; coupez-les en filets ; mettez ces débris dans une casserole, avec un verre de vin blanc, des échalottes hachées, un peu de zeste de bigarade râpée, deux cuillerées de jus ou de bon bouillon, sel, poivre et muscade ; faites réduire ; quelque temps avant de servir, ajoutez deux cuillerées d'huile fine, et le foie du faisan bien écrasé ; servez avec des croûtons passés au beurre. On peut mettre des marrons rôtis dans le salmi. Les marrons s'allient très-bien à tous les ragoûts.

Si l'on n'est pas pressé, concassez la carcasse du faisan,

ou passez-la au beurre avec des échalottes, un peu de persil, sel, poivre, muscade; mouillez avec du vin blanc; on fait bouillir pendant trois quarts d'heure à petit feu; on passe la cuisson, et on s'en sert pour mouiller le salmi.

Faisan braisé à l'angoumoise. — Entrée. Lardez un faisan dans toutes les parties charnues avec des truffes épluchées et coupées en filets; mettez dans une casserole un quarteron de lard râpé et autant de beurre; passez-y des truffes coupées en morceaux et les parures de celles qui ont servi à larder le faisan : ces parures doivent être hachées finement, assaisonnées de sel et poivre. Après avoir laissé revenir le tout pendant quelques minutes, laissez refroidir, et ajoutez vingt-cinq ou trente marrons grillés; remplissez de ce mélange le corps du faisan; enveloppez-le avec des émincées de veau et de bœuf, et ensuite avec des bardes de lard : ficelez et mettez-le dans une braisière ou dans une terrine juste à sa grosseur, dont vous couvrirez le fond avec des bardes de lard; mouillez avec un bon verre de vin de Malaga, ou avec du vin blanc et deux cuillerées de caramel; faites cuire à très-petit feu. Lorsque le faisan est cuit, déficelez-le, dégraissez la cuisson; ajoutez-y un peu de truffes hachées; faites bouillir quelques instans; liez la sauce avec quelques marrons écrasés, et servez sous le faisan.

Pâté de faisan. (*Voyez* Grosse pâtisserie.) La composition des pâtés de gibier est toujours à peu près la même, quel que soit le gibier qui en fait la base.

FAON. Nom des jeunes cerfs et des jeunes daims. Leur chair ne devient un bon aliment que lorsqu'ils commencent à pâturer. Jusque-là elle est très-visqueuse et d'une digestion difficile. On apprête la chair des faons comme celle du cerf. (*Voyez* Cerf.)

FARCE. C'est un hachis de viande ou de chair de

poisson dont on se sert pour garnir des pâtés, des volailles, etc. On trouvera plusieurs recettes de farces à l'article *Ragoûts et Garnitures*. On en donne ici une seule comme exemple. On peut varier les farces à l'infini.

Farce de poisson. Après avoir habillé et désossé des brochets, carpes, anguilles, etc., hachez ensemble toutes les chairs.

Faites une omelette qui ne soit pas trop cuite; hachez-la avec des champignons, truffes, persil et ciboules, sel, poivre et épices, une mie de pain trempée dans du lait, beurre et quelques jaunes d'œuf; ajoutez le hachis de poisson, et faites du tout une pâte bien liée.

Cette farce sert à farcir des soles et des carpes sur l'arête, à faire des boudins blancs en maigre, à farcir des choux, à faire des croquettes, des petits pâtés, etc.

FARINE. On fait un fréquent emploi de farine dans les préparations alimentaires. On doit choisir pour cet usage la plus belle qualité de farine, et principalement celle dite de gruau.

C'est aussi la farine de gruau qu'il faut employer pour la pâtisserie grosse et fine, à l'exception des biscuits, pour lesquels on se sert avec avantage de la fécule de pommes de terre.

La farine séchée au four un peu chaud, et qui y a pris un faible degré de coloration, est excellente pour mélanger avec le beurre qu'on ajoute aux sauces trop claires pour les lier. Cette farine, légèrement torréfiée, fait aussi des bouillies très-saines et plus digestibles que celles où l'on emploie la farine crue.

FÉCULE. On fait un grand usage de celle que les pommes de terre contiennent en abondance. On la substitue avec avantage à la farine de froment dans les sauces blanches. On peut en ajouter en petite quantité à des crêmes pour leur donner de la consistance. Comme la fécule est tout-à-fait dépourvue de saveur, elle s'allie très-bien à toutes les préparations alimentaires. C'est, du reste, un aliment sain et léger. (*Voyez* Potages.)

FENOUIL. Plante de la famille des ombellifères, dont les graines ont un arome qui se rapproche de celui de l'anis : ces graines entrent dans la composition de plusieurs liqueurs.

Le feuillage de la plante est très-aromatique. On en fait peu d'usage en cuisine; cependant il y a beaucoup de cas où on pourrait l'employer comme assaisonnement.

Les pieds de fenouil, buttés comme le céleri, s'étiolent de même, blanchissent, perdent leur âcreté, et deviennent comestibles. On peut les préparer de la même manière que le céleri.

FERMENT. Substance qui a la propriété de faire fermenter les matières sucrées, les pâtes de farine, etc.

Le levain est du ferment. Si on n'en ajoutait pas à la pâte, on n'obtiendrait qu'un pain mat très-indigeste.

La levure de bière est un ferment très-énergique, et par conséquent très-convenable pour faire lever promptement la pâte destinée à certaines pâtisseries.

Le jus de groseilles, la bière qui commence à mousser, sont aussi de très-bons fermens, dont on peut faire un emploi utile dans beaucoup de circonstances.

FÈVES. — *Entremets*. Plante légumineuse dont on mange les graines. Elles sont assez digestibles tant qu'elles sont jeunes; mais lorsqu'elles approchent du terme de leur croissance, et qu'on est obligé de les débarrasser de leur peau devenue trop dure, c'est un aliment qui ne convient qu'aux estomacs robustes.

Fèves à la crême. Prenez des petites fèves très-tendres. Ne les dérobez pas. Faites-les blanchir à l'eau bouillante, jetez-les dans l'eau froide, et après les avoir égouttées, passez-les au beurre à demi roux, avec sel, poivre, persil haché fin, et un bouquet de sarriette. Ajoutez du bouillon, un morceau de sucre, et une pincée de farine maniée avec du beurre.

Quelque temps avant de servir, ajoutez-y de la crême bien fraîche ; faites jeter seulement un bouillon.

On peut mettre aussi une liaison de jaunes d'œuf avec ou sans crême.

Petites fèves en macédoine. Passez au beurre, persil, ciboules, champignons, échalottes, le tout haché ; mettez-y une pincée de farine ; mouillez avec bouillon et vin blanc ; ajoutez un bouquet garni contenant de la sarriette ; faites bouillir à petit feu. Ajoutez enfin les fèves blanchies comme ci-dessus, et des culs d'artichauts blanchis et coupés en dés ; assaisonnez de sel et gros poivre : quand tout est à point, ôtez le bouquet, et servez à courte sauce.

FEUILLETAGE. (*Voyez* Pâtisserie.)

FEUILLANTINE. (*Voyez* Pâtisserie.)

FIGUES. On mange les figues dans deux états différens, fraîches et séchées. Dans l'un et dans l'autre, elles sont alimentaires, parce qu'elles abondent en mucilage sucré.

Dans les figues fraîches, ce mucilage, étant délayé, est assez digestible ; la consistance qu'il acquiert dans les figues sèches en rend la digestion moins facile ; aussi les personnes qui ont l'estomac faible s'accommodent-elles fort mal de cet aliment ; elles ne doivent en user qu'avec beaucoup de modération.

En Italie et dans le midi de la France, on mange souvent les figues fraîches avec du sel : il paraît que cet assaisonnement en rend la digestion plus facile.

FILETS. Les filets, dans les quadrupèdes, sont les parties charnues qui accompagnent l'épine dorsale sous les côtes ; dans les volailles, ce sont les muscles des ailes et de l'estomac. Dans les poissons, on nomme filet toute bande de chair qu'on peut lever sans arête.

Filet de bœuf rôti. Piquez-le de gros lard assaisonné, et faites-le rôtir, en évitant de le dessécher. Servez avec une sauce piquante.

Filet de bœuf braisé. — *Entremets ou rôt.* Parez le filet, et faites-le cuire dans une bonne braise. Il faut qu'il soit piqué et ficelé de manière à lui faire prendre une bonne forme. Faites cuire à petit feu. Lorsqu'il est cuit, passez la cuisson après l'avoir dégraissée ; faites-la réduire, et au moment de servir, ajoutez-y un beurre d'anchois ou une cuillerée de marmelade de tomates. On peut aussi y mettre des cornichons. Les parures du filet peuvent remplacer les émincées qui sont indiquées dans la braise.

Filets de mouton. Piquez-les de lard fin, et faites-les mariner avec vinaigre, vin blanc, sel, poivre et épices ; faites cuire à la braise ; passez la cuisson ; ajoutez-y de la marmelade de tomates, et faites réduire. Au lieu de marmelade de tomates, mettez dans la sauce des olives tournées, c'est-à-dire dont on a séparé les noyaux.

Filets de sole. Levez les filets de soles et séparez-en la peau ; saupoudrez-les de sel, gros poivre, muscade râpée et persil haché. Mettez-les sur le feu avec du beurre ; quand ils sont bien revenus, arrosez-les avec le jus d'un citron, retournez-les, dressez-les sur un plat, et servez avec une sauce italienne.

Filets de sole à la mayonnaise. — *Entremets.* Mettez sur le gril des soles frites jusqu'à ce qu'elles soient assez chaudes pour qu'on puisse en enlever la peau. Levez les filets, et arrangez-les sur un plat ; versez par-dessus une mayonnaise. (*Voyez* Sauces.)

On prépare de même les filets de merlan.

FLAMBER. C'est passer de la volaille ou du gibier à plumes sur un feu de charbon sans fumée, pour brûler les poils qui restent adhérens à la pièce lorsque les plumes sont enlevées. On tient la pièce en l'air en tournant à mesure : on doit éviter que la peau ne soit attaquée par l'action du feu.

Flamber se dit encore d'une viande sur laquelle on fait tomber du lard enflammé. On prend pour cela un morceau de lard gras piqué d'allumettes de bois blanc. On l'enveloppe de papier, et on le fiche au bout d'un bâton. On allume ce lard à la flamme, et on le porte ainsi sur une viande à la broche ; on laisse dégoutter le lard jusqu'à ce qu'il soit entièrement fondu. Les gouttes de lard, qui tombent brûlantes sur la viande, la pénètrent, et lui donnent une belle couleur.

On ne flambe ordinairement que les viandes qui ne sont pas piquées. On flambe quelquefois pour hâter la cuisson.

FLAMMICHE. (*Voyez* Pâtisserie.)

FLAN. — *Entremets*. Délayez quatre onces de fécule de pommes de terre et six onces de sucre, avec une pinte de lait et demi-quarteron de beurre ; faites bouillir, et ensuite refroidir à moitié ; ajoutez six jaunes d'œuf, une cuillerée de fleur d'orange pralinée, six macarons dont un amer ; ajoutez trois blancs d'œuf fouettés ; faites cuire sur des cendres chaudes, avec le four de campagne par-dessus.

Flan de noules. Faites cuire les noules (*voyez* ce mot) dans de la crème, avec suffisante quantité de sucre et un peu de beurre. Lorsqu'ils sont cuits, laissez-les refroidir à moitié ; ajoutez des jaunes d'œuf, de la fleur d'orange pralinée, du citron vert haché, des macarons, et la moitié des blancs d'œuf fouettés en neige ; faites cuire comme ci-dessus.

On peut faire de même des flans de semoule, de riz, de farine de maïs.

FLEURS D'ORANGER. (*Voyez* Orange.)

FOIES GRAS. On ne peut considérer comme foies gras que ceux des chapons et poulardes, des oies et des canards engraissés. Ces foies sont très-délicats et très-recherchés; ceux des poulets, chapons et poulardes, entrent dans tous les ragoûts; ceux des oies et canards, qui proviennent d'animaux engraissés, ont souvent un volume énorme; on en fait des pâtés aussi indigestes qu'ils sont agréables à manger.

Foies gras en ragoût. — Entrée. Faites-les blanchir; passez des champignons, coupés en dés, avec l'assaisonnement ordinaire et un bouquet; mouillez avec du jus ou de bon bouillon; mettez-y ensuite les foies entiers; faites-leur faire quelques bouillons; dégraissez, et servez avec un jus de citron.

Foies gras à la braise. Poudrez-les de sel fin, poivre et fines herbes; enveloppez-les d'une barde de lard, et ensuite d'une feuille de papier que vous mouillez un peu par-dessus pour amortir l'action du feu; faites cuire doucement dans une braisière, feu dessus, feu dessous: servez avec une sauce espagnole.

Foies gras panés. — Hors-d'œuvre. Enveloppez chaque foie d'une barde de lard mince et assaisonné; panez-les, et mettez-les au four sur une tourtière pour leur faire prendre couleur; dressez-les sur un plat: servez avec une sauce tomate.

FOIE DE VEAU A LA BROCHE. Piquez-le de gros lard assaisonné, et enveloppez-le de panne que vous contiendrez avec de la ficelle; faites rôtir doucement.

On le fait aussi rôtir à nu après l'avoir piqué en dessus de lard fin; mais la superficie est presque toujours trop desséchée, ce qui en rend la digestion très-difficile. On sert avec une bonne sauce piquante.

Foie de veau à l'italienne. — Entrée. Prenez un foie bien blanc, et coupez-le en tranches minces; mettez, dans une casserole, de l'huile fine, du lard fondu, du vin blanc, persil, ciboules, champignons hachés, sel, gros poivre, ensuite une couche d'émincées de foie; puis répétez l'assaisonnement, et continuez ainsi jusqu'à la fin; couvrez le tout de bardes de lard; faites cuire à petit feu. Servez avec une sauce italienne (*voyez* Sauces); ou dégraissez la cuisson, faites-la réduire, et servez-vous-en comme de sauce.

Gâteau de foie de veau. — *Entremets.* Hachez un foie de veau et pilez-le. Hachez et pilez une demi-livre de graisse de bœuf, et une demi-livre de lard avec des champignons, deux ognons coupés en dés et passés au beurre, six œufs, dont vous fouetterez les blancs, un demi-verre d'eau-de-vie, sel, poivre et muscade : pilez le tout ensemble; garnissez le fond et les côtés d'une casserole avec des bardes de lard; mettez-y tout le hachis, en y entremêlant des truffes coupées; couvrez le dessus avec des bardes de lard; posez la casserole sur un feu étouffé, et mettez de la braise allumée sur le couvercle.

Comme, pour empêcher le gâteau de se déformer, il faut qu'il refroidisse dans la casserole, celle-ci doit être de terre ou de fer battu; quand le gâteau est froid, on trempe un instant la casserole dans l'eau bouillante, et on la renverse sur un plat.

Foie de veau braisé. Piquez-le de gros lard assaisonné; foncez une braisière de bardes de lard; mettez-y le foie avec des carottes, un bouquet bien garni, des ognons, dont un piqué de clous de girofle, de la muscade râpée, sel et gros poivre; couvrez avec des bardes de lard; mouillez avec du bouillon et deux verres de vin, blanc ou rouge; ajoutez des tranches de citron sans blanc ni pepins, ou du verjus, ou un filet de vinaigre; faites cuire à petit feu; lorsque le foie est cuit, faites réduire la cuisson après l'avoir dégraissée : servez-vous-en pour mouiller un roux que vous ferez à part. Ajoutez des cornichons coupés.

FONCER. C'est mettre dans le fond d'une casserole,

d'une tourtière, ou de tout autre vase, des bardes de lard, des émincées de veau, etc., pour que la pièce principale qu'on veut faire cuire ne soit pas en contact immédiat avec la paroi du vase.

FONTAINE. Vase dans lequel on conserve la provision d'eau nécessaire. On faisait autrefois beaucoup de fontaines en cuivre étamé; on n'en fait plus avec ce métal dangereux; mais on conserve encore, dans un grand nombre de maisons, celles que le temps n'a pas détruites.

Toutes les fontaines se fabriquent aujourd'hui en grès, ou en dalles de pierre, qu'on lie avec un mastic composé de limaille d'acier et de vinaigre : celles de grès sont les meilleures, parce que cette substance ne s'imprègne pas, comme la pierre, d'un limon gras qui communique un goût fort désagréable à l'eau lorsqu'on néglige de nettoyer avec soin la fontaine.

L'eau des grandes rivières est, sous tous les rapports, la meilleure à boire; mais cette eau a l'inconvénient d'être souvent trouble; il est donc nécessaire de la filtrer.

Pour cela, on place dans les fontaines de grès une espèce de couvercle qui s'appuie sur trois saillies qu'on a ménagées à la paroi, vers le tiers de sa hauteur à partir du bas; on met sur ce couvercle une couche de sable fin de rivière, lavé jusqu'à ce qu'il ne trouble plus l'eau : cette couche sert de filtre. On peut encore ajouter à son effet en séparant en deux la couche de sable par une couche intermédiaire de charbon concassé.

Dans les fontaines de pierre, le filtre est en pierre très-poreuse; ce filtre a l'inconvénient de s'engorger; on y remédie en râclant de temps en temps la pierre filtrante. Si la pierre contracte un mauvais goût, ce qui arrive lorsqu'on la laisse quelque temps en vidange, il faut en frotter les parois avec un linge trempé dans une solution de potasse, et ensuite laver à grande eau.

FOURNEAUX. On réunira sous ce titre divers ustensiles auxquels le nom de fourneau n'est pas applicable, mais qui servent à diriger l'emploi du feu à la coction des alimens, tels que la coquille à rôtir, les grils, les réchauds, etc.

FOURNEAU A POTAGES.

Vue horizontale du fourneau monté, fig. 1, pl. 2.

A Massif du fourneau ;
B Bord supérieur du foyer en terre cuite ;
C Grille en terre cuite ;
D Échancrure à la paroi du foyer, par laquelle s'échappe la fumée du charbon. La porte latérale du foyer est sous cette ouverture ;
E Autre échancrure dans le rebord circulaire du foyer, ayant la même destination que la précédente.

Fourneau en terre cuite non monté, fig. 2, pl. 2.

Ce fourneau est engagé dans le massif A de la figure précédente : on en voit le bord supérieur en B.

a Corps du fourneau ;
b Porte du foyer ;
c Porte du cendrier.

Coupe verticale du fourneau et de ses accessoires, fig. 3, pl. 2.

A Massif du fourneau ;
B Foyer en terre cuite engagé dans la maçonnerie ;
C Ouverture et porte du foyer ;
D Ouverture et porte du cendrier ;
E Grille en terre cuite : elle est mobile ;
F Saillie au-dessous de la porte du foyer ;
G Canaux dans lesquels circule la vapeur du charbon ;
H Saillie circulaire, adhérente au foyer, qui force la vapeur à circuler autour du vase à potage ;
I Canal prolongé par un tuyau servant d'issue à la vapeur du charbon ;
K Pot-au-feu dont la forme est celle de deux cônes réunis par leurs bases ;

L Casserole de fer-blanc qui pénètre jusqu'à plus de moitié de sa hauteur dans les vases à potage. Elle est retenue sur les bords du vase par trois saillies qu'elle porte à sa circonférence.
M Seconde casserole qui se pose sur la première;
N Seau de fer-blanc qui couvre le vase et les deux casseroles;
O Cloison qui divise le sceau en deux parties, dont l'une est une fois plus petite que l'autre.

Élévation du fourneau et de ses accessoires, fig. 2, pl. 4.

A Massif du fourneau construit en maçonnerie dans un châssis en bois, et renfermant un foyer en terre cuite;
B Enfoncement en forme de trémie, pratiquée sur le devant, et qui pénètre jusqu'au foyer en terre cuite;
C Porte du foyer.

Nota. Cette porte du foyer peut être supprimée avec avantage. J'exposerai plus loin les motifs de cette suppression.

D. Porte du cendrier;
E Pot à potage en terre. On peut le faire aussi en cuivre étamé. Il est enfoncé dans le foyer jusqu'à un peu plus de la moitié de sa hauteur.
F Seau de fer-blanc ouvert des deux bouts, et séparé par une cloison en deux parties inégales. Il repose dans une rainure pratiquée sur le bord du pot.
G Couvercle qui ferme à volonté l'une des deux ouvertures du vase;
H Saillie circulaire qui empêche le pot de pénétrer plus avant dans le foyer;
I Saillies du rebord du pot, servant à l'enlever;
K Anses du seau.

Le massif de ce fourneau se construit ordinairement en plâtre, substance fort commode pour opérer vite et proprement, mais qui est de peu de durée. Dans les contrées où il n'existe pas de plâtre, et il y en a beaucoup, on peut élever le massif du fourneau en tuileaux liés avec de la terre à four.

Il est bon que le châssis en bois soit assez grand pour qu'on puisse réserver, entre le corps du foyer en terre cuite et le massif de maçonnerie quelconque, un espace vide d'un pouce, qu'on remplira, à mesure que la maçonnerie montera, avec du poussier de charbon. Cette garniture, en prévenant toute déperdition de calorique, contribuera encore à économiser le combustible.

On a fait pour ces fourneaux des foyers en fonte : on doit préférer ceux qui sont fabriqués en terre cuite ; ceux-ci, engagés comme ils sont dans la maçonnerie, ne peuvent éprouver aucune détérioration, même par un long service. Les foyers en fonte, quand ils sont échauffés, donnent trop d'activité au charbon, et rendent plus difficile la conduite du feu.

Les pots de terre sont aussi très-préférables aux vases de cuivre : ceux-ci ont besoin d'être étamés souvent, et l'étamage est une faible garantie contre les accidens que la moindre négligence peut produire. Les vases de terre, n'étant chauffés que par-dessous et toujours également, ont une très-longue durée : on peut les briser ; ils ne se détruisent pas.

Conduite du fourneau.

Pour l'allumer on ferme la porte du foyer, et on ouvre celle du cendrier ; on jette dans le foyer quelques charbons allumés, et on achève de le remplir avec du charbon noir jusqu'au point où descend le fond du pot-au-feu.

On place le pot, préalablement rempli au degré convenable ; le potage s'échauffe lentement : lorsqu'il est écumé, on enlève le pot, on le place sur le coin du fourneau, et on remet du charbon dans le foyer jusqu'au point indiqué précédemment ; ensuite on remet le pot-au-feu en place, et, aussitôt qu'il recommence à bouillir, on ferme exactement la porte du cendrier ; et, si elle ne joint pas très-bien, on la couvre d'un peu de cendre. Il ne faut pas intercepter entièrement l'accès de l'air, mais il doit en entrer très-peu.

En mettant le charbon par le haut du foyer, sa porte latérale devient inutile : on peut la condamner tout-à-fait. Il est très-difficile de remplir le foyer de charbon par cette porte ; elle ne joint jamais avec exactitude, parce que le charbon de l'intérieur tend sans cesse à l'écarter ; elle laisse alors passer trop d'air, il se consomme trop de charbon, et, ce qui est pire encore, le pot-au-feu va trop vite, ce qui n'est pas le moyen de faire un bon potage.

En prenant toutes les précautions indiquées ci-dessus, le pot-au-feu bouillira pendant six ou sept heures, sans qu'il soit nécessaire de remettre du charbon.

Jusque-là, il a suffi de couvrir le pot avec le couvercle du seau ; quand il a écumé, et qu'il recommence à bouillir, il faut le couvrir avec le seau lui-même. Si on ne fait point usage des casseroles, ou si on n'en emploie qu'une seule, on place le seau de manière que son grand compartiment soit en haut ; ce même compartiment doit être placé en bas quand on emploie les deux casseroles.

On verse dans le seau deux litres d'eau froide ; les vapeurs qui s'élèvent du pot-au-feu rencontrant la cloison du seau, qui est à la température de l'eau qui est au-dessus, se condensent et retombent, de sorte que le pot-au-feu n'éprouve aucune perte par évaporation.

L'eau du seau s'échauffe peu à peu, et il vient un moment où elle ne peut plus condenser entièrement les vapeurs, dont une partie s'échappe entre les bords du pot et du seau. Une nouvelle quantité d'eau froide, qu'on verse dans ce dernier, suffit pour arrêter la sortie de la vapeur, dont la condensation recommence.

Si on met en commençant trois ou quatre litres d'eau dans le seau, si la porte du foyer est condamnée, et si celle du cendrier est bien fermée, toutes les vapeurs se condensent quoiqu'on ne remette pas d'eau ; alors on peut abandonner le pot-au-feu à lui-même pendant six ou sept heures.

L'eau qui est dans le seau peut s'échauffer jusqu'à 70 ou 72 degrés; ainsi le même feu qui fait le potage échauffe encore, presque jusqu'à l'ébullition, plusieurs litres d'eau.

La première casserole, qui plonge dans le pot-au-feu d'environ deux pouces, peut servir à faire cuire des légumes et de la viande, à faire crever du riz, etc.

Pour faire crever du riz, on en met la quantité suffisante dans la casserole, avec un peu de bouillon : on tient la casserole découverte.

Les pommes de terre cuisent sans eau dans la casserole fermée.

Les légumes secs entiers, les choux-fleurs, doivent être couverts d'eau : la casserole reste ouverte.

Les pois concassés, mis dans la casserole ouverte avec un peu d'eau ou de bouillon, se réduisent en purée.

Les petits pois cuisent parfaitement sans eau dans la casserole fermée.

Les viandes cuisent aussi dans la casserole fermée; mais il faut auparavant les passer au beurre, sans quoi elles seraient fades et sans couleur. Les viandes qui cuisent le mieux sont le veau et la volaille.

La seconde casserole, qui se pose sur la première, doit être réservée pour la cuisson des substances les plus faciles à cuire ; ainsi, lorsqu'on met dans la première un morceau de veau, on peut mettre dans la seconde des pommes de terre, du riz, des concombres, etc.

Lorsqu'on emploie les deux casseroles, le petit compartiment du seau est en haut : on peut y faire cuire des pruneaux.

Des asperges et des épinards cuisent bien dans le grand compartiment.

Il est inutile d'entrer dans plus de détails sur les usages

de ce fourneau, on peut les modifier et les étendre ; car si on ne trouvait pas qu'il se formât assez de vapeur pour cuire le contenu des casseroles, il suffit, pour en faire former davantage, d'ouvrir un peu la porte du cendrier, le feu devient sur-le-champ plus vif : on brûle, à la vérité, un peu plus de charbon, mais on atteint le but qu'on s'est proposé.

Le grand avantage de ce fourneau, c'est l'économie de temps et de combustible.

Les opérations préliminaires, pour mettre le pot-au-feu en train, ne sont ni longues ni difficiles : lorsque le pot est écumé, et qu'il a recommencé à bouillir, on peut l'abandonner à lui-même jusqu'au moment de dresser le potage. Il n'y a pas à craindre que le feu s'éteigne ou aille trop vite.

Quant à l'économie, elle est évidente : vingt onces de charbon suffisent pour un pot-au-feu de trois à quatre livres, une casserole remplie de viande ou de légumes, et le seau contenant trois à quatre litres d'eau; mais comme on ne prend pas toujours toutes les précautions indiquées, je compterai vingt-quatre onces de charbon par terme moyen.

La voie de charbon pèse environ soixante-dix livres, et son prix moyen est de 9 francs, à Paris ; les vingt-quatre onces ne coûtent donc que 19 centimes : en province, ces vingt-quatre onces coûtent à peine 10 centimes.

Une autre économie, qui n'est pas sans importance, est celle des pots à potages, qui se détruisent rapidement lorsqu'on les chauffe, comme c'est l'usage, par le côté ; c'est cette destruction rapide qui a fait employer de préférence les marmites de cuivre.

Dans le fourneau décrit, la durée des pots est presque sans terme.

Ces pots sont de grandeurs différentes. Ils ont tous, par la disposition du fourneau, cet avantage, qu'on peut les remplir en totalité ou seulement au tiers. Le potage est aussi bon dans les deux cas.

FOURNEAU A CASSEROLES.

On les construit ordinairement à demeure; cependant comme il est quelquefois utile qu'ils soient mobiles, on pourra les construire tels en se conformant à la description suivante.

Fig. 1, pl. 3.

A Bâti en bois de chêne ou en hêtre, porté par quatre pieds. On remplit en plâtre tous les intervalles qui existent entre les montans du pourtour, à l'exception d'une ouverture suffisante pour la porte du cendrier.

Le fond du cendrier se fait avec des débris de planches qu'on recouvre d'une couche de plâtre de 1 pouce à 18 lignes d'épaisseur. On peut aussi le carreler.

Les foyers sont en fonte, ordinairement carrés; on les soutient dans le châssis au moyen de deux tringles de petit fer, dont les pattes sont clouées sur les traverses du bâti; on remplit ensuite tous les intervalles en plâtre, qu'on recouvre avec des carreaux de terre cuite ou de faïence, qui sont préférables parce qu'ils ne s'imprègnent pas de matières grasses comme les premiers.

On ferme, avec une porte de tôle, l'ouverture du cendrier: cette porte doit en porter une autre plus petite, ce qui permet d'introduire plus ou moins d'air sous les foyers, et par conséquent d'activer ou de modérer le feu à volonté.

Depuis quelque temps, on a substitué des foyers ronds aux foyers carrés; ces foyers sont ordinairement coniques, ce qui donne la facilité de les employer pour des casseroles de différentes dimensions: on les fait en fonte ou en terre cuite. Ces derniers sont préférables, parce qu'il est toujours plus facile d'y régler le feu. Les fig. 3 et 4, pl. 3, représentent deux de ces foyers.

Vue en perspective du fourneau, fig. 2, pl. 3.

A Corps du fourneau ;
B Porte du cendrier. On en a figuré une seule ; cependant il est préférable de séparer le cendrier par des cloisons, en autant de parties qu'il y a de foyers ; chacune de ces parties doit avoir sa porte, qui, au lieu de tourner sur des gonds, se lève à coulisse. Au moyen de cette division du cendrier, on peut, lorsqu'on cesse d'employer un foyer, *étouffer* de suite le charbon qui y reste encore : il suffit pour cela de baisser la porte à coulisse, et de fermer le foyer avec son couvercle. Lorsque le cendrier est commun à plusieurs foyers, on a beau couvrir un de ceux-ci, le charbon, qui reçoit de l'air par-dessous, continue à brûler jusqu'à ce qu'il soit entièrement consommé.
CCC Foyer pour casserole ;
D Foyer pour braisières et poissonnières ;
E Fourneau à potage, c'est le même que celui qui est décrit dans la pl. 2, fig. 1 et 2. Il est monté dans l'intérieur du fourneau à casseroles de la même manière que lorsqu'il est isolé.

Coquille à rôtir, fig. 1, pl. 4.

A Coquille en terre cuite revêtue en tôle ;
B Grille en terre, percée de trous, sur laquelle on place le charbon ;
C Autre grille en verges de fer, sur le devant. Elle est destinée à retenir le charbon.

Coupe verticale de la coquille, fig. 2, pl. 4.

A Enveloppe en tôle ; l'intervalle qui sépare cette enveloppe de la coquille se remplit avec de la cendre ou du poussier de charbon.
B Coquille en terre cuite ;
C Grille en terre cuite ;
D Tringles de fer formant grille.

On fait aussi des coquilles en fonte : elles coûtent moins cher que celles de terre, mais le charbon s'y consomme plus vite ; cependant elles sont très-bonnes lorsqu'on les incruste dans l'épaisseur d'un mur. Dans ce cas, on fait sceller, sous la coquille, une plaque de fonte sur laquelle on pose la cuisinière. Quelquefois celle-ci est attachée avec des gonds, sur lesquels elle roule comme une porte : cette pratique est mauvaise, en ce qu'on ne peut plus faire varier la distance du rôti au foyer.

Cette coquille est très-économique et très-convenable pour toutes les maisons où une seule domestique est chargée de tous les travaux du ménage.

Quand on fait rôtir au feu d'une cheminée, il faut allumer un grand feu, et le maintenir toujours égal, sans quoi le rôti languit et se dessèche, ou bien il est trop saisi d'abord : il est trop cuit à la surface, et pas assez dans l'intérieur.

Comme on ne brûle que du charbon dans la coquille, ces inconvéniens sont peu à craindre : le feu est toujours égal ; et, comme la coquille s'imprègne fortement de chaleur, la cuisson ne cesse pas, même, lorsque par oubli, on laisse tomber le feu. La coquille se place partout, ce qui est très-commode dans une petite cuisine, où l'on ne peut plus rien faire au foyer lorsque la broche tourne devant le feu.

Cet ustensile de cuisine est très-économique ; il consomme très-peu de charbon. On pourrait s'en servir avec un tourne-broche, mais une cuisinière est préférable, parce qu'elle concentre mieux la chaleur. Cette cuisinière doit être attachée à clous : elle ne résisterait pas au feu si elle n'était que soudée.

Gril, fig. 3, pl. 4.

A Gril en tôle carré, ou de forme circulaire, bombé et percé de trous dont les saillies sont en dessus ; il y a au pourtour un espace sans trous qui forme, avec le rebord du gril, une rigole où se rassemblent la graisse et le jus de viandes qu'on fait griller. Cette rigole porte un bec B ;

C Rigole;
D Manche du gril.

Les grils ordinaires ont l'inconvénient de laisser tomber la graisse sur les charbons, ce qui éteint le feu, et répand une odeur infecte qui se communique aux substances qu'on fait griller. Sur le gril en tôle, les viandes reposent sur les saillies des trous, et ne reçoivent l'action du feu que par l'intermédiaire de la tôle : elles cuisent très-également ; la graisse s'écoule dans la rigole : il n'en tombe pas sur les charbons.

Gril couvert, pl. 4, fig. 4.

AA Deux capsules rondes de fer-blanc à bords un peu élevés, et emboîtant l'une dans l'autre. Ces capsules doivent être faites sans soudure. Les bords sont formés par *retreinte*.
B Charnière qui réunit les deux capsules ;
C Manches qui servent à les ouvrir et à les fermer.

On fait cuire, avec ce gril, des côtelettes, des saucisses et des boudins, etc., dans leur jus, et sans répandre aucune odeur. On le place, pour cela, sur les saillies d'un réchaud ordinaire.

Fourneau à papier, pl. 4, fig. 5.

A Fourneau en tôle ;
B Casserole portant, aux deux tiers de sa hauteur, une saillie circulaire, par laquelle elle repose sur le bord du fourneau. Elle a en bas une retraite au moyen de laquelle elle pose sur le bord de la capsule qu'on voit en F, fig. 6, lorsque celle-ci est introduite dans le fourneau ; alors la casserole est tout-à-fait hors du fourneau.
C Porte du cendrier ;
D Trous pratiqués dans le haut du fourneau pour servir d'issue aux vapeurs du charbon et à la fumée du papier ;
E Saillie circulaire de la casserole ;
F Capsule de tôle qu'on introduit dans le fourneau quand on veut y brûler du charbon :
G Grille qui forme le fond de la capsule de tôle ;

H Trous pratiqués dans le haut de la capsule pour donner issue à la vapeur du charbon.

Lorsqu'on veut se servir de ce fourneau en brûlant du papier, on enlève la capsule : on place la petite casserole, et on brûle, dans le cendrier, des morceaux de papier coupés en bandes. Une feuille de papier suffit pour faire bouillir une tasse de liquide, pourvu que la casserole soit fermée.

On peut substituer au papier des copeaux de menuisier, qui dégagent plus de chaleur dans leur combustion.

Si on a besoin d'un feu plus durable, on introduit la capsule dans le fourneau, on y allume du charbon, et on pose la casserole par-dessus.

RÉCHAUDS A LAMPES.

Les seuls qu'on puisse admettre sont ceux où l'on brûle de l'esprit de vin ; lorsqu'on y brûle de l'huile, il arrive, presque toujours, que la mèche se couvre de champignons ; alors la lampe fume, et répand au loin une odeur très-désagréable et malsaine.

On croit généralement que l'emploi de l'esprit de vin, pour chauffer des liquides, ou pour conserver la chaleur de quelques plats, est fort cher ; c'est une erreur. Il y a beaucoup de cas où l'on pourrait, avec avantage, substituer l'esprit de vin au charbon.

Si on a de l'eau à faire chauffer, pendant l'été, il faut allumer un fourneau, ce qui prend beaucoup de temps : on met beaucoup de charbon pour aller plus vite ; la moitié n'est pas consumée lorsque l'eau est en ébullition ; cependant tout se réduit en cendres, parce qu'on ne se donne pas la peine de l'éteindre, ou parce qu'on manque de moyens pour fermer hermétiquement le fourneau.

En employant l'esprit de vin, le feu est allumé instantanément ; l'eau s'échauffe vite, et lorsqu'elle est bouillante, il suffit de souffler sur la flamme pour l'éteindre : on couvre de suite la lampe. On ne brûle ainsi que ce qui est strictement nécessaire.

Ce qui renchérit l'esprit de vin, ce sont les droits indirects qui frappent sur cette substance ; sans ces droits, le litre ne coûterait que 75 centimes ; et, à ce prix, le chauffage de petites quantités de liquides, avec de l'esprit, coûterait moins qu'avec du charbon.

Dans tous les pays de vignobles, si on distillait les marcs de vendange lorsqu'ils ont été pressés, on en obtiendrait des quantités très-fortes d'esprit qui coûterait fort peu. Cette distillation, faite par les propriétaires, serait soustraite aux exercices des employés de la régie, et ses produits pourraient être consommés par ceux qui les auraient obtenus, en franchise de droit.

FRAISES. L'un des fruits les plus agréables, et qui plaît généralement. Il y en a un grand nombre d'espèces qui, toutes, exhalent, lorsqu'elles sont bien mûres, un arome extrêmement suave, qui a quelque chose de vineux. On doit choisir les fraises très-mûres, et dans un état de fraîcheur parfait, ce qui suppose qu'elles ont été cueillies avec leurs calices ; car, lorsqu'elles en sont séparées, il est difficile de les conserver d'un jour à l'autre sans qu'elles éprouvent de l'altération. Les fraises sont rafraîchissantes, au point que la digestion en devient difficile pour les estomacs naturellement froids ; c'est-à-dire qui sont doués de peu d'activité : on remédie à cet inconvénient en les mangeant avec du sucre et du vin.

On fait, avec les fraises, des compotes fort agréables. (*Voyez* Compotes.)

FRAISE DE VEAU. — *Entrée*. Faites-la blanchir, et mettez-la dans un blanc composé d'eau et d'une poignée de farine délayée ; mettez la fraise dans le blanc quand il est en pleine ébullition, avec sel, poivre, ognons, panais, carottes et un bouquet garni; égouttez-la quand elle est cuite, et servez avec une sauce au vinaigre.

Fraise de veau frite. Faites cuire comme ci-dessus; et après l'avoir égouttée, coupez-la par petits bouquets. Faites bouillir dans une casserole un verre de vin blanc, du jus, ou de bon bouillon, persil, ciboule, champignons, une pointe d'ail, le tout haché fin, avec l'assaisonnement ordinaire; quand la sauce est réduite à moitié, mettez-y la fraise, et laissez-la mijoter pendant une demi-heure; faites réduire la sauce tout-à-fait, et ajoutez-y le jus d'un citron; laissez refroidir; faites une pâte à frire; trempez-y des bouquets de fraise, et faites frire de belle couleur. Servez avec une garniture de persil frit.

FRAMBOISES. Il y en a deux espèces, la blanche et la rouge; cette dernière est la plus commune. La blanche porte ordinairement son fruit deux fois dans l'année. Les deux espèces ont le même goût et le même arome.

On mange rarement les framboises seules : on les associe avec les fraises; on s'en sert pour aromatiser la gelée de groseilles. (*Voyez* Compotes.)

FRANGIPANE. Espèce de crême cuite dont on se sert surtout pour couvrir des pièces de pâtisserie. (*Voyez* Crêmes cuites, Pâtisserie fine.)

FRICANDEAU. — *Entrée.* C'est ordinairement une tranche de veau peu épaisse, piquée et glacée; cependant on appelle aussi fricandeaux, des tranches de diverses viandes et même de chair de poisson, qu'on apprête de la même manière que le veau.

Fricandeaux de veau à la bourgeoise. Prenez des tranches de rouelle de veau bien tendre, épaisses de deux doigts; piquez-les par-dessus avec du petit lard; faites-les cuire avec du bouillon et un bouquet garni.

Quand les fricandeaux sont cuits, tirez-les de la casserole; dégraissez la sauce; passez-la dans un tamis; faites-la réduire sur le feu jusqu'à ce qu'il n'y en ait presque plus; mettez-y les fricandeaux pour les glacer du côté du lard; quand ils sont glacés et de belle couleur, dressez-les sur un plat; détachez, sur le feu, ce qui est dans la casserole, en y mettant un peu de jus ou de bouillon; versez sous les fricandeaux.

Tous les fricandeaux se font de même. Ils sont meilleurs quand on les fait cuire dans une bonne braise. Ce qui les caractérise fricandeaux, c'est leur peu d'épaisseur, et le soin que l'on prend de les piquer de lard fin, et de les glacer du côté du lard dans la sauce réduite à glace. On facilite beaucoup la formation de cette glace en mettant, dans la sauce réduite, du sucre ou du caramel peu coloré.

On sert souvent les fricandeaux sur un ragoût de chicorée, d'oseille, d'épinards, de céleri ou de cardons. (*Voyez* chacun de ces articles.)

Fricandeaux de saumon. Coupez trois ou quatre tranches de saumon de l'épaisseur d'un doigt; ôtez-en la peau, et piquez-les de lard fin; farinez-les, et mettez-les dans une casserole, le lard en dessous avec du lard fondu; faites-leur prendre une belle couleur et retirez-les.

Hachez des truffes, ou des champignons, ou des mousserons; mettez-les dans un plat avec du jus de jambon; dressez-y les fricandeaux, le lard en dessus; couvrez le plat, et faites mijoter à petit feu : servez dans le même plat.

FRICASSÉE. Terme générique qui s'applique à toute préparation de viande coupée par morceaux : il n'est plus usité; on lui a substitué le mot *ragoût*. On dit cependant encore *fricassée de poulets*. (*Voyez* cet article.)

FRIRE. C'est faire cuire dans le beurre, l'huile ou le sain-doux bouillans : cette cuisson est très-rapide, parce que les matières grasses ne bouillent qu'à une température plus que double de celle de l'eau bouillante. Cette forte chaleur aurait bientôt desséché les substances qui contiennent des sucs aqueux, si, avant de les plonger dans la friture, on ne les trempait pas dans une pâte qui les soustrait, en partie, à l'action trop violente du calorique.

Les poissons, dont la chair est abreuvée de substance grasse, supportent mieux l'action de la friture; aussi se borne-t-on à les saupoudrer de farine avant de les y plonger.

FRITURE. — *Entremets*. La friture doit être très-chaude lorsqu'on y plonge les substances à frire : si elle n'a pas la chaleur suffisante, ou si on la refroidit en y mettant trop de choses à la fois, l'opération languit ; la substance grasse pénètre dans la pâte, et l'on n'obtient qu'une friture molle, peu agréable et peu saine.

Si, au contraire, le degré de chaleur est suffisant, la pâte est *saisie* aussitôt qu'elle est plongée dans la friture, et, dans cet état, elle devient impénétrable : on obtient alors une friture croquante, légère, et bien plus digestible que celle qui a langui.

La nature de la pâte contribue aussi beaucoup à la bonne qualité de la friture : il est essentiel qu'elle contienne une substance volatile, qui, en se vaporisant par l'action de la chaleur, soulève la pâte et la rend plus légère ; c'est dans ce but qu'on ajoute du vin ou de l'eau-de-vie à la pâte à frire. Sur la composition des pâtes à frire, *voyez* Ragoûts et Garniture.

FROMAGE. Il y a une grande différence à faire entre la matière caséeuse qui se sépare spontanément, et celle qu'on sépare du lait par des substances coagulantes : la première est seule exempte du mélange de la partie butyreuse qui s'est élevée à la surface avec la crême : elle est acidule. On en use sans avoir fait égoutter la sérosité, et on la nomme *caillé* : dans cet état, elle est légère, tremblante, comme une gelée blanche pleine d'humidité; on la fait égoutter, et elle est plus compacte, et forme un fromage blanc, qu'on assaisonne avec du sel ou du sucre. Le caillé est très-léger, et donne un aliment très-rafraîchissant.

Le fromage blanc a les mêmes propriétés, quoique moins léger; mais il est à remarquer que la partie caséeuse acidule est moins incommode à beaucoup d'estomacs, que celle qui a été séparée par la présure de la crême et du petit lait, et ayant toute la douceur du lait. Il semble que cette légère acescence, ou aide à la dissolution de la partie caséeuse, ou stimule l'estomac et augmente l'abondance des sucs destinés à la dissoudre. L'addition du sel y concourt, et plus encore celle du sucre, qui lui-même est une substance nutritive, et qui, s'amalgamant avec la partie coagulée, en accélère la dissolution.

La partie caséeuse, séparée artificiellement, n'est pas sensiblement acidule, à moins qu'elle n'ait été coagulée au moyen d'un acide. On opère artificiellement cette coagulation après avoir levé la crême, et alors la partie caséeuse est dépourvue de la partie butyreuse; ou on l'opère sans avoir écrémé le lait, ou on la fait en y mêlant de la crême tirée d'un autre lait : dans ce dernier cas, le fromage est plus ou moins surchargé de parties butyreuses combinées avec lui : dans tous les cas, le fromage non assaisonné est doux, et d'autant plus doux et agréable, que la partie butyreuse lui donne plus d'onctuosité; mais il est certain que cette sorte de fromage est bien plus sujette à peser sur l'estomac que le fromage acidule : il devient plus aisé à digérer quand on le mêle avec du sucre, par la raison que nous avons déjà donnée.

On doit distinguer, des fromages dont on vient de parler, ceux qui sont assaisonnés ou préparés de manière à altérer leur substance, et à leur donner une plus grande solubilité, ou à aiguillonner l'action digestive de l'estomac. Deux moyens sont employés et souvent réunis pour cela ; le sel et l'altération spontanée ; c'est-à-dire un commencement de putréfaction.

Le premier moyen agit seulement en stimulant et augmentant l'activité, ou plutôt l'abondance des sucs digestifs; le second donne évidemment une grande solubilité à la substance du fromage, et tellement, que ceux qui ne sont pas privés d'humidité, tombent en déliquescence, surtout lorsqu'ils sont un peu gras. Qu'on combine ces deux moyens dans des degrés différens, avec des proportions différentes de matières caséeuse et butyreuse, et avec une privation plus ou moins complète de sérosité, et l'on aura toutes les variétés possibles de fromages.

Le fromage, ainsi assaisonné, devient un aliment plus ou moins âcre, qu'on ne peut manger sans inconvénient, si on ne le mêle avec une grande quantité d'aliment végétal, et qui même, quand il est alcalisé à un certain point, et qu'il a contracté un grand degré d'âcreté, doit être pris en si petite quantité, qu'il devient plutôt un assaisonnement qu'un aliment.

Fromage à la crême. (*Voyez* Crême.)

FROMAGE DE COCHON. (*Voyez* Charcuterie.)

FROMAGE D'ITALIE. (*Voyez* Charcuterie.)

FROMENT. La farine de froment donne le pain le plus léger et le plus digestible ; c'est aussi le plus alimentaire.

FRUITIER. Lieu consacré à la conservation des fruits pendant l'hiver. Pour que le fruitier remplisse parfaitement sa destination, il faut qu'il soit, non-seulement à l'abri de la gelée, mais peu accessible aux variations de la température; l'air ne doit y être ni trop sec ni trop humide : la lumière directe ne doit point y pénétrer.

Toutes ces conditions peuvent se trouver réunies dans une cave creusée dans un sol compacte, entièrement imperméable aux eaux pluviales; celles qui sont construites dans un lit d'argile ou de marne, sont surtout dans ce cas. Dans des caves de cette nature, les fruits, cueillis à l'époque convenable, se conservent intacts jusqu'à la récolte suivante.

A défaut de caves ayant les propriétés requises, il faut établir le fruitier dans une pièce exposée au nord, et qu'on tient hermétiquement fermée, en couvrant de paillassons épais les portes et les fenêtres; les murs même, s'ils ne sont pas très-épais, doivent aussi être couverts de paillassons.

Pour multiplier les surfaces, les murs doivent être garnis, dans toute leur élévation, d'étagères en planches sur lesquelles on range les fruits de choix ; les plus communs peuvent se mettre en tas sur l'aire couverte d'un lit de paille; mais il vaudrait mieux placer ces derniers à part, parce que, quand des fruits sont amoncelés, ils subissent promptement cette fermentation interne qui produit la maturité, et que cette fermentation ne tarde pas à se communiquer aux fruits qui se trouvent dans le voisinage.

Pour obtenir la conservation la plus longue possible, il faudrait que chaque espèce de fruit fût logée à part, ou au moins qu'on ne réunît que les espèces dont la maturité naturelle a lieu à la même époque; il suffirait, pour cela, de construire les étagères, qui doivent environner le fruitier, en forme d'armoire, sans communication les unes avec les autres.

Lorsqu'on récolte, et qu'on veut conserver une grande

quantité de fruits, il est rare qu'on ait à sa disposition un local qui soit à la fois assez vaste et dans les conditions indispensables pour y établir le fruitier; dans ce cas on ne doit pas hésiter à en faire construire un, ce qui présente l'avantage de pouvoir choisir l'emplacement le plus propice.

Une cave, creusée horizontalement sous un coteau, fait un excellent fruitier; mais si les localités ne permettent pas de faire une telle fouille, on peut construire, à peu de frais, sur le sol, un fruitier qui sera préférable à tous ceux qu'on établirait dans les bâtimens d'habitation.

A cet effet on creusera, de trois ou quatre pieds, un espace circulaire de quinze à vingt pieds de diamètre, et on l'entourera d'un mur qui s'élèvera de quatre autres pieds au-dessus du terrain; un toit de chaume d'un pied d'épaisseur recouvrira le tout, en se prolongeant au-delà du mur circulaire jusqu'à six pouces du sol; la porte, exposée au plein nord, sera couverte, ainsi que les sept ou huit marches qui y conduiront, par un prolongement du toit, en forme de grande lucarne; l'ouverture extérieure de cette lucarne sera fermée par une seconde porte qui sera munie, ainsi que la première, d'une petite fenêtre de deux pieds en carré.

Des étagères seront placées au pourtour du mur circulaire, et d'autres autour de la pièce de charpente, qui devra s'élever du centre pour supporter et servir de lien aux chevrons du toit.

Par cette construction on se procurera un fruitier vaste, et réunissant à un haut degré les deux conditions qui influent le plus sur la conservation des fruits; une température aussi peu variable que possible, et un état hygrométrique de l'air à peu près constant.

Les fruits qui se conservent le plus long-temps, sont ceux qui sont les moins mûrs lorsqu'on les cueille; tels sont par exemple le bon-chrétien, le Saint-Germain, la virgouleuse, etc. Tous les fruits qu'on veut conserver doivent donc être cueillis aussitôt qu'ils ont atteint le terme de leur croissance, et même un peu avant; car, dès qu'ils l'ont atteint, l'espèce d'altération qui produit la maturité, commence. Beaucoup de fruits sont moins savoureux, lorsqu'on les laisse mûrir sur l'arbre, que lorsque, cueillis encore verts, leur maturité s'accomplit lentement dans un fruitier.

Ainsi le doyenné, qui mûrit sur l'arbre, est presque toujours cotonneux; tandis que, si on le cueille encore vert, sa maturité n'a lieu qu'un mois, et même six semaines après l'époque naturelle, et alors sa chair est juteuse et d'une saveur exquise.

Le fruitier doit être visité fréquemment pour en retirer les fruits qui commencent à se gâter, et qui communiqueraient bientôt à tous les autres un principe d'altération.

GALANTINE. C'est un composé de chair de volaille, de gibier, etc., désossée et entremêlée de farce, de lard, et d'autres viandes : la galantine prend le nom de l'animal qui fournit la chair; ainsi on dit *galantine de chapon, de dindon, de perdrix, de lièvre,* etc. (*Voyez* à l'article *Lièvre* la préparation d'une galantine : toutes de même.)

GALETTE. (*Voyez* Pâtisserie.)

GARBURE. Espèce de potage très-épais, et souvent assaisonné d'une grande quantité de fromage, qui est très-usité dans nos provinces méridionales. On trouvera, à l'article *Potage,* plusieurs préparations de garbures.

GARDE-MANGER. C'est le local où l'on dépose, pour les conserver, les provisions de ménage les plus altérables, et notamment les viandes fraîches, les poissons, le beurre, etc. Un bon garde-manger est une dépendance indispensable de toute cuisine, surtout dans les campagnes et dans les petites villes, où l'on est obligé de s'approvisionner pour plusieurs jours. On doit l'établir, autant qu'il est possible, au rez-de-chaussée, dans une pièce qui ne soit pas humide, et dont les fenêtres soient exposées au nord ou à l'est, ou, ce qui vaut encore mieux, qui ait une ou plusieurs fenêtres au nord, et une ouverture quelconque à l'est; pendant les huit mois de l'année où les gelées ne sont point à craindre, ces fenêtres ne doivent être fermées qu'avec une toile métallique, assez claire pour ne pas intercepter la circulation de l'air, et assez serrée pour que les insectes, et surtout les mouches, ne puissent la traverser.

Cependant lorsque l'air est chaud et humide, il est bon de fermer hermétiquement le garde-manger, l'air saturé d'eau et à une température élevée étant le principe qui accélère le plus la putréfaction des viandes.

L'air sec, quoique chaud, est au contraire un agent de conservation; il enlève, à la superficie des viandes, l'humidité qui les abreuve, et l'albumine et la gélatine que l'eau enlevée tenait en dissolution, se trouvant amenées à l'état sec, couvrent les chairs d'une couche de vernis qui les soustrait au contact ultérieur de l'air.

Cet état de sécheresse extérieure des viandes est ce qui contribue le plus à leur conservation; c'est pour l'obtenir qu'on a conseillé précédemment d'ouvrir le garde-manger au nord et à l'est. Dans notre climat, le vent du nord est le plus froid, et le vent d'est est le plus sec; ainsi, au moyen d'ouvertures dirigées vers ces deux points, le courant d'air qui s'établira dans le garde-manger, sera toujours dans les conditions les plus avantageuses.

Les viandes doivent être suspendues, sans aucun contact entre elles ni avec d'autres corps: il faut les tenir le plus loin possible des murailles, et les placer dans l'endroit où l'on a reconnu que le courant d'air était le plus vif.

Le beurre s'altère rapidement par le contact de l'air;

on doit donc chercher à l'y soustraire le plus qu'il est possible. Le meilleur moyen, pour cela, c'est de le déposer dans un vase de grès à large ouverture, en l'enveloppant de feuilles qui ne puissent lui donner un mauvais goût : les plus convenables sont celles de poirée et de betteraves, tant à raison de leur étendue que de la lenteur avec laquelle elles se dessèchent. On doit rejeter, pour cet usage, les feuilles de chou.

Le poisson de mer, qui, lorsqu'il a été transporté à quelque distance, exhale toujours une odeur infecte, ne peut, sans inconvénient, être introduit dans un garde-manger ; les autres viandes s'imprègnent de ses miasmes, ce qui suffit souvent pour y déterminer un commencement de putréfaction, dont les progrès sont rapides. Ce qu'on peut faire de mieux, pour conserver du poisson de mer, c'est de le faire cuire aux trois quarts aussitôt qu'il arrive ; si cependant on veut en conserver cru, il faut, avant de le placer dans le garde-manger, le laver à grande eau, et l'enfermer dans un panier, en l'enveloppant de feuillages ou de paille.

Le garde-manger doit être tenu avec la plus grande propreté, et on doit éviter avec soin d'y introduire des substances qui sont dans un état de fermentation putride, tels que les fromages de toute espèce.

Avec toutes les précautions possibles, et dans le meilleur garde-manger, les viandes ne peuvent se conserver sans altération d'un jour à l'autre, lorsque, par un temps chaud, l'air est stagnant et saturé d'humidité : cet état de l'atmosphère est ordinairement le précurseur d'un orage, et l'on sait avec quelle rapidité se développe la putréfaction à la suite de ce météore.

Il faut alors recourir à des moyens de conservation plus énergiques, et il le faut aussi pendant toute la saison chaude, lorsque, par l'éloignement où l'on se trouve des marchés, on est obligé de s'approvisionner pour un temps assez long.

Le seul moyen de conservation des substances alimentaires altérables, qui produise un effet certain, c'est l'emploi de la glace; malheureusement les glacières ne sont pas aussi communes qu'elles devraient l'être; la plupart de celles qu'on construit sont destinées à pourvoir à des consommations privées; cependant, comme l'utilité de la glace, dans une foule de cas, est mieux appréciée qu'autrefois, il y a lieu d'espérer qu'avant peu de temps il sera établi, sur beaucoup de points, des glacières destinées à pourvoir aux besoins publics. On a déjà commencé dans plusieurs villes de l'intérieur, et cet exemple se répandra de proche en proche.

En attendant, ce qui suit pourra être de quelque utilité pour ceux qui possèdent des glacières.

On a proposé de déposer, dans la glacière même, les substances à conserver : c'est aussi ce qu'on fait très-souvent. Cet usage ne vaut rien; il nécessite de fréquentes ouvertures de la glacière, ce qui est peu favorable à la conservation de la glace; aussi arrive-t-il presque toujours que les glacières qu'on traite ainsi sont vides avant la fin de la saison pendant laquelle la glace est un besoin; et, si l'hiver qui suit est peu rigoureux, ce qui arrive fréquemment, on est tout-à-fait privé de glace.

Pour n'en jamais manquer, il faut pouvoir en conserver pendant deux ans au moins, et même pendant trois; or, l'expérience a appris que la glace se fond avec une rapidité extrême dès que sa température est remontée à zéro, et c'est ce qui ne tarde pas à arriver lorsque la glacière est ouverte tous les jours, et même plusieurs fois par jour.

C'est pour éviter la nécessité d'ouvrir si souvent la glacière, que les *timbres* ont été imaginés. Un timbre est un coffre de bois doublé en plomb, dans lequel on met à la fois plusieurs quintaux de glace : c'est de là qu'on tire celle dont on a besoin chaque jour; on profite en même temps de celle qui reste pour tenir au frais, en les posant sur la glace, les provisions qu'on désire conserver : on retarde par là leur altération ; mais, dans leur contact avec la glace, et plongées comme elles le sont dans un air constamment humide, elles se saturent d'eau, et perdent beaucoup de leur qualité.

C'est pour remédier surtout à cet inconvénient, que M. Lenoir, fondateur de la glacière de Saint-Ouen, a inventé de nouveaux timbres, connus sous la dénomination de *conservateurs des comestibles;* dans ces appareils, une caisse de métal, complétement isolée, contient la glace dont le froid se transmet à travers la surface métallique ; les substances qu'on y dépose, bien loin de se saturer d'eau comme dans les anciens timbres, éprouvent à leur surface une légère dessiccation qui contribue à les conserver plus long-temps ; des expériences authentiques ont constaté que cette conservation pouvait être prolongée de huit à quinze jours dans les temps les plus chauds, en prenant toutes les précautions nécessaires, qui n'exigent que des soins ni pénibles ni souvent répétés.

Les conservateurs ont un autre avantage, c'est qu'à égalité d'effet ils consomment beaucoup moins de glace (à peine un tiers) que les anciens timbres ; ce résultat est dû au mode de leur construction, qui les défend, autant qu'il est possible, de l'accès du calorique extérieur ; de sorte que toute l'action réfrigérante de la glace s'exerce presque exclusivement sur les substances renfermées dans le timbre.

Un accessoire très-utile du nouveau timbre, est une glacière portative, autre appareil destiné à conserver, pendant huit ou dix jours, de la glace, en réduisant sa fusion au *minimum;* en calculant sa capacité suivant l'étendue des besoins, on n'est obligé d'ouvrir la grande glacière que tous les huit ou dix jours.

Ces deux appareils, ainsi que quelques autres qui ont

pour objet des applications utiles de la glace, se trouvent, à Paris, chez MM. J. Lenoir et compagnie, quai de la Mégisserie, n° 66.

GATEAU. (*Voyez* Pâtisserie commune.)

GAUFRES. (*Voyez* Pâtisserie fine.)

GELÉES. — *Entremets.* Il ne sera question ici que des gelées animales, dont la gélatine est toujours la base.

Prenez trois pieds de veau bien échaudés; fendez-les en deux, et faites-les dégorger dans l'eau; essuyez-les et frottez-les avec des tranches de citron; mettez-les ensuite dans une marmite, avec trois litres d'eau et le jus de deux citrons; faites bouillir; écumez avec soin, et faites cuire à petit feu pendant deux ou trois heures : passez la gelée au tamis, laissez-la refroidir jusqu'à ce qu'on puisse y tenir le doigt.

Battez deux blancs d'œuf avec un verre d'eau; ajoutez cette eau d'œuf à la gelée, qu'on remet sur le feu dans une grande casserole non couverte.

Faites bouillir pour concentrer la gelée; enlevez les écumes à mesure qu'elles se forment.

Essayez de temps en temps la gelée, en en répandant quelques gouttes sur une assiette, qu'on expose à un courant d'air frais; lorsque les gouttes refroidies acquièrent beaucoup de consistance, passez la gelée à l'étamine, et laissez-la refroidir.

Cette gelée peut se conserver en hiver pendant cinq ou six jours, et même plus si elle est très-concentrée : en été elle ne se conserve pas plus de quarante-huit heures.

Il y a deux moyens de la conserver beaucoup plus long-temps; l'un consiste à la faire bouillir une fois par jour; l'autre, c'est d'y ajouter une ou deux onces d'esprit de vin par litre.

Gelée à la vanille. Prenez une livre et demie de

gelée de colle de poisson ou de pied de veau, bien consistante et tremblante sans se rompre; mettez-la dans une casserole sur le feu : lorsqu'elle sera fondue, sans être trop chaude, ajoutez six onces de beau sucre fondu dans une ou deux cuillerées d'eau; ajoutez aussi, pour aromatiser, une once de sirop de vanille; mêlez bien, et laissez pendant quelque temps sur le feu pour que le mélange soit bien intime; versez ensuite dans des petits pots, et laissez refroidir.

S'il fait très-chaud, et si votre gelée n'est pas forte, vous mettrez les petits pots dans la glace pilée. Comme la vanille donnera à la gelée une teinte brune, il sera bon de la colorer en rose avec un peu de carmin pour masquer cette nuance.

On peut aromatiser ces gelées avec des esprits aromatiques. L'action du feu fait évaporer l'esprit avec un peu du principe aromatique, mais la majeure partie de celui-ci se combine avec la gelée.

Blanc-manger. Le blanc-manger est une gelée animale rendue opaque par l'addition d'une émulsion d'amandes composée d'un quarteron d'amandes douces et huit amandes amères mondées; pilez-les avec un peu d'eau pour les empêcher de tourner en huile; lorsqu'elles sont réduites en pâte fine, délayez cette pâte dans un demi-litre de crème, bouillie préalablement avec six onces de sucre, et réduite d'un tiers; passez ce mélange en le tordant dans un linge fin.

Ajoutez au liquide passé, trois fois son poids de gelée de colle de poisson ou de pied de veau très-consistante; chauffez pendant quelque temps pour bien amalgamer les substances; versez dans des moules et laissez refroidir.

Si vous êtes pressé, posez les moules sur de la glace pilée; lorsque la gelée est bien prise, renversez les moules.

Gelée d'oranges. Exprimez le jus de six oranges et

de deux citrons : enlevez les zestes de deux oranges; mettez le jus et les zestes sur le feu, avec douze onces de sirop de sucre, composé de neuf onces de sucre et trois onces d'eau; faites bouillir un instant et passez au tamis : mêlez ce sirop, acidulé et aromatisé, avec vingt-quatre onces de gelée très-consistante : terminez comme ci-dessus.

On peut colorer cette gelée avec l'infusion aqueuse de safran.

Gelée aux liqueurs. Mêlez un verre (à peu près cinq onces) de liqueur avec dix onces de sirop de sucre fait avec très-peu d'eau; faites fondre sur le feu vingt-quatre onces de gelée très-consistante, et ajoutez le mélange ci-dessus; versez la gelée dans des pots, et laissez-la prendre, soit par le refroidissement naturel, soit en plongeant les pots sur de la glace pilée.

Gelée de citron. Faites fondre vingt-quatre onces de gelée; ajoutez-y dix onces de sirop composé de sept onces de sucre, un demi-gros d'acide tartrique et trois onces d'eau; en faisant le sirop, ajoutez-y les zestes d'un citron; passez la gelée à l'étamine, et versez-la dans des pots.

Toutes les fois qu'on veut faire des gelées au jus de citron, d'orange, de cédrat, etc., on peut remplacer le jus par de l'acide tartrique. On obtient l'arome en faisant bouillir avec le sirop quelques zestes des fruits dont la gelée prend sa dénomination, ou, ce qui est plus commode, en ajoutant à la gelée quelques gouttes de teinture ou d'esprit aromatique.

Gelée renversée. Au lieu de servir les gelées dans des pots, on peut les mettre à nu sur une assiette, ce qui fait un meilleur effet sur la table, surtout quand la gelée est très-transparente.

Pour cela il faut qu'elle ait beaucoup de consistance, ou lui en donner momentanément au moyen de la glace.

Faites une gelée très-forte, que vous aromatiserez et sucrerez d'après les indications ci-dessus; remplissez-en un moule; laissez prendre la gelée d'elle-même si elle est assez forte, ou bien plongez le moule dans la glace pilée et refroidie avec du sel.

Au moment de servir ne faites que plonger le moule dans l'eau chaude sans être bouillante, et renversez-le sur une assiette.

Aspic de fruits. Faites, en observant les principes ci-dessus, une bonne gelée au marasquin, ou à telle autre liqueur que vous préférez; quand votre gelée est refroidie et prête à prendre, placez votre moule dans la glace et versez-y deux doigts de gelée.

Sur ce premier lit faites un dessin avec des filets d'écorces confites, des marmelades, etc.; versez par-dessus une nouvelle couche de gelée; faites un nouveau dessin, ou répétez le premier, etc.

Au moment de servir plongez le moule dans l'eau chaude, et renversez-le sur une assiette.

Vous pouvez aussi mettre, les unes sur les autres, des couches de gelée de différentes couleurs et de divers parfums; ou faire une marbrure en versant, cuillerée par cuillerée, des gelées de différentes couleurs.

On peut mettre dans cet aspic toute espèce de fruits confits, soit à l'eau-de-vie, soit au sucre.

Les gelées peuvent être colorées avec les mêmes substances dont on se sert pour les crêmes en mousse.

Gelée au vin. Faites une gelée très-forte, et rapprochez-la encore en la faisant bouillir long-temps à petit feu; laissez-la refroidir à moitié, et ajoutez-y un tiers de son poids de vin de Lunel, ou de tout autre vin de liqueur, dans lequel vous aurez fait fondre six onces de sucre; ajoutez le jus d'un citron.

Gelée au punch. Elle se fait en ajoutant, à une gelée très-forte, une demi-tasse de forte infusion de thé, un demi-verre de rhum, le jus de deux citrons, et huit onces de sucre.

On frotte le sucre sur l'écorce des citrons, pour l'imprégner de leur huile essentielle.

Gelée de viandes. Prenez deux livres de tranche de bœuf, dont vous séparerez la graisse, et que vous couperez en gros dés, une vieille poule ou un vieux coq coupé en quatre, et un jarret de veau fendu en deux, et ensuite coupé en travers ; mettez le tout dans une marmite, avec deux à trois pintes d'eau ; faites bouillir et écumez avec soin ; ajoutez deux grosses carottes, deux gros ognons, dont un piqué de deux clous de girofle, un pied de céleri et du sel ; faites bouillir à petit feu pendant quatre heures : passez et laissez refroidir ; mêlez-y deux blancs d'œuf battus, et mettez le tout dans une casserole sur le feu ; écumez et faites réduire ; éprouvez de temps en temps la gelée en en laissant tomber quelques gouttes sur une assiette ou dans une cuillère ; si ces gouttes en se refroidissant prennent une bonne consistance, retirez la gelée du feu, passez-la à l'étamine, et laissez refroidir.

Cette gelée, saine et nourrissante, convient aux convalescens. On l'emploie avec avantage dans la cuisine pour lier des sauces ; c'est un très-bon mouillement pour des braises, parce que étant saturée, elle ne prend rien aux viandes qu'on y fait cuire, et celles-ci conservent tout leur jus.

On peut aromatiser cette gelée avec du jus de citron, une essence de gibier, etc.

Aspic de viandes. — *Entremets.* Plongez un moule dans la glace refroidie avec du sel, et mettez au fond deux doigts de la gelée ci-dessus ; lorsqu'elle est prise couvrez avec des blancs de volaille et de gibier, des morceaux de langue à l'écarlate, etc., découpés de manière à pouvoir en former des dessins réguliers ; couvrez d'une couche de gelée, sur laquelle vous arrangerez d'autres blancs de volaille, etc.; continuez ainsi jusqu'à ce que le moule soit rempli : lorsque la gelée a pris toute sa consistance par l'action du froid, plongez le moule un instant dans l'eau chaude, et renversez-le sur une assiette.

GÉLINOTTE DES BOIS. Oiseau de la famille des gallinacées, qui ressemble à la perdrix. Sa chair est très-délicate. On l'apprête comme la perdrix et le faisan.

GENIÈVRE. Fruit du genevrier. On s'en sert quelquefois comme assaisonnement, par exemple, dans la cuisson des jambons, dans la choucroute, etc. On en fait aussi quelques liqueurs.

GÉNOISES. (*Voyez* Pâtisserie fine.)

GÉSIER. On nomme ainsi l'estomac des oiseaux. Cet organe est très-charnu dans toutes les espèces qui appartiennent à la famille des gallinacées (le coq et la poule sont les types de cette famille); mais sa chair, quoique assez tendre, est sans saveur, et on en fait peu de cas.

La membrane intérieure du gésier a la propriété de coaguler le lait comme la présure.

GIBELOTTE. (*Voyez* Lapin.)

GIBIER. Dénomination générique de tous les animaux sauvages, tant à poil qu'à plumes, dont on mange la chair. On distingue le gros et le menu gibier.

Le gros gibier comprend :

Le chevreuil,	La biche, femelle du cerf,
Le daim,	Le sanglier,
Le cerf,	Le marcassin ou jeune sanglier.
Le faon ou jeune cerf,	

On classe comme menu gibier parmi les oiseaux :

Les faisans,	L'outarde,
Les canards sauvages,	Le coq de bruyères,
Les sarcelles,	Les pluviers,
Les perdrix,	Les vanneaux,

Les bécasses, Les guignards,
Les bécassines, Les ortolans,
Les cailles, Les merles,
Les gélinottes, Les grives,
Les rouges-gorges, Les ramiers,
Les alouettes, Les tourterelles.

Et parmi les quadrupèdes :
Le lièvre, Le lapin.

GIGOT. (*Voyez* Mouton et Veau.)

GIMBLETTES. (*Voyez* Pâtisserie.)

GINGEMBRE. Racine charnue, d'une saveur âcre et aromatique. On le confit au sucre, et on lui attribue une propriété stomachique. Ce qu'il y a de certain, c'est que l'action du gingembre est d'exciter fortement, et quelquefois jusqu'à l'irritation. Les personnes les plus robustes ne doivent en user qu'avec beaucoup de modération. Les autres doivent s'en abstenir. (*Voyez* Épices.)

GIROFLE OU GÉROFLE. C'est l'épice dont, après le poivre, on fait le plus d'usage ; son arome s'allie en effet très-bien avec la plupart des préparations alimentaires dont la chair des animaux fait la base. On doit en user très-modérément, car c'est un stimulant très-énergique.

GLACE. Terme de cuisine. On nomme ainsi un jus de viande ou un fond de cuisson qu'on a fait réduire jusqu'à ce que presque toute l'humidité en soit évaporée, le jus est alors étendu au fond de la casserole, en une couche mince, transparente, imitant enfin une glace. C'est ce moment qu'on choisit pour passer les viandes qu'on veut glacer.

Lorsqu'on fait *suer* une viande pour en extraire le jus, comme cette opération se fait sans mouillement, le jus est à l'état de glace. On se hâte de le délayer pour empêcher qu'il ne brûle.

Il est impossible d'amener les sucs de viandes à l'état de glace sans qu'ils éprouvent un commencement d'altération ; mais quand cette altération ne dépasse pas un certain terme, ses effets se bornent à exalter la saveur de leurs sucs qui par là deviennent plus agréables au goût. Est-ce aux dépens de la salubrité comme on l'a dit très-souvent ? Il est certain que ces sucs, en devenant plus sapides, acquièrent une propriété plus excitante, et sous ce rapport ils ne doivent pas convenir aux personnes délicates et irritables; mais les gens sains et bien constitués peuvent sans inconvénient en faire usage, pourvu que ce soit toujours avec cette modération dont on ne peut s'écarter impunément dans le régime alimentaire.

GODIVEAU. Farce dont on fait des quenelles pour garnir des ragoûts, des tourtes, etc. (*Voyez* Ragoûts et Garnitures.)

GOUJON. Petit poisson d'eau douce dont la chair est assez délicate; on le mange ordinairement frit. Il est aussi fort bon cuit à l'étuvée.

GRAS-DOUBLE A LA BRAISE. — *Hors-d'œuvre*. Choisissez-le bien épais ; faites-le blanchir à l'eau bouillante après l'avoir bien lavé et nettoyé; faites-le cuire ensuite avec de bon bouillon, un verre de vin blanc, la moitié d'un citron coupé en tranches, sel, poivre, un bouquet de persil, ciboules, ail, thym, laurier, basilic, deux ognons piqués de trois clous de girofle. Servez avec une sauce à l'échalotte.

Gras-double pané grillé. — *Entrée*. Prenez du gras-double cuit et bien blanc; mettez dans une casserole un morceau de beurre, ciboules, persil haché, sel, poivre, fines herbes, épices; mettez-y le gras-double coupé en morceaux et faites mijoter doucement. Ensuite panez-les et faites-les griller des deux côtés. Servez avec un beurre roux et un jus de citron.

Gras-double au safran. Coupez du gras-double bien cuit en filets longs comme le doigt : mettez un morceau de beurre dans une casserole avec un ognon haché bien fin. Quand cela est passé, mettez-y le gras-double, et après quelques tours, ajoutez une bonne pincée de farine et mouillez avec une cuillerée de bouillon ; assaisonnez de sel, poivre, un bouquet, et faites mijoter à petit feu.

Prenez une pincée de safran en poudre et détrempez-la avec un peu de bouillon ; mettez dans la casserole un jus de citron et le safran. Évitez d'en trop mettre.

GRENADE. Fruit du grenadier : sa chair est parsemée de pepins et abonde en un suc plus ou moins acide selon la variété. Ce fruit est dépourvu d'arome ; il est peu recherché hors du pays où on le recueille, quoiqu'il soit assez facile à transporter.

GRENOUILLES EN FRICASSÉE DE POULET. — *Entrée.* Faites blanchir à l'eau bouillante des cuisses de grenouilles dépouillées de leur peau ; retirez-les pour les plonger dans l'eau froide ; faites-les égoutter et apprêtez-les comme une fricassée de poulet.

Grenouilles frites.—*Entremets.* Après avoir blanchi les cuisses de grenouilles, faites-les mariner pendant une heure. Trempez-les dans une pâte à frire, et faites-les frire de belle couleur.

GRIBLETTES. — *Hors-d'œuvre.* On nomme ainsi des tranches de porc frais ou salé qu'on fait cuire à la poêle.

GRIOTTE. Cerise tardive dont le jus est coloré ; c'est l'espèce qu'on doit préférer pour confire à l'eau-de-vie et pour faire sécher.

GRIVE. C'est au moment des vendanges que la grive a atteint toute sa perfection dans les pays de vignobles : elle est encore plus délicate dans les contrées où elle est forcée de vivre presque exclusivement de baies de genièvre.

Grives rôties. On ne les vide pas. On les couvre d'une feuille de vigne et d'une barde de lard, et on met des rôties dans la lèchefrite pour recevoir ce qui en dégoutte. On les sert sur les rôties.

Grives à l'eau-de-vie. Écrasez un peu l'estomac des grives ; mettez-les dans une casserole avec du lard fondu, deux petits ognons, champignons, truffes et quelques morceaux de riz de veau, sel, poivre ; faites-leur faire quelques tours ; mouillez avec de l'eau-de-vie ; poussez à grand feu et allumez l'eau-de-vie. Quand le feu est éteint, ajoutez un peu de jus, ou à défaut faites un roux. Laissez cuire doucement ; dégraissez la sauce et faites-la réduire.

GRIL. Instrument de fer qui sert à supporter les viandes qu'on veut faire griller. On le faisait autrefois avec de petites tringles de fer. On a imaginé depuis quelque temps un gril en tôle percée de trous qui a plusieurs avantages sur l'ancien. (*Voyez* Fourneaux.)

GROSEILLES. Il y en a deux espèces, la groseille à grappes, dont il existe deux variétés, l'une à fruit blanc et l'autre à fruit rouge. La seconde espèce est le fruit du groseillier épineux, vulgairement *groseillier à maquereaux,* dont il existe aussi deux variétés, l'une à fruit blanc et l'autre à fruit rougeâtre.

La groseille à maquereaux, lorsqu'elle est verte, remplace le verjus : on la mange crue lorsqu'elle est mûre.

La groseille à grappes sert à faire des compotes. (*Voyez* cet article.)

Le suc des groseilles est d'une acidité qui convient peu aux estomacs faibles. Ce fruit n'est supportable pour beaucoup de personnes qu'au moyen du sucre qu'on y ajoute.

La groseille blanche est beaucoup moins acide que la

rouge, et lorsqu'elle est bien mûre, son suc est sensiblement sucré. Cette espèce est malheureusement moins commune et moins productive que la rouge.

La groseille se conserve très-long-temps sur pied après l'époque de sa maturité, lorsqu'on la défend contre les oiseaux.

GRUAU. On nomme farine de gruau, celle qui provient de la partie la plus dure du froment. L'art de la mouture opère la séparation du gruau, des autres farines. Le gruau fait le pain le plus léger et le meilleur. On le recherche aussi pour la pâtisserie et pour la fabrication du vermicelle.

Le gruau d'avoine est le grain d'une variété d'avoine qui a été débarrassée de toutes ses enveloppes. Ce grain ainsi mis à nu, donne, par la mouture, la farine de gruau d'avoine.

Le gruau d'avoine et sa farine ne sont employés que dans la cuisine des malades et des convalescens. On en fait des tisanes, des potages, etc.

Potage de gruau d'avoine. On le fait de deux manières, avec le gruau entier et avec le gruau réduit en farine.

Si vous employez la farine, examinez si elle est récente, car elle s'aigrit facilement : il faut la conserver à l'abri de la chaleur et de l'humidité.

Délayez dans une tasse de bouillon une cuillerée de farine de gruau; mettez le tout dans une petite casserole et faites bouillir pendant dix minutes.

Le gruau en farine se prépare de la même manière au lait et à l'eau; on y ajoute ordinairement du sucre ou un sirop, et on aromatise avec l'eau de fleur d'orange.

Si vous employez du gruau entier, faites-le tremper la veille dans de l'eau, égouttez-le et faites-le bouillir longtemps à petit feu, avec du bouillon ou de l'eau. Passez avec expression. Cette méthode a l'inconvénient de faire réduire le bouillon et le lait : l'un est trop salé, et l'autre est trop épais. On peut ajouter de l'eau; on passe avec expression et on obtient une bouillie épaisse qu'on délaie avec du bouillon ou du lait.

HABILLER. On désigne par ce mot la première préparation qu'on donne aux viandes ou poissons avant de les faire cuire.

Habiller une volaille, c'est la plumer, la vider, la flamber et lui trousser les cuisses; c'est aussi la blanchir, soit à l'eau, soit à la braise.

Habiller un poisson, c'est le vider, le limoner ou l'écailler, etc.

HACHIS. On fait du hachis de toutes sortes de viandes, soit seules, soit mélangées entre elles ou avec d'autres substances. (*Voyez* Bœuf, Mouton, Dindon, Poularde, Lapin, etc.)

HARENG. Poisson de mer dont la pêche est extrêmement abondante dans le moment de son passage. On le mange frais, salé et fumé. Le hareng frais est un excellent poisson dont on ferait certainement plus de cas s'il était moins commun et plus cher.

Harengs frais grillés. — *Entrée.* On les écaille, on les lave et on les essuie. Lorsqu'ils sont cuits sur le gril, on les sert avec la sauce suivante :

Mettez un morceau de beurre dans une casserole avec un peu de farine, un filet de vinaigre, une cuillerée de moutarde, sel, poivre et un peu d'eau ou de bouillon. Faites lier la sauce sur le feu, et servez sur les harengs.

Autre manière. Incisez les harengs le long du dos; frottez-les de beurre fondu et de sel; enveloppez-les de fenouil; faites-les rôtir, puis servez-les avec une sauce rousse, fines herbes hachées menu, sel, poivre, verjus ou groseilles à maquereaux, et câpres.

Ou bien à la sauce blanche avec des champignons frits pour garniture, ou persil frit, ou des croûtons.

On les mange aussi frits. On les sert dans ce cas avec un jus d'orange.

Harengs frais en matelote. — *Entrée.* Après avoir habillé les harengs, mettez-les dans une casserole avec un morceau de beurre, persil, ciboules, champignons, une pointe d'ail, deux verres de vin blanc, un peu de bon bouillon, sel, gros poivre; poussez-les à grand feu. Servez à courte sauce.

Harengs saurs à l'huile.—*Hors-d'œuvre.* Faites-les dessaler dans du lait; essuyez-les et faites-les mariner avec de l'huile, gros poivre, persil, ciboules, champignons, une pointe d'ail, le tout haché très-fin. Saucez-les dans la marinade et panez-les de mie de pain; faites griller de belle couleur. Servez avec une sauce à l'huile dans une saucière.

Harengs saurs à la Sainte-Ménéhould.—*Entrée.* Faites dessaler dans du lait; faites-les cuire un quart d'heure dans une Sainte-Ménéhould ainsi faite: mettez dans une casserole un morceau de beurre manié de farine, du lait, persil, ciboule, ail, trois clous de girofle, thym, laurier, basilic, un peu de poivre; faites bouillir et tournez toujours avec une cuillère; mettez-y les harengs pour les faire cuire. Lorsqu'ils sont cuits, trempez-les dans du beurre fondu, panez-les, et faites-leur prendre couleur sous le four de campagne. Servez avec une rémoulade dans une saucière.

Harengs pecs. Ce sont de gros harengs salés qui viennent de hollande; on les mange ordinairement crus comme assaisonnement. On les sert dépouillés de leur peau.

HARICOT DE MOUTON. — *Entrée.* On donne ce nom à un ragoût fait ordinairement avec du mouton et divers légumes, surtout des navets.

Coupez en morceaux une épaule ou un carré; faites

roussir une cuillerée de farine avec du beurre; passez-y la viande; mouillez avec du bouillon; assaisonnez de sel, poivre, un bouquet garni, et un ognon piqué de deux clous de girofle; dégraissez lorsque le mouton est à moitié cuit; passez des navets au beurre avec un peu de sucre, jusqu'à ce qu'ils aient pris couleur et mettez-les avec le mouton : ajoutez, avant de servir, un peu de caramel.

Si vous mettez des pommes de terre dans le haricot, vous les passerez auparavant dans le dégraissis.

Des marrons font très-bien dans le haricot.

Si le haricot est fait avec un carré, on peut le couper en côtelettes qu'on parera et qu'on tiendra très-courtes. On les dresse autour du plat, les navets dans le milieu.

HARICOTS. Légume très-connu dont il existe un grand nombre de variétés. On emploie les haricots dans trois états. On mange la gousse entière, lorsque les semences sont à peine formées. Plus tard, on mange les graines encore tendres, et enfin on fait une grande consommation des graines desséchées; dans cet état elles se conservent long-temps.

Haricots verts. — *Entremets.* Faites-les cuire à l'eau de sel, après en avoir cassé les bouts et enlevé les filets, retirez-les à l'eau froide et faites-les égoutter; mettez dans une casserole un morceau de beurre manié de farine, persil, ciboules hachés, ou un bouquet; mettez les haricots quand le beurre est fondu; tournez-les et mouillez-les avec de bon bouillon; assaisonnez de sel et poivre; faites bouillir jusqu'à ce qu'il n'y ait presque plus de sauce; au moment de servir, mettez une liaison de jaunes d'œuf délayés avec de la crème et du lait; vous pouvez ajouter un peu de jus de citron.

Au gras, on remplace la liaison par du jus ou par un fond de cuisson réduit.

Haricots verts à la maître d'hôtel. Lorsque les haricots sont cuits à l'eau de sel, et suffisamment égouttés, tenez-les chaudement; faites tiédir un bon morceau de beurre manié de fines herbes, et arrosez-en les haricots; assaisonnez le beurre, de sel et gros poivre.

Haricots verts à la provençale. — *Entremets.* Mettez dans une casserole quelques cuillerées d'huile avec des ognons coupés en tranches; lorsque l'ognon a pris couleur, ajoutez les haricots cuits à l'eau de sel; assaisonnez avec persil et ciboule hachés, sel et gros poivre; sautez-les pendant quelques instans; mettez-les dans un plat : versez dans la casserole un filet de vinaigre, et quand il est bouillant, versez-le sur les haricots.

Au lieu d'huile, faites un roux avec du beurre, passez-y les ognons jusqu'à ce qu'ils soient bien colorés, mouillez avec du jus ou quelque fond de cuisson réduit, mettez les haricots; sautez-les deux ou trois fois; ajoutez si vous voulez, en servant, un peu de jus de citron ou un filet de vinaigre.

On mange aussi les haricots verts en salade.

Haricots blancs nouveaux. — *Entremets* comme les suivans. Mettez-les dans l'eau bouillante avec un peu de sel; lorsqu'ils sont cuits, égouttez-les; faites tiédir du beurre manié de fines herbes avec sel et poivre, mettez-y les haricots; sautez-les : en servant, ajoutez du jus de citron, du verjus ou du vinaigre.

Haricots blancs au roux. Faites un roux léger; passez-y des ognons fendus en quatre et coupés en tranches; mouillez avec du bouillon ou avec de l'eau qui a servi à la cuisson des haricots; assaisonnez de sel et poivre, un bouquet de persil et ciboule; faites bouillir jusqu'à ce que l'ognon soit bien cuit; mettez-y les haricots cuits à l'eau de sel; sautez-les.

Haricots au jus. Faites un roux léger que vous mouillerez avec du jus, ou avec un fond de cuisson, ou avec du jus de viande et de volaille rôtie; assaisonnez de sel, poivre et muscade râpée; sautez les haricots dans la sauce.

Remarque sur la cuisson des haricots. Les haricots, les pois et les lentilles, et même quelques légumes herbacés, ne cuisent bien que dans l'eau très-pure et très-légère; celle des rivières et des ruisseaux est toujours la meilleure; celle des puits ne vaut rien. Il y a des espèces de haricots, de pois, etc., qui cuisent mal dans la meilleure eau; cela tient à l'espèce d'enduit qui les recouvre et qui empêche l'eau de les bien pénétrer.

On remédie à cet inconvénient en mettant dans l'eau un petit nouet de cendres de bois neuf, ou, ce qui vaut mieux, gros comme une noisette de carbonate de soude : les légumes cuisent très-bien alors.

HERBES. Ce mot employé seul s'applique à l'oseille cuite avec de la poirée et de l'arroche.

Fines herbes, s'entend du persil, cerfeuil, thym, basilic, estragon, et autres plantes aromatiques.

HATELETTES. C'est le synonyme de *brochettes.*

HATELETTES DE RIZ DE VEAU. — *Hors-d'œuvre.* Après avoir fait dégorger et blanchir des riz de veau, coupez-les par petites tranches avec des foies et du lard blanchi; passez le tout avec un peu de persil, ciboules et un bon assaisonnement, dans un roux : lorsque les tranches sont presque cuites, et que la sauce est réduite, embrochez-les, en les entremêlant, sur des brochettes de bois; trempez-les dans la sauce; et, après les avoir panées, faites-les rôtir ou frire.

Hâtelettes de langue de mouton.—Hors-d'œuvre. Coupez des langues en morceaux de même dimension; passez-les avec un morceau de beurre, sel, poivre, persil, ciboules, champignons, le tout haché; mouillez avec du jus, ou à défaut, mettez-y une pincée de farine, et mouillez avec du bouillon; laissez bien réduire la sauce; mettez-y ensuite deux jaunes d'œuf; faites lier sans bouillir; faites refroidir, et embrochez les morceaux sur les hâtelettes; couvrez-les de la sauce, et panez avec de la mie de pain; faites-les griller en les arrosant avec un peu de beurre; quand ils sont de belle couleur, on les sert à sec avec les hâtelettes.

HIVER. L'abondance de l'automne se prolonge pendant toute la durée de l'hiver. La température de la saison permet de conserver les viandes, les volailles et le gibier, et d'attendre que chaque pièce ait acquis le degré de mortification convenable. Le gibier et la volaille peuvent être expédiés des contrées les plus éloignées, ce qui contribue à entretenir l'abondance dans les lieux de grande consommation.

Le poisson de mer arrive plus frais que pendant les autres saisons; et, comme on peut l'apporter de plus loin, il est plus abondant.

Les pois, les artichauts, quelques salades ont disparu, mais on trouve abondamment des choux, des choux-fleurs, des cardons, du céleri, des navets, des scorsonères, des pommes de terre, des betteraves, et autres racines, des scaroles, chicorées, des mâches, des menues herbes, des champignons, des épinards, etc.

Les huîtres et les truffes ont toute leur perfection pendant l'hiver, dont les truffes surtout ne dépassent pas de beaucoup la durée.

Des poires, des pommes, des raisins, des oranges, sont les seuls fruits frais qui parviennent jusqu'à la fin de cette saison.

HOCHEPOT. Prenez le bas d'une poitrine de bœuf, et coupez-le en morceaux de deux pouces de long sur autant de large; faites dégorger et blanchir; garnissez une braisière de tranches de bœuf; ensuite mettez-y les morceaux de poitrine avec beaucoup de carottes et de panais; assaisonnez de sel et poivre; ajoutez encore une douzaine d'ognons, un morceau de jambon et un cervelas; couvrez le tout de tranches de bœuf et mouillez avec du bouillon; couvrez la marmite, et faites cuire feu dessus, feu dessous; étant cuite, levez la viande et les carottes; mettez ensuite les morceaux de poitrine et autres viandes dans une casserole avec les carottes; passez le bouillon : s'il est trop long faites-le réduire.

Faites, dans une autre casserole, un roux un peu chargé de farine, ne le laissez pas brunir; mouillez-le avec le bouillon, dégraissé et bien assaisonné; ajoutez-y une bonne pincée de persil haché, et versez-le sur le hochepot; tenez le tout chaudement.

Au moment de servir, dressez les morceaux de viande et les carottes dans un plat creux.

HOMARD. Grosse écrevisse de mer, dont on mange la chair en salade : c'est un aliment très-indigeste.

HORS-D'ŒUVRE. On nomme ainsi tous les plats qu'on sert sur une table et qui ne sont pas indispensables pour compléter le service. Les cuisiniers ont tellement étendu la liste des hors-d'œuvre, et y ont compris tant de mets de tous genres, qu'en réunissant un certain nombre de ces prétendues superfluités, on en composerait un repas très-substantiel. Des faisans, des lapereaux, des poulardes, etc., sont en effet de singuliers hors-d'œuvre à moins que le service principal ne se compose d'un quartier de bœuf rôti, d'une bosse de bison à l'étuvée, d'un pied d'éléphant à l'estoufade, etc.

Les véritables hors-d'œuvre consistent en substances plus ou moins alimentaires, qu'on mange pour préluder au repas et qu'on suppose propres à exciter l'appétit : tels sont, les huîtres, les salades d'anchois, le beurre, les radis, le thon mariné, les harengs pecs, les cornichons, les choux rouges, et autres légumes et fruits confits au vinaigre, les melons, les artichauts tendres, les figues de primeur qu'on mange au sel, les petits pâtés, des tranches de saucisson, et autres choses semblables dont on ne pourrait pas composer un service.

Les hors-d'œuvre se placent en dehors de la ligne des plats principaux. C'est de cette circonstance qu'ils tirent leur dénomination générique.

HOUBLON. Dans le nord de la France, on mange les premières pousses du houblon comme des asperges.

HUILE. L'huile d'olive est celle dont on use le plus habituellement. La meilleure est celle qui est extraite sans l'aide de la chaleur, ni d'aucune fermentation préliminaire : elle se congèle au moindre froid ; elle n'a point d'odeur ou n'en a qu'une agréable, et qui est celle de la pulpe de son fruit. Elle se digère plus promptement que toutes les autres, pèse beaucoup moins sur l'estomac quand elle est prise seule, se rancit beaucoup moins promptement et s'allie avec plus de facilité à toutes les substances alimentaires.

Il est des huiles qu'on obtient après avoir laissé les olives en tas fermenter ensemble, et prendre un degré de chaleur assez considérable. Les olives ainsi préparées donnent plus aisément leur huile ; mais cette huile est fluide ; elle est jaune et a une odeur qui n'est pas agréable. C'est cependant celle dont le plus grand nombre de personnes se servent. Elle rancit plus vite que l'autre, pèse plus sur l'estomac et s'allie moins facilement aux alimens.

On falsifie souvent l'huile d'olive, avec celle de pavot, dite d'œillette, qui est blanche et a peu d'odeur lorsqu'elle est préparée avec soin. Cette falsification est facile à reconnaître. Si, en versant l'huile de haut, il se forme à sa surface un grand nombre de bulles persistantes, l'huile a certainement été mélangée avec de l'huile d'œillette.

On fait aussi usage des huiles de noix, d'œillette, de colsa, de navette et de faine.

L'huile de noix récente et exprimée sans feu est assez agréable, mais elle rancit très-promptement. Celle qu'on extrait de la faine, fruit du hêtre, n'a aucun mauvais goût, et peut se garder long-temps sans rancir. Toutes les autres sont imprégnées d'une odeur désagréable, qu'une longue habitude peut seule faire supporter.

Les huiles tirées des amandes et des avelines sont les seules qui puissent supporter quelque comparaison avec l'huile d'olive.

HUITRES. Les huîtres contiennent une notable quantité d'osmazome qui y est unie à l'albumine; crues, leur chair se digère facilement et convient à tous les estomacs.

Il n'en est pas de même lorsqu'elles sont cuites; la coagulation de l'albumine qu'elles contiennent en abondance, rend leur chair dure et coriace. La digestion en devient difficile, et tel qui mange impunément vingt douzaines d'huîtres crues, excès dont on doit s'abstenir, n'en pourrait supporter six douzaines lorsqu'elles ont subi la cuisson.

Il est une autre manière de les préparer; c'est de les faire macérer dans une saumure composée d'acide et de sel. Cet assaisonnement qui les conserve bien, les durcit moins que la cuisson; mais quoique ce soit un stimulant qui en accélère la digestion, les huîtres marinées sont bien moins faciles à digérer que les huîtres crues.

Huîtres à la poulette. — *Entrée.* Ouvrez les huîtres; faites-les blanchir dans leur eau sans bouillir. Préparez-les ensuite comme les moules. (*Voyez* Moules.)

Ou bien, après les avoir fait blanchir dans de l'eau, passez-les dans du beurre, sans faire bouillir, avec des échalottes, persil, champignons hachés, une cuillerée d'huile, poivre et muscade râpée; arrangez-les dans un plat et couvrez-les de mie de pain que vous arrosez de gouttes d'huile; posez le plat sur les cendres chaudes et faites prendre couleur sous le four de campagne, ou avec une pelle rouge. Au moment de servir exprimez sur le plat le jus d'un citron.

Huîtres en hachis. Prenez des huîtres bien fraîches; faites-les blanchir sans bouillir; mettez-les dans l'eau fraîche, ensuite égouttez-les; séparez le milieu qui est tendre, des bords qui sont plus fermes; hachez ceux-ci finement, et le tendre grossièrement, avec de la chair de carpe, ou de tout autre poisson cuit à l'eau ou au court-bouillon; mêlez le tout ensemble; assaisonnez de poivre et de muscade râpée.

Mettez dans une casserole un bon morceau de beurre avec persil, ciboule, champignons hachés; passez sur le feu; mouillez avec moitié vin blanc et moitié bouillon gras ou maigre. Ajoutez le hachis; faites-le chauffer sans bouillir; quand le hachis a bu presque toute la sauce; mettez une liaison de trois jaunes d'œuf.

Huîtres frites. — *Entremets.* Ouvrez les huîtres, et mettez-les égoutter sur un tamis; mettez-les ensuite dans un plat avec du vinaigre, deux ciboules, une feuille de laurier, un peu de basilic, un ognon coupé par tranches, une demi-douzaine de clous de girofle, et le jus de deux citrons : saucez-les de temps en temps dans cette marinade.

Faites une pâte à frire légère, et trempez-y les huîtres, après les avoir essuyées une à une : faites frire. Servez avec persil frit.

Huîtres en ragoût. Les huîtres étant ouvertes, blanchissez-les dans leur eau sans bouillir; essuyez-les avec soin.

Passez dans une casserole des champignons et des truffes, avec un peu de lard fondu; mouillez-les de jus; lorsque vous êtes prêt à servir, jetez-y les huîtres : faites-les seulement chauffer.

Autre ragoût d'huîtres. Mettez un morceau de beurre dans une casserole; quand il est fondu, ajoutez un peu de farine, et faites-la roussir légèrement; mettez-y de petites croûtes de pain avec les huîtres égouttées et non blanchies; assaisonnez de poivre, persil et ciboules entières; mouillez avec moitié eau des huîtres et moitié bouillon gras ou de poisson.

HURE DE COCHON. (*Voyez* Charcuterie.)

HYDROMEL. Liqueur vineuse qu'on obtient en faisant fermenter un mélange d'eau et de miel.

HYPOCHRAS. Espèce de ratafia dont le vin fait la base, et qu'on aromatise fortement avec diverses épices.

ICHTYOCOLLE. Colle de poisson : c'est la membrane séchée de la vessie natatoire de l'esturgeon; la plus fine est roulée en petits anneaux. La colle de poisson est de la gélatine pure, et comme cette gélatine est sans saveur, on l'emploie souvent en cuisine pour faire des gelées, qu'on aromatise de diverses manières. (*Voyez* Gelées.)

On se sert aussi de colle de poisson pour clarifier les vins blancs, mais comme cette substance est fort chère, on a cherché les moyens de s'en passer.

On emploie aujourd'hui, presque partout, pour la clarification des vins, les poudres de M. Julien.

JAMBON. Cuisse de cochon ou de sanglier qui a été salée ou fumée. *Voyez*, pour la préparation et la cuisson des jambons, l'article *Cochon*.

Essence de jambon. (*Voyez* Élémens de Sauces.)

Pâté de jambon. (*Voyez* Grosse pâtisserie.)

JARRET DE VEAU. Cette partie abonde en ligamens, tendons et membranes, qui, par une ébullition prolongée, se résolvent en gélatine. C'est cette propriété du jarret de veau qui fait qu'on l'ajoute souvent aux braises pour y faire de la gelée : c'est à peu près son seul usage.

JUJUBES. Fruits du jujubier. On les mange dans leur fraîcheur : secs, on les emploie dans la composition des tisanes adoucissantes.

JUS. (*Voyez* Élémens de Sauces.)

KARI. (*Voyez* Terra-merita.)

LAIT. Le lait est composé d'une matière nommée *caséeuse,* parce qu'elle est la base de tous les fromages, d'une matière grasse, qui est le beurre, de serum ou petit-lait, et d'une matière sucrée qui diffère de toutes les substances de même nature, en ce qu'elle n'est pas susceptible d'éprouver la fermentation alcoolique.

Les proportions de ces substances varient infiniment dans le lait, suivant les alimens et les animaux. On sait que plus les végétaux dont se nourrissent les derniers, sont vigoureux et forts, plus leur lait est chargé de substance nutritive; en sorte que les animaux qui paissent dans les plaines humides ont un lait séreux, tandis que ceux qui paissent sur les montagnes, où la végétation est plus vigoureuse que partout ailleurs, ont un lait épais surchargé de parties butyreuses et caséeuses.

Le lait le plus nutritif est celui qui contient la plus grande proportion de matière caséeuse; tels sont le lait de vache et celui de chèvre. Le lait d'ânesse, au contraire, contient moins de ces deux substances, et une plus grande proportion de matière sucrée.

Il est des laits qui paraissent convenir mieux aux estomacs délicats que d'autres. Il est difficile de dire pourquoi; car ce n'est pas à raison de leur légèreté qu'ils méritent cette préférence.

On a vu plusieurs fois le lait d'ânesse, ordonné dans des dispositions à la phthisie pulmonaire, se digérer très-mal, et le lait de chèvre se digérer parfaitement, et même rétablir l'estomac dérangé par le premier. On a vu chez des enfans le lait de chèvre occasioner des constipations que ne produisait pas le lait de vache, et le lait d'ânesse, chez d'autres personnes, occasioner des cours de ventre qu'aucun des autres laits ne produisait.

Le lait de vache est celui dont on use plus communément. Il est des personnes qui n'en soutiennent pas l'usage, ce qui a lieu principalement de deux manières. Chez les unes le lait paraît d'abord se bien digérer; mais successivement la bouche devient amère, la langue se charge, l'appétit se perd, et ce n'est qu'en purgeant et par l'abstinence du lait, qu'on fait disparaître ces inconvéniens. Ces accidens ont lieu surtout chez les personnes très-bilieuses: on en a conclu que chez ces personnes le lait favorisait la fermentation de la bile; que sa partie butyreuse fournissait matière à cette humeur; et cette observation paraît étayée d'un fait assez connu, qui prouve que les laitages font ordinairement un mauvais effet dans la convalescence des maladies bilieuses et des intermittences tierces, et que leur usage y est souvent suivi de rechutes.

Chez d'autres, le lait pèse sur l'estomac, se digère mal, occasionne des aigreurs, des coliques et des dévoiemens. Cet effet dépend uniquement d'une disposition de l'estomac. Sans doute dans tous les estomacs le lait se caille et s'aigrit plus ou moins, mais il y en a dans lesquels cet effet est plus marqué, et il peut être corrigé par l'addition des absorbans, de manière qu'un peu d'eau de chaux mêlée au lait, prévient ces incommodités.

Le contact de l'air disposant le lait à l'acescence, et favorisant la séparation de la crème et la coagulation de la matière caséeuse, on doit préférer le lait récemment trait; lorsqu'il a été trait depuis un certain temps, la précaution de le faire bouillir, ce qui retarde son acescence spontanée, est loin d'être nuisible.

En faisant bouillir le lait tous les vingt-quatre heures dans les temps ordinaires, et toutes les douze heures dans la saison la plus chaude, on parvient à le conserver très-long-temps; cette conservation aurait même une durée indéfinie, si le lait ne prenait pas une trop grande consistance par ces ébullitions répétées.

LAITAGES. Produits naturels ou préparations du lait. (*Voyez* Beurre, Crême, Caillé, Fromage.)

LAITANCES. On emploie surtout celles de carpes, qui sont très-volumineuses et très-délicates. Les laitances sont fort alimentaires et se digèrent facilement.

Ragoût de laitances. — *Entrée.* Faites blanchir un instant les laitances, et plongez-les ensuite dans l'eau froide; après les avoir égouttées, passez-les dans une casserole avec du lard fondu, quelques petits champignons, des mousserons et des truffes coupées en tranches; assaisonnez avec sel, poivre et un bouquet garni; mouillez avec du jus de veau, et laissez cuire à petit feu.

Au maigre, on substitue un roux de beurre au lard fondu, on mouille avec du bouillon de poisson, et on lie la sauce avec un coulis d'écrevisses.

LAITUE. On la cultive partout. Il en existe un grand nombre de variétés, dont la plus tranchée est celle qu'on nomme *laitue romaine.* Toutes les laitues contiennent, en petite quantité, un principe analogue à l'opium; aussi a-t-on reconnu de tout temps dans les laitues une propriété calmante.

On apprête la laitue de diverses manières : on la mange crue en salade; c'est même là son plus grand usage.

Laitues farcies. — *Entremets.* Prenez de belles laitues pommées, ôtez-en les plus grosses feuilles, faites-les blanchir, mettez-les ensuite dans l'eau fraîche, égouttez-les en les pressant avec les mains; écartez les feuilles sans les séparer, et mettez dans le milieu autant de farce qu'il en pourra contenir (pour cette farce, *voyez* Ragoûts *et* Garnitures); rapprochez les feuilles et ficelez-les; faites cuire à la braise avec bardes de lard, carottes et ognons émincés, un bouquet garni, poivre et muscade; mouillez avec du bouillon; quand les laitues sont cuites, passez le fond; ajoutez-y un demi-verre de vin blanc et faites réduire ; pour lier la sauce, ajoutez un morceau de beurre manié de farine.

Laitues frites. — *Entremets.* Préparez-les en tous points, comme il est prescrit ci-dessus ; quand elles sont braisées et un peu refroidies, pressez-les dans un linge, et lorsqu'elles sont tout-à-fait froides, trempez-les dans une pâte et faites frire de belle couleur.

Ragoût de laitues. Faites cuire les laitues dans une braise, comme il est prescrit ; lorsqu'elles sont cuites et égouttées, coupez-les en dés, et mettez-les dans une casserole avec une essence de jambon ; laissez mitonner ; assaisonnez de bon goût.

On sert ce ragoût sous diverses viandes rôties ou braisées, sous des fricandeaux, etc.

LAMPROIE. Espèce de poisson dont la forme se rapproche de celle de l'anguille : c'est le seul rapport qui existe entre ces deux animaux. La lamproie n'a pas d'arêtes. Sa chair n'est pas d'une facile digestion.

Lamproie en ragoût. — *Entrée.* Saignez-la et gardez le sang ; ensuite limonez-la dans l'eau chaude (*voyez* Limoner) ; coupez-la en tronçons, que vous passerez au roux ; mouillez avec du vin blanc, assaisonnez de sel, poivre et muscade, un bouquet garni : laissez bien cuire le tout, puis mettez-y le sang avec quelques câpres.

Lamproie à la sauce douce. — *Entrée.* On la limonne ; on la passe au roux après l'avoir coupée en tronçons, et on la mouille avec du vin rouge. On ajoute du sucre, ou, ce qui est préférable, du caramel, de la cannelle et du sel. En servant on ajoute le jus d'un citron.

On peut aussi y mettre le sang, et ajouter une garniture de persil frit.

Lamproie grillée. — *Entrée.* Après l'avoir limonée et coupée par tronçons, passez-la au beurre roux, avec persil haché, ciboules et fines herbes, poivre et sel ;

panez ensuite avec de la mie de pain très-fine, et faites griller à petit feu.

Faites une sauce avec du vin, un morceau de sucre ou une cuillerée de caramel, un petit bâton de cannelle, une feuille de laurier, et un morceau de beurre roussi avec de la farine; un peu de sel; faites bouillir et réduire : versez autour de la lamproie. On ôte la cannelle et le laurier.

LANGOUSTE.—*Hors-d'œuvre.* Elle diffère du homard en ce qu'elle n'a pas les grosses pinces qui le caractérisent.

On la mange ordinairement cuite au court-bouillon, avec une sauce à l'huile ou une rémoulade.

LANGUE. La langue des quadrupèdes domestiques que nous mangeons, est un aliment sain et de facile digestion. On mange aussi les langues des gros gibiers, tels que cerfs, daims, chevreuils et sangliers. Il y a un grand nombre de manières de préparer les langues : la plupart sont applicables à toutes les espèces.

Langues à la braise. — Entrée. Parez-les du côté du gros bout ; mettez-les sur la braise, ou dans l'eau bouillante, pour pouvoir les peler plus facilement et plus proprement ; lardez-les de gros lardons et de jambon cru bien assaisonnés ; garnissez une braisière de bardes de lard et de tranches de bœuf battues, ou de parures de viandes ; mettez les langues par-dessus et couvrez-les de bardes ; ajoutez des ognons en tranches, quelques carottes émincées, un fort bouquet garni, sel et poivre ; mouillez avec moitié vin blanc et moitié bouillon : faites cuire feu dessus, feu dessous, pendant cinq ou six heures : le feu doit être conduit doucement.

Quand elles sont cuites, dressez-les sur un plat après les avoir fendues en deux : liez la cuisson, après l'avoir dégraissée, par un roux un peu chargé de farine; ajoutez-y des champignons ou mousserons, si vous en avez, et versez sur les langues.

On ajoute à la sauce un peu de jus de citron, ou un filet de vinaigre aromatique.

Des marrons rôtis, ajoutés à la braise, y portent un principe sucré qui rend sa saveur plus agréable.

A défaut de marrons on ajoute du caramel, qui fait toujours très-bien dans les sauces brunes.

Enfin la marmelade de tomates s'emploie avec avantage pour lier la cuisson de toutes les braises.

Langue à la broche. — *Entrée.* Faites-la cuire à moitié dans le pot au feu. Quand elle est cuite et suffisamment refroidie, ôtez la peau et piquez-la de petit lard; fendez-la en deux et faites-la mariner avec du vin, jus de citron, verjus ou vinaigre aromatique, persil, ciboules, sel et poivre. Rapprochez ensuite les deux morceaux et mettez-la à la broche en l'arrosant avec sa marinade. Lorsqu'elle est cuite, prenez ce qui a dégoutté dans la lèchefrite et mettez-le dans une casserole, où vous aurez fait préalablement un petit roux, ajoutez quelques échalottes hachées et une pointe d'ail. Si la sauce est trop courte, alongez-la avec du bouillon. Lorsque cette sauce est faite, versez-la sur la langue dressée sur un plat, ou passez-la au tamis pour en séparer les échalottes.

Langue au fromage. — *Entremets.* Faites-la cuire comme ci-dessus, et après l'avoir dépouillée, coupez-la par tranches que vous mettrez dans une casserole avec un verre de vin blanc et autant de bon bouillon, à défaut de jus; faites bouillir jusqu'à ce qu'il n'y ait presque plus de sauce, mettez la moitié de cette sauce dans un plat et couvrez-la de fromage de Parmesan, de Chester ou de Gruyère, râpé; arrangez ensuite les tranches de langue et versez par-dessus le reste de la sauce, couvrez avec du fromage; faites glacer au four, ou sous un four de campagne.

Langue fourrée. (*Voyez* Charcuterie.)

Langues de mouton à la Gasconne.—Entrée. Prenez trois langues de mouton cuites dans le pot-au-feu; coupez-les en filets minces, que vous ferez mariner avec du vin, sel, poivre; mettez dans le fond d'un plat un peu de jus, ou de fond de cuisson, avec persil, ciboules, ail, échalottes, le tout haché très-fin; sel et poivre; mettez par-dessus une couche de filets de langue, puis ajoutez un peu de coulis avec l'assaisonnement indiqué, et ensuite des filets, etc.; panez le tout avec de la mie de pain; faites cuire, et faites prendre couleur au four ou sous le four de campagne.

Langues de mouton en papillottes.—Entrée. Faites-les cuire dans la marmite; ôtez-en la peau, et mettez-les mariner avec sel, poivre, persil, ciboules, champignons, une pointe d'ail, le tout haché; la moitié d'un citron coupé en tranches et huile fine; coupez-les ensuite en deux, mettez chaque moitié, avec une portion de la marinade, dans du papier frotté d'huile, avec une barde de lard dessus et dessous, pliez le papier tout autour pour que rien ne sorte; faites cuire sur le gril à feu doux; servez avec le papier.

Tourtes et pâtés de langues. (*Voyez* Grosse pâtisserie.)

LAPIN. Pour distinguer le lapereau du lapin, on tâte le dehors des pattes de devant au-dessus de la jointure; si on sent dans cette partie une saillie comme une petite lentille, c'est une preuve que l'animal est jeune.

On reconnaît les lapins de garenne en ce qu'ils ont le poil des pieds et sous la queue de couleur rousse; on cherche à imiter cette couleur, dans les lapins de clapier, en faisant roussir le poil de ces parties au feu; on reconnaît facilement cette fraude à l'odeur, ou en lavant les parties si elles ont été teintes.

La chair du lapereau est délicate et légère; sous le rapport de la digestibilité, elle doit être classée immédiatement après celle des volailles qui ne sont pas trop grasses, et avant celle des volailles qui abondent en graisse.

Lapereaux rôtis. — *Rôt.* Dépouillez-les, videz-les en y laissant le foie; faites-les *refaire* sur la braise; ensuite piquez-les de menu lard sur le dos et les cuisses, et mettez-les à la broche. On ajoute beaucoup au fumet des lapins en leur mettant dans le ventre quelques feuilles du *mahaleb* ou prunier de Sainte-Lucie, ou un bouquet de mélilot, plante très-commune dans les prairies sèches.

Gibelotte de lapin. — *Entrée.* Coupez un lapin par morceaux, et une petite anguille en tronçons; faites un roux, et lorsqu'il est de belle couleur, passez-y le lapin, les tronçons d'anguille, des champignons et de petits ognons; ajoutez quelques tranches de petit lard; quand le tout est bien revenu, mouillez avec un tiers de vin blanc et deux tiers de bouillon; assaisonnez de sel et poivre, persil, ciboules et thym; ôtez les tronçons d'anguille et les ognons : faites cuire à grand feu; lorsque le mouillement sera réduit à un tiers, remettez les tronçons d'anguille et les ognons; achevez à petit feu et dégraissez la sauce.

Lapin au blanc. — *Entrée.* Coupez un lapin en morceaux; lavez-les à l'eau tiède pour en ôter le sang, qui colorerait le ragoût; ôtez aussi le foie et les poumons; passez les morceaux dans un roux peu coloré; mouillez avec du bouillon et un verre de vin blanc; ajoutez un bouquet garni, des champignons et des culs d'artichauts blanchis, du lard coupé en tranches minces, sel et poivre : faites cuire vivement pour que la sauce réduise; quand la cuisson est avancée, mettez de petits ognons; et, au moment de servir, liez la sauce avec trois jaunes d'œuf.

Lapereaux frits. — *Entrée* ou *entremets.* Coupez en morceaux deux jeunes lapereaux; faites-les mariner avec vin blanc, jus de citron ou verjus, persil, ciboules, thym, laurier, une pointe d'ail, le tout haché grossièrement ; sel et poivre : laissez mariner pendant une heure et égouttez les morceaux ; essuyez-les, roulez-les dans la farine et faites-les frire. Servez avec une sauce piquante ou une sauce tomate.

Marinade de lapereaux. — *Entremets*. Coupez en morceaux deux lapereaux rôtis : n'employez que les membres et le râble ; faites-les mariner comme dans l'article précédent ; trempez les morceaux dans une pâte à frire, et jetez-les dans la friture, pour les retirer aussitôt qu'ils auront pris une belle couleur. Servez à sec avec du persil frit.

On peut arroser la marinade avec un jus de citron.

Salade de lapereaux. — *Entremets*. Désossez deux lapereaux rôtis ; coupez la chair en filets ; faites-les mariner avec de l'huile, du vinaigre, sel, poivre, estragon, pimprenelle, civette hachée ; mettez au fond d'un saladier des cœurs de laitues coupés par quartiers ; arrangez par-dessus les filets, en les entremêlant de filets d'anchois, de petits tas de câpres, de blancs et de jaunes d'œuf durs hachés, de betteraves, de cerfeuil, pimprenelle et estragon également hachés ; terminez par un cordon de cœurs de laitues coupés en quatre : servez avec un huilier. On peut aussi faire de cette salade une mayonnaise. (*Voyez* ce mot.)

Lapin aux fines herbes. — *Entrée*. Coupez un lapin en morceaux, que vous passerez au beurre avec persil, ciboules, champignons, laurier, basilic, thym, hachés finement ; ajoutez une demi-cuillerée de farine ; mouillez avec un verre de vin blanc et autant de bouillon ; assaisonnez de sel et gros poivre ; faites cuire et réduire à consistance de sauce ; au moment de servir écrasez le foie qui a cuit dans le ragoût, et ajoutez-le à la sauce.

Galantine de lapin. — *Entremets*. Désossez deux

DES SUBSTANCES ALIMENTAIRES.   243

lapins; piquez la chair de l'un avec des lardons assaisonnés; hachez la chair de l'autre avec égale quantité de lard; assaisonnez de poivre et épices, peu de sel, le lard étant salé. On peut ajouter au hachis des truffes coupées par morceaux, ou des champignons et mousserons; couvrez la chair du lapin désossé d'un lit de la farce ci-dessus; dans laquelle vous entremêlerez des filets de lard, de langue à l'écarlate ou de jambon; couvrez avec un lit de farce, et continuez ainsi jusqu'à ce que vous ayez tout employé; rapprochez alors les chairs du lapin, ficelez-les et enveloppez-les avec un linge blanc: foncez une braisière de bardes de lard et mettez-y la galantine, avec les os des deux lapins bien concassés, un jarret de veau coupé en morceaux, des carottes, des ognons, dont un piqué de clous de girofle, un bouquet garni, sel et gros poivre; mouillez avec moitié vin, moitié bouillon; faites cuire à très-petit feu; retirez la galantine lorsqu'elle est cuite, et laissez-la refroidir dans le linge qui l'enveloppe; passez la cuisson; clarifiez-la avec un blanc d'œuf; faites-la ensuite réduire au point convenable pour que, refroidie, elle se prenne en gelée; si elle n'est pas d'une belle couleur, ajoutez un peu d'infusion aqueuse de safran. Servez-vous de cette gelée pour décorer la galantine.

Gâteau de lapin.—Entremets. Désossez un ou deux lapins rôtis; séparez de la chair toutes les parties membraneuses ou tendineuses; hachez cette chair, et ensuite pilez-la; hachez et pilez également une tétine de veau cuite; faites bouillir de la mie de pain avec de bon bouillon, jusqu'à ce qu'elle l'ait absorbé entièrement, et qu'elle commence à se dessécher; mêlez ensemble, en les pilant, le hachis de lièvre, la tétine et la mie de pain: il doit y avoir autant de mie de pain que de chair, et le poids de la tétine doit égaler les deux tiers de celui de la chair et de la mie de pain réunies; assaisonnez de sel, gros poivre et épices, persil, échalottes, thym et basilic hachés très-fin; amollissez et liez la farce avec trois jaunes d'œuf et un œuf entier.

Garnissez complétement un moule de fer-blanc de bardes de lard; mettez-y la farce et couvrez-la de bardes; faites cuire au four ou au bain-marie; lorsque le gâteau est cuit, laissez-le refroidir dans le moule; pour l'en retirer, trempez un instant le moule dans l'eau bouillante; ôtez les bardes de lard, et couvrez le gâteau avec de la chapelure de pain bien fine et de belle couleur.

Si vous n'avez pas assez de farce pour faire un gâteau, roulez-la en cylindres sur de la farine; jetez un instant ces cylindres dans l'eau bouillante; passez-les au beurre; dorez-les ensuite avec un œuf entier battu, et faites-leur prendre couleur sous le four de campagne.

LARD. Le gros lard est celui qui ne contient aucune partie charnue; le petit lard, qu'on nomme aussi lard maigre, est composé de couches alternatives de lard et de chair.

Pour la manière de préparer le lard, *voyez* l'article *Charcuterie*.

LARDER. C'est enfoncer dans la chair, avec un instrument fait exprès, des filets de lard. *Piquer* est synonyme de larder: on larde dans toute l'épaisseur des viandes, ou seulement à la superficie. Pour larder en travers on se sert de gros filets; on n'en emploie que de très-fins pour larder à la surface; les filets, dans ce cas, sont disposés avec régularité, et quelquefois ils figurent un dessin quelconque.

LARDOIRE. C'est l'instrument bien connu avec lequel on enfonce les lardons. On les fait toujours en acier: il faut en avoir de diverses grandeurs, pour les plus grosses pièces et pour les plus petites.

LARDONS. Nom qu'on donne aux filets de lard avec lesquels on pique les viandes. Les lardons sont carrés;

les plus gros ont la dimension du doigt ; les plus petits sont de la grosseur d'une plume de poulet.

Lardons assaisonnés. Se dit de ceux qui ont été roulés dans un mélange de fines herbes hachées très-menu, de sel et d'épices.

LAURIER-AMANDE. On emploie souvent les feuilles de ce laurier pour aromatiser des laitages. On doit éviter d'en faire excès, parce que l'arome fort agréable de ses feuilles est dû à une substance vénéneuse, qui, heureusement, y est peu abondante.

LAURIER FRANC. On fait un grand usage, en cuisine, du laurier franc. On en met dans tous les bouquets garnis, assaisonnement obligé de toutes les cuissons. On doit en user avec modération, tant pour la santé, que pour obtenir une saveur agréable. Il y a de l'avantage à employer les feuilles sèches plutôt qu'à l'état de fraîcheur : séchées, elles se conservent indéfiniment.

LAIE, femelle du sanglier. On prépare sa chair comme celle du mâle. (*Voyez* Sanglier.)

LÈCHEFRITE. Ustensile de forme oblongue, ordinairement en fer battu, qu'on place sous la broche pour recevoir ce qui dégoutte du rôti. Elle doit avoir à chacune de ses extrémités un bec, pour qu'on puisse verser facilement ce qu'elle contient : son bord, du côté du foyer, doit être assez relevé pour que les charbons qui roulent ne puissent pas le franchir.

Les lèchefrites de fer battu ont l'inconvénient de noircir les jus de viandes, surtout quand celles-ci sont arrosées avec des marinades contenant des acides ; on remédie en partie à cet inconvénient en tenant les lèchefrites dans un grand état de propreté, qui ne peut s'obtenir que par un écurage au sable : on s'en dispense souvent. On pourrait les faire en fer battu étamé.

Les lèchefrites en cuivre étamé ne seraient tolérables qu'autant qu'on les ferait en gouttière, ce qui éviterait les parties anguleuses, dans lesquelles il se forme toujours du vert-de-gris; encore cela ne pourrait-il dispenser de les examiner avec soin avant de s'en servir.

LÉGUMES. Cette dénomination, dans son sens strict, ne s'applique qu'aux semences comestibles qui sont renfermées dans des gousses ou dans des siliques, comme les pois, les fèves, les haricots, les lentilles, quelques gesses, etc.; mais, dans le langage habituel, on comprend aussi, sous la dénomination générique de *légumes*, les plantes de toute nature dont on mange les racines, les jeunes pousses, les feuilles, les fruits, etc.

Voici la liste des végétaux dont on fait usage dans la cuisine, soit comme aliment, soit comme assaisonnement.

Substances végétales dans lesquelles la fécule est presque pure: Salep, riz, sagou, maïs, orge, tapioca.

Alimens végétaux dans lesquels la fécule est unie à une substance sucrée: Avoine, sarrasin, pois, gesses, lentilles, haricots, vesces, fèves, châtaignes.

Alimens végétaux où la fécule est unie à une substance huileuse: Amandes, noix, avelines, pistaches, cacao, arachide.

Alimens dans lesquels la fécule est unie au gluten: Froment, seigle, épeautre.

Végétaux alimentaires dont le parenchyme est imprégné d'un suc visqueux: Arroche, bette, blette, épinards, tétragone, bazelle, phytolacca decandra, pourpier, mâches.

Végétaux alimentaires contenant une matière extractive amère et un suc laiteux: Laitue, endive, chicorée, scarole.

Racines mucilagineuses dont quelques-unes contiennent un suc laiteux: Salsifis, scorsonère, topinambours.

Végétaux contenant une substance extractive amère : Artichauts, cardons.

Végétaux qui ne sont comestibles que pendant leur premier développement : Asperges, houblon.

Racines contenant abondamment une matière sucrée : Betteraves, carottes, navets, panais, chervis.

Végétaux comestibles contenant une substance ammoniacale : Radis, raifort, chou, chou-fleur, cresson aquatique, cresson alénois, corne de cerf, roquette, capucines, câpres.

Végétaux dans lesquels le mucilage est allié à une substance volatile particulière : Ail, ognon, échalotte, poireau, ciboule, civette.

Végétaux contenant un principe aromatique volatil : Persil, cerfeuil, céleri, fenouil, thym, sariette, baume, basilic, ambroisie, estragon, pimprenelle, laurier, marjolaine, menthe, sauge, laurier-cerise, angélique.

Végétaux dans lesquels le mucilage est uni à un acide : Oseille, oxalis.

Cucurbitacées : Melon, pastèque, concombre, potiron, courges, giraumon.

Solanées : Tomate, aubergine, piment, pommes de terre.

Champignons : Champignon commun, mousseron, morille, oronges, ceps, truffe.

Épices : Poivre, muscade, macis, girofle, gingembre, piment de la Jamaïque.

Aromates : Safran, vanille, cannelle, anis, badiane, eau de fleurs d'orange, de roses, écorces d'orange, de citron, de cédrat, genièvre.

LENTILLES. Il y en a de deux espèces, la grosse et la petite : cette dernière est connue sous le nom de lentille à la reine; c'est celle qu'on emploie de préférence pour faire les purées, parce que sa couleur est plus agréable que celle de la grosse espèce. La lentille porte la propriété tonique au point d'échauffer et de resserrer beaucoup de personnes : l'eau de sa décoction a la même vertu.

Les lentilles s'apprêtent comme les haricots. Il faut choisir celles qui sont d'un blond clair et qui cuisent facilement : il y en a qui cuisent mal, même dans les eaux les plus pures.

Les lentilles servent surtout à faire des purées. (*Voyez* Ragoûts *et* Garniture.)

LEVAIN ET LEVURE. Le levain est un morceau de pâte fermentée qui sert à déterminer la fermentation de toute pâte composée de farine et d'eau, à laquelle on l'ajoute ; sans cette addition la pâte ne fermenterait pas, et l'on n'en obtiendrait, par la cuisson, qu'une galette compacte, peu digestible et peu savoureuse.

La levure est l'écume que forme la bierre au commencement de sa fermentation : on égoutte cette écume, on la presse et on la réduit en pâte ; dans cet état elle se conserve beaucoup plus long-temps que lorsqu'elle est liquide; desséchée entièrement, la levure se conserve indéfiniment sans perdre de ses propriétés : la levure est un ferment très-énergique qui peut remplacer tous les levains. On en fait usage dans la pâtisserie pour obtenir promptement des pâtes fermentées; la boulangerie en fait aussi usage. On peut suppléer à son défaut, dans beaucoup de cas, par de la bierre, ou par le suc de groseilles qui a éprouvé un commencement de fermentation. L'écume des vins blancs peut aussi remplacer la levure.

LEVRAUT. C'est un jeune lièvre. Pour s'assurer de la jeunesse d'un levraut de trois quarts ou qui est parvenu au terme de sa grandeur, il faut lui prendre les oreilles et les écarter l'une de l'autre : si la peau se relâche, c'est signe qu'il est jeune ; mais si elle ne donne aucun signe d'élasticité, si elle tient ferme, on peut en conclure qu'il n'est plus levraut et qu'il est dur. (*Voyez* Lièvre.)

LIAISON. C'est ce qu'on ajoute aux sauces pour leur donner de la consistance. Les liaisons sont de diverse nature.

La plus communément employée est ce qu'on appelle un roux fait de beurre ou de lard fondu, ou d'une graisse quelconque et de farine : on fait le roux plus ou moins coloré, et on le charge plus ou moins de farine, selon les sauces qu'il est destiné à lier.

La liaison de jaunes d'œuf est aussi très-usitée : on la délaie avec de la crème, du lait ou du bouillon, et on l'ajoute à la sauce qui ne doit plus bouillir.

On emploie encore, comme liaison, un morceau de beurre pétri avec de la farine.

Les jus ou coulis servent aussi à lier les sauces.

Enfin on peut employer comme liaison des marrons écrasés et la marmelade de tomates.

LIÈVRE. La chair du lièvre est une des plus colorées parmi celles des animaux que nous mangeons. Elle est beaucoup moins digestible que celle du lapin, et convient peu aux estomacs faibles et irritables.

Levraut rôti. — *Rôt.* Faites-le revenir sur les charbons pour donner de la fermeté aux chairs ; piquez-le ensuite de lard fin depuis le cou jusqu'à l'extrémité des cuisses ; faites rôtir pendant une heure sans le dessécher : servez avec une sauce piquante, dans laquelle vous mettrez le foie écrasé.

Galantine de lièvre. (*Voyez* Galantine de lapin.)

Gâteau de lièvre. (*Voyez* Gâteau de lapin.)

Lièvre en civet. Coupez un lièvre en morceaux ; mettez le sang à part, s'il s'en trouve dans la poitrine; faites roussir une demi-cuillerée de farine avec un bon morceau de beurre; passez-y de petits ognons que vous retirerez; ajoutez ensuite des morceaux de petit lard; enfin mettez le lièvre; mouillez avec du vin rouge et du bouillon, en assez grande quantité pour tout couvrir; assaisonnez de sel, poivre, un bouquet garni; ajoutez des champignons ou mousserons; faites cuire à grand feu jusqu'à réduction des trois quarts; mettez alors les ognons; faites cuire encore pendant une demi-heure: un peu avant de servir, ajoutez le sang qui a été mis à part, et mêlez-le avec la sauce pour la lier.

Filets de lièvre en civet. — *Entrée.* Levez toutes les chairs d'un lièvre rôti et coupez-les en filets; brisez les os et la carcasse, et passez-les dans un roux, ainsi que les flancs du lièvre, quelques ognons en tranches, un bouquet garni, sel et poivre; mouillez avec du vin rouge et du bouillon; faites bouillir et réduire au quart; passez la sauce au tamis; mettez-y les filets, et faites-les chauffer sans bouillir.

Pâté de lièvre. (*Voyez* Grosse pâtisserie.)

Lièvre en daube. —*Entremets.* Désossez complétement un lièvre; brisez tous les os et la tête; coupez en plusieurs morceaux un jarret de veau; émincez des carottes et quelques ognons; faites cuire le tout avec du vin blanc et du bouillon, sel, poivre, bouquet garni et quelques clous de girofle; faites bouillir à petit feu pendant une heure et demie au moins: passez avec expression.

Foncez avec des bardes de lard une terrine de faïence qui aille au feu; mettez-y la chair de lièvre en l'entremêlant d'émincées de petit lard et de rouelle de veau; assaisonnez de poivre, épices et peu de sel; mouillez avec la cuisson des os; couvrez avec des bardes de lard; faites cuire à petit feu: laissez refroidir et servez dans la terrine.

Si vous n'avez pas de vase de faïence qui aille au feu, faites la daube dans une braisière; et quand tout est cuit à point, retirez les viandes pour les arranger dans une terrine, et versez la cuisson par-dessus.

LIMAÇONS. La chair des limaçons a, plus encore que celle des huîtres, l'inconvénient de se racornir par la cuisson, effet qui est dû à la grande quantité d'albumine qu'elle contient; c'est un aliment fort indigeste, et par lui-même peu sapide; c'est surtout aux limaçons qu'on peut appliquer l'expression proverbiale : *La sauce vaut mieux que le poisson*. La préparation des limaçons est fort longue, et le résultat qu'on obtient ne vaut pas la peine qu'on s'est donnée.

LIMANDES. Les limandes se préparent de la même manière que les soles. (*Voyez* Soles.)

LOCHE. Petit poisson de la dimension d'un éperlan. On le trouve dans les rivières et les ruisseaux. C'est un poisson délicat et recherché, mais il est rare. On l'apprête comme l'éperlan.

LONGE DE VEAU. C'est la partie du veau comprise entre les côtes et la queue, et à laquelle le rognon est attaché.

Pour les préparations de la longe, *voyez* Veau.

LOTTE. Poisson d'eau douce qui ressemble assez à la lamproie. On l'apprête souvent comme l'anguille. Quelques-uns confondent les lottes avec les barbotes, dont elles diffèrent.

Lottes à la bourgeoise.—Entrée. Limonez les lottes; laissez-leur le foie et faites-les cuire avec du vin blanc, ognon coupé en tranches, persil, ciboules, thym, laurier, basilic, sel, poivre, girofle, un peu d'eau, un morceau de beurre; quand elles sont cuites dressez-les dans un plat; servez avec une sauce aux câpres et aux anchois.

Lottes à la Villeroi. — *Entrée*. Foncez une casserole de tranches de veau et de jambon ; faites-les suer pendant une demi-heure ; quand elles sont à moitié cuites, mettez vos lottes limonées et conservant leurs foies ; couvrez avec des bardes de lard, et mouillez avec un verre de vin blanc : assaisonnez de sel, poivre, ciboules, champignons, une gousse d'ail, deux tranches de citron, une feuille de laurier : ajoutez un morceau de beurre.

Faites cuire à petit feu ; quand elles sont cuites retirez-les, trempez-les dans leur sauce, panez-les de mie de pain, et faites-leur prendre couleur au four ; passez ensuite la cuisson des lottes, dégraissez-la ; mettez-y une cuillerée de jus et faites réduire : versez sur les lottes.

Lottes frites. — *Entremets*. Limonez-les, videz-les et remettez les foies dans le corps, après avoir ôté l'amer ; faites-les mariner avec du vin, vinaigre, sel, poivre et fines herbes ; égouttez-les ; et, après les avoir farinées, faites-les frire.

Servez sur une serviette, avec un jus de citron.

On peut aussi servir les lottes en matelote. (*Voyez* Carpe, Anguille.)

MACARON. (*Voyez* Pâtisserie fine.)

MACARONI. Pâte vermicellée qui est en tuyaux de la grosseur d'une plume. Elle peut servir pour faire des potages comme le vermicelle ; mais d'ordinaire on l'emploie à faire divers ragoûts dont le fromage est le principal assaisonnement.

Macaroni à l'italienne. — *Entremets*. Faites cuire une livre de macaroni avec de bon bouillon, sel, poivre et muscade ; à défaut de bouillon, faites cuire dans l'eau avec un morceau de beurre manié de farine ; il ne faut pas le faire trop cuire ; il suffit qu'il cède facilement sous le doigt ; faites égoutter ; mettez-le ensuite dans une casserole avec un quarteron de beurre, une demi-livre de fromage râpé, gros poivre et muscade; sautez le tout ensemble; ajoutez un peu de crême : servez lorsque le fromage est bien fondu et commence à filer. Au lieu de beurre on peut mettre du dégraissis de cuisson, de la graisse de volaille.

Macaroni au gratin.—Entremets. Après avoir fait le macaroni comme ci-dessus, et l'avoir dressé dans un plat, panez-le de mie de pain mêlée avec autant de fromage; arrosez avec du beurre tiède, et faites prendre couleur sous le four de campagne ou avec une pelle rouge.

On prépare, comme le macaroni, les lazagnes, qui sont des espèces de rubans de pâte, et les noules. (*Voyez* Noules.)

MACÉDOINE. On nomme ainsi un mélange de divers légumes ou de viandes cuites.

MACÉRER. C'est laisser en contact deux ou plusieurs substances pendant un temps suffisant pour qu'elles se pénètrent mutuellement. Une marinade est une véritable macération. On fait macérer les fruits avec le sucre pour qu'il s'imprègne de leur arome, et que les fruits se pénètrent de sucre. On fait macérer aussi des substances solides avec des liquides, comme, par exemple, des aromates avec de l'alcool, etc.

MACHE. Plante du genre des valérianes, dont on mange les feuilles en salade. Son plus grand mérite est d'être tendre et sans saveur : on l'associe ordinairement au céleri.

MACIS. Membrane intérieure du *brou* qui enveloppe la noix muscade. C'est un aromate agréable, moins âcre et moins stimulant que la muscade. On en fait peu d'usage en cuisine, mais on l'emploie dans la composition de quelques liqueurs et ratafias.

MACREUSE. Oiseau de mer ayant beaucoup de rapport avec les canards. Sa chair, d'un noir foncé, est dure, coriace, et d'une saveur peu agréable. On la considère comme poisson, et elle fait partie du régime maigre. Comme il est possible de faire son salut aussi agréablement qu'on le peut, pourvu qu'on observe les pratiques dévotes, on s'est beaucoup évertué pour faire, avec des macreuses, un mets passable ; l'art des plus habiles cuisiniers y a échoué : la macreuse au chocolat, qui est le chef-d'œuvre du genre, a trouvé peu d'amateurs.

C'est dommage ; il aurait été fort agréable de pouvoir, sans péché, manger en carême un bon rôti ou une excellente braise d'un volatile réputé maigre.

MAIGRE. Les légumes, les poissons, le beurre, l'huile, les épices, le laitage, les œufs, sont maigres ; je crois cependant que les œufs et les laitages ne sont maigres que par tolérance, au moins dans le carême.

Parmi les quadrupèdes, la grenouille, la loutre et le hérisson, sont maigres : les moines les mangeaient comme tels. Le castor n'est maigre que par le train de derrière ; le devant est gras : c'est un pape qui l'a décidé ainsi.

La macreuse est maigre ; il y a sans doute quelques autres oiseaux qui jouissent de la même propriété : je ne les connais pas ; mais voici une règle sûre, donnée par un évêque : tout oiseau dont *le jus, le jus seul,* ne se fige pas quand on le met sur un plat d'argent, est décidément maigre ; on peut le manger en toute sûreté de conscience.

Je ne connais aucune règle applicable aux quadrupèdes : l'épreuve par le jus serait assez commode.

Du reste on peut faire gras pendant tout le carême, pourvu qu'on n'use pas en même temps d'alimens maigres. J'ai entendu prononcer cette décision à table, par un de nos vénérables archevêques, alors évêque.

MAIS. On fait avec la farine de maïs, du lait, du sucre, et un aromate quelconque, des bouillies épaisses qu'on coupe par tranches lorsqu'elles sont refroidies. On fait griller ces tranches et on les saupoudre de sucre : c'est un *entremets* fort agréable. On peut introduire aussi dans ces bouillies du beurre ou de la graisse d'oie, qui les rend plus savoureuses.

MALT. C'est de l'orge germée et séchée, dont la farine sert à faire la bierre. La décoction du malt entier fait une tisane adoucissante, légèrement sucrée, d'un goût agréable et un peu nutritive.

MANIOC. La racine du manioc contient abondamment de la fécule unie à un suc très-vénéneux. On râpe la racine et on en extrait, par simple expression, le suc, qui dépose dans les vases où on le reçoit, une fécule très-fine, dont on fait la cassave, espèce de galette que les créoles, les femmes surtout, préfèrent au pain, et le *tapioca* qu'on nous apporte depuis quelques années, et dont on fait un grand usage pour les potages qu'on prescrit aux personnes qui ont l'estomac irritable.

Le suc du manioc cesse d'être vénéneux quand on l'a fait bouillir : on l'emploie alors dans diverses sauces.

MAQUEREAUX. Poisson de mer bien connu : il est de passage et paraît au printemps. Sa chair est assez compacte, et n'est pas d'une digestion facile pour tous les estomacs.

Maquereaux à la maître d'hôtel. — *Entrée.* Essuyez-les avec une serviette après les avoir vidés ; mettez-les sur le gril enveloppés d'un papier huilé ; retournez-les quand ils sont cuits d'un côté ; fendez-les par le dos, et mettez-y un morceau de beurre manié de persil, ciboules, une pointe d'ail, hachés fin ; sel et gros poivre : arrosez en servant d'un jus de citron.

Maquereaux au court-bouillon. — *Entremets.* Faites-les cuire dans un court-bouillon composé d'eau, de vin, persil, ciboules, ail, fenouil, basilic, sel et poivre: ne mettez les maquereaux dans le court-bouillon que lorsqu'il est bouillant; ne les laissez qu'un quart d'heure: égouttez-les et dressez-les sur le plat.

On peut les servir au beurre noir avec du persil frit, ou avec une sauce aux câpres et aux anchois, ou avec du beurre manié de fines herbes et une pointe d'ail hachée très-fin, qu'on fait seulement tiédir; ajoutez sel et poivre, et un jus de citron ou du verjus.

MARCASSIN, jeune sanglier. On le fait rôtir à la broche après l'avoir piqué de lard dans toutes ses parties.

MARJOLAINE. Plante aromatique qu'on fait entrer dans les bouquets garnis.

MARINADE.—Préparation qu'on donne aux viandes et aux poissons pour relever leur saveur avant de les faire cuire. On les trempe à cet effet dans ce qu'on appelle une marinade, composée de vin ou vinaigre, et quelquefois de l'un et de l'autre, avec sel, poivre, épices et fines herbes, ognons en tranches, etc.

Il y a aussi des marinades dont l'huile est la base. (*Voyez* Sauces.)

Les viandes et poissons marinés s'apprêtent de diverses manières: lorsqu'on les fait frire après les avoir trempés dans une pâte, cette friture prend le nom de marinade. Dans tous les autres cas, la marinade n'est considérée que comme une préparation.

MARRON. Variété de châtaigne contenant plus de matière sucrée que l'espèce commune: la membrane qui forme la seconde enveloppe du marron pénètre moins dans la pulpe que celle de la châtaigne. (*Voyez* Élémens de Sauces.) Pour la manière de les faire cuire *voyez* Rôtissoire.

Compote de marrons. (*Voyez* Compotes.)

MASSEPAIN. (*Voyez* Pâtisserie fine.)

MATELOTE. (*Voyez* Carpe, Anguille.) Toutes les matelotes se font de la même manière.

MAUVIETTE. Petit oiseau semblable à l'alouette, et qui reçoit les mêmes préparations. (*Voyez* Alouettes.)

MAYONNAISE. Sauce froide composée de jaunes d'œuf crus, de jus de citron et de vinaigre, sel et poivre.

On s'en sert pour des salades de viande ou de poisson. (*Voyez* Sauces.)

MÉLILOT. Plante de la famille des légumineuses, ayant les feuilles assez semblables à celles du trèfle : ses fleurs sont jaunes; toute la plante exhale une odeur assez agréable, qui a de l'analogie avec celle de la fève tonka. Un bouquet de mélilot, mis dans le ventre d'un lapin qu'on fait rôtir, communique à sa chair un fumet agréable.

MÉLISSE. Plante aromatique à odeur de citron. Elle fait très-bien dans les bouquets garnis et dans le vinaigre aromatique.

MELON. — *Hors-d'œuvre.* Fruit excellent lorsqu'il provient d'une bonne espèce, pourvu qu'une température convenable, naturelle ou artificielle, ait favorisé sa végétation, et qu'il ait été cueilli à son point. Les melons parfaits sont rares, même dans les climats qui leur sont le plus favorables ; en revanche, les melons médiocres sont communs, et les melons détestables sont abondans en tous pays. La salubrité des melons est en raison directe de leur bonne qualité; les mauvais melons, surtout lorsqu'ils n'ont pas atteint le terme de leur maturité, sont un aliment très-malsain ; les estomacs les plus robustes les digèrent difficilement dans cet état. Il y a si peu de substance solide dans un melon parfaitement mûr, que sa propriété nutritive, d'ailleurs très-faible, ne peut être attribuée qu'à la matière sucrée qu'il contient. Il ne suit pas de là qu'on en puisse manger impunément en trop grande abondance : la chair du melon est rafraîchissante à un haut degré ; prise avec excès elle fatigue l'estomac, et si cet excès est souvent répété, des désordres sérieux peuvent en être le résultat ; le sel et le gros poivre, assaisonnemens ordinaires du melon, contribuent à le rendre plus digestible : le sucre qu'on y ajoute quelquefois ne paraît pas produire le même effet.

MENDIANS. On nomme *quatre mendians* un mélange de figues, de raisins secs, d'avelines et d'amandes.

MENTHE. Plante aromatique qui entre dans la composition du vinaigre parfumé.

MENU. C'est la liste arrêtée d'avance de tous les mets qui doivent composer un repas.

MERINGUE. (*Voyez* Pâtisserie fine.)

MERISE. Fruit du merisier : sa chair, peu abondante, est d'un pourpre très-foncé et un peu amère. La pulpe de la merise fermentée donne, par la distillation, une eau-de-vie connue sous le nom allemand de *kirchenwasser* (eau de cerises).

MERLAN. La chair du merlan est la plus légère et la plus digestible parmi les poissons : elle est peu alimentaire, et elle convient, sous ce rapport, aux convalescens, dont il faut ménager les forces digestives.

Merlans frits.—Rôt. Écaillez, videz, lavez et essuyez les merlans : laissez-leur les foies ; incisez-les légèrement de chaque côté ; farinez-les et faites frire dans une friture bien chaude. On les saupoudre de sel fin en les retirant.

Merlans au gratin.—Entrée. On les prépare comme les soles. (*Voyez* Soles.)

Merlans au court-bouillon.—Entremets. Faites-les cuire dans un court-bouillon composé d'eau et de vin, persil, ciboules, ail, basilic, sel, gros poivre ; faites bouillir le court-bouillon avant d'y mettre les merlans : il ne faut que dix minutes pour les cuire. On les sert avec une sauce aux câpres et aux anchois.

Ou avec du beurre manié de fines herbes et une pointe d'ail ; on fait seulement tiédir, et on verse sur les merlans.

Quand les merlans sont cuits, on peut en enlever la tête et les arêtes, pour ne servir que les filets.

MERLE. Oiseau qui est à peu près de la grosseur de la grive. Il se nourrit de baies. On le prépare comme la grive.

MERLUCHE. On nomme ainsi la morue qui a été salée et séchée. (*Voyez* Morue.)

MEUNIER. Poisson de rivière dont la tête est très-grosse et la chair fort insipide.

MIEL. On fait aujourd'hui très-peu d'usage du miel dans les préparations alimentaires ; on lui a substitué le sucre, et l'on s'en trouve bien : le miel a passé presque entièrement dans le domaine de la pharmacie ; il faut en excepter certains miels de choix, comme celui de Narbonne, qu'on recherche pour les manger en substance. Ces miels parfumés sont extrêmement agréables et fort sains.

On ajoute quelquefois une petite quantité de très-beau miel à des liqueurs très-sucrées pour empêcher le sucre de s'en séparer en cristaux.

MIJOTER ou MIGEOTER. C'est faire bouillir à très-petit feu une préparation alimentaire déjà avancée dans sa cuisson. Dans cette ébullition lente les chairs se cuisent intimement et s'attendrissent : leurs sucs se combinent, se réduisent, et acquièrent une sapidité plus prononcée.

MIRABELLE. Espèce de prune, petite, de couleur jaune et très-parfumée : il en existe deux variétés, dont l'une est plus grosse que l'autre, quoique toujours de petite dimension : la plus petite est la meilleure. La mirabelle est très-charnue, ce qui la rend propre à faire des confitures que son arome rend très-agréables.

MIROTON. Ragoût dont la base est ordinairement du bœuf bouilli. (*Voyez* Bœuf.)

MITONNER. Ce mot a à peu près le même sens que mijoter; mais il s'applique exclusivement au potage.

Un potage est mitonné lorsque le pain a absorbé tout le bouillon, et qu'il est réduit en une espèce de bouillie.

MOELLE. Substance grasse qui remplit le vide des gros os des grands quadrupèdes : la moelle pure est un aliment de difficile digestion; mêlée avec des viandes sèches, elle leur donne du moelleux et les rend beaucoup plus agréables.

MORILLE. Espèce de champignon qui croît au printemps. La morille se conserve facilement, lorsqu'elle est séchée, sans perdre aucune de ses qualités : elle perd beaucoup de son volume pendant sa dessiccation, mais elle le reprend quand on la fait tremper dans un liquide. La morille est alimentaire comme tous les champignons comestibles; elle se digère plus facilement. On l'emploie comme garniture dans la plupart des ragoûts et des sauces : on en fait aussi quelques ragoûts particuliers.

Croûte aux morilles. — *Entrée.* Coupez les morilles par moitié; lavez-les dans plusieurs eaux pour en séparer le sable et la terre qu'elles contiennent souvent; après les avoir fait égoutter, mettez-les dans une casserole avec du lard fondu et un bouquet; assaisonnez de sel, poivre et muscade : passez le tout en ajoutant une pincée de farine; mouillez avec du bouillon et faites mijoter à petit feu; quand elles sont cuites, ajoutez une liaison de deux jaunes d'œuf et de crème.

Mettez au fond d'un plat une croûte de pain, et versez le ragoût par-dessus.

Morilles à l'italienne. — *Entrée.* Après les avoir lavées plusieurs fois, égouttez-les et faites-les cuire sur la cendre chaude, avec persil, ciboules, une pointe d'ail, le tout haché, du beurre, une cuillerée d'huile, sel et poivre; quand elles sont cuites, versez le ragoût sur un croûton passé au beurre.

MORTIER. Vase dans lequel on pile les substances qu'on veut réduire en poudre ou en pâte. Les mortiers employés dans la cuisine doivent être de marbre : leur capacité intérieure doit être plus large que leur ouverture, pour empêcher les matières pilées d'être projetées au dehors. La fig. 7, pl. 3, représente un mortier.

A Extérieur du mortier;

B Intérieur;

CC Anses, dont une est creusée en gouttière.

MORUE. Poisson de mer qui, sous ce nom, est toujours ou salé, ou salé et séché. La morue séchée se nomme aussi *merluche* : la morue fraîche se nomme *cabilleau*. (*Voyez* ce mot.)

Cuisson de la morue. Faites-la dessaler, dès la veille, dans de l'eau de rivière, qu'on renouvelle de temps en temps : ensuite on la ratisse et on la nettoie.

Faites-la cuire dans de l'eau de rivière, jamais dans de l'eau de puits, ni même dans de l'eau de fontaine, à moins qu'elle ne dissolve parfaitement le savon : la morue durcit toujours plus ou moins dans les eaux crues. Mettez-la sur le feu dans l'eau froide; écumez-la lorsque l'eau est presque bouillante; et, lorsqu'elle bout, retirez le vase du feu, et couvrez-le pendant un quart d'heure; ôtez ensuite la morue.

Morue frite.—*Entremets.* Hachez grossièrement des filets de morue cuite; préparez-les comme pour la béchamelle : tenez la sauce courte et épaisse; laissez refroidir la morue dans la sauce; formez-en de petits tas; panez-les; trempez-les dans l'œuf entier battu, et panez-les une seconde fois; faites frire : servez en buisson avec persil frit.

Morue au beurre roux. — *Entrée.* Coupez de gros ognons en tranches; faites roussir un bon morceau de beurre avec une demi-cuillerée de farine et un peu de sucre en poudre; passez les ognons au roux jusqu'à ce qu'ils soient colorés; ajoutez une cuillerée de vinaigre; faites bouillir un instant, et versez sur la morue cuite en feuillets et encore chaude.

La merluche s'apprête comme la morue : elle a surtout besoin d'être cuite dans de l'eau très-pure; sans cette précaution elle est souvent très-coriace.

Morue à la béchamelle.—Entremets. Mettez dans une casserole un morceau de beurre proportionné à la quantité de morue, un peu de farine, persil, ciboules, une pointe d'ail, hachés très-fin, gros poivre et muscade râpée; mouillez avec de la crême ou du lait; faites lier sur le feu; mettez-y la morue déjà cuite et en filets; faites seulement réchauffer et servez. Si la morue est très-dessalée, mettez un peu de sel dans la béchamelle.

Morue à la maître d'hôtel.—Entrée. Lorsque la morue est cuite, levez les feuillets; mettez la morue dans une casserole avec un bon morceau de beurre, persil et ciboules hachés, gros poivre et muscade râpée; faites seulement fondre le beurre; évitez qu'il ne tourne en huile; quand il est bien mêlé avec la morue, ajoutez du jus de citron ou du verjus.

Morue à la provençale. — Entremets. Couvrez le fond d'un plat avec du beurre, que vous saupoudrez de persil, échalottes, ciboules, une pointe d'ail, le tout haché finement, poivre et muscade râpée; ajoutez une bonne cuillerée d'huile; mettez sur cet assaisonnement la morue en feuillets, en la saupoudrant légèrement avec l'assaisonnement ci-dessus; arrosez avec une cuillerée d'huile; unissez bien, et panez avec de la mie de pain que vous arrosez de gouttes d'huile; mettez le plat sur un petit feu; faites prendre couleur sous le four de campagne un peu chaud ou avec une pelle rouge.

MORTADELLE. Nom qu'on donne à de gros saucissons qui viennent de Bologne. Les mortadelles sont très-épicées, notamment avec des grains de poivre entiers.

MOU DE VEAU. C'est le poumon du veau. On en fait des bouillons rafraîchissans.

MOUILLEMENT. C'est le liquide dans lequel on fait cuire un ragoût.

MOUILLER. C'est ajouter du bouillon, du vin, ou autre liquide à un ragoût.

MOULE. Ustensile de cuisine et d'office qui sert à donner une forme régulière à certaines préparations alimentaires. (*Voyez* Pâté, Biscuits.)

MOULE. — *Entrée*. Coquillage de mer qu'on mange cuit. Les personnes qui ont mangé des moules éprouvent quelquefois des accidens assez graves : la face se gonfle; des pustules s'élèvent sur tout le corps, et sont accompagnées de démangeaisons très-vives; on éprouve de la gêne dans la respiration, quelquefois des spasmes dans la poitrine. Ces symptômes, qui se manifestent rarement à la fois chez le même individu, cessent presque toujours lorsqu'on administre au malade une forte dose d'éther (deux à trois gros). On n'est pas très-d'accord sur la cause qui rend les moules dangereuses : les uns attribuent les accidens à la présence de petits animaux, et notamment d'une espèce de crâbe qui s'introduit dans la coquille de la moule; d'autres, aux alimens qu'elle consomme dans certaines circonstances; et enfin à l'altération qu'éprouve la moule pendant le transport.

Ce qu'on peut faire de mieux pour les prévenir, c'est de choisir les moules dans un grand état de fraîcheur, de rejeter toutes celles qui paraissent avoir éprouvé une altération quelconque, et de les éplucher avec soin avant de les préparer.

Moules à la poulette. —*Entrée*. Râclez les coquilles pour en détacher tout ce qui est adhérent; lavez-les à plusieurs eaux; mettez-les à sec dans une casserole sur un feu ardent; retournez-les à mesure qu'elles s'ouvrent; ôtez les coquilles, ou laissez la moule attachée à l'une des valves : passez au tamis l'eau que les moules ont rendue; mettez-les dans une casserole avec un bon morceau de beurre, persil et ciboules hachés, gros poivre et muscade râpée : passez-les sur le feu; ajoutez un peu de farine; mouillez avec du bouillon et un peu d'eau des moules; faites jeter quelques bouillons; tenez-les ensuite chaudement sans bouillir : au moment de servir, liez la sauce avec des jaunes d'œuf, et ajoutez du jus de citron.

Ragoût de moules au gras. (*Voyez* Ragoûts *et* Garnitures.)

Moules à la provençale. — Entrée. Procédez comme ci-dessus pour faire ouvrir les moules; ne retirez qu'une valve des coquilles; mettez dans une casserole un demi-verre d'huile, persil, ciboules, champignons, truffes, une demi-gousse d'ail, le tout haché très-fin; passez sur le feu; mouillez avec un verre de vin blanc, une cuillerée de bouillon et la moitié de l'eau des moules; faites cuire cette sauce; quand elle est presque réduite, mettez-y les moules avec une cuillerée de jus; faites-leur faire quelques bouillons : ajoutez un jus de citron, gros poivre et muscade râpée. Servez à courte sauce.

MOUSSERON. Espèce de champignon qu'on trouve sur les friches au printemps, et surtout en automne. Le mousseron est très-petit, mais il est plus parfumé que le champignon commun : il a aussi une propriété qui le rend précieux, c'est de se dessécher facilement et de se bien conserver sans perdre aucune de ses qualités. Le mousseron peut recevoir toutes les préparations qu'on donne aux champignons. (*Voyez* Champignons, Ragoûts, Élémens de Sauces.)

MOUT. On nomme ainsi le jus du raisin qui n'a point

encore éprouvé un mouvement de fermentation. En faisant évaporer le moût sur le feu, on obtient le raisiné, espèce de confiture très-acide, même lorsqu'on la fait avec le moût des raisins les plus sucrés. Lorsqu'on fait cuire le moût avec des poires qui, en général, portent peu d'acide, on obtient un raisiné beaucoup meilleur.

MOUTARDE. La moutarde, composée de graine de sénevé broyée et de vinaigre, est un stimulant fort actif facilitant la digestion des chairs grasses et visqueuses, qui fatiguent les estomacs les plus robustes : on diminue l'activité de la moutarde en la mélangeant avec de l'huile et du sel; on y substitue quelquefois le moût de raisin au vinaigre; les Anglais y mettent du sucre. Ces moutardes sucrées sont moins saines que les autres. On ajoute souvent, dans la fabrication de la moutarde, des anchois, des fines herbes et des aromates. (*Voyez* Rémoulade.)

On doit éviter de se servir d'une cuillère d'argent pour servir la moutarde : on pourrait l'oublier dans le moutardier, où elle formerait en peu de temps une quantité de vert-de-gris très-suffisante pour produire des accidens graves.

MOUTON. La chair du mouton, lorsqu'elle est tendre, est très-alimentaire, et plus facilement digestible que celle du bœuf et du veau : la chair des moutons varie beaucoup en qualité, suivant la nature des pâturages où ils ont été nourris : la meilleure provient d'animaux élevés dans des pâturages secs ou situés sur les bords de la mer; ces derniers sont connus sous la dénomination de *moutons de prés salés*.

Langues de mouton. (*Voyez* Langues.)

Rognons de mouton à la brochette. — *Hors-d'œuvre* ou *entrée*. Fendez-les en deux, sans séparer les parties, après les avoir dépouillés de leur peau; traversezles par des brochettes pour empêcher les parties de se réunir; beurrez le fond d'une casserole ou d'une sautoire; mettez-y les rognons : faites cuire à feu vif ; retournez les rognons; quand ils sont cuits, dressez-les sur un plat, et mettez sur chacun un petit morceau de beurre manié de fines herbes, ou du beurre d'anchois : ajoutez aussi du jus de citron.

Queues de mouton à la purée. — Entrée. Faites-les cuire à la braise, avec bardes de lard, parures de viandes, ognons, carottes, bouquet garni, sel, poivre et muscade; mouillez avec du bouillon et un peu de vin blanc; faites cuire à petit feu : retirez les queues avec soin lorsqu'elles sont cuites; dressez-les sur un plat, et couvrez-les d'une purée de pois ou de lentilles préparée au gras.

On les sert aussi avec une sauce tomate, ou sur de la chicorée : dans tous les cas on emploie la cuisson de la braise pour préparer les purées ou les sauces qu'on sert avec les queues.

Queues de mouton au riz. — Entrée. Faites-les cuire à la braise comme ci-dessus; faites crever du riz avec un peu de bouillon; ajoutez-y la cuisson de la braise sans la dégraisser; faites mijoter; lorsque le riz a tout absorbé, faites une couche au fond d'un plat, dressez les queues par-dessus, et couvrez-les avec le reste du riz.

Queues de mouton à la Sainte-Ménéhould. — Entrée. Après les avoir fait cuire à la braise, trempez-les dans le dégraissis de la braise : panez-les; couvrez avec de l'œuf battu et panez une seconde fois; faites griller sur un feu très-doux, ou faites seulement prendre couleur sous le four de campagne. Servez avec une sauce piquante.

On peut aussi les faire frire.

Terrine de queues de mouton aux navets. — Entrée. Faites cuire les queues à la braise; ratissez des navets et passez-les avec du lard fondu, un peu de farine et de sucre en poudre, jusqu'à ce qu'ils aient pris une belle couleur ; mouillez avec du jus ou de bon bouillon, ou avec de la cuisson de la braise ; quand les navets sont cuits, dressez les queues sur un plat, et versez le ragoût de navets par-dessus.

On peut substituer les marrons aux navets.

Terrine de queues de mouton au petit lard et aux choux. — *Entrée.* Garnissez le fond d'une braisière de bardes de lard, de tranches de bœuf et de veau battues ; assaisonnez de sel, poivre, muscade, fines herbes, ciboules entières, persil haché, carottes et panais : ficelez par paquets les queues de mouton blanchies, et arrangez-les dans la braisière : ajoutez des choux blanchis et ficelés par paquets ; mettez-y aussi de petites tranches de lard ; couvrez de tranches de bœuf, de veau et de lard ; mouillez avec du bouillon et du vin ; faites cuire feu dessus, feu dessous. Quand tout est cuit, dressez les queues dans une terrine en les entremêlant de choux et de petit lard ; faites réduire la cuisson après l'avoir dégraissée ; liez-la avec un peu de beurre manié de farine, ou avec de la marmelade de tomates, et versez sur les queues. On peut ajouter à la braise une vieille perdrix ou un morceau de jambon cru.

Pieds de mouton à la poulette. — *Entrée.* Prenez des pieds de mouton échaudés ; enlevez avec soin ce qui peut rester de poil ; faites-les cuire dans un blanc (*voyez* ce mot, article *Sauces*) à très-petit feu ; quand ils sont cuits, retirez-les : ôtez les gros os ; faites réduire la cuisson avec des champignons coupés en quatre, du persil haché fin, sel, gros poivre et muscade ; ajoutez une cuillerée de jus si vous en avez, ou, à défaut, du bouillon avec un morceau de beurre ; faites réchauffer les pieds dans cette sauce ; et, au moment de servir, mettez-y une liaison de jaunes d'œuf et un jus de citron, ou un filet de verjus.

Pour se dispenser de faire un blanc, on peut faire cuire les pieds dans de bon bouillon avec un morceau de beurre manié de farine.

Pieds de mouton à la Sainte-Ménehould. — Entrée. Faites-les cuire dans une braise, avec bouillon, vin blanc, un morceau de beurre ; assaisonnez avec persil, ciboules et une pointe d'ail hachés, sel, poivre et muscade ; faites cuire jusqu'à ce que la cuisson soit presque entièrement réduite : retirez les pieds et laissez-les refroidir ; trempez-les dans la cuisson ; panez-les et faites-les griller, ou faites-leur prendre couleur sous le four de campagne. Servez avec une sauce piquante.

Après les avoir fait cuire à la braise, on peut les faire frire en les trempant dans une pâte légère.

Pieds de mouton au gratin. — Entrée. Faites-les cuire à la braise ; quand ils sont cuits, mettez au fond d'un plat une farce faite avec de la mie de pain, du lard râpé ou du beurre, deux jaunes d'œuf crus, persil et ciboules hachés, sel, gros poivre, et une cuillerée de jus ou de bouillon ; posez le plat sur les cendres chaudes pour faire attacher le gratin ; égouttez le beurre ou la graisse ; arrangez les pieds sur le gratin ; couvrez avec la même farce ; unissez avec de l'œuf battu, et faites prendre couleur sous le four de campagne ; faites un trou au sommet, et versez par là la cuisson des pieds dégraissée et préalablement réduite.

Côtelettes de mouton panées et grillées. — Entrée. Parez les côtelettes en ôtant tous les os, excepté celui de la côte ; battez-les ; trempez-les dans du beurre fondu après avoir été manié avec des fines herbes ; panez-les avec de la mie de pain ; faites griller à un feu un peu vif, en tenant le gril assez élevé pour que la mie de pain ne brûle pas : ne faites pas trop cuire. Servez à sec.

Au lieu de tremper les côtelettes dans le beurre, on peut les tremper dans l'huile.

Côtelettes au naturel. Battez les côtelettes après les avoir parées; mettez-les dans une casserole ou dans une sautoire dont vous aurez beurré le fond; faites cuire sur un feu vif; retournez les côtelettes et prenez garde qu'elles ne se dessèchent : servez avec le jus qu'elles ont rendu.

Côtelettes à la purée d'ognons. Faites cuire les côtelettes, après les avoir parées, dans une bonne braise; quand elles sont cuites, dressez-les en couronne sur un plat, et mettez au milieu une purée d'ognons.

On emploie une partie de la cuisson des côtelettes pour terminer la purée d'ognons.

Au lieu d'une purée d'ognons, on peut servir avec une purée de lentilles ou de pois verts.

Côtelettes à la sauce tomate. Faites cuire à la braise; retirez les côtelettes pour faire réduire la cuisson; quand elle est bien réduite et un peu refroidie, saucez-y les côtelettes et couvrez-les de mie de pain : laissez-les refroidir; cassez quatre œufs dans le restant de la sauce; trempez-y les côtelettes et panez-les une seconde fois; arrosez-les de beurre tiède, et saupoudrez de mie de pain bien fine; faites griller à un feu doux, ou faites prendre couleur sous le four de campagne : servez avec une sauce tomate, ou avec une sauce piquante.

Côtelettes de mouton farcies. Faites-les cuire à la braise; ensuite faites réduire la cuisson; faites une farce avec de la rouelle de veau et de la graisse de bœuf, persil, ciboules, champignons, sel et poivre; ajoutez, pour lier la farce, de la crême et deux œufs; couvrez les côtelettes avec cette farce; arrangez-les sur une tourtière, et saupoudrez-les de mie de pain; posez la tourtière sur des cendres chaudes, et couvrez avec le four de campagne; faites prendre peu de couleur : servez à sec, ou avec une sauce tomate, ou toute autre.

Collets de mouton à la Sainte-Ménéhould. — *Entrée.* Coupez le bout saigneux et faites-les cuire à la braise; faites cuire à petit feu; quand ils sont cuits, saucez-les dans du beurre tiède; et, après les avoir assaisonnés de sel et gros poivre, panez-les de mie de pain; faites griller à petit feu en les retournant : servez avec une sauce piquante.

Haricot de mouton. — *Entrée.* Coupez en morceaux une épaule ou un carré; passez-les au roux; mouillez avec du bouillon; assaisonnez de sel, poivre, un bouquet garni, et un ognon piqué de deux clous de girofle; dégraissez lorsque le mouton est à moitié cuit; passez des navets au beurre en ajoutant un peu de farine et de sucre en poudre, jusqu'à ce qu'ils aient pris une belle couleur, et mettez-les avec le mouton.

Si on ajoute des pommes de terre, il faut les passer auparavant dans le dégraissis.

Les marrons rôtis sont excellens dans le haricot.

Si le haricot se fait avec un carré, on le coupe en côtelettes qu'on pare proprement : on les range en couronne sur un plat, et on met les navets dans le milieu.

Gigot de mouton rôti. — *Rôt.* Parez le manche et le bout du gigot; faites rôtir à feu vif. Le mouton, comme le bœuf, doit être saisi d'abord par une forte chaleur, qui, en crispant la surface, empêche les sucs de s'écouler et les retient dans l'intérieur. Ne laissez pas languir le feu; mettez dans la lèchefrite du beurre fondu et un peu de vinaigre et de sel; arrosez souvent : ceux qui aiment l'ail en mettent une gousse sous la peau près du manche. Ne laissez pas dessécher le gigot : lorsqu'il est cuit au point convenable, la chair du centre doit être encore rouge.

Émincée de gigot rôti. — *Entrée.* Faites un roux; passez-y la chair d'un gigot rôti coupé en tranches minces; mouillez avec quelque fond de cuisson, ou avec du bouillon et un demi-verre de vin ; assaisonnez de sel, poivre et muscade ; faites bouillir doucement pendant une heure, parce que le mouton qui ne bout que quelques instans durcit, tandis que si on prolonge l'ébullition il devient tendre, en même temps qu'il s'imprègne mieux de l'assaisonnement : une minute avant de servir, ajoutez une cuillerée d'huile.

On peut substituer à l'huile du beurre d'anchois.

Hachis de mouton rôti.—Entrée. Otez les nerfs et les peaux ; hachez très-fin la chair avec des marrons grillés, ou des pommes de terre cuites, ou des champignons ; faites un roux et passez-y le hachis ; mouillez avec du bouillon ou du jus, ou un fond de cuisson ; assaisonnez de sel, gros poivre et muscade ; laissez cuire à très-petit feu pendant une heure ; au moment de servir ajoutez un morceau de beurre : servez avec des croûtons passés au beurre, dont on fait une couronne, et des œufs pochés par-dessus.

Quenelles de mouton.—Entrée. Hachez séparément de la chair de mouton rôti, des marrons et une cervelle de veau cuite à l'eau avec sel et vinaigre ; mêlez le tout ensemble, et assaisonnez de sel et poivre, avec de fines herbes hachées très-fin ; mêlez le tout ensemble avec trois jaunes d'œuf ; formez-en des boulettes que vous panerez après les avoir trempées dans un œuf battu ; passez-les au beurre jusqu'à ce qu'elles aient pris une belle couleur : servez à sec ou avec une sauce tomate.

Gigot braisé.—Entrée. Roguez le manche, et piquez la chair avec de gros lardons roulés dans des fines herbes hachées menu, avec une pointe d'ail, sel, gros poivre, muscade râpée ; ficelez le gigot, et mettez-le dans une braisière, dont vous aurez couvert le fond avec des bardes de lard et quelques parures de viande ; ajoutez des carottes, des ognons et un bouquet garni ; assaisonnez de sel et gros poivre ; couvrez le gigot avec des bardes de lard ; mouillez avec du bouillon et un verre de vin blanc ; faites cuire à très-petit feu pendant cinq ou six heures : servez avec la cuisson réduite.

Le gigot à l'eau se fait de même : toute la différence, c'est qu'on mouille avec de l'eau au lieu de bouillon et de vin.

Gigot aux truffes.—Entrée. Raccourcissez le manche, et fendez le gigot pour enlever l'os principal ; retirez, avec un couteau bien affilé, environ une demi-livre de chair du milieu du gigot ; lardez-le avec du gros lard assaisonné ; hachez, avec des truffes, la chair que vous avez enlevée, et mettez le hachis dans l'intérieur du gigot, que vous recoudrez ensuite pour lui rendre sa première forme ; introduisez dans la chair du gigot, avec la pointe d'un couteau, des filets de truffes ; pendez-le pendant un, deux ou trois jours, selon la saison, dans un endroit aéré, après l'avoir enveloppé exactement de papier.

Faites-le cuire lentement à la braise, enveloppé de tranches de veau et de lard ; mouillez avec du bouillon et du vin blanc.

Servez avec la cuisson dégraissée et réduite.

Gigot en terrine. — Entrée. Fendez un gigot dans toute sa longueur et enlevez l'os ; coupez la chair en travers en tranches de deux doigts d'épaisseur ; piquez ces tranches de lard assaisonné ; garnissez le fond d'une terrine de bardes de lard maigre ; posez les tranches par-dessus, en les séparant par des champignons et des ognons hachés grossièrement ; mouillez avec du vin blanc ; fermez hermétiquement la terrine, et faites cuire à petit feu. Dégraissez la cuisson, faites-la réduire, ajoutez un jus de citron, et servez-vous-en comme de sauce.

On peut entremêler les tranches de moutons de bardes de lard et d'émincées de veau : on supprime, dans ce cas, les champignons et l'ognon; on ne mouille pas; on lute le couvercle de la terrine avec de la pâte, et on fait cuire au four en même temps que le pain.

Gigot à la chicorée. — Entrée. Préparez et faites cuire comme ci-dessus; prenez des chicorées blanchies et bien égouttées en les pressant; hachez-les et passez-les au beurre : ajoutez la cuisson des tranches de gigot; faites réduire la chicorée, et, quand elle est bien fondue, versez-la dans un plat et arrangez par-dessus les tranches de gigot; râpez-y un peu de muscade, et garnissez le tour du plat de croûtons passés au beurre.

Gigot de mouton aux légumes glacés. — Entrée. Prenez un gigot mortifié; rognez le manche et parez le bout; mettez-le dans une braisière avec de bon bouillon : prenez la moitié d'un chou, dix carottes, deux panais, six ognons, trois pieds de céleri, six navets; faites blanchir le tout ensemble un demi-quart d'heure; retirez-les à l'eau fraîche, et égouttez-les en pressant; ficelez le chou et les pieds de céleri, et mettez ces légumes cuire avec le gigot : assaisonnez de sel et poivre. Quand tout est cuit, dressez le gigot et les légumes dans un plat; dégraissez la cuisson, et faites-la réduire à deux cuillerées, versez légèrement cette glace sur le gigot et les légumes; mettez ensuite un peu de bouillon dans la braisière pour détacher ce qui reste de la glace, et versez cette sauce sous les légumes.

Carré de mouton farci. — Entremets. Faites cuire un carré de mouton à la broche; étant refroidi, levez toute la chair du dessus et les filets du dessous; hachez-la avec de la rouelle de veau cuite, du lard râpé après avoir été blanchi, et un peu de moelle ou de graisse de bœuf; liez la farce avec des jaunes d'œuf et de la mie de pain trempée dans de la crême; couvrez de cette farce le carré; unissez avec un couteau trempé dans l'œuf battu; panez avec de la mie de pain, et faites prendre couleur dans le four ou sous le four de campagne.

Carré de mouton à la chirac. — *Entrée.* Prenez un carré de mouton ; parez-le en le désossant le long du filet ; faites-le cuire à moitié à la broche, et achevez de le faire cuire dans le derrière de la marmite : servez avec un ragoût d'épinards.

Faites blanchir des épinards ; passez-les au beurre, après les avoir pressés, sans les hacher ; mouillez avec du jus ou avec du bouillon réduit ; assaisonnez convenablement, et servez à courte sauce sous le carré.

Poitrine de mouton à la Sainte-Menehould. — *Entrée.* Faites cuire dans une bonne braise ; quand elle est cuite enlevez les os des côtes ; assaisonnez de sel et poivre ; dorez avec du beurre tiède et panez partout : faites griller à petit feu. Servez avec une sauce piquante.

Poitrine aux épinards, à la chicorée, etc. — *Entrée.* Coupez la poitrine en morceaux de forme régulière, faites cuire à la braise ; faites réduire la cuisson ; glacez-en les morceaux, et servez sur de la chicorée, des épinards, etc.

Râble ou selle de mouton braisée. — *Entrée.* La selle est la partie comprise entre les côtes et le gigot : on la fait cuire comme la poitrine et on la sert de même.

Mouton en chevreuil. — *Rôt.* Le filet et le gigot se préparent surtout de cette manière ; faites-les mariner vingt-quatre ou quarante-huit heures, suivant la saison, avec vinaigre, ognons, thym, laurier, sel, poivre et muscade ; faites cuire à la broche, et servez avec une sauce piquante.

Filets de mouton. — *Entrée.* Coupez-les en tranches épaisses d'un doigt, que vous piquerez de petit lard ; faites mariner comme ci-dessus ; faites cuire ensuite dans une braise mouillée de vin blanc ; faites réduire la cuisson, et servez-vous-en pour glacer les tranches du côté du lard.

Servez avec une sauce tomate, ou avec un ragoût d'olives. (*Voyez* Sauces *et* Ragoûts.)

Épaule de mouton braisée.—Entrée. Cassez les os avec le dos d'un couperet, et faites cuire à la braise comme le gigot. On la sert, soit glacée avec sa cuisson réduite, soit sur de la chicorée, des épinards, ou une purée d'ognon.

Épaule de mouton au riz. — Entrée. Faites-la cuire dans du bouillon avec des carottes, des ognons, des panais, un bouquet garni, sel, poivre et deux clous de girofle. Quand elle est cuite, faites crever un quarteron de riz avec la cuisson de l'épaule; tenez-le un peu épais; ajoutez-y un peu de caramel, ou, si vous voulez, un peu de beurre de piment (*voyez* Élémens de Sauces); mettez l'épaule sur un plat, et couvrez-la entièrement avec le riz.

Si vous ne mettez pas de beurre de piment, saupoudrez le riz avec du fromage râpé; faites prendre couleur sous le four de campagne bien chaud, car le riz prend difficilement couleur.

Servez avec une sauce tomate dans une saucière.

On peut ajouter au riz une très-petite quantité de safran, qui suffit pour lui donner une belle couleur.

Épaule de mouton en saucisson.—Entrée. Désossez-la complétement; étendez la chair le plus que vous pourrez, et couvrez-la d'une bonne farce; semez sur cette couche des champignons et des cornichons hachés grossièrement; couvrez encore de farce, et ensuite roulez l'épaule, que vous envelopperez dans un linge blanc, et que vous ferez cuire avec du bouillon, un verre de vin blanc, un bouquet garni, carottes, ognons, sel, poivre et deux clous de girofle; dégraissez la cuisson;

faites-la réduire, s'il est nécessaire, et liez-la avec une cuillerée de jus, ou, à défaut, avec deux jaunes d'œuf durs écrasés.

MURES. Fruits du mûrier : il y en a deux variétés principales, les blanches et les noires : on ne mange que ces dernières. On doit choisir les mûres lorsqu'elles ont atteint leur complète maturité, ce qu'on reconnaît lorsqu'elles sont d'un pourpre tout-à-fait noir; lorsqu'elles sont encore rouges, en tout ou en partie, leur suc est d'une acidité très-forte mêlée d'un peu d'astringence : dans cet état elles ne conviennent que pour faire le sirop de mûres.

MUSCADE. Fruit ou plutôt semence du muscadier. Ce que nous appelons *noix muscade* est contenu dans une coque ligneuse, recouverte d'une enveloppe sèche et adhérente, qu'on emploie aussi comme aromate sous le nom de *macis;* une troisième enveloppe, qui n'est d'aucun usage, recouvre le tout.

La muscade est un puissant digestif qui paraît moins irritant que le poivre et le girofle. Son arome plaît généralement. La muscade et le macis sont très-employés en cuisine comme épices, et dans l'office comme aromate.

MUSCAT. Espèce de raisin dont la pellicule et le jus ont un arome particulier, très-agréable pour beaucoup de personnes, et tout-à-fait insupportable pour quelques autres. Les muscats sont toujours très-sucrés quand leur maturité est complète. Ils sont moins digestibles que le chasselas.

NAVET. Racine bien connue : il en existe beaucoup de variétés. Les meilleurs navets sont ceux qui contiennent le plus de matière sucrée, et qui, lorsqu'ils sont cuits, sont moelleux sans être trop aqueux.

Ragoût de navets.—*Entremets.* Coupez-les proprement ; blanchissez-les à l'eau bouillante : faites un roux auquel vous ajoutez du sucre en poudre ou du caramel ; passez-y les navets ; mouillez avec du bouillon et du jus ; ajoutez un bouquet garni ; quand ils sont cuits et assaisonnés de bon goût, dégraissez le ragoût.

Ce ragoût se sert avec la viande cuite à la braise. Pour procéder plus simplement, quand la viande est à moitié cuite, on ajoute les navets pour faire cuire le tout ensemble.

Navets à la moutarde. — *Entremets*, ainsi que les suivans. Épluchez des petits navets bien farineux, faites-les cuire à l'eau ; lorsqu'ils sont cuits mettez-les sur un plat, et masquez-les avec une sauce au beurre, dans laquelle vous délayerez une cuillerée de moutarde.

Navets à la maître d'hôtel. Les navets étant cuits, mettez-les de suite dans une sautoire avec un bon morceau de beurre, sel, poivre et muscade ; faites seulement fondre le beurre et servez de suite.

Navets au roux. Faites un roux sucré ; passez-y les navets blanchis jusqu'à ce qu'ils aient pris couleur ; mouillez avec du bouillon : faites réduire à courte sauce.

NÈFLES. Fruits du néflier. Les nèfles ont à peu près les mêmes propriétés que les cormes. (*Voyez* Cormes.)

NÉROLI. On nomme ainsi l'huile essentielle de fleurs d'oranger, dont on se sert pour aromatiser diverses liqueurs.

NITRE. Nitre et salpêtre sont les noms d'un même sel ; cependant le mot *nitre* s'applique spécialement au sel purifié, tandis que, dans le salpêtre, le nitre est plus ou moins mélangé avec d'autres sels, et surtout avec du sel marin. Le nitre a la propriété de rougir les viandes salées. On en ajoute toujours une petite quantité dans la salaison des jambons et des langues fourrées.

NOISETTES. (*Voyez* Avelines.)

NOIX. Les noix, ainsi que toutes les autres semences dans lesquelles la fécule est unie à une huile grasse, sont d'une digestion assez difficile, et toutes les personnes qui n'ont pas l'estomac robuste doivent en manger avec modération; ceci au reste s'applique aux noix sèches.

Les noix vertes qu'on mange sous le nom de *cerneaux*, avec beaucoup de sel, du gros poivre et du verjus, sont plus digestibles, tant parce que l'huile y est encore à l'état d'émulsion, que par l'effet de l'assaisonnement.

Les noix vertes confites au sucre passent pour un excellent stomachique : on attribue la même propriété aux noix vertes confites à l'eau-de-vie et au ratafia dit *de brou de noix*.

NOMPAREILLE. On nomme ainsi de petites dragées de la grosseur d'un grain de sénevé, dont on couvre certaines pièces de pâtisserie fine. On fait des nompareilles de différentes couleurs. Il est bon de s'informer, quand on achète des nompareilles ou d'autres sucreries colorées, de quelles substances on s'est servi pour les teindre. Cet avis est motivé sur ce que dans plusieurs ouvrages où l'on traite des préparations de l'art du confiseur, on trouve quelques recettes de couleurs qui ne sont pas sans danger. *Un peu de poison ne tue pas*, est une fort sotte maxime. Ce qui est plus vrai, c'est que beaucoup d'incommodités subites, dont on ignore la cause, sont le résultat de véritables empoisonnemens trop faibles pour tuer.

NOUGAT. (*Voyez* Amandes.)

NOULES. Pâte composée de fleur de farine et de jaunes d'œuf, dont on fait des potages et divers ragoûts.

Prenez un demi-litron de farine; ajoutez-y quatre ou cinq jaunes d'œuf, un peu de sel et très-peu d'eau; faites du tout une pâte bien mêlée et un peu ferme; étendez-la avec un rouleau jusqu'à l'épaisseur d'une ligne au plus; coupez-la en filets ou en losanges, que vous saupoudrerez de farine pour que les morceaux ne s'attachent pas les uns contre les autres; jetez cette pâte dans du bouillon bouillant; laissez cuire pendant un bon quart d'heure; on colore avec une cuillerée de jus ou un peu de caramel. Servez pour potage.

On peut employer des œufs entiers: la pâte est alors moins sujette à se dissoudre en bouillant.

Potage aux noules à l'allemande. Délayez un demi-litron de farine avec trois jaunes d'œuf et deux œufs entiers; ajoutez du sel et assez de bouillon pour que la pâte soit liquide et puisse passer à travers une écumoire qui doit être creuse comme une cuillère; assaisonnez avec un peu de muscade et de gros poivre: versez cette pâte, à travers une écumoire, dans du bouillon bouillant; que le feu soit vif, pour que l'ébullition ne se ralentisse pas, car alors la pâte ne prendrait pas, elle se dissoudrait, et l'on n'obtiendrait qu'une bouillie. Servez pour potage.

Noules à la maître d'hôtel. — *Entrée.* Après avoir fait cuire les noules comme il est indiqué au premier § de cet article, mettez-les dans une casserole ou dans une sautoire avec un bon morceau de beurre manié de fines herbes: faites seulement fondre le beurre.

Noules en macaroni. — *Entremets.* Faites cuire les noules comme ci-dessus; et, après les avoir égouttées, traitez-les comme le macaroni. (*Voyez* Macaroni.)

OEUFS. Dans les œufs, il faut distinguer deux substances, le blanc et le jaune.

Le blanc d'œuf est de l'albumine pure. Comme aliment il doit être considéré, 1° à l'état liquide et visqueux, c'est-à-dire tel qu'il est lorsqu'il n'a éprouvé ni l'action du feu ni celle de l'air; 2° à l'état laiteux qu'il prend par une chaleur modérée; 3° à l'état de coagulation entière auquel il passe lorsque l'action de la chaleur a été suffisamment continuée.

Le blanc d'œuf liquide, s'il est avalé sans être brisé, pèse quelquefois sur l'estomac, parce que ses membranes ne se divisent pas aussitôt; cependant il est des personnes qui trouvent du plaisir à avaler l'œuf fraîchement pondu et encore pénétré de la chaleur de la poule, et qui n'en sont nullement incommodées : quoique brisé il peut nuire un peu par sa viscosité; mais, ce qu'il y a de très-sûr, c'est qu'il nourrit; quand il est étendu d'eau il peut servir de boisson, et quelques médecins l'ordonnent ainsi comme adoucissant dans les maladies aiguës inflammatoires.

Dans le second état, ou celui dans lequel le blanc d'œuf présente l'aspect du lait, la cuisson a détruit les liens des membranes qui renfermaient l'albumine : il est plus soluble et plus aisé à digérer que dans les deux autres. On remarque que le blanc d'œuf ne prend bien uniformément cet état laiteux que dans les œufs bien frais et bien pleins qu'on fait cuire dans leur coque.

Le blanc d'œuf durci a une qualité très-remarquable, c'est que c'est lui surtout qui est susceptible de prendre très-aisément le goût et l'odeur hépatique; il le prend d'autant plus qu'il est plus fortement cuit et qu'il est moins frais : d'où il suit une très-grande différence entre les œufs frais, c'est-à-dire entre ceux qu'on mange immédiatement après qu'ils ont été pondus, et ceux qu'on a gardé quelque temps : les premiers sont infiniment plus doux, moins sujets à donner des rapports hépatiques; et les autres sont réellement échauffans non-seulement en ce que les œufs en général resserrent le ventre et diminuent les évacuations intestinales, mais aussi à cause de cette dégénérescence facile et de cette production de gaz hydrogène sulfuré, dont la propriété très-évidente est d'augmenter la chaleur et de porter à la transpiration.

Le jaune d'œuf est une substance émulsive dans laquelle l'albumine est unie à une huile grasse animale et à une matière colorante jaune. Si on l'étend dans l'eau il blanchit et approche, pour le goût et la couleur, des émulsions ordinaires. Il est susceptible de dissoudre le corps albumineux qui l'environne, comme il arrive lorsqu'on bat ensemble le blanc et le jaune.

On pourrait distinguer dans le jaune d'œuf les trois états que nous avons distingués dans le blanc; c'est surtout au jaune qu'il faut attribuer la propriété observée par Hippocrate, de se gonfler dans l'estomac, et de fournir beaucoup de nourriture sous un petit volume. Au reste on le mange avec le blanc; il s'y amalgame parfaitement, et la coagulation qu'éprouve ce mélange est bien moins compacte et forme un tout moins solide et moins dur que la coagulation du blanc d'œuf; c'est ce que l'on observe dans la préparation de ce mets, que l'on connaît sous le nom d'*omelette*.

L'œuf, très-frais et cuit à point, est un aliment qui nourrit beaucoup, se digère bien et fortifie. On le donne aux convalescens lorsque leurs organes peuvent recevoir une nourriture plus substantielle que celle qu'ils prenaient auparavant.

A l'égard des œufs conservés, dont on se sert pour la plupart des usages ordinaires de la cuisine, ils ont plus d'inconvénient que les œufs frais, en raison de leur propension à donner lieu au dégagement du gaz hydrogène sulfuré. Quant aux œufs déjà avancés, et qui ont commencé à s'altérer, il est peu d'alimens plus détestables, plus putréfactifs ; et l'impression qu'ils causent sur l'estomac, en excitant ordinairement un prompt vomissement, est une preuve de leurs qualités nuisibles.

Les œufs peuvent se préparer d'une infinité de manières.

OEufs à la coque.—*Hors-d'œuvre*. Faites bouillir de l'eau dans une casserole ; mettez-y les œufs aussitôt qu'elle bout ; retirez-la du feu et couvrez-la : au bout de quatre à cinq minutes les œufs sont cuits : il faut qu'il y ait assez d'eau pour que les œufs soient entièrement baignés.

Autrement, mettez les œufs à l'eau bouillante ; continuez à faire bouillir pendant trois minutes ; les œufs seront en lait : si vous les voulez un peu plus cuits, laissez-les trois minutes et demie : après quatre minutes d'ébullition ils seront mollets ; on peut alors en enlever la coque, et les servir sur une farce d'oseille ou avec des purées, au lieu d'œufs pochés.

OEufs pochés. — *Hors-d'œuvre* ou *entremets*. Faites bouillir de l'eau dans une casserole avec du sel et un peu de vinaigre ; quand elle bout ralentissez un peu le feu en entretenant toujours l'eau en ébullition ; cassez les œufs sur la casserole, et versez-les doucement sans rompre le jaune ; mettez-en à la fois trois ou quatre, selon la grandeur de la casserole ; quand ils seront pris et qu'ils vous paraîtront assez consistans, enlevez-les avec une écumoire ; parez-les en enlevant la portion de blanc qui peut s'être étalée.

Il n'y a que des œufs très-frais qui puissent se pocher facilement.

On sert les œufs pochés avec de bon jus dessous : à défaut de jus on peut réduire à moitié du bouillon. On les sert aussi avec des purées, sur du hachis, avec une sauce tomate.

OEufs brouillés. — *Hors-d'œuvre*. Faites tiédir du

beurre dans une casserole; cassez-y les œufs, et assaisonnez avec sel, poivre et muscade râpée; remuez continuellement avec quelques brins d'osier : ne les laissez pas trop cuire. Au moment de servir ajoutez un peu de verjus ou de jus de citron.

Les œufs brouillés aux pointes d'asperges se font de même. On ajoute les pointes d'asperges cuites, lorsque les œufs sont bien mêlés avec le beurre.

Les œufs au jus ne diffèrent des autres que parce qu'on y ajoute une ou deux cuillerées de jus ou d'un fond de cuisson, ou de jus de viande rôtie, ou de bouillon réduit à moitié.

OEufs brouillés aux confitures.—Entremets. Préparez-les à l'ordinaire, mais sans crême; mettez-y, avant que les œufs soient pris, deux cuillerées de marmelade d'abricots, de prunes, etc. : mélangez bien.

OEufs brouillés au jambon, etc.—*Entremets*. Ajoutez aux œufs du jambon bien tendre, ou du rognon de veau cuit et coupé en dés; ajoutez en même temps une ou deux cuillerées de jus ou de bouillon réduit à moitié.

On peut aussi les faire au riz de veau, aux champignons, etc. : employez pour cela des ragoûts de desserte; coupez le riz et les champignons en dés; mettez-en deux bonnes cuillerées avec leur sauce dans les œufs brouillés.

OEufs frits.—*Entrée*. On emploie pour friture du beurre, du sain-doux ou de l'huile; cassez les œufs sur la poêle, et versez-les doucement pour qu'ils ne se déforment pas; n'en faites frire qu'un seul à la fois; lorsque le blanc bouillonne, abaissez-le avec l'écumoire : ne laissez pas durcir le jaune. Ces œufs se servent comme les œufs pochés. On les sert aussi avec du jus, ou avec une sauce piquante, ou une sauce tomate.

[*OEufs au gratin.* —*Entrée*. Prenez un plat qui aille

au feu ; mêlez ensemble de la mie de pain, un bon morceau de beurre, un anchois haché, persil, ciboules, une échalotte, trois jaunes d'œuf, sel, gros poivre et muscade ; mettez une couche de cette farce au fond du plat ; faites attacher sur un petit feu ; cassez sur le gratin la quantité d'œufs que vous voulez servir ; faites cuire doucement ; présentez sur le plat une pelle rouge pour faire prendre les blancs. Lorsqu'ils sont cuits, saupoudrez-les d'un peu de sel fin, gros poivre et muscade râpée.

OEufs au fromage. —Entremets. Faites un gratin comme ci-dessus ; supprimez l'anchois, le persil, la ciboule et l'échalotte ; substituez-y autant de parmesan ou de fromage de Gruyère râpé que vous avez employé de mie de pain : cassez les œufs sur le gratin ; saupoudrez-les de fromage, gros poivre et muscade : faites cuire à feu doux, et servez-vous de la pelle rouge pour faire prendre les blancs.

OEufs à la tripe.—Entrée. Coupez des ognons en tranches ; passez-les au beurre, sans les faire roussir, jusqu'à ce qu'ils soient fondus ; mêlez alors une demi-cuillerée de farine avec les ognons, et ajoutez un grand verre de crême, sel, poivre et muscade ; quand le tout est un peu réduit, mettez-y des œufs durs coupés en tranches : faites chauffer sans bouillir.

On peut substituer des concombres aux ognons ; on les coupe en dés et on les passe au beurre, avec persil et ciboules hachés, sel, gros poivre et muscade ; on ajoute ensuite une demi-cuillerée de farine, et on mouille avec de la crême ou avec moitié crême et moitié bouillon : on met les œufs quand les concombres sont cuits.

Si on veut que les œufs soient au roux, on fait prendre couleur aux ognons, et on mouille avec du bouillon ; quand l'ognon est bien cuit et que la sauce est réduite, on ajoute les œufs.

OEufs à la crême. — *Entrée*. Mettez dans une casserole un bon morceau de beurre, du persil et de la ciboule hachés, sel, gros poivre, muscade, et un verre de crême dans laquelle vous aurez délayé une cuillerée de farine ; tournez la sauce jusqu'à ce qu'elle bouille ; laissez cuire pendant dix minutes ; ajoutez les œufs : faites-les chauffer sans bouillir.

OEufs en surtout. — *Entrée*. Faites cuire dans la marmite du petit lard coupé en tranches minces ; passez au beurre des filets de pain ; mettez, dans le plat qui doit être servi, deux ou trois cuillerées de jus, ou de la cuisson d'une bonne braise, ou du jus de rôti : garnissez les bords du plat avec les filets de pain, les œufs dans le milieu ; couvrez-les avec les tranches de lard : faites cuire à petit feu sous le four de campagne.

OEufs en filets. — *Entremets*. Faites cuire sur un plat huit jaunes d'œuf délayés avec une cuillerée d'eau-de-vie ; ajoutez un peu de sucre en poudre que vous mêlez intimement : étant cuits et froids, coupez-les en filets pour les tremper dans une pâte à frire légère ; faites-les frire, et glacez-les avec du sucre en passant par-dessus la pelle rouge.

OEufs aux épinards. — *Entremets*. On prend des épinards cuits à l'eau, on les presse et on les hache très-fin ; on les mélange avec de bonne crême, et on y ajoute six jaunes d'œuf : le tout doit être intimement mélangé ; ensuite on y met du sucre, des macarons pelés et de l'eau de fleurs d'orange. On met le tout dans le plat que l'on veut servir, pour faire cuire sur un petit feu jusqu'à ce qu'il se fasse un léger gratin dans le fond.

OEufs au beurre noir. — *Entrée*. Faites fondre dans une poêle un bon morceau de beurre : attendez qu'il ne bruisse plus ; versez-y alors les œufs préparés dans un plat et assaisonnés de sel et poivre ; passez une pelle rouge par-dessus pour faire cuire les jaunes; remettez le tout dans le plat, et ajoutez un filet de vinaigre.

OEufs à la Bagnolet. — Entremets. Pochez huit œufs frais; mettez dans une casserole du jambon cuit haché, avec un peu de jus et du bouillon, ou de bon bouillon réduit à moitié, un peu de jus de citron, gros poivre, peu de sel : faites chauffer et versez sur les œufs.

OEufs au lait. — Entremets. Faites bouillir une pinte de lait avec un quarteron de sucre; écumez avec soin; pendant ce temps battez bien dix jaunes d'œuf avec cinq blancs et deux cuillerées d'eau de fleurs d'oranger; mettez-les dans le plat creux que vous devez servir; quand le lait a jeté quelques bouillons, laissez-le refroidir aux trois quarts, et versez-le sur les œufs battus en tournant toujours pour bien mêler le tout ensemble; mettez le plat au bain-marie sur une casserole; couvrez avec un couvercle sur lequel vous mettrez du feu; quand les œufs sont bien pris retirez le plat; laissez refroidir les œufs; saupoudrez-les de sucre en poudre, et glacez avec la pelle rouge.

Si on veut aromatiser avec la cannelle, la vanille ou le laurier-amande, on met ces aromates dans le lait, et on les sépare en passant le lait au moment de le verser sur les œufs battus.

Pour faire des œufs au lait au café, ajoutez au lait une tasse d'une forte infusion de café faite dans une cafetière à la Dubelloi; ne prenez que ce qui passe d'abord; ne reversez pas d'eau sur le marc. Il faut mettre un blanc d'œuf de plus.

On fait aussi des œufs au lait au chocolat; pour cela on fait fondre dans le lait deux tasses de chocolat fin à la vanille.

OEufs à la neige. — Entremets. Mettez à part les blancs et les jaunes de dix œufs : fouettez-les jusqu'à ce qu'ils soient en neige : on y ajoute un peu de sucre et un peu de gomme arabique en poudre, ce qui facilite la formation de la neige et l'empêche de tomber ; mêlez avec les jaunes, de la fleur d'orange pralinée, quelques macarons et du sucre, le tout en poudre et délayé avec un peu de lait ; faites bouillir une pinte de lait avec un quarteron de sucre : prenez une cuillerée de blanc battu ; mettez-le dans le lait bouillant ; laissez-le une minute et retirez-le : quand tous les blancs sont ainsi passés, retirez la casserole du feu ; laissez un peu tomber la chaleur, et versez-y les jaunes en remuant avec une cuillère jusqu'à ce que le mélange soit bien lié : versez sous les blancs dressés en rocher sur un plat.

On varie à volonté les aromates et les substances qu'on fait entrer dans la sauce.

On peut colorer les blancs d'œuf en y ajoutant, avant de les fouetter, l'une des substances colorantes indiquées à l'article *Couleur*. On peut aussi les saupoudrer de nompareille lorsqu'ils sont dressés en rocher.

Omelette.—Entremets. Cassez la quantité d'œufs que vous voulez employer ; mettez-les dans un plat creux avec du sel fin, du persil et des ciboules hachés, si vous voulez ; battez bien le tout ; faites fondre du beurre dans une poêle ; versez-y les œufs ; faites cuire l'omelette en détachant de temps en temps les bords ; remuez la poêle pour détacher l'omelette ; et, lorsqu'elle est assez cuite, renversez-la sur un plat de manière qu'une moitié couvre l'autre.

L'omelette se sert seule ou sur un plat de chicorée. On la fait au beurre ou au lard, qu'on fond auparavant dans la poêle.

Les omelettes au rognon de veau et aux pointes d'asperges se font en mêlant avec les œufs le rognon cuit et émincé, et les pointes d'asperges cuites aussi et coupées en petits tronçons.

Pour les omelettes aux truffes, aux champignons, aux mousserons, etc., on prépare ces substances comme si on voulait les servir en ragoût : on les hache, et on les mêle avec leur sauce à l'omelette au moment de la battre.

Ou bien on fait une omelette à l'ordinaire; on met au milieu le ragoût préparé et chaud, on retourne l'omelette en chausson et on la glisse sur un plat.

Omelette aux confitures. — *Entremets.* Faites une omelette à l'ordinaire, dans laquelle vous mettrez du sucre en poudre; lorsqu'elle est suffisamment cuite, couvrez-la d'une couche de confitures; renversez-la sur le plat, pliée en chausson; saupoudrez-la de sucre et glacez avec la pelle rouge.

On peut employer toutes espèces de confitures ou des crêmes un peu épaisses.

Omelette au sucre.—*Entremets.* Faites une omelette à l'ordinaire, après avoir battu les blancs à part, et ensuite les blancs et les jaunes ensemble; sucrez-la dans la poêle lorsqu'elle est presque faite; renversez-la en chausson sur le plat; saupoudrez-la de sucre en poudre, et glacez-la avec la pelle rouge.

Omelette soufflée. (*Voyez* Soufflés.)

Omelette aux confitures variées. — *Entremets.* Faites de petites omelettes de deux ou trois œufs, dans lesquelles vous mettez du sucre; saupoudrez-les encore de sucre dans la poêle; ne les retournez pas : faites-les glisser à plat sur une assiette.

Mettez sur un plat une de ces omelettes, le côté de la poêle en dessous; étendez par-dessus une couche de marmelade d'abricots; recouvrez avec une omelette, et étendez par-dessus une couche de gelée de groseilles; continuez ainsi en variant les confitures; terminez avec une omelette dont le côté de la poêle restera en dehors;

parez proprement l'omelette ; saupoudrez-la de sucre : appliquez-en sur les côtés, et glacez avec la pelle rouge.

Beignets d'omelette. — *Entremets*. Faites une ou plusieurs omelettes au sucre bien minces ; retournez-les en chausson et coupez-les en losanges ; trempez-les dans une pâte à beignets, et faites frire de belle couleur. (*Voyez* Beignets.)

Omelette au potiron. Faites fondre dans une casserole un morceau de potiron ; quand il est bien fondu, ajoutez un peu de beurre et du sucre ; battez cette bouillie avec l'omelette, et terminez à l'ordinaire : sucrez l'omelette dans la poêle ; renversez-la en chausson : saupoudrez-la de sucre et glacez avec la pelle rouge.

OGNON. L'ognon, surtout la variété à bulbes blanches, contient de la matière sucrée en quantité notable ; une matière végéto-animale ; du phosphore dans un état particulier de combinaison, ou peut-être de simple mélange, et plusieurs autres principes qui n'ont pas encore été bien déterminés.

L'ognon nourrit et stimule : c'est cette double propriété qui motive son emploi dans la plupart des préparations alimentaires.

Ragoût d'ognons. (*Voyez* Ragoûts.)

Ognons au sucre. Pelez des ognons blancs ; mettez-les dans un pot de terre vernissé ; saupoudrez-les de sucre en poudre, et faites cuire à sec auprès d'un petit feu.

Purée d'ognons. (*Voyez* Ragoûts.)

OIE. Les oies, ainsi que les canards, ont la chair plus imprégnée d'osmazome que les autres oiseaux de basse-cour : elle doit donc être plus stimulante ; celle des jeunes oies est d'une digestion assez facile ; mais celle des oies adultes n'est digestible que pour les estomacs robustes, à moins qu'on ne lui fasse subir une coction prolongée.

Oison rôti.—Rôt. Faites une farce avec le foie, du lard maigre, des fines herbes, persil, ciboules, sel, poivre, muscade, des marrons, et une mie de pain trempée dans du lait ; passez le tout avec un morceau de beurre, et farcissez-en l'oison. Quand il est cuit, panez-le avec de la mie de pain ; faites prendre couleur : servez avec un citron à côté.

La graisse d'oie est excellente pour préparer des légumes : elle remplace le beurre avec avantage.

Oie en daube.—Entremets. Lardez-la avec du lard assaisonné ; épluchez des marrons rôtis ; passez-les au beurre avec un peu de sucre, et remplissez-en le corps de l'oie ; mettez-la dans une braisière ou une terrine juste à sa grandeur, avec des bardes de lard dessus et dessous ; mouillez avec moitié bouillon et moitié vin blanc ; ajoutez un jarret de veau coupé en morceaux, quatre carottes, quatre ognons, dont un piqué de trois clous de girofle, un panais, un bouquet garni, sel, gros poivre et épices ; faites cuire à petit feu pendant trois ou quatre heures, suivant l'âge de l'oie : retirez-la lorsqu'elle est cuite ; dégraissez la cuisson, passez-la au tamis, et faites-la réduire suffisamment pour qu'elle se prenne en gelée en refroidissant : quand la gelée est prise, dressez-la autour du plat sur lequel l'oie doit être servie.

Oie à la choucroute.—Entrée. Faites cuire une oie à la broche ou à la braise. Lavez la quantité de choucroute nécessaire ; mettez-la dans une casserole avec des tranches de petit lard, un cervelas et des saucisses ; mouillez avec du bouillon et la graisse de l'oie ; faites cuire à petit feu pendant deux heures : dressez la choucroute égouttée autour de l'oie, avec les saucisses et le cervelas dépouillé de sa peau et coupé en tranches.

Conservation des cuisses d'oie. (*Voyez* Conservation par les matières grasses.)

OLIVES. Les olives, telles qu'on les prend sur l'arbre, sont d'une âcreté insupportable, même à l'époque de leur complète maturité. On ne détruit cette âcreté que par des infusions répétées et en faisant confire les olives dans la saumure; c'est ainsi qu'on nous les envoie, et on les cueille pour cela avant leur maturité. Par l'effet de ces préparations la partie extractive colorante perd de son âcreté, et ne conserve qu'une légère amertume, adoucie par le mélange naturel de son huile et par l'effet de la saumure. On trouve cet aliment agréable; cependant il pèse sur l'estomac quand il est pris en grande quantité; et il est difficile que, dans l'état où on nous l'envoie, il soit fort nourrissant : il est plus un assaisonnement qu'un aliment.

Les olives, ajoutées à des ragoûts, et qui ont éprouvé une cuisson plus ou moins avancée, sont plus digestibles que lorsqu'elles sont mangées crues.

Pour servir les olives on les lave, et on les met avec de l'eau dans l'un de ces vases qui sont destinés aux hors-d'œuvre crus.

Pour la préparation des ragoûts d'olives. (*Voyez* Ragoûts.)

OMBRE CHEVALIER. Variété de truite qui est peu commune. On l'apporte du lac de Genève. On la préfère à la truite.

OMELETTE. Préparation d'œufs battus et cuits à la poêle. (*Voyez* Œufs.)

ORANGE. Fruit de l'oranger. Les meilleures oranges sont celles qu'on nous apporte des Açores, de Madère et des Canaries. Ensuite viennent les oranges de la partie la plus méridionale du Portugal : les plus médiocres sont celles de Provence.

Le suc des oranges est très-rafraîchissant, et il étanche bien la soif ; on doit cependant en user avec beaucoup de modération, parce qu'il fatigue l'estomac : il produit moins cet effet lorsqu'on le mélange avec du sucre, mais alors il perd beaucoup de sa propriété désaltérante.

Le jus des oranges amères, qu'on nomme *bigarades*, s'emploie comme assaisonnement dans diverses préparations alimentaires : il remplace avec avantage le suc de citron.

Voyez Compotes.

Fleurs d'oranger. Les fleurs d'oranger ont un arome qui plaît généralement, et qui s'allie très-bien avec toutes les préparations de laitage. On s'en sert aussi pour aromatiser des liqueurs, des pâtisseries fines et des sucreries.

L'eau distillée de fleurs d'oranger, prise à haute dose, calme les irritations nerveuses : elle facilite aussi la digestion.

On doit choisir la fleur d'oranger épanouie récemment ; ses pétales doivent être épais et d'un blanc pur ; quand ils sont jaunes et flétris, c'est un indice certain que la fleur a été gardée, ou qu'elle a été cueillie après avoir séjourné trop long-temps sur l'arbre ; dans cet état, son arome est moins pur, et l'eau qu'on distille sur les fleurs est sujette à s'altérer.

ORCHIS. Nom d'un genre de plantes dont les espèces sont très-nombreuses. Les bulbes de quelques espèces d'orchis, séchées et pulvérisées, donnent le salep.

OREILLES. (*Voyez* Cochon, Veau.)

ORGE. La farine d'orge, contenant très-peu de gluten, et beaucoup de fécule unie à une substance mucilagineuse, ne produit qu'un pain mat et peu digestible.

L'orge perlé, c'est-à-dire entièrement dépouillé de sa peau et réduit à la forme d'une petite perle, peut remplacer le riz dans beaucoup de préparations alimentaires. On en fait un grand usage en Allemagne pour des potages.

Potage à l'orge perlé. Faites tremper l'orge dès la veille dans l'eau froide ; égouttez-le et faites-le crever dans du bouillon ; quand il est bien crevé, prolongez l'ébullition pour que le bouillon se charge de tout ce qui est soluble ; passez avec expression. Ce potage, qui nourrit légèrement et qui rafraîchit, convient aux malades et aux convalescens.

Pour les personnes en santé on laisse l'orge dans le potage.

On prépare de la même manière la crème d'orge à l'eau et au lait : on passe avec expression, et on ajoute du sucre ou du sirop de capillaire. On peut aromatiser avec de l'eau de fleurs d'orange.

Eau d'orge. Quand l'eau d'orge est ordonnée comme tempérante et adoucissante, il faut employer de l'orge perlé ; ou, si on fait usage d'orge entier, il faut jeter la première eau, parce que l'écorce de l'orge contient un principe astringent. Quand on doit employer l'eau d'orge comme gargarisme, avec des feuilles de ronce et du miel, on se sert d'orge entier, et on ne jette pas la première eau : on fait d'abord bouillir l'orge jusqu'à ce qu'il soit crevé, alors on verse le tout sur les feuilles de ronce ; on ajoute une cuillerée de miel et autant de vinaigre.

ORONGE. Champignon excellent. Il est rare dans le milieu et dans le nord de la France, où il existe une espèce à peu près semblable qui est un poison violent.

L'oronge est de couleur jaune.

ORVALE, ou *toute-saine*, espèce de sauge dont l'arome a beaucoup de rapport avec celui des raisins muscats. On se sert des feuilles d'orvale séchées pour aromatiser des vins de liqueur artificiels.

ORTOLAN. Oiseau plus petit qu'une alouette, dont le bec et les pattes sont d'une couleur tirant sur le rouge. On ne le trouve que dans nos provinces méridionales. Sa chair est tendre, délicate, et d'un goût exquis; mais comme elle est très-grasse, on doit en user avec modération.

On les prépare comme les cailles.

OSEILLE. Plante bien connue, dont les feuilles sont imprégnées d'un acide très-prononcé. L'oseille est peu alimentaire : elle ne peut guère être considérée que comme assaisonnement.

Oseille maigre.—Garniture. Hachez de l'oseille, de la poirée, de la laitue et un peu de cerfeuil; mettez-la à sec dans une casserole, en remuant toujours jusqu'à ce qu'elle soit bien fondue; ajoutez un bon morceau de beurre; tournez jusqu'à ce que l'oseille soit bien passée : assaisonnez de sel et gros poivre; faites une liaison de trois jaunes d'œuf avec du lait; versez-la dans l'oseille et servez.

Oseille au gras. Faites fondre l'oseille comme ci-dessus; si elle rend trop d'eau, retirez-en; quand elle sera bien fondue, ajoutez du beurre; tournez jusqu'à ce que le beurre commence à frémir; mouillez avec du jus, un fond de cuisson, du jus de rôti ou du bouillon : faites réduire.

OSMAZOME. C'est le principe sapide des viandes; celui qui donne le goût au bouillon. Les viandes colorées en contiennent beaucoup plus que les viandes blanches; les viandes blanches des jeunes animaux en sont presque entièrement dépourvues. L'osmazome excite l'appétit et stimule les organes digestifs. On est parvenu à isoler ce principe; dans cet état de pureté on le prescrit à petites doses aux personnes dont l'estomac est faible sans être irritable.

OS. Les os de tous les animaux sont composés de phosphate de chaux et de gélatine : cette dernière substance y est dans une si forte proportion qu'une livre d'os en contient plus que plusieurs livres de viande. Les os qu'on fait bouillir ne perdent leur gélatine que par leur surface et jusqu'à une petite profondeur; pour en extraire davantage, il faut donc multiplier, autant qu'il est possible les surfaces, ce qu'on obtient en brisant les os.

La gélatine des os n'est pas mélangée d'osmazome ; elle est insipide, comme l'est celle des viandes blanches; mais elle ajoute à la propriété nutritive du bouillon, qui, lorsqu'il est fait avec de bonne viande, contient toujours une proportion suffisante d'osmazome.

Dans les viandes rôties, il paraît que les propriétés de l'osmazome sont exaltées par l'action du feu; peut-être s'en forme-t-il de nouvelle aux dépens de quelques autres principes ; ce qu'il y a de certain, c'est que, lorsqu'on ajoute au pot-au-feu quelques débris de viandes rôties, on obtient un bouillon plus sapide qu'en employant seulement des viandes crues. On pourrait tirer parti de cette propriété des viandes rôties pour faire, avec peu de viande, et au moyen d'une addition de gélatine, du bouillon très-sapide et très-nutritif.

OXALIS. Plante qu'on emploie, dans quelques contrées, aux mêmes usages que l'oseille.

C'est de l'oxalis qu'on a retiré, pendant long-temps, l'acide oxalique, dit *sel d'oseille*, qu'on obtient aujourd'hui par l'action de l'acide nitrique sur le sucre.

PALAIS DE BOEUF *en filets*.—*Hors-d'œuvre*. Faites dégorger et blanchir un palais de bœuf jusqu'à ce qu'on puisse enlever, avec un couteau, la petite peau qui le recouvre ; parez en enlevant tout ce qui est noir ; faites cuire à l'eau ; coupez ensuite le palais en filets de la grosseur et de la longueur du doigt ; passez de l'ognon au beurre, et quand il est à moitié cuit, mettez-y les filets ; mouillez avec du jus ou du bouillon réduit ; assaisonnez de sel, poivre et un bouquet garni : faites réduire la sauce, et ajoutez un peu de moutarde avant de servir.

Palais de bœuf mariné.—Entremets. Préparez et faites cuire un palais de bœuf comme ci-dessus ; coupez-le en filets, et faites-le mariner avec sel, poivre, une gousse d'ail, une feuille de laurier, deux clous de girofle et du vinaigre ; faites une pâte avec de la farine, une cuillerée d'huile fine, un peu de sel, deux jaunes d'œuf, dont vous ajouterez les blancs après les avoir battus, et du vin blanc : donnez à la pâte la consistance d'une crême ; saucez-y les filets et faites frire.

Au lieu de tremper les filets de palais de bœuf dans une pâte à frire, on peut les tremper dans leur marinade, ensuite on les pane et on les fait griller.

PANADE. Espèce de potage fait avec du pain, de l'eau et du beurre. (*Voyez* Potages.)

PANAIS. La racine du panais n'est généralement employée que comme assaisonnement : on doit en mettre très-peu pour que son arome ne domine pas trop.

PANER. C'est couvrir de mie ou de chapelure de pain des viandes qu'on veut faire griller ou frire ; on pane aussi des ragoûts entiers lorsqu'on veut leur faire prendre couleur au four, ou sous le four de campagne.

PARER. C'est couper toutes les parties d'un morceau de viande qui sont déchirées ; enlever certaines parties graisseuses ou membraneuses, etc. ; enfin donner au morceau une forme régulière et agréable.

PASSOIRE. Vase creux, percé de trous, qui sert à filtrer grossièrement des liquides épais. C'est dans une passoire qu'on écrase les légumes dont on veut faire des purées; la pulpe passe et les pellicules restent dans la passoire. On a des passoires dont les trous sont plus ou moins grands : on en fait aujourd'hui dont les trous sont extrêmement petits, on s'en sert pour passer le bouillon, les sauces.

Les passoires de fer-blanc sont préférables à celles de cuivre; celles-ci contiennent presque toujours du vert de-gris au pourtour intérieur des trous : il n'y en a pas assez pour empoisonner, mais il y en a suffisamment pour donner des coliques dont on ignore la cause.

PASTÈQUE. Espèce de cucurbitacée à peau lisse : les pepins sont disséminés dans la chair, qui est rouge et aussi sucrée que celle du melon.

C'est un fruit très-rafraîchissant.

On le cultive peu en France. Son parfum ne plaît pas à tout le monde.

PATE A PATISSERIE. (*Voyez* Pâtisserie.)

PATE A FRIRE. (*Voyez* Ragoûts *et* Garniture.)

PATÉ. Viandes cuites au four dans une enveloppe de pâte. (*Voyez* Pâtisserie.)

PATISSERIE. Cet article sera divisé en deux paragraphes. Le premier comprendra la grosse pâtisserie, c'est-à-dire les pâtés de viandes, les tourtes, les brioches, etc.; le second sera consacré à la pâtisserie fine.

§ 1ᵉʳ. — GROSSE PATISSERIE.

Pâte à dresser. Prenez quatre livres de farine; faites un creux au milieu, et mettez-y une livre et demie de beurre, douze jaunes d'œuf, deux onces de sel et un bon verre d'eau peu chaude; mêlez bien ensemble le beurre, les jaunes d'œuf, l'eau et le sel; délayez ensuite la farine peu à peu, et formez du tout une pâte que vous pétrirez avec les poings; si elle est trop ferme, remettez-y un peu d'eau; donnez deux tours de pétrissage à la pâte, mais pas plus, pour ne pas détruire son liant. La pâte doit rester bien ferme lorsqu'on la destine à faire des pâtés. On la tient plus molle si on la destine à faire des tourtes.

Pâte brisée. Prenez deux livres de farine; faites-en une pâte comme ci-dessus, avec cinq quarterons de beurre, quatre œufs entiers, une once de sel et deux verres d'eau; assemblez la pâte sans la pétrir, et donnez-lui quatre tours comme il est indiqué ci-après à l'article *Pâte feuilletée.*

Cette pâte, plus légère que la pâte à dresser, sert pour les tourtes, les petits pâtés au jus.

Pâte pour timballe. Mettez sur une table une livre de farine; délayez-la avec un peu d'eau, quatre cuillerées d'huile et un quarteron de beurre ou de sain-doux; maniez bien le tout ensemble, et tenez la pâte bien liée et bien ferme.

Pâte feuilletée. Mettez sur une table deux livres de farine; faites un bassin dans le milieu et mettez-y une once de sel, un demi-quarteron de beurre, deux blancs d'œuf et deux verres d'eau; formez la pâte; assemblez-la et laissez-la reposer une demi-heure; étendez ensuite la pâte, et couvrez-la avec une livre de beurre, que vous manierez auparavant s'il est trop ferme; repliez la pâte sur le beurre de manière qu'il en soit enveloppé, donnez ensuite deux tours à la pâte; pour cela étendez-la en long avec le rouleau jusqu'à l'épaisseur du doigt; alors vous la pliez en trois, et vous lui faites faire un quart de tour, pour que ce qui était à l'un de vos côtés se trouve devant vous; par ce moyen la pâte, étendue une seconde fois, le sera dans un autre sens que la première : étendre la pâte et la replier en trois, s'appelle *un tour;* répétez cette opération et laissez reposer la pâte. Lorsque le four commence à chauffer, donnez encore trois tours à la pâte, et découpez-la selon l'usage auquel vous la destinez.

Dans cette pâte il y a moitié autant de beurre que de farine; elle exige cinq tours. S'il y avait moins de beurre, il ne faudrait que quatre tours; si au contraire on mettait plus de beurre, par exemple les trois quarts du poids de la farine, six tours seraient nécessaires.

Dans tous les cas, on donne deux tours en commençant; les autres ne doivent se donner qu'au moment d'employer la pâte.

Le nombre des tours prescrit ne doit pas être dépassé, parce que, dans ce cas, le feuilletage n'a plus lieu, la pâte reste ferme : plus la pâte contient de beurre, plus on peut donner de tours, et plus aussi la pâtisserie obtenue est légère.

Pâte à brioches. La pâte de brioche doit fermenter comme celle du pain; et la brioche est en réalité du pain contenant du beurre et des œufs : c'est bien certainement la plus saine des pâtisseries.

Pour quatre livres de farine à employer, prenez-en une pour faire le levain; faites un bassin au milieu, et mettez-y une once de levure, que vous délayez avec de l'eau chaude; formez votre pâte, assemblez-la, et placez-la bien enveloppée dans un endroit chaud.

Quand le levain est suffisamment *revenu*, ce qu'on reconnaît quand il est gonflé de moitié, faites un bassin dans ce qui reste de farine, et mettez-y deux onces de sel fondu avec un peu d'eau chaude, deux livres de beurre et douze œufs; maniez bien le tout ensemble pour faire une pâte un peu molle, que vous pétrirez deux fois avec les poings; si elle était trop ferme, vous y ajouteriez deux œufs : lorsqu'elle est au point convenable, vous ajoutez le levain; vous déchirez la pâte entre les mains en jetant les morceaux l'un sur l'autre; ensuite vous l'assemblez; répétez trois fois cette opération; mettez la pâte dans un linge blanc saupoudré de farine; couvrez-la et laissez-la revenir huit ou dix heures, ou plutôt pendant le temps nécessaire pour qu'elle soit bien gonflée : n'attendez pas qu'elle s'affaisse. Lorsqu'elle est au point convenable, saupoudrez une table avec de la farine, étendez-y la pâte; repliez-la deux ou trois fois; assemblez-la, et laissez-la reposer pendant une heure ou deux.

Ne moulez les brioches que lorsque le four est presque chaud; prenez un morceau de pâte; aplatissez-le avec les mains, ramenez les bords vers le milieu; faites deux fois cette opération; arrondissez la pâte en boule; faites un enfoncement dans le milieu avec les doigts réunis, et placez-y une autre boule plus petite qui formera la tête de la brioche; posez les brioches sur du papier beurré; dorez-les avec de l'œuf battu; faites cuire au four, moins chaud que pour le pain, pendant une heure et demie si les brioches sont grosses, et pendant une demi-heure pour les plus petites.

A défaut de levure, qu'on ne trouve pas partout, on remplace l'eau par de la bierre dans le levain. On peut aussi remplacer la levure par le suc de groseilles, qui contient une quantité de ferment très-suffisante pour faire lever la pâte. La farine de gruau est celle qu'on doit préférer pour les brioches, ainsi que pour les autres pâtisseries.

Le levain de pain ne doit pas être employé pour faire les brioches, il en faudrait une trop grande quantité, ce qui nuirait à la saveur, ou faire plusieurs levains successifs, ce qui demanderait beaucoup de temps.

Baba. La pâte du baba est la même que celle de la brioche, sauf les différences suivantes : faites le levain comme il est prescrit ci-dessus, mais au moment de l'incorporer au reste de la farine, ajoutez, pour la dose prescrite, une demi-livre de raisins de Malaga et autant de raisins de Corinthe, un peu de sucre (réduisez le sel à moitié), et un verre d'infusion un peu chargée de safran. Tenez votre pâte plus molle que celle de brioche; remplissez-en un moule de fer-blanc bien beurré, et laissez reposer pendant six ou sept heures; quand la pâte aura augmenté de moitié de son volume primitif, faites cuire au four comme la brioche.

Pâté froid. Quelle que soit la viande avec laquelle se fait le pâté, il faut la faire revenir dans le beurre : il faut aussi faire une farce avec du veau, ou toute autre viande, et du lard, moitié l'un et moitié l'autre, ou, ce qui vaut mieux, deux parties de viande et trois parties de lard.

On désosse les viandes de boucherie, les dindons, les chapons, les lièvres et les pièces de gros gibier; le jambon doit être cuit avant d'être mis en pâte; on laisse entiers les perdrix, les pigeons, les bécasses, les cailles, les canards et les mauviettes.

Toutes les viandes, désossées ou non, doivent être piquées de gros lardons assaisonnés.

Après avoir préparé les viandes, haché la farce et fait provision de bardes de lard, prenez de la pâte à dresser; faites-en une boule, et aplatissez-la sur deux feuilles de papier, en rond ou en ovale, à l'épaisseur d'un doigt; tracez sur cette pâte la forme du pâté, en observant qu'il faut que la pâte déborde de trois à quatre pouces tout au tour : commencez par étendre sur la forme un lit de farce; arrangez ensuite les viandes par-dessus en les entremêlant; remplissez tous les intervalles avec de la farce; mettez-en entre chaque couche, et garnissez-en le pourtour; serrez bien le tout avec les mains pour former une masse compacte; continuez ainsi jusqu'à la fin, en montant carrément, unissez bien le tour avec de la farce, et couvrez-le, ainsi que le dessus, avec des bardes de lard.

Faites ensuite une abaisse de pâte plus mince sur les bords que dans le milieu, et assez grande pour envelopper le pâté ; mettez-la dessus, et faites-lui en prendre la forme en la comprimant avec les mains ; soudez-la avec le fond qu'il faut mouiller à l'endroit de la jonction ; relevez les bords du fond le long des côtés ; évitez de faire des plis ; pour cela, à mesure que vous relevez la pâte, forcez-la à rentrer sur elle-même ; soudez encore ces bords avec l'abaisse dont vous avez recouvert le pâté ; mouillez à l'endroit de la jonction, et pincez la pâte pour que les bords se lient. On peut mettre, si l'on veut, un second couvercle sur lequel on fait quelques décorations.

Faites à la partie supérieure une ouverture d'un demi-pouce de diamètre, où vous mettrez une carte roulée : sans cette précaution le pâté crèverait par l'action des vapeurs qui s'élèvent quand la chaleur l'a pénétré.

Faites cuire, dans un four bien chaud que vous aurez un peu laissé tomber : si le pâté est fort, il lui faut trois ou quatre heures de cuisson ; s'il menace de prendre trop de couleur, couvrez-le avec une feuille de papier mouillée. Lorsqu'on retire le pâté du four, on retire la carte et on bouche l'ouverture avec un morceau de pâte.

Si on trouve qu'il est trop difficile de monter ainsi un pâté, on prend un moule de fer-blanc sans fond, et qui s'ouvre à charnières ; on y met une abaisse de grandeur suffisante que l'on replie le long des bords du moule, en forçant la pâte à entrer dans les moulures s'il y en a : on range les viandes, on couvre avec une abaisse et on retire le moule en l'ouvrant. Ce moule est représenté pl. 3, fig. 5.

A Charnière qui lie les deux parties du moule ;
B Charnière dont la broche s'enlève lorsqu'on veut ouvrir le moule ;
C Corps du moule diversement figuré.

Pâté chaud. Prenez de la pâte brisée ; formez-en un pâté à l'ordinaire, que vous remplirez, si vous voulez, de ce que vous avez préparé pour cela : faites cuire au four; quand il est cuit, vous l'ouvrez pour y verser une sauce ou un ragoût à votre choix. Les viandes mises dans le pâté doivent être piquées de lardons, et avoir été passées au beurre.

Il est préférable de faire cuire le pâté sans y mettre ce qui doit le remplir; dans ce cas, pour éviter que la pâte ne s'affaisse, on remplit le vide avec de la farine, que l'on retire lorsque le pâté est cuit, pour y mettre un ragoût de morue à la béchamelle, un ragoût de riz de veau et de champignons, ou tout autre.

Pâté en terrine. Quoique cette préparation n'appartienne pas à la pâtisserie, c'est ici sa place puisque c'est un véritable pâté, quoique sans pâte.

Ayez une terrine de faïence, avec un couvercle percé d'un petit trou; remplissez-la comme il est prescrit à l'article *Pâté froid;* lutez le couvercle avec de la pâte, et faites cuire dans un four un peu chaud pendant trois heures. Ce pâté sera plus savoureux qu'un pâté en croûte.

Pâté d'anguille. — Entrée. Coupez les anguilles par tronçons : de la chair d'un morceau faites un godiveau (*voyez* Godiveau), avec des champignons, ciboules, persil, beurre, sel, poivre, fines herbes et épices : dressez le pâté avec de la pâte fine (*voyez* Pâte) : donnez-lui peu de hauteur; garnissez le fond avec du godiveau, et mettez-y les tronçons d'anguille; assaisonnez comme ci-dessus : ajoutez un bouquet, et couvrez le tout de beurre; fermez le pâté avec une abaisse dorée d'un jaune d'œuf : mettez le pâté au four. Pendant qu'il cuit, faites un ragoût de champignons et de laitances (*voyez* Ragoûts); ajoutez des truffes si vous en avez. Le ragoût doit être à longue sauce qui ne soit pas trop liée. Quand le pâté est cuit, on le découvre, on le goûte, et on y verse le ragoût. On sert chaud.

Timballe. C'est un pâté chaud qu'on fait dans une

casserole; prenez de la pâte à timballe; abattez-la avec le rouleau de l'épaisseur de trois lignes; garnissez entièrement la casserole bien beurrée avec cette abaisse, en évitant de la rompre; remplissez avec un ragoût de viande ou de poisson, cuit, refroidi et à courte sauce; couvrez à plat avec une abaisse de même pâte et de même épaisseur; mouillez les bords de la pâte qui garnit la casserole, et qui doit la dépasser un peu, repliez-les sur le couvercle et soudez-les.

Posez la casserole sur des cendres rouges; enveloppez-la le plus que vous pourrez avec les cendres; mettez un couvercle sur la casserole et du feu par-dessus; lorsque la pâte aura pris couleur et sera cuite, renversez la timballe sur un plat; ouvrez la timballe par-dessus pour y verser une sauce qui remplacera celle que la pâte aura bue.

On peut aussi faire la croûte à part, en remplissant la timballe de farine, comme il est indiqué à l'article du *Pâté chaud*. Dans ce cas on retire la pâte lorsqu'elle est cuite, et on y verse le ragoût préalablement réchauffé.

La timballe sert surtout à déguiser un ragoût qui a déjà été servi.

Tourte pour entrée. Prenez de la pâte brisée; assemblez-la et étendez-la avec le rouleau; mettez cette abaisse sur une tourtière; posez par-dessus ce que vous destinez à la remplir, et qui doit être cuit aux trois quarts, comme si vous vouliez en faire un ragoût; couvrez ensuite d'une autre abaisse, que vous souderez avec celle de dessous; faites-un bourrelet; dorez à l'eau ou à l'œuf: faites cuire au four ou sous un four de campagne; lorsqu'elle est cuite, ouvrez-la pour y verser une sauce ou un ragoût analogue à ce qui la remplit.

On fait ainsi des tourtes de godiveau et de toutes sortes de ragoûts.

Vole-au-vent.—*Entrée.* Prenez de la pâte de feuilletage à six tours (*voyez* Pâte feuilletée), étendez-la de la grandeur qui convient ; faites une autre abaisse de même grandeur avec de la pâte brisée ; couvrez-la avec l'abaisse de feuilletage après l'avoir mouillée ; soudez-les ensemble en passant légèrement le rouleau. Prenez un moule de deux pouces plus petit que votre abaisse, et enfoncez-le dans la pâte de toute l'épaisseur du feuilletage : il restera un bord d'un pouce de large qui formera celui du vole-au-vent. Faites cuire au four ou sous le four de campagne : lorsqu'il est cuit, levez la pièce du milieu, qui a été cernée par le moule ; ôtez la mie, et mettez à la place tel ragoût qui vous conviendra.

Petits pâtés.—*Hors-d'œuvre.* Prenez de la pâte de feuilletage à cinq tours ; abaissez-la d'une ligne et demie d'épaisseur ; coupez-la avec un moule rond ; mettez sur chaque morceau gros comme une petite noix de godiveau ; couvrez avec un morceau de pâte semblable à celui de dessous ; dorez avec de l'œuf battu : faites cuire au four ou sous le four de campagne.

Petits pâtés au jus.—*Entrée.* Étendez de la pâte brisée à l'épaisseur d'une ligne ; coupez-la en ronds assez grands pour en garnir entièrement de petits moules en forme de timbale ; mettez dans chacun une forte boulette de godiveau ou une quenelle de volaille ; couvrez avec un morceau de feuilletage ; faites cuire au four, ou sous un four de campagne bien chaud, les moules posés sur un gril avec du feu dessous : quand ils sont cuits on les ouvre, on coupe la boulette en plusieurs morceaux, et on y met une cuillerée de jus au vin (*voyez* Élémens de sauces), avec des champignons coupés en dés.

On peut aussi remplir les timbales de farine pour les faire cuire : au moment de servir, on les vide pour les remplir de tel ragoût que l'on veut.

Gâteau de plomb. Prenez de la pâte brisée ; étendez-la sur deux doigts d'épaisseur; ciselez la surface par des lignes croisées; dorez avec de l'œuf: faites cuire au four très-chaud.

Gâteau au fromage.—Entremets. Mêlez une livre et demie de farine avec une demi-livre de fromage de Brie bien affiné, ou, ce qui vaut mieux, de fromage de Meaux en pots, trois quarterons de beurre et six œufs; pétrissez le tout à trois reprises; assemblez la pâte; laissez-la reposer une heure; formez le gâteau; ciselez-le et faites cuire au four.

Gâteaux feuilletés.—Entremets. Prenez du feuilletage à six tours; étendez-le de l'épaisseur d'une ligne et demie; découpez la pâte avec des moules de diverses formes: faites cuire à four doux ou sous le four de campagne.

Ramequins.—Entremets. Faites fondre un quarteron de fromage de Brie avec autant de beurre, gros poivre, peu de sel, et un grand verre d'eau; quand le tout bouillira, retirez la casserole du feu, et ajoutez autant de farine qu'il en faut pour former une pâte que vous ferez dessécher sur le feu, en remuant continuellement jusqu'à ce qu'elle soit bien épaisse; mettez ensuite la pâte dans une autre casserole, pour y délayer autant d'œufs qu'elle en peut boire sans être liquide: il faut que cette pâte se soutienne sans couler; distribuez-la sur un plafond en morceaux gros comme une noix. Faites cuire au four ou sous le four de campagne.

On peut mettre dans les ramequins du fromage de Gruyère ou de Parmesan, ou l'un et l'autre à la fois, ce qui vaut mieux.

Flamiches. Prenez une livre et demie de fromage gras apprêté depuis dix ou douze jours; maniez-le sur une table jusqu'à ce qu'il soit réduit en pâte sans grumeaux; ajoutez-y une livre et demie de bon beurre frais, du sel, et huit ou dix œufs; étendez le tout sur la table, et ajoutez un verre de lait pour que la farce se détrempe.

La farce étant faite, prenez environ quatre litres de fleur de farine, mettez-en les deux tiers sur la farce, et incorporez bien le tout ; ajoutez ensuite le reste de la farine à la réserve de deux poignées : quand la pâte est bien liée, poudrez-la d'un peu de farine, et maniez-la doucement deux ou trois fois dans l'espace d'un demi-quart d'heure, puis vous l'étendrez et la mettrez en masse.

Laissez-la reposer dans cet état tout au plus un demi-quart d'heure ; roulez-la ensuite en long ; coupez-la pour en faire des flamiches de telle grosseur que vous voudrez, chacune épaisse de deux travers de doigt : on les met sur du papier beurré et on les fait cuire au four, ce qui n'exige qu'une demi-heure.

Biscuits. — *Dessert* ainsi que les suivans. Pâtisserie fine et légère composée d'œufs dont les blancs sont fouettés en neige, de sucre, de fleur de farine ou de fécule de pommes de terre, et de quelques aromates ou autres substances qu'on incorpore dans la pâte.

On peut varier la composition des biscuits d'une infinité de manières. On se bornera à indiquer les plus simples : ce sont aussi celles qui donnent les produits les plus agréables.

Biscuits de Savoie. Pesez douze œufs ; prenez poids égal de sucre, et moitié de ce poids de farine ou de fécule de pommes de terre : celle-ci est préférable. Si on emploie de la farine, il faut la faire sécher pour qu'elle ne se pelotonne pas, et la passer au tamis de soie.

Cassez les œufs et mettez à part les blancs et les jaunes ; battez ceux-ci avec le sucre en poudre, et ajoutez-y un peu de fleur d'orange pralinée et de l'écorce de citron râpée ; fouettez les blancs d'œuf jusqu'à ce qu'ils soient en neige, et mêlez-les avec les jaunes; ajoutez alors la farine ou la fécule que vous incorporerez avec la masse en la battant avec la poignée d'osier; mettez cette pâte dans un moule bien beurré avec du beurre tiède qu'on applique avec un pinceau : faites cuire au four médiocrement chaud : on peut aussi le faire cuire sous un four de campagne, pourvu que l'on entretienne un feu bien égal pendant toute la cuisson.

Si le biscuit se trouve de belle couleur, on le sert comme il est sorti du moule : dans le cas contraire, on le glace de la manière suivante :

Prenez du sucre en poudre très-fine, un blanc d'œuf et le jus de la moitié d'un citron ; battez le tout ensemble jusqu'à ce que le mélange devienne bien blanc : couvrez votre biscuit avec cette *glace*, et laissez sécher.

On rend le biscuit plus léger en retranchant quelques onces de farine, et en ajoutant autant de blancs d'œuf qu'on a retranché d'onces.

Cette pâte plus légère sert à faire de petits biscuits : on peut en varier les proportions de manière à leur donner plus ou moins de légèreté, et y introduire des aromates ou d'autres substances qui en changeront la qualité.

Biscuits aux amandes. Prenez six onces d'amandes douces, une demi-once d'amandes amères, treize blancs d'œuf, neuf jaunes, une once et demie de farine séchée et passée au tamis, et une livre de sucre.

Mondez les amandes et pilez-les, en ajoutant de temps en temps un peu de blanc d'œuf pour empêcher que l'huile ne se sépare ; battez à part les jaunes avec le sucre ; fouettez les blancs jusqu'à ce qu'ils soient en neige : mêlez ensemble les blancs et les jaunes ; répandez la farine sur le tout, en remuant toujours pour bien incorporer ; ajoutez ensuite la pâte d'amandes ; ou bien mêlez-la d'abord avec les œufs, et ajoutez ensuite la farine.

On remplit avec cette pâte des caisses de papier, et on glace dessus avec un mélange de moitié sucre et moitié farine. On fait cuire dans un four peu chaud ou sous un four de campagne.

On fait de même les biscuits aux pistaches; mais comme ces amandes ont peu de goût, il faut y ajouter un peu de fleur d'orange pralinée en poudre, ou de la râpure de citron vert.

Biscuits à la cuillère. On fait la pâte comme pour le biscuit de Savoie, mais plus légère; c'est-à-dire qu'on y met plus de blancs d'œuf et moins de farine.

On prend une cuillerée de cette pâte, et on la verse en long sur une feuille de papier saupoudrée de sucre : on les fait cuire dans un four très-doux ou sous le four de campagne. On les enlève de dessus le papier à mesure qu'on les tire du four.

Biscuit au chocolat. Prenez douze œufs, six onces de farine, vingt onces de sucre, et trois onces de chocolat fin à la vanille, le tout en poudre : battez les jaunes avec le chocolat et le sucre; ajoutez ensuite les blancs fouettés en neige; incorporez la farine en remuant sans cesse : mettez la pâte en moule ou en caisse. Glacez comme les biscuits de Savoie.

Biscuit à la génoise. Prenez une livre de farine, quatre onces de sucre, de la coriandre et de l'anis en poudre ce que vous jugerez convenable; ajoutez quatre œufs, et quantité suffisante d'eau tiède pour faire une pâte dont vous formerez un pain : faites cuire au four; coupez-le ensuite en tranches que vous ferez recuire au four.

Ce biscuit diffère presque en tout des précédens :

c'est une pâte compacte qui devient croquante quand elle est desséchée.

Échaudés. Espèce de pâtisserie légère. On en fait de diverses espèces.

Échaudés au beurre. Prenez un litre de fleur de farine ; faites un trou au milieu, et mettez-y un demi-verre de bière ou gros comme un œuf de pigeon de levain ; détrempez et pétrissez bien le tout ensemble, de manière à former une pâte molle que vous rassemblerez en forme de pain rond pour qu'elle fermente promptement. En été un quart d'heure suffit : il faut plus de temps dans une autre saison.

Tandis que ce levain fermente, détrempez à l'ordinaire trois litres de farine avec une livre de beurre frais, ramolli entre les mains avant de l'employer, et du sel fin en quantité suffisante ; pétrissez le tout ensemble, et formez une pâte pétrie à demi ; incorporez le levain avec la pâte et achevez de pétrir : découpez votre pâte en échaudés.

Ayez de l'eau sur le feu ; quand elle est prête à bouillir jetez-y vos échaudés, les laissant jusqu'à ce qu'ils montent sur l'eau ; enlevez-les alors avec une écumoire ; quand ils sont raffermis, mettez-les refroidir sur un clayon, et ensuite faites-les cuire au four.

Échaudés aux œufs. Dans douze litres de farine, mettez une demi-livre de sel, un cent d'œufs, plus ou moins, mais autant que la pâte en pourra boire, et cinq livres de beurre frais ; pétrissez bien le tout ensemble douze tours ; ensuite laissez reposer la pâte jusqu'au lendemain : coupez alors la pâte par morceaux.

Faites chauffer de l'eau, et quand elle est prête à bouillir, jetez-y les échaudés, les laissant jusqu'à ce qu'ils remontent ; retirez-les quand ils sont fermes, et jetez-les à mesure dans l'eau fraîche ; d'où les ayant retirés, vous les mettrez égoutter sur un clayon, et les ferez cuire au four.

Tarte d'amandes. — Entremets. Pilez des amandes mondées en les arrosant d'un peu de lait; quand elles sont bien pilées, ajoutez de l'écorce de citron vert, quelques macarons d'amandes amères, de la moelle de bœuf, du sucre et trois ou quatre jaunes d'œuf : pilez de nouveau le tout ensemble; faites une abaisse de pâte feuilletée et couvrez-en la tourtière; étendez la pâte sur l'abaisse; faites un rebord de pâte feuilletée, et ajoutez quelques ornemens : faites cuire au four; quand elle est cuite, râpez-y du sucre; glacez-la au four ou avec une pelle rouge.

Tarte de cerises.—Entremets ou *dessert.* Prenez des cerises; ôtez-en les queues et les noyaux; mettez-les dans un poêlon avec une goutte d'eau et suffisante quantité de sucre; mettez-les sur un fourneau : ayez soin de les bien écumer; étant cuites, retirez-les et laissez refroidir.

Faites une abaisse de pâte feuilletée (*voyez* Pâte); mettez-y les cerises; faites un bourrelet, et couvrez avec des filets de pâte disposés d'une façon régulière : étant cuites, saupoudrez de sucre et glacez avec la pelle rouge.

§ 2. — PATISSERIE FINE.

Biscuits soufflés. — Dessert ainsi que les suivans. Prenez un blanc d'œuf dont vous séparerez le jaune; mettez-le sur une assiette, et mettez-y du sucre passé au tamis de soie, pour faire une glace qui ne soit ni trop liquide ni trop sèche. Lorsqu'elle sera à son point, vous y ajouterez une pincée de fleur d'orange pralinée.

On met ce biscuit dans de très-petites caisses qu'on ne doit remplir qu'à moitié, parce qu'il monte beaucoup au four; celui-ci doit être très-doux, et cependant assez chaud pour que le biscuit ne retombe pas. Pour connaître si la cuisson est à son point, on appuie légèrement la main sur le biscuit, et s'il se soutient sans baisser, on le retire du four.

Biscuits soufflés aux amandes. Mondez une demi-livre d'amandes douces; coupez-les en très-petits dés; faites-les sécher au four ou pralinez-les; faites une glace comme ci-dessus, avec deux blancs d'œuf et la quantité de sucre nécessaire; ajoutez les amandes avec une pincée de fleur d'orange pralinée. Couchez les biscuits dans de petites caisses, et faites cuire dans un four doux.

On fait des biscuits du même genre avec la glace de blanc d'œuf et de sucre, qu'on aromatise avec de la râpure d'écorce de citron, d'orange, de cédrat, etc.

Macarons. Prenez quatre onces d'amandes amères, et mondez-les de leur peau; pilez-les dans un mortier jusqu'à ce qu'elles soient réduites en pâte fine; ajoutez un peu d'eau pour empêcher les amandes de tourner en huile; étant bien pilées, mettez-les dans une terrine, avec une livre de sucre et deux blancs d'œuf; amalgamez bien le tout; si la pâte est trop sèche, ajoutez-y des blancs d'œuf : il faut qu'elle ne soit ni trop liquide ni trop sèche. Dressez la pâte sur des feuilles de papier, de la grosseur d'une noix : faites cuire dans un four doux et fermé.

On fait de même les macarons aux amandes douces, mais on n'emploie que huit ou dix onces de sucre pour quatre onces d'amandes.

Biscuits manqués. Prenez 2 blancs d'œuf,
Sucre en poudre. . . . 4 cuillerées,
Farine. . . . . 2 *idem.*
Fleur d'orange pralinée
 et en poudre. . . . . 1 once;

Mêlez le tout ensemble pour former une pâte un peu liquide.

On prend de cette pâte plein une cuillère à café, et on la couche sur des feuilles de papier, en formant des ronds de la grandeur d'une pièce de 5 francs.

On les met au four, et on les retire lorsque les biscuits ont pris une belle couleur. Pour les détacher du papier on mouille la feuille par-derrière avec une éponge; on dépose les biscuits sur un tamis pour les faire sécher, et on les conserve dans des bocaux ou dans des boîtes bien closes.

Glace. Prenez un blanc d'œuf bien frais, avec du sucre en poudre passé au tamis de soie; formez une pâte qui ne soit ni trop liquide ni trop sèche; ajoutez-y peu de jus de citron, et battez-la bien pour la faire blanchir.

La glace sert à couvrir plusieurs espèces de biscuits et autre pâtisserie fine.

Employée comme elle est faite d'après le procédé décrit, elle donne une couleur blanc mat. On peut la colorer en jaune, en rose, en bleu, etc.

Biscuits de Savoie. (*Voyez* Biscuits.)

Biscuits au riz. Prenez seize blancs d'œuf, six jaunes, la râpure d'un citron,

  Farine de riz. . . . . . . 6 onces,
  Sucre en poudre. 10
  Marmelade de pommes. . 2
  D'abricots 2
  Fleurs d'orange pralinée. 2

Pilez dans un mortier les marmelades et la fleur d'orange; ajoutez-les ensuite aux blancs d'œuf fouettés en neige; battez les jaunes avec le sucre pendant un quart d'heure; mélangez le tout et battez encore. Lorsque le mélange est parfait, ajoutez la farine et la râpure de citron. Dressez dans des caisses, et faites cuire à un feu très-modéré.

Avant de mettre les biscuits au four, saupoudrez-les de sucre passé au tamis de soie.

Biscuits au citron et à l'orange. Prenez la râpure d'un citron, six œufs frais,

>   Farine . . . . 4 onces,
>   Sucre en poudre. 12

Mêlez le tout dans un mortier, et lorsque vous aurez fait une pâte bien ductile, mettez en caisse et faites cuire.

Nougat. Prenez une livre d'amandes douces; mondez-les; et, après les avoir coupées en filets, faites-les sécher au four très-doux pour qu'elles prennent une couleur bien égale.

Mettez douze onces de sucre en poudre dans un poêlon d'office; faites-le fondre sur un fourneau, en remuant sans cesse avec une cuillère. Quand le sucre est bien fondu, on y ajoute les amandes chaudes : on retire alors le poêlon du feu, et on mêle bien les amandes avec le sucre.

On verse le tout dans un moule beurré, et on monte les amandes tout autour du moule en appuyant avec un citron que l'on tient à la main. Il faut faire ce travail lestement, sans quoi le mélange prendrait en se refroidissant, et l'on n'aurait qu'une masse informe.

Massepains. Mondez une livre d'amandes douces et faites-les sécher; pilez-les, en ajoutant un peu de blanc d'œuf pour les empêcher de tourner en huile : quatre blancs d'œuf suffiront. Lorsque les amandes seront bien pilées, ajoutez-y de la râpure de citron et une livre et demie de sucre en poudre; pilez le tout ensemble, pour former une pâte liée que vous mettrez par partie dans une seringue à étoile, et vous la filerez sur des feuilles de papier saupoudrées de sucre, pour les couper de longueur convenable pour en former des anneaux que vous arrangerez sur des feuilles d'office couvertes de papier blanc. Laissez sécher les massepains, et faites-les cuire dans un four assez chaud.

Tourons. Faites une glace de quatre blancs d'œuf bien frais : tenez cette glace bien ferme ; divisez-la en autant de parties que vous voulez avoir de couleurs et de parfum. Quant au parfum, on peut employer les essences, les teintures et même les esprits aromatiques. Si l'addition de l'aromate ramollissait trop la pâte, on la raffermirait avec un peu de sucre en poudre, afin de pouvoir la rouler entre les doigts de la grosseur d'une petite noisette. On range ces boulettes sur des feuilles d'office, couvertes de papier blanc, et on fait cuire dans un four très-doux pour ne pas altérer les couleurs.

Autres massepains. Mondez une livre d'amandes douces ; pilez-les dans un mortier, en les arrosant avec un peu d'eau de fleurs d'orange qu'on ajoute successivement.

Lorsque les amandes sont pilées, on les met dans un poêlon avec une demi-livre de sucre en poudre ; on les dessèche à petit feu. On reconnaît que la pâte est assez sèche lorsqu'elle ne s'attache pas aux doigts qu'on applique dessus : on la retire, et on la met sur une feuille de papier d'office saupoudrée de sucre fin, et on laisse refroidir.

Lorsque la pâte sera froide, on en prend des morceaux que l'on roule de la grosseur du petit doigt, et que l'on contourne en anneau comme des gimblettes : on les range à mesure sur une grille de fil de fer posée sur une terrine.

On peut aussi étendre cette pâte en abaisses avec un rouleau ; on la garnit de marmelade d'abricots ou autre, et on recouvre avec la même pâte : on les découpe en carrés, en losanges, etc., et on les met sur la grille pour les glacer. Laissez-les égoutter; et, après les avoir rangés sur des feuilles de papier, mettez-les dans un four un peu chaud pour prendre couleur.

Meringues aux pistaches. Prenez quatre onces de pistaches, six blancs d'œuf, trois onces de sucre en poudre; mondez les pistaches et faites-les sécher à l'étuve; pilez-les dans un mortier jusqu'à ce qu'elles soient réduites en pâte fine : ajoutez en pilant un peu de blanc d'œuf; battez les six blancs en neige, ajoutez le sucre, et mettez un moment ce mélange sur les cendres chaudes, en le retirant de temps en temps et en remuant toujours; ajoutez ensuite la pâte de pistaches; et, lorsque le tout est bien incorporé, on couvre de papier des plaques de fer-blanc, et l'on y dépose des cuillerées de pâte à un demi-pouce de distance les unes des autres; saupoudrez-les de sucre fin, et faites-les cuire à une chaleur très-douce; quand elles sont cuites, on les lève de dessus le papier avec un couteau, et on les met à l'étuve sur des tamis pour les entretenir sèches.

Meringues farcies. Prenez six blancs d'œuf, trois onces de sucre en poudre et la râpure d'un citron.

Fouettez les blancs jusqu'à ce qu'ils soient en neige; ajoutez le sucre et la râpure de citron, et remuez le mélange jusqu'à ce qu'il soit entièrement liquide; mettez de cette pâte sur des feuilles, comme il a été prescrit dans l'article précédent.

Faites les meringues rondes ou ovales, de la grosseur d'une noix, et laissez un vide au milieu; saupoudrez-les de sucre et faites-les cuire à une chaleur médiocre.

Lorsqu'elles sont levées et qu'elles ont pris couleur, vous les retirez du four; et, lorsqu'elles sont refroidies, vous mettez dans le milieu de chaque meringue une demi-cuillerée de marmelade, ou de crême en mousse;

on accole ensuite les meringues deux à deux en les réunissant par leurs bases.

Pâte de feuilletage. Pâte composée d'un grand nombre de feuillets qui sont peu adhérens les uns aux autres. (*Voyez* Pâte feuilletée.)

Feuillantine. Faites un feuilletage très-fin, dont vous découpez des abaisses avec un moule : sur une de ces abaisses étendez de la crême à la frangipane ou toute autre ; couvrez avec une autre abaisse : mouillez les bords pour qu'ils puissent se souder en les pressant avec les doigts.

Faites cuire au four ; quand elles sont cuites, glacez-les par-dessus avec du sucre : mettez par-dessus de la petite nompareille. Servez chaud.

Galette. Pétrissez deux litres de fleur de farine avec trois quarterons de beurre frais, et la quantité d'eau suffisante pour faire une pâte molle ; maniez-la bien, et aplatissez-la avec le rouleau : on lui donne huit à neuf lignes d'épaisseur. On la fait quelquefois beaucoup plus mince. Avant de la mettre au four, on la dore avec un jaune d'œuf battu dans l'eau.

Galette feuilletée. Faites la pâte comme ci-dessus ; et, après l'avoir aplatie avec le rouleau, pliez-la en quatre ; aplatissez une seconde fois, et repliez encore en quatre ; répétez cette opération une troisième et même une quatrième fois : formez votre galette et mettez-la au four.

Voyez, pour la théorie du feuilletage, l'article *Pâtisserie.*

Galette au fromage. Faites la pâte comme pour la galette commune ; ajoutez-y quatre à cinq œufs et du fromage de Gruyère coupé en petits dés ; incorporez-les dans la pâte, que vous étendez ensuite avec le rouleau :

formez la galette; et, avant de la mettre au four, semez par-dessus des morceaux de fromage.

Au lieu de fromage on met souvent du lard.

Gimblettes. Prenez un quarteron de farine ou plus, suivant la quantité que vous voulez faire, avec deux onces de sucre en poudre, deux ou trois jaunes d'œuf, et au plus un seul blanc, un peu d'eau de fleur d'orange et quelques gouttes de teinture de musc et d'ambre; pétrissez le tout et formez-en une pâte ferme : si elle n'était pas assez maniable, vous y ajouteriez un peu d'eau de fleur d'orange et d'eau ordinaire. Formez votre pâte en cylindres, que vous repliez en anneaux ; jetez-les dans l'eau bouillante, et laissez-les jusqu'à ce qu'ils remontent à la surface; enlevez-les alors pour les faire égoutter : dressez-les sur des feuilles de fer-blanc ou sur du papier, et faites cuire au four.

Dariole. (*Voyez* Dariole.)

Bâtons royaux. (*Voyez* ce mot.)

Canellon. (*Voyez* ce mot.)

Pouplin. Faites chauffer un demi-litre d'eau avec un demi-quarteron de beurre et un peu de sel; lorsque l'eau est très-chaude, sans bouillir, retirez la casserole du feu, et mettez-y peu à peu autant de fleur de farine que l'eau en peut boire ; remettez la casserole sur le feu, et faites cuire la pâte en remuant sans cesse jusqu'à ce qu'elle soit bien épaisse et qu'elle commence à s'attacher; laissez refroidir la pâte jusqu'à ce qu'elle soit plus que tiède; alors vous casserez un à un des œufs, que vous incorporerez avec la pâte jusqu'à ce qu'elle soit molle; beurrez une casserole ; mettez-y la pâte : il faut que la casserole ne soit remplie qu'au quart, parce que la pâte quadruplera de volume en cuisant. Faites cuire dans un four plus chaud que pour le biscuit de Savoie : lorsque le pouplin est cuit, ôtez-le de la casserole; coupez-le en travers; frottez l'intérieur avec du beurre bien frais, et saupoudrez sur le beurre du sucre et de la fleur d'orange pralinée : frottez aussi de beurre l'extérieur, saupoudrez de sucre, et glacez avec la pelle rouge.

Choux. (*Voyez* ce mot.)

Frangipane. (*Voyez* Crême.)

Tarte à la frangipane, aux confitures, etc. Faites une abaisse de feuilletage; coupez une bande de la même pâte d'un pouce de large, pour en former le bord de la tarte; posez-la au pourtour de l'abaisse, préalablement mouillée : remplissez-la au milieu avec de la frangipane, sur laquelle vous ferez quelques dessins avec des filets de pâte feuilletée. Faites cuire au four ou sous un four de campagne. Saupoudrez-la de sucre lorsqu'elle est presque cuite, et glacez.

On fait des tourtes avec toutes les espèces de crême : seulement on leur donne plus de consistance que lorsqu'on les prépare pour *entremets*.

On en fait également avec toutes les espèces de marmelades.

Lorsqu'on en veut faire avec des gelées, ou avec des compotes très-liquides, on forme une tarte à l'ordinaire; on met sur son fond une feuille de papier beurrée, et pardessus un rond de pâte commune : on fait cuire la tarte; on enlève le rond de pâte et la feuille de papier, et on ajoute les gelées ou les compotes.

On peut encore composer la tarte de deux abaisses égales, et cerner celle de dessus avec un couteau, à un pouce près du bord; lorsqu'elle est cuite, on enlève le rond du milieu, et on met à la place ce qu'on veut.

Les tartelettes ne diffèrent des tartes que par la grandeur; la façon est la même.

Gâteau d'amandes. Pilez un quarteron d'amandes

douces et douze amandes amères; ajoutez en pilant un blanc d'œuf, pour que les amandes ne tournent pas en huile : lorsqu'elles sont en pâte, ajoutez-y six onces de sucre, une demi-cuillerée de fleur d'orange pralinée et deux onces de frangipane (*voyez* Crème); mêlez bien le tout ensemble, et étendez ce mélange sur une abaisse de feuilletage; couvrez avec une abaisse de même pâte : soudez les bords; ciselez la surface, et faites cuire dans un four un peu chaud.

Gâteau d'amandes sec. Mondez et pilez une demi-livre d'amandes douces, dont quelques-unes amères, avec un blanc d'œuf que vous ajouterez successivement : quand elles sont bien en pâte, incorporez-y une once de farine, six onces de sucre, un peu de fleur d'orange pralinée et quatre œufs entiers. Étendez la pâte sur une feuille de papier beurrée, et faites cuire à un feu doux.

Croquantes. Pilez un quarteron d'amandes avec deux blancs d'œuf, que vous ajoutez successivement; quand elles sont bien en pâte, ajoutez deux onces de fécule, six onces de sucre, un peu d'écorce de citron râpée et deux cuillerées d'eau de fleur d'orange; faites du tout une pâte bien liée; étendez-la, et découpez-la comme vous voudrez. Faites cuire dans un four peu chaud.

Avec les découpures on peut construire des édifices en les soudant avec du sucre un peu caramélisé.

Croquignoles. Prenez un quarteron d'amandes, dont trois ou quatre amères, un quarteron de sucre, une demi-livre de farine, un peu de fleur d'orange pralinée, ou d'écorce de citron râpée, et gros comme la moitié d'un œuf de beurre; pilez les amandes avec un blanc d'œuf que vous ajoutez successivement : lorsqu'elles sont bien pilées, ajoutez le sucre, etc., et autant d'œufs entiers qu'il est nécessaire pour former une pâte ferme.

Prenez des morceaux de cette pâte, gros comme des avelines ; roulez-les et posez-les sur un plafond beurré, en les comprimant un peu pour les attacher ; dorez-les à l'œuf ; faites cuire au four ou sous le four de campagne un peu chaud.

Gimblettes d'Albi. (*Voyez* ce mot.)

Gaufres. — *Entremets.* Délayez de la farine et poids égal de sucre avec de la crême, jusqu'à consistance de bouillie très-claire ; ajoutez un peu d'eau de fleurs d'orange, et quelques œufs : graissez le gaufrier que vous avez fait chauffer, avec un pinceau trempé dans du beurre tiède ; mettez une bonne cuillerée de pâte dans le gaufrier, que vous posez sur un feu de charbon bien vif. Lorsque la gaufre a pris couleur, retirez-la en la détachant avec un couteau.

Gaufres flamandes. Il faut avoir un gaufrier entaillé profondément, et dont les feuilles soient assez écartées pour que les gaufres aient plus d'épaisseur que celles ci-dessus.

Prenez un quarteron de farine, deux gros de levure ou de la bière en suffisante quantité ; faites un levain comme pour la pâte de brioche ; tenez le levain chaudement jusqu'à ce qu'il soit bien gonflé ; mettez sur une table douze onces de farine ; faites un creux dans le tas, et mettez-y le levain et un peu de sel, deux onces de sucre, un quarteron de beurre tiède et huit œufs ; faites du tout une pâte bien liée : délayez-la ensuite avec de la crême chaude à y tenir la main, jusqu'à ce que la pâte ait la consistance d'une bouillie claire ; tenez la pâte chaudement pendant deux heures ; au moment de l'employer, ajoutez y un petit verre d'eau-de-vie ou de kirsch-wasser : mêlez intimement avec la pâte ; faites-les gaufres comme il est prescrit ci-dessus.

PAVIE. Espèce de pêche dont la chair est jaune et

tient au noyau : elle est très-commune dans nos provinces méridionales.

PÊCHE. Les pêches dont la chair est fondante, et dont le suc est très-doux, sucré, et d'une saveur un peu vineuse, sont les plus facilement digestibles. Ce fruit est très-rafraîchissant, trop même pour certains estomacs, qui ne le supportent sans fatigue, que par l'addition du sucre, ou par la macération dans le vin.

On rend aussi les pêches plus faciles à digérer en les plongeant dans l'eau bouillante pendant le temps nécessaire pour qu'elles soient pénétrées de chaleur; on les laisse ensuite refroidir pour les manger avec du sucre.

Les brugnons, dont la chair est cassante et le suc fort doux, sont moins digestibles que les pêches : il en est de même des pavies, qui d'ailleurs ne sont pas aussi agréables que les brugnons.

L'arome de la pêche est très-fugace ; il ne se conserve pas dans les confitures qu'on fait avec ce fruit. Le suc de la pêche ne se prend pas en gelée. (*Voyez* Compotes.)

PEINTADE. Oiseau originaire d'Afrique, acclimaté en France. On l'élève très-bien en basse-cour; mais il faut qu'il y soit seul, parce qu'il tue les autres volailles; il a aussi le défaut de grimper sur les toits, qu'il dégrade : son cri, plus fréquent que celui du paon, est encore plus désagréable. Lorsque la peintade est élevée en liberté dans un parc, sa chair égale en délicatesse celle du faisan. On l'apprête de la même manière.

PERCE-PIERRE. On en confit les feuilles et les jeunes tiges au sel et au vinaigre ; dans cet état, on l'emploie comme assaisonnement.

PERCHE. Poisson d'eau douce, dont la chair est

ferme, délicate, et facilement digestible : il n'est pas très-commun.

On la fait cuire au court-bouillon. (*Voyez* ce mot.)

On la sert avec une sauce à l'huile ou une sauce aux câpres, ou avec une sauce qu'on fait avec le court-bouillon réduit, qu'on lie avec du beurre manié de farine et de fines herbes hachées : ajoutez un anchois. (*Voyez* Sauces.)

On apprête aussi les perches en matelote, après les avoir trempées un instant dans l'eau bouillante, pour les écailler.

Perches panées et grillées. —*Entrée.* Écaillez et videz les perches ; passez dans une casserole, persil, ciboules, ail, échalottes, le tout haché très-fin, avec un morceau de beurre, sel, gros poivre ; mouillez avec un peu de vin blanc, et ajoutez un jus de citron : laissez les perches dans cette marinade pendant une heure ; ensuite saucez-les dans la marinade, panez-les et faites-les griller.

Faites une sauce avec un morceau de beurre, une pincée de farine, une cuillerée d'eau, sel, gros poivre, un filet de vinaigre, un anchois haché, des câpres entières ; faites lier cette sauce sur le feu, sans bouillir : servez sous les perches.

Perches pour rôt. On choisit les plus belles perches, et après les avoir habillées sans les écailler, on les fait cuire dans un bon court-bouillon : on les sert avec leurs écailles, sur un lit de persil.

PERDREAU. (*Voyez* Perdrix.)

PERDRIGON. Espèce de prunes dont on fait de très-bons pruneaux.

PERDRIX. Il y en a de deux sortes, les rouges et les grises : les dernières sont les plus estimées dans les pays où les rouges sont communes ; c'est le contraire dans les pays où il n'y a que des grises. Les deux espèces sont très-bonnes, mais les rouges sont plus grosses.

On distingue les perdreaux des perdrix par la dernière des grandes plumes de l'aile ; cette plume est pointue par le bout dans les perdreaux, et ronde dans les perdrix.

La chair de la perdrix jeune est légèrement excitante, tendre, savoureuse et facilement digestible. Elle convient aux estomacs faibles : celle des vieilles perdrix ne devient digestible que par une cuisson prolongée ; mais comme elle est plus imprégnée d'osmazome, elle est plus sapide que celle des perdreaux. Une vieille perdrix bouillie avec d'autres viandes, donne une excellente saveur au bouillon, et le rend plus tonique.

Perdreaux rôtis. Flambez-les légèrement ; troussez les pattes sur les cuisses ; enveloppez-les par-devant avec une feuille de vigne couverte d'une barde de lard ; faites rôtir à feu modéré ; servez à sec avec un citron ou une bigarade.

Salmi de perdreaux.—Entremets. On le fait comme celui de faisan. (*Voyez* Faisan.)

Perdrix braisées.— Entrée. Piquez de moyen lard trois vieilles perdrix ; enveloppez-les avec des émincées de veau et des bardes de lard ; mettez-les dans une casserole foncée de bardes avec quelques parures de viandes, deux carottes, deux ognons, un bouquet garni, et deux clous de girofle : si vous avez quelque carcasse ou débris de lapin, ajoutez-les après les avoir concassés ; assaisonnez de sel, poivre et muscade râpée ; mouillez avec moitié vin, moitié bouillon ; faites cuire à petit feu pendant une heure et demie ; dégraissez la cuisson ; passez-la au tamis ; ajoutez-y un peu de caramel, un peu de jus de bigarade et de zeste de bigarade râpé.

Servez sous les perdrix. Si votre sauce n'était pas assez liée, faites un petit roux que vous mouillerez avec la sauce, et faites réduire pendant quelque temps.

Au lieu d'ajouter à votre braise les carcasses et débris de perdrix et de lapin que vous pouvez avoir, pilez ces débris après les avoir concassés avec le couperet; passez-les au beurre; ajoutez quelques épices, du sel, un bouquet garni; mouillez avec du vin blanc et du bouillon, faites bouillir à petit feu pendant une heure; passez au tamis, et servez-vous de cette essence pour mouiller la braise.

Les perdrix doivent être passées au beurre avant d'être mises dans la braise. On peut les farcir avec une farce composée de lard râpé et de marrons rôtis ou de truffes, passés préalablement au beurre.

Perdreaux aux truffes. — *Rôt.* Préparez les truffes comme il est prescrit pour le faisan à l'angoumoise; remplissez-en entièrement les perdreaux; cousez-les pour que rien ne s'échappe; enveloppez-les entièrement de feuilles de vigne couvertes de bardes de lard; faites rôtir.

Perdrix aux choux. — *Entrée.* Flambez deux vieilles perdrix, piquez-les, et ficelez-les après les avoir troussées; mettez-les dans une casserole avec des bardes de lard (les perdrix doivent avoir été auparavant passées au beurre), une demi-livre de petit lard; un gros cervelas et quelques parures de viande ou de gibier; ajoutez quelques carottes et ognons dont un piqué de deux cloux de girofle, et une feuille de laurier; poivre et muscade, peu ou point de sel à cause du lard.

Prenez des choux blanchis et bien égouttés; ficelez-les et mettez-les avec les perdrix; mouillez avec du bouillon; faites cuire à petit feu; lorsque les perdrix sont cuites, on les retire et on les tient chaudement; retirez aussi les choux et les autres légumes s'ils sont cuits sinon laissez-les encore quelque temps; les choux surtout doivent être parfaitement cuits : dégraissez la cuisson, passez-la et faites-la réduire si elle est trop longue; jetez-y quelques marrons grillés, et écrasez-en un ou deux pour lier la sauce; arrangez-les choux autour des perdrix; entremêlez-les de carottes, de tranches de lard et de rouelles de saucissons, dont vous enlèverez la peau; versez la sauce sur le tout.

Perdrix à la purée. — *Entrée.* Faites cuire à la braise; quand elles sont cuites, servez-les avec une purée de lentilles ou de pois que vous préparerez avec la cuisson de la perdrix.

Perdrix aux olives.—*Entrée.* Après les avoir farcies, faites-les cuire à la broche et servez-les sur un ragoût d'olives. (*Voyez* Ragout.)

PERSIL. Plante aromatique dont on fait un grand usage comme assaisonnement. Le persil a une action stimulante très-prononcée; il échauffe : les personnes qui ont l'estomac irritable doivent en user avec beaucoup de modération.

PHYTOLACCA DECANDRA. On mange les feuilles de cette plante comme les épinards.

PIEDS. Les pieds des quadrupèdes sont composés de ligamens et de membranes qui abondent en gélatine, ce qui les rend très-alimentaires : on apprête surtout les pieds de mouton, de veau et de cochon. (*Voyez* ces art.)

PIGEON. Il faut en distinguer deux espèces. Le pigeon de volière a la chair plus tendre et plus délicate que le pigeon fuyard; la chair de celui-ci est plus sapide et plus tonique; celle des jeunes animaux des deux variétés forme un aliment très-convenable pour les estomacs faibles dont les fonctions digestives ont besoin d'être légèrement excitées.

Pigeon rôti. On le met à la broche enveloppé d'une

feuille de vigne avec une barde de lard par-dessus.

On le fait aussi rôtir enveloppé de lard et d'une feuille de papier ; dans ce cas, on le sert avec une sauce à l'échalotte, à la ravigotte, au beurre, ou à l'italienne.

Pigeons aux pois. — *Entrée.* Passez-les au beurre avec des tranches minces de petit lard ; mouillez avec du bouillon ; assaisonnez de poivre, un bouquet garni, peu de sel, à cause du lard ; mettez les pois (un litre pour trois pigeons) ; faites cuire à petit feu et réduire à courte sauce ; en servant ajoutez un peu de caramel peu coloré, ou mettez un peu de sucre en poudre dans le roux où l'on passe le pigeon.

On fait de même les pigeons aux pointes d'asperges, excepté qu'on n'ajoute les pointes d'asperges que lorsque les pigeons sont presque cuits. Les asperges doivent avoir été blanchies auparavant à l'eau bouillante.

Pigeons en compote. — *Entrée.* Passez les pigeons au beurre avec des tranches de petit lard ; quand ils sont bien passés, mouillez avec du bouillon ; ajoutez des champignons, quelques foies de volaille si vous en avez, ou un ris de veau coupé en morceaux, des culs d'artichauts, un bouquet garni, une pointe d'ail, poivre et muscade ; pas de sel, parce que le bouillon est salé ; faites cuire et réduire à courte sauce ; dégraissez avant que les pigeons soient entièrement cuits ; ajoutez de petits ognons passés au beurre jusqu'à ce qu'ils soient légèrement colorés ; ajoutez au moment de servir un peu de jus de citron, ou un filet de vinaigre.

Pigeons à la Ste-Ménéhould.—*Entrée.* Mettez dans une casserole un morceau de beurre manié de farine, un bouquet de persil et ciboules, deux ognons en tranches, des carottes et des panais émincés, une gousse d'ail entière, deux clous de girofle, une feuille de laurier, sel, poivre, muscade, et une chopine de lait ; faites bouillir quelques instans, et mettez-y les pigeons que vous faites cuire à petit feu; lorsqu'ils sont cuits, retirez-les, et faites-les égoutter; faites réduire la cuisson, laisse la refroidir et saucez-y les pigeons; panez-les et faites-les griller en les arrosant du gras de la cuisson. Servez avec une rémoulade. (*Voyez* Sauces.)

Pigeons à la crapaudine. — *Entrée.* Fendez-les par le dos, sans les séparer, depuis le cou jusqu'au croupion; aplatissez-les; assaisonnez-les de sel, gros poivre et muscade; trempez-les dans du beurre tiède, et panez-les partout; faites-les griller d'abord du côté de l'estomac; retournez-les ensuite de l'autre côté.

Servez avec une sauce piquante à l'échalotte.

Pigeons en matelote. — *Entrée.* Passez-les au beurre, avec du petit lard coupé en tranches; mouillez avec du bouillon et du vin blanc; assaisonnez de sel, poivre, épices, et un bouquet garni; ajoutez des champignons et des ognons passés au beurre; faites cuire vivement pour réduire à courte sauce.

Pigeons frits. Prenez des pigeons de sept à huit jours; flambez-les légèrement; laissez les ailes, la tête et les pattes; faites-les cuire avec un morceau de beurre, du vin blanc, un bouquet garni, deux clous de girofle, une pointe d'ail, sel, gros poivre et muscade. Lorsqu'ils sont cuits, retirez-les pour les faire égoutter; trempez-les dans une pâte, et faites-les frire de belle couleur; servez avec du persil frit.

PIMENT. Espèce de solanée dont le fruit a une saveur âcre analogue à celle du poivre. Le piment se nomme vulgairement *poivre long*.

PIMENT DE LA JAMAÏQUE. Fruit du *myrtus pimenta*, qui a une odeur qui se rapproche beaucoup de celle du girofle. Ses fruits séchés et pulvérisés sont employés comme épices.

PIMPRENELLE. Herbe légèrement aromatique, dont les jeunes feuilles sont employées comme assaisonnement dans les salades.

PIQUER. C'est la même chose que *larder*. On *pique* avec une lardoire, instrument trop connu pour qu'il soit nécessaire d'en faire la description.

PISTACHE. Fruit du pistachier, arbre qui croît dans les contrées méridionales; la pistache est une petite noix oblongue, assez difficile à casser parce qu'elle est élastique, qui renferme une semence huileuse dont la chair est d'un vert tendre; elle a un goût plus agréable que l'aveline; elle est aussi moins sèche. On substitue avec avantage la pistache aux amandes et aux avelines dans toutes les préparations dont ces semences émulsives font partie.

PLIE. Poisson qui a beaucoup d'analogie avec le carrelet. On le prépare de la même manière.

PLUVIERS. On ne les vide pas; on les prépare et on les sert comme les bécassines. (*Voyez* Bécasses.)

POÊLE. Instrument de fer battu, ayant une longue queue, dont on se sert surtout pour faire des fritures et des omelettes.

POÊLON. Instrument de cuisine ordinairement en cuivre jaune non étamé, avec une longue queue, pour pouvoir l'exposer au feu de cheminée.

Les poêlons d'office sont des espèces de casseroles beaucoup plus profondes que celles qui servent à la cuisine. On emploie les poêlons pour faire de petites quantités de sirop de sucre, pour faire diverses sucreries, etc. Ces poêlons sont aussi en cuivre jaune non étamé.

POINTE. Ce mot exprime une petite quantité d'un

assaisonnement dont la saveur est vive. On dit *une pointe d'ail, de verjus*, etc.

POIRE. Fruit du poirier; il y en a un grand nombre de variétés qu'on peut diviser en trois classes : les poires fondantes, les poires à chair cassante, mais douce; les poires à chair ferme ou cassante, et imprégnées d'un principe astringent que la cuisson ne fait pas disparaître entièrement.

Presque toutes les poires d'été appartiennent à la première classe; on doit aussi y ranger un grand nombre de celles qui mûrissent en automne, telles que les beurrés, les doyennés; et, parmi les poires d'hiver, le Saint-Germain, la virgouleuse, la crassane, qui est quelquefois un peu acerbe, et quelques autres.

Toutes les poires fondantes dont la pulpe est sucrée sont nutritives et facilement digestibles; elles rafraîchissent et ne fatiguent pas l'estomac.

Parmi les poires cassantes, il y en a dont la pulpe est moins sèche et plus facilement divisible; telles sont le messire-Jean doré, le rousselet, le bon-chrétien d'Espagne : ces poires sont moins digestibles que les précédentes; elles ne peuvent être mangées crues sans inconvénient que par les personnes qui ont l'estomac sain.

Quant aux poires dont la chair est décidément sèche et cassante, elles ne conviennent qu'aux estomacs robustes; mais cuites avec une petite quantité de sucre, elles forment un aliment fort sain.

Les poires de la troisième classe, telles que le catillac, la poire de livre, etc., ont une acerbité telle qu'on ne peut les manger crues : elles ne la perdent pas entièrement par la cuisson; aussi produisent-elles la constipation lorsqu'on en fait un usage habituel. (*Voyez* Compotes.)

POIREAU. Légume qui n'est employé généralement

que comme assaisonnement dans les potages gras. Il y a cependant des contrées où l'on prépare quelques ragoûts de poireaux.

POIS. On ne traitera dans cet article que des petits pois cueillis long-temps avant leur maturité, lorsqu'ils sont tendres et pleins d'une eau sucrée ; dans cet état ils sont très-agréables, mais peu alimentaires, et ne sont pas d'une très-facile digestion pour les estomacs faibles.

Les pois secs ne servent qu'à faire des purées ; on y emploie surtout les pois verts, qu'on trouve aujourd'hui dans le commerce débarrassés de leur pellicule, et dont la pulpe a une saveur sucrée très-sensible. (*Voyez* Purée, *art.* Ragoût.)

Petits pois à la bourgeoise. — *Entremets.* Faites un roux très-léger ; passez-y un instant les pois et prenez garde qu'ils ne racornissent si vous les laissez trop long-temps ; mouillez avec un peu d'eau bouillante ; ajoutez sel et poivre, un bouquet de persil et ciboule, et un cœur de laitue ; laissez réduire jusqu'à ce qu'il n'y ait plus de sauce ; au moment de servir, ajoutez une liaison de jaune d'œuf.

Ou bien, ne faites pas de roux : mettez dans une casserole un morceau de beurre manié d'un peu de farine ; lorsque le beurre est tiède, mettez-y les pois avec un bouquet de persil et ciboule, sel et poivre ; laissez-les cuire dans leur jus, sans mouillement ; au moment de servir, retirez la casserole du feu ; versez dans un vase la cuisson de vos pois, mettez-y une liaison de jaunes d'œuf avec un peu de crème et du sucre en poudre ; versez la sauce sur les pois ; sautez-les et servez.

Pois au lard.—*Entrée.* Faites un roux léger; passez-y du lard coupé en tranches minces ; mouillez avec du bouillon, et mettez-y vos pois avec un bouquet de persil et ciboules, sel et poivre : faites cuire à petit feu.

POISSON. Comme les propriétés particulières à chaque espèce de poisson ont été indiquées à l'article qui traite de ses préparations, on se bornera à donner ici une simple nomenclature de tous les poissons de mer et d'eau douce.

Poissons de mer. Merlan, limande, sole, carrelet, plie, vive, éperlan, rouget, orphie, hareng, sardine, alose, saumon, esturgeon, thon, maquereau, cabillau, raie, turbot, barbue, bar.

Crustacés. Homards, langoustes, crevettes, salicoques, crabes.

Coquillages. Huîtres, moules.

Poissons d'eau douce. Perche, carpe, truite, brochet, brême, tanche, barbillon, anguille, lotte, goujon, lamproie.

Crustacés. Écrevisses.

Coquillages. Limaçons.

POITRINE. (*Voyez* Bœuf, Veau et Mouton.)

POIVRE. Le poivre est l'épice dont l'usage est le plus général : c'est un stimulant très-énergique dont on doit user avec la plus grande modération. Les personnes qui ont l'estomac très-irritable doivent même s'en abstenir entièrement.

Il n'en est pas de même des gens de la campagne et de tous ceux qui se livrent à des travaux pénibles : leur estomac, dont la sensibilité est émoussée par l'habitude d'une nourriture grossière, a besoin d'être fortement excité ; le poivre est très-propre à produire cette excitation ; aussi en fait-on un grand usage dans toutes les préparations de la cuisine rurale.

POIVRADE. (*Voyez* Sauces.)

POMMES. Toutes les pommes ont la chair compacte

et cassante; quelques variétés cependant sont moins fermes et plus solubles, ce qui les rend plus facilement digestibles; telles sont les calvilles, les reinettes d'Angleterre et de Canada, la pomme de pigeon, et quelques autres encore.

En général, les pommes crues ne conviennent qu'aux estomacs les plus forts; cuites avec du sucre et un peu de cannelle, dont l'action tonique les rend plus faciles à digérer, elles forment un aliment léger très-propre aux personnes dont l'estomac est irritable, ainsi qu'aux convalescens. (*Voyez* Compotes.)

POMMES DE TERRE. Pour l'usage de la cuisine, il faut préférer celles qui ne se déforment pas par la cuisson. Les violettes ont surtout cette propriété qui tient à l'existence d'une matière albumineuse qui, en se coagulant par la cuisson, empêche la séparation des parties.

La meilleure manière de les faire cuire est de les exposer à la vapeur de l'eau bouillante; pour cela, mettez dans un chaudron un clayon d'osier à claire voie, avec trois pieds de deux pouces de haut; mettez un pouce d'eau dans le chaudron, et posez les pommes de terre sur le clayon; couvrez-les avec un gros linge plié en double et surmonté d'un couvercle en bois. Les pommes de terre sont cuites quand la vapeur commence à sortir par le haut.

Si vous préférez les faire cuire à l'eau, retirez l'eau lorsqu'elles sont cuites; couvrez le vase avec un linge plié, un couvercle par-dessus; laissez-les ressuyer pendant un quart d'heure.

Pommes de terre à la maître d'hôtel.—Entrée. Dans l'été, préférez les espèces les plus hâtives; en automne et en hiver, choisissez les pommes de terre violettes, qui sont sucrées et moins sujettes à se mettre en bouillie, ou des rouges longues; faites-les cuire, épluchez-les et coupez-les en tranches; faites tiédir du beurre assaisonné de fines herbes, sel et gros poivre, et d'un peu de jus de citron; versez sur les pommes de terre, et sautez-les un instant dans la casserole avec l'assaisonnement.

Pommes de terre au blanc.—*Entrée.* Faites fondre dans une casserole un bon morceau de beurre manié de farine; ajoutez de la crême ou du lait, du persil et de la ciboule hachés, sel, gros poivre et muscade. Faites bouillir la sauce et mettez-y les pommes de terre cuites et coupées en tranches. Au moment de servir, ajoutez une liaison de jaunes d'œuf.

Pommes de terre au roux. — *Entrée.* Faites un roux, passez-y des ognons jusqu'à ce qu'ils soient bien colorés; ajoutez un morceau de beurre manié de farine; mouillez avec du bouillon ou du jus de viande; assaisonnez de sel, gros poivre et un filet de vinaigre. Lorsque les ognons sont cuits, mettez les pommes de terre cuites et coupées en tranches : ne les laissez que le temps nécessaire pour prendre couleur.

Pommes de terre frites.—*Entremets.* Pelez des pommes de terre; coupez-les en tranches minces; faites-les frire sur un feu vif; égouttez-les et saupoudrez-les de sel fin.

Pommes de terre sautées.—*Entrée.* Pelez de petites pommes de terre après les avoir fait cuire à moitié; mettez-les dans une casserole avec du beurre, et sautez-les jusqu'à ce qu'elles soient cuites et légèrement colorées; saupoudrez-les de sel fin.

Salade de pommes de terre. — *Entremets.* Faites-les cuire à la vapeur, coupez-les en tranches, et assaisonnez-les comme une salade ordinaire. Il faut beaucoup d'huile.

Soufflé de pommes de terre. (*Voyez* Soufflé.)

PORC. (*Voyez* Charcuterie.)

POTAGES.

Potage au naturel. Coupez du pain en tranches, ou brisez en deux ou trois morceaux des croûtes d'une belle couleur; versez dessus du bouillon très-chaud, en suffisante quantité pour les faire tremper. Laissez le pain et les croûtes se renfler, et, au moment de servir, ajoutez du bouillon jusqu'à ce qu'elles soient complétement baignées. On ne doit pas faire bouillir le bouillon avec le pain.

Les légumes qui ont cuit avec la viande dans la marmite, se servent à part.

Potage à la semoule et au vermicelle. Faites bouillir la quantité de bouillon suffisante pour le potage que vous voulez faire : quand il est en pleine ébullition, jetez-y la semoule ou le vermicelle, en les disséminant, pour qu'ils ne se pelotonnent pas; on remue à cet effet le potage avec une cuillère. Une demi-heure d'ébullition suffit. Le vermicelle et la semoule doivent être renflés et non dissous. Le potage ne doit pas être épais.

On peut donner de la couleur avec du caramel, qui ajoute aussi à la saveur du bouillon. Voici la manière de le faire.

Faites un caramel comme il est indiqué (*voy*. Caramel); délayez-le avec du bouillon dégraissé, et ajoutez une pincée de safran, un ognon grillé et une cuillerée de conserve de tomates. Faites bouillir pendant un quart d'heure, et passez à travers un tamis. Ce caramel se conserve, pourvu qu'il ne soit pas trop délayé. Une cuillerée suffit pour donner une belle couleur à un potage, et pour corriger la fadeur des pâtes et du riz.

Potage au riz. On emploie environ une once de riz par assiette. On le lave plusieurs fois à l'eau tiède, en le frottant entre les mains. Si on préfère que le riz ne soit que ce qu'on appelle *crevé*, on le fait bouillir avec beaucoup de bouillon; mais si l'on veut qu'il soit amené à une consistance de crême, on ne met à la fois que la quantité de bouillon qu'il peut boire, et on en ajoute peu à peu. Il faut toujours que le bouillon soit peu salé parce que l'ébullition le concentre.

Potage improvisé pour les malades. Lorsqu'on éprouve un pressant besoin d'avoir du bouillon, et qu'on ne peut s'en procurer, ce qui arrive souvent, on peut en faire de très-bon en une demi-heure.

Hachez une demi-livre de bœuf, un abatis de volaille ou la moitié d'un poulet, os et viande. Mettez le tout dans une casserole avec un litre d'eau; faites bouillir, écumez et ajoutez une carotte, un navet et un ognon coupés en tranches minces. Assaisonnez avec du sel; couvrez la casserole et posez sur le couvercle un torchon mouillé qui suffira pour arrêter l'évaporation; après une demi-heure d'ébullition, passez le bouillon au tamis.

La viande est totalement épuisée et ne conserve aucune saveur; mais le bouillon est très-bon.

Si on veut un consommé, on fait réduire à moitié le bouillon passé au tamis.

Potage au sagou. Le sagou est une substance analogue aux fécules, un peu gommeuse, qui se trouve entre les fibres qui remplissent le tronc d'une espèce de palmier, très-commun dans l'archipel d'Asie. On le lave à l'eau bouillante et on le fait cuire avec du bouillon qu'on ajoute peu à peu, jusqu'à ce que le sagou soit entièrement dissous et forme une espèce de gelée. On le rend plus nourrissant en y ajoutant, au moment de servir, une liaison de jaunes d'œuf.

Potage au salep. Le salep est le produit de la racine tuberculeuse d'une espèce d'orchis qu'on pulvérise après l'avoir fait dessécher. Pour dissoudre le salep, on le jette dans le bouillon au moment où il est en parfaite ébullition. On remue vivement avec une cuillère pour que le salep ne se grumèle pas. On en emploie une cuillerée à café.

Potage à l'orge perlé. Faites tremper l'orge dans l'eau dès la veille; égouttez-la, et mettez-la avec du bouillon dans une casserole. Ne mettez de bouillon que ce qu'il faut pour couvrir l'orge; faites bouillir, en ajoutant de temps en temps du bouillon, jusqu'à ce que l'orge soit crevée. On prolonge ensuite l'ébullition pour que le bouillon puisse se charger de toutes les parties solubles de l'orge. On passe avec expression, et on obtient une espèce de crême nourrissante et rafraîchissante, très-convenable pour les convalescens.

Si le potage est destiné à des personnes en santé, on y laisse l'orge crevée.

Potage de gruau d'avoine. On le fait de deux manières, avec le gruau entier et avec la farine.

La farine de gruau se conserve difficilement. Il faut la tenir à l'abri de la chaleur et de l'humidité.

Délayez une cuillerée de farine de gruau dans une tasse de bouillon, et faites bouillir pendant dix minutes.

Si on emploie le gruau entier, on le fait tremper la veille dans l'eau. On l'égoutte, et on le fait bouillir long-temps à petit feu avec du bouillon. On passe avec expression.

Bouillon de poulet. Brisez avec le dos d'un couperet la moitié d'un poulet, et faites-la cuire à petit feu avec une pinte d'eau et un peu de sel. Ce bouillon rafraîchit et nourrit peu.

On le rend plus alimentaire et on lui donne une propriété adoucissante, en faisant cuire avec le poulet deux figues grasses et une once de raisins de Corinthe.

Bouillon rafraîchissant. Coupez en dés une demi-livre de rouelle de veau, et mettez-la dans une casserole avec une poignée de cerfeuil, deux laitues et quelques feuilles de chicorée sauvage. Faites bouillir pendant une demi-heure et passez au tamis.

Bouillon de mou de veau. Faites dégorger le quart d'un mou de veau, et coupez-le en dés. Mettez-le dans une marmite avec deux pintes d'eau, une poignée de raisins de Corinthe, six dattes, douze jujubes, et deux onces de sucre candi brun. Faites cuire à petit feu pendant quatre heures; passez le bouillon au tamis.

Les huit potages ou bouillons ci-dessus sont destinés aux malades ou aux convalescens.

Potage aux choux. Faites blanchir un chou pendant une demi-heure; coupez-le en morceaux, après l'avoir égoutté et refroidi. Garnissez le fond d'une casserole de quelques bardes de lard maigre, et mettez-y le chou avec quelques carottes et ognons. Mouillez avec le gras du bouillon. Couvrez bien la casserole, et faites cuire à petit feu. Le chou étant cuit, mettez-le sur le potage trempé à l'ordinaire. Versez aussi dans le potage le fond de la cuisson du chou, après l'avoir dégraissée.

Potage aux choux et au fromage. Faites cuire un ou plusieurs choux, comme il est prescrit à l'article précédent. Couvrez d'une couche peu épaisse de beurre le fond d'une casserole ou d'un plat creux qui supporte le feu. Couvrez le beurre d'un lit de pain qu'on saupoudre de fromage de Parme râpé, ou de fromage de Gruyères coupé en lames minces; faites ensuite un lit de choux, puis un lit de pain, et une couche de fromage sur chaque lit. Trempez avec de bon bouillon, en suffisante quantité pour bien imbiber le tout. Mettez la casserole sur un feu doux et faites mijoter une demi-heure; renversez le potage dans la soupière, et ajoutez du bouillon pour le rendre moins épais. Si le potage a été fait dans une terrine, on le sert dans le même vase. On place à côté du potage un bol de bouillon.

Potage à la purée de lentilles, de haricots et de pois. Faites une purée comme il est prescrit à l'art. *Ragouts.* Délayez-la avec du bouillon, et versez-la sur des croûtes trempées avec de bon bouillon : on ajoute un peu de beurre à la purée.

Potage à la purée de racines. Prenez des carottes ou des navets, ou les unes et les autres ; ajoutez quelques ognons et un panais. Après avoir coupé les racines en tranches minces, passez-les au beurre pendant une demi-heure, en remuant sans cesse pour qu'elles ne s'attachent pas; mouillez avec du bouillon, et ajoutez une cuillerée de caramel très-clair : faites cuire à petit feu; passez à travers une passoire à petits trous. On abrége beaucoup cette opération en pilant les racines dans un mortier ; on éclaircit la purée avec du bouillon, et on la verse sur le potage.

Potage aux croûtons et à la purée. Passez des morceaux de mie de pain au beurre, jusqu'à ce qu'ils aient pris une belle couleur. Donnez à ces croûtons une forme régulière, carrée, ronde ou en losange ; mettez-les dans la soupière, et versez par-dessus une purée de lentilles ou de pois.

Potage à la moelle. Faites fondre un quarteron de moelle de bœuf; passez et laissez refroidir : ensuite mêlez-la avec deux œufs entiers, blancs et jaunes ; ajoutez y un demi-quarteron de mie de pain trempée dans du bouillon, et exprimée ; un peu de persil, de muscade et de sel. Ajoutez aussi un peu de farine pour donner de la consistance à la pâte ; formez-en des boulettes que vous ferez cuire dans le bouillon pendant quelques minutes : versez ensuite dans la soupière.

Potage à la purée de marrons. Prenez un quarteron de marrons; enlevez la première peau; mettez-les ensuite dans une casserole avec de l'eau; faites chauffer sans bouillir, jusqu'à ce que la seconde peau s'enlève facilement : épluchez-les, pilez ensuite les marrons avec un morceau de mie de pain trempée dans le bouillon, et exprimée. Délayez le tout avec du bouillon chaud, passez au tamis et faites cuire; versez la purée sur des croûtons passés au beurre.

Potage à la julienne. Coupez en filets des carottes, des navets, quelques ognons en dés; coupez aussi en filets, des tiges de céleri, quelques poireaux et un panais. Hachez grossièrement une laitue, une poignée d'oseille et une demi-poignée de cerfeuil; passez les racines au beurre, ajoutez ensuite les herbes, et enfin mouillez avec de bon bouillon. Faites cuire pendant une heure au moins. Il faut que les racines soient fondantes. Versez la julienne sur le pain préparé dans la soupière, ou servez-la seule. Dans la saison, on ajoute à la julienne des petits pois, des pointes d'asperges, des petites fèves.

Potage aux herbes. Prenez deux laitues, une demi-poignée de poirée, et une poignée d'oseille; ôtez les côtes de la laitue et de la poirée; épluchez l'oseille, et hachez le tout grossièrement; faites fondre les herbes dans une casserole sans eau : lorsqu'elles sont bien fondues, mouillez avec du bouillon, et ajoutez un morceau de beurre. Lorsqu'elles sont suffisamment cuites, versez-les sur le potage déjà trempé.

Croûte au pot. Prenez des croûtes d'un pain bien cuit et d'une belle couleur; le pain ne doit pas être chapelé. Mettez les dans un plat creux, ou mieux dans une écuelle d'argent, avec de bon bouillon non dégraissé; ajoutez même un peu de graisse du pot, ou un morceau de bon beurre : mettez le plat sur le feu jusqu'à ce que le bouillon soit réduit, et que les croûtes commencent à gratiner. Au moment de servir, ôtez la graisse qui reste encore, et ajoutez une cuillerée de bouillon dégraissé.

Potage à la reine. Hachez des blancs de volailles cuites à la broche; pilez-les ensuite avec du riz seulement crevé; délayez le tout bien pilé avec du bouillon ou du consommé : passez au tamis.

Brisez les os des débris de volailles dont vous avez pris les blancs, et mettez-les dans du bouillon avec ce qui sera resté sur le tamis en passant la purée de blancs. Faites mijoter le tout à petit feu pendant une heure; passez ce bouillon, et servez-vous-en pour tremper le potage, composé soit de pain, soit de pâtes : ajoutez au moment de servir la purée de blancs. Assaisonnez d'un peu d'épices, sans sel, parce que le bouillon est salé; une de mi-cuillerée de caramel ne peut nuire dans ce potage.

Potage aux haricots rouges. Faites cuire dans du bouillon non dégraissé, des haricots rouges, avec deux carottes et un ognon piqué de deux clous de girofle : passez-les ensuite à travers une passoire à petits trous, en mouillant de temps en temps avec du bouillon. Faites une purée claire que vous verserez sur des croûtons passés au beurre.

Potage aux huîtres. Passez les huîtres au beurre avec des champignons hachés : mouillez avec une purée claire; assaisonnez avec sel et poivre; faites tremper le pain à part avec de bon bouillon ou du consommé, et versez les huîtres par-dessus lorsqu'elles sont cuites.

Ce potage est agréable, mais il est fort indigeste. Les huîtres contiennent beaucoup d'albumine, qui, en se coagulant, en rend la chair dure et presque coriace, surtout lorsqu'on les cuit long-temps.

Autre potage aux huîtres. Pilez dans un mortier deux douzaines de belles huîtres fraîches et crues;

mettez-les dans du bouillon, et faites cuire à petit feu : passez ensuite au tamis et versez sur des croûtes. Ce potage est très-préférable au précédent; il restaure et ne fatigue pas l'estomac.

Bisque aux écrevisses. Faites cuire à grand feu deux douzaines d'écrevisses, avec sel, gros poivre et un morceau de beurre ; remuez-les sans discontinuer avec une cuillère : un quart d'heure suffit. Lorsqu'elles sont cuites, retirez l'intérieur du ventre et un intestin qui se prolonge jusqu'à l'extrémité de la queue. Faites frire dans le beurre des morceaux de mie de pain, jusqu'à ce qu'ils soient secs et cassans. Les écrevisses étant épluchées, jetez-les dans un mortier avec les croûtes de pain frit, et pilez le tout. Mettez le tout dans une casserole, et délayez avec du bouillon, de manière que la purée ne soit ni trop claire ni trop épaisse ; ajoutez le beurre qui a servi à faire cuire les écrevisses. Passez à travers un tamis ; ensuite on fait chauffer la purée sans la faire bouillir, et on la verse sur du pain trempé avec un consommé, ou sur des croûtons passés au beurre.

Potage aux œufs. Délayez une demi-cuillerée de farine dans du bouillon froid; ajoutez trois œufs entiers, et battez le tout. Assaisonnez avec un peu de macis ou de muscade râpée : versez en agitant, dans du bouillon ou du consommé bouillant; faites cuire quelques minutes, et versez sur des croûtons passés au beurre.

Autre potage aux œufs. Prenez six jaunes d'œuf et deux œufs entiers délayés avec une chopine de bouillon froid; faites prendre ce mélange au bain-marie. Lorsque tout est bien pris, enlevez-en avec une cuillère ou une écumoire, des émincées que vous mettrez dans une soupière remplie de bon bouillon sortant de la marmite.

Les œufs entiers agissent dans les potages par leur albumine, qui en se coagulant par la chaleur, donne de la solidité à tous les mélanges dans lesquels on les fait entrer. Cette solidité est d'autant plus grande qu'il y a plus d'albumine dans le mélange; on est donc toujours le maître de la déterminer comme on veut.

L'albumine joue un grand rôle dans la cuisine, dans la pâtisserie et dans l'office. C'est, dans une infinité de cas, un agent indispensable; il faut donc en étudier avec soin les effets, pour pouvoir les régler selon les circonstances.

Potage au macaroni. Brisez en morceaux quatre onces de macaroni; jetez-le dans du bouillon bouillant, et lorsqu'il est suffisamment cuit, ajoutez un peu de fromage de Parmesan, ou de tout autre fromage sec, râpé : mêlez, pour faire fondre le fromage, et versez dans la soupière.

A défaut de macaroni, on peut employer du vermicelle; le plus gros est le meilleur. On peut aussi se dispenser de mettre le fromage dans le potage, et le servir à part sur une assiette; chacun alors en met à son goût.

Garbure de marrons. Dépouillez de leur première peau une quantité suffisante de marrons. Passez-les ensuite dans une poêle non percée, avec un peu de beurre bien chaud, jusqu'à ce que la peau intérieure s'enlève avec facilité; enlevez cette peau; mettez les marrons dans une casserole entre des bardes de lard, avec quelques parures de viandes, des carottes, des ognons, dont un piqué de deux clous de girofle, une feuille de laurier et un peu de céleri; mouillez avec du bouillon, et faites cuire à petit feu. Lorsqu'ils sont cuits, retirez-les et arrosez-les à moitié; faites ensuite, dans un plat, un lit de pain et un lit de marrons, et ainsi de suite jusqu'à ce que le plat soit rempli; mouillez le tout avec la cuisson des marrons, préalablement passée au tamis; posez le plat sur un feu doux, et laissez gratiner un peu la garbure. Servez avec un vase rempli de bouillon.

POTAGES MAIGRES.

Bouillon maigre de poisson. Prenez ognons, carottes et panais émincés. Mettez-les dans une casserole avec un morceau de beurre; faites roussir jusqu'à ce que le tout ait pris une belle couleur; ajoutez le poisson, carpe ou brochet, et une petite anguille coupée en tronçons; faites faire deux ou trois tours; mouillez avec une purée claire, et ajoutez persil, ciboules, thym, basilic, laurier, une pointe d'ail, clous de girofle, sel et poivre: faites cuire pendant une heure; passez ensuite au tamis.

La carpe est le poisson qui donne le meilleur bouillon.

Autre bouillon de poisson. Prenez les restes de poissons dont la chair aura servi à faire des hachis: ajoutez une anguille coupée par tronçons, et mettez le tout dans une marmite avec eau, beurre, sel, poivre, un bouquet garni et un ognon piqué de clous de girofle. Faites bouillir le tout pendant une heure. Passez ensuite à l'étamine. Faites un roux de belle couleur et un peu chargé de farine, et servez-vous-en pour donner de la consistance et de la couleur au bouillon.

Bouillon maigre. Coupez en lames minces douze carottes et autant de navets et d'ognons, deux pieds de céleri, deux panais, un chou, plus un fort bouquet de persil; mettez le tout dans une marmite avec un quarteron de beurre et une chopine d'eau. Faites bouillir jusqu'à ce que toute l'eau soit évaporée, et que les légumes commencent à frémir dans le beurre.

Remplissez alors la marmite d'eau; ajoutez un demi-litre de pois et autant de haricots, et assaisonnez de sel, poivre et girofle; faites bouillir au moins trois heures, et passez au tamis.

On fait, en maigre, avec ce bouillon, tous les potages qui ont été indiqués en gras.

Soupe à l'ognon. Coupez en tranches minces des ognons fendus en quatre, après en avoir séparé la tête et la queue : faites roussir l'ognon au beurre jusqu'à ce qu'il ait pris une belle couleur. Mouillez avec de l'eau, et assaisonnez de sel et poivre. Laissez bouillir un bon quart d'heure, et versez sur le pain.

En gras, on mouille avec du bouillon.

Bisque aux écrevisses. Faites une purée aux écrevisses, comme il est indiqué à l'article Ragoût. Trempez du pain ou des croûtons avec du bouillon de poisson, et ajoutez la purée au moment de servir.

Potage de printemps. Mettez dans une petite marmite un litron de pois frais, avec du cerfeuil, du pourpier, de la laitue, quelques ognons et un morceau de beurre. Faites bouillir le tout ensemble avec suffisante quantité d'eau; assaisonnez de sel et poivre. Quand le tout est cuit, passez en purée claire ; pour cela, servez-vous d'une passoire. Trempez le potage avec cette purée; réservez-en une portion dans laquelle vous délaierez trois jaunes d'œuf; faites lier sur le feu sans bouillir, et ajoutez au potage au moment de servir.

Potage au riz à la purée. Faites crever du riz bien lavé dans du bouillon maigre ; quand il est cuit suffisamment, ajoutez-y une purée claire de pois, de lentilles ou de haricots; et au moment de servir, un morceau de beurre. Assaisonnez de sel et poivre.

Julienne au riz. Faites une julienne comme en gras (page 340); mouillez avec de l'eau ou avec du bouillon maigre. Ajoutez un quarteron de riz, plus ou moins, selon l'étendue que vous voulez donner à votre potage. Faites bouillir pendant une heure et demie. Assaisonnez de sel et gros poivre.

Panade. Prenez une quantité suffisante de mie de

pain ; mettez-la dans une casserole avec peu d'eau, pour qu'elle se dissolve plus facilement. Ajoutez du sel et successivement de l'eau en quantité suffisante. Lorsque la mie de pain est bien fondue, ajoutez un bon morceau de beurre, et assaisonnez de sel et poivre. Retirez la panade du feu lorsque le beurre est fondu, et versez-y une liaison de trois jaunes d'œuf, en tournant avec une cuillère, pour empêcher la liaison de se prendre en grumeaux.

On peut mettre des œufs entiers dans la panade; mais, dans ce cas, il faut la laisser refroidir un peu pour que les blancs ne se coagulent pas tout-à-fait et restent en consistance de lait.

Potage aux choux. Coupez finement la moitié d'un chou dont vous aurez ôté les grosses côtes ; passez-le au beurre jusqu'à ce qu'il commence à roussir ; mouillez avec du bouillon maigre ou avec de l'eau ; assaisonnez de sel et poivre, et laissez bouillir pendant une heure au moins. Lorsque le chou est bien cuit, versez le potage sur le pain.

Potage d'ognons. Épluchez deux ou trois douzaines de petits ognons blancs ; farinez-les, et faites-les frire au beurre. Quand ils sont frits et bien colorés, mettez-les dans un petit pot avec du bouillon de poisson, et faites-les cuire à petit feu.

Mitonnez des croutes avec du bouillon de poisson ; garnissez le potage d'un cordon d'ognons roux, et versez par-dessus le bouillon dans lequel ils ont cuit.

Autre potage aux choux. Prenez des choux de Milan ou autres; coupez-les en quatre, et faites-les blanchir. Mettez-les ensuite dans l'eau froide ; et, après les avoir retirés et pressés, ficelez-les, et mettez-les dans une marmite avec une douzaine d'ognons, carottes, panais et racines de persil ; mouillez-les d'une purée claire et assaisonnez de sel et de quelques clous de girofle.

Lorsque les choux sont à demi cuits, mettez-y deux cuillerées de jus d'ognons, qui se fait de la manière suivante.

Coupez par tranches quatre ou cinq ognons, des carottes et des panais; passez-les dans une casserole avec du beurre. Étant cuits, poudrez-les d'un peu de farine, et remuez jusqu'à ce qu'elle soit cuite, sans trop prendre couleur; mouillez avec une ou deux cuillerées de bouillon de poisson ou de racines; mettez-y quelques petites croûtes, un peu de persil, tant soit peu de basilic, et laissez mitonner le tout ensemble.

Le tout étant cuit, passez à l'étamine, et mettez le coulis dans la marmite du potage aux choux : achevez de faire cuire.

Mitonnez des croûtes avec du bouillon de choux; faites une bordure autour du potage avec les choux, et versez par-dessus le bouillon dans lequel ils ont cuit.

Potage aux herbes. Hachez grossièrement une poignée d'oseille, deux laitues, et un peu de cerfeuil; passez le tout avec un morceau de beurre. Quand les herbes sont bien fondues, mouillez avec de l'eau ou une purée claire : assaisonnez de sel et poivre; laissez bouillir trois quarts d'heure. Retirez du feu; liez avec trois jaunes d'œuf, et versez sur le pain coupé en tranches, ou sur des croûtes mitonnées avec du bouillon maigre.

Potage aux concombres. Fendez en quatre un gros concombre, après en avoir ôté la peau; retirez-en les graines; coupez-le en tranches minces, que vous mettrez sur un plat avec un peu de sel, pour leur faire jeter leur eau; égouttez-les et mettez-les dans une casserole avec un morceau de beurre; quand ils sont bien revenus, sans avoir pris couleur, mouillez avec du bouillon maigre, et ajoutez une poignée d'oseille et un peu de cerfeuil haché grossièrement; assaisonnez de sel et gros poivre. Laissez bouillir un bon quart d'heure; retirez du feu, et mettez, au moment de servir, une liaison de deux jaunes d'œuf, avec un peu de crême. Versez dans la soupière, sur le pain coupé en tranches minces.

On fait aussi ce potage au gras.

Potage au riz à l'ognon. Coupez en tranches minces des ognons fendus en quatre; passez-les dans le beurre jusqu'à ce qu'ils soient un peu bruns : mouillez avec du bouillon maigre; assaisonnez de sel et gros poivre et un peu de muscade râpée. Mettez dans le bouillon un quarteron de riz, et laissez bouillir le tout pendant deux heures.

Potage de chicorée. Hachez finement une demi-douzaine de chicorées frisées ou de scaroles; ôtez les plus grosses côtes; passez au beurre sans faire roussir; mouillez avec de l'eau : assaisonnez de sel, poivre, et un peu de muscade; laissez bouillir trois quarts d'heure. Au moment de servir, ajoutez une liaison de jaunes d'œuf, et versez sur le pain.

Potage aux quenelles de poisson. Prenez de la chair de poissons cuits à l'eau ou au court-bouillon; hachez-la et pilez-la avec de la mie de pain trempée dans le lait et bien exprimée : ajoutez quelques jaunes d'œuf, un peu de beurre, sel, poivre et muscade râpée : mêlez le tout et ajoutez quelques œufs entiers. Il en faut mettre peu, pour que les quenelles ne prennent pas trop de fermeté : moulez-les avec une cuillère à café.

Faites chauffer une quantité suffisante de bouillon maigre pour faire le potage; lorsqu'il est bouillant, jetez-y les quenelles; laissez-les cuire pendant quelques minutes. Versez le tout dans la soupière, et ajoutez une purée de légumes ou d'écrevisses.

Potage à la Mont-Rouge. Faites une purée avec des blancs de volailles ou de perdrix cuites à la broche (*voyez* Potage à la reine, p. 341); colorez-la avec un peu de caramel, et délayez-la avec du consommé : faites chauffer sans bouillir, et versez sur des croûtons passés au beurre.

Ajoutez, au moment de servir, des carottes et des navets coupés en filets, passés au beurre et cuits dans du bouillon.

Potage au potiron. Coupez en morceaux une tranche de potiron, et mettez-les sans eau dans une casserole; faites cuire, en remuant avec une cuillère, jusqu'à ce que le potiron soit fondu. Passez à travers une passoire à petits trous; mettez la purée dans une casserole, avec un demi-quarteron de beurre et la quantité de lait suffisante; assaisonnez avec quelques grains de sel et un bon morceau de sucre : versez sur le pain.

Potage au potiron à la semoule. Faites bouillir du lait et jetez-y la quantité suffisante de semoule; lorsqu'elle est cuite, ce qui a lieu en un quart d'heure, ajoutez-y une purée de potiron faite comme ci-dessus; assaisonnez avec quelques grains de sel et du sucre : ajoutez, si vous voulez, un peu d'eau de fleur d'orange.

Potage au pain grillé. Faites griller des tranches de pain, en évitant de les trop colorer; saupoudrez-les de sucre, que vous caraméliserez au moyen d'une pelle rouge que vous passerez sur les tranches; faites bouillir une pinte de lait que vous sucrerez : au moment de servir, ajoutez-y une liaison de jaunes d'œuf, et versez sur les tranches de pain.

On aromatise avec l'eau de fleur d'orange, ou en faisant bouillir avec le lait une feuille de laurier-amande.

Potage au lait et aux œufs. Assaisonnez le lait avec quelques grains de sel, un bon morceau de sucre, et un peu de cannelle; faites bouillir le lait : retirez-le du feu; et, lorsqu'il sera un peu refroidi, ajoutez une liaison de jaunes d'œuf; remettez sur le feu en tournant toujours; et, quand le lait commencera à s'épaissir, versez sur des tranches de pain. Ne faites pas bouillir le lait lorsque vous y avez mis la liaison.

Riz au lait. Pour que le riz ne soit pas trop crevé, et ne se réduise pas en bouillie, on le jette dans le lait bouillant, et on continue à le faire bouillir pendant deux heures : il faut qu'il y ait assez de lait pour que le riz puisse y flotter.

Si on veut que le riz soit réduit en crême, il faut le faire cuire d'abord avec peu de lait, et en ajouter successivement jusqu'à ce que le riz soit suffisamment crevé. On assaisonne avec quelques grains de sel et du sucre, et on aromatise avec de l'eau de fleur d'orange.

Potage au lait d'amandes. Enlevez la peau d'un quarteron d'amandes douces et de cinq ou six amandes amères : pour cela on les trempe quelques instants dans l'eau bouillante; pilez ensuite ces amandes dans un mortier, en y versant de temps en temps un peu d'eau pour empêcher qu'elles ne tournent en huile; mouillez-les avec un verre de lait : passez ensuite, avec expression, à travers une serviette.

Faites un potage à l'ordinaire avec du riz ou de la semoule, ou du vermicelle, ou du pain; versez-y le lait d'amandes au moment de servir.

Panade au vin. Passez au beurre une assiettée de mie de pain, jusqu'à ce qu'elle ait pris une couleur blonde; ajoutez du sucre, de la cannelle et de l'écorce de citron râpée, et seulement assez d'eau pour faire bouillir le tout : faites cuire à petit feu, en agitant sans cesse jusqu'à ce que la mie de pain soit bien divisée : la panade est alors très-épaisse ; on y ajoute de bon vin vieux, en suffisante quantité pour lui donner une consistance convenable : ne faites plus bouillir.

POTIRON. On ne l'emploie ordinairement que pour faire des potages au lait (*voyez* Potages); cependant on peut en faire un gâteau assez bon.

Coupez du potiron en gros dés ; faites-le fondre dans une casserole, et faites-le réduire à consistance de bouillie épaisse ; passez-le ensuite au beurre dans une autre casserole, et ajoutez une cuillerée de fécule de pomme de terre délayée dans du lait ; ajoutez aussi du sucre en quantité suffisante : faites mijoter le tout ; quand le potiron est assez réduit, retirez-le de la casserole pour le faire refroidir dans un vase de faïence ; pétrissez-le alors avec trois jaunes d'œuf, un filet d'eau de fleur d'orange et un blanc d'œuf fouetté.

Beurrez bien une casserole, et panez-la partout avec de la mie de pain ; mettez-y la pulpe de potiron ; posez la casserole sur des cendres chaudes ; couvrez-la avec un couvercle sur lequel vous entretiendrez du feu allumé : quand le gâteau aura pris couleur, renversez-le sur un plat.

POULARDE ET CHAPON. Les poulardes et les chapons ont leur chair pénétrée de graisse, ce qui la rend tendre et succulente, mais moins facile à digérer que celle des jeunes animaux du même genre : à la vérité, il faut distinguer dans leurs parties celles qui sont les plus grasses de celles qui le sont moins ; celles, par exemple, qui tiennent à l'aile et s'étendent sur la poitrine, et qui, chez ces animaux, qui volent peu, sont fort tendres et néanmoins peu pénétrées de graisse, parce que leurs fibres sont très-rapprochées, sont de beaucoup préférables à celles qui avoisinent le croupion.

Les vieilles poulardes et les vieux chapons ont généralement la chair dure et fibreuse : ce n'est que par une cuisson prolongée que l'on parvient à en faire un aliment sain et agréable.

La poularde est plus délicate que le chapon. Cependant l'un et l'autre s'apprêtent des mêmes manières. Il faut les choisir ayant la chair blanche et la peau fine : on convertit souvent en poulardes des poules qui ont déjà pondu ; on les reconnaît à leur derrière, qui est rouge et très-ouvert.

Les vieux chapons se reconnaissent à la longueur de leurs ergots et à la rougeur de leur chair.

Poularde et chapon rôtis. Passez au beurre des truffes avec du sel, gros poivre et muscade râpée ; remplissez-en le corps du chapon ; recousez, pour que rien ne s'échappe, et conservez-le, enveloppé de papier, dans un endroit frais et sec pendant deux ou trois jours, suivant la saison ; faites rôtir pendant deux heures, enveloppé d'un papier beurré ; découvrez-le quelques instans avant de servir, pour lui faire prendre couleur : servez à sec.

Si vous n'avez pas de truffes, remplissez le corps du chapon, au moment de l'embrocher, avec une farce composée de rouelle de veau, lard, champignons ou mousserons, et marrons rôtis, le tout haché et passé au beurre.

Poularde et chapon au gros sel. — Entrée. Flambez-la légèrement ; troussez les pattes dans le corps, après les avoir passées au feu pour les éplucher ; ficelez-la ; faites cuire dans la marmite bien garnie de viande ; attendez que la marmite ait été écumée ; la chair, saisie par l'action subite de l'eau bouillante, perdra moins de ses sucs.

Pour avoir une poularde bien succulente, faites-la cuire dans une braisière ou une terrine juste à sa grandeur, avec de bon bouillon, quelques racines, un bouquet garni, une gousse d'ail, gros poivre et muscade, pas de sel : quand la poularde est cuite, ce que l'on reconnaît lorsque l'aileron cède sous le doigt, on la retire et on la tient chaudement : on passe la cuisson, on la fait réduire, et on la verse sous la poularde.

Chapon braisé. — *Entrée.* Hachez le foie avec un morceau de lard maigre, des champignons et des marrons rôtis, sel, poivre et muscade; ajoutez un morceau de beurre et une mie de pain trempée dans la crème; mêlez bien le tout, et remplissez-en le corps du chapon; cousez l'ouverture pour que rien ne s'échappe; faites cuire dans une bonne braise mouillée avec moitié vin et moitié bouillon. (*Voyez* Braise.) Faites cuire à petit feu pendant deux heures : dégraissez la cuisson, faites-la réduire; liez-la avec un peu de jus, ou avec du beurre manié de farine.

Poularde à l'angoumoise. — *Rôt.* On la prépare comme le faisan à l'angoumoise. (*Voyez* Faisan.)

Chapon à la béchamelle. — *Entrée.* Coupez par membres un chapon rôti, ou, s'il a été entamé, levez-en toutes les chairs et coupez-les en filets; faites une béchamelle (*voyez* Sauces); et, lorsqu'elle est suffisamment réduite, mettez-y les débris de chapon pour les faire chauffer sans bouillir; si la béchamelle n'était pas assez liée, vous pouvez y mettre un jaune d'œuf; ajoutez un peu de jus de citron avant de servir.

Chapon farci à la crême. — *Entremets.* Enlevez tout l'estomac d'un chapon rôti; levez-en les chairs, et hachez-les très-fin; faites bouillir une forte poignée de mie de pain avec une chopine de crème ou de lait, jusqu'à consistance d'une bouillie épaisse; laissez refroidir, et mêlez cette bouillie avec la chair hachée; ajoutez-y six onces de graisse de bœuf, du persil, de la ciboule, des champignons, le tout haché et passé au beurre avec sel, poivre, épices et quatre jaunes d'œuf; remplissez de cette farce le corps du chapon, et disposez-la de manière à figurer l'estomac; unissez avec un couteau trempé dans l'œuf battu; panez avec de la mie de pain; mettez le chapon ainsi préparé sur une tourtière couverte d'une barde de lard; posez la tourtière sur des cendres chaudes, et couvrez avec le four de campagne : servez avec une sauce piquante ou une sauce tomate.

Il est préférable, quand on le peut, de faire cuire au four.

Chapon à la lyonnaise.—Rôt. Faites une farce avec le foie, une douzaine de marrons rôtis, du lard, un morceau de beurre, persil, ciboules, une pointe d'ail, deux jaunes d'œuf, sel et poivre; emplissez-en le chapon; faites-le cuire à la broche enveloppé d'un papier beurré; lorsqu'il est cuit, dorez-le avec un jaune d'œuf délayé dans du beurre tiède : panez-le et faites-lui prendre couleur. Servez avec une bonne sauce piquante.

Chapon en croûte. — Entremets. Faites-le cuire à la braise après l'avoir piqué de petit lard : passez la cuisson, faites-la réduire, et remettez-y le chapon pour que toute la sauce s'y attache; laissez-le ensuite refroidir.

Mettez dans une casserole un bon morceau de beurre manié de farine, du lait, sel, poivre et muscade; faites épaissir cette sauce, et couvrez-en entièrement le chapon; panez avec de la mie de pain bien épais : posez sous le four de campagne jusqu'à ce qu'il ait pris une couleur bien dorée.

Servez avec une sauce piquante.

Chapon au riz. — Entrée. Faites cuire à la braise : lorsqu'il est cuit, retirez-le et tenez-le chaudement : passez la cuisson; mettez-y un quarteron de riz, que vous aurez auparavant fait crever dans du bouillon;

laissez mijoter pendant un quart d'heure ; ajoutez un peu de caramel, et servez sous le chapon.

Blanquette de chapon. — *Entrée.* Coupez en filets toutes les chairs d'un chapon rôti ; concassez les os et faites-les bouillir avec du bouillon et un bouquet garni ; passez le jus au tamis après une heure d'ébullition.

Passez la chair du chapon avec un bon morceau de beurre, du persil et de la ciboule hachés, sel et poivre ; mettez un peu de farine, et mouillez avec le bouillon obtenu des os ; ajoutez des champignons ; lorsqu'ils seront cuits, mettez les filets dans la sauce, et tenez la casserole chaudement sans bouillir : au moment de servir, ajoutez une liaison de jaunes d'œuf et du jus de citron.

Poularde en galantine. On la prépare comme le dindon en galantine. (*Voyez* Dindon.)

Hachis de chapon. (*Voyez* Hachis de dindon.)

Mayonnaise de chapon. — *Entremets.* Coupez en morceaux un chapon rôti ; faites-le mariner avec de l'huile, du vinaigre aromatique, sel, gros poivre, civette, pimprenelle et estragon hachés : lorsqu'ils sont bien marinés, dressez les morceaux dans un plat ; entourez-les d'un cordon d'œufs durs, d'anchois, de cornichons hachés et de câpres entières : versez par-dessus une mayonnaise.

Croquettes de chapon. — *Entremets.* Hachez les chairs d'un chapon rôti ; préparez le hachis comme celui de dindon (*voyez* Dindon) ; faites-en de petits tas que vous laissez refroidir ; roulez-les en boules ; panez-les ; trempez-les ensuite dans de l'œuf battu, et panez-les une seconde fois : faites frire, et servez avec du persil frit.

Poularde en marinade. — *Entremets.* Faites mariner

comme pour la mayonnaise ; égouttez et essuyez les morceaux ; trempez-les dans une pâte à frire, et faites frire de belle couleur. Servez avec du persil frit.

Poularde ou chapon en daube. Préparez-les comme le dindon en daube. (*Voyez* Dindon.)

Poulardes aux olives. Faites-les cuire à la broche, et servez sur un ragoût d'olives. (*Voyez* Ragoûts.)

POULET. La chair du poulet, un peu grasse sans l'être trop, est délicate, légère, et facilement digestible : sous ce rapport, elle a la supériorité sur toutes les viandes.

On doit choisir les poulets ayant la chair blanche et la peau fine, bien en chair, courts et gras.

Après les avoir plumés et épluchés, on les flambe légèrement : on les vide par le haut, en évitant de crever la vésicule du fiel : si cet accident arrive, on lave sur-le-champ l'intérieur du poulet avec de l'eau chaude.

Poulets rôtis. Videz-les ; faites-les refaire sur la braise ; piquez-les de menu lard ; mettez-les à la broche enveloppés de papier ; quand ils sont presque cuits, ôtez le papier et faites-leur prendre une belle couleur.

Au lieu de les envelopper de papier, on les couvre d'une barde de lard : beaucoup de personnes les préfèrent ainsi.

Poulets rôtis pour entrée. Farcissez-les avec du lard râpé, le foie haché, persil, ciboules aussi hachés, du jus ou un morceau de beurre, et un peu de zeste de citron ; faites rôtir, en les couvrant de papier beurré pour qu'ils ne prennent pas couleur. Servez avec telle sauce ou ragoût qui vous convient.

Poulet à l'estragon. — *Entrée.* Faites bouillir une pincée de feuilles d'estragon, que vous hachez finement après les avoir rafraîchies et pressées ; hachez le foie ;

mêlez-le avec du lard râpé, le tiers de l'estragon, sel et gros poivre; mettez cette farce dans le corps du poulet; couvrez-lui l'estomac avec une barde de lard; faites-le cuire à la broche, enveloppé d'une feuille de papier beurrée.

Faites fondre dans une casserole un morceau de beurre manié de farine; ajoutez-y le reste de l'estragon que vous avez haché, un peu de jus ou de bon bouillon, un filet de vinaigre, deux jaunes d'œuf, sel et poivre; faites lier la sauce sans bouillir.

Fricassée de poulets.—Entrée. Levez proprement les membres; coupez les ailerons et les pattes, parez les cuisses en coupant le bout de l'os au-dessous de l'articulation avec la patte; épluchez les pattes après les avoir fait griller un instant sur les charbons; coupez la poitrine en deux et le dos en quatre; séparez la tête du cou; faites dégorger le tout dans l'eau tiède, et ensuite égoutter sur un tamis ou dans une passoire.

Faites fondre un bon morceau de beurre dans une casserole; mettez-y les poulets coupés; quand ils sont bien revenus, ajoutez un peu de farine que vous mêlez bien; mouillez avec du bouillon; ajoutez en même temps des champignons, quelques tranches de petit lard, un bouquet de persil et ciboule, sel, gros poivre, et une feuille de laurier; menez la fricassée à grand feu pour faire réduire la sauce; lorsqu'elle est cuite aux trois quarts, mettez-y de petits ognons et des culs d'artichaut; au moment de servir, retirez le bouquet et mettez une liaison de trois jaunes d'œufs délayés avec de la crême.

Poulets en marinade. — Entremets. Coupez par morceaux un poulet rôti; faites-le mariner pendant une heure avec bouillon, vinaigre, fines herbes hachées, sel, gros poivre; égouttez et essuyez les morceaux, et trempez-les dans une pâte à frire dans laquelle vous mettrez des blancs d'œuf fouettés; faites frire de belle couleur; servez avec persil frit.

Poulets à la Sainte - Ménéhould. — Entremets. Laissez refroidir une fricassée de poulets à courte sauce et bien liée; trempez chaque morceau dans la sauce et roulez-les dans la mie de pain; panez une seconde fois à l'œuf battu; faites prendre couleur sous un four de campagne un peu chaud. Il faut retourner les morceaux.

Friteau de poulet. — Entrée. Faites mariner un poulet coupé en morceaux, avec de l'huile, du jus de citron, un peu de vinaigre aromatique, sel, gros poivre, ognons coupés en tranches et persil haché; ensuite égouttez les morceaux, farinez-les et faites-les frire à l'huile.

Faites frire aussi de l'ognon coupé en tranches et passé auparavant à l'huile avec un peu de farine.

Dressez les morceaux dans un plat et mettez l'ognon par-dessus : on peut y joindre des œufs frits; servez avec une sauce composée d'huile, tranches de citron sans pepins et sans blanc, persil et estragon hachés, sel et poivre et une pointe d'ail; passez un instant la sauce sur le feu.

Poulet à la tartare. — Entrée. Coupez-lui les pattes et le cou; fendez-le par le dos et applatissez-le; trempez-le ensuite dans du beurre tiède; assaisonnez de sel, gros poivre et muscade; panez partout le plus épais que vous pourrez; faites griller à feu doux pendant trois quarts d'heure; servez avec une sauce piquante.

Poulets à la provençale. — Entrée. Coupez-les comme pour une fricassée; faites-les dégorger à l'eau tiède et égoutter; mettez dans une casserole de bonne huile d'olive avec autant de bon beurre, champignons, un paquet de persil, ciboules, trois clous de girofle, une demi-feuille de laurier, une gousse d'ail, un peu de thym et de basilic; passez-y les poulets avec sel et poivre; étant passés, poudrez-les de farine et mouillez-les d'eau bouillante. Laissez-les cuire : quand ils le sont, liez la sauce avec trois jaunes d'œuf que vous délayez avec un peu de sauce ; ajoutez de la muscade et assez de persil haché très-menu pour que la sauce reste verte ; dressez le ragoût dans un plat, la sauce dessous; ajoutez le jus d'un citron.

Poulets en gibelotte. Faites un roux bien coloré; passez-y le poulet coupé en morceaux ; passez également une douzaine de petits ognons, des champignons, ou, à défaut, deux carottes et un panais fendus en quatre ; mouillez avec moitié bouillon et moitié vin blanc ; ajoutez un bouquet garni, une demi-gousse d'ail, sel et poivre ; faites bouillir à petit feu pendant une heure ; réduisez à courte sauce ; écrasez le foie du poulet dans la sauce, et, au moment de servir, ajoutez-y un anchois haché et une demi-cuillerée de câpres.

On doit retirer l'ognon après l'avoir passé au beurre, et ne le remettre que quand le poulet est à moitié cuit.

Poulet à la poêle. Fendez en deux un poulet par le milieu de l'estomac ; passez-le au beurre dans une casserole avec une pincée de farine; mouillez avec moitié vin blanc et moitié bouillon ; ajoutez une pointe d'ail, deux échalottes, des champignons, persil, ciboule, le tout haché, sel et gros poivre; faites cuire vivement et réduire à courte sauce.

Poulets à la mulâtre. — *Entrée*. Coupez en morceaux deux poulets ; mettez-les dans une casserole avec un bon morceau de beurre, une demi-livre de lard coupé en petites tranches minces, et suffisante quantité de piment vert haché fin, sel, gros poivre, girofle en poudre et muscade râpée ; faites bien revenir le tout; ajoutez ensuite une cuillerée de farine que vous mêlerez bien ;

mouillez avec du bouillon; ajoutez des champignons : lorsque le ragoût sera aux deux tiers, ajoutez-y encore des petits ognons, des culs d'artichaut, des haricots verts, des bouquets de choufleurs; faites cuire à grand feu pour que le mouillement réduise, sans cependant que la sauce soit courte; ne dégraissez pas; et ajoutez au moment de servir une bonne cuillerée de marmelade de tomates : délayez-la complétement.

Poulet à l'italienne. — Entrée. Fendez un peu le dos d'un poulet, et aplatissez-le comme pour la tartare; passez-le au beurre; mouillez avec moitié vin blanc et moitié bouillon; ajoutez un bouquet garni, une demi-gousse d'ail, deux clous de girofle, sel et gros poivre; faites cuire à petit feu; retirez le poulet lorsqu'il est cuit; passez la cuisson; faites-la réduire; liez-la avec un morceau de beurre manié de farine; versez la sauce sur le poulet et couvrez le tout de deux cuillerées de fromage de Parme râpé; mettez le plat sur un feu doux, couvrez avec le four de campagne, jusqu'à ce que le poulet ait pris une belle couleur et que la sauce soit presque entièrement réduite.

POUPLIN. Espèce de pâtisserie. (*Voyez* Pâtisserie fine.)

POUPETON. Hachis qu'on fait cuire dans un moule nommé poupetonnière : on met dans le milieu des pigeons, des cailles, des perdreaux, etc. Quand le poupeton est cuit et refroidi, on le renverse sur un plat. Cette préparation est passée de mode.

PAUPIETTES. Les paupiettes sont des tranches de veau ou d'autre viande, qu'on recouvre chacune d'une tranche de lard : on étend dessus une couche de farce; ensuite on les roule et on les embroche. On les fait rôtir enveloppées de papier; quand elles sont presque cuites, on ôte le papier, on les pane et on leur fait prendre couleur.

POURPIER. Plante à feuilles charnues qu'on ajoute aux salades comme garniture; on en fait aussi confire au vinaigre.

On le fait quelquefois frire après l'avoir trempé dans une pâte; c'est un mets fort insipide.

PRÉSURE. Substance propre à faire cailler le lait.

Prenez une caillette de veau nourri uniquement de lait; videz-la, lavez-la, et remettez-y le lait caillé qui y était contenu, avec une poignée de sel; liez-en l'ouverture avec une ficelle, et mettez-la dans un pot de grès ou de faïence avec un demi-litre d'eau-de-vie et six onces d'eau; faites infuser pendant un mois dans un lieu frais le pot bien couvert. Après ce temps, filtrez la liqueur au papier gris, et conservez-la dans une bouteille bien bouchée. Il faut tout au plus une demi-cuillerée à café de cette présure pour faire cailler une pinte de lait.

PRINTEMPS. Le printemps est la saison de l'année où l'on est le plus embarrassé pour garnir les tables. Le gibier manque et la bonne volaille commence à devenir rare.

Le poisson de mer est encore abondant; c'est la ressource de la saison.

En légumes, il y a les asperges, les pois et les fèves de primeur, les radis, les laitues, etc.; mais la plupart de ces végétaux ne donnent en abondance que vers la fin de la saison: jusque-là on est réduit aux racines et aux légumes secs.

Les truffes cessent d'être transportables aussitôt que la chaleur devient forte.

Peu de fruits d'hiver parviennent jusqu'au printemps: ceux qui ont pris la peine de les conserver les consomment; on en trouve peu à acheter, et seulement à des prix très-hauts : c'est comme s'il n'y en avait pas.

Les fraises sont le premier fruit nouveau de l'année ; ensuite viennent les cerises hâtives et les groseilles. Les premiers melons paraissent en juin, mais seulement dans les contrées où la rigueur du climat oblige à aider la nature : dans ceux où le cultivateur se repose sur elle, ils mûrissent beaucoup plus tard.

PRUNES. La chair des prunes est plus consistante que celle des cerises, mais moins que celle des abricots. Dans plusieurs espèces, cette chair est très-douce et peu acide ; dans d'autres, elle a une acidité prononcée ; dans quelques-unes, la matière sucrée paraît unie à un principe légèrement acerbe qui disparaît par la cuisson, et comme ces espèces ont un parenchyme très-abondant, ce sont celles qui forment, par la dessiccation imparfaite qu'on leur fait éprouver, les meilleurs pruneaux.

Les prunes contiennent toutes un principe légèrement aromatique qui paraît résider dans la peau.

Les prunes sont nutritives en raison du sucre et du mucilage qu'elles contiennent ; celles dont la pulpe est molle, aqueuse et peu acide, sont plus facilement digestibles que les espèces qui ont la chair ferme et compacte.

Les pruneaux secs se digèrent bien plus difficilement que lorsqu'on les fait cuire dans l'eau avec du sucre.

PURÉE. Pulpe de substances légumineuses ou de quelques autres parties des végétaux, qu'on prépare de diverses manières. (*Voyez* Ragoûts.)

QUARRELET. (*Voyez* Carrelet.)

QUASI. Morceau qui est le prolongement du gigot.

QUENELLES. Boulettes de farce dont on garnit divers ragoûts. (*Voyez* Ragoûts et Garnitures.)

QUEUES. Pour la préparation des queues de moutons et d'agneaux, *voyez* Mouton.

Queue de bœuf grillée. — *Entrée.* Faites cuire, après l'avoir coupée en tronçons, dans une braise avec moitié bouillon, moitié vin blanc, racines, un bouquet garni, une pointe d'ail, une feuille de laurier, sel, poivre et épices; quand elle est cuite et refroidie, trempez-la dans sa cuisson réduite, et panez-la; saucez-la ensuite dans l'œuf battu et panez-la une seconde fois: faites griller; mettez dans une casserole persil, ciboules, une pointe d'ail, câpres, anchois, le tout haché fin; ajoutez-y de la moutarde, sel et gros poivre; délayez le tout avec de l'huile et un peu de vinaigre. Servez cette rémoulade chaude dans une saucière.

Queues de bœuf aux lentilles. — *Entrée.* Faites-les cuire à la braise, après les avoir coupées en quatre: étant cuites, servez-les sur une purée de lentilles que vous préparerez avec la cuisson des queues.

On les sert aussi, cuites à la braise, avec un ragoût de marrons rôtis, de navets ou de choux. (*Voyez* Ragoûts.)

RABLE. C'est la partie comprise entre les côtes et le train de derrière; dans le lièvre et le lapin, c'est la partie la plus délicate.

RADIS-RAVES. Racines qui se mangent crues; on les sert comme hors-d'œuvre.

RAGOUTS ET GARNITURES (des). On nomme ainsi certaines préparations qui s'ajoutent ordinairement comme accessoires à d'autres plus importantes, et surtout aux entrées; ainsi on ajoute un ragoût d'olives à un canard cuit à la braise. On remplit une tourte d'un ragoût de ris de veau, de crêtes et de rognons; on garnit une fricassée de poulets avec des quenelles, etc. Cependant on sert quelquefois comme entrées certains ragoûts seuls, et sans qu'ils soient l'accessoire d'une pièce principale. On en verra plus loin des exemples.

Purée de pois. Faites cuire les pois avec de l'eau, du sel, deux ognons, persil et ciboules : lorsqu'ils sont cuits, écrasez-les dans une passoire à petits trous, pour séparer la pulpe de son enveloppe. Pour faciliter le passage, on verse de temps en temps sur les pois, un peu du bouillon dans lequel ils ont cuit. Faites un petit roux avec beurre et farine; mouillez-le avec la purée : faites réduire et ajoutez un morceau de beurre.

Si vous employez des pois mondés de leur écorce, faites-les cuire, si c'est en maigre, avec la quantité d'eau strictement nécessaire, sel, gros poivre, un bouquet garni et un morceau de beurre : ajoutez de l'eau à mesure qu'elle est absorbée, en tournant jusqu'à ce que la purée soit cuite. Évitez qu'elle ne soit trop claire, parce qu'elle perdrait sa couleur pendant qu'on la ferait réduire : ajoutez en servant un peu de beurre.

Si c'est au gras que vous voulez servir la purée, faites cuire les pois mondés avec du bouillon ou du dégraissis de quelque sauce ou cuisson.

Les pois mondés ont plusieurs avantages sur ceux qui sont entiers; ils ne perdent rien par la cuisson, puisque le peu d'eau qu'on y met reste dans la purée : ils cuisent aussi beaucoup plus promptement.

La purée de pois verts est très-bonne et très-alimentaire, tant en raison de la quantité de fécule qu'elle contient, que parce qu'elle conserve toujours une notable proportion de matière sucrée.

Purée de lentilles. La purée de lentilles en maigre se fait comme celle de pois entiers.

En gras, faites cuire les lentilles avec un morceau de lard; écrasez les lentilles dans la passoire, en les arrosant avec le bouillon dans lequel on les a fait cuire. Ajoutez à la purée quelques cuillerées de jus ou de fond de cuisson, et faites-la réduire; ou bien faites un petit roux que vous mouillerez avec la purée, et faites réduire jusqu'à consistance suffisante : prenez bien garde que la purée ne s'attache.

Comme il est assez difficile de séparer la pulpe des lentilles de leur enveloppe, on avait cru qu'on pourrait abréger beaucoup cette opération, en réduisant les lentilles en farine, dont on séparait l'enveloppe par le blutage; mais cette farine s'altérait avec une rapidité telle, qu'on ne pouvait la conserver que pendant peu de jours.

Depuis on a imaginé de faire cuire les lentilles et d'en séparer, en grand, la pulpe, qu'on fait ensuite sécher. Cette pulpe bouillie avec de l'eau ou du bouillon se dissout très-bien et forme une très-bonne purée.

La pulpe cuite et séchée se conserve facilement.

Purée de haricots blanche. Elle se fait comme la purée de pois et de lentilles.

Purée de haricots brune. Faites cuire les haricots avec de l'eau et du sel; égouttez-les; passez ensuite au beurre cinq ou six ognons coupés en dés, jusqu'à ce qu'ils aient pris une belle couleur; mouillez avec du bouillon ou quelque fond de cuisson, et laissez cuire l'ognon à petit feu jusqu'à ce qu'il soit fondu; ajoutez les haricots; mêlez-les bien avec l'ognon; ajoutez un peu de bouillon, s'il est nécessaire, et faites mijoter jusqu'à ce que les haricots soient presque en bouillie; passez-les au tamis ou dans une passoire. Ajoutez un morceau de beurre au moment de servir.

Purée d'ognons. Coupez en tranches vingt ou trente

ognons épluchés, et dont on retranche la tête et la queue, qui ont plus d'âcreté que le reste : passez-les au beurre ; assaisonnez de sel et poivre. Lorsqu'ils ont pris une belle couleur, mouillez-les avec de bon bouillon, un peu de jus ou de fond de cuisson. Si vous n'avez que du bouillon, ajoutez un demi-verre de vin blanc ; faites réduire ; passez ensuite les ognons au tamis clair en pressant avec une cuillère de bois : ajoutez un peu de caramel.

Pour avoir une purée blanche, on ne laisse pas prendre couleur à l'ognon ; on mouille avec du jus blond ou avec un verre de bouillon, un demi-verre de vin blanc et une chopine de crême. Faites réduire à grand feu et passez à l'étamine avec expression.

Purée d'oseille. Hachez suffisante quantité d'oseille, avec quelques cœurs de laitue ou de la poirée, et une poignée de cerfeuil ; mettez le tout dans une casserole avec un morceau de beurre.

Mouillez avec du bouillon quand l'oseille est bien fondue ; faites réduire et passez au tamis ; ajoutez à la purée du jus ou du fond de cuisson, si vous en avez ; sinon mettez-y des jaunes d'œuf pour la lier et l'adoucir ; ne la faites plus bouillir.

En maigre, on la fait cuire comme ci-dessus, et après l'avoir réduite et passée, on la mouille avec du lait ; on ajoute une liaison de jaunes d'œuf.

Purée d'écrevisses. (*Voyez* Élémens de sauce.)

Purée de marrons. Prenez des marrons rôtis sans être noircis, enlevez la première et la seconde peau ; passez-les dans une casserole avec un peu de beurre, et mouillez-les avec du bouillon et un verre de vin blanc ; faites cuire à petit feu jusqu'à ce que les marrons soient bien fondus ; passez-les au tamis, et, s'il est nécessaire, pilez-les auparavant ; faites cuire dans une casserole et dans leur jus une demi-douzaine de saucisses, ajoutez à la purée le jus et la graisse des saucisses ; servez avec les saucisses par-dessus, comme entrée ou comme garniture.

Purée de racines. Émincez suffisante quantité de carottes, quelques ognons et navets, et un ou deux panais ; mettez le tout dans une casserole avec un bon morceau de beurre, et tournez toujours jusqu'à ce que les légumes commencent à se fondre ; mouillez avec du bouillon, et laissez cuire à petit feu pendant deux ou trois heures ; quand les carottes et les autres légumes s'écrasent facilement, retirez-les pour les écraser sur un tamis de crin ou dans une passoire à petits trous ; mouillez-les de temps en temps avec un peu du bouillon dans lequel ils ont cuit, pour faciliter le passage ; remettez la purée dans la casserole, et ajoutez-y du jus ou quelque fond de cuisson, ou, si vous n'avez ni l'un ni l'autre, le reste du mouillement que vous aurez fait réduire au moment de servir ; ajoutez à la purée un peu de caramel d'une couleur claire.

Purée de champignons. Faites blanchir des champignons après les avoir épluchés et lavés ; égouttez, et ensuite hachez-les finement, attendu qu'on ne peut pas les passer ; mettez-les dans une casserole avec un morceau de beurre et le jus d'un citron ; faites roussir légèrement ; mouillez avec du jus et autant de bouillon ; faites réduire jusqu'à consistance suffisante.

Purée de volailles. Désossez une volaille rôtie ; après l'avoir dépouillée, hachez la chair et pilez-la ensuite dans un mortier ; mettez ce qui a été pilé dans une casserole avec de bon bouillon et du jus blond de veau, si vous en avez, sel et poivre ; faites réduire et passez au tamis.

Ragoût de ris de veau. Lavez et faites blanchir les ris à l'eau bouillante ; mettez-les dans l'eau froide et essuyez-les dans un linge; passez-les dans une casserole avec du lard fondu, un bouquet garni, sel et poivre, champignons ou mousserons; mouillez avec du jus ou avec du bouillon et un verre de vin blanc, et laissez cuire à petit feu. Si le ragoût n'est pas assez lié, ajoutez un morceau de beurre manié de farine.

On prépare de même le ris d'agneau.

Ragoût de foies gras. Prenez des foies gras; ôtez-en l'amer et faites-les blanchir, ensuite mettez-les dans l'eau froide; passez-les avec un peu de lard fondu, des petits champignons, des mousserons; assaisonnez avec un bouquet garni, sel, poivre et un peu de muscade; mouillez avec du jus ou de bon bouillon, et laissez cuire à petit feu. Le ragoût étant cuit, dégraissez et liez la sauce, s'il est nécessaire, avec du jus de veau et de jambon, ou, à défaut, avec un morceau de beurre manié de farine.

Ragoût mêlé. Prenez des champignons, des foies gras, des culs d'artichaut, des crêtes et rognons de volailles; coupez en morceaux les champignons et les culs d'artichaut; passez le tout au lard fondu ou au beurre, faites cuire comme à l'article des foies gras.

Salpicons. Coupez en petits dés des ris de veau, des foies gras, du jambon, de la langue à l'écarlate, des champignons et des truffes, le tout cuit à part, afin que chaque chose soit à son point; mettez le tout dans une casserole, avec suffisante quantité de jus préalablement réduit; faites chauffer sans bouillir.

A défaut de jus, faites réduire à part deux tiers de bon bouillon et un tiers de vin blanc, liez la réduction par un petit roux un peu chargé de farine, et servez-vous-en pour mouiller les salpicons.

Ont fait aussi des salpicons avec des blancs de volailles ou des chairs de gibier cuit à la broche, du godiveau, etc.

Ragoût à la Morin. Faites cuire à l'eau du petit lard coupé en tranches et une douzaine de petites saucisses à chipolata.

D'un autre côté, faites cuire des champignons, des marrons et des quenelles, avec un verre de vin et autant de bouillon ; faites réduire la sauce, mettez-y le petit lard et les saucisses, et ajoutez quelques cuillerées du fond de cuisson de la pièce qui doit être servie avec le ragoût.

Ragoût de laitances. Nettoyez les laitances, faites-les dégorger à l'eau froide et blanchissez-les à l'eau bouillante en y ajoutant un peu de vinaigre ; faites égoutter, et mettez cuire dans une casserole avec quelques cuillerées de jus blond de veau, un demi-verre de bouillon, autant de vin blanc ; assaisonnez de sel, gros poivre, muscade râpée et un bouquet garni ; un quart d'heure suffit pour la cuisson. Quand les laitances sont cuites, retirez-les et faites réduire la sauce ; liez-la avec un bon morceau de beurre manié d'une pincée de farine ; ajoutez un jus de citron.

Si vous voulez faire un ragoût maigre, passez au beurre une carotte, deux ognons et un demi-panais émincé ; assaisonnez de sel, gros poivre et muscade râpée, une pointe d'ail et un bouquet garni ; ajoutez une pincée de farine et mêlez-la en tournant ; mouillez avec du bouillon maigre ou de l'eau avec un demi-verre de vin blanc ; faites bouillir jusqu'à réduction à moitié ; passez la sauce et mettez-y les laitances pendant un quart d'heure. Au moment de servir, liez la sauce avec des jaunes d'œuf délayés dans un peu de crème.

Ragoût de laitances au blanc en maigre. Mettez dans une casserole un peu de beurre, de l'ognon coupé en tranches, une petite carpe coupée en tronçons ; faites suer sans laisser attacher. Mouillez avec du bouillon maigre, et ajoutez un morceau de beurre, un bouquet garni et une pointe d'ail, sel, poivre, deux clous de girofle; faites bouillir pendant une heure; passez la sauce au tamis, et mettez-y cuire les laitances pendant un quart-d'heure; retirez-les ensuite; faites réduire la sauce, et liez-la avec des jaunes d'œuf délayés avec de la crême et un jus de citron.

Ragoût de moules en gras. Nettoyez proprement les moules; mettez-les dans une casserole et faites-les ouvrir sur un fourneau; quand elles sont ouvertes, ôtez les moules de leurs coquilles et gardez-en l'eau. Passez dans une casserole de petits champignons avec un peu de lard fondu et un bouquet garni; assaisonnez de poivre seulement. Quand les champignons sont passés, mouillez avec du jus blond de veau ou du bouillon réduit à moitié, et laissez cuire à petit feu; dégraissez; ajoutez alors les moules avec un peu de leur eau; tenez le ragoût sur les cendres chaudes sans faire bouillir.

Ragoût de moules en maigre. Après avoir tiré les moules de leurs coquilles comme ci-dessus, passez quelques champignons avec un peu de beurre, et mettez-y les moules avec un bouquet; faites-leur faire sept ou huit tours sur le fourneau; mouillez-les de leur eau et de bouillon de poisson, moitié l'un, moitié l'autre; mettez-y un peu de persil haché et un peu de poivre: liez la sauce avec des jaunes d'œuf.

Ragoût de mousserons. Après avoir lavé et égoutté les mousserons, passez-les au beurre ou avec du lard fondu, un bouquet garni, sel et poivre; mouillez avec du jus de veau ou du bouillon réduit à moitié. Laissez mitonner à petit feu; dégraissez et liez le ragoût avec du jus blond, ou, à défaut, avec du beurre manié de farine.

Ragoût de navets. Épluchez les navets et coupez

les proprement; faites-leur faire un bouillon dans l'eau; laissez-les égoutter; faites un roux dans une casserole avec du beurre et une demi-cuillerée de sucre en poudre; passez-y les navets jusqu'à ce qu'ils aient pris une belle couleur; mouillez avec du jus ou du bouillon; assaisonnez avec sel, gros poivre et un bouquet garni.

Ragoût de laitues. Faites blanchir des pommes de laitues; jetez-les ensuite dans l'eau froide, et égouttez-les en les pressant; faites-les cuire dans une braise. Pour cela foncez une casserole avec des bardes de lard et quelques tranches de veau; ajoutez des ognons en tranches et faites suer sur un fourneau. Quand les viandes commencent à s'attacher, on met un peu de farine dans la casserole en remuant avec une cuillère pour la mêler et la faire légèrement roussir; mouillez avec moitié jus et moitié bouillon; assaisonnez de sel, poivre, clous, laurier et un bouquet garni.

Les laitues étant cuites, on les retire pour les faire égoutter; on les coupe en morceaux et on les fait mitonner avec de l'essence de jambon, ou, à défaut, avec la cuisson de la braise que l'on fait réduire.

Ce ragoût de laitue se sert avec toute espèce de viande cuite à la braise.

Godiveau. Hachez bien une livre de noix ou de rouelle de veau dont vous aurez retranché les nerfs et les cartilages; hachez également une livre de graisse de bœuf: mêlez la viande et la graisse; ajoutez persil et ciboule hachés, sel et épices mêlées; pilez ensuite le tout ensemble, en mettant successivement des œufs entiers jusqu'à ce que la pâte soit bien liée. Ajoutez alors un peu d'eau pour l'amollir; on forme avec le godiveau des boulettes dont on garnit des tourtes et des ragoûts. Lorsque le godiveau doit être employé comme farce, on n'y met point d'œufs.

On peut substituer toute espèce de viande à celle de veau.

Quenelles. Prenez des blancs de volaille crue, ou de la viande maigre de veau; séparez-en les nerfs et les peaux; hachez et pilez; faites dessécher sur le feu, dans une casserole, de la mie de pain trempée dans du lait; il faut qu'elle soit assez desséchée pour ne plus s'attacher aux doigts; ajoutez cette mie desséchée et refroidie à la viande pilée, avec autant de beurre ou de tétine de veau que vous avez de viande; assaisonnez de sel et épices mêlées; pilez le tout ensemble, en ajoutant successivement des œufs entiers jusqu'à ce que la pâte ait une bonne consistance; moulez-la en quenelles à l'aide d'une cuillère: jetez-les dans de l'eau de sel bouillante; retirez-les ensuite pour les mettre égoutter. Les quenelles servent à garnir des ragoûts, des tourtes et des pâtés chauds.

On peut faire des quenelles, comme du godiveau, avec toutes sortes de viandes; il s'agit toujours de mélanger une matière grasse, soit lard, tétine de veau, etc., avec une viande sèche, comme chair de volaille, rouelle ou noix de veau, chair de gibier. Les pâtes de godiveau ou de quenelles peuvent s'employer également pour farcir; dans ce cas, on n'y met pas d'œufs; ceux qu'on y ajoute servent à donner de la solidité à la pâte, lorsqu'on veut l'employer en garniture dans les ragoûts; sans cela, elle y fondrait entièrement.

On peut donc à volonté varier la composition du godiveau et des quenelles d'une infinité de manières, et faire entrer dans leur composition ce qu'on a sous la main.

On fait des quenelles en maigre avec de la chair de poisson déjà cuit. Pour cela, enlevez la chair en séparant les arêtes; hachez-la avec des champignons, du persil, de la ciboule, et une mie de pain trempée dans du lait; ajoutez suffisante quantité de beurre; pilez ensuite le tout avec des œufs entiers jusqu'à ce que la pâte ait acquis la consistance nécessaire: terminez comme pour les quenelles en gras.

Ognons glacés. Épluchez les ognons; coupez-leur très-légèrement la tête et la queue pour qu'ils ne se défassent pas en cuisant; mettez-les dans une casserole avec un morceau de beurre et du sucre. Faites roussir les ognons jusqu'à ce qu'ils aient pris une belle couleur; mouillez avec du bouillon; faites bouillir à grand feu jusqu'à ce que le mouillement soit diminué des trois quarts: tenez-les à petit feu jusqu'à ce qu'ils soient bien glacés.

Farce cuite. Coupez en dés des blancs de volailles crues, et passez-les au beurre, avec sel, gros poivre et muscade râpée; retirez-les au bout d'un quart d'heure, égouttez-les et laissez refroidir.

Mettez dans la même casserole un morceau de mie de pain proportionné à la quantité de blanc de volaille que vous avez, avec du bouillon et un peu de persil finement haché; tournez toujours jusqu'à ce que le bouillon soit réduit, et la mie de pain à l'état de panade épaisse: laissez refroidir.

Pilez séparément les blancs de volaille, la mie de pain et une tétine de veau cuite. Si vous n'avez pas de tétine, mettez du beurre à la place. Il faut qu'il y ait parties égales de blanc de volailles, de mie de pain et de tétine ou de beurre.

Quand chaque chose aura été pilée séparément, pilez le tout ensemble pendant une demi-heure; ajoutez successivement quatre ou cinq jaunes d'œuf, en continuant toujours à piler, jusqu'à ce que la farce forme une pâte bien liée.

On peut faire la farce avec de la rouelle de veau et toute autre viande : la façon est toujours la même.

Farce de poisson. Enlevez la chair des poissons en la séparant de toutes les arêtes ; hachez-la ; faites une omelette qui ne soit pas trop cuite, et mettez-y des champignons, des truffes, du persil et de la ciboule, le tout haché ; pilez ensuite la chair et l'omelette avec une mie de pain trempée dans du lait, du beurre et quelques jaunes d'œuf pour que la farce soit bien liée. Assaisonnez de sel et épices mêlées.

On se sert de cette farce pour farcir divers poissons, des choux, etc.

Pâte à frire. Prenez un quarteron de farine, quatre jaunes d'œuf, une cuillerée d'huile, sel, poivre et bière, ou du vin blanc un peu sucré ; délayez bien la pâte ; ne la tenez ni trop claire ni trop épaisse ; il suffit que ce que l'on trempe dedans en sorte bien couvert. Avant de s'en servir, on y ajoute un blanc d'œuf fouetté en neige.

Autre pâte à frire. Détrempez la farine avec de l'eau ; ajoutez un blanc d'œuf, une cuillerée d'huile et un petit verre d'eau-de-vie : battez bien la pâte.

Autre pâte à frire. Délayez la farine avec des jaunes d'œuf, de l'huile et du vin blanc, ou avec des jaunes d'œuf, du lait et de l'eau-de-vie. Il faut que la pâte soit bien liée et en consistance de crême.

Ragoût d'olives. Passez au beurre un peu de ciboule et de persil hachés ; ajoutez deux cuillerées de jus, ou de cuisson d'une braise, ou de bouillon réduit à moitié, et un verre de vin blanc, des câpres, un anchois et des olives tournées, c'est-à-dire dont on a séparé la chair du noyau en la coupant en spirale avec un couteau à lame étroite ; ajoutez encore un peu d'huile d'olive, un bouquet de fines herbes; faites jeter un bouillon : liez la sauce, s'il est nécessaire, avec deux ou trois marrons bien écrasés.

Ragoût d'olives farcies. Après avoir tourné les olives, remplissez la place du noyau avec un peu de farce cuite; faites le ragoût comme ci-dessus.

RAIE. Poisson cartilagineux, coriace lorsqu'il est trop récemment pêché, mais qui devient tendre et d'un fort bon goût lorsqu'il a été transporté pendant un jour ou deux, et qu'il n'a pas éprouvé une altération assez profonde pour donner à sa chair une saveur piquante.

Il y a plusieurs espèces de raies : la meilleure est la raie dite *bouclée.*

Faites-la cuire dans l'eau avec du vinaigre, du sel et quelques tranches d'ognon; ne lui faites faire que deux bouillons; lorsqu'elle est cuite, retirez-la pour l'égoutter et l'éplucher.

On la sert pour *entrée* avec une sauce aux câpres ou au beurre noir. (*Voyez* Sauces.)

Le foie ne doit rester que deux ou trois minutes dans l'eau bouillante.

Raie en marinade. — *Entremets.* Arrachez-en la peau et coupez-la par morceaux larges de deux doigts; faites-les mariner pendant deux ou trois heures avec du vinaigre, sel, poivre, persil, ciboule, une gousse d'ail; égouttez-les, essuyez-les, et faites-les frire après les avoir farinés; servez avec persil frit.

Raie à la Sainte-Ménéhould. Préparez-la comme le turbot à la Sainte-Ménéhould. (*Voyez* Barbue et Turbot.)

RAIFORT. Quoique le raifort soit, comme le radis, de la famille des crucifères, il en diffère beaucoup; c'est par erreur que l'on nomme souvent raiforts les radis noirs : le raifort a une racine dont l'âcreté est telle, que les Allemands la râpent pour en employer la pulpe comme de la moutarde. Le raifort n'est employé en France que comme plante médicinale.

RAIPONCE. Plante du genre des campanules, dont on mange en salade la racine et les feuilles radicales.

RAISINS. Le fruit de la vigne, ou le raisin, présente un grand nombre de variétés, tant par la nature de son suc, toujours fort abondant, mais tantôt acidule, tantôt sucré, tantôt même aromatique, que par l'état de sa pulpe, ordinairement molle et tendre, mais quelquefois plus ferme et légèrement cassante.

Le suc de raisin se condense en gelée par l'évaporation ; mais la gelée du suc de raisin très-doux est moins consistante que celle du raisin acidule.

Cette propriété de se prendre en gelée, qu'on remarque dans le suc de plusieurs fruits, est due à la présence de la substance végéto-animale qui constitue le ferment, l'agent indispensable de toute fermentation alcoolique. Tous les fruits sucrés contiennent du ferment ; mais ils paraissent en contenir en raison inverse de la quantité de sucre qui lui est associée, et il n'y a que les sucs dans lesquels le ferment est en grand excès qui jouissent de la propriété de former une gelée consistante. Le suc de groseilles, très-acide et peu sucré, est surtout dans ce cas. On conçoit, d'après cela, que les raisins très-sucrés doivent donner, par l'évaporation, plutôt un sirop qu'une gelée consistante.

La présence d'une proportion plus ou moins grande de matière végéto-animale dans les sucs de fruits, doit influer sur leurs propriétés diététiques. On manque d'observations à ce sujet ; mais il est très-vraisemblable que les fruits qui ne sont pas trop acides et qui abondent en ferment doivent à cette substance la propriété d'être plus facilement digestibles que ceux qui en contiennent moins.

Le chasselas, dont le suc, quoique très-doux, est peu sucré, est un des raisins qui contiennent le plus de ferment; c'est aussi celui dont on peut user avec le plus d'excès sans en être incommodé. Les muscats, les blanquettes et les autres raisins qui abondent peu en ferment, pèsent sur l'estomac et produisent, pour peu qu'on en mange avec excès, de véritables indigestions.

Les muscats sont les seuls raisins dont la pulpe soit imprégnée d'un arome.

Les raisins bien mûrs, contenant peu de pepins, et dont le suc n'est pas surchargé de matière sucrée, ne fatiguent point l'estomac, et l'on peut en manger, même avec excès, sans en être grièvement incommodé.

Il n'en est pas de même des raisins secs, dans lesquels une matière sucrée très-abondante est condensée presque à l'état sec; ils pèsent sur l'estomac, et lorsqu'on en mange avec excès, ils produisent dans les fonctions digestives le même trouble que les figues et les dattes.

RAMEQUINS. (*Voyez* Grosse pâtisserie.)

RAMIERS. Pigeons sauvages : on les apprête comme les pigeons domestiques. (*Voyez* Pigeons.)

RATON. C'est une espèce de flan assez agréable et facile à faire.

Délayez trois ou quatre cuillerées de farine ou de fécule dans du lait, de manière à former une espèce de bouillie : ajoutez-y du sucre et quelques macarons, dont un fait avec des amandes amères, le tout pilé; ajoutez en outre deux œufs entiers, faites fondre dans une tourtière gros comme un œuf de beurre, et quand il est un peu roux, versez-y la bouillie; laissez cuire doucement sur un feu médiocre, sans le couvrir; lorsqu'il aura pris couleur et qu'il sera suffisamment rissolé d'un côté, tournez-le de l'autre; quand il est cuit partout, dressez-le dans un plat, poudrez-le de sucre et servez chaudement.

RAVE-RADIS. Le principe âcre et volatil des crucifères est très-développé dans le radis et la rave; ce principe âcre et stimulant, qui échauffe lorsqu'il est porté à un certain degré, est un des meilleurs remèdes de la disposition glaireuse, c'est-à-dire de cette propension que paraît avoir la nature dans certaines constitutions, à produire une excessive quantité de mucus animal.

Les radis et les raves sont très-peu alimentaires : on ne peut guère les considérer que comme assaisonnement.

RAVIGOTE. (*Voyez* Sauces.)

REINETTE. Espèce de pomme dont la pulpe est sucrée, mais imprégnée d'un acide qui en relève la saveur. La reinette est la meilleure pomme à cuire; c'est avec son suc qu'on fait la gelée de pommes.

RÉMOULADE. Sauce faite avec de la moutarde, du sel et de l'huile. (*Voyez* Sauces.)

RHUM. Eau-de-vie qu'on obtient dans les colonies en distillant les mélasses et les écumes de sucre fermentées : le produit de cette distillation se nomme tafia dans les colonies françaises, et rhum dans les colonies anglaises. Le tafia diffère du rhum en ce qu'il n'a pas un arome aussi prononcé, ce qui provient sans doute de ce qu'on n'emploie que des mélasses pour faire le tafia, tandis que les écumes de sucre entrent pour une forte proportion dans la fabrication du rhum. Le rhum a aussi quelque chose de plus moelleux et une saveur moins piquante que le tafia. Tout ce qui se vend en France sous le nom de rhum n'est que du tafia, dont une grande partie est fabriquée avec les mélasses de nos raffineries.

RIBLETTES. Tranches minces de porc ou d'autres viandes qu'on fait cuire sur le gril ou à la poêle.

RISSOLES. —*Entremets ou hors-d'œuvre.* Sorte de pâtisserie faite de viande hachée et épices, enveloppée dans une abaisse de pâte feuilletée qu'on replie sur elle-même comme un chausson, et qu'on fait frire dans du saindoux ou dans du beurre. La farce dont on les remplit doit être faite de viande cuite.

On fait des rissoles en maigre avec de la farce de chair de poissons cuits, ou avec un ragoût d'épinards, etc.

Enfin, on fait des rissoles avec toutes les crêmes cuites, qu'on tient plus épaisses qu'à l'ordinaire, et avec des marmelades.

RISSOLER. Faire rissoler une viande, c'est lui faire prendre, par l'action du feu, une couleur dorée un peu foncée. La partie rissolée des viandes acquiert par là une sapidité plus développée.

RISSOLETTES. On les fait avec toutes sortes de viandes cuites, hachées menu, avec un peu de graisse de bœuf, du lard, sel, poivre, persil, ciboules, échalottes, trois jaunes d'œuf; mettez cette farce sur de petites rôties de pain; panez et faites prendre couleur sous un four de campagne.

RIS DE VEAU. (*Voyez* Veau.)

RIZ. Le riz, quoique composé presque uniquement de fécule, a une propriété légèrement astringente, qui ne se fait remarquer cependant que chez très-peu de personnes; c'est, du reste, une substance très-alimentaire et très-saine.

Riz au lait, riz au gras. (*Voyez* Potages.)

On aromatise le riz au lait avec de l'eau de fleur d'orange, ou en faisant bouillir avec le lait une feuille de laurier-amande.

On colore le riz au gras avec du caramel, ou avec une infusion de safran.

Le riz doit être lavé à plusieurs eaux, et même frotté entre les mains avant d'être employé.

Gâteau de riz. —*Entremets.* Faites crever une demi-livre de riz dans du lait; ajoutez un bon morceau de beurre quand le riz est bien crevé et épais; versez-le dans un vase pour refroidir; cassez huit œufs et mettez les blancs à part; incorporez les jaunes avec le riz, et ajoutez la quantité de sucre nécessaire; battez ensuite quatre blancs d'œuf avec un peu d'eau de fleur d'orange; ajoutez-les au riz et mêlez bien le tout; beurrez partout une casserole de grandeur convenable : elle ne doit être pleine qu'aux deux tiers, ou aux trois quarts; posez-la sur un très-petit feu; mettez un couvercle avec des charbons allumés par-dessus : lorsque le gâteau sera bien pénétré de chaleur, renversez-le sur un plat : il doit se détacher si la casserole a été bien beurrée. Si on ajoute à ce gâteau du raisin de Corinthe et un peu de beurre, on obtient une espèce de pouding à l'anglaise.

Gâteau de riz aux pommes. Préparez du riz comme si vous vouliez faire un gâteau de riz à l'ordinaire, mais employez des œufs entiers battus; mettez deux doigts de ce riz au fond d'une casserole beurrée et une épaisseur égale autour des bords; remplissez l'intérieur de marmelade de pommes; couvrez avec du riz; faites cuire comme ci-dessus.

ROGNONS. La chair des rognons est en général ferme et compacte, ce qui la rend peu digestible; elle ne s'attendrit pas par la cuisson; c'est un aliment qui ne convient qu'aux estomacs sains et robustes.

Rognons de mouton et de veau. (*Voyez* Veau et Mouton.)

Rognons de bœuf à l'ognon. — *Entrée.* Passez des tranches d'ognon au beurre; lorsque l'ognon est à moitié passé, ajoutez-y le rognon coupé en tranches minces, avec sel et poivre; ne mouillez pas; au moment de servir, ajoutez un filet de vinaigre et de la moutarde.

Rognons de bœuf à la poêle. Passez le rognon bien émincé dans une poêle, avec un morceau de beurre, persil, ciboules, échalottes, sel et poivre; lorsque tout est cuit, retirez les rognons; mettez dans la sauce un verre de vin et un peu d'eau; faites jeter quelques bouillons; ajoutez une liaison de trois jaunes d'œuf, et versez sur les tranches de rognon.

ROQUETTE. Herbe d'une saveur âcre et d'une odeur désagréable qu'on emploie quelquefois comme garniture de salade.

ROTI. Le rôti bien fait retient, pour ainsi dire, toutes les parties solubles de la chair : il est couvert d'un enduit de couleur brune, et dont le goût est assez analogue à celui du caramel ou du sucre brûlé : cet enduit donne au jus de la viande une teinte brune et une saveur agréable. Le rôti est très-nourrissant et tonique; beaucoup d'estomacs s'en accommodent mieux que de toute autre préparation. Les viandes brunes, rôties, donnent un jus d'autant plus foncé que leur osmazome est d'une couleur plus forte ou plus abondante; les viandes blanches fournissent un suc plus pâle, et leurs vertus toniques sont en proportion de leurs qualités naturelles exaltées par l'action du feu; les viandes les plus visqueuses ont, plus que les autres, besoin d'être rôties, et les cochons de lait, l'agneau, le chevreau, et même le veau, lorsqu'il est très-jeune, ne peuvent guère se manger que de cette manière.

Les viandes qu'on fait rôtir ne doivent pas être saisies trop brusquement par le feu ; mais aussi elles ne doivent pas languir : les viandes noires, sans aucune exception, doivent rester rouges à l'intérieur ; si on dépasse ce terme, si la chair a pris partout une teinte brune égale, elle est privée de son jus, elle est desséchée, elle est moins sapide et moins digestible : les viandes blanches exigent une cuisson plus égale ; toute teinte rosée doit avoir disparu ; mais au-delà de ce terme, elles perdent bientôt de leur qualité en se desséchant. Le point où leur cuisson est parfaite est très-difficile à saisir ; on ne peut assigner à cet égard aucune règle. Il n'y a en cela d'autre guide que l'expérience et une espèce de tact instinctif qui n'est pas commun.

ROTIES. — *Hors-d'œuvre*. Tranches de pain grillées au feu et qu'on recouvre avec diverses préparations.

Rôties de rognons de veau. Hachez le rognon avec sa graisse, un peu de persil, de l'écorce de citron vert et du sucre ; pilez le tout dans un mortier ; faites de petites rôties ; couvrez-les d'un peu de farce ; posez-les sur une tourtière beurrée ; mettez la tourtière au four ou sous le four de campagne, pour faire prendre couleur aux rôties ; ensuite saupoudrez-les de sucre et glacez-les avec la pelle rouge.

On peut aussi les assaisonner de sel et poivre, et les paner avec de la mie de pain qu'on arrose de beurre tiède.

On fait de même des rôties avec du blanc de volaille haché et pilé : on y ajoute une mie de pain trempée dans la crème et des jaunes d'œuf.

Rôties à la provençale. Coupez des tranches de pain

sans croûte; faites-les frire à l'huile; quand elles sont frites et égouttées, fendez en deux des anchois dessalés, et arrangez-les sur les rôties; ajoutez du gros poivre et de bonne huile; servez avec un jus de citron ou de bigarade.

Rôties à la hollandaise. Hachez des anchois avec persil, ciboules, ail, échalottes, le tout mêlé de bonne huile; étendez cette farce sur les rôties; dressez-les dans un plat avec huile, poivre concassé et jus de bigarade ou de citron.

ROUELLE. Tranche de viande coupée en travers dans la partie de la cuisse qui avoisine le jarret. On fait un grand usage en cuisine de la rouelle de veau. (*Voyez* Veau.)

ROUGE. Espèce de canard sauvage qui a les pattes rouges. Il est plus petit que le canard sauvage. On le prépare de même. (*Voyez* Canard.)

ROUGES-GORGES. Très-petits oiseaux dont la chair est très-délicate. On les fait rôtir embrochés à une hâtelette.

ROUGETS. Otez-leur les ouïes, videz-les, ne les écaillez pas, contentez-vous de les bien laver; faites-les cuire dans un court bouillon au vin; ne mettez les rougets dans le court bouillon que lorsqu'il a cuit assez pour prendre goût: quand ils sont cuits; ôtez les écailles et servez avec une sauce aux câpres ou aux anchois.

Ou bien levez les filets des rougets, faites-les mariner; farinez-les et faites-les frire.

ROULADE. Tranche de viande aplatie, couverte d'une farce, et qu'on roule en saucisson pour la faire cuire.

Roulade de bœuf. (*Voyez* Bœuf.)

Roulade de veau à l'allemande. Laissez mortifier un cuisseau de veau; levez-en toutes les noix; dégraissezles bien ; ôtez toutes les peaux et coupez le maigre par tranches minces ; battez ces tranches avec un couperet ; étendez ensuite sur une table une crépine de veau trempée dans l'eau fraîche ; couvrez-la avec les tranches de veau que vous couvrez de lard râpé et de jambon pilé et cuits, avec sel, poivre, girofle, cannelle, muscade râpée, coriandre écrasée, persil, ciboules, échalottes, un peu d'ail, thym, basilic, champignons, tétine de veau en filets, ris de veau et bon beurre ; roulez ensuite le tout comme une andouille ; ficelez les deux bouts et le milieu ; couvrez de bardes de lard ; traversez la roulade avec une hâtelette et attachez-la à la broche, enveloppée de papier beurré ; faites cuire à petit feu en l'arrosant de temps en temps : lorsqu'elle est cuite, ôtez la barde pour faire prendre couleur.

Servez avec une bonne sauce piquante ou une sauce tomate.

ROULEAU. Cylindre de bois dont on se sert pour étendre la pâte destinée à faire des pâtisseries.

ROUX. Farine frite dans le beurre ou dans la graisse, dont on se sert pour colorer et lier les sauces, et pour en relever la sapidité.

On passe les viandes au roux avant de les faire cuire à l'étuvée, à la braise, etc.

L'action du beurre ou de la graisse bouillante sur les viandes opère à leur superficie à peu près le même effet que l'action du feu lorsqu'on les met à la broche. Elle en augmente la sapidité, et, en coagulant l'albumine, elle retient à l'intérieur une partie des sucs, qui sans cela se délaieraient dans les mouillements.

Sur la manière de faire un roux, *voyez* Élémens de sauces.

SAFRAN. On nomme ainsi le pistil séché d'une espèce de crocus qu'on cultive en Orient, et en France, dans le Gatinais. Le safran donne une infusion d'un très-beau jaune : il a un arome particulier qui est agréable lorsqu'il est étendu.

On l'employait autrefois dans presque toutes les préparations de la cuisine : on en fait peu d'usage aujourd'hui ; c'est un ingrédient obligé de la pâtisserie qu'on nomme *baba;* on s'en sert aussi pour colorer et même pour assaisonner le riz au gras.

SAGOU. Substance féculente qu'on trouve en abondance parmi les fibres qui remplissent l'intérieur du tronc d'une espèce de palmier. Le sagou est un aliment sain et léger qu'on prescrit aux convalescents : pour sa préparation, *voyez* Potages.

SAINDOUX. On nomme ainsi la graisse de porc fondue : dans cet état, elle se conserve long-temps sans rancir ; on se sert de saindoux pour faire des fritures. Il peut remplacer le beurre dans diverses préparations.

SALADE. Plantes potagères auxquelles on ajoute quelques plantes aromatiques, et qu'on assaisonne avec du sel, du poivre, de l'huile et du vinaigre.

On doit au célèbre M. Chaptal le meilleur procédé pour assaisonner les salades ; il consiste à mettre d'abord dans la salade l'huile, le sel et le poivre ; on retourne la salade, puis on ajoute le vinaigre et on retourne encore. Par ce moyen la salade n'est jamais trop vinaigrée : si on a mis du vinaigre en excès, il se réunit au fond du saladier. On ne doit pas faire fondre le sel dans le vinaigre ; il s'y fond imparfaitement et il ne se trouve jamais réparti d'une manière égale dans la salade : il est préférable d'employer du sel très-fin et de le mettre, ainsi que le poivre, avant l'huile ; on retourne légèrement la salade, puis on ajoute l'huile, etc.

On fait des salades cuites avec des pommes de terre,

des lentilles, des haricots verts et blancs, et des choufleurs.

On fait aussi des salades de viandes cuites. C'est une manière très-simple de corriger l'insipidité des viandes qui ont été bouillies.

SALEP. Farine faite avec les bulbes de quelques espèces d'orchis. Le salep est regardé comme l'une des substances alimentaires les plus convenables aux estomacs irritables : pour sa préparation, *voyez* Potages.

SALÉ. (*Voyez* Charcuterie.)

SALMI. Préparation particulière aux canards et au gibier à plumes. (*Voyez* Canard, Faisan, Bécasse, Perdrix.)

SALPICON. Ragoût de viandes coupées en dés. (*Voyez* Ragoûts.)

SALSIFIX. (*Voyez* Scorsonère.)

SANG. Le sang des animaux est composé des mêmes principes que leur chair, sauf peut-être la gélatine ; comme elle, il contient de la fibrine, de l'albumine et de l'osmazome. On mange le sang de quelques animaux assaisonné de diverses manières et principalement sous la forme de boudin : le sang, ainsi préparé, est très-nutritif, et serait plus facilement digestible, si on n'avait pas l'habitude d'y mélanger beaucoup de graisse. Le sang est un aliment très-animalisé, fort tonique et dont la saveur s'exalte par l'action du feu. Sa digestion s'opère avec un sentiment marqué de chaleur ; on peut donc le regarder comme échauffant.

SANGLIER. C'est le même animal que le porc, mais à l'état sauvage.

Les jeunes sangliers, qu'on nomme marcassins, se servent rôtis à la broche et piqués par tout le corps.

Hure de sanglier. On la prépare comme la hure de cochon. (*Voyez* Charcuterie.)

Quartier de sanglier. On les fait mariner avec sel, poivre, vinaigre, ail et beaucoup de fines herbes; on les pique de gros lard et on les fait cuire à la broche: on sert avec une sauce piquante.

On les fait aussi cuire à la daube et en bœuf à la mode. (*Voyez* Bœuf.)

SARCELLES. Espèce de petits canards dont la chair est fort agréable. On les prépare en tout comme les canards. (*Voyez* Canards.)

SARDINES. Petit poisson de mer, qui se rapproche beaucoup du hareng. La sardine fraîche ne peut supporter le transport; il faut la manger aussitôt qu'elle sort de la mer, ou la saler.

SARRIETTE. Plante aromatique qui est l'assaisonnement obligé des fèves de marais. Quand on conserve des petites fèves, il faut conserver aussi de la sarriette: elle se dessèche facilement, et dans cet état, il suffit de la tenir au sec pour qu'elle n'éprouve aucune altération.

SARRASIN. Dans toutes les contrées où la population vit de sarrasin, on en emploie la farine à faire une bouillie qui est bleuâtre, parce que le son n'a pas été bien séparé: quand cette farine est bien blutée, on en fait, en y ajoutant du beurre, des galettes fort agréables.

SAUCES. La plupart des sauces étant communes à plusieurs préparations alimentaires, il se présentait l'inconvénient ou de répéter souvent le même procédé, ou de renvoyer sans cesse à l'article où il aurait été décrit une première fois.

Pour éviter ces répétitions inutiles et faciliter en

même temps le choix des diverses sauces, on a réuni ici les recettes des plus usuelles.

Sauce blanche. Délayez une demi-cuillerée de farine, ou de fécule de pommes de terre, dans une quantité d'eau suffisante pour faire une bouillie claire. On peut aussi délayer la farine avec du bouillon. Ajoutez sel, poivre et un peu de muscade râpée; lorsque la farine est cuite, retirez la casserole du feu, et faites fondre dans la bouillie un bon morceau de beurre. On ajoute avant de servir un filet de vinaigre ou de verjus, ou de citron.

Un ou deux jaunes d'œuf, délayés dans cette sauce, contribuent à la rendre plus délicate, en même temps qu'ils lui donnent une couleur plus agréable.

Dans cette sauce, le beurre, la fécule ou la farine et l'eau, forment une combinaison triple qui est une véritable émulsion. Le beurre, dans cet état, est plus digestible que s'il était seul; cependant il est des personnes dont l'estomac supporte assez difficilement les sauces blanches. Cela provient quelquefois de ce que la farine ou la fécule n'a pas été assez cuite. L'addition d'un peu de muscade rend cette sauce plus facilement digestible. Lorsqu'elle contient une liaison de jaunes d'œuf, il est difficile de la faire réchauffer, parce que le jaune s'en sépare, en se coagulant à une chaleur très-peu intense.

Sauce blanche à la crème. Faites fondre dans une casserole un bon morceau de beurre bien frais; ajoutez une cuillerée de fleur de farine et mêlez exactement; assaisonnez de sel et poivre; versez le lait qui doit être chauffé à part : un verre et demi est suffisant. Faites bouillir et ajoutez lentement, en tournant toujours, deux ou trois jaunes d'œuf délayés dans une cuillerée de lait.

Sauce sans beurre. Mettez dans une petite casserole trois ou quatre jaunes d'œuf crus, six cuillerées d'huile d'olive, sel en poudre, poivre et muscade; faites chauffer de l'eau dans une casserole plus grande et plongez-y celle qui contient les œufs et l'huile aussitôt que l'eau est assez chaude pour qu'on ne puisse y tenir la main; tournez vivement pour mélanger les œufs avec l'huile; aussitôt que la sauce est bien liée, retirez la casserole et servez de suite. Cette sauce ne doit être qu'un peu plus que tiède; à un degré de chaleur plus élevé, le jaune d'œuf se coagule et l'huile se sépare.

Cette sauce est excellente avec les asperges et les artichauts; elle convient peu aux estomacs faibles.

Blanc. Mettez dans une casserole gros comme un œuf de beurre; ajoutez une bonne cuillerée de farine; faites fondre sans bouillir et mêlez exactement; ajoutez ensuite lentement, en tournant toujours, un verre et demi d'eau, ou autant de bouillon; assaisonnez de sel et poivre, et faites bouillir jusqu'à ce que le blanc ait pris assez de consistance pour tenir à la cuillère; retirez alors la casserole du feu; cassez deux œufs, séparez-en les blancs; mêlez les jaunes avec une cuillerée à café de vinaigre; ajoutez-y ensuite quelques cuillerées de blanc; mêlez exactement et jetez le tout dans la casserole, en tournant avec vitesse pour que la chaleur ne surprenne pas la liaison, ce qui la ferait tourner.

On peut y ajouter des câpres ou des cornichons coupés en rouelle.

Sauce à la béchamelle. Prenez une demi-livre de veau et un quarteron de jambon; coupez le tout en dés; ajoutez deux carottes et deux ognons coupés en tranches, deux clous de girofle, une feuille de laurier, deux échalottes, persil et ciboules hachés; assaisonnez de poivre et muscade râpée, peu de sel; plus, un quarteron de beurre; passez le tout sur le feu, sans faire prendre couleur; ajoutez ensuite une cuillerée de farine qui doit être mêlée exactement; mouillez avec une pinte de lait; faites bouillir doucement en tournant toujours pour que la sauce ne s'attache pas. Elle doit avoir la consistance d'une bouillie. On la passe au tamis lorsqu'elle est à son point.

On pourrait faire plus promptement la même sauce en ajoutant à une bouillie claire, faite avec du lait et de la farine, un bon verre de jus blond de veau et un morceau de beurre, faisant ensuite réduire le tout jusqu'à consistance suffisante.

Sauce tomate. Mettez dans une casserole une douzaine de tomates coupées en quartier, avec un bon morceau de beurre, quelques ognons coupés en tranches, persil, ciboules, une feuille de laurier, sel, poivre, deux clous de girofle et un peu de muscade râpée; ajoutez un bon morceau de beurre; faites bouillir en remuant souvent pour empêcher les tomates de s'attacher; quand elles sont bien fondues et que la sauce commence à s'épaissir, on la passe avec expression et on la fait réduire jusqu'à consistance convenable.

Pendant l'hiver, on fait cette sauce avec la conserve de tomates. On en met une cuillerée dans une casserole avec un morceau de beurre et un verre de bouillon; on délaie la conserve dans le bouillon avant de faire fondre le beurre. On fait bouillir jusqu'à réduction suffisante pour que la sauce ait une bonne consistance.

Ou bien coupez en dés un peu de jambon; faites-le suer dans une casserole avec un peu de beurre et mouillez avec du bouillon dans lequel vous aurez délayé la conserve; faites mijoter pendant une heure; passez au tamis.

La sauce aux tomates est agréable; elle excite l'appétit et favorise la digestion en stimulant légèrement l'estomac. C'est parmi toutes les sauces l'une de celles dont l'usage présente le moins d'inconvéniens.

Sauce à la maître d'hôtel. Hachez fin du persil et de l'échalotte, et pétrissez-les avec du beurre; ajoutez sel, gros poivre et un peu de jus de citron; mettez cet amalgame froid dans les légumes, poissons ou viandes cuites, dont la chaleur sera suffisante pour le faire fondre.

Autre béchamelle. Mettez un morceau de beurre dans une casserole avec des champignons coupés en tranches, un bouquet garni et deux gousses d'ail; faites légèrement roussir, ajoutez une pincée de farine que vous délayez avec une chopine de lait; tournez jusqu'à ce que la sauce soit bien liée; passez à l'étamine et ajoutez une pincée de persil blanchi, haché fin.

Si on ajoute à cette sauce de bon bouillon, ou du jus, ou quelque fond de cuisson de veau ou de volaille, elle n'en est que meilleure. Dans tous les cas, il faut faire réduire jusqu'à consistance de crême.

Sauce à la romaine. Foncez une casserole avec des tranches de veau et de jambon, deux gousses d'ail, un ognon coupé en tranches, une racine et quelques champignons émincés; faites suer sur le feu; quand le veau a rendu son jus, poussez le feu jusqu'à ce que la viande commence à s'attacher; mouillez avec un verre de vin blanc, et deux cuillerées d'huile d'olive; faites bouillir à petit feu pendant une heure; passez la sauce au tamis; assaisonnez de sel, épices mélangées et persil blanchi et haché; faites lier la sauce sur le feu et ajoutez un jus de citron.

On voit que la base de toutes les sauces relevées est toujours un jus de viande que l'on obtient en faisant suer ; c'est-à-dire en faisant chauffer à sec du veau, du jambon, ou autres viandes jusqu'à ce qu'elles aient rendu leur jus. Si la viande qu'on fait suer ainsi n'a pas de graisse, il est bon de mettre au fond de la casserole un petit morceau de beurre ; le feu doit être très-doux dans le commencement. On obtient ainsi un jus aussi sapide et quelquefois plus encore que celui qui s'écoule des chairs rôties quand on les coupe.

Cette théorie bien entendue, il est facile de varier les sauces à l'infini, en y introduisant de nouveaux ingrédiens. Ainsi cette sauce, qualifiée à la romaine, n'est au fond qu'un jus de veau qu'on mouille avec du vin et de l'huile, au lieu de bouillon et de beurre.

Sauce à l'italienne. Mettez dans une casserole une demi-bouteille de vin blanc, un demi-quarteron de beurre, persil, échalottes et champignons hachés ; faites bouillir jusqu'à ce qu'il n'y ait presque plus de liquide ; ajoutez un verre de jus, ou à défaut de jus, faites un roux ; mouillez-le avec du bouillon, et ajoutez-le à l'italienne que vous faites réduire jusqu'à consistance convenable. Cette sauce ne se passe pas. On peut y ajouter un peu de jus de citron.

Sauce à la ravigote. Mettez dans une casserole un verre de jus ; ajoutez autant de vin blanc, et faites réduire ; ajoutez ensuite du baume, pimprenelle, cerfeuil, civette, estragon blanchis et hachés fin, un jus de citron, sel et gros poivre ; faites lier sur le feu.

Sauce piquante. Faites roussir au beurre, une carotte, deux ognons et un panais émincés ; ajoutez une pincée de farine ; mouillez avec du bouillon et suffisante quantité de vinaigre ; assaisonnez avec un bouquet garni, une gousse d'ail, piment vert, ou gros poivre et muscade râpée. Faites bouillir jusqu'à consistance convenable, et passez au tamis. Si la sauce est trop claire, épaississez-la avec un morceau de beurre manié avec de la farine.

Autre. Faites réduire à moitié un verre de bouillon et deux verres de vin blanc; ajoutez alors échalottes, persil, ciboules, un peu d'ail, estragon, cerfeuil; le tout haché fin; assaisonnez de sel et gros poivre; faites bouillir pendant quelques minutes, et au moment de servir, ajoutez-y le jus d'un citron et une cuillerée d'huile.

Sauce piquante verte. Prenez cerfeuil, cresson alénois, pourpier, pimprenelle, estragon, un peu de baume, civette; de chaque suivant sa force : pilez le tout dans un mortier après l'avoir haché; ajoutez ensuite de la rocambole hachée, de l'huile, sel, gros poivre, et suffisante quantité de moutarde : mélangez bien le tout. Si elle est trop épaisse, ajoutez de l'huile.

Sauce verte chaude. Mettez dans une casserole un verre de jus et autant de vin blanc, et faites réduire; d'un autre côté, hachez et pilez dans un mortier toutes les petites herbes qu'on emploie en fourniture de salade; exprimez le tout pour en tirer le jus qui est vert; délayez dans ce jus quatre jaunes d'œuf, et servez-vous-en pour lier la sauce.

Rémoulade. Hachez très-fin persil, ciboules, câpres, anchois, une pointe d'ail; mêlez avec une bonne cuillerée de moutarde; assaisonnez avec du sel, et délayez le tout avec suffisante quantité d'huile d'olive. Il faut que le tout soit bien lié, et que l'huile ne se sépare pas : on y parvient en battant le mélange pendant long-temps.

Autre rémoulade. Battez quelques cuillerées d'huile d'olive avec un jaune d'œuf cru et une pincée de sucre en poudre : quand le mélange est devenu épais, ajoutez suffisante quantité de moutarde aux anchois ou aux fines herbes; assaisonnez avec du sel fin, pas de poivre.

Goûtez la rémoulade, et, selon le besoin, ajoutez-y de l'huile, de la moutarde ou du vinaigre : surtout qu'elle soit bien liée.

La rémoulade, faite avec la moutarde aux fines herbes, est préférable à celle qui contient ces herbes hachées, dont la digestion est toujours difficile. A défaut de moutarde aux fines herbes, délayez de la moutarde ordinaire avec du vinaigre aromatique.

Rémoulade chaude. Passez au beurre, persil, ciboules, champignons, une pointe d'ail, le tout haché; ajoutez une pincée de farine, et mouillez avec du jus ou de bon bouillon, et une cuillerée d'huile; laissez jeter quelques bouillons, et assaisonnez avec sel et muscade râpée. Au moment de servir, délayez dans la sauce une cuillerée de moutarde.

Sauce Robert en gras. Faites roussir des ognons coupés en tranches avec du beurre ou du lard fondu; mouillez, quand ils ont pris couleur, avec du jus ou de bon bouillon; ajoutez sel et poivre et un peu de caramel: quand les ognons sont bien cuits, ajoutez un peu de moutarde.

Sauce Robert en maigre. Faites roussir au beurre les ognons coupés en tranches; ajoutez une pincée de farine, et mouillez avec du bouillon maigre et un verre de vin rouge; assaisonnez avec sel, poivre, un bouquet garni et une pointe d'ail. Ajoutez un peu de moutarde au moment de servir, et retirez le bouquet.

Sauce à la hollandaise. Hachez très-fin du persil blanchi, et passez-le avec du beurre légèrement manié de farine; ajoutez un peu de bouillon, un jus de citron, sel, gros poivre et un anchois haché : faites lier la sauce.

Sauce blanche à la provençale. Passez à l'huile,

avec une pincée de farine, des champignons et des ognons coupés en tranches, persil en branches, trois gousses d'ail; assaisonnez de sel, poivre, un peu de basilic; mouillez avec un verre de vin blanc, un peu de jus ou du bon bouillon : passez et ajoutez une liaison de jaunes d'œuf.

Mayonnaise. Délayez un ou deux jaunes d'œuf crus avec le jus d'un citron; ajoutez sel et épices mélangées; versez peu à peu de l'huile sur les œufs, en tournant toujours : la sauce ne tarde pas à s'épaissir; ajoutez-y, de temps en temps, un peu de fort vinaigre aromatique. On peut ajouter de l'huile tant que la sauce ne perd pas sa consistance. On s'en sert pour les salades de poissons, de volailles et de légumes cuits.

En ajoutant de la moutarde à la mayonnaise, on obtient une très-bonne rémoulade.

Fond de cuisson. Passez au tamis tous les fonds de cuisson à la braise ou autres; faites-les réduire à consistance de sauce. Ces fonds peuvent remplacer le jus dans beaucoup de circonstances.

Au lieu de les faire trop réduire, ce qui peut leur donner de l'âcreté, liez-les avec du beurre manié de farine, ou avec des marrons rôtis et pilés, ou avec de la conserve de tomate, ou enfin avec des jaunes d'œuf écrasés. Réglez-vous, quant au choix de ces moyens, sur l'usage que vous voulez faire de la sauce.

Sauce aux échalottes. Hachez très-fin une douzaine d'échalottes; mettez-les dans une casserole avec un demi-verre de vinaigre, une demi-gousse d'ail, sel, gros poivre, muscade, une feuille de laurier et une cuillerée de gelée ou de jus de viande rôtie. Faites réduire des deux tiers; mouillez avec un peu de jus, ou du fond de cuisson, ou à défaut avec du bouillon; au moment de servir, ajoutez une cuillerée d'huile.

Si on veut que la sauce soit moins piquante, on substitue au vinaigre, du vin rouge ou blanc, suivant la destination.

Sauce hachée. Faites bouillir une bonne pincée de persil, autant d'échalottes, et une forte cuillerée de champignons; le tout haché, avec trois cuillerées de vinaigre, sel et gros poivre. Lorsque le vinaigre est presque entièrement réduit, faites-un roux à part, mouillez-le avec du bouillon, et versez-le sur la sauce; faites réduire encore, et lorsqu'elle est à son point, ajoutez une cuillerée de câpres et autant de cornichons hachés; liez la sauce avec un peu de beurre d'anchois légèrement manié de farine.

Sauce au gibier. Écrasez dans du vin blanc le foie du gibier; ajoutez autant de bouillon et mettez le tout dans une casserole avec le jus d'un citron, une cuillerée de chapelure de pain bien fine, un bouquet de persil et ciboules, une feuille de laurier, sel, gros poivre et muscade; faites bouillir pendant un bon quart-d'heure; retirez le bouquet avant de servir.

Sauce pour le poisson d'eau douce. Faites réduire au tiers une bouteille de vin rouge un peu foncé en couleur, avec de l'ognon, des champignons, une gousse d'ail et un bouquet garni; ajoutez du jus, si vous en avez, et mouillez avec le court bouillon dans lequel a cuit le poisson; faites réduire encore et passez avec expression; ajoutez deux anchois, hachés et pelés, et un bon morceau de beurre.

Rémoulade indienne. Pilez des jaunes d'œuf légèrement durcis avec autant de cuillerées d'huile, qu'il faut mettre peu à peu pour qu'elle s'incorpore bien avec les jaunes; ajoutez du piment ou poivre long, en suffisante quantité, selon votre goût, et une cuillerée de fort vinaigre; liez bien le tout.

Sauce à la bonne femme. Faites roussir avec un morceau de beurre, des champignons, un ognon, une carotte, un panais, une pointe d'ail, persil et ciboules; mouillez avec moitié bouillon et moitié vin blanc; assaisonnez suffisamment; faites bouillir à petit feu pendant une heure, passez au tamis.

Faites bouillir en même temps une poignée de mie de pain avec un bon verre de lait : quand le pain a absorbé tout le lait, passez au tamis et ajoutez-le à la sauce.

Sauce au mouton. Prenez une partie du jus que le mouton a rendu; ajoutez un verre de vin blanc, un anchois haché, sel, poivre et muscade; faites bouillir un quart-d'heure. Au moment de servir, liez la sauce avec du beurre manié de farine.

Sauce brune. Mettez dans une casserole des parures de diverses viandes (1), bœuf, veau, mouton, ou volailles, avec des carottes, des ognons et un verre d'eau; faites bouillir vivement jusqu'à ce qu'il n'y ait plus de mouillement; mettez ensuite la casserole sur un feu doux pour que la glace qui est au fond se colore sans se brûler; quand elle a pris une belle couleur un peu foncée, mouillez avec du bouillon; ajoutez un fort bouquet garni, deux clous de girofle et des champignons; écumez et laissez cuire à petit feu pendant deux ou trois heures; passez le fond de la cuisson et servez-vous-en pour mouiller un roux que vous ferez dans une autre casserole; laissez bouillir doucement pendant une heure, dégraissez.

Sauce à la carpe. Mettez dans le fond d'une cas-

---

(1) On appelle *parures* tout ce qu'on retranche d'un morceau de viande, lorsqu'on veut lui donner une forme régulière. Les côtelettes en fournissent beaucoup. Les abatis des petites volailles peuvent être aussi ajoutés aux parures.

serole des parures de veau avec quelques bardes de lard; ajoutez une carpe coupée en tronçons, deux carottes, quatre ognons émincés, un bouquet garni, sel, gros poivre, deux clous de girofle et muscade râpée; mouillez avec du vin blanc; faites bouillir à petit feu et réduire jusqu'à ce que tout soit prêt à s'attacher; mouillez de nouveau avec moitié vin blanc et moitié bouillon, en ajoutant un bouquet de persil et ciboules, et des petits champignons; faites bouillir à petit feu pendant une heure; ensuite passez au tamis. Pour lier la sauce, faites un roux un peu chargé de farine; quand il est de belle couleur, versez-y peu à peu la sauce pour que le roux soit bien délayé; faites réduire à consistance.

Beurre noir. Faites bouillir deux bonnes cuillerées de vinaigre avec du sel et du poivre, en même temps, faites chauffer du beurre dans une poêle; quand il est assez chaud, faites-y frire du persil et ensuite laissez chauffer le beurre jusqu'à ce qu'il ait pris une couleur brune; versez-le sur le vinaigre.

Marinade. Mettez ensemble moitié vinaigre et moitié vin blanc, sel, gros poivre et épices; mettez plus ou moins de vinaigre, suivant la nature des viandes que vous voulez faire mariner. On peut y ajouter du jus de citron ou de verjus.

Pour faire une marinade cuite, passez au beurre dans une casserole, une carotte et deux ognons coupés en tranches et un bouquet garni; quand le tout est passé, ajoutez une pincée de farine et ensuite un demi-verre de vinaigre, et un verre de bouillon, sel, gros poivre et épices; faites cuire à petit feu pendant une heure.

On fait tremper dans ces marinades les viandes dont on veut relever le goût.

Sauce à la poivrade. Mettez dans une casserole un

morceau de beurre, une pincée de persil, deux ou trois ciboules hachées grossièrement, une feuille de laurier, un peu de thym, sel, gros poivre (assez de ce dernier pour qu'il domine), un peu de muscade râpée et un demi-verre de vinaigre; faites réduire au moins à moitié; ajoutez un verre de jus, ou un verre de bouillon, et autant de vin blanc; faites réduire de nouveau jusqu'à consistance convenable, et passez au tamis.

SAUCISSES. Viandes hachées et enveloppées d'un morceau de crépine : les saucisses se font principalement de chair de porc. (*Voyez* Cochon.)

SAUCISSONS. Viandes hachées et renfermées dans un intestin de bœuf. Pour la composition des saucissons appartenant à ce qu'on appelle charcuterie, *voyez* Cochon.

SAUGE. Herbe aromatique qu'on n'emploie ordinairement dans la cuisine que pour la cuisson du jambon; on peut en faire entrer dans les bouquets garnis, où elle peut remplacer le laurier et le thym.

SAUMON. Poisson de mer qui remonte dans les rivières : sa chair est rosée et très-délicate, quoique peu digestible pour les estomacs faibles.

Saumon à la sauce aux câpres. — *Entrée.* Prenez une tranche ou dalle de saumon; marinez-la avec de l'huile, du persil, de la ciboule, sel, poivre et muscade; faites griller à un feu modéré en l'arrosant avec sa marinade; servez avec une sauce aux câpres, ou une sauce tomate.

Saumon au court bouillon. — *Rôt.* Faites-le cuire dans un bon court bouillon au vin, bien assaisonné; faites cuire tout doucement. Il doit être couvert par le court bouillon; lorsque les yeux lui sortent de la tête, il est cuit.

Si vous le servez pour entrée, enlevez les écailles et masquez-le avec une bonne sauce au beurre, dans laquelle vous mettrez des câpres, des cornichons et quelques anchois.

Si vous le servez pour rôt, ne l'écaillez pas, mettez-le à sec sur une serviette, un lit de persil par-dessous.

Saumon salé. On le mange à la sauce aux câpres, mais il est meilleur en salade.

Après l'avoir dessalé, faites-le cuire à l'eau; ne laissez pas bouillir parce qu'il durcirait; faites bien égoutter.

SCAROLLE. Espèce de chicorée, dont les feuilles sont plus larges et plus tendres que celles de la chicorée frisée. On l'emploie aux mêmes usages.

SCORSONÈRE. — *Entremets.* Racine semblable à celle du salsifix, sauf qu'elle a la peau noire, et que celle du salsifix est grise. On préfère les scorsonères aux salsifix; du reste, ces deux racines se préparent des mêmes manières.

On les ratisse à blanc et on les jette à mesure dans l'eau un peu vinaigrée; on les fait cuire à grande eau, avec du sel et du vinaigre; quand ils sont cuits, ce qu'on reconnaît quand ils cèdent sous le doigt, on les retire, on les égoutte et on les sert avec une sauce blanche.

On les sert aussi au gras; faites un roux léger; mouillez avec du jus ou de bon bouillon; faites réduire et mettez-y les scorsonères.

Pour les faire frire, on les fait cuire dans une eau plus fortement vinaigrée; on les trempe dans une bonne pâte, et on les fait frire dans du beurre ou du saindoux bien chaud.

SEMOULE. Pâte en petits grains, de la même nature que celle du vermicelle, et dont on fait des potages. (*Voyez* Potages.)

SOLE. Poisson de mer dont la chair est ferme, mais tendre, délicate et facilement digestible : la sole est un aliment léger qui convient à tous les estomacs.

Les limandes, les carrelets et les plies se préparent comme les soles.

Soles frites. — *Entremets.* Essuyez-les après les avoir lavées et vidées ; fendez-les avec un couteau, sur la raie du dos, du côté noir ; farinez-les à sec, ou mieux, après les avoir trempées dans du lait ; faites frire de belle couleur, dans une friture bien chaude : servez avec des citrons coupés en deux.

Soles au gratin. — *Entremets.* Mettez, au fond d'un plat qui supporte le feu, du beurre tiède, avec persil, ciboules, échalottes, champignons, le tout haché ; sel, poivre et muscade ; posez les soles par-dessus et couvrez-les du même assaisonnement avec du beurre ; faites, si vous voulez, un second lit, en procédant de même ; mouillez avec moitié vin et moitié bouillon, et couvrez le tout de mie ou de chapelure de pain ; posez le plat sur un feu doux ; couvrez avec le four de campagne, et bon feu par-dessus. Pour que la mie de pain prenne bien couleur, on l'arrose avec du beurre tiède, avant de mettre le plat sous le four de campagne.

Filets de soles au gratin. — *Entremets.* Mettez sur le gril des soles frites jusqu'à ce qu'elles soient assez chaudes pour qu'on puisse en enlever la peau ; levez les filets et préparez-les au gratin, en suivant ce qui est prescrit ci-dessus.

Filets de soles en mayonnaise. Procédez, comme il est prescrit dans l'article qui précède, pour lever les filets ; arrangez-les sur un plat, et couvrez-les d'une mayonnaise.

Soufflés. *Soufflé de pain à la vanille.* — *Entremets* ainsi que les suivans. Faites bouillir un demi-litre de crème avec six onces de sucre, et une once de sirop de vanille.

Prenez la mie d'un pain mollet d'une livre et trempez-la dans la crème ; laissez-la jusqu'à ce que tout soit refroidi. Exprimez-la alors dans un linge blanc; pilez la mie exprimée dans un mortier en y ajoutant gros comme deux œufs de beurre, deux œufs entiers et quatre jaunes.

Quand tout est amalgamé et bien en pâte, délayez-la avec la crème, fouettez fortement quatre blancs d'œuf avec un peu de crème que vous aurez réservée, et mêlez-les avec la mie de pain délayée ; placez le tout dans une casserole que vous mettrez dans un four doux, ou sur la cendre rouge, et couverte avec le four de campagne. Le soufflé cuit, il faut le servir de suite.

Soufflé de pain au café. On le fait comme celui ci-dessus; mais au lieu de vanille, on fait torréfier légèrement quatre onces de bon café; on le concasse tout chaud dans un mortier, et on le jette dans la crème bouillante; on l'y laisse quelques instans, en couvrant la casserole, et on passe ensuite l'infusion sur la mie de pain.

On achève le soufflé ainsi qu'il est prescrit dans l'article précédent.

Soufflé de pommes de terre. Faites bouillir un demi-litre de crème, six onces de sucre et six cuillerées à bouche de fécule de pommes de terre, plus quatre jaunes d'œuf ; délayez cette fécule avec les œufs, la crème et du beurre gros comme un œuf ; ajoutez du citron vert haché; mettez le tout sur le feu, et tournez avec une cuillère jusqu'à ce qu'il ait jeté quelques bouillons.

Laissez refroidir ; joignez-y six jaunes d'œuf ; si le soufflé est trop épais, mettez de plus un ou deux œufs entiers.

Fouettez quatre blancs d'œuf ; mêlez-les légèrement

avec le soufflé que vous arrangerez dans une petite casrole ; faites cuire comme il est prescrit.

Soufflé de marrons. Enlevez la première écorce de beaux marrons ; faites-les ensuite cuire à la vapeur. Lorsqu'ils sont cuits, enlevez la pellicule qui les recouvre.

Pilez les marrons dans un mortier ; ajoutez-y du beurre, moitié de leur poids, et du sucre en poudre ; triturez le tout ensemble, et ajoutez encore six jaunes d'œuf, ou plus, suivant la quantité de marrons. La pâte doit être bien liée, plutôt liquide que trop épaisse ; si elle l'était trop, il faudrait y mettre encore un ou deux œufs.

Mettez la pâte dans une casserole, et au moment de servir, fouettez six blancs d'œuf ; mêlez les blancs fouettés à la pâte ; mettez le tout dans une casserole, et procédez comme pour les autres soufflés.

On peut aromatiser à son goût.

Soufflé de frangipane. Délayez dans un demi-litre de crême deux cuillerées de fécule avec quatre jaunes d'œuf, et gros comme un œuf de beurre ; faites cuire en tournant toujours.

Ajoutez six onces de sucre, deux macarons amers et trois doux, avec un biscuit sec, le tout en poudre ; mêlez toutes ces substances et laissez refroidir.

Ajoutez six jaunes d'œuf et cinq blancs fouettés en neige. Terminez comme ci-dessus.

Omelette soufflée en moule. — *Entremets.* Mettez à part les blancs et les jaunes de six œufs ; mêlez avec les jaunes

Trois cuillerées combles de sucre fin ;

Quatre macarons écrasés ;

Une cuillerée de fécule ;

Une demi-cuillerée de fleur d'orange pralinée en poudre ;

Faites du tout un mélange intime.

Beurrez et panez un moule ; fouettez les blancs d'œuf en neige, et incorporez-les avec les jaunes ; versez le tout dans le moule.

Faites cuire dans un four doux ; renversez l'omelette faite sur un plat, et servez sans délai.

SOUPE. (*Voyez* Potages.)

SOUTIRAGE. C'est tirer le vin de dessus sa lie ; pour cela on le met dans un tonneau bien net, et, autant que possible, récemment vidé d'un même vin ou d'un vin meilleur : on remplit le tonneau et on le bondonne.

Il faut choisir, pour soutirer, un temps froid et sec ; la saison pour faire cette opération est de la fin de novembre à la fin de janvier.

On doit toujours coller le vin avant de le soutirer.

SUCRE. Substance saline qui, jusqu'au commencement de ce siècle, n'avait été obtenue que de la canne à sucre, plante indigène sous les tropiques. Un Prussien, M. Achard, descendant d'une de ces familles françaises qui furent contraintes de s'exiler de leur patrie après la révocation de l'édit de Nantes, est le premier qui a retiré en grand du sucre de la betterave : cette industrie s'est propagée, et aujourd'hui, en France, on fabrique plus de trois millions de livres de sucre de betterave. Ce sucre possède toutes les propriétés de celui qu'on tire de la canne.

Le sucre s'emploie dans plusieurs préparations de la cuisine, telles que celles qui sont relatives aux laitages et à quelques espèces de légumes, comme les pois, les fèves, etc.

A l'état de caramel plus ou moins coloré, le sucre s'allie très-bien à presque tous les ragoûts à sauce brune, dont il augmente la sapidité. On peut avec avantage en ajouter à tous les roux.

On doit, pour cet usage, choisir du sucre blanc, le seul qui se caramélise bien. Sur la manière de faire le caramel, *voyez* Élémens de sauces.

TALMOUSES. Espèce de pâtisserie faite avec de la farine, du fromage blanc et du beurre ; c'est la même composition que celle des flammiches. (*Voyez* Pâtisserie.)

TAMIS. Cylindre de boissellerie traversé horizontalement par un tissu de crin ou de soie qui laisse passer la partie la plus fine des substances pulvérisées, et retient la plus grossière : on se sert aussi du tamis pour filtrer grossièrement des liquides.

On substitue souvent au tissu de crin ou de soie des tamis, une toile métallique faite en fil d'acier ou de laiton étamé; ces tamis donnent une poudre plus égale que les autres; mais on ne peut s'en servir pour passer des liquides. Pour les destiner à cet usage, il faudrait que la toile fût faite en fil d'argent, ou mieux encore en fil de platine.

On a aussi des tamis qui se ferment, en dessus et en dessous, avec des couvercles dont le bord est en bois et le dessus en peau : ces tamis sont très-commodes pour passer des poudres très-fines, composées de substances âcres, telles que les épices, dont la partie la plus ténue s'élève par le mouvement de l'air, et peut incommoder celui qui manie le tamis; c'est aussi le moyen de tamiser plus vite, sans danger de rien perdre. (*Voy.* fig. 7, pl. iv.)

A A. Tamis ouvert séparé au milieu par un tissu de crin, de soie ou de toile métallique. Ce tissu est indiqué extérieurement en B.

C C. Couvercles qui servent à fermer le tamis en dessus et en dessous.

TANCHE. Poisson d'eau douce qui ressemble à la carpe : sa chair est fade et assez digestible.

Tanches grillées. — *Entrée.* Limonez-les, c'est-à-dire trempez-les un instant dans l'eau bouillante ; écaillez-les en commençant par le côté de la tête ; évitez d'enlever la peau ; videz-les et lavez-les ; mettez dans le corps un morceau de beurre manié de fines herbes, avec une pointe d'ail; faites cuire sur le gril; servez avec une sauce aux câpres avec des cornichons et des anchois.

Tanches frites. — *Entremets.* Après les avoir habillées comme il est prescrit ci-dessus, faites-les mariner avec sel, poivre, vinaigre, un morceau de beurre manié de farine, persil, ciboules hachés, sel et poivre; faites tiédir la marinade, et mettez-y les tanches; laissez-les prendre goût pendant une couple d'heures; retirez-les, et, après les avoir essuyées, farinez-les pour les faire frire.

On fait aussi cuire les tanches dans un court bouillon au vin bien assaisonné. On les sert avec une sauce aux câpres.

TAPIOCA. Substance féculente qu'on extrait de la racine de manioc en la râpant. La pulpe râpée est mise dans un sac auquel on suspend un fort poids; le jus s'écoule; ce qui reste dans le sac est un mélange de beaucoup de fécule avec un peu de parenchyme: ce mélange séché sert à la nourriture des nègres dans nos colonies. Le suc qui s'écoule entraîne la partie la plus fine de la fécule qui se dépose et qu'on sépare par décantation; cette fécule séchée et brisée en morceaux est le tapioca: le suc qui entraîne cette fécule est un poison violent; mais sa propriété vénéneuse réside dans un principe très-volatil; car lorsque le suc a bouilli, on s'en sert comme de sauce dans quelques préparations alimentaires.

Le tapioca a les mêmes propriétés que le sagou et le salep; c'est un aliment léger et rafraîchissant: pour sa préparation, *voyez* Potages.

TARTE. Pâtisserie contenant des crêmes, des confitures, etc. Les petites tartes se nomment tartelettes. (*Voyez* Pâtisserie.)

TARTRIQUE, *acide.* L'acide tartrique dissous dans l'eau peut remplacer le jus de citron: on en fait des limonades qu'on aromatise avec un peu d'écorce de citron : les cafetiers font un grand usage d'acide tartrique.

TENDONS. (*Voyez* Veau.)

TÊTE DE VEAU. (*Voyez* Veau.)

TERRA MERITA, ou *Curcuma*. C'est une racine de l'Inde qui donne une teinture jaune : on en fait usage, dans le Nord, pour colorer les ragoûts et leur communiquer une saveur particulière. Le curcuma fait partie de la poudre nommée kari, dont on fait un grand usage dans l'Inde, et qui entre en Europe dans quelques préparations alimentaires.

Le kari est composé de quatre onces de piment enragé (espèce de petit piment moins gros qu'une olive, qui croît sous les tropiques : il est d'une âcreté extrême ; on peut le remplacer par le piment ordinaire ou poivre long séché), trois onces de curcuma, une demi-once de poivre, une demi-once de girofle, et un gros de muscade ; le tout en poudre fine. Les Anglais y ajoutent de la rhubarbe.

On trouve la poudre de kari toute préparée chez les marchands de comestibles.

On emploie surtout cette poudre pour assaisonner des viandes cuites avec du riz.

Cet assaisonnement est utile dans les climats chauds, où l'estomac débilité a besoin d'être excité par les stimulans les plus énergiques.

TÉTRAGONE. Plante grasse qu'on apprête comme les épinards.

THÉ. Le thé est une des infusions le plus en usage en Europe : cette boisson est surtout généralement adoptée dans les pays humides dont l'atmosphère est souvent couverte de brouillards ; telles sont l'Angleterre, la Hollande, etc.

Les effets du thé sont de favoriser la transpiration, de délayer abondamment et d'exciter l'action de l'estomac, en raison de l'aromate et du principe astringent que cette boisson contient : son usage est en conséquence avantageux aux habitans des pays humides qui ont le système lymphatique gorgé de liquides, les digestions difficiles et la transpiration cutanée peu abondante et sujette à se supprimer.

Il est des personnes qui, dès qu'elles prennent du thé, sont saisies d'un tremblement général, ce qui dépend d'une action particulière de cette boisson sur le système nerveux : on modère cette action par le mélange du lait avec le thé. Chez beaucoup d'autres personnes, le thé agit à la manière des anti-spasmodiques.

Il y a un grand nombre d'espèces de thé qu'on peut diviser en deux classes, les thés verts et les thés noirs ; les premiers ont une action très-prononcée sur le système nerveux, qu'ils irritent fortement ; les thés noirs sont plus doux, et il est peu de personnes qui, en en faisant usage, éprouvent les agitations nerveuses qui suivent souvent l'usage du thé vert.

Le thé se fait par infusion : on en met la dose convenable dans la théière, et on verse par-dessus une demi-tasse d'eau bouillante : on attend que les feuilles soient développées, et alors on achève de remplir la théière. Quelques personnes jettent l'eau qui a servi au développement des feuilles.

Comme les substances grasses amortissent l'action du thé, c'est un très-bon usage de le prendre avec des rôties de pain beurrées.

THYM. Plante aromatique qu'on emploie comme assaisonnement. On doit en mettre très-peu, parce que son arome serait désagréable s'il dominait : il y a une espèce de thym qui a l'odeur du citron. Il y aurait de l'avantage à le substituer à l'espèce commune.

THON. Poisson de mer qui abonde dans la Méditerranée. Sa chair est assez analogue à celle du veau, mais grasse, compacte et d'une digestion assez difficile. On nous l'apporte cuit et confit dans l'huile d'olive. On le sert baigné dans l'huile avec des fines herbes.

TIMBALLE. Espèce de pâté chaud qui se fait dans un moule ou dans une casserole. (*Voyez* Pâtisserie.)

TIMBRE. (*Voyez* Conservation par la glace.)

TOMATE. Fruit d'une espèce de solanée dont on emploie le suc cuit comme assaisonnement.

On en fait une sauce particulière, connue sous le nom de sauce tomate, et une marmelade qui se conserve et remplace les tomates fraîches. (*Voyez* Élémens de sauces et Sauces.)

TOPINAMBOUR. Plante du genre *soleil*, dont les racines sont tuberculeuses et comestibles. Ces tubercules ont à peu près la saveur du cul d'artichaut ; on les emploie en garniture dans les ragoûts ; ils sont aussi très-bons frits.

TOURONS. (*Voyez* Pâtisserie.)

TOURTE. Pâtisserie de pâte feuilletée, dans laquelle on sert divers ragoûts. (*Voyez* Pâtisserie.)

TOURTERELLES. On les prépare comme les pigeons. (*Voyez* Pigeons.)

TOURTIÈRE. Plateau de cuivre à rebords peu élevés dont on se sert pour faire cuire des tourtes et autres pâtisseries. (*Voyez* fig. 8 pl. III.)

A A. Tourtière portée sur trois pieds.
B B. Four de campagne dont on recouvre la tourtière.
C C. Dôme du four.
D D. Rebord qui retient les charbons dont on recouvre le bord
E E. Poignée servant à enlever le four.

TRUFFE. Substance fongueuse qui croît en terre dans certains terrains, et seulement dans quelques contrées ; les meilleures viennent du Périgord. On ne sait si on doit les classer dans le règne animal ou dans le règne végétal; ce qu'il y a de certain, c'est que, comme les champignons, les truffes contiennent plusieurs substances qui sont particulières aux animaux : on leur attribue une vertu aphrodisiaque.

Truffes à la cendre. — *Entremets* ainsi que les articles suivans. Brossez les truffes dans l'eau pour en enlever la terre qu'elles retiennent toujours; essuyez-les, mettez-les sur une feuille de papier en double, bien enveloppées de bardes de lard, assaisonnées de sel et poivre; repliez le papier et couvrez le tout d'une troisième feuille de papier mouillée; faites cuire dans la cendre chaude avec un feu modéré par-dessus; étant cuites, tirez-les pour les essuyer. Servez sous une serviette pliée.

On peut aussi les faire cuire à sec dans du papier.

Ragoût de truffes. (*Voyez* Ragoût.)

Truffes au vin. Pelez de grosses truffes; foncez une casserole de veau et de jambon; mettez les truffes dessus avec un bouquet, quelques champignons entiers et du lard fondu, sel et poivre, couvrez de bardes de lard; mouillez avec de bon vin blanc un peu sucré; faites cuire à petit feu : quand elles sont cuites, retirez-les, passez la cuisson après l'avoir dégraissée, faites réduire et servez sous les truffes.

Truffes à la vapeur. Mettez dans une casserole deux verres de vin blanc, un petit verre d'eau-de-vie et un clayon, comme il est prescrit pour la cuisson des pommes de terre.

Mettez les truffes sur le clayon; couvrez la casserole avec un couvercle; faites bouillir; aussitôt que vous voyez les vapeurs sortir de la casserole, posez sur ce dernier un torchon mouillé. Les vapeurs se condenseront et retomberont bouillantes sur les truffes; lorsqu'elles sont cuites, retirez-les; laissez-les un instant ressuyer à l'air et servez sur une serviette.

La cuisson peut se conserver pour servir de mouillement à quelque ragoût.

Si vous voulez que les truffes conservent leur saveur naturelle sans mélange, enveloppez-les une à une dans du papier beurré, et faites cuire à la vapeur d'eau.

Émincée de truffes. Coupez des truffes en tranches minces; passez-les au beurre; ajoutez des échalottes et du persil hachés, sel et gros poivre; mouillez avec un verre de bon vin blanc et deux cuillerées de jus ou de bouillon réduit à moitié; au moment de servir, mettez une cuillerée d'huile ou un morceau de beurre.

TRUITES. Il y a plusieurs espèces de truites, qui diffèrent par leur grandeur et la couleur de leur chair, blanche dans les unes et rosée dans les autres, comme celle du saumon : les meilleures sont celles qui ont la chair rose, et qu'on nomme à cause de cela truitess aumonnées; parmi celles-ci on préfère celles qui vivent dans des ruisseaux rapides où elles sont toujours en mouvement. On en trouve de très-grandes dans les lacs et dans les rivières torrentueuses qui sont presque à sec pendant l'été, excepté dans des bas-fonds où les truites se conservent jusqu'au retour de la saison pluvieuse. Ces grandes truites sont moins délicates que celles des ruisseaux rapides.

La chair de la truite est excellente, légère et facilement digestible.

On la fait cuire au court bouillon avec du vin sans eau, des ognons en tranches, une poignée de persil, quelques clous de girofle, trois feuilles de laurier, un peu de thym et du sel : le court bouillon doit être cuit d'avance. On la sert sur un lit de persil, en mettant à côté un huilier et des citrons coupés en deux, ou avec une sauce faite avec une partie du court bouillon qu'on lie avec un bon morceau de beurre manié de farine; on fait réduire à grand feu.

On peut aussi la servir avec une sauce aux câpres et

aux anchois, et la préparer de toutes les manières indiquées pour le saumon.

TURBOT. On prépare le turbot des mêmes manières que la barbue. On le sert aussi en filets à la Béchamelle, et froid, en filets à la mayonnaise. (*Voyez* Barbue.)

VANILLE. Siliques brunes, plates, longues de cinq à six pouces, remplies à l'intérieur d'une pulpe contenant une multitude de graines noires, luisantes et d'une finesse extrême : l'arome de la vanille est extrêmement suave et plaît généralement. On s'en sert pour aromatiser le chocolat, des crêmes, des liqueurs, etc. On lui attribue une vertu aphrodisiaque.

VANNEAU. Oiseau de la grosseur du pluvier. On ne le vide pas et on le prépare comme les bécasses.

Les œufs de vanneaux sont très-délicats.

VEAU. La chair du veau n'est saine et vraiment alimentaire que lorsque l'animal a au moins deux mois et demi ; avant cette époque, la chair du veau est visqueuse, et elle occasione à la plupart de ceux qui en mangent, des dérangements d'estomac : dans cet état, elle ne doit être mangée que rôtie et bien assaisonnée.

Pieds de veau au naturel. — *Entrée*. Après les avoir blanchis et épluchés, faites-les cuire dans la marmite : servez-les à l'huile et au vinaigre, ou avec une sauce composée de vinaigre, bouillon, sel et gros poivre, et fines herbes hachées très-fin.

Pieds de veau à la poulette. — *Entrée*. On les prépare comme les pieds de mouton. (*Voyez* Mouton.)

Pieds de veau frits. — *Entremets*. Faites cuire dans la marmite ; ensuite désossez-les et coupez-les en morceaux que vous faites mariner avec vinaigre, sel et poivre, un morceau de beurre manié de farine, ail, échalottes, persil, ciboules, thym, basilic et une feuille de laurier; cette marinade doit être cuite auparavant : après les avoir fait mariner, retirez les pieds; farinez-les ou trempez-les dans une pâte légère, et faites frire ; servez avec du persil frit.

Tête de veau au naturel.—*Entrée.* Prenez une tête de veau dégorgée et échaudée ; plongez-la dans l'eau bouillante et laissez-la blanchir pendant une demi-heure au moins ; retirez-la pour la faire rafraîchir dans l'eau froide ; enlevez la mâchoire supérieure jusqu'à l'œil ; désossez aussi le sommet de la tête ; rapprochez les chairs de manière que la tête conserve sa forme ; enveloppez-la avec un linge blanc que vous contiendrez avec de la ficelle : avant d'envelopper la tête, on la frotte partout de jus de citron pour la blanchir.

Pour la faire cuire, délayez dans l'eau une bonne poignée de farine ou de fécule de pommes de terre ; ajoutez-y un bon morceau de beurre ou du lard râpé, des ognons, des panais, un gros bouquet garni, sel et gros poivre, et le reste des citrons qui ont servi à frotter la tête ; mettez la tête dans cette eau lorsqu'elle est bouillante ; enlevez l'écume : quand la tête est cuite, servez avec une sauce à part, comme une sauce à la poivrade, à la ravigotte, ou toute autre sauce piquante.

Tête de veau en tortue. — *Entrée.* Prenez ce qui reste d'une tête de veau cuite la veille ; passez au beurre des champignons, des crêtes et rognons de coq, des ris de veau, etc. ; ajoutez un peu de farine ; mouillez avec du jus, ou avec du bouillon réduit et du vin blanc; assaisonnez de sel, poivre ou piment. Sur la fin, ajoutez des quenelles (*voyez* Ragoûts et Garnitures), des cornichons, des jaunes d'œuf durs entiers et les blancs coupés par morceaux : lorsque la sauce est suffisamment réduite et bien liée, versez sur les morceaux de tête coupés de forme régulière ; tenez le plat chaudement sans faire bouillir.

Tête de veau frite. — *Entremets.* Faites mariner des morceaux de tête de veau cuite; trempez-les dans une pâte et faites-les frire. La friture doit être modérément chaude.

On frit également la cervelle et les yeux après en avoir enlevé la partie noire.

La langue peut se préparer à la Sainte-Ménéhould ou de toute autre manière.

Tête de veau à la Sainte-Ménéhould. — *Entrée.* Prenez des morceaux de tête de veau cuite; faites une sauce avec un morceau de beurre, une demi-cuillerée de farine, sel, gros poivre, trois jaunes d'œuf et du jus de citron, ou du vinaigre; délayez le tout ensemble et ajoutez un peu de bouillon; faites lier la sauce; il est nécessaire qu'elle soit épaisse.

Couvrez-en les morceaux de tête; panez-les avec de la mie de pain; dorez les morceaux avec du beurre et panez-les une seconde fois; mettez-les au four ou sous le four de campagne, jusqu'à ce qu'ils aient pris une belle couleur.

Servez avec une sauce piquante.

Cervelle de veau. (*Voyez* Cervelle.)

Oreilles de veau à la Sainte-Ménéhould. — *Entrée.* Dégorgez et épluchez des oreilles de veau bien échaudées auparavant; foncez une casserole de bardes de lard; mettez les oreilles par-dessus et recouvrez-les de bardes; mouillez avec vin blanc et bouillon; ajoutez des tranches de citron sans peau ni pépins, ou des groseilles à maquereaux, ou du verjus à demi-écrasé, quelques racines, un bouquet garni, sel et poivre; faites cuire à petit feu; quand elles sont cuites et égouttées, saucez-les dans du beurre tiède et panez-les; dorez-les avec de l'œuf entier battu, et panez une seconde fois; faites prendre couleur sous un couvercle de tourtière; servez avec une sauce piquante.

Oreilles de veau à l'italienne. Prenez des oreilles de veau cuites comme pour la Sainte-Ménéhould ; faites une farce avec de la mie de pain, du lait et du fromage de Parme ou de Gruyère râpé ; faites réduire sur le feu jusqu'à ce que le mélange soit devenu épais ; ajoutez ensuite un peu de beurre et quatre jaunes d'œuf ; mêlez bien le tout ensemble ; remplissez-en les oreilles ; trempez-les ensuite dans du beurre tiède ; panez-les avec de la mie de pain mélangée de fromage râpé ; faites prendre couleur sous le four de campagne.

Langue de veau. On la prépare de toutes les manières indiquées pour les langues de bœuf et de cochon. (*Voyez* Cochon, Langue.)

Fraise de veau au naturel.—Entrée. Faites-la blanchir dans l'eau bouillante pendant un quart d'heure ; retirez-la à l'eau froide et laissez égoutter ; faites-la cuire avec des bardes de lard, du vin blanc, du bouillon, un ognon piqué de clous de girofle, sel et gros poivre ; faites cuire à petit feu ; quand elle est cuite, faites réduire la cuisson, et ajoutez-y des cornichons et un filet de vinaigre ; servez cette sauce dans une saucière.

Fraise de veau au kari. — *Entrée.* Faites cuire comme ci-dessus ; faites réduire la cuisson, et ajoutez-y un peu de safran coupé et une bonne pincée de poudre de kari. (Voyez *Terra merita.*)

Fraise de veau frite.—Entrée. Faites cuire comme ci-dessus ; coupez la fraise en morceaux et laissez-les tremper pendant une heure dans une marinade tiède (*voyez* Pieds de veau frits) ; roulez les morceaux en les trempant dans la marinade ; laissez refroidir ; faites-les frire ensuite après les avoir trempés dans une pâte légère.

Ris de veau en fricandeau.—Entrée. Faites-les dégorger et blanchir ; ôtez le cornet ; piquez-les de lard fin assaisonné ; faites-les cuire dans une bonne braise (*voyez*

Oreilles de veau à la Sainte-Ménéhould), trois quarts d'heure suffisent; retirez les ris quand ils sont cuits; passez la cuisson; faites-la réduire, et quand il n'y en a presque plus, passez-y les ris pour les glacer du côté du lard; mettez auparavant dans la cuisson un peu de caramel ou de sucre en poudre; servez sur une purée d'oseille, de chicorée ou d'épinards. Vous mettrez un peu de bouillon dans la casserole pour détacher la glace, et vous vous en servirez pour préparer la purée d'oseille.

On peut aussi les servir avec une sauce tomate un peu épaisse.

Ris de veau en caisse.—Entremets. Coupez en tranches des ris de veau cuits à la braise; saucez-les dans une marinade composée d'huile, jus de citron, verjus ou vinaigre, fines herbes hachées, sel et poivre; faites une caisse de fort papier; huilez le fond; placez dedans les ris de veau; dorez-en le dessus avec du beurre, et panez avec de la mie de pain; répétez une seconde fois cette opération; mettez la caisse sur un gril à petit feu; couvrez avec le four de campagne pour faire prendre couleur, ou servez-vous pour cela d'une pelle rouge.

On peut traiter de même des ris de veau seulement blanchis; mais il faut les tenir plus long-temps sur le feu, et que celui-ci soit un peu plus vif. Il faut aussi mettre sous la caisse une feuille de papier bien beurrée. On sert dans la caisse.

Ragoût de ris de veau. (*Voyez* Ragoût.)

Foie de veau à la broche.—Entrée. Piquez-le de gros lard assaisonné et enveloppez-le d'une crépine que vous contiendrez avec une ficelle; faites rôtir à petit feu pendant deux heures.

Servez avec une sauce piquante.

Foie de veau braisé. — Entrée. Piquez-le de gros lard assaisonné; foncez une braisière de bardes de lard; mettez-y le foie avec des carottes, un bouquet garni, des ognons dont un piqué, sel et gros poivre; couvrez avec des bardes de lard; mouillez avec du bouillon et deux verres de vin blanc ou rouge, ajoutez des tranches de citron, sans blanc ni pepins, ou du verjus, ou du vinaigre; faites cuire à petit feu; lorsque le foie est cuit, faites réduire la cuisson après l'avoir dégraissée, et servez-vous-en pour mouiller un roux que vous ferez à part; au moment de servir, ajoutez des cornichons coupés.

Gâteau de foie de veau. (*Voyez* Charcuterie, art. Fromage d'Italie.)

Rôtie de rognon de veau. (*Voyez* Rôties.)

Côtelettes de veau en papillote.—*Entrée.* Faites-les mariner dans l'huile avec des fines herbes hachées, sel, poivre, une pointe d'ail, jus de citron, de verjus ou vinaigre; faites la marinade un peu longue; mettez chaque côtelette dans une feuille de papier huilé; saupoudrez-la de mie de pain et versez dessus le reste de la marinade; couvrez avec une barde de lard; repliez la feuille de papier sur la côtelette; retranchez ce qui est inutile dans les angles, et formez la papillote en plissant et reployant les deux bords du papier, de manière que l'huile ne puisse pas sortir; serrez le plus que vous pouvez la côtelette dans la papillote, et terminez les plis du côté de l'os où vous les attacherez avec du gros fil; faites griller à petit feu pour que le papier ne brûle pas; servez dans les papillotes.

Côtelettes de veau à la lyonnaise.—*Entrée.* Lardez les côtelettes avec du lard, des anchois et des cornichons; faites-les mariner à l'huile avec sel, gros poivre, persil, ciboules, échalottes hachées finement; enveloppez-les de bardes de lard, et faites-les cuire dans la marinade à petit feu.

Mettez dans une casserole un peu de beurre manié de

farine, persil, ciboules, échalottes hachées; tournez pendant quelques instans; mouillez avec la cuisson des côtelettes; dégraissez; faites lier; ajoutez un jus de citron et servez sous les côtelettes.

Poitrine de veau au blanc. Coupez par morceaux une poitrine blanchie; passez-la au beurre avec un bouquet garni, des champignons, des morilles, une pincée de farine, sel et gros poivre; mouillez avec du bouillon; quand la poitrine est cuite, mettez-y une liaison de jaunes d'œuf délayés avec de la crême.

Tendons de veau aux pois. Coupez par morceaux; faites blanchir, et ensuite revenir au beurre; ajoutez de la farine en suffisante quantité; mouillez avec du bouillon; assaisonnez avec poivre et un bouquet garni; pas de sel à cause du bouillon, qui est salé; lorsque la poitrine est à moitié cuite, ajoutez les pois et un morceau de sucre. Au moment de servir, mettez une liaison de jaunes d'œuf.

Tendons de veau frits. — *Entremets*. Faites mariner des tendons blanchis, avec huile, jus de citron ou verjus, fines herbes hachées, sel et gros poivre; marinez et égouttez; passez-les au beurre dans une casserole; ajoutez une bonne cuillerée de farine, mêlez-la bien et mouillez avec suffisante quantité de bouillon; ajoutez sel, gros poivre, champignons hachés et un bouquet garni; lorsque tout est cuit et que la sauce est courte, ôtez les tendons, retirez la casserole du feu, et mettez une liaison de jaunes d'œuf; versez la sauce dans un vase pour la faire refroidir.

Trempez les tendons dans la sauce froide; panez-les; dorez-les avec de l'œuf battu et panez une seconde fois, faites frire dans une friture qui ne soit pas trop chaude en commençant.

Tendons de veau au kari. — *Entrée*. Préparez les

tendons comme ci-dessus ; mettez plus de beurre et ajoutez autant de lard coupé en tranches minces et ensuite en carrés ou en losanges ; assaisonnez avec suffisante quantité de poudre de kari (voyez *Terra merita*) ; sur la fin, mettez dans le ragoût des culs d'artichaut et des petits ognons ; passez au beurre ; ne dégraissez pas et faites en sorte que la sauce soit bien liée, quoique longue.

On sert à côté du kari un pain de riz que vous préparez de la manière suivante : faites crever avec du bouillon, ou avec de l'eau et du beurre, autant de riz qu'il vous en faut, à raison d'un quarteron pour quatre assiettes ; ne mettez que la quantité de bouillon nécessaire pour que le riz soit crevé : il ne doit pas l'être trop ; faites égoutter le riz ; beurrez une casserole que le riz puisse emplir ; tenez-la sur un feu doux pendant quelque temps pour que le riz se dessèche ; couvrez ensuite avec le four de campagne ; lorsque le pain paraît bien formé, renversez la casserole sur une assiette.

On peut colorer le riz en mettant un peu de safran coupé menu dans le bouillon.

Veau en fricandeau. —*Entrée.* Prenez une tranche de rouelle épaisse de deux doigts ; après l'avoir parée, piquez-la en dessus régulièrement avec du petit lard ; mettez le veau dans une casserole, le lard en dessus, avec un bouquet garni, un peu de beurre, sel et poivre ; mouillez avec du bouillon ; faites cuire à petit feu ; sur la fin, faites bouillir plus fort pour réduire le mouillement : lorsque le veau est cuit, passez-le avec un peu de beurre dans une autre casserole, le lard en dessous, pour lui faire prendre couleur ; ajoutez un peu de sucre en poudre au beurre, ou un peu de caramel.

Dégraissez la cuisson et employez-la à la préparation d'un plat d'oseille, de chicorée, ou d'épinards, que vous servirez sous le fricandeau. On le sert aussi avec une sauce tomate.

Veau rôti. —*Rôt.* Piquez-le de lard et faites-le rôtir long-temps à feu doux; il doit être bien cuit sans être desséché: pour éviter la déperdition de ses sucs, lorsqu'il est embroché, on applique légèrement sur toutes les parties de la surface une pelle rouge, ce qui crispe la chair et retient les sucs en dedans.

On obtiendrait le même effet plus complètement en passant au beurre, dans une poêle, la pièce à rôtir avant de l'embrocher.

On rend le rôti de veau beaucoup plus agréable en l'arrosant avec une marinade composée d'huile, jus de citron, ou vinaigre, deux anchois, sel et poivre: lorsqu'il est cuit, on le sert avec ce qui reste de la marinade dans la lèchefrite après avoir dégraissé.

Blanquette de veau. —*Entrée.* Passez avec un bon morceau de beurre, du persil et de la ciboule hachés; mettez-y un peu de farine; mouillez avec du bouillon; ajoutez des champignons, sel, poivre et muscade; lorsque les champignons sont cuits, mettez le veau émincé dans la sauce et tenez-la sur le coin du fourneau: au moment de servir, ajoutez une liaison de jaunes d'œuf et un jus de citron.

Quasi de veau glacé. —*Entrée.* Piquez-le de petit lard d'un côté et faites-le cuire comme le fricandeau; faites réduire la cuisson après l'avoir dégraissée; mettez-y le quasi, le lard en dessous pour prendre glace; retirez-le ensuite; versez dans la casserole un peu de jus pour détacher la glace qui y reste; à défaut de jus, du bouillon et un demi-verre de vin blanc; ajoutez un anchois haché, des câpres et des cornichons, et versez sous le quasi. La noix se prépare de même.

Veau à la gelée. — *Entremets.* Prenez un morceau de veau coupé bien carrément; piquez-le de lard, jambon et truffes, si vous en avez; mettez-le dans une braisière, après l'avoir auparavant passé au beurre, enveloppé de bardes de lard, avec des os de veau concassés, des parures de veau ou de volaille, un pied de veau fendu, deux carottes, deux ognons, un panais, un bouquet garni, sel et gros poivre; mouillez avec du bouillon et du vin blanc; faites bouillir, écumez et laissez achever la cuisson à petit feu. Lorsque le veau est cuit, retirez-le pour le faire refroidir; donnez-lui une bonne forme et contenez-le en le mettant en presse.

Passez la cuisson dégraissée; remettez-la dans une casserole et ajoutez-y deux œufs entiers que vous mêlerez bien; remettez la casserole sur le feu; faites bouillir, émincez, et ensuite étouffez le feu, et laissez continuer l'ébullition tout doucement; passez encore la gelée et laissez-la refroidir; quand elle est prise, parez-en la pièce de veau.

Rissoles de veau. (*Voyez* Rissoles.)

Rouelle de veau dans son jus.—*Entrée.* Prenez un morceau de rouelle de veau bien coupé et un peu épais; lardez-le de gros lard bien assaisonné; passez-le au beurre pour lui faire prendre couleur; laissez-le ensuite cuire dans son jus à très-petit feu; servez avec le jus qui est dans la casserole, après l'avoir dégraissé.

Épaule de veau à la bourgeoise.—*Entrée.* Mettez une épaule de veau dans une terrine avec une cuillerée à pot de bouillon et autant de vin blanc, sel, gros poivre, un bouquet garni et quelques racines coupées en tranches; lutez le couvercle avec de la pâte et faites cuire au four pendant trois heures, ou sur un feu très-doux; dégraissez la sauce et faites-la réduire.

On doit passer le veau avec un roux léger avant d'ajouter le mouillement.

L'épaule se sert aussi rôtie à la broche.

Poitrine de veau à l'allemande.—*Entrée.* Faites-la

cuire avec moitié bouillon et moitié vin blanc, un bouquet garni, sel et poivre; quand elle est cuite, dressez-la sur un plat et renversez la peau sur les côtés pour laisser les tendons à découvert; dégraissez la cuisson; liez-la avec du beurre manié de farine; ajoutez une pincée de persil blanchi et haché, et versez sur la poitrine.

Carré de veau à la bourgeoise.—*Entrée.* Piquez le carré avec du lard assaisonné, après en avoir enlevé les os qui sont au bas du filet; mettez-le dans une terrine ou braisière, avec bardes de lard dans le fond et quelques racines émincées; faites suer pendant une demi-heure sur un petit feu; ensuite vous le mouillerez avec un verre de bouillon et autant de vin blanc; faites cuire à petit feu; la cuisson faite et la sauce courte, dégraissez-la pour la servir sur le carré.

Si on veut le servir froid, on verse la sauce par-dessus sans dégraisser, et on laisse refroidir.

On fait aussi rôtir le carré après l'avoir fait mariner pendant trois ou quatre heures avec persil, ciboules, fenouil, champignons, basilic, échalottes, le tout haché très-fin, sel, gros poivre et un peu d'huile; ensuite on embroche le carré, on le couvre de sa marinade et on le fait rôtir enveloppé de deux feuilles de papier. Lorsqu'il est cuit, on enlève avec un couteau les fines herbes qui le recouvrent, on les met dans une casserole avec un peu de jus, ou du bouillon réduit, deux cuillerées de verjus, un peu de beurre manié de farine, sel et gros poivre.

Avant de lier cette sauce, on fait fondre un peu de beurre; on y ajoute un jaune d'œuf et on frotte le carré avec ce mélange; ensuite on pane avec de la mie de pain fine, et on fait prendre couleur.

Coquilles de ris et de cervelles de veau. Faites cuire les ris et les cervelles avec un peu de beurre et du jus de citron ou du verjus, et du bouillon; ajoutez des champignons, sel et gros poivre; retirez-les aussitôt qu'ils sont cuits; coupez-les en petits morceaux, ainsi que les champignons; mettez dans une casserole un peu de jus blond (*voyez* Élémens de sauce), et une cuillerée de gelée; faites bouillir et jetez-y les ris et les cervelles; avant de retirer la casserole du feu, ajoutez un peu de beurre et de jus de citron; remplissez les coquilles avec ce ragoût; laissez refroidir et panez avec de la mie de pain mêlée de fromage râpé : faites prendre couleur sous le four de campagne.

VERJUS. (*Voyez* Élémens de sauce.)

VERMICELLE. Pâte en filets gros comme des cordes à violon, dont on fait des potages. (*Voyez* Potages.)

VIN. Les effets des vins sur l'économie animale dépendent des proportions de leurs principes, et principalement de l'alcool, du sucre non décomposé, de la matière extractive colorante, et des acides qu'ils contiennent.

Les vins faibles d'alcool et chargés d'acides désaltèrent bien, mais stimulent faiblement l'estomac; bus en trop grande quantité, au milieu d'une alimentation abondante, ou reçus dans des estomacs faibles, ils donnent d'abord des rapports aigres, puis des coliques intestinales. Bus en quantité suffisante pour produire l'ivresse, ils occasionent l'assoupissement suivi d'indigestion qui se termine par des vomissemens aigres. Ils ne conviennent pas aux estomacs faibles, chargés de glaires, dont les digestions sont lentes; tels sont la plupart des vins des environs de Paris, et en général tous les vins des vignobles qu'on fume avec excès pour leur faire produire davantage.

Les vins qui contiennent beaucoup d'alcool, et qui ont subi une fermentation complète, désaltèrent moins, stimulent davantage et accélèrent la digestion. Ils échauffent promptement; leur ivresse est forte, mais elle ne cause pas aussi constamment des indigestions et des vomissemens. Ils conviennent, en quantité modérée, aux estomacs faibles et sur la fin des repas. Ils ne conviennent pas aux personnes irritables, dont la tête se trouble aisément, et dont la circulation s'accélère par la moindre excitation : tels sont les vins du Rhône, du Bas-Languedoc, du Roussillon, de Porto, et la plupart des vins d'Espagne.

Les vins les plus favorables à la digestion, et dont l'abus a le moins d'inconvéniens, sont ceux qui, légèrement acidules, contiennent des quantités modérées d'alcool, peu de mucilage sucré, et ne sont pas très-chargés de matière extractive colorante; ainsi, les vins de Bordeaux, vieillis et dépouillés par le temps d'une partie de leur substance colorante et extractive, les vins de Bourgogne, les vins de la Champagne, plus acidules cependant et plus légers que les vins de Bourgogne, sont les vins qui conviennent à un plus grand nombre d'estomacs.

Les vins qui tardent le plus long-temps à se faire, et qui, dans leur état de perfection, conservent toujours un peu d'âpreté, comme les vins de Bordeaux rouges, sont toniques, peu stimulans, et n'enivrent qu'à une grande dose. Ils conviennent aux personnes dont l'estomac est faible et qui sont très-irritables. Dans une alimentation modérée, ils soutiennent les forces digestives; mais ils n'excitent pas assez et ne suffisent pas dans les excès de table, encore qu'ils n'aient pas les inconvéniens de l'ivresse, qui suit l'usage modéré des vins généreux, dans lesquels l'alcool est plus développé.

Les vins blancs, plus légers en général que les vins rouges quand ils ne contiennent pas une grande quantité de sucre indécomposé, ni une très-forte proportion d'alcool, tels que les vins blancs de Bourgogne et de

Champagne, étanchent bien la soif, s'écoulent facilement par les urines, et, pris en excès, ne causent qu'une ivresse prompte, mais peu durable, moins dangereuse et surtout moins longue que celle qui suit l'excès des vins rouges, et de ceux qui sont très-chargés, ou de matière sucrée, ou de tartre, ou de matière extractive colorante. Cette dernière substance paraît surtout ajouter à la propriété enivrante des vins dans lesquels elle domine. On sait qu'on peut extraire à volonté, des raisins noirs, du vin rouge ou du vin blanc. Ce dernier, qui fermente en vaisseaux clos, perdant beaucoup moins, est toujours plus alcoolique que le vin rouge ; cependant il enivre moins facilement ; d'où l'on peut conclure que la matière extractive colorante contient un principe qui, seul, ou combiné avec l'alcool, peut contribuer à l'ivresse. On a fait la même remarque sur la bière : la plus colorée est celle qui détermine l'ivresse la plus forte, et cependant elle contient toujours moins d'alcool que la bière blanche.

Les vins légers qu'on met en bouteilles avant la décomposition totale de la matière sucrée qu'ils contiennent, achevant ainsi leur fermentation alcoolique dans des vaisseaux fermés, s'imprègnent d'une grande quantité d'acide carbonique qui les rend mousseux. Ces vins stimulent vivement et promptement, désaltèrent bien, échauffent peu, et donnent lieu, même pris en petite quantité, à une ivresse instantanée qui se borne à égayer, étonner et étourdir, mais qui se termine promptement sans troubler la digestion et sans avoir de conséquences funestes.

Les vins qui, très-chargés de mucoso-sucré et très-alcooliques, contiennent en outre une partie aromatique amère, comme les vins de Malaga, sont, pris en petite quantité, des stimulans d'autant plus utiles qu'ils sont plus vieux et qu'il leur reste moins de mucoso-sucré. Ils sont utiles aux personnes dont l'estomac est faible et la digestion lente, ou dont les forces digestives ne sont pas proportionnées à la quantité d'aliments solides nécessaire à leur restauration.

Les vins sucrés aromatiques, non amers et peu alcooliques, comme les vins muscats, ceux de Hongrie, les vins grecs, etc., contenant encore beaucoup de parties fermentescibles, conviennent peu aux estomacs faibles, dont les digestions sont ordinairement lentes et imparfaites ; ils conviennent moins encore quand l'alimentation a excédé la mesure convenable.

Les vins généreux pris purs ou étendus d'eau sont bons pour ceux dont la digestion est lente, l'estomac chargé de glaires, et qui sont incommodés par l'abondance des boissons.

Les vins étendus d'eau, et rendus ainsi très-légers, sont meilleurs pour ceux qui prennent habituellement beaucoup de boisson, et dont la digestion n'a pas besoin d'être excitée. Les vins pris de cette manière sont plus utiles pendant le cours de l'alimentation. Les vins purs valent mieux comme stimulans et excitans, soit avant, soit à la fin des repas.

L'usage de plusieurs vins dans les repas est souvent nuisible, surtout lorsqu'on fait succéder des vins sucrés doux à des vins acidules, des vins qui ont beaucoup de corps à des vins légers, spécialement après une alimentation abondante.

Les vins vieux, généreux et secs, c'est-à-dire qui ont peu de mucoso-sucré et de matière colorante extractive, et les vins légers mousseux, n'ont pas les mêmes inconvéniens, parce qu'ils ne font qu'ajouter à l'excitation qui accélère la digestion.

SOINS A DONNER AUX VINS.

§ 1. — *Placement des tonneaux*. Les tonneaux doivent être rangés sur des chantiers élevés d'un pied au-dessus du sol et posés sur des dés en pierre. Le bois de chantier doit être sain ; s'il était atteint de pourriture, il la communiquerait promptement aux tonneaux et surtout aux cercles.

Il faut assujettir chaque tonneau avec des cales ; sans cette précaution, lorsqu'on retire l'un d'eux, les autres sont exposés à éprouver quelque mouvement, ce qui occasione l'ascension d'une partie de la lie ; accident qu'on doit prévenir autant qu'il est possible.

Les tonneaux doivent être éloignés du mur d'un pied au moins, pour qu'on puisse toujours visiter leur fond postérieur.

§ 2. — *De la visite des tonneaux*. Avant de descendre du vin à la cave, il faut examiner avec soin les tonneaux et faire remplacer de suite les cercles défectueux. Les tonneaux descendus et placés sur les chantiers, on doit les visiter avec soin pendant les premiers jours et ensuite de temps en temps : si les tonneaux sont remplis de vin de l'année, il faut les percer près de la bonde et fermer le trou avec un fausset qu'on lève de temps en temps, pour s'assurer si le vin n'est pas encore dans un état de fermentation. On s'en aperçoit lorsqu'en levant le fausset, l'air sort avec sifflement ; dans ce cas, il faut lever le fausset tous les jours et ensuite à des intervalles plus éloignés, lorsque l'air commence à sortir avec moins de violence.

Si le vin s'échappe par quelque endroit, on cherche à reconnaître la source du mal ; si c'est un trou de ver, on le reconnaît facilement dans la partie découverte du tonneau. Si le trou se trouve sous les cercles, on peut le découvrir en les écartant ou en fesant sauter l'un d'eux.

Si le vin s'échappe par un nœud ou par un éclat de douve, on enfonce dans la fente, avec la lame d'un couteau, du papier trempé dans du suif, et on pose dessus un mélange de suif et de mastic de vitrier. Pour plus de sûreté, on cloue par-dessus une petite lame de plomb.

Si la fuite du vin a lieu entre les douves par suite de la rupture de plusieurs cercles, on enveloppe le tonneau avec une corde, et on garrotte fortement. Garrotter, c'est passer un bâton sous la corde et faire passer les deux bouts par-dessus en tordant. On garrotte ainsi dans une ou plusieurs parties, selon l'éminence du danger. Par là on se donne le temps de préparer tout ce qui est nécessaire pour transvaser le vin.

On doit goûter le vin de temps en temps pour connaître comment il se comporte.

Lorsqu'on veut conserver pendant plusieurs années du vin en tonneau, ce qui est nécessaire pour rendre potables certains vins très-spiritueux et très-chargés en couleur, c'est une très-bonne pratique de faire enduire les tonneaux de manière à les rendre inaccessibles à l'action de l'humidité qui règne toujours plus ou moins dans les caves. On peut employer pour cela une peinture grossière, des ocres, par exemple; mais la substance qui convient le mieux dans ce cas est le mastic dont voici la composition.

Faites broyer des tuileaux; passez le résultat du broyage au tamis de crin, et repassez au tamis de soie, ou à travers une toile métallique très-fine, ce qui a passé à travers le tamis de crin.

A treize livres de la poudre ainsi obtenue ajoutez une livre de litharge pulvérisée, et repassez le tout au tamis fin pour opérer un mélange intime.

Faites broyer ce mélange avec deux ou trois onces d'huile de lin par livre, et délayez ensuite avec suffisante quantité de la même huile, pour former une peinture applicable au pinceau.

On en donne deux ou trois couches aux tonneaux à quelques jours d'intervalle, en ayant soin que tout soit couvert.

On évite par là les frais de reliage et de remplissage, ainsi que le danger de perdre le vin par la rupture du cercle.

§ 3. — *De l'ouillage*. — *Ouiller*, c'est remplir. Plus les vins sont nouveaux, plus les douves sont minces, plus la cave est sèche et aérée, plus les tonneaux doivent être remplis souvent. Toute négligence sous ce rapport nuit. Les vins tendres et légers s'altèrent rapidement dans les tonneaux qui ne sont pas constamment tenus pleins : un autre motif de remplir fréquemment, c'est que la perte éprouvée par le tonneau croit en plus forte proportion que le temps ; ainsi, lorsque le tonneau a perdu deux bouteilles en un mois, il en faudra six pour le remplir à l'expiration du second mois.

Le vin avec lequel on remplit un tonneau doit, autant que possible, être d'une qualité analogue à celui qu'il contient : cela n'est cependant pas de rigueur pour les vins communs, qui peuvent gagner quelque chose quand on les remplit avec du vin meilleur; mais il faut le faire pour les vins fins qu'on ne veut pas dénaturer.

Dans tous les cas, il vaut mieux remplir avec un vin quelconque que de ne pas remplir du tout.

Ce qui vient d'être dit sur la nécessité de remplir est un motif de plus en faveur de la peinture des tonneaux qui contiennent des vins précieux : quand on n'en a qu'une ou deux pièces, on est souvent fort embarrassé pour les remplir d'une manière convenable.

§ 4. — *Collage*. L'effet du collage des vins est, non-seulement de les éclaircir, mais aussi de les dépouiller de matières en dissolution qui se précipiteraient plus tard. On prévient par là des dépôts dans les bouteilles. Si on conserve des vins en tonneaux depuis plusieurs années, on fait bien de les coller une fois l'an, au mois de mars ou en octobre. Il est de rigueur de choisir pour cette opération un jour où le vent souffle du nord à l'est. Quatre à cinq jours après le collage, on soutire le vin, on nettoie le tonneau, et on le remplit, soit du vin qui en a été tiré, soit du contenu d'un autre tonneau collé aussi.

Si on veut mettre en bouteilles du vin récemment arrivé, on le laisse reposer quelques jours, et on le colle ensuite avec du blanc d'œuf et de la colle de poisson.

Quatre blancs d'œuf bien frais, fouettés avec une demi-bouteille de vin, suffisent pour coller une pièce de deux cent cinquante à deux cent soixante-quinze bouteilles. On retire d'abord cinq à six litres de vin; on ôte la bonde; on verse la colle; on introduit dans le tonneau un bâton fendu en quatre par en bas, et on l'agite en tournant tantôt dans un sens et tantôt dans un autre, pour bien mélanger la colle. On continue ainsi pendant une ou deux minutes. On remplit ensuite le tonneau avec le vin qu'on avait tiré, et on en ajoute s'il est nécessaire. On frappe le tonneau pour en faire sortir les bulles d'air qui pourraient être restées dans la partie supérieure, et on remet la bonde. Au bout de quatre ou cinq jours, le vin est clair et on peut le tirer.

Si le vin a déjà séjourné pendant quelques mois dans la cave, comme il s'est formé au fond un dépôt de lie qu'il ne faut pas faire remonter, on n'enfonce le bâton fendu que jusqu'à moitié du tonneau.

Les vins blancs se collent avec la colle de poisson dissoute dans du vin, à raison d'un litre par pièce; cette colle se prépare de la manière suivante :

On bat, avec un marteau, un gros de belle colle de poisson; on la déchire en morceaux qu'on divise avec des ciseaux; on la met tremper pendant sept ou huit heures, avec ce qu'il faut de vin pour la baigner; quand elle s'est gonflée et qu'elle a absorbé le vin, on en ajoute autant qu'on en a mis la première fois : après vingt-quatre heures, la colle forme une gelée à laquelle on ajoute un demi-verre d'eau un peu chaude, et on la malaxe avec la main pour écraser ce qui n'est pas entièrement dissous. On passe la colle avec expression à travers un linge, et on la bat avec une poignée d'osiers, en versant peu à peu du vin blanc, jusqu'à ce que la totalité de la dissolution forme à peu près un litre de liquide. Avant de verser la colle dans le tonneau, on la bat de nouveau avec un litre de vin blanc; du reste, on procède comme pour le vin rouge.

Les poudres de M. Julien, qui demeure à Paris, boulevard Poissonnière, et qui a des dépôts dans la plupart des vignobles, remplacent avec avantage les blancs d'œuf et la colle de poisson.

§ 5. — *Tirage du vin en bouteilles*. — Il faut s'assurer avant tout si le vin est bien limpide; pour cela on en tire dans un verre qu'on interpose entre l'œil et la lumière. Si le vin n'est pas d'une limpidité parfaite, on attend deux ou trois jours, et si après ce temps il n'est pas bien clair, on le soutire et on le colle de nouveau.

Le tirage en bouteilles doit se faire, autant que possible, par un temps froid, et surtout lorsque le vent souffle du nord à l'est. Cette précaution influe plus qu'on ne le pense sur la conservation des vins. On doit éviter surtout de tirer le vin quand le temps est disposé à l'orage, et lorsqu'un vent chaud souffle du sud ou de l'ouest.

Les bouteilles doivent être rincées avec soin et flairées une à une : on doit rejeter celles qui ont un mauvais goût. Le gravier de rivière, bien lavé, ou la grenaille d'étain pur, sont les substances les plus convenables pour rincer les bouteilles.

Lorsqu'on met en bouteilles du vin qu'on se propose de garder long-temps, le choix des bouchons est d'une grande importance. Il faut les choisir d'un liége fin, moelleux, cédant sous le doigt. Ils coûtent plus cher que les autres; mais l'économie qu'on croirait faire sous ce rapport, en en achetant de plus communs, serait fort mal entendue.

Les bouchons qui ont déjà servi ne doivent être employés que pour des vins communs, destinés à être bus de suite.

On bouche les bouteilles à mesure qu'on les remplit : on règle l'ouverture de la cannelle en conséquence. Les bouchons doivent entrer de force, en frappant avec la batte, jusqu'à ce qu'ils ne débordent que d'une ou deux lignes.

Lorsqu'on veut conserver long-temps le vin en bouteilles, on enduit l'extrémité du bouchon et du goulot avec une cire préparée à cet effet. Cet enduit préserve les bouchons de la moisissure, qui les atteint à la longue, et les empêche d'être rongés par les insectes qui pullulent dans beaucoup de caves.

La cire ou le mastic dont on enduit les bouchons, se compose de la manière suivante :

On fait fondre deux ou trois livres de résine commune, avec un quarteron de cire jaune et deux onces de suif : on colore avec le minium, les ocres, le noir animal, etc. Si la cire paraît trop cassante, on augmente la dose de suif; dans le cas contraire, on ajoute de la résine.

§ 6. — *Des moyens de prévenir l'altération des vins ou d'y remédier.* — *Des vins qui tournent à la graisse.* — Lorsqu'en versant du vin il file comme de l'huile, on dit qu'il a tourné à la graisse. Cette maladie, qui attaque plus fréquemment les vins blancs que les vins rouges, se dissipe presque toujours avec le temps. Si cependant on ne veut pas attendre, il faut coller le vin et le bien agiter; si cela ne suffit pas, on le soutire, on le colle une seconde fois, et on ajoute à la colle un demi-litre d'esprit de vin.

On remédie à la graisse, en mettant dans le tonneau

une once de charbon en poudre, qu'on mêle bien au liquide, en agitant avec le bâton fendu.

Si le vin qui tourne à la graisse est en bouteilles, et qu'on ne veuille pas attendre son rétablissement naturel, on le dépote deux fois de suite à un mois d'intervalle. La lie bien fraîche, ajoutée aux vins gras dans la proportion d'un vingt-cinquième, les rétablit très-promptement. On ne doit employer ce moyen que pour des vins ordinaires, qui pourront s'améliorer, si la lie qu'on y mêle provient d'un vin généreux.

Des vins tournés à l'aigre.—Cette maladie provient presque toujours du peu de soin qu'on a mis à remplir les tonneaux, des transports effectués dans les temps chauds, ou de la mauvaise qualité des caves. Comme il est reconnu que les vins peu spiritueux y sont plus sujets que les autres, on pourrait en prévenir le développement sur les vins de cette nature, en y ajoutant cinq à six litres d'eau-de-vie par pièce.

Lorsqu'on s'aperçoit que le vin commence à contracter un goût d'aigre, il faut le soutirer dans un tonneau où on brûle un pouce de mèche soufrée; on le colle en même temps avec six blancs d'œufs par barrique. S'il n'a pas tout-à-fait perdu le goût qu'il avait contracté, on répète cette opération six jours après; on laisse reposer le vin; on le met en bouteilles, et on le boit de suite.

On peut encore rétablir les vins qui ont tourné à l'aigre, en jetant dans une barrique un quarteron de froment grillé comme du café, mais un peu moins noir: on soutire au bout de vingt-quatre heures, o colle et on met en bouteilles pour boire de suite.

Des vins qui deviennent amers.—Le moyen le plus simple de rétablir ces vins, c'est de les couper avec des vins plus jeunes, ou au moins avec des lies récentes.

Quand le vin qui a contracté de l'amertume est en bouteilles, il se rétablit souvent de lui-même avec le temps, pourvu que les bouteilles soient bien bouchées, qu'on ne les déplace pas, et que la cave soit bonne.

On peut encore corriger l'amertume des vins en les transvasant dans un tonneau fraîchement vide d'un bon vin, et dans lequel on a brûlé, à plusieurs reprises, un demi-litre d'esprit de vin. On ne doit verser une nouvelle portion d'esprit de vin dans le tonneau que lorsque la première est brûlée et qu'il n'y a plus de flamme ; sans cela, le filet d'esprit de vin s'allumerait en tombant, et la flamme se communiquerait jusqu'au vase qui contient le reste, ce qui occasionerait des accidents.

Des vins qui ont contracté le goût d'évent. — Les vins ne contractent ce goût que lorsque les tonneaux ont été mal bouchés. Si le goût est peu prononcé, on peut le faire disparaître en collant le vin, et le soutirant après quinze jours de repos.

Si le goût d'évent est très-fort, il faut mêler au vin 10 à 12 pour o/o de lies fraîches, rouler le tonneau une fois par jour pendant un mois, et soutirer ; on ajoute ensuite dans le tonneau quatre ou cinq bouteilles d'eau-de-vie.

Des vins qui ont contracté le goût de fût, de moisi, etc.—Lorsque le goût contracté est fort, il n'y a aucun moyen de le faire disparaître : on peut seulement essayer de le masquer. Pour cela, après avoir transvasé le vin, on fait rôtir une livre de froment dans une brûloire à café. On l'enferme tout chaud dans un sac long et étroit, qu'on descend dans le tonneau par sa bonde, et qu'on retient avec une ficelle. On ferme le tonneau, et vingt-quatre heures après on transvase encore le vin dans un tonneau où on a mis de la lie fraîche dans la proportion d'un huitième du vin défectueux.

Des moyens de prévenir la dégénérescence des vins.—Les vins les plus faibles se soutiennent ordinairement fort bien dans les bonnes caves, quand d'ailleurs ils y arrivent sains; il faut donc, pour prévenir leur dégénérèscence, employer les moyens indiqués pour l'amélioration des caves. (*Voyez* ce mot.) Il faut surtout les tenir très-propres, et en éloigner les substances fermentescibles. Si, par la nature de leur sol ou le voisinage des fosses d'aisance, les caves sont infectées de miasmes putrides, on fera bien d'y brûler de temps en temps une once ou deux de soufre : on le place sur un têt, on l'allume et on se retire.

Comme les vins spiritueux supportent assez bien beaucoup d'inconvéniens qui dénaturent promptement les vins faibles, comme le sont souvent les vins ordinaires, si on a une certaine provision de ceux-ci qu'on soit obligé de garder en tonneaux, il est bon d'y ajouter depuis trois jusqu'à sept à huit bouteilles d'eau-de-vie par barrique; en goûtant de suite les vins auxquels on a fait cette addition, on y reconnaît très-bien la saveur de l'eau-de-vie; mais après un mois ou deux de mélange, on ne la retrouve plus, et le vin est sensiblement amélioré.

Des vins trop foncés en couleur.—Ces vins sont ordinairement pâteux, lourds et fades, quoique souvent très-spiritueux. On les améliore en les coupant avec des vins blancs, qu'on y ajoute dans des proportions diverses, selon que les vins sont plus ou moins chargés en couleur.

De l'âpreté des vins.—Il y a des vins qui acquièrent en vieillissant une excellente qualité, mais qui sont si âpres, lorsqu'ils sont jeunes, qu'ils sont peu agréables à boire. Ce qu'on peut faire de mieux pour ces vins, c'est de les attendre ou d'accélérer leur maturité en les plaçant dans un cellier un peu chaud, pourvu qu'ils n'y soient pas frappés directement par le soleil.

Quant aux vins qui, étant âpres et verts, sont peu spiritueux, c'est en vain qu'on espèrerait les améliorer en les coupant avec les vins spiritueux et fades du midi : leur saveur perce toujours. Le seul moyen d'adoucir ces vins, c'est d'y ajouter de l'eau-de-vie, dont on proportionne la quantité à l'âpreté des vins. On peut, sans inconvénient, en mettre jusqu'à huit ou dix pintes par barrique de trente veltes : on peut même dépasser cette proportion, si l'on veut garder ces vins pendant longtemps.

VINAIGRE. Vin qui a subi la fermentation acétique. Le vinaigre est susceptible de plusieurs falsifications, qui ont toutes pour objet d'augmenter sa force : on y ajoute, dans ce but, ou de l'acide acétique concentré, qu'on obtient par la carbonisation du bois en vases clos, ou de l'acide sulfurique. Ces falsifications sont assez difficiles à reconnaître : le meilleur moyen de s'y soustraire, c'est de faire soi-même son vinaigre. Le procédé suivant est très-simple et surtout économique.

Prenez un baril de vingt-cinq à trente litres bien cerclé en fer; il n'est pas nécessaire qu'il ait un trou de bonde en dessus; s'il en a un, fermez-le hermétiquement; faites ouvrir sur un des fonds, à un pouce environ du jable, un trou de dix-huit lignes de diamètre : lorsque le tonneau est en place, ce trou doit se trouver en haut; faites placer sur le même fonds, à quatre pouces du jable inférieur, un petit robinet en étain; placez le baril à demeure dans un endroit habituellement chauffé, au moins dans les temps froids; assujétissez-le de manière qu'on ne puisse facilement l'ébranler.

Ces dispositions étant faites, faites bouillir quatre litres de bon vinaigre avec demi-livre de tartre; versez-le tout bouillant dans le baril : servez-vous pour cela d'un entonnoir dont la douille soit recourbée un peu moins qu'à angle droit : bouchez le trou et roulez le baril en tout sens, pour que son bois s'imprègne partout de vinaigre : vous ne l'assujettirez qu'après cette opération : versez immédiatement dans le tonneau quatre litres de vin. On emploie pour cela les baissières des tonneaux : à cet effet on les tire avec la lie et on les filtre au papier gris. Cette filtration est fort simple : on attache, par les quatre coins, entre deux tréteaux, deux chaises, ou de toute autre manière, un linge blanc ; on le couvre d'une feuille de papier à filtrer, et on verse le vin sur le papier : il passe clair et on le reçoit dans une terrine, pour le mettre ensuite dans des bouteilles de verre ou de grès, qu'on tient couchées jusqu'au moment du besoin.

Le premier vin qu'on ajoute au vinaigre est très-longtemps à s'acidifier complètement ; mais ensuite l'opération s'accélère de plus en plus jusqu'à ce qu'enfin huit jours suffisent pour convertir, de un litre à un litre et demi de vin, en vinaigre.

On accélère la première acidification, en jetant dans le tonneau environ un quarteron de rognures de vignes hâchées grossièrement ou pareille quantité de fleurs de sureau, ou de pétales de roses.

Quand la première acidification est opérée, on ajoute tous les huit jours, un litre ou un litre et demi de vin, et on continue ainsi jusqu'à ce que le baril soit à peu près à moitié plein ; alors, chaque fois qu'on doit ajouter du vin, on tire auparavant une quantité égale de vinaigre.

Le trou latéral doit toujours rester ouvert ; mais, pour empêcher que la poussière ou des insectes ne s'y introduisent, on place, au devant, une plaque d'étain percée de petits trous, laquelle étant attachée avec un seul clou, peut être détournée à droite ou à gauche, lorsqu'il est nécessaire que l'ouverture soit libre.

Le baril peut fonctionner pendant plusieurs années.

Si on veut du vinaigre très-fort, on ajoute de l'eau-de-vie au vin, dans la proportion d'un huitième : il n'y a en effet que l'eau-de-vie contenue dans le vin qui se convertit en vinaigre; si le vin n'en contient pas assez, on remédie à ce défaut en en ajoutant.

Les vins qu'on appelle *piqués*, c'est-à-dire qui commencent à tourner à l'aigre, se convertissent facilement en vinaigre, et en donnent de bon : on n'en obtient que de mauvais avec les vins qui tournent à l'amer.

Vinaigre aromatique. (*Voyez* Élémens de sauces.)

VIVE. Poisson de mer qui est à peu près de la taille et de la forme d'un maquereau : sa chair, quoique ferme, est aisément divisible, blanche, d'un bon goût, et d'une digestion facile.

Ce poisson est armé, sur le dos, de petits aiguillons dont la piqûre est suivie d'accidens assez graves; d'anciens règlemens de police ordonnent aux marchands de poisson de les couper : on ne s'y conforme pas plus qu'à beaucoup d'autres.

Vives grillées.—*Entrée*. Après les avoir vidées, lavées et essuyées, faites-les griller à un feu doux, couvrez le gril d'une feuille de fort papier beurré; servez-les avec une bonne sauce aux câpres.

Vives frites.—*Entremets*. Après les avoir habillées, on les farine et on les fait frire avec du beurre. On sert à sec avec du persil frit.

Vives à la braise.—*Entrée*. Garnissez une casserole ovale, de bardes de lard et de tranches de bœuf; assaisonnez de sel, poivre, persil, ciboules, oguons coupés en tranches; posez les vives sur ce fond; assaisonnez dessus comme dessous. Couvrez la casserole et faites cuire feu dessus, feu dessous, mais modérément. Lorsque les vives sont à moitié cuites, ajoutez deux verres de vin blanc : étant tout à fait cuites, retirez les vives pour les servir avec un ragoût de ris de veau; ou bien faites réduire la cuisson et servez-la comme sauce pour les vives.

Autres manières. On les fait cuire aussi dans un court-bouillon pour les servir à la sauce aux câpres, ou à la sauce tomate, ou bien on les apprête au gratin. *Voyez* Soles.

VOLAILLES. Dénomination générique qui comprend tous les oiseaux de basse-cour, poulet, chapon, poularde, dindon, canard, pintade, pigeon.

VOLE-AU-VENT. Pâté chaud dont la pâte est feuilletée. *Voyez* Pâtisseries.

ZESTE. On nomme ainsi la partie jaune de l'écorce des citrons, des oranges et des cédrats, qu'on lève en tranches minces : l'huile essentielle, à laquelle les fruits de ce genre doivent leur arôme, réside essentiellement dans le zeste ; le blanc qui est au-dessous en est dépourvu, et a d'ailleurs une amertume désagréable ; c'est pourquoi on recommande de le séparer.

ZINC. Métal qu'on a proposé, depuis quelques années, de substituer au cuivre pour la fabrication des casseroles et autres ustensiles de cuisine : on prétendait qu'il était plus salubre que le cuivre ; il n'en est rien : à la vérité l'oxide et les sels de zinc sont moins dangereux que ceux de cuivre ; mais comme ils se forment plus promptement et en plus grande abondance, par l'action des acides les plus faibles, et même par celle des matières salines, il y a plus d'inconvéniens à se servir de ce métal que du cuivre.

ZOONIQUE. Nom d'un acide qui se forme surtout pendant la cuisson à sec des viandes : cet acide ajoute à leur sapidité.

SUPPLÉMENT.

BISCOTINS. Prenez une demi-livre de sucre, et faites-le cuire à la plume; jetez dans le sucre ainsi cuit une demi-livre ou trois quarterons de farine; remuez promptement pour former une pâte, que vous ne mettrez plus sur le feu : jetez-la sur une table, avec un peu de sucre, et pétrissez-la rapidement, puis pilez-la dans un mortier avec un blanc d'œuf, un peu d'eau de fleur d'orange, et quelques gouttes de teinture d'ambre; le tout étant bien incorporé et à l'état de pâte ferme, formez-en de petites boules que vous jetterez dans l'eau bouillante : elles vont d'abord au fond, mais elles remontent bientôt : enlevez-les alors avec une écumoire; laissez-les égoutter, et faites-les cuire au four, sur des feuilles de papier ou de fer-blanc.

S'ils quittent difficilement le papier, posez les feuilles sur une serviette légèrement mouillée.

CANELLON. Prenez des morceaux de roseau à canne de la longueur de deux à trois pouces; faites une pâte avec un tiers de sucre en poudre et deux tiers de farine, un peu de râpure de citron vert, deux jaunes d'œuf et un blanc; faites chauffer, dans une casserole, un demi-verre d'eau avec un peu de beurre, et servez-vous-en pour faire une pâte avec la farine et le sucre; faites avec cette pâte une abaisse bien mince, que vous couperez en morceaux de grandeur suffisante pour envelopper les bouts de roseaux : ayez soin que ceux-ci ne soient pas fermés par la pâte.

Faites frire, dans du sain-doux, les canellons ainsi préparés jusqu'à ce qu'ils aient pris une belle couleur : égouttez-les, et séparez les roseaux des cylindres de pâte qui les enveloppent.

On remplit ces cylindres de diverses sortes de confitures : on les saupoudre de sucre, on les glace avec la pelle rouge, et on les dresse sur une assiette.

COMPOTES D'ORANGES. Coupez-les par tranches, dont vous enlevez le blanc et les pepins; faites-les cuire dans de belle gelée de pomme, à laquelle vous ajouterez le jus de quelques oranges, pour la rendre plus liquide.

On fait aussi des compotes d'oranges à l'eau-de-vie. A cet effet, on les coupe par tranches, dont on enlève la peau et les pepins; on les saupoudre fortement de sucre pulvérisé; et, après les avoir laissé macérer pendant quelque temps, on les arrose avec un demi-verre de bonne eau-de-vie.

CONSERVATION DES OEUFS. De tous les procédés indiqués pour la conservation des œufs, voici le plus efficace : ses effets peuvent s'étendre à plusieurs années, et au bout de ce temps les œufs se trouvent pleins et frais. On en a conservé à l'Hôpital Saint-Louis pendant sept années.

Prenez un décalitre de chaux éteinte, un kilogramme ou deux livres de sel ordinaire, et une demi-livre de crème de tartre; délayez le tout avec suffisante quantité d'eau pour qu'un œuf bien frais y surnage seulement par la pointe : plongez les œufs à conserver dans ce mélange, où vous les laisserez jusqu'au moment d'en faire usage. Il est bon de faire cette opération dans des pots de terre ou de grès, de préférence à des vases de bois sur lesquels la chaux aurait de l'action. On couvre les pots avec une ardoise ou une tuile, et on les place où l'on veut. On en retire les œufs avec une écumoire. Les œufs, ainsi conservés, se cuisent en lait comme ceux qui sont récemment pondus.

DARIOLES. Mettez, dans une terrine, un quart de litre de farine, deux œufs frais, un morceau de beurre et un peu sel ; délayez le tout avec du lait un peu chaud ; ajoutez ensuite du lait ou du lait d'amande jusqu'à ce que la pâte ait la consistance d'une crème.

On remplit avec cette crème de petites abaisses de pâte feuilletée ; on relève les bords : on les fait cuire au four peu chaud. Quand elles sont cuites, on met un petit morceau de beurre sur chacune, on les saupoudre de sucre, et on y verse quelques gouttes d'eau de fleur d'orange. On les sert chaudes.

EAU-DE-VIE. Mélange d'alcool pur et d'eau, dans diverses proportions. Les plus faibles contiennent quarante-cinq parties d'alcool sur cinquante-cinq d'eau. Les plus fortes sont composées de quarante parties d'eau et soixante d'alcool pur en volume.

L'eau-de-vie, prise en petite quantité, fait cesser le sentiment de la soif : elle a aussi l'avantage de modérer la sueur dans les temps chauds ; dans les voyages, ou autres circonstances où l'on est privé d'alimens pendant un temps plus ou moins long, un peu d'eau-de-vie, soit pure, soit étendue d'eau, calme très-bien les tourmens de la faim ; mais, dans l'habitude ordinaire de la vie, on doit être très-réservé sur l'usage de cette liqueur. Pendant le repas, elle ne convient que comme assaisonnement, aux constitutions humides et chargées de glaires, surtout dans les contrées septentrionales, où l'on fait peu d'usage de vin à cause de sa rareté : prise alors en petite quantité, l'eau-de-vie favorise et accélère la digestion en excitant toute l'économie. A grandes doses, elle détermine une ivresse profonde et de grands désordres dans la digestion.

Les eaux-de-vie les plus saines sont celles qui ne contiennent que moitié de leur volume d'alcool pur : elles marquent alors 19 degrés à l'aréomètre de Cartier; lorsque l'alcool y est contenu dans une plus forte proportion, l'eau-de-vie, surtout si elle est récente, excite l'estomac jusqu'à l'irritation, et son usage constant a toujours des suites funestes. Étendue d'eau, dans la proportion de deux à trois fois son volume, l'eau-de-vie est la boisson habituelle des marins anglais et d'une grande partie de la population des États-Unis d'Amérique : dans cet état, son usage paraît n'être suivi d'aucun inconvénient.

La couleur de l'eau-de-vie ne lui est pas propre : elle l'acquiert en dissolvant la matière extractive des tonneaux dans lesquels on la laisse vieillir; presque toujours cette couleur est produite par l'addition de caramel, d'infusion de thé et de teinture de cachou.

Les meilleures eaux-de-vie sont celles de Cognac, qui se fabriquent dans les départemens de la Charente et de la Charente-Inférieure; ensuite viennent celles dites d'Armagnac, qu'on distille dans les départemens du Gers et de Lot-et-Garonne.

Les eaux-de-vie dites d'Orléans, sont les troisièmes en qualité. On les fabrique dans Loir-et-Cher, Indre-et-Loire, Maine-et-Loire et Loire-Inférieure.

Les plus médiocres sont celles de Montpellier, qu'on fabrique dans l'Hérault et quelques départemens voisins.

Pour fait vieillir l'eau-de-vie, il faut la tenir en baril, dans un endroit exposé à toutes les variations de température. En bouteilles, et surtout à la cave, elle ne *se fait* qu'avec une lenteur extrême; on met quelquefois des copeaux de bois de hêtre dans le baril qui contient l'eau-de-vie : celle-ci en dissout la matière extractive et se colore; en même temps elle s'adoucit, sans doute parce que la matière extractive se combine avec quelque principe âcre qu'elle contient toujours en sortant de l'alambic.

FROMAGE A LA CRÈME. Prenez du fromage récent,

fait avec de bon lait non écrémé ; délayez-le avec de la crème fraîche, et passez le tout au tamis un peu clair : ajoutez du sucre en poudre et un peu d'eau de fleur d'orange.

Pour faire un fromage plus délicat, on prend le dessus de plusieurs terrines de lait ; on ajoute une quantité suffisante de présure ; et, lorsque le lait est pris, on le fait égoutter pour le séparer du petit-lait, et on procède comme ci-dessus.

GÉNOISE. Hachez du citron vert ; pilez-le ensuite dans un mortier avec deux macarons, six biscuits d'amandes amères, un morceau de moelle de bœuf, de la conserve de fleur d'orange, et gros comme deux œufs de crème à la frangipane, quatre jaunes d'œuf et suffisante quantité de sucre : le tout étant pilé et mêlé, faites deux abaisses de pâte feuilletée bien minces ; mouillez-le dessus avec un peu d'eau, et couvrez-le du mélange ci-dessus par petits tas espacés ; couvrez avec la seconde abaisse, et, avec le doigt, enfermez chaque tas entre les deux pâtes ; découpez-les ensuite avec un emporte-pièce de grandeur convenable ; rangez-les sur des feuilles de papier, et faites-les cuire au four ou sous le four de campagne.

On peut aussi les faire frire.

Saupoudrez de sucre et glacez avec la pelle rouge.

MORTIER. Un mortier est un ustensile indispensable dans une cuisine. Ceux qu'on fait en marbre peuvent servir dans presque tous les cas, pourvu que les substances à piler ne soient pas très-dures. Il faut éviter d'y mettre des acides.

Le marbre dit Saint-Anne est le plus propre à faire des mortiers parce qu'il est très-dur.

Le pilon doit être en buis ou en gaïac.

Il faut rejeter les mortiers en pierre qui sont trop facilement attaquables.

Le mortier doit être creusé en forme d'œuf, le gros bout en bas : par cette disposition, les matières à piler ne sont pas projetées au dehors, comme cela arrive lorsque l'ouverture est plus large que le milieu. Cette forme est représentée par la fig. 7, pl. 3.

AA Mortier;
B Intérieur;
CC Anses, dont l'une est creusée en rigole, pour verser les substances liquides.

Pour broyer les corps durs, il faut un mortier de fonte, qui est d'un bon usage lorsqu'on a soin de l'entretenir proprement et sec, pendant le temps où l'on ne s'en sert pas. Les mortiers de cuivre présentent des inconvéniens graves.

POISSONNIÈRE. Vase long et étroit qui sert à faire cuire les poissons longs. On les pose sur une feuille de cuivre étamé, percée de trous, qui recouvre le fond de la poissonnière. Cette feuille peut s'enlever, à l'aide de deux poignées attachées à ses extrémités; par ce moyen, on retire le poisson cuit sans le briser.

On a aussi des poissonnières en forme de losange, pour faire cuire des turbots : on les nomme turbotières. Elles sont garnies d'une feuille mobile comme les autres.

La fig. 6, pl. 3, représente une poissonnière.
AA Poissonnière;
BB Poignées;
CC Feuille mobile;
DD Attaches de la feuille, servant à l'enlever.

ROTISSOIRE A MARRONS. Lorsqu'on fait cuire des châtaignes ou des marrons dans une poêle percée, la flamme, qui passe par les trous, finit par charbonner l'enveloppe, qui souvent prend feu vers la fin; les marrons sont cuits très-inégalement, souvent à moitié brûlés, et toujours ils salissent les doigts lorsqu'on les épluche. On remédie à tous ces inconvéniens en faisant cuire les marrons dans une capsule de tôle, qu'on ferme avec un couvercle de même matière. On pose cette capsule sur un fourneau de cuisine ordinaire, et la soutenant un peu au-dessus d'un feu de charbon avec quelques fragmens de tuileaux, les marrons cuisent parfaitement et promptement de cette manière, et s'épluchent avec facilité sans noircir les doigts. Pendant qu'ils cuisent, il suffit de les retourner de temps en temps, ce qui se fait sans déranger la capsule.

FIN.

TABLE DES MATIÈRES.

	Pages		Pages
ABAISSE, terme de pâtisserie......	1. 302	ALUN. Ses propriétés contre les brûlures......	73
ABATTIS............	1	AMANDES. Leurs propriétés..	12
— en haricot......	ib.	AMBIGU............	13
— en matelote.....	2	AMBROISIE, plante aromatique.	ib.
— en fricassée de poulets........	ib.	AMIDON............	ib.
ABLETTE, poisson d'eau douce.	ib.	ANANAS............	14
ABRICOTS (compote d').....	128	— au vin de Madère...	ib.
ACIDE ACÉTIQUE. En quoi il diffère du vinaigre.	2	ANCHOIS............	ib.
— tartrique........	406	— en salade.......	15
— zoonique.......	439	— (beurre d').....	ib.
AGNEAU. Propriété diététique de sa chair.....	3	— (rôties d')......	ib.
— (têtes d').......	ib.	— farcis frits......	ib.
— (issue d').......	4	— (canapé d').....	ib.
— (pieds d')......	ib.	ANDOUILLE..........	100
— (ris d'), au blanc. .	ib.	ANDOUILLETTES........	101
— — frits.....	ib.	ANGELOT............	16
— (épaule d')......	ib.	ANGUILLE. Propriété de sa chair.......	ib.
— (poitrine d').....	5	— en matelote....	ib.
— rôti à l'anglaise...	ib.	— à la tartare....	ib.
— (côtelettes d')....	6	— en fricassée de poulets.....	17
— (blanquette d')....	ib.	— marinée......	ib.
— (quartiers d')....	ib.	— en terrine.....	ib.
AIL. Ses propriétés......	7	— (pâté d').....	18
AILERONS............	8	— aux cornichons..	ib.
— aux petits ognons.	ib.	— à la Sainte-Ménéhould......	ib.
— à la purée.....	9	API, espèce de pomme....	19
— frits..........	ib.	APPÉTIT (précepte diététique sur l')......	ib.
ALBUMINE...........	58	ARABIQUE (gomme). Ses usages........	ib.
ALCALI. Facilite la cuisson des légumes......	10	ARACK, espèce d'eau-de-vie.	ib.
ALE, espèce de bière...	10, 42	ARACHIDE, semence huileuse.	20
ALICANTE (vin d')....	10, 424	AROMATES. Leurs propriétés..	ib.
ALOSE, poisson de mer....	10	ARROCHE, plante potagère...	21
— grillée..........	ib.	ARTICHAUT. Ses propriétés...	ib.
— au court-bouillon...	11	— à la sauce blanche.	ib.
— (filets d').......	ib.	— frits........	ib.
ALOUETTE............	ib.	— à la barigoule. .	ib.
— (salmi d')......	ib.	— à la poivrade. . .	22
— en ragoût......	12	— à l'espagnole...	ib.
— en caisse......	ib.	— à la Villeroi...	ib.
ALOYAU........	12, 49, 50		

TABLE DES MATIÈRES.

ARTICHAUT (culs d') conservés. 132
ASPERGES. 23
— aux petits pois. . . *ib.*
— (omelettes aux pointes d'). . . . . *ib.*
ASPIC. . . . . *ib.*
— de fruits. 215
— de viandes. 216
ASSAISONNEMENT (des substances employées en). 24
AVELINE. 25
AVOINE. . . . . *ib.*
— (potage de gruau d'). 337
AUBERGINE. 25
— à la languedocienne. 26
AUTOMNE (productions de l'). *ib.*
AZEROLES. 27

BABA, pâtisserie. 300
BADIANE. 27
BAIN-MARIE. . . . . *ib.*
BARBEAU-BARBILLON, poisson d'eau douce. . . 28
— à l'étuvée. . . . . . *ib.*
— au court-bouillon. 29
— grillé. . . . . . . *ib.*
BARBOTTE. . . . . *ib.*
BARBUE, poisson de mer. . . . 30
— marinée. . . . . . . *ib.*
— au court-bouillon. . *ib.*
— à la Sainte-Ménéhould. . . . . . . *ib.*
— à la sauce aux anchois. 31
BARDE. . . . . *ib.*
BARDER. . . . . *ib.*
BARIGOULE (artichauts à la). . 21
BARTAVELLE, espèce de perdrix. 31, 323
BASELLE, plante potagère. . . 31
BASILIC, plante aromatique. . *ib.*
BATONS ROYAUX, pâtisserie. . *ib.*
BATTERIE DE CUISINE. . . . . *ib.*
BAUME, plante aromatique. . 33
BÉATILLES. . . . . *ib.*
BECCARD. Variété du saumon. 33, 399
BÉCASSE, BÉCASSINE. 33
— rôties. . . . . . . *ib.*
— farcies à la broche. . *ib.*
— en salmi. 34
— à la provençale. . . *ib.*
— (terrine de). . . . *ib.*

BECFIGUE. 35
BÉCHAMELLE (sauce à la). 389, 391
BEIGNETS. 35
— de riz. . . . . . . *ib.*
— soufflés. . . . . . *ib.*
— de brioche. 36
— de feuilles de vigne. *ib.*
— au fromage. . . . . *ib.*
— de fraises. 37
— de confitures. . . . *ib.*
— d'omelette. . . . . *ib.*
— de crème. . . . . . *ib.*
— de pommes. 38
— de poires. . . . . *ib.*
— d'abricots. 39
— de cerises et de prunes. . . . . . . *ib.*
BETTE, plante potagère. . . . *ib.*
BETTERAVE, racine. . . . . . *ib.*
— frite. . . . . . . *ib.*
— en salade. 40
BEURRE. . . . . *ib.*
— fondu. . . . . . . *ib.*
— salé. 41
— d'anchois. 164
— aux fines herbes. . *ib.*
— de piment. . . . . *ib.*
— noir. 398
BIÈRE, boisson. 42
BIFTECK. 48, 49
BIGARREAUX. 90
BIGARADE. 45
BISCOTINS. 440
BISCUITS. 307, 314
BISQUE. Espèce de potage. . . 43
— aux écrevisses. . 342, 345
BLANC, sauce. 389
BLANCHE (sauce). 388
BLANC-MANGER. 43
— simple. . . . . . *ib.*
— autre. 44
BLANQUETTE. 6, 355, 420
BLETTE, plante potagère. . . 45
BLOND, jus. 165, 168
BLANCHIR. 45
BŒUF. Propriétés de sa chair. *ib.*
— bouilli. 46
— avec garniture de choucroute. 47
— en miroton. . . . . *ib.*
— en hachis. . . . . *ib.*
— quenelles de bœuf bouilli. 48
— en bifteck. . . . . *ib.*
— au vin de Madère. . 49
— (filet de) rôti. . . *ib.*

TABLE DES MATIÈRES.

	Pages
BŒUF (aloyau de) rôti	49
— (hachis de) rôti	ib.
— en hachis, à la lyonnaise	50
— émincé d'aloyau	ib.
— aloyau à la braise	ib.
— à la mode	51
— à la maître d'hôtel	ib.
— à l'écarlate	ib.
— à la braise	52
— (noix de), braisée	53
— autre bœuf à la mode	ib.
— entre-côte grillée	ib.
— à la béarnaise	54
— (roulade de)	ib.
— (côte de), à la casserole	ib.
— — à la lyonnaise	ib.
BOISSON 42, 120, 155,	423
BONNE-DAME, plante potagère	55
BOUDIN noir	98
— blanc	99
BOUILLIE	55
BOUILLI	ib.
BOUILLON gras	57
— de la fibrine	ib.
— de la gélatine	ib.
— de l'osmazome	ib.
— de la graisse	58
— de l'albumine	ib.
— des os	59
— des diverses viandes	60
— manière d'opérer	61
— consommé	63
— autre	ib.
— maigre	344
— de poisson	ib.
— (conservation du)	64
— à la minute	336
— de poulet	337
— de mou de veau	338
BOULETTES. (Voy. Quenelles)	372
BOUQUET GARNI 64,	157
BOURRACHE	65
BRAISE, mode de cuisson des viandes	ib.
— synonyme d'étuvée et d'estoufade	66
— à sec	ib.
— mouillée	ib.
— autre	67
BRAISIÈRE, casserole destinée aux braises	ib.
BRÊME, poisson d'eau douce	ib.
— grillée	68
BRESOLLES, espèce de ragoût	ib.

	Pages
BRIDER	68
BRIOCHE	299
BROCHE	68
BROCHET, poisson d'eau douce	69
— au court-bouillon	ib.
— en fricandeau	ib.
— à la tartare	70
— (filets de)	ib.
— à la genevoise	ib.
— à la sauce Robert	71
— à la broche	ib.
BROCOLIS, espèce de chou-fleur	ib.
BRUGNON, espèce de pêche	72
BRULURE	ib.
— utilité de l'eau froide	ib.
— — de l'eau d'alun	73
— — de la pulpe de pommes de terre	ib.
BUISSON d'écrevisses	74
CABILLEAU, poisson de mer	ib.
— au court-bouillon	ib.
— pané	ib.
CAILLE, gibier	ib.
— à la broche	75
— à la braise	ib.
— au gratin	ib.
CAILLÉ, lait coagulé. Ses propriétés	ib.
CAISSE (alouettes en)	12
— (cervelles en)	92
CANAPÉ d'anchois	15
CANARD	76
— à la broche	ib.
— en salmi	ib.
— à la braise aux navets	77
— (pâté chaud de)	ib.
CANELLONS	440
CAPILOTADE 78,	153
CAPRES	78
CAPRONS, espèce de fraise	199
CAPUCINES (fleurs et graines de)	78
CARAMEL	160
CARDE, poirée	79
CARDONS	ib.
— (ragoût de)	ib.
CAROTTES (ragoût de)	80
CARPE, poisson d'eau douce	81
— à l'étuvée	ib.
— grillée	ib.
— au bleu	ib.
— farcie	82

29

TABLE DES MATIÈRES.

	Pages
CARPE (hachis de)	82
— (filets de)	ib.
— marinée	83
— à la bourguignonne	ib.
— à l'étuvée au blanc	ib.
CARRÉ de mouton	274
— de veau	422
CARRELET, poisson de mer: se prépare comme la sole	401
CASSEROLES	84
— en cuivre	ib.
— en zinc	85
— en faïence	ib.
— en fonte	ib.
— en argent et plaqué	ib.
CASSEROLE, ragoût	86
CASSIS, fruit	ib.
CASSONADE	ib.
CAVE (ce qui caractérise une bonne)	87
CAVIAR, œufs d'esturgeons fumés	ib.
CÉLERI	88
— au jus	ib.
— frit	ib.
CEPS, espèce de champignon	ib.
CERF. Propriété de sa chair	89
— rôti	ib.
— en civet	ib.
CERFEUIL	ib.
CERISES	ib.
CERNEAUX	90
CERVELAS	103
CERVELLE	91
— frite	ib.
— en matelote	ib.
— au beurre noir	ib.
— à la sauce tomate	92
— à la mayonnaise	ib.
— à la poulette	ib.
— en caisse	ib.
CHABLIS (vin de)	424
CHAIR. Propriétés des chairs des divers animaux	93
CHAMPAGNE (vin de)	424
CHAMPIGNONS	95
— (ragoût de)	370
— (purée de)	367
— (jus de)	170
— à la provençale	96
— frits	97
CHAPON	97, 351
CHARBONNÉES	97
CHARCUTERIE	98
— boudin	ib.

	Pages
CHARCUTERIE, boudin noir	98
— blanc	99
— cuisson des boudins	ib.
— andouille de cochon	100
— — de veau	ib.
— — aux choux	101
— andouillettes	ib.
— saucisses	ib.
— saucissons de Lyon	102
— saucissons de Bologne	ib.
— cervelas de Milan	103
— cervelas ordinaire	ib.
— hure de cochon	ib.
— fromage de cochon	104
— fromage d'Italie	105
— pieds de cochon à la Sainte-Ménéhould	ib.
— langues fourrées	106
— jambons de Bayonne	ib.
— pieds de cochon farcis	107
— petit salé	ib.
— lard en planches	ib.
— lard à l'anglaise	108
— saindoux	ib.
— langues et jambons de Mayence	ib.
CHARLOTTE	109
— de pommes	ib.
— de poires	ib.
— autre	110
CHATAIGNE	ib.
CHAUDIÈRE montée sur un fourneau	ib.
— description et planche	111
— usages	112
CHEMINÉE de cuisine	113
CHERVIS, racine	114
CHEVREAU	115
CHEVREUIL. (*Voy*. Cerf.)	115, 89
CHICORÉE	115
— (ragoût de)	ib.
— (potage à la)	348
CHOU. Propriétés alimentaires	116
— farci	ib.

TABLE DES MATIÈRES.

	Pages
Chou au lard	116
— au lait	117
— à la flamande	ib.
— (pain de)	ib.
— (garbure de)	ib.
— rouge	118, 134
— (potages au)	338, 346
Choux-patisserie	118
Chou-croute. Préparation	ib.
— (cuisson de la)	119
Choux-fleurs	ib.
— à la sauce blanche	ib.
— farcis	ib.
— en pain	120
Ciboule	ib.
Ciboulette ou Civette	ib.
Cidre et Poiré	ib.
Civet de cerf	89
— de lièvre	249
Clarifier	121
Cochon	ib.
— de lait rôti	ib.
— de lait en blanquette	122
— (pieds de) à la Sainte-Ménéhould	ib.
— (oreille de) à la purée	ib.
— (côtelettes de)	123
— (queue de) à la purée	ib.
— (cervelles de)	ib.
— (rognons de)	ib.
— rôtie au lard	ib.
— (échinée de) rôtie	ib.
— cuisson des jambons	124
— jambon aux épinards	ib.
Coings (compote de)	125
Compotes	ib.
— de pommes	ib.
— de poires	126
— de poires grillées	127
— de cerises, de prunes	ib.
— d'abricots	128
— de pêches au vin	ib.
— de poires à l'eau-de-vie	ib.
— d'abricots verts	ib.
— de fraises	129
— de marrons	ib.
Concombres en ragoût	129, 347
— farcis	130
— en salade	ib.
— autre ragoût	ib.
Conservateur des comestibles	211

	Pages
Conservation des substances alimentaires	130
— des pois et fèves	ib.
— des haricots verts et des culs d'artichauts	132
— des fruits	ib.
— par le vinaigre	134
— choux rouges	ib.
— haricots verts	ib.
— cornichons, maïs, etc.	135, 158
— oseille	136
— champignons et mousserons	137
— persil et cerfeuil	ib.
— œufs	138
— lait	235
— bouillon	64
— œufs par la chaux	441
— par le procédé Appert	139
— par les matières grasses	ib.
Conserve de tomates	160
Consommé	63
Coquille à rôtir	195
Coriandre, graine aromatique	140
Cormes	ib.
Corne de cerf, plante potagère	ib.
Cornichons	135, 158
Cornouille	140
Côtelettes d'agneau	6
— de bœuf	54, 55
— de cochon	123
— de mouton	268, 269
— de veau	417
Coulis de veau et jambon	168
— d'écrevisses	ib.
Coupe-pate	141
Courge, citrouille	ib.
Court-bouillon	ib.
Couvercle	142
Crapaudine (pigeons à la)	328
Crèmes	142
— faites à froid, crème fouettée	ib.
— en mousse à la vanille	143
— en mousse au café	ib.

TABLE DES MATIÈRES.

CRÈMES en mousse au chocolat.................. 143
— en mousse aux fruits. ib.
— cuites. ., ... ib.
— aux pistaches...... 144
— au chocolat........ ib.
— au café............ ib.
— renversées......... ib.
— à l'italienne....... 145
— à la frangipane.... ib.
— brûlées............ ib.
— au thé............. 146
— soufflées cuites.... 403
— en petits pots..... 146
— observations sur les crêmes cuites... ib.
CRÊPES, pâte frite......... 147
CRESSON................. ib.
CRÊTES. (*Voy.* Ragoût mêlé.) 368
CREVETTES, crustacées..... 148
CROQUANTES, pâtisserie.... 320
CROQUIGNOLES, pâtisserie... ib.
CROQUETTES, espèce de beignets............ 148
— de chapon..... ib.
— de pommes... ib.
CROUTONS, pain frit....... 149
— (potage aux)... 339
CROUTE au pot, potage.... 340
— aux champignons. 96
— aux morilles..... 260
CUISINE, sa disposition.... 149
CUISSES d'oie, de canard... 139

DAIM. (*Voy.* Cerf.)....... 88
DARIOLES................ 442
DATTES, fruit du palmier-dattier............... 150
DAUBE (bœuf en)......... ib.
— de dindon........ 151
DÉCANTER............... ib.
DÉSINFECTION des viandes. ib.
DINDON.................. 152
— en daube......... 151
— en galantine...... 152
— cuisse de dindon à la sauce Robert...... 153
— à la languedocienne. ib.
— ailerons et abatis... 8
— (capilotade de).. 153
— (hachis de) à la béchamelle.......... 154
— farci à la crème... ib.
— gras à la Périgord... ib.
— farci à la broche... ib.

EAU. Propriétés des diverses eaux................ 155
EAU-DE-VIE.............. 442
ÉCARLATE (bœuf à l')..... 51
ÉCHALOTTE.............. 156
ÉCHAUDÉS............... 310
ÉCHINÉE de cochon....... 123
ÉCORCES aromatiques..... 156
ÉCREVISSES à la gasconne.. ib.
— au court-bouillon. 157
— (bisque d'). 342, 345
— (coulis d')..... 168
ÉCUMOIRE............... 157
ÉLÉMENS de sauce........ ib.
— bouquet garni.... ib.
— vinaigre à l'estragon........... ib.
— vinaigre aromatique. 158
— cornichons...... ib.
— culs d'artichauts.. 132
— verjus.......... 159
— conserve de tomate. 160
— épices mélangées.. 161
— essence d'assaisonnement........... ib.
— poudre de kari. (*Voy.* Terra merita.).......... 407
— mousserons et morilles............ 162
— marrons séchés... 163
— beurre d'anchois.. 164
— beurre aux fines herbes............. ib.
— beurre de piment. ib.
— jus.............. ib.
— jus blond de veau. 165
— jus de gibier..... 166
— roux............. ib.
— roux blanc...... 167
— essence de jambon. ib.
— coulis de veau et de jambon........ 168
— coulis d'écrevisses.. ib.
— autre jus blanc... ib.
— jus à la minute... 169
— jus de poisson.... ib.
— jus de racines.... 170
— jus de champignons. ib.
ÉMINCÉE d'aloyau......... 50
— de gigot........... 270
ÉMULSION............... 171
ENDIVE.................. ib.
ENTONNOIR.............. ib.
ENTRE-CÔTE.............. 53

TABLE DES MATIÈRES.

	Pages
Entrée.	171
Entremets.	ib.
Epaule d'agneau.	4
— de mouton.	275
— de veau.	421
Eperlans, poisson de mer.	172
— frits.	ib.
— au court-bouillon.	ib.
— à l'anglaise.	ib.
Epices. Propriétés.	ib.
— mélangées.	161
Epinards.	173
— à la maître d'hôtel.	ib.
— à la cuisinière.	ib.
— au gras.	174
— au sucre.	ib.
— (tourte d').	ib.
— (rissoles d').	ib.
— crème.	ib.
— plantes qui peuvent remplacer l'épinard.	175
Essence de jambon.	167
— d'assaisonnement.	161
Esturgeon, poisson de mer, rôti.	175
— braisé.	176
— en fricandeau.	ib.
Etain.	ib.
Etamage. (*Voy.* Batterie de cuisine.).	31
Eté. Ses productions.	176
Etuvée de barbillon.	28
— de carpe.	81
Event (goût d').	177
Faisan, gibier.	ib.
— rôti.	178
— en salmi.	ib.
— à l'angoumoise.	179
— pâté.	301
Faon, jeune cerf.	89
Faïence.	85
Farce.	371, 373
— de poisson.	180
Farine.	ib.
Fécule.	ib.
Fer (vases de).	85
Fenouil.	181
Ferment.	ib.
Fèves (conservation des).	131
— à la crème.	181
— en macédoine.	182
Feuillantine, pâtisserie.	317
Feuilletage, pâtisserie.	298

	Pages
Figues.	182
Fibrine.	57
Filets de bœuf rôti.	183
— de bœuf braisés.	ib.
— de mouton.	ib.
— de sole en mayonnaise.	ib.
— d'alose.	11
— de brochet.	70
— de carpe.	82
— de lièvre.	250
Flamber.	183
Flamiche, pâtisserie.	306
Flan.	184
— de noules.	ib.
Fleur d'orange.	292
Foies gras.	184
— en ragoût.	185
— à la braise.	ib.
— panés.	ib.
Foie de veau à la broche.	ib.
— à l'italienne.	ib.
— (gâteau de).	186
— braisé.	ib.
Fontaine pour conserver l'eau.	187
Fourneau à potages.	188
— sa conduite.	190
— à casseroles.	194
— coquille à rôtir.	195
— gril.	196
— gril couvert.	197
— fourneau à papier.	ib.
— réchaud à lampe.	198
Fraises.	199
— (compotes de).	129
Fraise de veau.	199
— frite.	200
Framboises.	ib.
Frangipane, crème.	145
Fricandeau de veau.	200
— de saumon.	201
— de brochet.	69
— d'esturgeon.	176
Fricassée de poulets.	357
Friteau de poulet.	358
Frire.	202
— pâtes à frire.	374
Friture.	202
Fromage. Propriétés des divers fromages.	ib.
— à la crème.	443
— de cochon.	104
— d'Italie.	105
Froment.	204
Fruitier (disposition du).	ib.

TABLE DES MATIÈRES.

	Pages
GALANTINE de dindon	152
— de lapin	242
GALETTE	317
GARBURE de chou au fromage	117
— de marrons	343
GARDE-MANGER	207
— conservateur des comestibles	211
— glacière portative	ib.
GATEAU de plomb, feuilleté au fromage, 306,	319, 320
— de riz	380
GAUFRES	321
GELÉES	212
— à la vanille	ib.
— blanc manger	213
— d'orange	ib.
— aux liqueurs	214
— de citron	ib.
— renversées	ib.
— aspic de fruits	215
— au vin	ib.
— au punch	ib.
— aspic de viandes	216
GÉLATINE	57
GÉLINOTTE des bois	217
GENIÈVRE, graine aromatique	ib.
GENEVOISE (brochet à la)	70
GÉNOISE, pâtisserie	444
GÉSIER	217
GIBELOTTE de lapin	241
GIBIER (espèces de)	217
GIGOT de mouton	271, 272, 273
GIMBLETTES, pâtisserie	318
GINGEMBRE, racine aromatique	218
GIROFLE, aromate	ib.
GLACÉ, pâtisserie	313
— cuisine	218
GODIVEAU	371
GOUJON, poisson d'eau douce	219
GRAISSE	58
GRAS DOUBLE à la braise	219
— grillé	ib.
— au safran	220
GRATIN (caille au)	75
— (macaroni au)	253
— merlan et soles	401
— pieds de mouton	268
GRENADE	220
GRENOUILLES	ib.
GRIBLETTES	ib.
GRIOTTES, espèce de cerise	ib.
GRIVE rôtie	221
— à l'eau-de-vie	ib.

	Pages
GRIL	196
— couvert	197
GROSEILLES	221
GRUAU d'avoine	222
— (potage de)	ib.
HACHIS de bœuf	47, 49, 50
— de carpe	82
— de dindon	154
— de mouton	271
— de chapon	355
HARENGS, poissons de mer	223
— frais grillés	ib.
— en matelote	224
— saurs à la Sainte-Ménéhould	ib.
— saurs à l'huile	ib.
— pecs	ib.
HARICOT de mouton	ib.
— (abatis en)	1
HARICOTS, légumes	225
— verts	ib.
— à la maître d'hôtel	226
— à la provençale	ib.
— blancs nouveaux	ib.
— blancs au roux	ib.
— rouges	341
— au jus	226
— (remarque sur la cuisson des)	227
— (conservation des)	131, 134
HERBES, fines herbes	227
— (potage aux)	340, 347
HATELETTES de ris de veau	227
— de langues de mouton	ib.
HIVER (ressources de l')	228
HOCHEPOT	ib.
HOMARD	229
HORS-D'OEUVRE	ib.
HOUBLON	230
HUILE. Des différentes huiles	ib.
HUÎTRES. Leurs propriétés	231
— à la poulette	ib.
— en hachis	232
— frites	ib.
— en ragoût	ib.
— autre ragoût	ib.
— (potage aux)	341
HURE de cochon	103
HYPOCHRAS	233
ICHTYOCOLLE, colle de poisson	ib.
ISSUE d'agneau	4

TABLE DES MATIÈRES.

	Pages
Jambon de Bayonne.	106
— de Mayence.	108
— (cuisson du).	124
— aux épinards.	ib.
— essence de jambon.	167
Jarret de veau.	233
Jujubes.	ib.
Julienne, potage.	340, 345
Jus.	164
— blond de veau.	165
— de gibier.	166
— blanc.	168
— à la minute.	169
— de poisson.	ib.
— de racines.	170
— de champignons.	ib.
Kari. (*Voy.* Terra merita.)	407
Lait. Ses propriétés.	234
— potage au lait et aux œufs.	350
Laitage.	236
Laitances (ragoût de).	ib.
Laitues.	ib.
— farcies.	ib.
— frites.	237
— (ragoût de).	ib.
Lamproie.	ib.
— en ragoût.	ib.
— à la sauce douce.	ib.
— grillée.	ib.
Langouste, variété de homard.	238
Langue.	ib.
— à la braise.	ib.
— à la broche.	239
— au fromage.	ib.
— de mouton à la gasconne.	240
— de mouton en papillotes.	ib.
Langues fourrées.	106
— de Mayence.	108
— en matelotte.	227
Lapin, Lapereau.	240
— rôti	241
— (gibelotte de).	ib.
— au blanc.	ib.
— frit.	ib.
— (marinade de).	242
— (salade de).	ib.
— aux fines herbes.	ib.
— (galantine de).	ib.
— (gâteau de).	243

	Pages
Lard.	107, 108
Larder.	244
Lardoire.	ib.
Lardons assaisonnés.	245
Laurier-amande.	ib.
Laurier franc.	ib.
Laie, femelle du sanglier.	ib.
Lèchefrite.	ib.
Légumes (nomenclature des).	246
Lentilles.	247
— (purée de)	364
Levain et Levure.	248
Levraut.	ib.
Liaison.	249
Lièvre, Levraut.	ib.
— rôti.	ib.
— galantine. (*Voy.* Lapin.)	242
— gâteau. (*Voy.* Lapin.)	243
— (civet de).	249
— filets en civet.	250
— (pâté de).	301
— en daube.	250
Limaçons.	251
Limandes. (*Voy.* Soles.)	401
Loches, poissons d'eau douce.	251
Longe de veau.(*V.* Veau rôti.)	420
Lotte, poisson d'eau douce.	251
— à la bourgeoise.	ib.
— à la Villeroi.	252
— frite.	ib.
Macaron.	312
Macaroni.	252
— à l'italienne.	ib.
— au gratin.	253
— (potage de)	343
Macédoine.	253
Macérer.	ib.
Mâche.	ib.
Macis, aromate.	ib.
Macreuse, oiseau aquatique.	254
Maigre.	ib.
Maïs.	255
Malt, orge germée et séchée.	ib.
Manioc, racine dont on tire la cassave et le tapioca.	ib.
Maquereau à la maître d'hôtel.	ib.
— au court-bouillon.	ib.
Marcassin, jeune sanglier.	256
Marjolaine, plante aromatique.	ib.

TABLE DES MATIÈRES.

	Pages
Marinade de lapereaux.	242
— de poulets.	357
Marmite perpétuelle, citée.	57
Marrons séchés.	163
— compote.	129
— garbure.	343
Massepains.	314, 315
Matelote (abatis en)	2
— d'anguille.	16
— de bœuf bouilli.	48
— de cervelles.	91
— de pigeon.	328
Mauviettes.	257
Mayonnaise de cervelles.	92
— de filets de soles.	183
— sauces.	395
Mélilot, plante aromatique.	257
Mélisse, plante aromatique.	ib.
Melon.	ib.
Mendians.	258
Menthe, herbe aromatique.	ib.
Menu d'un repas.	ib.
Meringue.	316
Merise.	258
Merlan, poisson de mer.	ib.
— frit.	ib.
— au gratin. (*Voy*. Soles.)	401
— au court-bouillon.	258
Merle.	259
Merluche, morue séchée.	ib.
Meunier, poisson d'eau douce.	ib.
Miel.	ib.
Mijoter, cuire à petit feu.	ib.
Mirabelle, espèce de prune.	ib.
Miroton de bœuf bouilli.	260
Mitonner, cuire lentement.	ib.
Moelle.	ib.
— (potage à la).	339
Mont-Rouge (potage à la).	349
Morilles.	260
— (croûte aux).	ib.
— à l'italienne.	ib.
Morue, poisson de mer.	261
— (cuisson de la).	ib.
— frite.	ib.
— au beurre roux.	ib.
— merluche.	ib.
— à la béchamelle.	262
— à la maître d'hôtel.	ib.
— à la provençale.	ib.
Mortadelle, espèce de saucisson.	ib.
Mou de veau (bouillon de).	338
Mouillement.	263
Mouiller.	ib.
Moule. (*Voy*. Pâté.)	302

	Pages
Moule, coquillage.	263
— à la poulette.	ib.
— (ragoût de) au gras.	370
— (ragoût de), au maigre.	ib.
— à la provençale.	264
Mousserons.	ib.
Mout.	ib.
Moutarde.	265
Mouton.	
— langues.	240
— rognons à la brochette.	265
— (queues de) à la purée.	266
— (queues de) au riz.	ib.
— (queues de) à la Sainte-Ménéhould.	ib.
— queues en terrine aux navets.	ib.
— queues en terrine au petit lard.	267
— pieds à la poulette.	ib.
— pieds à la Sainte-Ménéhould.	268
— pieds au gratin.	ib.
— côtelettes panées, grillées.	ib.
— côtelettes au naturel.	269
— côtelettes à la purée d'ognons.	ib.
— côtelettes à la sauce tomate.	ib.
— côtelettes farcies.	ib.
— collets à la Sainte-Ménéhould.	270
— en haricots.	ib.
— gigot rôti.	ib.
— émincée de gigot.	ib.
— hachis de mouton rôti.	271
— quenelles.	ib.
— gigot braisé.	ib.
— gigot aux truffes.	272
— gigot en terrine.	ib.
— gigot à la chicorée.	273
— gigot aux légumes glacés.	ib.
— farci.	ib.
— (carré de) à la chirac.	274
— poitrine à la Sainte-Ménéhould.	ib.
— poitrine aux épinards.	ib.
— râble braisé.	ib.
— en chevreuil.	ib.
— filets.	ib.

TABLE DES MATIÈRES.   457

	Pages
Mouton, épaule braisée	275
— épaule au riz	ib.
— épaule en saucisson	ib.
Mûres	276
Muscade, aromate	ib.
Muscat, raisin	ib.
Navets (ragoûts de)	ib.
— à la moutarde	277
— à la maître d'hôtel	ib.
— au roux	ib.
Nèfles	ib.
Néroli, huile essentielle de fleur d'orange	ib.
Nitre ou salpêtre	ib.
Noisettes	278
Noix	ib.
— en cerneaux	90
Nompareille	278
Nougat	314
Noules	278
— (flan de)	184
— (potage de)	279
— à la maître d'hôtel	ib.
— en macaroni	ib.
OEufs. Propriétés	ib.
— (potage aux)	342
— à la coque	282
— pochés	ib.
— brouillés	ib.
— brouillés aux confitures	283
— brouillés au jambon	ib.
— frits	ib.
— au gratin	ib.
— au fromage	284
— à la tripe	ib.
— à la crême	285
— en surtout	ib.
— en filets	ib.
— aux épinards	ib.
— au beurre noir	ib.
— à la Bagnolet	286
— au lait	ib.
— à la neige	ib.
— omelette	287
— omelette aux rognons	ib.
— omelette aux pointes d'asperge	ib.
— omelette aux truffes	288
— omelette aux confitures	ib.
— omelette au sucre	ib.
— omelette soufflée	403

	Pages
OEufs, omelette aux confitures variées	288
— beignets d'omelette	289
— omelette au potiron	ib.
— conservation	138, 441
Ognon, propriétés	289
— (ragoût d')	373
— (purée d')	365
— au sucre	289
Oie	ib.
— rôtie	290
— en daube	ib.
— à la choucroute	ib.
— cuisses d'oie	139
Olives	291
— (ragoût d')	374
Ombre chevalier, espèce de truite	291
Omelette	287 à 289
Orange	291
— (compotes d')	441
— (fleurs d')	292
Orchis	ib.
Oreille de cochon à la Sainte-Ménéhould	122
— de cochon à la purée	ib.
— de veau à la Sainte-Ménéhould	414
— de veau à l'italienne	415
Orge, potage à l'orge perlé	293
— (eau d')	ib.
Oronge, champignon	ib.
Orvale, espèce de sauge	294
Os, charpente des animaux	295
Oseille, maigre	294
— au gras	ib.
— (conservation de l')	136
Osmazome, principe sapide des viandes	294
Oxalis, plante acidule	295
Palais de bœuf en filets	ib.
— mariné	296
Panade, potage	345
— au vin	350
Panais, racine	296
Paner	ib.
Parer	ib.
Passoire	297
Pastèque	ib.
Pate a frire	374
Paté d'anguille	303
— de canard	77
— froid	301
— chaud	302

TABLE DES MATIÈRES.

	Pages
Paté en terrine.	303
— petits.	305
— au jus.	ib.
Patisserie, grosse.	297
— pâte à dresser.	ib.
— brisée.	298
— pour timballe.	ib.
— feuilletée.	ib.
— à brioches.	299
— baba.	300
— pâté froid.	301
— pâté chaud.	302
— moule à pâté.	ib.
— pâté en terrine.	303
— pâté d'anguille.	ib.
— timballe.	ib.
— tourte.	304
— vole-au-vent.	305
— petits pâtés.	ib.
— pet. pâtés au jus.	ib.
— gâteau de plomb.	ib.
— gâteau au fromage.	306
— gâteau feuilleté.	ib.
— ramequins.	ib.
— flamiches.	ib.
— feuillantines.	317
— galette.	ib.
— galette feuilletée.	ib.
— galette au fromage.	ib.
Patisserie, fine.	307
— biscuits.	ib.
— biscuits de Savoie.	ib.
— bisc. aux amandes.	308
— bisc. à la cuillère.	309
— bisc. au chocolat.	ib.
— bisc. à la génoise.	ib.
— échaudés au beurre.	310
— éch. aux œufs.	ib.
— tarte d'amandes.	311
— tarte de cerises.	ib.
— biscuits soufflés.	ib.
— biscuits soufflés aux amandes.	312
— biscuits manqués.	ib.
— macarons.	ib.
— glace.	313
— biscuits au riz.	ib.
— biscuits au citron et à l'orange.	314
— massepains.	ib.
— tourons.	315
— autres massepains	ib.

	Pages
Patisserie, meringues aux pistaches.	316
— meringues farcies	ib.
— gimblettes.	318
— darioles.	442
— bâtons royaux.	31
— canellons.	440
— pouplins.	318
— choux.	118
— frangipane.	145
— tarte à la frangipane.	319
— gâteau d'amandes.	ib.
— gâteau d'amandes sec.	320
— croquantes.	ib.
— croquignoles.	ib.
— gimblettes d'Albi	318
— gaufres.	321
— flamandes.	ib.
Pavie, espèce de pêche.	ib.
Paupiettes.	360
Pêche.	322
Peintade. (Voy. Faisan.)	178, 322
Perche, poisson d'eau douce.	323
— au court-bouillon.	ib.
— en matelote.	ib.
— panée grillée	ib.
Perdrigon, espèce de prunes.	ib.
Perdrix, Perdreaux.	ib.
— rôtis	324
— en salmi. (Voy. Faisan.)	178
— braisées.	324
— aux truffes.	325
— aux choux	ib.
— à la purée.	326
— aux olives.	325
Persil.	137, 326
Pets de nonne, pâtisserie.	35
Phytolacca. Ses feuilles se mangent comme l'épinard.	326
Pieds d'agneau.	4
— de cochon.	105
— de cochon farcis	107
— de mouton.	267, 268
— de veau.	412
Pigeon.	326
— rôti.	ib.
— aux pois.	327
— en compote.	ib.
— à la Sainte-Ménéhould.	ib.
— à la crapaudine.	328
— en matelote.	ib.

TABLE DES MATIÈRES.

	Pages		Pages
Pigeon frit.	328	Potages aux choux.	338
Piment, poivre-long.	ib.	— aux choux et au fromage.	ib.
— de la Jamaïque, aromate.	ib.	— aux purées de graines.	339
Pimprenelle, herbe aromatique.	329	— à la purée de racines.	ib.
Piquer, larder.	ib.	— aux croûtons à la purée.	ib.
Pistache, amande huileuse, verte.	ib.	— à la moelle.	ib.
Plie. (*Voy.* Sole).	401	— à la purée de marrons.	ib.
Pluvier. (*Voy.* Bécasse).	33	— à la julienne.	340
Poêle à frire.	329	— aux herbes.	ib.
Poêlon.	ib.	— croûte au pot.	ib.
Pointe, léger assaisonnement.	ib.	— à la reine.	341
Poire. Propriété des différentes espèces.	330	— aux haricots rouges.	ib.
— (compotes de).	126	— aux huîtres.	ib.
Poireau.	330	— Autre.	ib.
Pois.	331	— Bisque aux écrevisses.	342
— à la bourgeoise.	ib.	— aux œufs.	ib.
— au lard.	ib.	— autre.	ib.
— (conservation des).	131	— au macaroni.	343
— (purée de).	364	— garbure de marrons.	ib.
Poissons de mer, nomenclature.	332	Potages maigres, bouillon maigre de poisson.	344
— d'eau douce, nomenclature.	ib.	— autre bouillon de poisson.	ib.
Poissonnière.	445	— bouillon maigre.	ib.
Poitrine d'agneau.	5	— soupe à l'ognon.	345
— de mouton.	274	— bisque aux écrevisses.	ib.
— de veau.	418	— de printemps.	ib.
Poivre. Ses propriétés.	332	— au riz à la purée.	ib.
Poivrade, sauce.	398	— julienne au riz.	ib.
Pommes, propriétés.	332	— panade.	ib.
Pommes de terre	333	— aux choux.	346
— à la maître d'hôtel.	ib.	— aux ognons.	ib.
— au blanc.	334	— autre, aux choux.	ib.
— au roux.	ib.	— aux herbes.	347
— frites.	ib.	— aux concombres.	ib.
— sautées.	ib.	— au riz à l'ognon.	348
— soufflé de.	402	— à la chicorée.	ib.
Porc. (*Voy.* Cochon, 121. — charcuterie.).	98	— aux quenelles de poisson.	ib.
Potages gras au naturel.	335	— à la Mont-Rouge.	349
— à la semoule et au vermicelle.	ib.	— au potiron.	ib.
— au riz.	ib.	— à la semoule.	ib.
— improvisé pour les malades.	336	— au pain grillé.	ib.
— au sagou.	ib.	— au lait et aux œufs.	350
— au salep.	ib.	— riz au lait.	ib.
— à l'orge perlée.	337	— au lait d'amande.	ib.
— au gruau d'avoine.	ib.	— panade au vin.	ib.
— bouillon rafraîchissant.	ib.	Potiron.	349, 351
— ib. de mou de veau.	338	Poularde et chapon. De leur chair	351

TABLE DES MATIÈRES.

	Pages
POULARDE et chapon rôtis.	352
— au gros sel.	ib.
— braisés.	353
— à l'angoumoise. (*V.* Faisan.)	179
— à la béchamelle.	353
— farcis à la crême.	ib.
— à la lyonnaise.	354
— en croûte.	ib.
— au riz.	ib.
— (blanquette de).	355
— galantines. (*Voyez* Dindon.)	152
— hachis. (*Voy.* Dindon.)	154
— mayonnaise.	355
— croquettes.	ib.
— marinade.	ib.
— en daube. (*Voyez* Daube.)	151
— aux olives.	356, 374
POULET, propriétés de sa chair.	356
— rôti.	ib.
— rôti pour entrée.	ib.
— à l'estragon.	ib.
— en fricassée.	357
— en marinade.	ib.
— à la Ste-Ménéhould.	358
— (friteau de).	ib.
— à la tartare.	ib.
— à la provençale.	ib.
— en gibelotte.	359
— à la poêle.	ib.
— à la mulâtre.	ib.
— à l'italienne.	360
— (bouillon de).	337
POUPLIN, pâtisserie.	318
POUPETON.	360
POURPIER.	361
PRESURE, manière de la faire.	ib.
PRINTEMPS. Ses productions.	ib.
PRUNES. Espèces et propriétés.	362
PURÉES. (*V.* Ragoûts.)	364 à 367
QUARRELET. (*Voy.* Soles.)	401
QUASI.	362
QUENELLES de bœuf bouilli.	48
— de mouton.	271
QUEUES de bœuf grillées.	363
— aux lentilles.	ib.
— de cochon.	123

	Pages
QUEUES de mouton.	266
RABLE.	363
RADIS, raves.	ib.
RAGOUTS et garnitures.	ib.
— purée de pois.	364
— — de lentilles.	ib.
— — de haricots blancs.	365
— — de haricots bruns.	ib.
— — d'ognons.	ib.
— — d'oseille.	366
— — d'écrevisses.	ib.
— — de marrons.	ib.
— — de racines.	367
— — de champignons.	ib.
— — de blanc de volailles.	ib.
— de ris de veau.	ib.
— de chicorée.	115
— de cardons.	79
— de foies gras.	368
— salpicons.	ib.
— à la Morin.	369
— de laitances.	ib.
— au blanc en maigre.	ib.
— de moules en gras.	370
— de moules en maigre.	ib.
— de mousserons.	ib.
— de navets.	ib.
— de concombres.	129, 347
— de laitues.	371
— godiveau.	ib.
— quenelles.	372
— ognons glacés.	373
— farce cuite.	ib.
— farce de poisson.	374
— pâte à frire.	ib.
— autres.	ib.
— d'olives.	374, 375
RAIE, poisson de mer, sauce blanche.	375
— en marinade.	ib.
— à la Ste-Ménéhould.	ib.
RAIFORT.	ib.
RAIPONCE.	376
RAISINS (propriété des).	ib.
RAMEQUINS.	306
RAMIERS. (*Voy.* Pigeons.)	326
RATON, espèce de flan.	377
RAVE-RADIS.	378
RAVIGOTE, sauce.	392

TABLE DES MATIÈRES.

	Pages
REINETTE, espèce de pommes.	378
RÉMOULADE, sauce.	393, 394
RHUM, espèce d'eau-de-vie.	378
RIBLETTES.	379
RISSOLES, pâtisserie.	ib.
RISSOLETTES.	ib.
RIS DE VEAU. (*Voy.* Veau.)	415, 416
RIZ au lait, au gras.	335, 350
— (gâteau de).	380
— (gâteau de) aux pommes.	ib.
ROGNONS de mouton.	265
— de veau.	382
— de bœuf à l'ognon.	381
— de bœuf à la poêle.	ib.
ROQUETTE.	ib.
RÔTI.	ib.
RÔTIES d'anchois.	15
— au lard.	123
— de rognon de veau.	382
— à la provençale.	ib.
— à la hollandaise.	383
RÔTISSOIRE	445
ROUELLE, veau découpé en travers.	383
ROUGE, espèce de canard sauvage.	ib.
ROUGET, poisson de mer.	ib.
ROULADE de bœuf.	54
— de veau.	383
ROULEAU.	384
ROUX, farine frite, 166, 167, 384	
SAFRAN.	384
SAGOU. (*Voy.* Potages.)	336, 385
SAINDOUX. (*Voy.* Cochon.)	108, 385
SALADE, 15, 130, 242, 334, 385	
SALÉ. (*Voyez* Charcuterie.).	107
SALEP. (*Voy.* Potages.)	336, 386
SALMI d'alouettes.	11
— de bécasses.	34
— de canard.	76
— de faisan.	178
SALPICONS. (*Voy.* Ragoût.)	368
SALSIFIS. (*Voy.* Scorsonère.)	400
SANG, ses propriétés.	386
SANGLIER (hure de).	387
— (quartier de)	ib.
SARCELLES. (*Voy.* Canard.)	76
SARDINES, poissons de mer	387
SARIETTE, herbe aromatique.	ib.

	Pages
SARRASIN.	387
SAUCES.	ib.
— blanche.	388
— blanche à la crême.	ib.
— sans beurre.	389
— blanc.	ib.
— béchamelle.	ib.
— tomate.	390
— à la maître d'hôtel.	391
— autre béchamelle.	ib.
— romaine.	ib.
— à l'italienne.	392
— à la ravigote.	ib.
— piquante.	ib.
— autre.	393
— piquante verte.	ib.
— verte chaude.	ib.
— rémoulade.	ib.
— autre.	ib.
— rémoulade chaude.	394
— Robert au gras.	ib.
— Robert au maigre.	ib.
— à la hollandaise.	ib.
— blanche à la provençale.	ib.
— mayonnaise.	395
— fond de cuisson.	ib.
— aux échalottes.	ib.
— hachée.	396
— au gibier.	ib.
— au poisson d'eau douce.	ib.
— rémoulade indienne.	ib.
— à la bonne femme.	397
— au mouton.	ib.
— brune.	ib.
— à la carpe.	ib.
— beurre noir.	398
— marinade.	ib.
— poivrade.	ib.
SAUCISSES, charcuterie.	101
SAUCISSONS, charcuterie.	102
SAUGE, plante aromatique.	399
SAUMON, poisson de mer.	ib.
— à la sauce aux câpres.	ib.
— au court bouillon.	ib.
— salé.	400
SCAROLE, espèce de chicorée.	ib.
SCORSONÈRE.	ib.
SEMOULE, pâte à potage.	ib.
SOLE, poisson de mer.	401
— frite.	ib.
— au gratin.	ib.
— (filets de) au gratin.	ib.
— filets en mayonnaise.	ib.
SOUFFLÉS de pain à la vanille.	402

TABLE DES MATIÈRES.

	Pages
Soufflés de pain au café	402
— de pommes de terre	ib.
— de marrons	403
— de frangipane	ib.
— omelette soufflée en moule	ib.
Soupe. (*Voy.* Potages)	335
Soutirage	404
Sucre	ib.

Talmouses. (*Voyez* Flamiches.)	306
Tamis	405
Tanche, poisson d'eau douce	ib.
— grillée	ib.
— frite	406
Tapioca. (*Voy.* Manioc.)	255
Tartare	16, 70, 358
Tarte. (*Voy.* Pâtisserie.)	311, 319
Tartrique, acide	406
Tendons. (*Voy.* Veau.)	418
Terrine	17, 34, 266
Terra merita (kari)	407
Tête d'agneau	3
— de veau	413, 414
Tétragone, plante qu'on mange comme l'épinard	407
Thé, boisson chaude	ib.
Thym, plante aromatique	408
Thon, poisson de mer	ib.
Timballe, pâtisserie	303
Timbre. (*Voy.* Garde-manger.)	210
Tomate (conserve de)	160, 409
Topinambour	ib.
Tourons, pâtisserie	315
Tourte, pâtisserie	304
Tourterelles. (*V.* Pigeon.)	326
Truffes	409
— à la cendre	410
— au vin	ib.
— à la vapeur	ib.
— (émincée de)	411
Truite, poisson d'eau douce	ib.
Turbot. (*Voy.* Barbue.)	30, 412

Vanille, aromate	ib.
Vanneau. (*V.* Bécasse.)	33, ib.
Veau	ib.
— (pieds de) au naturel	ib.

	Pages
Veau à la poulette	412
— frit	ib.
— tête au naturel	413
— en tortue	ib.
— frite	414
— à la Ste-Ménéhould	ib.
— oreilles à l'italienne	415
— (langue de)	239, 240, 106, 108
— (fraise de)	415
— fraise au kari	ib.
— frite	ib.
— ris en fricandeau	ib.
— en caisse	416
— en ragoût	367
— foie à la broche	416
— braisé	ib.
— gâteau de foie, fromage d'Italie	105
— rôtie de rognons	382
— côtelettes en papillotes	417
— à la lyonnaise	ib.
— poitrine au blanc	418
— tendons aux pois	ib.
— frits	ib.
— au kari	ib.
— fricandeau	419
— rôti	420
— blanquette	ib.
— quasi glacé	ib.
— à la gelée	ib.
— rissoles	379
— rouelle dans son jus	421
— épaule à la bourgeoise	ib.
— poitrine à l'allemande	ib.
— carré à la bourgeoise	422
— coquilles de ris et cervelles	ib.
Verjus	159
Vermicelle. (*Voy.* Potages.)	335
Vin, propriétés des diverses espèces	423
— soins à donner aux vins, placement des tonneaux	426
— de la visite des tonneaux	427
— de l'ouillage	429
— tirage en bouteilles	431
— des moyens de prévenir l'altération des vins et d'y remédier	432
Vinaigre. Procédé pour le faire	436
— aromatique	158

	Pages		Pages
Vinaigre à l'estragon	157	Vole-au-Vent, pâtisserie	305, 439
Vive, poisson de mer	438		
— grillée	ib.		
— frite	ib.	Zeste	ib.
— à la braise	ib.	Zinc, inconvéniens de ce métal	ib.
— autres manières	439		
Volailles	ib.	Zoonique (acide)	ib.

FIN DE LA TABLE.

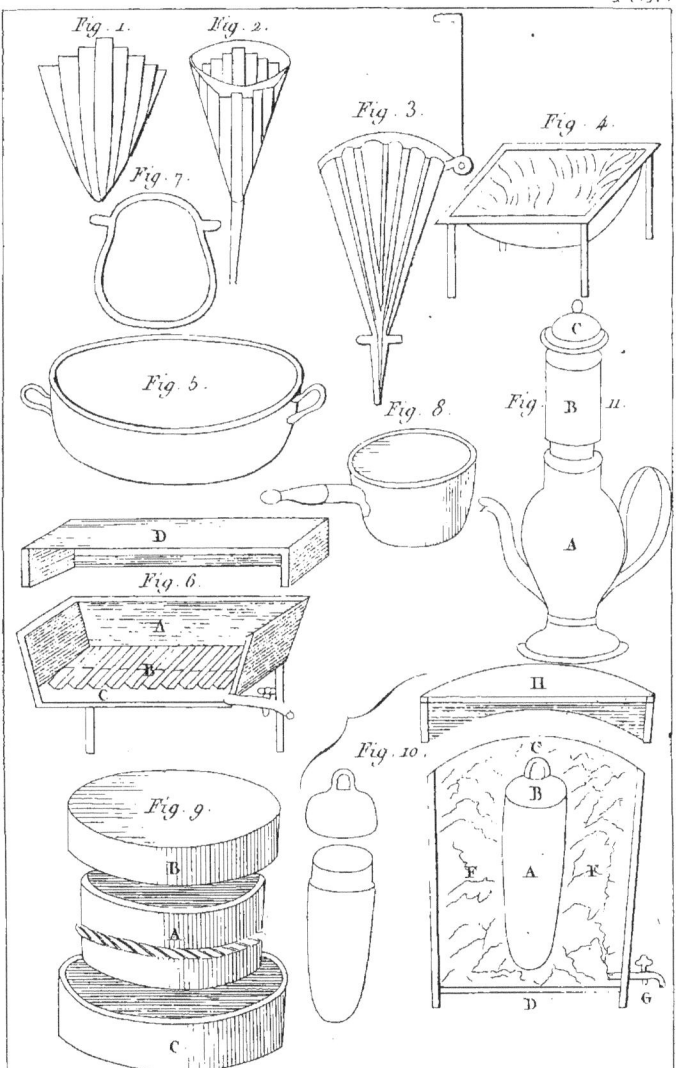

Préparation des subst. alim.

TRAITÉ
DE LA PRÉPARATION
DES
SUBSTANCES ALIMENTAIRES.

DEUXIÈME PARTIE.

DE L'OFFICE.

CHAPITRE PREMIER.

DES USTENSILES.

Les ustensiles nécessaires pour les opérations de l'office sont : un alambic, des bassines de diverses grandeurs, des filtres, des moules de plusieurs formes, des sorbetières pour faire des glaces, une presse, un ou deux mortiers, des poêlons, etc. Tous ces ustensiles sont bien connus, et il est facile de se les procurer; mais comme leur forme n'est pas indifférente, je vais décrire en détail ceux que l'expérience a fait reconnaître comme les meilleurs.

ALAMBIC.

Un alambic se compose de trois parties principales : la cucurbite, dans laquelle on met les liquides à distiller; le chapiteau, qui reçoit les vapeurs et les conduit par une allonge jusqu'au serpentin; enfin le serpentin qui condense les vapeurs.

Les pièces accessoires sont : le bain-marie, qui s'introduit dans la cucurbite lorsqu'on veut que le liquide à distiller n'éprouve pas l'action immédiate du feu ; le diaphragme, qui se met dans la cucurbite lorsqu'on distille des fleurs et autres substances dont on se propose d'extraire l'arome, qui est toujours plus agréable lorsque ces substances ne sont pas plongées dans l'eau ; enfin les récipiens, c'est-à-dire les vases qui reçoivent le produit de la distillation.

Pour rendre plus clair ce que j'ai à dire sur la disposition et l'emploi de l'alambic, je joins ici une planche qui en représente l'ensemble et toutes les parties.

Planche I, Figure 1.

Alambic monté sur son fourneau.

AA Corps du fourneau construit dans un bâtis en bois, avec du plâtre et des tuileaux : quand l'alambic est très-petit, c'est-à-dire quand sa cucurbite ne contient pas plus de dix à douze litres, on peut se servir d'un fourneau de terre cuite qu'on trouve tout fait chez les potiers. Il faut seulement s'assurer que les dimensions de ce fourneau répondent à celles de l'alambic.

B Porte du foyer.
D Porte du cendrier.
   Chacune de ces portes doit en porter une plus petite qui sert à régler le feu.
F Cucurbite. C'est un cylindre dont une partie s'engage dans le foyer : celle qui le surmonte a un renflement circulaire qui s'appuie sur le fourneau. Au-dessus de ce renflement le cylindre reprend ses dimensions pour former la gorge de la cucurbite. Deux poignées servent à l'enlever du fourneau.

Le renflement de la cucurbite a pour objet de laisser au liquide, soulevé par l'ébullition, un espace suffisant pour s'épancher ; sans cela il passerait souvent par le chapiteau, ce qui arrive encore quelquefois quand on pousse trop le feu.

Ce renflement porte une petite douille par laquelle on peut introduire du liquide dans la cucurbite. On la ferme avec un bouchon.

La cucurbite se fait en cuivre rouge, étamé en dedans. Ordinairement la gorge est en étain.

I Chapiteau de l'alambic, emboîtant exactement avec la cucurbite : il porte une poignée : toute cette pièce doit être en étain. Le chapiteau est surmonté par une douille qu'on ferme avec un bouchon.

K Allonge du chapiteau qui s'élève un peu au-dessus de l'horizontale, et qui est recourbée à angle droit, vers le bas, à son extrémité. Le relèvement de l'allonge au-dessus de l'horizontale a pour but de faire rétrograder dans la cucurbite le liquide condensé, avant l'arrivée des vapeurs au serpentin. Cela est utile, quand on distille un liquide spiritueux, pour l'obtenir plus fort, parce que c'est toujours un liquide très-aqueux qui se condense dans l'allonge.

L Pièce mobile qui sert à joindre l'allonge au serpentin ; cette pièce pouvant s'enfoncer plus ou moins dans la partie recourbée de l'allonge ou dans l'ouverture du serpentin, on peut toujours, en l'élevant ou en l'abaissant, joindre les deux parties sans soulever le serpentin, ce qui serait difficile quand le vase qui le contient est rempli d'eau. Cette pièce est en étain.

M Naissance du serpentin dans laquelle pénètre la pièce mobile.

N Seau qui contient le serpentin, il est en cuivre étamé. Le serpentin est en étain.

O Extrémité du serpentin par laquelle s'écoule le liquide distillé.

P Support du vase qui contient le serpentin.

Q Récipient dit *florentin* dont la description sera donnée plus bas.

R Support du récipient.

S Autre récipient qui s'emplit par l'intermédiaire du ré-

récipient florentin. Celui-ci repose sur un rouleau de nattes de paille.

T Tuyau surmonté d'un entonnoir ; il plonge jusqu'au fond du vase qui renferme le serpentin.

U Ouverture d'un tuyau par lequel s'écoule le trop-plein du vase.

Pendant qu'on distille, un filet d'eau doit tomber continuellement dans l'entonnoir qui surmonte le tuyau P. Cette eau tombe au fond du vase, tandis que celle qui s'est échauffée par son contact avec le serpentin, étant plus légère, s'élève à la surface et s'écoule par le tuyau Q. Au moyen de cette disposition, il n'y a toujours qu'une couche d'eau très-mince qui soit chaude à la surface ; le reste est froid, et le liquide distillé sort du serpentin sans chaleur, ce qui est essentiel dans tous les cas, et surtout quand on distille des spiritueux.

Figure II.

Coupe du fourneau et de l'alambic.

AA Massif du fourneau.

B Foyer.

C Grille du foyer. Si on brûle du bois, la grille doit être très-serrée : il suffit d'une ligne et demie d'intervalle entre les barreaux ; on les écarte de trois lignes quand on brûle du charbon de terre.

D Cendrier.

E Canal autour de la cucurbite pour la circulation de la flamme et de la fumée. L'ouverture de ce canal doit être au-dessus de la porte du foyer : on en ménage aussi une plus petite vis-à-vis la porte : celle-ci est destinée à faciliter le tirage. Si elle était trop grande, la flamme prendrait cette direction au lieu de revenir sur elle-même. Le tuyau servant de cheminée au fourneau est placé au côté opposé à la porte.

F Cucurbite. Son fond est un peu bombé en dedans, ce qui favorise l'action du feu

G Renflement circulaire à la partie de la cucurbite qui est hors du foyer.
I Chapiteau.
K Allonge du chapiteau recourbée à angle droit vers le bas.

Figure III.

A Bain-marie en étain.
B Rebord par lequel il s'appuie sur la gorge de la cucurbite. Ses dimensions sont telles, qu'il s'emboîte exactement avec le chapiteau. A ce rebord sont attachées deux poignées qui servent à enlever le bain-marie.

Figure IV.

Récipient florentin.

A Récipient ordinairement en verre.
B Bec du récipient partant du fond et s'élevant jusqu'à deux pouces environ au-dessous de son ouverture : à cette hauteur il est recourbé en S vers le bas.

Ce récipient sert lorsqu'on distille des eaux odorantes : quand ces eaux sont très-chargées, il se rassemble souvent à leur surface des gouttelettes d'huile essentielle, qu'on ne peut enlever, parce qu'on en obtient trop peu à la fois. Avec le récipient florentin, on parvient sans embarras à réunir les produits en huile essentielle d'une longue série d'opérations.

Par la forme de ce vase, lorsque le liquide distillé est parvenu à la hauteur de la courbure du bec, chaque nouvelle portion qui arrive en fait sortir un volume égal au sien, par le bec ; mais comme ce qui sort part du fond, les huiles essentielles, plus légères que l'eau, ne peuvent s'écouler par là : elles s'accumulent donc à la surface à mesure que les opérations se multiplient. Quand il s'en est amassé ainsi une certaine quantité, on l'enlève avec une *pipette*.

Figure V.

Diaphragme mobile.

A Diaphragme composé d'une plaque d'étain percée de trous.

BB Pieds au nombre de trois qui portent le diaphragme.

Le diamètre du diaphragme doit être, à quelques lignes près, le même que celui de la partie cylindrique de l'alambic.

On place ce diaphragme dans la cucurbite, et on n'y met que la quantité d'eau suffisante pour que sa plaque soit éloignée de quelques pouces de sa surface.

On dispose sur la plaque les fleurs à distiller, et on chauffe. Lorque l'eau est en ébullition, sa vapeur traverse le lit de fleurs, en sépare l'huile essentielle, et va se condenser dans le serpentin.

On obtient ainsi des eaux chargées d'un arome plus pur et plus abondant.

Figure VI.

Pièce mobile servant à la jonction du chapiteau avec le serpentin.

A Tube en étain pouvant entrer librement par son extrémité inférieure dans l'ouverture du serpentin.

B Ailes saillantes qui empêchent le tube de pénétrer **trop** avant dans le serpentin.

C Renflement du tube qui s'emboîte avec la partie recourbée de l'allonge du chapiteau.

Figure VII.

Pipette en verre.

A Tube d'un petit diamètre.
B Réservoir en boule.
C Tube terminé en pointe très-fine.

On se sert de la pipette pour séparer deux liquides dont l'un surnage l'autre. Pour cela on plonge la pipette dans le liquide qu'on veut enlever; on aspire avec la bouche jusqu'à ce que le réservoir soit empli; on enlève alors la pipette, et tenant fermée avec la langue l'ouverture du tube, on la transporte sur un flacon dans lequel on laisse écouler son contenu. On recommence cette opération jusqu'à épuisement total.

Si on veut enlever le liquide qui est en dessous, il faut fermer le tube avec le doigt, en plongeant la pipette; alors elle traversera la première couche de liquide, sans que celui-ci puisse pénétrer dans son intérieur.

Figure VIII.

Récipient destiné à contenir l'aréomètre.

Il est représenté en coupe : il consiste en un cylindre de fer-blanc, séparé en deux parties par une cloison percée en bas.

A Partie du récipient où arrive le liquide sortant du serpentin.
B Partie du récipient où se place l'aréomètre.
C Tube par lequel s'écoule le trop-plein du récipient.

La séparation du récipient a pour but de prévenir le mouvement continuel de l'aréomètre, qui serait causé par la chute du liquide qui arrive, si la cloison n'existait pas.

Figure IX.

Tube à entonnoir qui conduit l'eau froide au fond du seau contenant le serpentin.

A Tube en cuivre.
B Entonnoir qui le termine par en haut.
C Crochet servant à fixer le tube sur le bord du seau.

Figure X.

Aréomètre.

Un aréomètre est une dépendance obligée d'un alambic, puisque c'est le seul instrument avec lequel on puisse apprécier la force des liquides spiritueux. Pour l'usage de l'aréomètre, *voy.* l'article Alcool au *chapitre des matières.*

Conduite de l'alambic.

On remplit la cucurbite du liquide à distiller : il ne doit pas s'élever au-dessus de la naissance du renflement, ou du moins il ne doit la dépasser que de très-peu. On pose le chapiteau, et on ajuste la pièce mobile qui joint l'allonge au serpentin, dont la cuve doit être pleine d'eau.

On lute les trois jonctions avec de la farine de seigle délayée avec de l'eau, jusqu'à consistance de bouillie un peu épaisse. Quand toutes les parties sont bien ajustées, il suffit de passer avec le doigt un peu de bouillie sur toutes les jointures pour tout luter. La première chaleur fait sécher le lut et rien ne peut se perdre.

Ce lut est fait dans un instant et s'applique avec plus de facilité que les bandes de papier encollé dont on se sert quelquefois.

On place le récipient sous l'extrémité du serpentin. On allume le feu qu'on pousse avec modération jusqu'à ce que la distillation commence ; ensuite on l'entretient toujours égal.

Peu de temps après que la distillation a commencé, le liquide qui remplit la cuve du serpentin s'échauffe, et si on ne le renouvelait pas, la chaleur descendrait de plus en plus. Le liquide distillé ne pourrait plus se refroidir complètement dans le serpentin ; plus tard il sortirait tout-à-fait chaud, ce qui est un grave inconvénient, quand on distille des spiritueux, parce qu'indépendamment de la perte qui résulte de l'évaporation, on est exposé à l'inflammation des vapeurs alcooliques qui se répandent dans le local où l'on distille. Il est donc essentiel de ne pas tarder à renouveler l'eau, non pas en totalité, mais partiellement et successivement, au moyen d'un filet qu'on fait tomber dans l'entonnoir à douille qui plonge dans la cuve.

Le moyen le plus simple pour cela, c'est d'avoir un tonneau qu'on place sur un support assez élevé pour que son fond soit au-dessus de l'entonnoir. Un tuyau, portant un robinet, part du fond de ce tonneau et vient aboutir à l'entonnoir. On peut donc à volonté, et selon le besoin, régler l'écoulement de l'eau.

On continue la distillation jusqu'à ce qu'on ait extrait tout ce qu'on s'est proposé de tirer.

Souvent on fractionne les produits, c'est-à-dire qu'on met à part la première partie du liquide obtenu, la seconde, la troisième, etc. On a ainsi des produits plus ou moins forts, plus ou moins chargés du principe qu'on a voulu extraire.

Quand tout est terminé, on éteint le feu, on délute, on enlève le chapiteau, on vide la cucurbite, on la nettoie, et ensuite on recommence.

Les diverses parties de l'alambic doivent être tenues dans un état de propreté parfaite.

Quand on distille des plantes aromatiques, le serpentin s'imprègne de leur odeur et la communique aux produits des distillations suivantes. C'est un inconvénient auquel il faut remédier. Ce serait en vain qu'on essaierait de débarrasser le serpentin de son odeur, en le faisant traverser par de l'eau froide ou même bouillante. Le principe odorant persisterait encore : il n'y a que la vapeur qui puisse l'enlever.

Pour cela on monte l'alambic, on y verse de l'eau pure, on lute, et on vide entièrement la cuve du serpentin. Cela fait, on chauffe, la vapeur d'eau ne tarde pas à s'élever ; elle pénètre dans le serpentin, qui, n'étant plus baigné dans l'eau, s'échauffe bientôt au point qu'aucune vapeur ne peut plus se condenser : elle sort alors par l'extrémité inférieure du serpentin, et elle est imprégnée de l'odeur qu'on veut faire disparaître. Tant que la vapeur porte cette odeur avec elle, on continue la distillation. On l'arrête quand l'odeur est devenue peu sensible.

BASSINES.

Vases de cuivre, plus larges que profonds, qu'on emploie pour faire les confitures et les sirops, et pour cuire le sucre.

Autrefois toutes les bassines avaient leur fond bombé en dessous. Elles formaient ou une demi-sphère ou au moins un segment de sphère. Cette forme présentait un inconvénient très-grave, en ce que le liquide contenu dans la bassine, n'ayant pas partout la même épaisseur, éprouvait très-inégalement l'action du feu. L'ébullition commençait vers les bords, qui acquéraient bientôt assez de chaleur pour brûler ce qui les touchait.

Aujourd'hui toutes les bassines se font à fond plat et à bords droits. Par cette disposition elles ne peuvent recevoir l'impression du feu que par le fond, et le liquide qu'elles contiennent, ayant partout la même profondeur, chauffe très-également.

Il est bon que les côtés ne se joignent pas avec le fond en formant un angle aigu. Cette partie doit être légèrement arrondie pour rendre plus facile le nettoyage. (*Voyez* la fig. 5, pl. 2.)

Les bassines se font ordinairement en cuivre rouge. Le jaune serait préférable, parce qu'il est moins attaquable par les acides. On ne les étame pas. L'étamage fait tourner au violet les confitures qui doivent rester rouges.

Une bassine non étamée s'écure facilement, et lorsqu'elle est propre et bien brillante, elle ne présente aucun danger, pourvu qu'on n'y laisse pas séjourner des sucs de fruits et des confitures froides. A chaud, il n'y a rien à craindre.

Un fourneau ordinaire suffit pour chauffer une bassine contenant trente à quarante livres de confitures. On remplit entièrement le fourneau de charbon. On place près de chacun de ses côtés un fragment de brique, et c'est sur ces fragmens qu'on pose la bassine.

FILTRE. FILTRER.

Filtrer un liquide, c'est le faire passer à travers un corps quelconque, assez poreux pour le laisser passer, et assez serré pour retenir au passage les substances que le liquide tient en suspension, si ténues qu'elles soient.

Le corps filtrant se nomme filtre.

On emploie comme filtre le papier, le drap, le feutre, les étoffes de coton, le coton en laine, le sable, certaines pierres poreuses, etc.

Il y a des filtres qui exercent une action chimique.

Ainsi lorsqu'on fait traverser par un liquide coloré une couche de charbon animal, il perd une partie de sa couleur. On parvient même quelquefois à le décolorer tout-à-fait.

L'eau trouble et infecte qu'on fait filtrer à travers plusieurs couches alternatives de sable et de poussier de charbon de bois bien lavé, en sort limpide et dépouillée de tout mauvais goût.

Le papier, qui est un véritable feutre, est un excellent filtre; il ne doit pas être collé. On le plisse en cône, comme dans la fig. 1, pl. 2, et on le met dans un entonnoir de verre ou d'étain, en plaçant quelques osiers dépouillés de leur écorce entre la paroi de l'entonnoir et le filtre. Cette précaution a pour but d'empêcher le papier de s'appliquer partout sur l'entonnoir, ce qui arrêterait ou du moins ralentirait la filtration.

On fait des entonnoirs dont l'intérieur est couvert de cannelures, ce qui dispense d'employer des baguettes : ces entonnoirs sont en étain et se ferment avec un couvercle, ce qui prévient l'évaporation des liquides spiritueux pendant la durée de la filtration. (*Voyez* pl. 2, fig. 3.)

La fig. 2, pl. 2, représente un filtre conique en papier, monté dans un entonnoir.

On fait un filtre en papier d'une manière plus simple.

Sur un châssis à pieds, fig. 4, pl. 2, on attache, au moyen de pointes saillantes qui tiennent au châssis, une étoffe quelconque. L'étoffe doit être peu tendue, de manière à former la poche. Sur cette étoffe on étend une feuille de papier à filtrer.

Ce filtre ne peut servir que pour des substances dont on craint peu l'évaporation.

Les premières portions de liquide qui traversent un filtre de papier sont parfaitement claires ; il n'en est pas de même lorsque la filtration a lieu dans une chausse de drap ou de feutre : presque toujours les premières portions de liquide qui passent sont troubles : peu à peu le filtre s'engorge par les dépôts que le liquide forme à sa surface, et enfin, ce qui sort est limpide ; alors on retire le vase qui a reçu les premières portions de liquide et on lui en substitue un autre : on verse dans le filtre ce qui a coulé d'abord.

Quand on a de la peine à obtenir un liquide clair, et que ce liquide est sucré, on accélère le moment où la clarification devient parfaite en saupoudrant la chausse avec de la cassonade aussi blanche qu'il est possible, mais un peu grasse.

Pour filtrer au coton, on en prend une poignée qu'on roule en boule et qu'on place dans l'entonnoir, en la faisant pénétrer un peu dans la douille; on verse par-dessus le liquide à filtrer.

Lorsqu'on traite du sucre avec le noir animal pour le décolorer, on ne peut se servir de la chausse pour le filtrer, parce que le charbon qui se dépose en abondance vers le bas empêche toute filtration dans cette partie : le sirop ne peut donc s'échapper que par les parties latérales qui, n'étant pas suffisamment empâtées de noir, laissent passer le liquide trouble : il faut le reverser sans cesse dans la chausse; pendant ce temps il se refroidit, et alors la filtration s'arrête entièrement.

Pour remédier à cet inconvénient, on a imaginé une espèce de filtre qui remplit très-bien l'objet qu'on se propose. Il est représenté par la fig. 6, pl. 2.

- A Caisse en bois de sapin d'un pouce d'épaisseur, d'une grandeur proportionnée aux quantités de sirop à filtrer. Sa profondeur ne doit pas excéder dix pouces. Son fond est composé de deux parties légèrement inclinées, de manière à former une espèce de gouttière dans le milieu. Toutes les parois intérieures de la caisse sont doublées en cuivre mince étamé. A l'une des extrémités de la gouttière on soude une douille qui traverse le côté.
- B Claie en osier blanc, à claire-voie, qui couvre tout le fond de la caisse.
- C Étoffe de laine taillée et cousue dans la forme de la caisse et dont les côtés doivent être assez hauts pour pouvoir se replier sur les bords.
- D Couvercle de la caisse : il doit être doublé en cuivre pour que la vapeur du sirop ne le déforme pas.

Aussitôt que la clarification du sirop est opérée, on le verse sur ce filtre. Les premières portions qui sortent par la douille sont noires. On laisse couler jusqu'à ce que le liquide soit d'une limpidité parfaite, ce qu'on reconnaît en en recevant une petite quantité dans une cuillère d'argent qu'on expose au jour pour voir si le liquide ne tient pas encore en suspension quelques molécules de charbon. Lorsqu'on s'est ainsi assuré que le sirop est bien limpide, on met un nouveau vase sous le tube d'écoulement, et on verse sur le filtre ce qui a été reçu dans le premier. On place le couvercle sur la caisse et on laisse la filtration s'achever.

Le filtre doit être posé de manière que son fond ait une inclinaison d'un pouce vers la douille, pour faciliter l'écoulement du sirop.

MORTIERS.

Les mortiers les plus commodes sont ceux qui sont creusés en forme de poire, c'est-à-dire dont la capacité est plus grande en bas qu'à l'ouverture : cette disposition empêche les matières à piler d'être projetées au-dehors par l'action du pilon, effet qui a toujours lieu dans les anciens mortiers qui ont beaucoup d'évasement. (*Voyez* fig. 7, pl. 2.)

Il y a des mortiers en cuivre, en fonte, en verre, en porcelaine et en marbre. Il faut rejeter les mortiers en cuivre. Les mortiers de fonte tournés sont excellens pour pulvériser les substances dures qui s'écraseraient difficilement sous un pilon en bois. Les mortiers de marbre sont les plus généralement employés : ceux de marbre dit Sainte-Anne, ou de marbre blanc, sont les meilleurs : il faut éviter de prendre ceux qui sont faits avec un marbre presque noir, connu sous le nom de petit granit, parce que ce marbre exhale une odeur infecte lorsque sa surface est grattée même très-légèrement.

Le marbre étant attaquable par tous les acides, on doit éviter d'y triturer des substances qui contiennent un acide quelconque, à moins qu'elles ne soient sèches.

Un pilon en bois très-dur facilite singulièrement la trituration. Le meilleur bois est le gaïllac, ensuite le buis et le charme.

Les mortiers de verre et de porcelaine ont l'avantage

de supporter les acides, et de ne pas s'imprégner comme le marbre de l'arome des substances qu'on y pulvérise.

POÊLONS.

Les poêlons sont des espèces de casseroles plus profondes que celles qu'on emploie aux cuisines, et ayant un bec pour verser leur contenu. Ils ont aussi un manche en bois. (*Voyez* fig. 8, pl. 2.) Les poêlons ne sont point étamés; le fond est plat, mais sa jonction avec le bord est légèrement arrondie, comme dans les bassines. On les emploie pour clarifier de petites quantités de sucre, pour faire des conserves sèches, etc.

TAMIS.

Les tamis sont des espèces de filtres qui servent à clarifier les liquides pulpeux et à séparer en poudre de divers degrés de finesse les substances pulvérisées.

Les tamis de crin seraient excellens si leur toile était faite avec plus de régularité. L'étoffe des tamis de soie est d'un tissu plus régulier; mais lorsqu'elle a la solidité nécessaire, ses fils s'imprègnent des substances tamisées, et des lavages répétés ne les en séparent pas entièrement. Le crin ne présente pas cet inconvénient.

Les meilleurs tamis sont ceux qui sont faits en toile métallique. Cette toile est d'une régularité parfaite, et on peut toujours lui donner le degré de finesse que l'on désire; mais, pour les usages de l'office, il la faut en argent, ou mieux encore en platine.

Le tamis couvert est destiné à tamiser sans perte des substances très-fines, ou dont la poussière pourrait incommoder ceux qui manœuvrent le tamis.

Il se compose d'un tamis ordinaire qui se ferme en-dessus et en-dessous avec des couvercles emboîtans. Il est représenté par la figure 9, pl. 2.

   A Tamis ordinaire. On doit en avoir plusieurs avec des toiles de différens degrés de finesse.

B Couvercle de dessus, composé d'un cercle de boissellerie fermé par une peau tendue.
C Couvercle de dessous. Il est fait comme celui de dessus; mais comme il sert de récipient pour les matières tamisées, il est plus profond.

PRESSE.

Une presse un peu forte est un ustensile indispensable dans un office : on l'emploie pour extraire des sucs de fruits, pour presser le marc des confitures, etc. Toute presse qui a un peu de force est suffisante pour cet objet. Je me bornerai à recommander quelques précautions pour son usage. La première, c'est de faire revêtir le tablier et la rigole de la presse avec des feuilles d'étain, ce qui empêche le bois de s'imprégner du jus des substances pressées; la seconde est relative à la meilleure disposition à donner aux substances qu'on soumet à la presse pour en obtenir une pression égale.

A cet effet, on se sert d'un cadre carré en bois de trois pouces au plus de haut, et de six à huit pouces de côté en dedans. Plus le cadre sera petit, plus la pression sur chaque point sera forte. On met dans le cadre un morceau de toile assez grand pour que, quand le cadre est rempli, on puisse le renverser sur son contenu et le couvrir entièrement.

On met sur la toile la substance à presser en l'étendant également, et on l'élève jusqu'à la hauteur du cadre; alors on replie par-dessus et bien carrément les bords de la toile.

Si toute la substance à presser n'a pu être contenue dans un seul cadre, on en met un second et successivement un troisième par-dessus le premier. La substance contenue dans chaque cadre est toujours enveloppée d'une toile comme il a été expliqué précédemment.

Tout étant ainsi disposé, on enlève les cadres et on

abaisse la presse. Au moyen de la disposition qui vient d'être indiquée, le marc ne se déforme pas, il est pressé également, et l'écoulement du liquide est facilité par l'interposition des toiles.

SORBETIÈRE.

On nomme ainsi un vase en étain dans lequel on met les liquides qu'on veut faire glacer.

La sorbetière a la forme d'un cylindre de huit à douze pouces de haut sur un diamètre proportionné à la quantité de glaces qu'on veut faire à la fois. Le cylindre se ferme avec un couvercle emboîtant en dehors, à frottement. Le couvercle a en dessus une poignée qui sert surtout à faire tourner la sorbetière lorsqu'elle est plongée dans la glace.

Pour faire glacer, on fait au fond d'un seau, suffisamment profond, un lit de glace de trois pouces d'épaisseur; il doit y avoir dans ce fond un morceau assez gros pour servir de support à la sorbetière, dont la partie inférieure est hémisphérique. La largeur du seau doit être telle, que lorsque la sorbetière y est placée, il reste au moins deux pouces de vide tout au tour; ce vide se remplit de glace pilée qu'on saupoudre de sel lit par lit, comme il sera expliqué au chapitre des boissons glacées.

Il est bon que la sorbetière soit entièrement contenue dans le seau, et que celui-ci ait un couvercle emboîtant, facile à mettre et à ôter.

La fig. 10, pl. 2, représente une sorbetière et son seau.

   A Sorbetière cylindrique à fond hémisphérique.
   B Couvercle.   C Poignée.
   D Seau contenant la sorbetière E.
   F Glace qui entoure la sorbetière.
   G Robinet servant à écouler l'eau de fusion de la glace.
   H Couvercle du seau.

CAFETIÈRE.

La meilleure cafetière est celle dite à la Dubelloi. C'est un neveu du cardinal de ce nom qui en est l'inventeur : toutes les autres cafetières, qu'on a plus ou moins prônées depuis quelques années, ont l'inconvénient de trop dépouiller le marc des matières extractives qu'il contient. On obtient ainsi une infusion plus colorée, mais moins agréable.

Les cafetières se font en argent ou en fer-blanc ; le métal de celles-ci étant fortement attaquable par l'un des principes du café, elles se détruisent rapidement si on n'a pas le soin de les essuyer à sec aussitôt qu'on cesse de s'en servir. Dès que le fer-blanc est attaqué, le café y contracte une saveur métallique qui altère la sienne.

C'est pour remédier à ces inconvénients qu'on a imaginé de faire en poterie les cafetières à la Dubelloi. Une d'elles est représentée par la fig. 11, pl. 2.

A Cafetière en faïence.
B Cylindre sans fond aussi en faïence. Au bas du cylindre on a ajusté une plaque d'étain percée de très-petits trous ; c'est sur cette plaque qu'on dépose le café en poudre.
C Couvercle du cylindre.

MOULES.

Les moules servent à donner des formes régulières et agréables à plusieurs préparations de l'office. On les fabrique ordinairement en cuivre ; il est préférable de les faire faire en fer-blanc ou en étain.

Les découpoirs sont des moules sans fond, avec lesquels on donne des formes aux pâtes, aux pastilles, etc.

CHAPITRE II.

DES MATIÈRES.

Le sucre, l'alcool, le suc et la pulpe de la plupart des fruits, et la presque totalité des substances aromatiques connues, sont les bases des opérations de l'office.

Je réunirai dans ce chapitre tout ce qu'il est utile de faire connaître sur l'emploi de ces substances.

DU SUCRE.

Le type du sucre est celui qu'on extrait de la canne. Pendant long-temps on n'en a pas connu ni employé d'autres; mais, depuis la fin du siècle dernier, on est parvenu, d'abord en Prusse, et plus tard en France, à extraire de la betterave un sucre tout-à-fait identique avec celui qu'on obtient de la canne : cette industrie long-temps languissante par suite de la fausse direction que lui avaient imprimée quelques savans, fait, depuis quelques années, des progrès rapides.

Ces progrès sont entièrement dus à M. Crespel de Lisse, fabricant de sucre de betteraves à Arras, et ils sont tels que dans ce moment, on fabrique déjà plus de six millions de livres de sucre indigène, et que selon toute vraisemblance, cette quantité sera doublée l'année prochaine par les nombreuses fabriques qui sont en construction.

D'après le produit en sucre qu'on obtient d'un quintal de betteraves, on peut calculer que quarante à cinquante mille hectares de terres consacrées à la culture de cette racine suffiraient pour donner tout le sucre nécessaire à la consommation de la France.

Le sucre de betteraves se vend au même prix que celui des colonies ; il est même très-recherché par les raffineurs. Ce prix, avantageux pour les fabricans, peut être considéré comme une prime qui les encourage à étendre leurs fabrications : lorsque celle-ci aura pris toute l'extension dont elle est susceptible, le prix baissera nécessairement.

La châtaigne contient aussi du sucre identique avec celui de canne; mais il n'y aurait aucun avantage à l'en extraire.

Les autres matières sucrées, telles que le miel, le sucre de fécule, les sucs de la plupart des fruits et de quelques racines, paraissent devoir une partie de leurs propriétés à la présence d'une proportion plus ou moins grande de véritable *sucre*, mais ce sucre est combiné avec d'autres substances dont on n'a pas encore pu le séparer. Aucune substance sucrée ne peut remplacer le *sucre* dans la plupart des préparations de l'office.

Le sucre s'emploie, ou tel qu'on l'achète, ou après avoir subi quelques préparations préliminaires.

Pour la fabrication des confitures liquides, c'est-à-dire des marmelades et des gelées, il y a des personnes qui se servent de sucre réduit en sirop : il est préférable de l'employer à l'état solide, pourvu qu'on ait la précaution de choisir du sucre bien blanc et bien sec. Il n'y a aucune économie, et il y a beaucoup de désavantage à se servir de sucre de basse qualité.

Les préparations préliminaires qu'on fait subir au sucre peuvent se réduire à deux, la clarification et la cuite : je vais décrire en détail ces deux opérations.

Clarification du sucre.

On opère la clarification du sucre ou avec des blancs d'œuf seuls, ou avec des blancs d'œuf et une quantité plus ou moins grande de noir animal.

La clarification aux blancs d'œuf suffit dans la plupart des cas, surtout lorsqu'on emploie de beau sucre; mais le plus beau sucre donne encore un sirop coloré : si on veut l'obtenir tout-à-fait incolore, ou si l'on a besoin, ce qui arrive quelquefois, de décolorer des cassonades ou même des sucres bruts, il est nécessaire de recourir à la clarification par le noir animal.

Clarification par le blanc d'œuf.

Mettez dans une bassine vingt-cinq livres de sucre avec huit litres d'eau dans laquelle vous aurez délayé quatre blancs d'œuf; faites échauffer lentement jusqu'à ce que le sucre soit entièrement fondu; activez ensuite le feu, sans cependant qu'il devienne trop vif. L'albumine du blanc d'œuf, en se coagulant par la chaleur, forme un réseau qui, étant plus léger que le liquide, s'élève à la surface, et entraîne avec lui tous les corps qui se trouvaient suspendus dans le sirop; n'attendez pas que l'ébullition commence, prévenez-la de quelques instans; enlevez la bassine et versez son contenu dans une chausse de feutre ou de lainage épais. Cette manière d'opérer vaut mieux que celle qui consiste à enlever les écumes à mesure qu'elles se forment et à ajouter de temps en temps de l'eau d'œuf pour en former de nouvelles.

Les blancs d'œuf coagulés qui restent dans la chausse et la chausse elle-même retiennent une petite quantité de sucre; on les lave dans de l'eau un peu chaude, et l'eau de lavage s'ajoute à une nouvelle clarification; ou bien on la verse dans un vase qu'on destine à recevoir divers résidus sucrés qu'on peut convertir en vins artificiels. (*Voyez* chapitre des confitures, § des gelées.)

Clarification au noir animal.

Ce mode de clarification ne s'emploie que lorsqu'on veut obtenir des sirops tout-à-fait sans couleur, ou lorsqu'on est dans le cas de faire usage de cassonades plus ou moins colorées, ou même de sucres bruts dont quelques espèces sont très-peu colorées : la clarification laissant subsister dans la cassonade la proportion de mélasse qu'elle contient toujours, le sirop qu'on obtient, quoique très-liquide et incolore, contient moins de sucre que celui qui est fait avec du sucre en pain ; cependant il a une saveur sucrée au moins aussi prononcée, et de plus il a l'avantage d'être moins sujet à se candir, ce qui en rend l'emploi utile dans les liqueurs et dans les sirops acides.

Mettez dans une bassine vingt-cinq livres de cassonade et neuf litres d'eau, dans laquelle vous aurez délayé cinq à six blancs d'œuf; faites fondre à très-petit feu, et lorsque le sucre est bien fondu, ajoutez deux livres et demie de noir animal en poudre fine, brassez bien le tout pour opérer un mélange intime, et activez un peu le feu ; lorsque l'écume est bien montée et que le soulèvement de la masse annonce que l'ébullition va commencer, retirez la bassine du feu et versez-en de suite le contenu sur le filtre représenté par la fig. 6, pl. 2. (*Voyez* sa description et la manière de s'en servir, page 13.)

Cuite du sucre.

Le sucre clarifié contient une trop grande quantité d'eau pour la plupart des usages auxquels on le destine : pour l'en séparer on a recours à l'évaporation qui doit être opérée à grand feu, car on a constaté que lorsque la cuite languit, une partie du sucre est décomposée, ce qui le rend incristallisable et impropre à plusieurs préparations. En poussant plus ou moins loin l'évaporation, on arrive à certains degrés de cuite auxquels on a donné des dénominations particulières, et qu'on reconnaît à des signes qui vont être exposés.

On dit que le sucre est à la *nappe,* lorsqu'en y trempant l'écumoire et la retirant de suite le sirop s'écoule en nappe sur la surface de l'écumoire, qu'on tient dans une position verticale.

Le sucre est au *perlé*, lorsqu'en y trempant le bout de l'index, le rapprochant du pouce et étendant ensuite les deux doigts autant qu'il est possible, il se forme, de l'un à l'autre, un filet qui ne se rompt pas : lorsque le sucre est à cet état, le bouillon élève sur la bassine des globules ronds qui ressemblent à des perles de verre.

La cuisson *à la plume* se reconnaît lorsqu'en trempant l'écumoire dans le sucre, et soufflant à travers, il en sort des globules légers qui tiennent l'un à l'autre, et qui voltigent dans l'air.

Enfin, on reconnaît que le sucre est *au cassé*, lorsque après avoir mouillé le doigt dans l'eau fraîche, on le trempe dans le sucre et ensuite dans l'eau : si après avoir détaché le sucre qui tient au doigt, il casse net sous la dent, il est à son point extrême de cuisson : il ne contient plus d'eau : il est temps de le retirer, sans quoi il se caraméliserait.

Si, après avoir retiré la bassine du feu, on agite vivement le sirop avec une spatule, le sucre, refroidi par cette opération, se réunit instantanément en petits globules. C'est ce qu'on nomme *sabler*.

En laissant la bassine sur le feu, lorsque le sucre est au cassé, on obtient du caramel dont on arrête la coloration au point qu'on juge convenable, en retirant la bassine.

Outre ces degrés de cuite, il y en a d'intermédiaires auxquels on a aussi donné des noms. Les degrés se reconnaissent à ce que les signes décrits ci-dessus ont moins d'intensité.

Ainsi, quand le filet se casse en étendant les doigts, le sucre est au *lissé*.

Quand en soufflant à travers l'écumoire, les globules qui s'envolent sont petits et en petite quantité, le sucre est au *soufflé*.

Il est au *petit cassé*, quand le sucre détaché du doigt ne casse pas net et tient aux dents.

Il faut un peu d'expérience pour se bien connaître à la cuite du sucre ; cette expérience est facile à acquérir avec un peu d'attention.

Des observations, suivies pendant une seule cuite, suffisent pour faire reconnaître tous les signes caractéristiques des divers degrés de cuisson.

On trouve chez Chevalier, opticien, sous la tour du Palais, un instrument assez commode pour reconnaître les divers degrés de cuisson du sucre : c'est une espèce d'aréomètre qui, étant plongé dans le sucre bouillant, indique, par le point où il s'enfonce, le degré de cuisson.

Cet instrument se nomme *saccharomètre* : pour s'en servir, il faut avoir un tube de fer-blanc à manche ; on l'emplit de sirop, et le tenant toujours plongé dans la bassine par sa partie inférieure, on y introduit le saccharomètre. Par ce moyen le syrop est maintenu à la température de la bassine, et l'instrument est soustrait à l'agitation qui a lieu dans celle-ci par l'effet de l'ébullition.

DE L'ALCOOL.

Alcool, esprit, eau-de-vie, sont trois mots qui expriment une même substance dans des états différents.

L'alcool pur est un liquide incolore, d'une odeur vive et pénétrante et d'une saveur brûlante. Il ne contient pas d'eau ou du moins il n'en contient pas qu'on puisse en séparer par les moyens connus.

Ce qu'on nomme esprit est de l'alcool uni à une certaine quantité d'eau. L'esprit du commerce, qu'on connaît généralement sous la dénomination de *trois six*, contient, sur cent parties, quatre-vingt-cinq parties d'alcool pur, et quinze parties d'eau.

L'esprit trois six est la base de toutes les bonnes liqueurs; il est préférable, pour cet emploi, à l'eau-de-vie, précisément parce qu'il est sans goût particulier et sans couleur. Son emploi est aussi plus économique.

L'eau-de-vie est un mélange d'alcool et d'eau dans des proportions très-variables. Les plus fortes contiennent au moins quarante pour cent d'eau; il y en a qui en contiennent jusqu'à cinquante-huit pour cent. L'eau-de-vie est en outre mélangée de diverses matières extractives qui modifient plus ou moins l'odeur et la saveur de l'alcool.

L'eau-de-vie, quel que soit son titre, sort sans aucune couleur de l'alambic; avec le temps elle se colore dans les tonneaux, en dissolvant la matière extractive des douves. Presque toujours on n'attend pas cette coloration naturelle : on la donne à l'eau-de-vie en y ajoutant du caramel, de la mélasse, une infusion de thé, du cachou, etc. Chaque marchand a pour cela une recette particulière. Fort heureusement aucune de ces substances n'est malfaisante. Une très-bonne recette, pour colorer l'eau-de-vie, est la suivante.

Un quarteron de sucre caramélisé, jusqu'à teinte carmelite très-foncée; délayer le caramel avec une tasse de forte infusion de thé moitié vert et moitié noir. Ajouter une demi-tasse de teinture spiritueuse et saturée de cachou, et un gros de teinture de vanille.

On met de cette liqueur dans l'eau-de-vie, jusqu'à ce qu'on ait atteint la nuance qu'on désire.

Les meilleures eaux-de-vie sont celles dites de Cognac. On les fabrique dans les départements de la Charente, et de la Charente-Inférieure.

Ensuite viennent les eaux-de-vie dites de l'Armagnac : elles sont fabriquées dans les départemens du Gers et de Lot-et-Garonne.

Au troisième rang sont les eaux-de-vie dites d'Orléans, qui se fabriquent dans la Loire-Inférieure, Maine-et-Loire, et Loire-et-Cher.

Les eaux-de-vie de Montpellier sont les plus médiocres de toutes.

L'eau-de-vie, dite d'Andaye, est une véritable liqueur peu sucrée et peu aromatisée.

Tous les liquides alcooliques, dont on fait usage, variant dans leur composition, il est utile d'avoir un moyen de reconnaître leur degré de force, tant pour n'être pas trompé, lorsqu'on achète, que pour savoir ce qu'on doit ajouter d'eau pour ramener le liquide au degré convenable.

Ce moyen est l'emploi de *l'aréomètre;* c'est le nom d'un instrument avec lequel on mesure la force des liquides alcooliques. On le nomme aussi *pèse-liqueur* ou *pèse-esprit*. Il est figuré pl. 1. fig. 8.

- A Tube contenant une échelle qui sert à mesurer l'enfoncement de l'aréomètre, lorsqu'on le plonge dans un liquide alcoolique.
- B Boule vide qui contribue à rendre l'instrument plus léger que le liquide.
- C Boule remplie de mercure ou de petit plomb, servant de lest et maintenant l'aréomètre dans une direction verticale.

On plonge l'aréomètre dans un liquide alcoolique, et plus ce liquide est fort, ou, ce qui est la même chose, plus il contient d'alcool pur, plus l'instrument s'y enfonce. On remarque quel est le degré de l'échelle qui se trouve à la surface du liquide, et l'on dit que l'eau-de-vie, ou l'esprit essayé, est à tant de degrés.

Jusqu'à ces dernières années on ne se servait, pour apprécier la force des eaux-de-vie, que de l'aréomètre de Cartier.

L'échelle de cet instrument est divisée en quarante-deux degrés. Le dixième indique le point où l'aréomètre s'enfonce quand on le plonge dans l'eau distillée. Le quarante-deuxième indique, non pas tout-à-fait l'alcool plus rectifié, mais celui qu'on croyait tel, et qu'on n'obtenait même pas du temps de Cartier.

L'aréomètre de Cartier n'apprend rien, si ce n'est qu'un liquide est plus riche qu'un autre en alcool; il n'indique pas quelle est la proportion d'alcool qui est contenue dans le liquide. Cet inconvénient était généralement senti : M. Gay-Lussac l'a fait disparaître en inventant un nouvel aréomètre, dont la graduation est telle que chacune de ses divisions correspond à un centième en volume d'alcool pur contenu dans le liquide où on le plonge : cet instrument a reçu le nom d'alcoomètre : il est employé exclusivement pour la perception des droits sur les eaux-de-vie.

Cependant on se sert encore, dans le commerce, de l'aréomètre de Cartier, ce qui ne présente aucun inconvénient, parce que M. Gay-Lussac a rendu sa division comparable à celle de l'alcoomètre, au moyen de la table suivante.

Évaluation des degrés de Cartier, à la température de dix degrés Réaumur, en degrés de l'alcoomètre, à la température de douze degrés et demi Réaumur.

Degrés de Cartier.	Degrés de l'alcoomètre.	Degrés de Cartier.	Degrés de l'alcoomètre.
10	0,0	3	16,8
1	1,3	13	18,8
2	2,6	1	20,6
3	3,9	2	22,5
11	5,3	3	24,3
1	6,7	14	26,1
2	8,3	1	27,9
3	9,9	2	29,5
12	11,6	3	31,1
1	13,2	15	32,6
2	15,0	1	34,0

TRAITÉ DE LA PRÉPARATION

Degrés de Cartier.	Degrés de l'alcoomètre.	Degrés de Cartier.	Degrés de l'alcoomètre.
2	35,4	24	65,0
3	36,6	1	65,7
16	37,9	2	66,3
1	39,1	3	67,0
2	40,3	25	67,7
3	41,4	1	68,3
17	42,5	2	68,8
1	43,5	3	69,6
2	44,5	26	70,2
3	45,5	1	70,8
18	46,5	2	71,4
1	47,4	3	72,0
2	48,3	27	72,6
3	49,2	1	73,1
19	50,1	2	73,7
1	51,0	3	74,3
2	51,8	28	74,8
3	52,6	1	75,3
20	53,4	2	75,9
1	54,2	3	76,4
2	55,0	29	77,0
3	55,8	1	77,5
21	56,5	2	78,0
1	57,2	3	78,6
2	58,0	30	79,1
3	58,8	1	79,6
22	59,5	2	80,1
1	60,2	3	80,7
2	60,9	31	81,2
3	61,6	1	81,7
23	62,3	2	82,2
1	63,0	3	82,7
2	63,7	32	83,2
3	64,4	1	83,6

DES SUBSTANCES ALIMENTAIRES. 29

Degrés de Cartier.	Degrés de l'alcoomètre.	Degrés de Cartier.	Degrés de l'alcoomètre.
2	84,1	1	93,6
3	84,6	2	94,0
33	85,1	3	94,3
1	85,5	39	94,6
2	86,0	1	94,9
3	86,5	2	95,2
34	86,9	3	95,6
1	87,3	40	95,9
2	87,7	1	96,2
3	88,1	2	96,5
35	88,6	3	96,8
1	89,0	41	97,1
2	89,4	1	97,4
3	89,8	2	97,7
36	90,2	3	98,0
1	90,6	42	98,2
2	91,0	1	98,4
3	91,4	2	98,7
37	91,8	3	98,9
1	92,2	43	99,2
2	92,5	1	99,5
3	92,9	2	99,8
38	93,3	3	100,0

Nota. Dans cette table, les chiffres 1, 2, 3, entre les degrés de Cartier expriment des quarts de ces degrés.

Au moyen de cette table, l'aréomètre de Cartier suffit pour faire connaître avec exactitude la force des liquides alcooliques.

Ainsi, par exemple, un liquide dans lequel l'aréomètre s'est enfoncé jusqu'au vingt-deuxième degré, contient 59,5 de son volume d'alcool pur, c'est-à-dire, 59 centièmes et demi.

Le liquide alcoolique qui marque trente-trois degrés

à l'aréomètre de Cartier, contient 85,1 de son volume, c'est-à-dire, 85 centièmes et un dixième de centième d'alcool pur.

DES COULEURS.

On emploie plusieurs couleurs pour teindre des liqueurs, des sucreries, et quelques préparations de laitage. Il est donc utile de faire connaître les substances dont on peut se servir à cet effet. Quelques-unes de celles qui sont indiquées dans plusieurs traités de cuisine, ne sont pas sans danger dans leur emploi. On évitera de tomber dans ce grave inconvénient.

Jaune.

La solution aqueuse de safran donne une très-belle couleur jaune.

Violet.

Délayez dans une cuillère un peu de carmin et ajoutez-y quelques atomes de carbonate de potasse jusqu'à ce que vous ayez obtenu la teinte désirée.

Rose.

Délayez un peu de carmin dans de l'eau gommée. On obtient une superbe couleur rose par le procédé suivant. Lavez à l'eau froide quatre onces de fleurs de carthame, jusqu'à ce que l'eau ne se colore plus. Faites ensuite bouillir le carthame avec de l'eau dans laquelle vous mettrez deux gros de carbonate de potasse bien blanc; passez la décoction au tamis de soie très-fin, ou mieux encore filtrez-la; versez dans la liqueur filtrée du vinaigre blanc distillé, ou ce qui est préférable du jus de citron bien clair, jusqu'à ce qu'il ne se forme plus de précipité; laissez reposer; décantez l'eau qui surnage le précipité; mettez le précipité sur une assiette et faites-le dessécher, en posant l'assiette sur un bain-marie ; un peu de ce précipité dissous dans l'eau donne beaucoup de couleur.

Bleu.

Broyez un gros d'indigo jusqu'à ce qu'il soit en poudre très-fine ; mettez-le dans une fiole avec huit gros d'acide sulfurique concentré ; tenez la fiole chaudement. Lorsque la dissolution sera opérée, étendez-la avec huit ou dix fois son volume d'eau ; trempez dans cette liqueur de la laine bien lavée et bien propre. Divisez-la et retournez-la pendant un bon quart d'heure. Rincez la laine à l'eau froide ; faites-la ensuite bouillir pendant un quart d'heure avec de l'eau en petite quantité, dans laquelle vous aurez fait dissoudre un peu de carbonate de potasse ; le bleu quittera la laine et colorera l'eau ; retirez la laine et exprimez-la fortement : une petite quantité de cette eau suffit pour colorer beaucoup de liquide.

Vert.

Pour avoir un beau vert, il faut mêler au bleu ci-dessus une petite quantité d'une forte décoction de gaude ou de curcuma. On ajoute de l'une ou de l'autre jusqu'à ce qu'on soit arrivé au ton qu'on désire.

On fait aussi du vert avec l'eau bleue ci-dessus et l'infusion de safran.

DES FRUITS.

Les sucs et la pulpe de la plupart des fruits sont employés à faire des confitures qu'on nomme *marmelades*, lorsqu'elles contiennent le suc et la pulpe, et *gelées*, lorsqu'on y emploie le suc seul.

Tous les sucs de fruits n'ont pas la propriété de se prendre en gelée : cette propriété tient à l'existence dans le suc d'une substance gélatineuse qui paraît être le ferment. Cette substance se trouve dans tous les fruits, mais elle n'y est pas toujours en proportion suffisante pour former une gelée consistante à l'aide du sucre.

Le suc des groseilles est celui qui se prend le plus facilement en gelée ; aussi parvient-on à le faire prendre à froid en y ajoutant une quantité suffisante de sucre en poudre.

Les cerises, les abricots, les pêches, les prunes, contiennent beaucoup moins de gelée que les groseilles. Ce n'est que par une cuisson prolongée qu'on parvient, même avec l'addition du sucre, à leur donner la consistance requise pour assurer leur conservation. Comme cette longue cuisson dénature leur arome, il y a de l'avantage à mélanger du suc de groseilles blanches avec celui qu'on extrait de ces fruits ; par là on obtient des gelées plus belles et qui conservent mieux l'arome particulier à chaque fruit.

La gelée, qui est utile dans la fabrication des confitures, devient nuisible dans celle des sirops, qui doivent conserver leur fluidité. Il n'y a qu'un moyen de séparer la gelée contenue dans les sucs de fruits ; c'est de les soumettre à une légère fermentation qu'on arrête aussitôt que leur transparence est troublée : on les filtre alors au papier ou au moins à travers une étamine un peu épaisse; la plus grande partie de la gelée reste sur le filtre, et ce qui en reste dans le suc ne peut plus en altérer la fluidité. On doit ainsi traiter les sucs de groseilles, de cerises, d'oranges et de citrons qui sont destinés à être convertis en sirop.

La gelée de pommes n'ayant pas une saveur propre bien déterminée, est susceptible de se combiner avec tous les aromes : elle peut aussi recevoir toutes les couleurs ; ce qui donne le moyen de multiplier à l'infini les espèces de gelées. Tous les fruits sans exception sont propres à faire des marmelades. Leurs sucs peuvent aussi entrer dans la fabrication des vins artificiels, et sont la base de la plupart des ratafias.

On emploie aussi, pour ces derniers, les noyaux de plusieurs fruits, notamment ceux de cerises, de pêches, d'abricots, de prunes de mirabelle, et ceux des fruits du *mahaleb* ou cerisier de Sainte-Lucie ; tous ces noyaux ont un arome analogue à celui des amandes amères, mais qui est modifié dans chaque espèce par un arome particulier.

On confit à l'eau-de-vie les cerises, les prunes, les abricots, et même les pêches et quelques espèces de poires.

On confit au sucre et à sec les cerises, les prunes, les abricots, les marrons, le verjus, toutes les écorces des fruits du genre citronnier, etc.

AROMATES.

Les aromates, dont on fait ou dont on peut faire un usage utile dans l'office, sont indigènes ou exotiques, ce qui les sépare en deux classes ; j'adopterai cette division.

Aromates indigènes.

Les FLEURS AROMATIQUES sont celles d'oranger, de roses, d'œillet, de bouillon-blanc, de sureau, de safran.

La *fleur d'oranger* est peut-être l'aromate le plus généralement employé, et c'est certainement l'un des plus agréables. Cette fleur abonde en huile essentielle, miscible à l'eau dans une assez forte proportion, et à l'alcool dans une proportion beaucoup plus forte. L'eau distillée de fleurs d'oranger, prise à la dose d'une once avec du sucre, a une propriété calmante bien prononcée.

Les *roses*, quoique ayant un parfum très-développé, contiennent très-peu d'huile essentielle : aussi, lorsqu'on veut obtenir de l'eau ou de l'esprit de roses très-chargé, on est obligé de les distiller deux ou trois fois sur des quantités considérables de fleurs : l'eau et l'esprit aromatiques qu'on obtient ainsi, n'ont jamais un parfum aussi suave que la rose dont on les a extraits.

L'espèce de rose qu'on distille le plus est celle de Provins. On peut distiller aussi avec avantage la rose *muscate*, qui a un arome particulier, la rose bengale à odeur de thé, et la rose de Banks, qui sent la violette.

Les fleurs de roses sont un ferment très-actif qui peut être employé utilement dans la fabrication des vins de liqueurs artificiels.

Les *fleurs d'œillet* sont celles d'un œillet à fleurs simples, de couleur rouge foncée, qui est connu sous le nom d'œillet à ratafia : aussi l'emploie-t-on à faire un ratafia auquel il communique sa couleur et son arome, qui est celui du girofle. Comme, pour faire le ratafia d'œillet, il faut séparer les onglets des pétales, ce qui est un soin très-minutieux, il est préférable de substituer à cette fleur le girofle, qui donne un arome plus pur : on colore avec un peu de carmin.

La *fleur de bouillon-blanc* a un arome très-agréable qui se rapproche beaucoup de celui du thé, mais qui est plus suave : l'infusion de bouillon-blanc a une propriété légèrement calmante, et sous ce rapport elle convient aux personnes chez lesquelles le thé produit des agitations nerveuses. Séchée avec soin, la fleur de bouillon-blanc se conserve indéfiniment, et on peut l'employer à aromatiser des laitages et des ratafias.

La *fleur de sureau* n'est employée que pour donner un arome de muscat à des vins de liqueurs artificiels, et pour aromatiser des vinaigres. On doit l'employer sèche. La dessiccation doit être faite rapidement, et on doit, autant que possible, séparer la fleur des pédoncules.

Safran. Les pistils séchés d'une espèce de *crocus*

sont ce qu'on appelle safran : chaque fleur n'en porte que deux dont le poids, lorsqu'ils sont secs, est infiniment petit : c'est ce qui rend cet aromate si cher, quoique son usage soit fort peu étendu. Il l'était beaucoup plus autrefois, parce qu'on le faisait entrer dans la plupart des préparations alimentaires, au moins chez les gens riches et aisés : aujourd'hui la plus grande consommation du safran a lieu dans les pharmacies. On l'emploie, dans l'office, pour la composition du scubac, et pour donner une couleur et un arrière-goût à quelques autres liqueurs.

Les SEMENCES AROMATIQUES INDIGÈNES sont celles d'anis, de coriandre, de fenouil, d'angélique, de carvi, de chervis, de daucus, de céleri, de genièvre, de nigelle; les amandes amères.

L'*anis* est, de toutes les semences aromatiques, celle qui contient le plus d'huile essentielle ; cette huile, lorsqu'elle est pure, est concrète et d'un arome très-suave ; c'est l'huile essentielle qu'on emploie pour faire l'anisette.

La *coriandre*, semence d'une espèce d'ombellifère dont les feuilles ont une odeur infecte, a cependant un arome particulier qui est assez agréable : on l'emploie rarement seule ; mais on l'emploie avec avantage pour modifier d'autres aromes.

Le *fenouil* a un arome qui se rapproche beaucoup de celui de l'anis, mais qui s'en distingue par une nuance particulière. On peut, dans beaucoup de cas, le substituer à l'anis.

Les *semences d'angélique* ont un arome qui diffère de celui de la plante qui les porte, quoiqu'il le rappelle encore. On en fait un grand usage pour les ratafias de graines.

Les *graines de carvi*, de *daucus* ou carotte sauvage, de *chervi* et de *céleri*, ont des aromes variés, dont on obtient de très-bonnes liqueurs, en les combinant de manière à ce qu'aucun ne domine : on les emploie souvent pour ajouter un arrière-goût aux liqueurs dont l'arome est trop prononcé.

La *graine de nigelle* a une odeur d'épices mélangées qui est très-agréable ; cependant on en fait peu ou point d'usage.

Les *semences de genièvre*, ou, plus exactement, les baies charnues du genévrier, ont un parfum peu agréable ; mais comme on leur attribue une propriété stomachique, on en fait souvent des ratafias par infusion ; on les emploie aussi pour masquer l'odeur empyreumatique des eaux-de-vie de grains.

Les *amandes amères* ont un arome qui plaît généralement : le principe de cet arome est cependant le poison le plus violent qui soit connu : heureusement il est en si petite quantité dans les amandes, qu'il ne pourrait devenir dangereux que si l'arome était trop concentré, excès qui est peu à craindre, parce que l'arome devient alors repoussant. L'arome du *laurier-cerise* a le même principe que celui des amandes amères : les fruits de ce laurier le contiennent en très-grande abondance : j'ai vu un empoisonnement opéré par du ratafia fait avec ces fruits.

Les amandes de tous les fruits à noyaux ont plus ou moins l'arome des amandes amères, mais elles en diffèrent toutes par une nuance particulière ; le bois du noyau est aussi aromatique, et ne doit pas être séparé des amandes. Les noyaux d'*abricots* et de *pêches* se mettent ordinairement entiers en infusion dans l'eau-de-vie : on doit concasser les noyaux de *cerises*, *de prunes de mirabelle*, et ceux des fruits du *mahaleb* ou cerisier de Sainte-Lucie. Ces derniers donnent, par infusion, une liqueur très-analogue au marasquin.

Les TIGES OU LES FEUILLES AROMATIQUES sont celles

d'angélique, de verveine odorante, de mélisse, de menthe, de fenouil, d'absinthe, de lavande, de romarin, de tanaisie odorante, d'orvale, de flouve odorante, et quelques autres.

Les *tiges d'angélique*, lorsqu'elles sont jeunes et tendres, ont un arome agréable qui devient plus suave lorsqu'on les a fait blanchir dans l'eau bouillante. On confit au sec les pieds entiers d'angélique. Les côtes des feuilles, blanchies et infusées dans l'alcool, font un très-bon ratafia.

Les *feuilles de verveine odorante* ont une odeur de citron extrêmement suave ; elles se dessèchent avec la plus grande facilité, et dans cet état elles se conservent indéfiniment : infusées dans l'eau bouillante, comme le thé, elles donnent une boisson très-agréable et stomachique ; on peut s'en servir pour aromatiser des liqueurs, des ratafias, des crèmes, etc.

La *mélisse* a aussi une odeur de citron, quoique très-différente de celle de la verveine : on peut l'employer aux mêmes usages ; elle entre dans la composition de l'eau de mélisse des Carmes.

La *menthe*. Il y en a un grand nombre de variétés, mais on préfère avec raison celle dite *poivrée* ou d'Angleterre : c'est de cette espèce qu'on extrait par distillation l'huile essentielle avec laquelle on aromatise les pastilles de menthe. L'eau de menthe distillée, unie par moitié à de l'eau de fleurs d'oranger, est un très-bon calmant à administrer dans les affections nerveuses.

Le *fenouil*. Les tiges de fenouil encore tendres sont susceptibles des mêmes préparations que celles d'angélique.

L'*absinthe*. Son arome est uni à un principe amer extrêmement prononcé. On en fait des liqueurs et des ratafias : ceux-ci conservent à un plus haut degré les propriétés de la plante ; ce sont des digestifs très-actifs dont il faut éviter l'excès.

La *lavande* et le *romarin* ne sont employés que pour faire des eaux et des esprits aromatiques qui servent à la toilette. Le romarin entrait autrefois dans la composition de l'eau de Cologne ; on l'en a retranché, parce que son arome est peu agréable : on l'emploie pour faire l'eau dite *de la reine de Hongrie*.

La *tanaisie odorante* : c'est le *baume-coq* des jardiniers. On ne l'emploie que pour aromatiser le vinaigre : on pourrait s'en servir dans la fabrication des liqueurs.

L'*orvale* ou toute saine. C'est une espèce de sauge qui a un arome très-analogue à celui du raisin muscat. On l'emploie utilement pour aromatiser les vins de liqueurs artificiels.

La *flouve odorante*. C'est à cette graminée que le bon foin doit principalement cette odeur agréable qu'on désigne sous le nom d'odeur de foin. Cette odeur, lorsqu'elle a peu d'intensité, est fort agréable : elle se rapproche beaucoup de celle du melilot.

OBSERVATION.

Toutes les plantes aromatiques doivent être distillées sèches. A cet état, elles donnent des liquides plus chargés de leur huile essentielle. La dessiccation doit être faite rapidement au soleil, mais sans le contact immédiat de ses rayons.

Les ÉCORCES AROMATIQUES INDIGÈNES sont celles des fruits de l'oranger, du citronnier, du cédrat et de la bergamote, et aussi les écorces des jeunes rameaux, ou le bois entier des jeunes rameaux du calycanthus.

Les *écorces d'orange*, *de citron*, et celles des autres fruits du genre citronnier, abondent en huile essentielle d'un arome extrêmement suave. L'écorce du cédrat a surtout, dans son arome, une nuance particulière qui le rend très-agréable : aussi cette écorce est-elle fréquemment employée pour aromatiser des liqueurs, des eaux de senteur, des pastilles, etc.

Il y a plusieurs variétés d'oranges dont les aromes diffèrent ; ainsi l'odeur de la bigarade n'est pas la même que celle de l'orange de Portugal. Il en est de même parmi les citrons. L'arome de tous les fruits de ce genre varie aussi suivant leur état de maturité plus ou moins avancée.

Toutes ces écorces se confisent au sucre.

L'*écorce de calycanthus* a un arome peu définissable, et qui rappelle ceux de la cannelle, du girofle et du macis. On peut s'en servir pour faire des liqueurs et des ratafias agréables.

Racines aromatiques. On n'en emploie que trois, l'iris, le calamus et la racine d'angélique. La racine d'iris, de la variété dite *de Florence*, a une odeur de violette extrêmement pure : comme le parfum des violettes est très-fugace et n'est retenu ni par l'eau ni par l'alcool qu'on distille sur ces fleurs, on le remplace par celui de l'iris, qu'on extrait par infusion dans l'eau ou dans l'alcool.

Le *calamus* n'est employé que dans la parfumerie.

La racine d'angélique entre dans la composition de quelques liqueurs.

Fruits aromatiques. Les fruits de toutes les espèces du genre citronnier ne sont aromatiques que par leur écorce : leur suc est tout-à-fait dépourvu d'odeur. La pulpe des prunes, des abricots et des pêches n'est pas dépourvue d'un arome propre ; mais cet arome est très-léger, et se communique peu à l'alcool dans lequel on les fait infuser.

Les seuls fruits réellement aromatiques, parmi ceux qui sont indigènes, sont le raisin muscat, le cassis, la framboise et la fraise.

Le muscat est la seule espèce de raisin, parmi le grand

nombre de celles que nous cultivons, dont le jus soit parfumé. Cette espèce unique a un grand nombre de variétés dont l'arome varie plus par l'intensité que par une nuance particulière. L'arome du muscat ne plaît pas à tout le monde, mais il est agréable au plus grand nombre : il améliore tous les ratafias de fruits dans lequel on le fait entrer.

Le *cassis*, quoique possédant un arome fort peu agréable, peut cependant être introduit avec avantage dans beaucoup de ratafias de fruits et dans la plupart des vins de liqueurs artificiels. Son arome modifie très-bien la plupart des autres, et lui-même, lorsqu'il est seul, éprouve avec le temps des modifications qui le rendent méconnaissable. On peut tirer un très-grand parti du cassis en étudiant comment il se comporte avec le temps, soit seul, soit dans différens mélanges.

La *framboise*. C'est l'un des fruits les plus agréablement parfumés, surtout quand son arome est étendu ; aussi plaît-il généralement dans tous les mélanges où on l'ajoute. Cet arome est très-persistant : l'alcool et le vin s'en chargent également. Ces propriétés indiquent les usages les plus utiles de la framboise : on l'associe avec avantage aux sucs de fruits qui ont peu ou point d'arome, pour faire des confitures, des vins de fruits ou des sirops. C'est aussi l'une des substances dont on peut tirer le meilleur parti pour la fabrication des vins artificiels.

On se sert de la teinture de framboises pour communiquer à quelques vins un bouquet analogue à celui des bons vins de Bordeaux : quand cette addition est faite au moment et dans les proportions convenables, on obtient un très-bon résultat, mais presque toujours on abuse de ce moyen, et il est bien rare qu'on ne s'aperçoive pas à la première dégustation que l'arome a été ajouté au vin. Il est à peu près impossible de prescrire des règles à cet égard; c'est une affaire de tact. Je me bornerai à dire que l'arome ne doit pas être sensible à l'odorat au moment où la teinture vient d'être mélangée au vin. Quand il est sensible, c'est qu'on en a trop mis.

Fraises. Il y a des fraises qui sont presque aussi parfumées que les framboises, mais leur arome est plus fugace et s'évapore en grande partie au feu. Cependant, avec des précautions et en opérant au bain-marie, en vases clos, on parvient à en faire de bonnes confitures et des sirops très-agréables.

Le *coing.* La pulpe de ce fruit a peu d'arome; mais son écorce, lorsque la maturité l'a jaunie, en a beaucoup. Ainsi, lorsqu'on veut conserver cet arome, soit dans la pulpe réduite en marmelade, soit dans le suc concentré en gelée ou préparé en sirop, il est nécessaire de faire cuire le fruit avec sa peau. Le suc aromatique de coing qu'on obtient des fruits cuits avec leur peau, est éminemment propre pour faire des vins artificiels. Dans les contrées de l'Italie et de la Sicile où l'on fabrique des vins muscats renommés, on fait bouillir une partie du moût avec des coings pour donner au vin un arome plus suave.

A cette longue liste d'aromates indigènes ou naturalisés, je pourrais ajouter le jasmin, la jonquille, la tubéreuse et quelques autres fleurs; mais, quoique très-odorant, l'arome de ces fleurs est si fugace qu'il ne peut être retenu par l'eau et par l'alcool. Il l'est seulement par l'huile. On choisit à cet effet une huile tout-à-fait sans odeur (1), et on en imprègne des couches de coton avec lesquelles on stratifie les fleurs dont on veut con-

---

(1) C'est ordinairement celle de *ben,* qu'on tire des semences du *moringa-ben.* Je crois qu'on l'apporte des côtes de Barbarie. Il est vraisemblable qu'on pourrait lui substituer l'huile de *ricin* extraite sans l'aide du feu.

server l'arome : au bout d'un certain temps, on soumet le coton à la presse, et l'huile qu'on obtient ainsi est distillée avec de l'alcool. On obtient par ce moyen des esprits aromatiques très-parfumés. Dans cette opération, l'huile se combine avec l'arome des fleurs, et lui communique sa fixité. Dans la distillation, l'alcool enlève une légère portion d'huile qui entraîne avec elle toute la partie aromatique. L'huile qui reste dans l'alambic est entièrement privée d'odeur.

Les esprits aromatiques obtenus par l'intermède de l'huile se trouvent dans toutes les boutiques de drogueries, où il est plus commode de les acheter que de les faire soi-même.

Aromates exotiques.

Les aromates exotiques les plus employés sont la vanille, la cannelle, le girofle, la muscade, le macis, l'ambre gris, le musc, le benjoin, le styrax, le baume du Pérou, le baume de Tolu, les graines de cardamome, de badiane, de café, etc.

La *vanille* est, de tous les aromates exotiques, celui qui a le parfum le plus suave. Quoiqu'elle soit fort chère, on en fait un grand usage pour aromatiser le chocolat, des liqueurs, des ratafias, des crêmes, etc. On lui attribue, non sans fondement, une propriété aphrodisiaque.

La *cannelle* est l'écorce intérieure des jeunes branches d'une espèce de laurier ; son arome est très-agréable lorsqu'il est suffisamment étendu : trop concentré, il a quelque chose de repoussant ; c'est l'un des aromates dont on fait le plus d'usage dans les préparations de l'office.

Le *girofle* est surtout employé dans les préparations alimentaires ; cependant il en entre aussi dans la composition de quelques liqueurs et de plusieurs ratafias : on doit en éviter l'excès, parce que l'arome de cette substance masque tous les autres, et cesse d'être agréable lorsqu'il est seul et très-concentré.

La *muscade* et le *macis*. Le macis est une espèce de brou qui enveloppe la noix muscade. Les aromes de ces deux substances diffèrent peu ; cependant celui du macis est plus suave : aussi est-ce le macis qu'on emploie le plus souvent dans la composition des liqueurs et des ratafias.

L'*ambre gris*. On croit que c'est l'excrément d'une espèce de cachalot ; l'arome de l'ambre gris est suave et doux ; cependant la plus petite quantité de cette substance suffit pour modifier singulièrement tous les autres aromes.

Le *musc* est le produit d'une sécrétion qui se rassemble dans une poche située sous le ventre d'un animal de la haute Asie qu'on connaît peu. Cette substance a un arome qu'on peut qualifier d'indélébile : tout ce qui en est imprégné le conserve pendant un temps infini. Cet arome efface entièrement tous les autres. On ne doit l'employer qu'en teinture et par gouttes.

Le *benjoin*, le *styrax*, le *baume du Pérou* et le *baume de Tolu* sont des substances résineuses. L'arome des trois dernières se rapproche beaucoup de celui de la vanille et lui est substitué souvent. C'est avec la teinture alcoolique de benjoin précipitée par l'eau qu'on fait le cosmétique connu sous le nom de lait virginal. On l'emploie aussi pour faire les pastilles à brûler.

La *badiane* a l'arome de l'anis, mais plus pur et plus suave : on en fait un grand usage.

Le *cardamome*, ou graine de paradis, a une odeur assez agréable : on l'associe ordinairement à d'autres graines dans la composition de plusieurs liqueurs ou ratafias.

Le *café*. (Voyez, *pour les propriétés et l'emploi de cette graine*, le chap. 14.)

Le *thé*. L'arome du thé plaît généralement : il est suave, doux et persistant. On croit cependant qu'il n'appartient pas aux feuilles du thé, mais qu'il leur est communiqué en les stratifiant avec les fleurs d'une espèce d'olivier (*olea fragrans*) dont on les sépare ensuite. Ce qu'il y a de certain, c'est que la fleur de l'*olea fragrans* a tout-à-fait l'odeur des meilleures espèces de thé. Cet arbrisseau a été importé en France ; il n'exige, sous le climat de Paris, que la serre tempérée ou même l'orangerie : il est vraisemblable qu'on parviendrait à l'acclimater dans nos provinces méridionales. On le multiplie de boutures qui sont presque toujours couvertes de fleurs aussitôt qu'elles sont reprises. Une seule bouture fleurie suffit pour embaumer une serre assez étendue. (Voyez, *pour la préparation du thé*, le chap. 14.)

La manière la plus commode et la plus économique d'employer la plupart des aromates, c'est d'en faire des teintures dont quelques gouttes suffisent pour aromatiser des ratafias, des liqueurs, ou toute autre préparation. (*Voy*. chap. 3.)

On trouve, dans le commerce, des huiles essentielles extraites de presque tous les aromates. Lorsqu'elles sont pures, ce qui n'est pas ordinaire, on peut, en les employant, faire instantanément toutes les combinaisons possibles d'aromes et en apprécier les résultats.

Ces essences ont des prix élevés, parce que les aromates n'en donnent qu'une très-petite quantité. Comme la plupart des marchands sont assez disposés à exagérer encore ces prix, je crois faire une chose utile en donnant ici ceux qui sont admis généralement.

Huile essentielle d'absinthe. . . . . . 16 fr. la livre.
— d'anis fine. . . . . 24 id.

Huile essentielle de bergamote. . . . 26 fr. la livre.
—   de cédrat. . . . . . 28 id.
—   de citron. . . . . . 26 id.
—   d'orange. . . . . . . 22 id.
—   de cannelle. . . 8 à 12 fr. l'once.
—   de girofle. . . . . . 3 50 id.
—   de petit grain. . . . 6 id.
—   de macis. . . . . . 8 id.
—   de muscade. . . . . 8 id.
—   de menthe. . . . . . 5 id.
—   de fleur d'oranger 12 à 18 id.
—   de bois de Rhodes 12 à 24 id.
—   de roses. . . . . . . 64 id.

Voici les prix de quelques autres aromates :

Musc tonquin. . . . . 40 à 75 fr. l'once.
Ambre gris. . . . . 60 à 120 id.
Vanille (prix variable). . . 100 à 200 fr. la livre.
Safran. . . . . 72 id.
Cannelle de Ceylan. . . . . . . 20 id.
Baume du Pérou liquide. . . . . 24 id.
— de Tolu. . . . . 14 id.
Benjoin en larmes. . . . . 4 id.
Styrax calamite. . . . . 8 id.
Cardamome. . . . . 6 à 10 id.
Bois de Rhodes. . . . . 4 id.
Santal citrin. . . . . 4 id.
Bois d'aloès. . . . . 20 id.
Cascarille. . . . . 2 id.
Écorce de Winter. . . . . 7 id.
Badiane. . . . . 1 75 id.
Girofle. . . . . 6 50 id.
Racines d'iris. . . . . 1 60 id.
Semences de chervis. . . . . . . 3 50 id.
— de daucus de Crète. . . 4 id.

CHAPITRE III.

DES TEINTURES.

Les teintures sont des infusions très-chargées de substances aromatiques dans l'alcool. On s'en sert avantageusement pour varier l'arome des liqueurs et des ratafias, pour aromatiser des glaces.

Distillées avec une assez forte proportion d'alcool, les teintures donnent des esprits très-suaves, qu'on convertit en liqueurs en les sucrant, ou qu'on emploie comme eaux de senteur.

Teinture de musc.

Musc du Thibet. . . . 36 grains.
Esprit 3/6. . . . . . . 4 onces 1/2.

Divisez le musc et mettez-le avec l'esprit dans un flacon bien bouché : on ne sépare pas le marc.

Un gros de cette teinture contient un grain de musc.

Cette teinture ne doit être employée que par gouttes, car l'odeur du musc est si forte qu'elle masque tous les autres aromes.

Teinture d'ambre.

Ambre gris. . . . . 1 gros.
Esprit 3/6. . . . . 9 onces.

Un gros de cette teinture contient un grain d'ambre.

L'arome de l'ambre n'est pas très-fort, mais il s'exalte beaucoup lorsqu'on y ajoute une très-petite quantité de teinture de musc.

Teinture d'écorces d'oranges.

Levez des zestes d'orange jusqu'à concurrence de

deux onces, renfermez-les dans un flacon bouché à l'émeril avec un demi-litre d'esprit 3/6. Il faut avoir soin que les zestes ne contiennent que la partie jaune de l'écorce.

On fait de la même manière, et dans les mêmes proportions, les teintures d'écorces de citron, de cédrat, de bergamote, de bigarade, etc.

Teinture de violette.

Iris de Florence concassée. . 4 onces.
Esprit 3/6. . . . . 1 litre.

Renfermez le tout dans un bocal bien bouché.

Teinture de framboises.

Framboises entières. . . . . 4 livres.
Sucre en poudre. . . . . . . 4 onces.
Esprit 3/6 : quantité suffisante pour baigner les framboises.

Le sucre est ajouté pour rendre l'arome de la framboise plus miscible avec l'esprit.

On peut faire dans les mêmes proportions la teinture de fraises.

On roule les framboises dans le sucre avant de les couvrir d'esprit. Après deux ou trois jours d'infusion, on verse le tout sur un tamis; on recueille ce qui passe, sans expression; on le filtre et on le conserve dans un flacon.

Ensuite on exprime le marc, on filtre le nouveau produit obtenu, et on le met dans un autre flacon.

On a ainsi deux teintures : la première est bonne pour aromatiser des ratafias, et la seconde pour donner un arrière-goût de framboises à des vins artificiels.

Teinture de benjoin.

Benjoin. . . . . 1 once.
Esprit à 36 degrés. . . . . 8 onces.

Concassez le benjoin et mettez-le avec l'esprit dans un flacon bien bouché.

Les teintures de baume de Tolu, de baume du Pérou, de styrax, se font dans les mêmes proportions. On laisse les teintures sur leur dépôt.

Teinture de cannelle.

Cannelle concassée. . . . . 2 onces.
Esprit à 28 degrés. . . . . 1/2 litre.

Mettez le tout dans un flacon bien bouché et ne séparez pas la teinture du dépôt.

On fait de même les teintures de girofle, muscade, macis.

Teinture de safran.

Safran gâtinais. . . . . 1 once.
Esprit à 32 degrés. . . . . 8 onces.

Teinture de coriandre.

Prenez semences de coriandre concassées 2 onces.
Esprit à 20 degrés. . . . 1 livre 4 onces.

Faites infuser à l'ordinaire.

On fait dans les mêmes proportions les teintures de cardamome, semences de carvi, de daucus, d'anis, de fenouil, et en général de toutes les graines aromatiques.

Teinture de mélisse.

Feuilles sèches de mélisse. . . 2 onces.
Esprit à 18 degrés, quantité suffisante pour couvrir les feuilles.

Faites infuser pendant huit jours, passez avec expression et filtrez.

On fait de même la teinture de menthe en employant de l'esprit à 20 degrés.

Teinture de verveine odorante.

Feuilles sèches de verveine. . 2 onces.
Esprit à 20 degrés, quantité suffisante.

Faites comme ci-dessus.
Cette teinture a un arome très-agréable.

Teinture de vanille.

Vanille coupée. . . . . 1 once.
Esprit à 28 degrés. . . . . 8 onces.

Renfermez ces substances dans un flacon bien bouché, et ne séparez pas la teinture du dépôt.

CHAPITRE IV.

EAUX AROMATIQUES.

On appelle ainsi les eaux distillées sur des substances aromatiques quelconques, dont les eaux retiennent l'odeur en se chargeant plus ou moins de l'huile essentielle qu'elles contiennent. Parmi les eaux simples qu'on peut faire en grand nombre, nous n'indiquerons que les plus usuelles. Toutes se font par le même procédé.

Eau de fleurs d'oranger.

Prenez deux livres de fleurs d'oranger au moment où on vient de les cueillir; séparez-en les pétales et rejetez les calices et les étamines. Ces parties ne contiennent presque aucun principe odorant, et quand on les distille avec les pétales, l'eau aromatique qu'on obtient est moins suave et est plus prompte à s'altérer.

Mettez les pétales provenant des deux livres de fleurs dans l'alambic avec quatre litres d'eau distillée pour retirer deux litres. Changez alors de récipient et recevez encore un demi-litre qui ne sera bon qu'à mettre dans une autre distillation en remplacement d'autant d'eau.

L'eau de fleurs d'oranger obtenue d'après les proportions ci-dessus est très-chargée de principe aromatique. Elle l'est assez pour qu'en l'additionnant d'autant d'eau, elle soit encore plus forte que l'eau dite *double* qu'on trouve dans le commerce : dans cet état de concentration, elle flatte moins l'odorat que celle qui est plus faible; mais lorsqu'on l'étend d'un volume égal d'eau, elle acquiert beaucoup de suavité, tout en conservant beaucoup de force.

On ne saurait distiller la fleur d'oranger trop fraîchement cueillie, et on doit la cueillir avant que le soleil ne l'ait frappée : elle doit être d'un blanc pur ; lorsqu'elle est jaunâtre et flétrie, elle est déjà altérée.

On doit conserver l'eau de fleurs d'oranger dans des bouteilles bien bouchées et cachetées : on assure sa conservation en ajoutant dans chaque bouteille environ une once d'esprit 3/6, ce qui n'empêche pas de l'employer à tous les usages ordinaires.

Lorsqu'on distille de l'eau de fleurs d'oranger, on doit toujours la recevoir dans le récipient florentin, sous le bec duquel on place un second récipient. (*Voir* pl. 1, fig. 4, et pour l'explication, pag. 5.) Ce récipient ne doit se vider que lorsque la saison de la fleur étant passée, on ne fait plus de nouvelle distillation : tant que celle-ci dure, l'huile essentielle, qui est en excès dans l'eau distillée, se sépare et s'amasse dans le col du récipient. Cette huile est brune lorsqu'on a opéré sur de la fleur flétrie ou que la distillation a été mal conduite ; elle est d'un beau jaune quand la fleur employée était bien fraîche.

Quand la distillation est finie, on sépare l'huile essentielle de l'eau qu'elle surnage.

Il y a pour cela deux moyens :

On trempe dans l'huile essentielle une mèche de coton filé. On en retire un bout qui doit dépasser assez le col du récipient pour pendre un peu au-dessous de la couche d'huile, et on introduit ce bout dans une fiole. La mèche agit comme un siphon ; l'huile s'élève entre ses fibres et tombe goutte à goutte dans la fiole.

Cette huile est connue dans le commerce sous le nom d'huile de *neroli* ; comme elle est rare, elle se vend fort cher. On s'en sert pour aromatiser des liqueurs, des eaux de senteur, des pommades, des huiles, etc.

Le second moyen, qui est plus prompt et qui expose à moins de pertes, consiste à extraire l'huile au moyen d'une *pipette* de verre. Cet instrument est un tube de verre renflé en boule près de son extrémité inférieure, et ouvert par les deux bouts.

On introduit l'extrémité inférieure de la pipette dans la couche d'huile, et on aspire avec la bouche par l'autre extrémité. L'huile s'élève et s'introduit dans la boule; lorsque celle-ci est presque pleine, on enlève la pipette en tenant l'extrémité du tube bouchée avec la langue, et on la transporte sur un flacon; on débouche alors le tube, l'huile s'écoule et l'on recommence.

Pour avoir de l'eau au même degré de force, il faut mêler ce qu'on retire dans chaque distillation; car la première eau qui coule est beaucoup plus forte que la dernière.

Au lieu de mettre la fleur d'oranger dans l'eau, on a imaginé de la tenir suspendue au-dessus de l'eau au moyen d'un diaphragme percé d'un grand nombre de trous, qu'on introduit dans l'alambic. Il doit rester quelques pouces de vide entre l'eau et le diaphragme. Dans ce cas, au lieu de mettre dans l'alambic le double de la quantité d'eau qu'on se propose de retirer, il suffit d'en mettre un quart ou un tiers en sus.

Par cette disposition, la fleur n'est touchée que par de la vapeur d'eau qui n'en enlève que la partie aromatique, sans aucun mélange d'autre substance. L'eau obtenue est plus suave et se conserve mieux.

On fait à Malte de l'eau de fleurs d'oranger qui peut, à bon droit, être qualifiée *double* : on distille la fleur sans addition d'eau : pour cela on prend de la fleur cueillie avant la disparition de la rosée du matin; on en remplit le bain-marie de l'alambic, et on le place dans la cucurbite, remplie au tiers d'eau tenant en dissolution un quart de son poids de sel marin. On chauffe assez vivement en ayant soin, si la distillation dure quelque temps, de remplacer l'eau qui s'évapore par la douille de la cucurbite, qu'on doit nécessairement laisser ouverte lorsqu'on distille au bain-marie. Cette eau est très-chargée de principe aromatique.

Dans la distillation ordinaire, il y a de l'avantage à verser sur la fleur d'oranger, dans la cucurbite, de l'eau bouillante au lieu d'eau froide. La distillation a lieu presque instantanément ; la fleur est moins macérée, et l'eau qu'on obtient est beaucoup plus limpide.

Il est utile aussi de mettre dans la cucurbite un gros de magnésie caustique par livre de fleurs, pour saturer l'acide qui se développe lorsque les fleurs ont éprouvé la plus légère altération.

Eau de roses.

On doit choisir les roses de Provins, ou du moins les variétés qui sont provenues de cette espèce primitive : ce sont celles qui, dans notre climat, abondent le plus en huile essentielle.

Il y a encore la rose musquée, qui a un arome particulier fort agréable, mais elle est rare ; et la rose dite de tout mois, qui est aussi très-odorante.

On sépare les pétales des calices et des étamines que l'on rejette.

Prenez quatre livres de pétales, et mettez-les dans l'alambic avec quatre litres d'eau ; distillez pour retirer deux litres.

Recevez le produit de la distillation par l'intermédiaire du récipient florentin.

Si vous voulez avoir de l'eau très-chargée du principe aromatique de la rose, il faut mettre de nouveau quatre livres de pétales dans l'alambic, y verser le produit de la première distillation, ajouter deux litres d'eau, et distiller, pour ne retirer encore que deux litres. Vous aurez alors de l'eau de roses double. On peut répéter une troisième fois cette opération.

Lorsqu'on distille successivement une grande quantité de pétales de roses, il finit par s'amasser, dans le col du récipient, une substance d'un jaune clair et de la consistance du beurre; c'est de l'essence de roses : il faut la recueillir avec soin, au moyen d'une petite cuillère, et l'enfermer dans un flacon bien bouché ; car cette huile, quoique épaisse, est extrêmement volatile.

Dans l'Inde, où l'on fait la meilleure essence de roses, on ne la tire pas par la distillation. On remplit de grands vases de terre vernissée, de pétales de roses mondés ; on verse de l'eau par-dessus, jusqu'à ce qu'elle surnage de deux ou trois pouces. On expose ces vases au soleil pendant cinq à six jours et plus. Au commencement du troisième et du quatrième, on voit nager à la surface beaucoup de particules huileuses qui, un jour ou deux après, forment une espèce d'écume qu'on recueille avec un petit bâton garni de coton à son extrémité ; on l'exprime au-dessus de l'ouverture d'un flacon qu'on bouche exactement. Dans ce procédé, l'huile est dégagée par la fermentation qui s'établit dans la masse de roses; l'essence ainsi obtenue, n'ayant pas éprouvé l'action du feu, est beaucoup plus suave que celle qui est le produit de la distillation.

Eau de menthe poivrée.

Prenez des tiges entières de menthe poivrée au moment où elle commence à fleurir; faites-les sécher avec les précautions indiquées précédemment; hachez-les grossièrement, et mettez-en une livre dans l'alambic avec quatre livres d'eau.

Distillez pour retirer un litre ou un litre et demi au plus. Si l'eau ne vous paraît pas assez chargée du principe aromatique, mettez une autre livre de menthe dans l'alambic ; versez-y le produit de la première distillation avec deux litres d'eau; distillez pour retirer un litre et demi.

Employez le récipient florentin, pour recueillir l'huile

essentielle de menthe. Cette huile est employée pour aromatiser des liqueurs, des pastilles, etc.

OBSERVATIONS.

Les eaux simples de fleurs d'oranger, de roses et de menthe poivrée, sont celles dont l'usage est le plus général. On peut faire de même les eaux de toutes les fleurs et des plantes aromatiques. Celles-ci doivent toujours être séchées avant d'être soumises à la distillation ; quand on les distille fraîches, elles sont moins chargées d'arome, et cet arome est moins pur.

Quant aux fleurs, il faut les distiller dans leur plus grand état de fraîcheur.

Pour obtenir des eaux très-chargées du principe odorant, on se sert de l'eau obtenue dans une première distillation pour en faire une seconde ; c'est ce qu'on appelle *cohober*.

On doit toujours employer le récipient florentin, lorsque les plantes ou les fleurs sont très-chargées de principe aromatique ; c'est le moyen le plus commode pour recueillir cette substance, qui est toujours utile et quelquefois très-précieuse.

CHAPITRE V.

ESPRITS AROMATIQUES.

On appelle ainsi les produits de la distillation de l'alcool sur diverses substances aromatiques. Les esprits sont d'un grand usage dans la parfumerie ; mais on les emploie aussi pour faire des liqueurs de table, et c'est sous ce rapport que leur composition peut trouver place ici.

Les esprits sont toujours à un assez haut degré ; d'où il suit que, lorsqu'on veut les convertir en liqueur, il faut mettre dans le sirop une quantité d'eau suffisante pour que la liqueur n'ait que le degré de force qui contribue à la rendre agréable.

Esprit de cédrat.

Prenez les zestes de douze cédrats.

    Esprit de vin de 30 à 33 degrés
        de Cartier. . . . . 2 litres 1/4.
    Eau. . . . . 1 litre.

Distillez au bain-marie, pour retirer deux litres.

Il faut distiller à petit feu et ne pas laisser l'eau du serpentin prendre trop de chaleur.

Il y a de l'avantage à laisser les zestes macérer dans l'esprit pendant douze heures avant la distillation.

Si on manque de cédrats, on peut les remplacer par deux onces d'essence.

Lorsqu'on a retiré deux litres, le liquide contenu dans le bain-marie n'est pas totalement épuisé d'esprit. On continue donc la distillation tant que le liquide qui coule paraît contenir de l'esprit, d'après l'essai qu'on en fait à l'aréomètre : ce liquide est mis à part, soit pour être ajouté à une nouvelle distillation, soit pour être distillé séparément, ou à l'état de mélange avec d'autres liquides du même genre; dans ce dernier cas, on obtient un esprit chargé de plusieurs aromes dont l'ensemble est plus ou moins agréable, selon l'art avec lequel on les a assortis.

Les observations ci-dessus sont applicables à la distillation de tous les esprits aromatiques.

Si on veut des esprits plus faibles, on mettra dans le bain-marie parties égales d'esprit et d'eau, et on retirera deux litres et demi.

Esprit de bergamote.

Zestes de quatre bergamotes.
Esprit de 30 à 33 degrés. 2 litres 1/4.
Eau. . . . . 1 idem.

Distillez pour retirer deux litres.

A défaut de bergamotes, on distille deux onces d'essence.

Esprit d'orange.

Prenez les zestes de vingt oranges de Portugal.
Esprit de 30 à 33 dégrés. 2 litres 1/4.
Eau. . . . . 1 idem.

Distillez au bain-marie pour retirer deux litres.
Deux onces d'essence peuvent remplacer les zestes.

Esprit de citron.

Prenez les zestes de 40 citrons ou 2 onces d'essence.
Esprit de 30 à 33 degrés. 2 litres 1/4.
Eau. . . . . 1 idem.

Distillez au bain-marie pour retirer deux litres.
On emploie les mêmes doses pour l'esprit de limon ou de bigarade.

Esprits tirés des épices.

Pour extraire l'arome des épices, il faut d'abord en faire des teintures. Pour cela on les pulvérise dans un mortier couvert : on les passe au tamis couvert, et on pulvérise de nouveau ce qui n'a pu passer. On met ensuite macérer les épices dans l'esprit, en exposant le vase au soleil pendant la belle saison, et le tenant dans un endroit chaud pendant l'hiver.

La macération doit durer au moins huit jours ; on peut ensuite distiller.

Esprit de cannelle.

Faites macérer, ainsi qu'il est prescrit ci-dessus, trois onces de cannelle dans trois litres d'esprit, à vingt-quatre degrés de Cartier.

Distillez pour retirer deux litres.

Esprit de girofle.

Une demi-once de girofle macéré, comme il est prescrit, dans trois litres d'esprit à vingt-quatre degrés.

Distillez pour retirer deux litres.

Esprit de macis.

Prenez une once de macis macéré, comme il est prescrit, dans trois litres d'esprit à vingt-quatre degrés.

Distillez pour retirer deux litres.

Esprit de muscade.

Prenez une once de muscade macérée, comme les autres épices, dans trois litres d'esprit à vingt-quatre degrés.

Distillez pour retirer deux litres.

Esprit de graines.

Les graines n'exigent pas une aussi longue macération que les épices, parce que leur arome s'élève plus facilement à la distillation ; il suffit de les mettre infuser, dès la veille, dans l'alambic avec la quantité d'esprit qu'on veut employer. Un seul exemple suffira.

Esprit d'anis.

Prenez semences d'anis ou de badiane. 6 onces.
      Esprit 3/6. . . . . 1 litre 1/2.
      Eau. . . . . 1 litre.

Pilez grossièrement l'anis et mettez-le infuser dans l'alambic avec l'esprit et l'eau ; le lendemain, distillez pour retirer un litre un quart.

Procédez de même pour obtenir les esprits de toutes les graines aromatiques.

Esprit des plantes aromatiques.

On prend plantes aromatiques. . . . 1 livre.
      Esprit à 22 degrés. . . . . 4 litres 1/2.

On laisse infuser dans l'alambic jusqu'au lendemain. On distille pour retirer trois litres.

Les plantes aromatiques doivent avoir été séchées avec les précautions indiquées précédemment ; il faut aussi les hacher grossièrement avant de les déposer dans l'alambic.

On tire de cette manière les esprits,
    de menthe poivrée,
    de mélisse,
    de romarin,
    de basilic (les tiges de celui-ci doivent être employée fraîches),
    de verveine odorante, etc., etc.,

Esprits avec les teintures.

Le mélange d'un peu de teinture chargée d'arome, avec de l'alcool 3/6, forme de suite un esprit aromatique, ou ce qu'on appelle une eau de senteur ; mais comme presque toutes les teintures sont colorées et que plusieurs le sont beaucoup, les eaux de senteur ainsi faites sont colorées aussi.

Pour remédier à cet inconvénient, on les rectifie au bain-marie, pour en retirer à peu près tout ce qu'on y a mis. On a alors des eaux de senteur parfaitement limpides; elles sont aussi plus suaves, parce qu'elles ne retiennent que le principe aromatique. Les teintures contiennent presque toujours quelque autre substance qui, étant peu ou point volatile, est séparée par la distillation.

Toutes les teintures peuvent être employées de cette manière. On obtient avec elles des eaux de senteur plus parfaites qu'avec les essences, souvent altérées et quelquefois falsifiées.

On ne peut préciser la dose de chaque teinture dont le degré de force ne peut être apprécié que par l'odorat : il faut nécessairement procéder par voie d'essai ; pour cela, on ajoute la teinture successivement, on la mélange avec l'alcool, et on en verse quelques gouttes dans l'une des mains, qu'on frotte avec l'autre. Lorsque tout l'alcool est évaporé, on flaire la main, et si l'arome de la teinture s'y retrouve avec une intensité suffisante, on s'arrête là ; sinon on ajoute de nouvelle teinture jusqu'à ce qu'on ait obtenu l'effet désiré.

Procédez ainsi pour les teintures
        de benjoin,
        de vanille,
        de styrax calamite,
        de cannelle,
        d'iris de Florence,
        de musc,
        d'ambre,
        de cédrat,
        d'orange, etc., etc.,
dont les recettes se trouvent au chapitre 3.

Esprits avec les essences.

Les essences donnent rarement des eaux de senteur aussi suaves que celles qu'on aromatise avec des teintures et qu'on rectifie ensuite ; cependant, comme on n'a pas toujours à sa disposition plusieurs des substances propres à faire des teintures, ou qu'on ne peut se les procurer dans un état de fraîcheur satisfaisant, il faut bien se résoudre à employer les huiles essentielles.

Ces huiles sont souvent falsifiées : les moyens proposés pour reconnaître la fraude sont d'une application assez difficile, et le résultat en est presque toujours insuffisant.

Un moyen plus simple, c'est de les juger par l'odorat. On en prend une gouttelette que l'on étend sur la paume de la main, et qu'on laisse évaporer en flairant de temps en temps; si l'odeur n'est pas bien franche, si on y distingue plusieurs nuances, si elle n'est pas toujours la même à toutes les époques de l'évaporation, s'il reste sur la main un résidu gras, si même, tout étant évaporé, l'odeur qui reste inhérente à la peau n'est plus la même qu'au commencement, on peut conclure que l'essence a été mélangée. Un seul des signes ci-dessus suffit pour faire rejeter l'essence qui le présente.

Quand on a de bonnes essences, rien n'est si simple que de les convertir en esprits. On met dans le bain-marie de l'alambic une once d'essence avec un litre et 1/3 d'esprit 3/6 ; on distille pour retirer un litre.

Les essences dont on fait le plus d'usage sont celles
- de néroli,
- de bergamote,
- de cédrat,
- d'orange,
- de citron,
- de limon,
- de menthe poivrée,

d'anis,
de girofle,
de lavande,
de romarin, etc., etc.

Observations sur la distillation des esprits.

Comme il est nécessaire d'obtenir les esprits au moins à trente-trois degrés, et que pour y parvenir on est obligé de mettre dans l'alambic de l'alcool à vingt-deux degrés et au-dessus, il faut avoir grand soin de chauffer avec beaucoup de modération, surtout dans le commencement; sans cela on est exposé à divers accidens. Le liquide de l'alambic peut être soulevé par l'ébullition, et passer dans le serpentin; la masse de vapeur dégagée peut même être telle qu'elle soulève le chapiteau pour trouver une issue. Pour prévenir ces accidens, on ne doit pas quitter l'alambic, ni cesser un instant de veiller au feu. On reconnaît, à la force du filet qui coule du serpentin, comment marche la distillation. Si l'écoulement s'affaiblit trop, on active légèrement le feu; si, au contraire, le filet grossit beaucoup, on ouvre la porte du foyer et on ferme celle du cendrier. Si malgré cela le filet se maintient, on retire une partie du feu qu'on éteint de suite.

Le vase qui reçoit le produit de la distillation doit être toujours placé dans un autre assez grand pour contenir ce qui peut couler par le serpentin, quand le liquide contenu dans la cucurbite se soulève.

Il y a moins d'accidens à craindre quand on distille au bain-marie; cependant, comme dans ce cas l'alcool est presque toujours à un haut degré, il faut éviter de faire un trop grand feu et se régler toujours sur la force du filet.

CHAPITRE VI.

DES LIQUEURS DISTILLÉES.

Les principes généraux de la distillation, et la manière de la conduire, ont été exposés, dans le chapitre qui traite des ustensiles et des matières, à l'article ALAMBIC : on ne reviendra donc pas sur ce sujet ; mais on aura soin d'indiquer, dans chaque recette, les précautions particulières qui sont indispensables pour en assurer le succès.

Kirchwasser.

C'est avec des merises sauvages qu'on fait le kirchwasser en Alsace et dans la Forêt-Noire ; l'expérience a prouvé cependant qu'on en faisait d'aussi bon avec les merises cultivées, et même avec les cerises communes, quoique en moindre quantité avec ces dernières, parce qu'elles sont moins sucrées : les cerises dont le jus est coloré comme la griotte et autres espèces analogues, rendent beaucoup plus. Ces espèces sont très-communes dans le nord de la France ; on les trouve aussi en assez grande abondance dans quelques-uns de nos départemens méridionaux ; elles sont rares dans ceux du centre.

Quant aux merises, il y en a à peu près partout ; elles sont presque sans valeur intrinsèque. Leur prix est ce qu'il en coûte pour les cueillir. En Alsace, et dans la Forêt-Noire, on ne les cueille pas : un homme monte dans l'arbre lorsque les fruits ont acquis toute leur maturité, et en frappant successivement toutes les branches avec une longue perche, il fait tomber les merises à terre, où des femmes et des enfans les ramassent. Cette méthode est plus expéditive et beaucoup moins coûteuse.

Lorsqu'on a rassemblé une quantité suffisante de merises ou de cerises, on les écrase avec soin, ce qui ne peut bien se faire que sur un tamis ou dans un panier posé sur le tonneau destiné à recevoir le jus; car si on voulait les écraser dans le tonneau même ou dans des baquets, comme on foule les raisins, une moitié au moins des fruits resterait intacte, et la fermentation de la masse serait lente et incomplète.

Le jus passe à travers le tamis et le panier; le marc reste dessus; on le jette de temps en temps dans le tonneau, et l'on continue à écraser.

Lorsque tout est fini, si on a employé des merises, on ajoute au fruit écrasé moitié ou deux tiers de son volume d'eau; lorsque les merises sont très-mûres et très-sucrées, on peut ajouter l'eau en volume égal à celui du fruit. Cette addition d'eau a pour objet de rendre la fermentation plus rapide et la distillation plus facile.

Si on emploie des cerises, il est inutile d'ajouter de l'eau, parce que leur jus est toujours assez liquide; il y aurait même de l'avantage à y dissoudre de belle cassonade, dans la proportion de six à dix pour cent en poids; ce serait le moyen d'obtenir un produit plus considérable.

On casse quelquefois une partie des noyaux dans la vue d'avoir du kirchwasser plus chargé de l'arome des amandes; mais comme un excès de cet arome rend la liqueur malsaine, sans lui donner plus d'agrément, il vaut mieux laisser les noyaux entiers. Le kirchwasser, que l'on obtient alors, est encore assez parfumé; il l'est même trop dans les premiers temps, et ce n'est qu'en vieillissant qu'il acquiert toutes les qualités qu'on y recherche, et notamment cette fusion intime de l'arome, qui, affectant moins vivement l'odorat, devient plus perceptible au goût.

Lorsqu'on a ajouté l'eau, on brasse bien la masse, pour que l'eau, qui est plus légère que le jus, ne reste pas à la surface ; puis on couvre le tonneau avec un couvercle en bois, par-dessus lequel on jette une couverture. Cela suffit pour soustraire la masse fermentante au contact de l'air, en même temps que la fermeture n'est pas assez hermétique pour empêcher la sortie du gaz acide carbonique qui se dégage pendant la fermentation.

La fermentation dure plus ou moins long-temps, selon que la température est plus ou moins élevée. Quatre à cinq jours suffisent lorsque le temps est chaud ; il en faut quelquefois huit lorsque la température est basse.

La fermentation est aussi plus rapide dans une grande masse que dans une petite.

On connaît sa marche par le bruissement que produit le dégagement du gaz ; bruissement qui est très-sensible quand on approche l'oreille du tonneau. Aussitôt qu'on n'entend presque plus rien, et avant que tout mouvement dans la masse ait cessé, il est temps de distiller.

On met dans l'alambic le jus fermenté et le marc y compris les noyaux ; si on est obligé de s'y prendre à plusieurs fois, on a soin de partager le marc de manière qu'il y en ait à peu près autant dans chaque distillation.

On chauffe modérément, et on continue toujours à petit feu. On obtient ordinairement pour produit de l'alcool à quatorze ou quinze degrés, qu'on met à part jusqu'à ce que tout le liquide fermenté soit distillé.

On redistille ensuite ce premier produit en une ou plusieurs fois, selon la quantité qu'on a obtenue et la capacité de l'alambic ; on met de suite dans des bouteilles tout ce qui marque vingt-un à vingt-deux degrés, et tout ce qui est au-dessous de vingt-un est rectifié une seconde fois. Le produit de cette dernière distillation est ordinairement plus suave et plus moelleux que le produit obtenu de la seconde.

Pour ne rien perdre, on doit toujours pousser la distillation jusqu'à ce que le liquide, sortant du serpentin, ne marque plus que onze degrés à onze degrés et demi.

Le kirchwasser ne doit pas être placé à la cave, mais dans l'endroit le plus exposé à toutes les variations de température; c'est le moyen de lui faire acquérir en peu de temps de la vétusté.

On y parvient plus promptement encore en exposant les bouteilles qui le contiennent à un froid artificiel de plusieurs degrés au-dessous du terme de la congélation de l'eau.

Pour cela on range les bouteilles dans un baquet assez profond pour qu'elles puissent y tenir debout; on remplit les intervalles avec de la glace grossièrement broyée, et on projette par-dessus, couche par couche, du sel ordinaire dans la proportion du quart en poids de la glace employée. On couvre de suite le baquet et on l'enveloppe de couvertures épaisses. La glace se fond par l'action du sel, et il se produit un froid de dix à douze degrés, dont l'effet est d'opérer une combinaison plus intime, qu'on n'obtient, par le temps seul, qu'au bout de plusieurs années.

Ce procédé opère le même effet dans toutes les liqueurs. Comme la glace est rare en France, pendant l'été, excepté dans les grandes villes, et qu'elle est presque toujours assez chère, on peut attendre l'hiver pour faire cette opération. On aura alors l'avantage d'obtenir un froid encore plus fort; on pourra se dispenser de couvrir le baquet et il sera bon de tenir les bouteilles, sinon entièrement débouchées, au moins bouchées très-légèrement. Un simple cornet de papier est suffisant, puisqu'il ne s'agit que d'empêcher le sel qu'on jette sur la glace de pénétrer dans les bouteilles.

Le sel employé n'est pas perdu. On filtre l'eau salée qui résulte de la fusion de la glace et du sel; et on la fait évaporer dans une chaudière de fer; on obtient ainsi du sel blanc qui a plus de valeur que le sel gris employé.

Eau-de-vie de pêches.

On fabrique aux États-Unis d'Amérique une grande quantité d'eau-de-vie de pêches. Il y a dans le midi de la France des contrées où l'on pourrait se livrer utilement à cette fabrication; mais partout, il y a des années où les pêches sont tellement abondantes, qu'il s'en perd une grande quantité qu'on pourrait convertir en eau-de-vie.

Cette eau-de-vie, quand elle est faite avec soin, se rapproche beaucoup du kirchwasser, et acquiert avec le temps des qualités qui la rendent très-agréable.

On choisit les pêches très-mûres et ont les écrase sur un tamis en toile métallique peu serrée. Les peaux et les noyaux restent sur le tamis; on rejette tout ce qu'on peut ramasser des premières, et on ajoute les noyaux au jus : celui-ci est ordinairement assez liquide et n'a pas besoin d'être additionné d'eau.

Ceci doit s'entendre des espèces de pêches qui sont les plus communes dans le centre et dans le nord de la France; mais dans le midi, où l'on cultive surtout le *pavie*, dont les fruits sont fermes et dont la pulpe tient fortement au noyau, on ne parviendrait à les écraser convenablement qu'en les pilant dans un mortier, ou, si on en avait une grande quantité, sous une pile à cidre : il serait nécessaire d'ajouter de l'eau à la pulpe de cette espèce de pêche.

La fermentation doit être conduite comme pour les merises. Le mode de distillation est aussi le même; seulement il ne faut pas mettre la totalité des noyaux dans l'alambic.

Il est indispensable, lorsqu'on distille du jus de fruits, de nettoyer l'alambic avec le plus grand soin, après chaque opération; sans cela quelque partie de pulpe peut s'attacher au fond de la cucurbite, y brûler et répandre dans toute la masse un goût d'empyreume, qu'il est à peu près impossible de faire disparaître.

Eau-de-vie d'abricots.

Les abricots fermentés donnent aussi une eau-de-vie agréable par la distillation. Il faut les prendre à maturité complète, les écraser avec soin, et mettre dans le vase fermentatoire le jus, la pulpe, les peaux et les noyaux; une partie de ces derniers doit être retranchée lorsqu'on procède à la distillation; il faut aussi ajouter de l'eau, surtout lorsqu'on emploie des abricots communs qui n'abondent pas en jus : du reste on opère comme pour l'eau-de-vie de pêches.

Eau-de-vie de genièvre.

Dans les pays où le genièvre est abondant, on peut en extraire une eau-de-vie fort saine et qui est assez agréable lorsqu'elle a vieilli.

On est dans l'usage de concasser grossièrement les baies de genièvre en les pilant dans un mortier; mais il vaut mieux les employer entières; on obtient un peu moins d'eau-de-vie, elle est moins chargée de l'arome du genièvre, mais cet arome est plus pur et l'eau-de-vie reste beaucoup plus douce.

On met les baies de genièvre entières dans un tonneau assez grand pour qu'on puisse y ajouter de l'eau en quantité égale à six ou sept fois le poids du genièvre.

Comme le genièvre se garde facilement, sans autre soin que de le tenir dans un endroit sec, on peut attendre pour le mettre en fermentation la fin du printemps ou le commencement de l'été, la fermentation s'établit alors rapidement et se termine en peu de jours.

Le genièvre ne doit pas être mis dans l'alambic, mais seulement le liquide chargé de l'alcool produit pendant la fermentation. Pour obtenir le liquide sans mélange des baies, le tonneau fermentatoire est percé par en bas, et on place au devant du trou, dans l'intérieur du tonneau, un morceau de toile claire attaché avec des clous.

Lorsque tout le liquide est écoulé, on peut jeter sur le marc une quantité d'eau suffisante pour le baigner, et après une heure ou deux de séjour dans le tonneau, on écoule cette eau qui emporte avec elle le peu d'alcool qui pouvait rester interposé entre les baies ou dans leur intérieur.

On distille à plus grand feu que pour les jus de fruits, et on rectifie les petites eaux, en mettant à part tout ce qui marque 21 à 22 degrés : on ajoute aux distillations suivantes les produits dont le degré est inférieur à 21.

Eau-de-vie de miel.

Dans les contrées où le miel est commun et à bon marché, on peut tirer du miel une très-bonne eau-de-vie.

On commence par dépurer le miel par le procédé indiqué à l'article *hydromel*.

Lorsque le miel est dépuré, on le délaie dans de l'eau chaude à 24 degrés du thermomètre de Réaumur, en assez grande quantité pour que l'aréomètre de Beaumé, pour les sirops, y marque 7 degrés. On y ajoute quatre onces de levure de bière en pâte, par dix livres de miel employé. La levure doit être préalablement bien délayée avec une portion de la solution de miel ; on brasse bien le tout et on couvre le tonneau.

Il faut une température d'environ 20 degrés pour que la fermentation marche bien ; si toutes les circonstances sont favorables, la fermentation doit être accomplie en trente-six heures.

Aussitôt qu'on s'aperçoit que la fermentation est à sa

fin, ce qui se reconnaît quand il n'y a plus de mouvement à la surface du liquide, il faut se hâter de le distiller. On obtient d'abord *des petites eaux* à 14 ou 15 degrés qu'on rectifie ensuite pour les porter de 20 à 22.

Cette eau-de-vie a, dans les premiers temps, un arrière-goût de miel qui n'est pas désagréable; elle le perd ensuite et acquiert en vieillissant beaucoup de qualité.

Anisette.

Huile volatile d'anis.	60 gouttes.
Amandes amères mondées et broyées avec un peu d'eau et de sucre.	4 onces.
Iris de Florence concassée.	2 onces.
Esprit 3/6.	12 litres.
Eau.	3 litres.

Mettez le tout dès la veille dans l'alambic et distillez pour retirer douze litres.

Faites un sirop clarifié avec

Sucre.	9 livres.
Eau.	9 litres.

Et ajoutez-le aux douze litres d'esprit aromatique; filtrez au papier gris.

Élixir de Garus.

Aloès succotrin.	2 gros.
Myrrhe.	4 gros.
Safran.	2 gros.
Cannelle fine. Girofle. Muscades. } de chaque.	24 grains.
Esprit à 22 degrés.	3 litres.

Faites macérer pendant huit jours en agitant plusieurs fois le liquide; distillez au bain-marie pour retirer deux litres et demi. Sucrez avec poids égal de sirop de capillaire et ajoutez un peu d'eau de fleurs d'oranger.

Si l'addition du sirop rend la liqueur nébuleuse, filtrez-la au papier gris.

Si on désire que la liqueur soit colorée, on réservera la moitié du safran pour en faire une infusion aqueuse qu'on ajoutera au sirop.

Huile de cédrat.

Le cédrat est un fruit du genre citron. Sa forme est peu régulière, son écorce étant presque toujours couverte de tubérosités. Sa couleur est jaune; son odeur, qui réside exclusivement dans la partie colorée de l'écorce, est très-suave et diffère entièrement de celle des fruits du même genre.

Les cédrats dont l'écorce est chargée de tubérosités et très-pointillée, sont les plus abondans en essence et doivent être préférés.

Prenez cédrats. 3
Esprit à 22. . . . . 3 litres 1/2.
Sucre. . . . . 2 livres 1/2.
Eau. . . . . 1 litre.

Enlevez les zestes des cédrats avec une lame bien tranchante; enlevez le moins possible de blanc, mettez les zestes dans l'esprit et distillez au bain-marie pour retirer trois litres.

Faites un sirop clarifié avec le sucre et l'eau et ajoutez-le à l'esprit aromatique : ajoutez aussi quelques gouttes de teinture aromatique, à votre choix, pour donner un arrière-goût qu'il est toujours agréable de retrouver dans les liqueurs. Faites pour cela des essais dans un verre et arrêtez-vous à celui qui vous flattera le plus. Opérez aussi par essai pour l'addition du sirop.

Filtrez au papier gris.

L'esprit aromatique peut être gardé indéfiniment. On y ajoute le sirop à l'époque qui convient.

En variant la proportion de sirop, on obtiendra des liqueurs plus moelleuses ou plus sèches.

On peut faire la même liqueur en distillant la même quantité d'eau-de-vie ou d'esprit avec soixante gouttes d'essence de cédrat.

Huile de bergamote.

La bergamote est encore un fruit du genre citron qui abonde en huile essentielle; on doit la choisir lorsqu'elle est près d'atteindre son entière maturité, c'est-à-dire lorsqu'elle a encore quelques parties de son écorce d'un vert clair.

Enlevez les zestes d'une belle bergamote et jetez-les dans trois litres et demi d'eau-de-vie, ou, ce qui est préférable, d'esprit à 22; distillez au bain-marie pour retirer trois litres; faites un sirop avec trois livres de sucre et un litre et demi d'eau, ajoutez-le à l'esprit aromatique; filtrez au papier gris.

On peut toujours varier les proportions de sucre et d'eau.

Ajoutez cinq à six gouttes d'une teinture quelconque pour donner un arrière-goût. (*Voyez* la composition des teintures, chap. III.)

Si on veut faire cette liqueur avec l'huile essentielle, il en faut cinquante à soixante gouttes pour la quantité d'esprit indiquée.

Citronnelle.

Choisissez les citrons dont l'écorce est la plus épaisse, parce qu'ils ont plus d'huile essentielle que les autres. Levez les zestes de quatre citrons et distillez-les au bain-marie avec trois litres et demi d'eau-de-vie.

Faites un sirop clarifié avec deux livres et demie de

sucre et un litre d'eau ; ajoutez-le à l'esprit aromatique ; filtrez au papier gris.

Pour faire la même liqueur avec l'huile essentielle de citron, il faut en mettre quatre-vingts gouttes dans les trois litres et demi d'esprit et distiller pour retirer trois litres.

Eau chinoise.

Le nom de cette liqueur vient de ce qu'on emploie pour la faire cette espèce de petits citrons verts qu'on confit au sucre et qui sont alors vendus sous le nom de chinois.

Prenez trente petits citrons verts. Il est inutile d'en enlever les zestes ; mettez-les dans l'alambic avec trois litres et demi d'esprit à 22 degrés ; distillez au bain-marie pour retirer trois litres.

Faites un sirop avec deux livres et demie de sucre et un litre et demi d'eau, ajoutez-le à l'esprit aromatique et filtrez au papier gris.

Eau de bigarade.

Enlevez les zestes de six bigarades moyennes et distillez-les au bain-marie avec trois litres et demi d'esprit à 22 degrés ; ajoutez un peu de teinture de macis et de muscade (*Voyez* chap. III), ou du macis et de la muscade en substance ; retirez trois litres.

Ajoutez six livres de sirop clarifié, fait avec deux livres et demi de sucre et un litre trois quarts d'eau ; filtrez à la chausse ou au papier gris.

Fine orange.

Levez les zestes de huit oranges choisies parmi celles dont l'écorce est fine, tendre, transparente et bien pointillée.

Distillez les zestes au bain-marie avec quatre litres

et demi d'eau-de-vie ou d'esprit à 22 degrés ; retirez quatre litres.

Faites un sirop clarifié avec deux livres et demie de sucre, un quarteron de beau miel et un litre et demi d'eau ; ajoutez-le à l'esprit aromatique et filtrez au papier gris.

Observation sur les esprits aromatiques.

Lorsqu'on distille de l'eau-de-vie ou de l'alcool sur des écorces et autres substances contenant de l'huile essentielle, celle-ci, dans la plupart des cas, monte à la distillation avec l'alcool, et le produit qu'on obtient, est un esprit d'autant plus chargé de l'arome de la substance employée qu'on en a mis davantage dans l'alambic.

Il ne s'agit plus que d'ajouter un sirop de sucre à cet esprit aromatique pour en faire une liqueur agréable.

Ces esprits peuvent être mélangés les uns avec les autres, dans diverses proportions, pour en composer des liqueurs nouvelles.

Il est bon d'en garder une certaine quantité de chaque espèce, pour aromatiser, ou au moins pour donner un arrière-goût à quelques liqueurs qui naturellement ont peu de parfum.

Ainsi du jus de cerises mêlé à de l'eau-de-vie, devient une excellente liqueur lorsqu'on y ajoute un peu d'esprit de cédrat ou de bergamote.

On peut faire beaucoup d'essais en ce genre, avec la certitude d'obtenir de bons résultats.

Comme on ne trouve pas partout des cédrats et des bergamotes, on peut substituer aux écorces de ces fruits l'huile essentielle qu'on en extrait dans les contrées méridionales. On en trouve chez tous les droguistes.

Ces huiles essentielles doivent être distillées avec de l'esprit et au bain marie. La dose de ces huiles, relativement à l'esprit, a été indiquée dans les recettes ci-dessus ; on peut cependant ne pas s'y astreindre : il n'y a aucun inconvénient à augmenter la dose de l'huile essentielle. Si on trouve que l'esprit est trop chargé d'arome le remède est facile; on l'étend avec une nouvelle quantité d'esprit.

L'huile essentielle combinée avec l'alcool conserve indéfiniment ses propriétés, tandis qu'elle s'altère très-souvent lorsqu'elle est conservée pure. Il faut donc se hâter de convertir en esprits les essences qu'on a pu se procurer. On renferme ces esprits dans des bouteilles bien bouchées, et par ce moyen on a toujours la faculté de composer des liqueurs.

Eau de cannelle.

Prenez cannelle pulvérisée. . . . . 1 once.
    Esprit à 20 degrés. . . . . . 3 litres 1/2.
    Sucre. . . . . 2 livres.
    Eau. . . . . 1 litre 1/2.

Mettez la cannelle et l'esprit dans la cucurbite, et distillez pour retirer trois litres.

Faites un sirop clarifié avec le sucre et l'eau, et ajoutez-le à l'esprit aromatique. Filtrez.

Cinnamomum.

La cannelle est la base de cette liqueur; mais on y ajoute le macis, ce qui modifie singulièrement son arome.

Prenez cannelle fine en poudre. . . 1 once 1/2.
    Macis. . . . . 2 gros.
    Eau-de-vie à 20 degrés. . . 3 litres 1/2.
    Sucre. . . . . 3 livres.
    Miel de Narbonne. . . . . 4 onces.
    Eau. . . . . 1 litre 1/2.

Distillez l'eau-de-vie sur la cannelle et le macis dans la cucurbite. Retirez trois litres.

Faites un sirop clarifié avec le sucre, le miel et l'eau; ajoutez-le à l'esprit aromatique, et filtrez.

Macis.

Prenez Macis. . . . . 1 once.
    Eau-de-vie à 22 degrés. . . 3 litres 1/2.
    Sucre. . . . . 2 livres.
    Miel de Narbonne. . . . . . 4 onces.
    Eau. . . . . 1 litre 1/2.

Procédez comme ci-dessus.

Muscade.

On distille trois litres et demi d'esprit à 20 degrés sur deux muscades concassées. On emploie les autres substances dans les mêmes proportions et de la même manière que pour le macis.

Girofle.

Prenez girofle. . . . . 1 gros.
    Esprit à 22 degrés. . . . . . 3 litres 1/2.
    Sucre. . . . . 2 livres.
    Miel. . . . . 4 onces.
    Eau. . . . . 1 litre 1/2.

Pulvérisez le girofle. Du reste procédez comme ci-dessus et filtrez.

Eau de giroflée.

    Girofle. . . . . 1 gros.
    Macis. . . . . 2 gros.
    Esprit à 22 degrés. . . . . . 3 litres 1/2.
    Sucre. . . . . 2 livres 1/4.
    Miel de Narbonne. . . . . . 4 onces.
    Eau. . . . . 1 litre.

Broyez le girofle et le macis; ajoutez-le à l'esprit et distillez dans la cucurbite pour retirer trois litres.

Faites le sirop à l'ordinaire; ajoutez-le et filtrez.

Observations sur les liqueurs faites avec les épices.

La plupart des huiles essentielles contenues dans les épices sont plus lourdes que l'eau et montent difficilement à la distillation; le premier esprit qui passe est très-peu aromatique, et il ne le devient que vers la fin, quand la cucurbite est presque vide. Alors on peut craindre que le résidu de la distillation ne brûle dans l'alambic, ou du moins que l'arome ne soit altéré par l'action du feu. On ne doit pas, dans cette distillation, employer le bain-marie, qui ne reçoit pas une chaleur suffisante pour volatiliser les huiles essentielles des épices.

Au lieu donc de distiller l'esprit sur les épices, il est préférable de l'aromatiser avec les teintures de ces substances (*Voy.* chap. III); on obtiendra, par ce moyen, des liqueurs dont l'arome sera mieux conservé et plus suave. Le seul inconvénient, c'est que les teintures étant colorées, les liqueurs le seront aussi.

Si cette couleur, communiquée par les teintures ne plaît pas, on pourra la masquer avec l'une des substances colorantes indiquées pag. 30 et 31.

Les liqueurs faites avec les épices sont, comme toutes les autres, beaucoup plus agréables, lorsqu'en laissant dominer leur arome, on le modifie par l'addition d'une autre substance aromatique.

L'esprit des écorces du genre citron, l'esprit de framboises s'allient très-bien avec les épices; mais, je ne saurais trop le répéter, il faut toujours qu'un des esprits domine. Il y a cependant quelques mélanges qu'on peut faire dans des proportions telles qu'on obtienne un arome particulier, qui ne laisse reconnaître aucun de ceux qu'on a employés.

Les proportions de ces mélanges ne peuvent être indiquées, parce qu'il est presque impossible d'obtenir des esprits également chargés du principe aromatique. Il faut procéder par voie d'essai.

Huile d'anis.

Prenez anis étoilé ou badiane. . . 2 onces.
    Esprit à 22 degrés. . . . . 2 litres 1/2.
    Amandes amères. 6
    Sucre. . . . . 1 livre 1/2.
    Miel de Narbonne. . . . . 4 onces.
    Eau. . . . . 1 litre.

Pulvérisez la badiane, concassez les amandes, et distillez-les avec l'esprit pour retirer deux litres.

Faites un sirop clarifié avec le sucre, le miel et l'eau; ajoutez-le à l'esprit aromatique.

Il arrive quelquefois que l'esprit blanchit lorsqu'on y ajoute le sirop; dans ce cas, le meilleur remède est d'y ajouter un peu d'esprit; on agite le liquide et on laisse reposer; ensuite on filtre au papier.

On fait la même liqueur avec l'anis commun à la même dose; elle est moins suave que lorsqu'on emploie la badiane.

Esprit d'anis.

En distillant de l'esprit 3/6 sur de l'anis commun ou de la badiane, à la dose de huit à dix onces par litre, on obtient un esprit aromatique très-chargé, qui est très-commode pour faire les liqueurs dans lesquelles l'anis doit entrer comme arôme principal ou comme accessoire.

Cet esprit, qu'on peut toujours faire soi-même, est préférable aux huiles essentielles d'anis qu'on trouve dans le commerce, et qui sont souvent falsifiées avec assez d'adresse pour qu'il soit peu facile de le reconnaître.

Mettez dans l'alambic une livre et demie d'anis, trois litres d'esprit 3/6 et deux litres d'eau. Retirez deux litres trois quarts, parce que si vous retiriez tout l'esprit employé, le liquide blanchirait. Il est même bon, pour prévenir cet inconvénient, de fractionner le produit, c'est-à-dire de le retirer litre par litre ; on le mélange ensuite.

Pour ne rien perdre, on doit distiller jusqu'à ce que ce qui sort du serpentin ne marque plus que 14 ou 15 degrés ; ce dernier produit est très-louche, parce qu'il ne contient plus assez d'esprit pour tenir en suspension l'huile essentielle. On peut le redistiller avec volume égal d'esprit 3/6, et on obtient alors un liquide clair.

Dans ces distillations de graines aromatiques, il faut toujours ajouter de l'eau quand on emploie de l'esprit 3/6 ; sans cela, vers la fin de la distillation, les graines se trouveraient presque à nu dans la cucurbite et seraient exposées à brûler.

On procède de même pour retirer l'esprit de toutes les graines aromatiques.

Esprit de fenouil.

Prenez une livre 3/4 à deux livres de semences de fenouil.

Esprit 3/6. . . . . 3 litres.
Eau. . . . . 2 litres.
Ou eau-de-vie sans eau. . . . 6 litres.

Procédez comme pour l'esprit d'anis.

L'esprit de fenouil a un arome particulier, qui, tout en rappelant celui de l'anis, en diffère cependant beaucoup. On en fait une liqueur qui plaît généralement.

Pour cela, on fait un ratafia blanc avec deux litres d'esprit 3/6 et cinq livres de sirop clarifié, composé de cinq livres de sucre et un litre et demi d'eau. On ajoute de l'esprit de fenouil jusqu'à ce qu'on ait obtenu une liqueur suffisamment aromatisée. On filtre au papier gris.

On procède de même pour toutes les liqueurs qu'on veut composer avec les esprits de graines.

Un peu de teinture de macis donne beaucoup d'agrément à la liqueur de fenouil.

Eau de coriandre.

La coriandre contient trop peu d'huile essentielle pour qu'on puisse en tirer un esprit très-chargé d'arome. Il faut choisir la graine d'un blanc jaune, ou même un peu rousse, sans l'être trop. Lorsqu'on la mâche, elle doit avoir une saveur douce et une bonne odeur.

Prenez coriandre concassée. . . . . . . 3 onces.
        Esprit ou eau-de-vie à 21 degrés. 3 litres.
        Eau. . . . . 3/4 de litres.

Distillez pour retirer deux litres et demi.

Ajoutez un sirop clarifié composé de deux livres de sucre et un litre d'eau.

Eau d'angélique.

Choisissez la graine d'angélique la plus blanche, c'est la plus nouvelle ; celle qui est vieille tire sur le roux, et lorsqu'elle est d'un roux foncé, c'est une preuve qu'elle n'a pas été recueillie à temps et qu'elle a souffert sur la plante.

Prenez semences d'angélique pilées. . . . 1 once.
        Esprit ou eau-de-vie à 21 degrés. . 3 litres.
        Eau. . . . . 3/4 litres.
Pour le sirop { sucre. . . . . 2 livres.
                { eau. . . . . 1 litre.

Distillez pour retirer deux litres et demi.

Ajoutez le sirop clarifié. Filtrez au papier.

Eau de céleri.

Prenez graine de céleri pilée. . . . . . . 3 gros.
        Esprit ou eau-de-vie à 21 degrés. . 3 litres.
        Eau. . . . . 1/2 litre.

Distillez pour retirer deux litres et demi.

Ajoutez un sirop clarifié, fait avec une livre et demie de sucre et un litre un quart d'eau ; filtrez.

Persico.

Prenez graine de persil pilée. . . . . . . 1/2 once.
    Esprit ou eau-de-vie à 21 degrés. . 3 litres.
    Eau. . . . . 1/2 litre.

Distillez pour retirer deux litres et demi.

Ajoutez un sirop clarifié, fait avec une livre trois quarts de sucre et un litre et demi d'eau ; filtrez.

Eau des sept graines.

Prenez semences d'anis. . . . . 6 gros.
   — de fenouil. . . . . 6 gros.
   — de coriandre. . . . . . . 4 gros.
   — d'angélique. . . . . 2 gros.
   — de carotte. . . . . 2 gros.
   — de carvi. . . . . 4 gros.
   — de chervis. . . . . 4 gros.
Esprit ou eau-de-vie à 21 degrés. . 3 litres.
Eau. . . . . 3/4 de litre.

Distillez pour retirer deux litres et demi.

Ajoutez un sirop clarifié, composé de deux livres de sucre et d'un litre et demi d'eau.

Huile de café.

Prenez café moka brûlé et concassé. . . . 1 livre.
    Eau-de-vie ou esprit à 22 degrés. 4 litres.
    Eau. . . . . 1 litre.

Faites brûler le café à l'ordinaire jusqu'à ce qu'il ait pris une belle couleur dorée. Il ne faut pas qu'il arrive jusqu'au brun ; concassez-le dans un mortier, et mettez-le infuser dans l'alambic avec l'eau-de-vie et l'eau pendant quelques heures.

Distillez pour retirer trois litres et demi.

Ajoutez six livres de sirop clarifié, composé de quatre livres de sucre et un litre d'eau; mélangez et filtrez au papier.

On peut aussi moudre le café, le mettre dans une cafetière à la Dubelloi, et en tirer un litre d'infusion qu'on distille avec quatre litres d'esprit à vingt-deux degrés, pour en retirer quatre litres.

On sucre avec la même quantité de sirop clarifié, et on filtre.

Huile de chocolat.

Prenez cacao.	4 onces.
Vanille.	4 gros.
Esprit à 21 degrés.	4 litres.
Eau.	1 litre.

Faites rôtir le cacao dans une brûloire à café, au même degré que pour faire le chocolat. Incisez la vanille. Broyez le cacao rôti, et mettez le tout dans l'alambic avec l'esprit et l'eau.

Distillez pour retirer trois litres et demi. Ajoutez un sirop composé de trois livres et demie de sucre et un litre et demi d'eau.

Lorsque la vanille est trop chère, on peut lui substituer la teinture de styrax-calamite.

Eau d'or.

Prenez trois citrons.

Coriandre.	1 gros.
Cannelle.	2 gros.
Esprit à vingt-deux degrés.	3 litres.

Levez les zestes des citrons sans y laisser de blanc; concassez la coriandre et la cannelle, et mettez ces aromates dans l'alambic avec l'eau-de-vie et un demi litre d'eau.

Distillez pour retirer deux litres trois quarts.

Sucrez avec un sirop composé de trois livres de sucre et un litre d'eau. Filtrez au papier.

La liqueur devient plus agréable lorsqu'on ajoute un gros de graine de carotte et un citron de plus.

Il vaut mieux supprimer la cannelle et la remplacer par un peu de teinture de cette écorce, qu'on ajoute après la distillation ; la raison de cela, c'est que l'huile essentielle de cannelle ne monte qu'à la fin de la distillation, ce qui oblige à la pousser trop loin.

On ajoute ordinairement à cette liqueur des feuilles d'or battu qu'on divise en les agitant dans un flacon avec un peu de sirop. On en met une feuille par litre ; c'est une véritable superfluité qui n'ajoute aucun mérite à la liqueur. On peut la laisser blanche ; mais si, à cause de son nom, on désire qu'elle soit colorée, il faut y ajouter un peu de caramel qu'on fait ainsi.

On met du sucre en poudre dans une cuillère ou dans un petit poêlon de cuivre bien propre, mais non étamé : on le pose sur des charbons ardens jusqu'à ce que le sucre soit fondu et ait pris une belle couleur jaune-brun sans être trop foncée. Lorsqu'il est dans cet état, on ajoute de l'eau pour dissoudre le caramel, et quand il est bien fondu, on retire la cuillère du feu ; on laisse refroidir, et on conserve pour l'usage dans un flacon bien bouché.

Il faut très-peu de ce caramel pour donner une teinte assez agréable à la liqueur.

On donne une couleur plus belle et qui imite mieux celle de l'or avec l'infusion aqueuse de safran.

Eau d'argent.

Cette eau tire son nom des feuilles d'argent battu qu'on y ajoute après les avoir divisées en les agitant dans un flacon avec un peu de liqueur.

On peut la faire avec la recette ci-dessus, en substituant à la coriandre et à la cannelle un gros de semence d'angélique pilée, et huit ou dix clous de girofle.

Eau de mille fleurs.

Prenez trois citrons moyens.

    Semences d'angélique . . . . . 1/2 once.
    Macis . . . . 1 gros.
    Iris de Florence. . . . . 2 gros.
    Esprit à vingt-deux degrés. . 3 litres.
    Eau . . . . 1 litre.

Levez les zestes des citrons sans y laisser de blanc ; pulvérisez le macis, les semences d'angélique et l'iris ; mettez le tout dans l'alambic avec l'esprit et l'eau, distillez pour retirer deux litres et demi.

Sucrez avec un sirop clarifié, composé de deux livres de sucre et un litre d'eau.

On colore ordinairement cette liqueur. (*Voyez* pag. 30 et 31.) La couleur ne doit être ajoutée que lorsque l'esprit aromatique est mélangé au sirop.

Cette liqueur est une de celles qui se font le mieux avec des teintures et des esprits aromatiques.

On mélange de l'esprit à du sirop de sucre, jusqu'à ce qu'on ait obtenu le degré de force que l'on désire ; ensuite on ajoute successivement et en petite quantité des gouttes de teinture ou d'esprit aromatique ; on fait ces essais dans un verre dont la capacité est connue, et on tient note du nombre des gouttes employées.

Lorsqu'on est parvenu à obtenir une nuance de saveur et d'arome qui paraît agréable, on fait ce calcul : si tant de gouttes de telle teinture ont été nécessaires pour aromatiser un verre de liqueur, combien en faudra-t-il pour aromatiser un bocal contenant tant de verres ?

Quand on a aromatisé la liqueur, on l'agite et on la laisse en repos pendant quelques jours ; ensuite on la filtre au papier. Si la liqueur filtrée est encore nébuleuse, il faut la repasser sur le même filtre après l'avoir saupoudré légèrement avec du sucre en poudre.

On doit prendre les mêmes soins pour toutes les liqueurs qui restent nébuleuses après la filtration.

Eau cordiale de coladon.

Prenez six citrons.
    Esprit à 21 degrés.. . . . . . . 4 litres.
    Eau. . . . . 1 litre.

Levez les zestes des citrons sans y laisser de blanc, et mettez-les dans l'alambic avec l'esprit et l'eau ; distillez pour retirer trois litres et demi.

Sucrez avec un sirop composé de quatre livres de sucre et un litre et demi d'eau. Ajoutez peu à peu de la teinture d'ambre et de musc, plus de la première que de la seconde, jusqu'à ce que l'arome de cette teinture se fasse très-légèrement sentir, quoique celui du citron domine toujours.

Autre eau cordiale.

Prenez les zestes d'une bergamote, ou essence de
    bergamote.. . . . . 25 gouttes.
    Macis. . . . . 2 gros.
    Clous de girofle. . . . . . 1/2 gros.
    Esprit à 21 degrés. . . . . 4 litres.
    Eau. . . . . 1 litre.

Distillez pour retirer trois litres et demi.

Sucrez avec un sirop composé de trois livres et demie de sucre, et un litre et demi d'eau ; filtrez.

Autre eau cordiale.

Prenez fleurs de jasmin d'Espagne. 6 onces.
    Ou, ce qui vaut mieux, esprit
       de jasmin. . . . . 8 onces.
    Essence de cédrat. . . . . 12 gouttes.
    Coriandre. . . . . 2 gros.
    Esprit à 21 degrés. . . . . 4 litres.
    Eau. . . . . 1/2 litre.

Distillez pour retirer trois litres et demi.

Sucrez avec un sirop composé de trois livres et demie de sucre, et un litre et demi d'eau.

On peut se dispenser de mettre l'esprit de jasmin dans l'alambic, et l'ajouter à l'esprit aromatique.

L'esprit de jasmin se trouve chez tous les droguistes et parfumeurs.

Eau d'Arcole.

Prenez semences d'angélique. . . . . . 1/2 once.
    Iris de Florence. . . . . 2 gros.
    Eau de fleurs d'oranger. . . . . 6 onces.
    La moitié des zestes d'un citron.
    Eau-de-vie ou esprit à 21 deg. 3 litres.
    Eau. . . . . 1/2 litre.

Pulvérisez la graine d'angélique et l'iris; mettez le tout dans l'alambic, et distillez pour retirer deux litres et demi.

Sucrez avec un sirop composé de deux livres de sucre et un litre d'eau; filtrez au papier.

Eau divine.

Prenez eau de fleurs d'oranger. . . . . 1 litre.
    Coriandre. . . . . 1 once 1/2.
    Une belle muscade.
    Les zestes de trois citrons.
    Esprit à 21 degrés. . . . . 4 litres.

Distillez pour retirer trois litres 1/2.

Sucrez avec un sirop composé de quatre livres de sucre et un litre d'eau.

Il est préférable de ne pas mettre dans l'alambic l'eau de fleurs d'oranger; on s'en sert pour faire fondre le sucre, qu'on doit choisir très-beau, et qu'on est dispensé dans ce cas de clarifier. On filtre au papier.

Eau de bouquet.

Prenez eau de fleurs d'oranger.	6 onces.
Eau de roses double.	4 onces.
Esprit de jasmin.	1 once.
Teinture de vanille.	20 gouttes.
Teinture de cannelle.	4 gouttes.
Teinture de girofle.	4 gouttes.
Les zestes de la moitié d'un citron, ou esprit de citron.	1 once.
Esprit à 28 degrés.	3 litres.
Eau.	1/2 litre.

Distillez les teintures de vanille, de cannelle, de girofle, et les zestes de citron, avec l'eau-de-vie et l'eau, pour retirer trois litres moins un quart. Ajoutez les eaux et les teintures aromatiques.

Sucrez avec un sirop clarifié composé de trois livres et demie de sucre et de trois quarts de litre d'eau.

Si on ne tient pas à avoir la liqueur tout-à-fait incolore, ou ne distille pas les teintures, mais on les ajoute à l'esprit préalablement mêlé au sirop.

On filtre au papier.

Le dosage ci-dessus n'est pas de rigueur, chacun peut le varier suivant son goût. Il en est de même de toutes les recettes : en procédant par voie d'essai, on obtiendra toujours des résultats satisfaisans, et qui quelquefois dépasseront les espérances.

Eau d'ange.

Prenez tiges d'angélique encore tendre.	4 onces.
Cannelle.	4 gros.
Iris de Florence.	2 gros.
Eau-de-vie ou esprit à 25 degrés.	3 litres.
Eau.	1 litre.

Épluchez les tiges d'angélique et faites-les blanchir à

l'eau bouillante : plongez-les ensuite dans l'eau froide et pilez-les avec la cannelle ; concassez l'iris ; mettez le tout dans l'alambic avec l'esprit et l'eau ; distillez pour retirer deux litres et demi.

Sucrez avec un sirop composé de deux livres et demie de sucre et un demi-litre d'eau filtrée.

Huile de cédrat blanche.

Prenez trois cédrats moyens.

Esprit à 22 degrés. . . . . . . 4 litres.
Eau. . . . . 1/2 litre.

Levez les zestes des cédrats sans entamer le blanc et sans rien laisser de jaune ; distillez avec l'esprit et l'eau pour retirer trois litres et demi d'esprit aromatique.

Sucrez avec un sirop composé de quatre livres de sucre et un litre d'eau. La liqueur est plus huileuse quand on ajoute trois à quatre onces de beau miel de Narbonne. Il faut saupoudrer le filtre avec du sucre en poudre, ou en ajouter dans la liqueur à filtrer si on veut qu'elle soit parfaitement claire.

On peut, en colorant cette liqueur de diverses manières, lui donner d'autres noms ; on peut aussi en varier la saveur en y ajoutant un peu d'eau de fleurs d'oranger, ou quelques gouttes de teinture de vanille, de macis, etc.

Eau des quatre fruits.

Prenez un fort cédrat.
Une petite bergamote.
Deux citrons moyens.
Deux belles oranges de Portugal.
Esprit à 28 degrés. . . . . . . 4 litres.
Eau. . . . . 1 litre.

Levez les zestes des fruits avec les précautions prescrites ci-devant. Distillez le tout pour retirer trois litres et demi. Sucrez avec un sirop composé de trois livres et demie de sucre et un litre d'eau.

On fait mieux cette liqueur en mélangeant les esprits aromatiques de chacun des quatre fruits qu'on a distillés à part : on est plus sûr alors des proportions.

On peut aussi employer les huiles essentielles dans les proportions suivantes :

Essence de cédrat.	25 gouttes.
De bergamote.	18 gouttes.
De citron.	30 gouttes.
D'orange.	32 gouttes.

On distille ces essences avec les mêmes quantités d'eau et d'esprit prescrites ci-dessus.

Mais comme les essences sont rarement pures et qu'il est assez difficile de reconnaître si elles sont altérées, quand on n'en a pas l'habitude, il vaut mieux se servir d'esprits aromatiques qu'on a préparés soi-même.

D'ailleurs il est bon d'avoir toujours une provision de ces esprits pour donner un arrière-goût à une foule de liqueurs ou de ratafias.

Eau des quatre épices.

Prenez cannelle.	6 gros.
Macis.	2 gros.
Girofle.	1/2 gros.
Muscade.	1
Esprit à 20 degrés.	6 litres.

Pulvérisez les épices et mettez-les dès la veille dans l'alambic avec l'eau-de-vie ou l'esprit. Distillez pour retirer environ cinq litres.

Sucrez avec un sirop clarifié composé de six livres de sucre et un litre d'eau. Il faut mettre le sirop un peu chaud pour que la liqueur ne blanchisse pas. Filtrez au papier gris.

Eau des quatre graines.

Prenez semences de fenouil.	10 gros.

Semences de coriandre. . . . . 10 gros.
— d'angélique. . . . . . 4 gros.
— d'aneth. . . . . 8 gros.
Esprit à 21 degrés. . . . . . . 4 litres.
Eau. . . . . 1 litre.

Pulvérisez toutes les graines et mettez-les dès la veille dans l'alambic avec l'esprit et l'eau. Distillez pour retirer trois litres.

Sucrez avec un sirop composé de trois livres de sucre et d'un litre d'eau. Filtrez au papier.

Observation.

Dans la distillation de cette recette, et en général de toutes celles qui sont très-chargées de graines et autres substances qui restent dans l'alambic, il faut avoir soin de conduire le feu avec précaution, surtout dans les commencemens.

Sans cela, la grande quantité de vapeurs alcooliques qui se dégagent, trouvant un obstacle dans les matières que l'ébullition porte à la surface du liquide, les soulève et les entraîne dans le serpentin ; alors ce qui a passé doit être remis dans l'alambic et être redistillé. On doit attendre, avant de reverser dans l'alambic ce qui a passé, que le liquide qui sort du serpentin soit redevenu clair.

(*Voyez*, pag. 9, ce qu'on doit faire lorsque le serpentin est sali ou imprégné de mauvaises odeurs.)

Crème des Barbades.

Prenez un fort cédrat.
Trois oranges de Portugal.
Macis. . . . . 1 gros.
Cannelle. . . . . 2 gros.
Huit clous de girofle.
Esprit à 21 degrés. . . . . . . 4 litres.
Eau. . . . . 1/4 de litre.

Levez les zestes du cédrat et des oranges ; concassez le macis, la cannelle et le girofle. Mettez le tout dans l'alambic avec l'esprit et l'eau ; distillez et retirez trois litres.

Sucrez avec un sirop clarifié composé de trois livres et demie de sucre et d'un litre d'eau. Mettez le sirop un peu chaud. Saupoudrez le filtre avec du sucre en poudre, ou mettez-en un peu dans la liqueur à filtrer.

Si on emploie les huiles essentielles, voici les proportions pour les doses ci-dessus.

   Essence de cédrat. . . . . . . 30 gouttes.
    — d'orange. . . . . . . 60 gouttes.

Il est préférable d'employer les esprits aromatiques de ces fruits ; la liqueur est plus agréable qu'avec les essences.

Eau des Barbades à la bergamote.

Prenez 4 petites bergamotes.
  2 gros de macis.
  5 litres d'esprit à 20 degrés.

Levez les zestes des bergamotes et concassez le macis ; distillez pour retirer quatre litres.

Sucrez avec un sirop composé de cinq livres de sucre et deux livres ou un litre d'eau.

Filtrez en ajoutant à la liqueur du sucre en poudre ou en en saupoudrant le filtre.

Si vous voulez une liqueur plus forte, ne retirez que trois litres et demi d'esprit ; employez la même quantité de sirop en ajoutant quatre onces de beau miel de Narbonne.

Eau des Barbades à l'orange.

Prenez 8 oranges de Portugal.
  1/2 gros de clous de girofle,
  Et la même quantité d'esprit que ci-dessus.

Procédez du reste comme pour l'eau à la bergamote.

Eau des Barbades à la cannelle.

Prenez cannelle. . . . . 4 onces.
    Un cédrat moyen.
    Esprit à 20 degrés. . . . . . . 5 litres.

Distillez pour retirer quatre litres. La cannelle doit être pulvérisée ; le sirop se fait avec cinq livres de sucre et deux livres à deux livres et demie d'eau. On traite de même toutes les autres épices.

Toutes ces liqueurs se font aussi bien par simple infusion ; elles sont alors un peu ambrées, mais tout aussi bonnes. On peut aussi les faire avec des teintures et des esprits.

Scubac.

Prenez safran de Gatinais. . . . . . . 3 gros.
    Essence de cédrat. . . . . .⎫
    — de bergamote. . . . ⎬ 10 gouttes de
    — d'orange. . . . . . ⎪ chaque.
    — de citron. . . . . . ⎭
Vanille. . . . . 1/2 gros.
Macis. . . . . 1 gros.
Girofle. . . . . 8 clous.
Semences d'angélique. . . . . 1/2 gros.
    — de coriandre. . . . . 1/2 gros.
    — de chervis. . . . . . 1/2 gros.
Esprit à 18 degrés. . . . . . . 5 litres 1/2.

Incisez le safran ; pilez la vanille, le macis, le girofle et les graines ; mettez le tout dans l'alambic avec les essences et l'eau-de-vie ou l'esprit.

Retirez quatre litres par la distillation.

Sucrez avec un sirop clarifié composé de quatre livres de sucre et d'un litre d'eau. Ajoutez deux onces de beau miel de Narbonne.

Cette liqueur est blanche. Pour l'avoir colorée comme

l'est ordinairement le scubac, on fait une infusion de demi-once de safran avec huit onces d'eau bouillante, et on l'ajoute à la liqueur avant la filtration.

Si on préfère conserver la liqueur incolore, on met de plus dans l'alambic la demi-once de safran réservée pour faire la couleur.

Scubac d'Irlande.

Prenez safran de Gatinais..........	4 gros.
Essence de cédrat.....	⎫
— de bergamote...	10 gouttes de chaque.
— d'orange......	
— de limon.....	⎭
Cannelle.............	1/2 once.
Vanille.............	1/2 gros.
Macis.............	1 gros.
Girofle............	8 clous.
Semences d'angélique......	1 gros.
— de coriandre....	1/2 gros.
— de chervis.....	1/2 gros.
Esprit à 21 degrés.......	6 litres.

Distillez comme ci-dessus pour retirer cinq litres; sucrez avec un sirop composé de cinq livres de sucre et un litre et un quart d'eau.

Colorez avec la teinture de quatre gros de safran dans huit onces d'eau.

Si vous voulez que la liqueur reste incolore, mettez le safran, c'est-à-dire une once dans l'alambic.

Huile de Vénus.

Prenez semences de carvi.......	1 once.
— de chervis.......	1 once.
— Daucus de Crète...	1 once.
Macis.............	2 gros.
Esprit à 22 degrés......	4 litres.
Eau..............	3/4 de litre.

Distillez après avoir broyé les substances, et retirez trois litres et demi.

Sucrez avec un sirop clarifié composé de quatre livres de sucre et un litre d'eau ; mettez le sirop un peu chaud dans la liqueur.

Colorez avec la teinture d'un gros de safran dans quelques onces d'eau bouillante. Il ne faut mettre de cette teinture que ce qui est nécessaire pour obtenir une teinte d'un beau jaune paille.

On peut aussi teindre en rose ou en bleu céleste. (*Voyez* pag. 30 et 31.)

Eau de Murcie.

Prenez 6 citrons.

    1 gros de macis.
    4 litres d'eau-de-vie à 22 degrés.
    1/2 litre d'eau.

Levez les zestes des citrons et broyez le macis. Distillez pour retirer trois litres et demi.

Sucrez avec un sirop clarifié composé de trois livres et demie de sucre et un litre d'eau. Filtrez.

Rossolis.

Prenez roses musquées épluchées.	4 onces.
Fleurs d'oranger *id.*	4 onces.
Fleurs de jasmin *id.*	4 onces.
Cannelle.	1/2 once.
Girofle.	1/2 gros.
Eau.	3 litres.

Distillez pour retirer un litre et demi.

Ajoutez à l'eau distillée quatre litres d'esprit 3/6. Sucrez avec un sirop composé de cinq livres de sucre et un litre d'eau.

Il est préférable d'employer les teintures de cannelle et de girofle.

Cette liqueur se colore en cramoisi. (*Voy.* p. 30 et 31.)

CHAPITRE VII.

RATAFIAS.

Les ratafias diffèrent des liqueurs en ce qu'ils sont faits par simple infusion ou mélange, tandis que les liqueurs sont toujours le résultat d'une distillation.

Les liqueurs sont toujours de l'alcool aromatisé, c'est-à-dire plus ou moins chargé d'une huile essentielle.

Il y a aussi des ratafias qui contiennent une assez forte dose d'huile essentielle ; mais cette huile n'y est jamais pure. La substance qui la contenait a toujours, pendant son infusion, cédé à l'alcool une partie quelconque de sa matière extractive qui modifie singulièrement l'action de la substance aromatique. Cela seul suffit pour établir une notable différence entre les ratafias et les liqueurs ; celles-ci sont et ne peuvent être que stimulantes, en raison de l'aromate qu'elles contiennent ; tandis que les ratafias peuvent unir au principe aromatique d'autres substances qui en modifient et même qui en annulent l'action.

Un autre avantage des ratafias, c'est d'admettre dans leur composition tous les sucs de fruits ; addition qui, lorsqu'elle a lieu dans certaines proportions, les constitue vins de liqueurs.

Les liqueurs, quand elles sont bien faites, ont un arome plus pur et plus suave que les ratafias ; c'est là leur principal mérite, car leur saveur est toujours à peu près la même.

La saveur des ratafias peut, au contraire, varier à l'infini. Ils ont de plus l'avantage d'être moins irritans que les liqueurs ; quelques-uns même ont des propriétés utiles qui ne sont pas contestées.

Ratafia de fleurs d'oranger.

Pour que ce ratafia conserve tout le parfum de la fleur d'oranger, il est nécessaire d'employer de l'esprit 3/6. Si on emploie de l'eau-de-vie, la liqueur est colorée, ce qui ne doit pas être lorsqu'on emploie pour aromate une substance sans couleur ; et de plus, l'odeur particulière à l'eau-de-vie se mêlant à celle de la fleur, la modifie et la rend moins agréable.

Prenez deux litres d'esprit 3/6, trois livres de sucre en poudre et une livre de fleurs d'oranger ; épluchez celles-ci en séparant les pétales (1) des calices ; n'employez que les premiers ; faites un lit de sucre au fond d'un saladier ; semez par-dessus des pétales de fleurs d'oranger ; couvrez avec du sucre, semez de nouveau des pétales, puis du sucre, et ainsi de suite ; terminez par un lit de sucre.

Couvrez avec une assiette ; enveloppez le tout d'un linge, et mettez à la cave pendant huit ou dix heures ; au bout de ce temps versez sur la fleur et le sucre un litre d'eau tiède ; ne mettez d'abord que la moitié de cette eau ; remuez légèrement pour faire fondre le sucre ; versez le sucre fondu sur un tamis, et ajoutez ce qui reste d'eau pour enlever les dernières portions de sucre ; passez encore au tamis, sans exprimer la fleur ; ensuite versez sur celle-ci l'esprit 3/6, et laissez-le pendant une heure ; après cette macération, jetez le tout sur un tamis, et réunissez l'esprit à l'eau sucrée et aromatisée : on mêle le tout ensemble, on laisse reposer pendant vingt-quatre heures et on filtre au papier gris.

---

(1) On appelle pétales les folioles blanches qui forment une espèce de couronne autour de la fleur ; le calice est ce qui supporte les pétales et les organes de la fructification, qui, dans la fleur d'oranger, consistent en plusieurs étamines blanches portant chacune un petit corps jaune. Le calice et les organes de la fructification ont peu d'odeur et beaucoup d'amertume.

Avant de filtrer, il est bon de goûter la liqueur. Si on ne la trouve pas assez sucrée, on y ajoute du sirop de sucre, dont il faut avoir toujours quelques bouteilles lorsqu'on veut faire des liqueurs. Si la liqueur est trop douce, on y ajoute un peu d'esprit.

Si on veut un ratafia amer, stomachique, et qui ne soit pas désagréable, il faut verser sur les calices qui ont été séparés et sur les pétales qui ont servi, deux litres d'eau-de-vie; laissez infuser pendant deux jours, et filtrez au papier gris; ensuite ajoutez-y une livre et demie de sirop de sucre, ou une livre de beau sucre fondu dans une demi-livre d'eau.

Enfin on fait un ratafia intermédiaire entre les deux ci-dessus en faisant infuser dans l'esprit étendu d'eau la fleur entière et le sucre; cette infusion ne doit pas durer plus de douze heures, et le vase doit être placé dans un endroit frais. On est dans l'usage de le placer au soleil, ce qui ne vaut rien, parce que le liquide, en s'échauffant, flétrit la fleur, la colore et lui communique une saveur peu agréable.

Ce ratafia est moins suave que celui qu'on obtient par la première recette ci-dessus; mais il l'est plus, et en même temps il est moins amer que celui qui résulte de la seconde.

Sirop pour sucrer les ratafias.

Prenez dix livres de sucre ou de belle cassonade, faites dissoudre trois blancs d'œuf dans cinq livres et demie, ou deux litres trois quarts d'eau. Mettez moitié de cette eau dans une bassine avec le sucre cassé en morceaux; poussez à l'ébullition, enlevez les écumes, et ajoutez successivement le reste de l'eau d'œuf en écumant toujours. Versez le sirop bouillant sur un filtre de laine, pour en séparer quelques parcelles de blanc d'œuf qui peuvent y rester suspendues.

Ce sirop est composé de deux parties de sucre sur

une d'eau ; il se conserve très-bien et est très-commode pour sucrer toute espèce de liqueurs ; si on veut que celles-ci soient plus sucrées, on peut diminuer la quantité d'eau, ou pousser l'évaporation plus loin.

Ratafia blanc.

Le ratafia blanc est un mélange d'esprit et de sirop de sucre dans les proportions convenables pour qu'en y ajoutant un sucre de fruit ou des teintures, on ait de suite un ratafia bon à boire dans les premiers momens et qui acquière de la qualité à mesure qu'il vieillit.

Prenez deux litres d'esprit 3/6, et ajoutez-y quatre livres du sirop ci-dessus et une livre d'eau, si vous voulez aromatiser avec des essences, ou trois livres de sirop, sans addition d'eau, si vous voulez faire des ratafias de fruits.

Ratafia de Grenoble.

Prenez trois livres de merises écrasées avec leurs noyaux, le zeste de la moitié d'un citron, et faites macérer le tout pendant un mois dans quatre litres de ratafia blanc. Passez avec expression et filtrez.

Ou bien écrasez trois livres de merises avec leurs noyaux, ajoutez deux livres de sucre, le zeste de la moitié d'un citron, et fait esmacérer le tout, pendant un mois, dans trois litres d'eau-de-vie ou d'esprit à vingt-deux degrés.

On peut aromatiser avec la cannelle et le girofle ; on passe, on exprime le marc, et on filtre au papier.

Ratafia de cerises.

Prenez trois livres de cerises dites griottes, écrasez-les et concassez une partie des noyaux ; ajoutez une poignée de framboises et douze clous de girofle ; faites infuser le tout dans deux litres de ratafia blanc pendant huit jours ; ensuite passez avec expression et filtrez.

Ou bien faites infuser la même quantité de cerises,

de framboises et de griottes dans deux litres d'eau-de-vie ou d'esprit à vingt-deux degrés. Ajoutez une livre de sucre; laissez macérer pendant huit jours; ensuite passez et filtrez.

Les cerises se combinent très-bien avec divers aromates, tels que les zestes d'oranges et de citrons, le girofle, le macis, et même le safran.

Cassis.

Prenez trois livres de cassis égrené, une livre de groseilles, une poignée de framboises, un gros de girofle, deux gros de cannelle; écrasez les fruits et concassez les aromates; faites macérer le tout pendant huit jours dans quatre litres de ratafia blanc; passez avec expression et filtrez.

Ou bien prenez six livres de cassis, une livre et demie de groseilles égrenées, une livre de cerises, une demi-livre de framboises, deux gros de girofle, demi-once de cannelle, une bonne pincée d'anis; écrasez les fruits; cassez les noyaux des cerises; concassez les aromates et mettez le tout infuser dans six litres d'eau-de-vie ou d'esprit à vingt-deux degrés; ajoutez deux livres et demie de sucre; après huit jours d'infusion, passez avec expression et filtrez.

On peut aussi, après avoir écrasé les fruits et y avoir ajouté le quart du sucre et les aromates, laisser développer un commencement de fermentation; alors on ajoute l'eau-de-vie et le reste du sucre.

Ce commencement de fermentation opère un amalgame plus intime entre les différens sucs de fruits; l'odeur des aromates est aussi mieux combinée; la liqueur paraît plus tôt vieille et elle est plus agréable.

Ratafia d'abricots.

Prenez trois livres d'abricots fondans de maturité; séparez-en les noyaux, dont vous casserez un quart;

mettez le tout infuser pendant huit jours dans trois litres de ratafia blanc ; passez avec expression et filtrez. Quelques gouttes de teinture d'ambre ajoutent beaucoup d'agrément à l'arome de ce ratafia.

On peut substituer au ratafia blanc trois litres d'eau-de-vie ou d'esprit à vingt-deux degrés, et deux livres de sucre.

Ratafia de mirabelles.

Prenez quatre livres de mirabelles très-mûres, écrasez-les sans séparer les noyaux et sans les briser ; mettez-les dans un vase lit par lit, que l'on couvre avec du sucre en poudre ; employez deux livres et demie de sucre. Laissez macérer le fruit avec le sucre pendant vingt-quatre heures dans un endroit frais ; ajoutez ensuite quatre litres d'eau-de-vie, ou, ce qui est préférable, quatre litres d'esprit à vingt-deux degrés ; faites infuser pendant huit jours ; passez avec expression et filtrez.

On peut préparer de même un ratafia de prunes de reine-claude, mais il n'est pas aussi agréable que celui qui est fait avec des mirabelles.

Ratafia de muscat.

Prenez quatre livres de raisins muscats égrenés ; écrasez-les dans un vase où vous les laisserez jusqu'au lendemain. Ajoutez quatre litres de ratafia blanc, ou pareille quantité d'eau-de-vie ou d'esprit à 22 degrés ; laissez infuser pendant huit jours ; passez avec expression et filtrez ; si vous employez l'eau-de-vie ou l'esprit, ajoutez une livre et demie de sucre.

Ratafia de framboises.

Mettez infuser dans deux litres d'eau-de-vie, ou dans un litre d'esprit 3/6, auquel vous ajouterez trois quarts de litres d'eau, une livre et demie de framboises macérées pendant quatre heures avec une livre de sucre en poudre. Laissez infuser pendant vingt-quatre heures, ce qui est suffisant, ou plus long-temps si vous voulez ; passez avec expression et filtrez au papier gris.

Ratafia de brou de noix.

Prenez soixante noix récemment nouées ; écrasez-les (elles doivent être grosses comme des noisettes) ; mettez les noix dans deux litres d'eau-de-vie à 22 degrés avec douze onces de sucre, un gros de macis, un gros de cannelle et un gros de girofle ; laissez macérer le tout ensemble pendant un mois ; passez avec expression et filtrez au papier gris ; si vous voulez un ratafia plus doux, ajoutez une demi-livre de sirop de sucre.

Ratafia de café.

Faites brûler un quarteron d'excellent café, jusqu'à ce qu'il ait atteint une couleur mordorée ; ne le laissez pas brunir ; concassez-le en le pilant tout chaud dans un mortier ; mettez-le de suite dans un bocal avec cinq quarterons de sucre en poudre ; versez par-dessus un litre d'esprit 3/6 mêlé avec trois quarts de litre d'eau ; on laisse infuser pendant deux jours, puis on filtre au papier gris.

On peut aussi, au lieu de concasser le café, le moudre dans un moulin et en tirer une forte infusion dans une cafetière à la Dubelloi ; pour faire cette infusion, on doit verser, sur le quarteron de café en poudre, trois quarterons d'eau bouillante. Cette eau est ajoutée en deux fois ; on en met d'abord une demi-livre, et quand cette quantité est passée, on ajoute le dernier quarteron.

On obtient ainsi environ une demi-livre d'une très-forte infusion de café, qui doit être d'une couleur peu foncée. On verse sur cette infusion un litre d'esprit 3/6 et un quart de livre d'eau ; on ajoute cinq quarterons de sucre ; lorsque celui-ci est bien fondu, on filtre au papier gris.

Ratafia de genièvre.

Prenez deux onces de baies de genièvre bien mûres et entières, deux litres d'eau-de-vie, dix onces de sucre, douze clous de girofle et un bâton de cannelle; faites macérer le tout pendant quinze jours dans deux litres d'eau-de-vie; passez sans expression et filtrez.

Ratafia d'anis.

Mettez, dans six litres d'esprit 3/6, un demi-gros d'huile essentielle d'anis, deux onces d'amandes amères mondées et concassées, deux onces de coriandre; après un mois d'infusion, filtrez au papier gris, et ajoutez neuf livres de sirop de sucre.

Au lieu de concasser les amandes amères, il vaut mieux les piler avec un peu de sucre et d'eau, de manière à les réduire en pâte fine.

Autre ratafia d'anis.

Mettez infuser, dans deux litres d'esprit 3/6, deux onces d'anis vert et une once d'amandes amères réduites en pâte. Filtrez après un mois d'infusion, et ajoutez trois livres et demie de sirop de sucre.

Ou bien, dans trois litres de ratafia blanc, ajoutez un demi-gros d'huile essentielle d'anis et une once d'amandes amères réduites en pâte, comme il a été prescrit à l'article précédent; filtrez au papier après quinze jours d'infusion.

Ratafia des quatre fruits.

Écrasez six livres de cerises, deux livres de groseilles, une livre de framboises et deux livres de cassis; cassez un quart des noyaux de cerises; mettez le tout infuser dans six litres d'eau-de-vie, ou dans quatre litres d'esprit; ajoutez deux livres et demie de sucre; filtrez au bout de quarante-huit heures et exprimez le marc.

Ou bien écrasez les fruits sur un tamis; exprimez le marc et mêlez le jus qui aura coulé avec cinq litres de ratafia blanc, auquel vous ajouterez trois quarts de litre d'esprit 3/6.

Ratafia d'angélique.

Prenez trois tiges d'angélique; ôtez-en les feuilles, et coupez les tiges en filets; faites-les blanchir à l'eau bouillante pendant quelques minutes; faites-les infuser ensuite dans l'eau-de-vie, ou, ce qui vaut mieux, dans l'esprit à 22 degrés, à raison d'un litre pour trois onces de tiges; ajoutez une demi-once de graine par litre d'eau-de-vie, et sept à huit onces de sucre aussi par litre. Filtrez après huit jours d'infusion, et ajoutez encore un peu d'eau de fleurs d'oranger.

On peut substituer quelques amandes amères à l'eau de fleurs d'oranger; on les met dans l'infusion.

Ratafia de noyaux.

Cassez cent noyaux d'abricots récemment extraits, ou cinquante noyaux de pêches au moment où ils sortent du fruit; mettez-les à mesure dans un bocal contenant deux litres d'eau-de-vie, ou, ce qui est préférable, cinq quarts de litre d'esprit 3/6, additionné de trois quarts de litre d'eau; laissez infuser pendant un mois; ajoutez une livre de sucre dans l'infusion, ou une livre et demie de sirop de sucre après la filtration.

On ajoute aussi une demi-once d'eau de fleurs d'oranger dans chaque bouteille.

Autre ratafia de noyaux.

Pilez dans un mortier, avec un peu d'eau et de sucre, quatre cents noyaux de cerises bien mûres, après les avoir lavés et séchés. Mettez infuser pendant quinze jours dans deux litres de ratafia blanc; filtrez au papier après avoir exprimé le marc.

Ajoutez après la filtration une once d'eau de fleurs d'oranger.

Ce ratafia de noyaux est très-agréable; lorsqu'il est bien fait, il a toute la finesse d'une liqueur distillée.

Autre ratafia de noyaux.

Prenez deux onces d'amandes amères; mondez-les de leur peau après les avoir fait infuser pendant quelques instans dans de l'eau bouillante.

Pilez les amandes mondées avec un peu d'eau et de sucre jusqu'à ce qu'elles soient réduites en pâte fine.

Mettez infuser cette pâte dans deux litres de ratafia blanc; filtrez après huit jours d'infusion, et ajoutez une once d'eau de fleurs d'oranger, et quelques gouttes de teinture de vanille ou d'ambre.

Ratafia de coings.

Râpez des coings lorsqu'ils sont mûrs, ce qu'on reconnaît quand ils ont pris partout une belle couleur jaune et que leur odeur est très-développée; exprimez-en le jus et ajoutez-en un litre et demi à deux litres de ratafia blanc; ajoutez aussi un peu d'eau de fleurs d'oranger avec cinq ou six amandes amères concassées; filtrez après vingt-quatre heures de macération si vous le voulez.

Si l'on n'a pas de ratafia blanc, on verse sur un litre de jus de coing un litre et demi d'eau-de-vie ou d'esprit à 22 degrés; on ajoute cinq quarterons de sucre, un peu d'eau de fleurs d'oranger et quelques amandes amères.

On peut aromatiser, pour la dose ci-dessus, avec deux gros de cannelle; on supprime alors les amandes amères, et on ajoute toujours un filet d'eau de fleurs d'oranger; dans ce cas on ne filtre qu'après quatre à cinq jours de macération.

Le ratafia qu'on obtient en aromatisant avec la cannelle est un excellent stomachique.

Ratafia d'oranges.

Râpez avec une râpe très-fine le zeste de trois oranges bien fraîches, ou enlevez-le avec un couteau bien affilé; n'enlevez que la partie jaune et ne touchez pas à la blanche; mettez la râpure ou les zestes coupés dans un litre d'esprit 3/6; ajoutez une livre de sucre et le jus des trois oranges dont vous séparerez les pepins; filtrez après quelques jours d'infusion.

On peut ajouter quatre ou cinq clous de girofle et un petit bâton de cannelle.

Élixir de Garus.

Quoique l'élixir de Garus se fasse ordinairement par distillation, on peut le faire aussi par infusion; fait de cette manière, il a plus de vertu stomachique.

Prenez aloès succotrin en poudre. . . . . . 1 gros.
    Myrrhe en poudre. . . . . 1 gros.
    Safran. . . . . 1 gros.
    Cannelle ⎫
    Girofle   ⎬ de chaque. . . . . . . 18 grains.
    Muscade ⎪
    Macis   ⎭

Mettez infuser pendant huit jours dans deux litres d'eau-de-vie à 22 degrés; remuez de temps en temps; vers la fin de la macération, ajoutez une livre et demie de sirop de capillaire; filtrez au papier gris.

Scubac.

Mettez infuser dans deux litres d'eau-de-vie ou d'esprit à 22 degrés,

    Safran. . . . . 1 gros.
    Cannelle. . . . . 1/2 gros.

Clous de girofle.	4
Amandes amères concassées.	6

Ajoutez le zeste d'un citron, un peu d'eau de fleurs d'oranger et une livre de sucre ; filtrez après huit jours d'infusion.

Marasquin.

Cueillez, à l'époque de leur maturité, les fruits du *mahaleb* ou prunier de Sainte-Lucie ; c'est un arbrisseau très-répandu dans tous les jardins plantés à l'anglaise. Il fleurit blanc à l'ouverture du printemps ; ses fruits sont petits et noirs ; ses feuilles sont ovales, luisantes et odorantes lorsqu'on les froisse.

Écrasez ces fruits et lavez les noyaux dans plusieurs eaux en les frottant entre les mains, jusqu'à ce qu'ils soient bien nets ; faites-les sécher rapidement en les exposant au soleil couverts d'un linge.

Prenez deux onces de ces noyaux et pilez-les dans un mortier avec un peu d'eau et de sucre, jusqu'à ce qu'ils soient réduits en pâte grossière.

Mettez infuser cette pâte dans un litre et demi de ratafia blanc, ou dans un litre d'esprit à 22 degrés, auquel vous ajoutez dix onces de sucre ; filtrez au papier après huit jours d'infusion.

Ratafia de bouillon-blanc.

Cueillez du bouillon-blanc et faites-le sécher rapidement au soleil, en le couvrant d'un linge ou entre deux papiers ; lorsqu'il est sec, renfermez-le dans une boîte à thé, ou dans un bocal bien bouché.

Prenez deux onces de ce bouillon-blanc, mettez-les infuser dans un litre d'esprit à 22 degrés ; ajoutez six grains de safran, un filet d'eau de fleurs d'oranger et dix onces de sucre ; filtrez au papier après huit jours d'infusion.

On assure que ce ratafia est un bon préservatif contre la goutte.

Observations sur la dessiccation des plantes.

Dans presque tous les ouvrages où il est question de dessiccation de fleurs, de feuilles ou de plantes entières, on recommande toujours d'opérer cette dessiccation à l'ombre ; c'est un très-mauvais procédé.

La dessiccation à l'ombre est toujours très-lente, à moins que l'air ne soit très-sec et les plantes peu chargées d'humidité. Il arrive de là que la plupart des plantes qu'on fait dessécher ainsi éprouvent une altération plus ou moins profonde qui change leurs qualités, et surtout leur odeur. La plupart de celles que vendent nos herboristes sont dans ce cas.

La dessiccation à un soleil très-ardent a des inconvéniens moins graves ; cependant beaucoup de plantes y perdent quelque chose ; elles ne sont pas altérées, leurs propriétés sont toujours les mêmes, mais celles-ci sont moins intenses.

Toutes les fleurs, les feuilles, les plantes entières que l'on veut conserver, se dessèchent en gardant leurs propriétés, et surtout leur odeur, lorsqu'on les expose au soleil, sur des claies, entre des linges ou des feuilles de papier. La plupart du temps, la dessiccation est complète en quelques heures ; rarement elle exige un jour, lorsque le temps est beau et que l'air est en mouvement.

Si la dessiccation n'est pas complète dans la même journée, on rentre les claies une heure avant le coucher du soleil, et on ne les sort le lendemain que lorsque la rosée est dissipée.

Les fleurs et les feuilles desséchées doivent être renfermées dans des bocaux de verre ; les plantes entières se rangent dans des boîtes.

La fleur de sureau conservée par ce procédé, a un

parfum extrêmement agréable, au lieu de l'odeur nauséabonde qu'elle a presque toujours lorsqu'elle est desséchée à l'ombre.

La fleur de bouillon-blanc a une odeur délicieuse qui rappelle celle de quelques espèces de thés rares.

Il en est de même de toutes les fleurs aromatiques, à l'exception de la fleur d'oranger et des roses. Toutes les fleurs, feuilles, plantes entières et racines qui entrent dans la confection des liqueurs, doivent être employées sèches. Il paraît que par la dessiccation, l'huile essentielle, qui est presque toujours le principe aromatique, devient plus libre, et que plusieurs autres principes qui sont solubles dans l'eau-de-vie, lorsque la plante est fraîche, y deviennent insolubles lorsque la plante est desséchée ; on obtient donc ainsi des liqueurs ayant un arome plus pur, et par conséquent plus suave.

Ratafia de thé.

Versez, sur une once de bon thé très-odorant, une livre ou un demi-litre d'eau bouillante ; ne mettez d'abord que la quantité d'eau suffisante pour couvrir le thé ; attendez qu'il soit bien développé pour ajouter le reste de l'eau bouillante ; laissez infuser jusqu'à ce que le liquide soit tiède ; jetez alors le tout dans deux litres de ratafia blanc, ou dans un litre et un quart d'eau-de-vie ou d'esprit à 22 degrés, auquel vous ajouterez une livre de sucre ; laissez infuser pendant quarante-huit heures ; passez avec expression et filtrez.

Ratafia de cannelle.

Faites infuser trois gros de cannelle concassée dans un litre d'eau-de-vie ou d'esprit à 22 degrés. Ajoutez trois quarterons de sirop de sucre ou une demi-livre de sucre ; laissez macérer pendant huit jours et filtrez. Si le ratafia vous paraît trop fort d'aromate, ajoutez de l'eau-de-vie et du sucre.

Pour donner un arrière-goût, on peut mettre dans l'infusion une pincée d'anis ou de fenouil (semences), ou quelques amandes amères.

Ratafia de girofle.

On le fait comme celui de cannelle; mais la dose du girofle ne doit être que de deux gros par litre. Il est bon d'écraser le girofle avant de le mettre dans l'infusion. On filtre après quarante-huit heures.

Eau-de-vie d'Andaye.

Pour chaque litre d'esprit à 21 degrés, ajoutez six gros de sucre cuit, jusqu'à ce qu'il prenne une très-légère teinte jaune; cinq ou six amandes amères concassées, un gros d'eau de fleurs d'oranger, et une goutte d'essence d'anis; on laisse infuser pendant quatre jours; ensuite on filtre au papier.

Eau cordiale.

Enlevez les zestes de trois citrons, et faites-les infuser dans deux litres d'esprit 3/6; ajoutez quelques gouttes de teinture d'ambre et de musc, et deux livres et demie de sirop de sucre; filtrez après deux jours d'infusion.

Hippocras.

Amandes douces mondées et concassées	4 onces.
Cannelle.	1 1/2
Sucre	2 liv. 8 onces.
Eau-de-vie à 22 degrés ...	1 litre.
Vin rouge ou blanc de bonne qualité	7 litres.

Faites macérer pendant huit jours, et filtrez dans un entonnoir où vous aurez mis un nouet renfermant un demi-grain d'ambre et autant de musc pulvérisé avec un gros de sucre candi.

Ratafia d'écorce d'orange.

Écorces d'oranges récentes . . 4 onces.
Esprit à 22 degrés . . . . 4 litres.
Sucre . . . . 2 livres.

Faites infuser pendant huit jours et filtrez au papier.

Autre scubac.

Safran gâtinais . . . . 1 once.
Baies de genièvre 1/2
Dattes séparées des
  noyaux. . . . . } de chaque . 3 onces.
Raisins de Malaga.
Jujubes. . . . . 4 onces.
Anis vert. } de chaque. . . . 1 gros.
Coriandre.
Cannelle. . . . . 2 gros.
Macis. } de chaque. . . . . 1 gros.
Girofle.
Eau-de-vie ou esprit à 22 degrés. 6 litres.
Sirop de sucre. . . . . 4 livres 1/2.

Faites infuser pendant huit jours, passez avec expression et filtrez au papier.

On pourrait supprimer les jujubes et les dattes, et les remplacer avec avantage par une demi-livre de miel de Narbonne, en diminuant de pareille quantité la dose de sirop de sucre.

Eau des Barbades.

Zestes récens d'oranges. . . . . 1 once.
   —   de citrons. . . . 4 onces.
Girofle. . . . . 1 gros 1/2.
Coriandre. . . . . 1 gros.
Esprit à 30 degrés. . . . . . . 2 litres.
Sirop de sucre. . . . . 3 livres.

Faites infuser le tout pendant quatre jours, et filtrez au papier gris.

Ratafia de violettes.

Prenez iris de Florence . . . . 2 gros.
  Couleur violette, quantité suffisante. *Voyez* p. 30 et 31.
  Esprit à 32 degrés. . . . . . . 2 litres.
  Sirop de sucre. . . . . 3 livres.

Concassez l'iris; infusez pendant deux jours et filtrez.

Ratafia de chocolat.

Râpez une livre de chocolat à double vanille, et ensuite pilez-la dans un mortier de marbre avec suffisante quantité d'esprit à 21 degrés, pour qu'elle soit réduite en bouillie. Jetez le tout dans quatre litres d'esprit à 21 degrés; laissez infuser pendant huit jours, passez avec expression et filtrez. Ajoutez une livre de sucre dans l'infusion.

Ou bien, traitez de même une livre d'excellent chocolat dit de santé, c'est-à-dire sans aromates. Employez la même quantité d'esprit à 21 degrés, et ajoutez à l'infusion une demi-once de cannelle et une livre de sucre.

Ratafia de framboises.

Prenez framboises entières . . . . . . 4 livres.
  Esprit à 24 degrés. . . . . . . 4 litres.
  Sucre en poudre. . . . . 2 livres.

Épluchez les framboises et saupoudrez-les de sucre lit par lit. Laissez macérer pendant quatre heures. Versez sur le tout l'esprit, et faites infuser pendant quarante-huit heures. Passez avec expression à travers un tamis fin et filtrez au papier.

Autre marasquin.

Mêlez ensemble un litre de ratafia d'amandes amères, et demi-litre de ratafia de framboises; ajoutez demi-livre de sucre ou trois quarterons de sirop de sucre.

Observation.

Lorsqu'on a plusieurs espèces de ratafias simples, c'est-à-dire dans lesquels une seule substance aromatique domine, tels que la plupart de ceux dont les recettes sont ci-dessus, on peut essayer d'en faire des mélanges dans diverses proportions, avec la certitude d'obtenir de bons résultats; ces mélanges se font dans un verre par petites portions; on goûte à mesure, et lorsqu'on a obtenu une saveur nouvelle qui paraît agréable, on fait le même mélange plus en grand. Pour être sûr des proportions, il est bon de faire le mélange d'essai par petites cuillerées.

Le mélange qu'on opère en agitant le liquide n'est pas parfait; il ne le devient qu'avec le temps, et ce n'est qu'alors que la liqueur nouvelle a obtenu toute sa perfection; les aromes sont quelquefois si bien fondus qu'on ne peut plus les reconnaître; on a un arome nouveau d'autant plus agréable qu'il en rappelle plusieurs autres, sans cependant se confondre avec aucun.

Le meilleur moyen d'accélérer le mélange ou la combinaison intime de deux ou de plusieurs ratafias, c'est, après les avoir agités ensemble, de les filtrer au papier gris.

Rossolis des six graines.

Prenez semences d'anis. . . . ⎫
— de fenouil. . ⎬ de chaque 1 once.
— d'aneth. . . ⎪
— de coriandre. ⎭

Prenez semences de carvi. . . . . 1 once 1/2.
— de carotte sauvage. . 1 once.
Eau-de-vie à 21 degrés. . . . . . 6 litres.
Sucre. . . . . 2 livres 1/2.

Faites infuser le tout ensemble, passez au tamis et filtrez; remettez le marc dans le bocal et arrosez avec de l'eau-de-vie, environ un demi-litre; reprenez cette seconde infusion et filtrez-la pour la réunir à la première.

Huile de Vénus.

Fleurs de carottes sauvages mondées. . . . . , . . 6 onces.
Esprit à 22 degrés. . . . . . . 5 litres.
Sirop de sucre. . . . . 2 livres 1/2.

Faites infuser pendant vingt-quatre heures et filtrez.

Créme des Barbades.

Prenez les zestes de trois cédrats.
Idem de trois oranges.
Cannelle. . . . . 4 onces.
Macis. . . . . 2 gros.
Girofle. . . . . 1 gros.

Mettez infuser ces substances dans neuf litres d'esprit à 21 degrés; ajoutez six livres de sirop de sucre, filtrez après huit jours d'infusion.

Ratafia du commandeur de Caumartin, contre la gravelle.

Prenez racines d'arrête-bœuf (bugrane). . .
— de cynorhodon (églantier).
— de guimauve. . . . . } de chaque
— de sceau de Salomon. . . . } 2 onces.
— de chardon Roland. . . . .
— de grande consoude. . . . 1 once.

Prenez Muscades. . . . . 6 gros.
       Semences d'anis. . . . . 1 gros.
       Baies de genièvre. . . . . 1 once.
       Eau-de-vie à 20 degrés. . . . . . 5 litres 1/2
       Sucre. . . . . 2 livres 1/2

Faites macérer les racines et les autres substances, à l'exception du sucre, dans l'eau-de-vie, pendant quinze jours; passez avec expression, faites fondre le sucre dans la liqueur, et filtrez.

On en prend un petit verre le matin et autant le soir.

Ratafia des Caraïbes.

Résine de gaïac. . . . . 2 onces.
Rhum. . . . . 3 litres.
Sucre. . . . . 1 livre 1/2

Concassez la résine et faites-la infuser dans le rhum pendant quinze jours, ajoutez ensuite le sucre, aromatisez avec la teinture d'écorces d'oranges, ou avec telle autre qui vous conviendra; filtrez.

Ce ratafia est employé comme remède contre la goutte. On en peut prendre un petit verre par jour.

Élixir alkermès.

Prenez noix muscades. . . . ⎫
    Girofle. . . . . ⎬ de chaque 2 gros.
    Cannelle. . . . . ⎬
    Macis. . . . . ⎭
    Esprit à 34 degrés. . . . . 4 litres.

Concassez les substances aromatiques et mettez-les infuser dans l'esprit pendant une semaine.

Faites fondre quatre livres de sucre dans trois litres d'eau, et réunissez cette solution à l'infusion ci-dessus.

Colorez avec un peu de carmin.

On conseille cet élixir dans les indigestions, les faiblesses d'estomac, et dans les coliques venteuses; on le prend à la dose d'un verre à liqueur.

Anisette.

Huile essentielle d'anis.	30 gouttes.
Amandes amères } de chaque. . . . . . . Coriandre. . . . }	2 onces.
Iris de Florence.	1 once.
Esprit 3/6.	6 litres.
Eau.	4 litres.
Sucre.	5 livres.

Concassez les amandes amères et l'iris de Florence.

Faites infuser, dans l'esprit, l'huile essentielle, les amandes amères, la coriandre et l'iris; après huit jours d'infusion, ajoutez l'eau dans laquelle vous aurez fait préalablement fondre le sucre. Mêlez bien et laissez reposer pendant deux ou trois jours; filtrez au papier gris.

Cette liqueur se fait ordinairement par distillation, elle est alors tout-à-fait incolore; faite par infusion, elle sera légèrement colorée; elle n'aura peut-être pas toute la finesse de celle qui est distillée, cependant on la trouvera très-bonne.

Eau-de-vie d'Andaye.

Prenez un litre d'esprit 3/6; il doit marquer 33 degrés à l'aréomètre de Cartier; trois quarts de litres d'eau bien filtrée, deux onces de beau sucre, une goutte d'huile essentielle d'anis; faites fondre le sucre dans l'eau, mêlez la goutte d'essence avec l'esprit, réunissez ensuite le tout ensemble; quelques gouttes d'eau de fleurs d'oranger ajoutent à la qualité de cette liqueur.

On peut se régler sur ces doses pour en faire des quantités plus considérables.

L'eau-de-vie d'Andaye est parmi les liqueurs alcooliques une de celles dont l'usage modéré ne présente aucun inconvénient, et peut même être de quelque utilité aux personnes qui ont besoin de stimulans. La petite quantité de sucre qu'elle contient suffit cependant pour atténuer l'action trop forte qu'exerce souvent l'eau-de-vie pure.

Absinthe.

Feuilles sèches de grande absinthe } de chaque 4 gros.
— — de petite absinthe }
Girofle. 2 gros.
Sucre. . . . . 3 livres.
Esprit à 21 degrés. . . . . 4 litres.

Faites infuser le tout ensemble pendant huit jours et filtrez au papier.

Huile d'anis.

Badiane ou anis étoilé. . . . . . . 1 once 1/2
Esprit 3/6. . . . . 2 litres.
Sirop simple. . . . . 4 livres.
Eau de fleurs d'oranger. . . . . . 4 gros.

Concassez la badiane et mettez-la infuser dans l'esprit pendant huit jours ; filtrez au papier après avoir ajouté le sirop et l'eau de fleurs d'oranger.

Ou bien faites une teinture avec

Badiane concassée. . . . . 3 onces.
Esprit 3/6. . . . . 12 onces.

Servez-vous de cette teinture pour aromatiser du ratafia blanc (*voyez* pag. 98).

La badiane a le parfum de l'anis, mais beaucoup plus pur et plus suave ; elle le remplace toujours avec avantage.

Il faut toujours ajouter un peu d'eau de fleurs d'oranger pour donner un arrière-goût qu'on aime à retrouver dans toutes les liqueurs.

Huile de vanille.

Prenez esprit 3/6. . . . . 2 litres.
Sirop de sucre. . . . . 4 livres.

Teinture de vanille, ou sirop de la même substance, quantité suffisante pour aromatiser (*voyez* chap. III).

On commence par mêler le sirop avec l'esprit ; pour cela il faut l'agiter, car le sirop étant plus lourd, tombe au fond du vase ; on laisse reposer jusqu'au lendemain, alors on ajoute la teinture.

OBSERVATION.

On pourrait multiplier à l'infini les recettes des liqueurs qui peuvent se faire par infusion ; celles qui précèdent sont suffisantes pour bien faire comprendre la manière d'opérer ; chacun peut imaginer de nouvelles recettes et les exécuter avec la presque certitude d'obtenir des résultats au moins passables ; cependant il y a des aromes qui s'allient mal avec certains autres, lorsque l'un d'eux doit dominer. Il est donc à peu près impossible de prévoir ce qu'on obtiendra ; car souvent du mélange de deux aromates très-agréables, il en résulte un mixte qui satisfait beaucoup moins.

Le plus sûr est de procéder en petit, par des mélanges de ratafias simples, comme il a été indiqué précédemment ou par addition de teintures dans une petite quantité de ratafia blanc.

Chaque fois qu'on fait ces essais, on doit tenir compte, soit des mesures de ratafias qu'on mêle ensemble, soit des gouttes ou du poids des teintures qu'on ajoute à une quantité donnée de ratafia blanc.

Par ce moyen on est toujours à même de répéter les mélanges dont on est satisfait ; ce sont de véritables créations auxquelles on donne les noms qu'on veut.

CHAPITRE VIII.

FRUITS A L'EAU-DE-VIE.

Cerises à l'eau-de-vie.

C'est la préparation de ce genre que l'on fait le plus et qu'on exécute le plus mal. Presque partout on se contente de faire infuser les cerises dans l'eau-de-vie; on ajoute le sucre après une infusion plus ou moins prolongée.

De cette manière d'opérer, il résulte un jus assez sucré et ayant le goût de fruit, et des cerises qui ne sentent que l'eau-de-vie et qui ne sont nullement agréables.

Ce procédé ne vaut rien; celui ci-après donne des résultats bien supérieurs.

Mettez dans un grand bocal

Eau-de-vie ou esprit à 22 degrés.	4 litres.
Cannelle.	1/2 gros.
Clous de girofle.	12.
Sucre.	12 onces.

Écrasez sur un tamis quatre livres de cerises précoces, dont vous ajouterez le jus à l'eau-de-vie; vous ajouterez aussi postérieurement le jus exprimé d'une demi-livre de framboises.

A l'époque de la maturité des cerises tardives, vous filtrerez le contenu du bocal, vous l'y remettrez ensuite et vous le remplirez de belles cerises dont vous aurez coupé les queues à moitié.

Les cerises les meilleures pour être préparées de cette manière sont les griottes, et en général les cerises tardives, qui sont toujours plus sucrées que les cerises précoces.

L'espèce dite cerise du nord est aussi très-bonne.

En procédant de cette manière, on a des cerises qui n'ont pas seulement le goût de l'eau-de-vie, comme celles qu'on fait ordinairement.

Autres cerises à l'eau-de-vie.

Il y a une espèce de cerise qui a un jus parfumé d'une manière très-agréable ; on la connaît sous le nom de cerise ambrée, soit à raison de sa couleur qui est jaunâtre, soit plutôt à cause de son parfum qui rapelle un peu l'ambre gris.

Pour confire cette espèce de cerise, il faut faire à l'avance un ratafia blanc avec un litre d'esprit 3/6 et une livre de sirop de sucre ; on y ajoute six amandes amères concassées.

Lorsque les cerises ambrées sont mûres, on filtre le ratafia blanc, on le remet dans le bocal qu'on achève de remplir avec les cerises dont on a coupé les queues à moitié.

Abricots à l'eau-de-vie.

Choisissez des abricots un jour ou deux avant leur entière maturité, mettez-les dans un sirop clarifié, composé de deux parties de sucre et d'une partie d'eau ; ajoutez à ce sirop un peu d'eau de fleurs d'oranger et un sixième d'esprit 3/6.

Laissez macérer les abricots pendant un mois ou six semaines, ajoutez alors de l'esprit 3/6 jusqu'à ce qu'il y en ait autant que vous avez employé de sirop.

Par ce procédé, les abricots sont quelquefois trop sucrés. Ils le sont beaucoup moins lorsqu'on ajoute de suite au sirop qui doit couvrir les abricots une quantité égale d'esprit 3/6.

Pêches à l'eau-de-vie.

Cueillez des pêches à une époque très-voisine de leur maturité. Il faut donner la préférence à celles du commencement de l'automne, elles ont plus de sucre et de parfum que celles d'été.

Vous procèderez comme pour les abricots, en mettant poids égal de sirop et d'esprit 3/6, jusqu'à ce que les pêches soient entièrement couvertes.

On supprime l'eau de fleurs d'oranger et on la remplace par une ou deux douzaines de framboises et autant de fraises ananas, qu'on enferme dans un nouet de mousseline suspendu dans le bocal; laissez infuser pendant six semaines, après quoi vous retirerez le nouet.

Prunes à l'eau-de-vie.

Quelle que soit l'espèce de prunes que vous employez, choisissez-les un peu fermes, quoique bonnes à manger ; faites-les tremper pendant quelques heures dans de l'eau où vous aurez fait dissoudre deux gros d'alun par livre ; cela les raffermit et enlève la fleur qui couvre leur épiderme.

Procédez comme pour les abricots en mêlant de suite l'esprit au sirop.

Quelques gouttes de teinture d'ambre et une seule goutte de teinture de musc font un très-bon effet.

Les meilleures prunes pour mettre à l'eau-de-vie, sont :

      Les prunes de reine-claude,
      Les prunes de mirabelle,
      Les prunes de perdrigon, etc.

Poires à l'eau-de-vie.

Prenez-les très-près de leur maturité, faites-les blanchir dans le sirop jusqu'à ce que leur peau s'enlève facilement ; ôtez la peau, arrangez les poires dans un bocal et versez par-dessus le sirop dans lequel elles ont blanchi ; ajoutez un morceau de cannelle et un sixième d'esprit 3/6. Après deux mois d'infusion ôtez la cannelle et ajoutez de l'esprit jusqu'à ce qu'il y en ait autant que de sirop.

Ce procédé laisse les poires trop douces, et il y a beaucoup trop de jus. Il est préférable de faire de suite une espèce de ratafia blanc en mêlant le sirop dans lequel les poires ont blanchi à partie égale d'esprit 3/6 ; la cannelle doit être ajoutée dans tous les cas.

Ce sont les poires de rousselet qu'on prépare ainsi ; mais toutes les poires dont la peau a du parfum et dont la chair n'est pas fondante, peuvent être conservées dans l'eau-de-vie.

Poires de bon chrétien à l'eau-de-vie.

Prenez des poires de bon chrétien à l'époque où elles ont acquis à peu près toute leur maturité ; c'est ordinairement vers le mois de décembre.

Pelez-les avec un couteau à lame d'argent, coupez-les en tranches et jetez-les à mesure dans un bocal rempli à un peu plus de moitié de ratafia blanc, auquel on aura ajouté un tiers d'esprit pour qu'il soit plus sec ; emplissez ainsi le bocal, ajoutez un nouet contenant de la cannelle et quelques amandes amères concassées ; retirez le nouet après un mois d'infusion.

Le bocal qui contient les poires doit être bien bouché et renfermé dans une armoire. Si le bocal restait exposé au soleil, les poires seraient exposées à noircir.

On pourrait aussi faire blanchir les poires jusqu'à ce que la peau s'en sépare facilement.

Le coing, pris au moment où toute sa peau est devenue d'un jaune d'or, peut se préparer de la même manière.

Il faut nécessairement le blanchir.

CHAPITRE IX.

VINS ARTIFICIELS.

Les vins artificiels se rapprochent beaucoup des ratafias ; comme eux ils sont presque toujours le résultat du mélange d'un suc de fruit avec de l'eau-de-vie.

Les vins artificiels peuvent remplacer la plupart des vins de liqueurs naturels, qu'on paie fort cher.

La fabrication des vins artificiels offre peu de difficultés, elle entraîne peu de dépenses, et elle donne des produits fort agréables.

Vin de paille.

On fait en Alsace et dans le département de la Drôme, des vins dits *de paille*, que l'on met au rang des vins de liqueurs de première qualité ; on n'en fait que dans ces deux contrées situées sous des climats très-différents, et il y a lieu de s'étonner que les procédés en usage pour faire ces vins ne soient pas plus généralement répandus. Puisqu'on peut en faire en Alsace, il est certain qu'on peut en faire aussi dans toutes les parties de la France où il y a des raisins abondans en sucre, et qui parviennent à une maturité complète.

Pour faire le vin *de paille* on cueille l'espèce de raisin le plus sucré, et on étend les grappes sur de la paille, dans des greniers ou dans des chambres bien aérées, et on le laisse ainsi jusqu'aux premières gelées. Les raisins ainsi exposés à l'action de l'air en mouvement, se flétrissent en perdant une partie de leur eau, de sorte que le sucre qu'ils contiennent en état de dissolution se concentre chaque jour davantage.

Ces raisins à demi desséchés sont soumis à la presse, qui en extrait un jus épais comme un sirop.

Au lieu d'étendre le raisin sur de la paille, il est meilleur de le suspendre à des cordes tendues, au moyen de fils portant chacun deux grappes attachées la queue en bas ; il faut choisir pour cela les raisins les plus lâches ; ceux qui sont serrés ne se conservent pas. On doit enlever de temps en temps, avec des ciseaux, tous les grains qui se trouvent atteints de pourriture.

Il est indispensable que les endroits où l'on suspend le raisin soient très-aérés et exposés au midi. Si la saison trop humide fait craindre qu'ils ne pourrissent en totalité, on y remédie en plaçant un poêle dans la pièce, et en établissant un courant d'air au moyen d'une ouverture pratiquée immédiatement au-dessous du plafond ; sans cette précaution, l'air chaud saturé d'humidité ne sortirait pas, et les raisins pourriraient avec rapidité.

On pourrait encore avancer la demi-dessiccation des raisins en les étalant sur des claies qu'on introduirait dans un four très-légèrement chauffé, surtout dans les commencemens. On pourrait mettre plusieurs rangs de claies les unes au-dessus des autres ; on ne les laisserait chaque fois qu'une demi-heure dans le four, après quoi on les retirerait pour les laisser autant de temps à l'air, puis on les remettrait dans le four pendant une demi-heure, et ainsi de suite jusqu'à ce que les raisins eussent perdu à peu près les deux tiers de leur poids.

Il est certain qu'il ne s'agit que d'enlever de l'eau au raisin, et tous les moyens qui peuvent produire cet effet sont bons.

Si on essayait la dessiccation par le four, on pourrait, pour la rendre plus facile, employer le procédé qui est assez généralement usité pour les raisins secs qu'on prépare pour la table. On fait une lessive de cendres qu'on tire à clair, on en remplit un chaudron qu'on met sur le feu, et lorsqu'elle est bouillante on y plonge les raisins pendant un quart de minute; il paraît que la lessive dissout cet enduit, qui forme ce qu'on appelle la fleur du raisin, et que lorsque cet enduit est enlevé, l'évaporation de l'eau superflue que contiennent les raisins devient beaucoup plus prompte.

Quel que soit le moyen qu'on emploie, le jus extrait par la pression est passé au tamis et déposé dans un petit tonneau où on l'abandonne à la fermentation, qui est d'autant plus longue que le jus est plus concentré. Le tonneau ne doit pas être défoncé; on y introduit le jus par la bonde qu'on recouvre d'un morceau de lainage épais, plié en double, et sur lequel on met une demi-brique; lorsque la fermentation est devenue tout-à-fait insensible, on bondonne le tonneau, on laisse reposer le vin pendant quelques mois, et lorsqu'il est parfaitement clair, on le met en bouteilles.

Vin cuit.

Le vin cuit se rapproche beaucoup du vin de paille; on le fait avec du jus de raisin dont on a séparé la majeure partie de l'eau par l'ébullition.

On peut prendre, pour faire le vin cuit, le premier jus qui découle du pressoir lorsqu'on fait du vin blanc.

Il est préférable, cependant, de recueillir des raisins d'une même espèce, choisis parmi les plus sucrés, ou qui ont un arome particulier; on les fait écraser sous le pressoir, et l'on ne prend que le jus qui sort à la première pression, qui ne doit pas même être très-forte; le surplus est ajouté au moût des vins ordinaires.

Les sept huitièmes du jus recueilli sont mis, après avoir été passés au tamis ou à travers un lainage, dans une chaudière qui, autant que possible, doit être plus large que profonde, et établie sur un fourneau maçonné.

On pousse vivement à l'ébullition, et on l'entretient jusqu'à ce que le liquide soit réduit d'un quart, en enlevant les écumes à mesure qu'elles se forment; alors on retire le feu, et l'on verse le jus réduit dans un vase quelconque. On a délayé auparavant du blanc d'Espagne, ou de la craie, dans de l'eau; on en verse successivement dans le jus tant qu'il se manifeste une vive effervescence, on agite le liquide chaque fois qu'on ajoute de la solution de craie. Lorsqu'on s'aperçoit que l'effervescence occasionée par une nouvelle addition est considérablement diminuée, on cesse d'ajouter de la craie et on laisse reposer le liquide. Il se forme un dépôt. Lorsque le liquide est presque refroidi, on le décante et on le reverse dans la chaudière; on pousse à l'ébullition, et on l'entretient jusqu'à ce que le jus soit réduit à moitié de son volume primitif; on le verse alors dans un vase où on le laisse refroidir.

Ensuite on y ajoute le huitième de jus frais qu'on a mis en réserve, et dont on a retardé la fermentation en le tenant dans un endroit frais; on brasse bien le tout et on laisse fermenter.

La craie est ajoutée ici pour enlever au jus l'acide surabondant qu'il peut contenir. La portion de jus frais qu'on ajoute au jus réduit a pour objet d'accélérer la fermentation, qui sans cela serait extrêmement lente. La proportion d'un huitième n'est pas rigoureuse; elle n'est pas trop forte pour les jus très-sucrés; elle le serait certainement pour les jus peu sucrés et fortement acides. Il est à peu près impossible de doser avec précision en pareille matière, parce que ce qui serait bon pour une espèce de raisins, serait mauvais pour une autre espèce. Tout ce qu'on peut faire, c'est d'exposer le procédé en général, en laissant chacun juge des modifications que les circonstances locales rendent nécessaires.

Lorsque la fermentation ne se manifeste plus par des signes sensibles, on bondonne le tonneau et on laisse reposer le vin, pour le tirer en bouteilles lorsqu'il est bien éclairci.

On peut aromatiser les vins cuits de diverses manières. Les fleurs de sureau séchées rapidement au soleil, entre deux feuilles de papier, lui communiquent un goût de muscat; les feuilles sèches de l'espèce de sauge qu'on nomme *orvale* ou *toute-saine*, produisent à peu près le même effet.

Un nouet d'iris de Florence lui donne un arrière-goût de violette très-prononcé.

Quelques amandes amères grossièrement écrasées donnent aussi au vin cuit un arome très-agréable.

Tous ces ingrédiens et d'autres encore, tels que l'anis, la cannelle, le gingembre, le macis et le girofle, doivent être ajoutés au vin lorsque la fermentation est déjà avancée. On les enferme dans un sachet long qu'on introduit par le trou de la bonde, et qu'on tient suspendu dans le tonneau, pour le retirer lorsque la fermentation est terminée.

L'orvale et la fleur de sureau peuvent être mélangées avec des amandes amères; celles-ci s'allient aussi bien avec l'iris de Florence.

Les autres ingrédiens peuvent être mélangés deux à deux ou trois à trois; mais il faut qu'il y en ait toujours un qui domine.

Toutes ces substances doivent être ajoutées en petite quantité.

Le sirop de framboises donne un arome des plus agréables, et dont l'excès même ne déplaît pas.

Il y a encore un autre moyen d'aromatiser le vin cuit, qui est plus sûr, en ce que l'on ne l'emploie que quand le vin est fait, et qu'on peut alors goûter si on a atteint le degré de saveur qu'on a voulu donner.

Ce moyen consiste à employer ce qu'on appelle des teintures.

Les teintures sont des infusions de substances aromatiques dans l'alcool, plus ou moins étendu d'eau selon la nature de chaque substance. L'alcool se charge de tout le principe aromatique de ces substances, de sorte qu'avec une très-petite dose de ces teintures, on peut aromatiser une grande quantité de liquide. (*Voyez* chap. III.)

Jusqu'ici nous n'avons parlé que des vins cuits qui doivent rester doux, comme des vins de liqueurs ; on peut aussi les convertir en vins secs.

Pour cela, après avoir désacidifié le jus par la craie, et l'avoir concentré en le réduisant à la moitié, et même au tiers de son volume s'il est peu sucré, on y ajoute un volume égal de jus non cuit ; quantité qui, dans la plupart des cas, doit suffire pour opérer une fermentation complète, et, par conséquent, pour produire un vin sec, car les vins de liqueurs ne restent doux que parce qu'ils n'ont pas subi une fermentation entière.

Ainsi, en augmentant ou en diminuant la proportion du jus frais, on peut à volonté produire des vins plus ou moins secs et plus ou moins liquoreux.

Les vins secs ne supportent pas un arome très-prononcé ; on peut cependant essayer d'y ajouter quelques gouttes de teintures, assez seulement pour donner un arrière-goût agréable.

Hippocras.

Dans trois litres de bon vin rouge ou blanc, faites infuser pendant vingt-quatre heures une once et demie de cannelle pulvérisée grossièrement, une demi-once d'iris de Florence concassée, deux gros de petit cardamome, et quelques amandes amères écrasées ; ajoutez deux livres de sucre ; filtrez à la chausse, ou mieux encore au papier gris, et renfermez la liqueur dans des bouteilles bien bouchées.

L'hippocras est un puissant stomachique dont il ne faut pas faire abus.

On peut encore faire l'hippocras avec du vin cuit, désacidifié et non fermenté. On y ajoute volume égal d'eau-de-vie à 20 degrés, et on aromatise avec les teintures.

Hydromel sec.

Dans les pays où le miel est commun, on fait avec cette substance des vins artificiels qui, bien soignés, se rapprochent beaucoup en vieillissant des vins de Madère.

Ces vins sont secs ou sucrés selon la quantité de miel qu'on emploie dans leur fabrication. Pour faire l'hydromel sec,

Prenez miel. . . . . 5 livres.
   Eau. . . . . 25 livres.
   Charbon de bois. . . . . 1 livre.
   Blanc d'Espagne. . . . . 2 onces 1/2.

Il faut d'abord dépurer le miel, parce qu'au moyen de cette opération on peut employer les espèces les plus communes.

On fait fondre le miel dans dix livres d'eau, on y ajoute le charbon concassé et le blanc d'Espagne délayé dans un peu d'eau ; on chauffe jusqu'à l'ébullition, et on l'entretient pendant un quart d'heure ; cette opération doit se faire dans une bassine à confitures, ou, si on travaille sur une grande masse, dans une chaudière engagée dans un fourneau, afin d'éviter l'action de la fumée, à laquelle on ne pourrait soustraire le liquide si l'on opérait dans un chaudron suspendu sur le feu.

Quand le miel dissous a bouilli un quart d'heure, on jette le tout sur un filtre ; ce qui coule d'abord est trouble : on laisse couler jusqu'à ce que le liquide soit parfaitement clair, ce qu'on reconnaît en recevant de temps en temps une partie de ce qui coule dans une cuillère.

On retire alors la terrine qui a reçu le premier liquide passé, on en substitue une autre, et on vide le contenu de la première terrine sur le filtre.

Comme le charbon et le blanc d'Espagne qui restent sur le filtre retiennent une certaine quantité de miel, on peut verser dessus une partie de ce qui reste des vingt-cinq livres d'eau, après l'avoir fait préalablement chauffer.

Le miel dépuré, les eaux de lavage et ce qui reste des vingt-cinq livres d'eau, sont réunis dans un petit tonneau que le tout ne doit pas remplir entièrement.

Le miel, ainsi étendu d'eau, fermente avec lenteur ; encore faut-il que la température soit élevée, ce qui force à ne faire l'hydromel que pendant l'été, ou si on le fait dans une autre saison, à déposer le tonneau qui le contient dans un endroit chauffé à 18 ou 20 degrés.

On peut accélérer la fermentation de l'hydromel en y ajoutant, pour la dose ci-dessus, quatre onces de levure de bière délayée dans de l'eau miellée.

Mais comme la levure communique quelquefois un goût qui n'est pas agréable, on obtiendrait l'effet cherché avec plus d'avantage, en ajoutant du suc de groseilles qui surabonde en ferment ; un litre pour la dose ci-dessus est suffisant.

Si le miel n'est pas très-impur, on peut se dispenser de le dépurer par le charbon : on le fait alors dissoudre sur le feu dans huit parties d'eau ; on pousse à l'ébullition, et on la soutient jusqu'à diminution d'un quart. On a soin d'enlever les écumes à mesure qu'elles se forment ; le goût de cuit que contracte le miel, par une ébullition plus prolongée, donne à l'hydromel un arrière-goût très-agréable.

L'hydromel sec peut être aromatisé par les mêmes

substances qui ont été indiquées pour le vin cuit; il en faut mettre très-peu, car les vins secs ne supportent pas un arome dominant, comme les vins cuits.

Hydromel doux.

On dépure le miel par le procédé indiqué à l'article précédent, et en suivant les mêmes proportions, excepté qu'on emploie dix livres d'eau, c'est-à-dire le double du poids du miel; on lave ce qui reste sur le filtre, et on réunit les eaux de lavage au miel dépuré. On remet le tout dans une bassine et l'on porte à l'ébullition, que l'on soutient jusqu'à ce que le liquide soit réduit environ d'un quart.

On verse le tout dans une terrine de grès pour faire refroidir, et ensuite dans une cruche. On ajoute pour la quantité ci-dessus une once de levure de bière délayée, et un nouet renfermant deux gros de fleurs de sureau ou de feuilles d'orvale séchées et cinq ou six amandes concassées; on tient la cruche dans un endroit chaud, et on laisse la fermentation se développer; lorsqu'elle a atteint son terme, ou plutôt lorsqu'elle est devenue presque insensible, on verse dans la cruche une demi-bouteille de bonne eau-de-vie, on agite, et on laisse reposer pendant huit jours; au bout de ce temps, on filtre à la chausse, ou, ce qui vaut mieux, au papier.

On peut aromatiser de toute autre manière, en employant la cannelle, le macis, le girofle, le cardamome, l'iris de Florence, la cascarille, etc.; mais il faut user modérément de ces substances, en employer à la fois deux ou trois espèces au plus, et en faire toujours prédominer une seule.

Si on trouve l'hydromel préparé par le procédé ci-dessus, trop doux, on peut y remédier en y ajoutant plus d'eau-de-vie et une petite quantité d'acide tartrique; on ne peut en indiquer la dose, elle dépend du goût de chacun.

Vin d'abricots.

Prenez vingt livres d'abricots fondans de maturité, fendez-les, séparez-en les noyaux et arrangez les abricots dans des terrines, la partie ouverte en-dessus ; saupoudrez-les, lit par lit, avec trois onces de sucre par livre de fruit ; couvrez les terrines et déposez-les dans un endroit frais jusqu'au lendemain.

Jetez ensuite les abricots dans une bassine et faites les bouillir un demi-quart d'heure ; on les remet ensuite dans des terrines pour refroidir, puis dans une grande cruche ou dans un baril.

Versez sur cette quantité d'abricots six litres de bon vin blanc qui ne soit pas acide, et une bouteille de bonne eau-de-vie.

Cassez les noyaux et séparez-en les amandes ; pulvérisez grossièrement le bois de deux cents noyaux, et jetez-les dans la cruche avec deux douzaines d'amandes concassées ; ajoutez encore deux ou trois onces d'eau de fleurs d'oranger ; laissez macérer le tout pendant deux jours ; passez avec expression et filtrez.

Les amandes des noyaux d'abricots peuvent être substituées aux amandes amères, pour aromatiser toute sorte de liqueurs ou de vins artificiels.

Vin de pêches.

Le vin de pêches se fait comme celui d'abricots, excepté qu'il faut quatre onces de sucre par livre de fruits.

Ces vins sont demi-secs et fort agréables ; si on les veut plus doux, il faut y ajouter deux onces de sucre de plus par livre de fruit.

Vin de prunes.

Les prunes de reine-claude et de mirabelle, surtout

les dernières, sont les seules qui soient propres à faire un vin de liqueur agréable. On procède comme pour le vin d'abricot, mais on ne casse pas les noyaux et on les laisse tous; il faut quatre onces de sucre par livre de fruit, cinq bouteilles de vin blanc et une bouteille d'eau-de-vie pour vingt livres de fruit.

Vin de cerises.

La cerise ambrée, qui n'est pas très-commune et qui devrait l'être davantage, donne un vin très-délicat.

On en prend vingt livres, on les écrase après en avoir séparé les queues, et on y ajoute quatre onces de sucre par livre; on laisse macérer le tout pendant vingt-quatre heures, puis on fait bouillir pendant quelques minutes; après avoir laissé refroidir dans une terrine, on jette le tout dans un vase, et on ajoute quatre bouteilles de vin blanc, une bouteille et demie de bonne eau-de-vie et deux gros de teinture d'ambre; après avoir bien mélangé, on laisse reposer pendant six jours; on filtre et on presse le marc pour filtrer aussi ce qui en sort.

Si on a des cerises à chair rouge, griottes, cerises du nord et autres espèces analogues, on les traitera comme celles ci-dessus, en y ajoutant une demi-livre de framboises et une once de clous de girofle.

Les mêmes vins peuvent aussi être faits à froid, mais alors ils ont moins le goût de fruit; dans ce cas, après avoir fait macérer le fruit écrasé avec le sucre, on ajoute de suite le vin, l'eau-de-vie et les aromates; on peut aussi retrancher le vin, en augmentant la proportion d'eau-de-vie; de quelque manière qu'on s'y prenne, on obtiendra toujours de bons résultats pourvu qu'il y ait une dose suffisante d'eau-de-vie pour arrêter la fermentation, qui, sans cela, ne tarderait pas à s'établir.

Vin de groseilles.

Groseilles rouges.	20 livres.
Framboises.	1 livre.
Sucre en morceaux.	10 livres.

Mettez les groseilles et le sucre dans une bassine et chauffez vivement; lorsque les groseilles sont crevées, ajoutez les framboises et faites-les plonger un instant dans le bouillon; versez le tout sur un tamis; lorsque le marc est à demi refroidi, on le presse et ensuite on l'arrose avec une bouteille de vin blanc ou rouge, de bonne qualité, pour enlever le sucre qu'il retient; on presse de nouveau et on ajoute le produit obtenu au jus de groseilles.

Déposez le tout dans un vase couvert, et laissez la fermentation se développer; aussitôt que celle-ci paraîtra près de sa fin, jetez dans le vase deux bouteilles d'eau-de-vie et deux bouteilles de vin très-couvert, tel que celui de Cahors ou de Roussillon; mêlez le tout et laissez reposer une semaine; filtrez.

Autre vin de groseilles.

Groseilles à maquereau.	20 livres.
Sucre.	8 livres.

Écrasez le fruit, ajoutez-y le sucre, et laissez macérer pendant vingt-quatre heures; ensuite faites jeter un bouillon, versez sur un tamis, pressez le marc, arrosez-le avec une bouteille de vin blanc et pressez de nouveau.

Ajoutez trois bouteilles de vin blanc et deux bouteilles de bonne eau-de-vie, plus un sachet contenant quatre gros de fleurs de sureau et vingt amandes amères concassées.

Mêlez le tout; laissez reposer huit jours et filtrez.

Ou bien ne mettez pas sur le feu le fruit écrasé et macéré avec le sucre ; jetez le tout dans un vase et laissez la fermentation s'établir ; n'en attendez pas la fin, mais aussitôt qu'elle décline, filtrez, et ajoutez ensuite le vin blanc et l'eau-de-vie.

Vin de groseilles économique.

Prenez groseilles rouges. . . . . . 150 livres.
       Cerises ordinaires. . . . . 30 id.
       Guignes. . . . . 10 id.
       Framboises. . . . . 2 id.
       Eau. . . . . 300 id.
       Miel commun. . . . . . . 30 id.

Écrasez les groseilles, les cerises, les guignes et les framboises ; jetez le tout dans un tonneau ; ajoutez l'eau et le miel délayé ; brassez fortement pour mélanger toutes les substances, et laissez fermenter ; couvrez le tonneau comme il est prescrit pour le kirchwasser. N'attendez pas que la fermentation soit terminée ; mais aussitôt qu'elle paraît très-ralentie, tirez le vin, pressez le marc, et mettez le vin dans un tonneau récemment vidé et sans mauvais goût ; ajoutez encore dix litres de vin très-chargé en couleur et deux litres d'eau-de-vie. Ne bondonnez le tonneau que lorsqu'il n'y aura plus de mouvement dans le liquide ; couvrez l'ouverture de la bonde avec un morceau de lainage appuyé par une brique.

Les doses ci-dessus suffisent pour une pièce de trente-trois à trente-quatre veltes ou deux cent cinquante litres.

Ce vin aura dans les commencemens un peu trop le goût de fruit ; mais il le perdra à la longue, et il deviendra difficile de le distinguer du vin de raisin.

Pour assurer sa conservation, on peut substituer deux litres d'esprit 3/6 aux deux litres d'eau-de-vie. On peut aussi avec avantage augmenter la dose de vin. Il faut choisir pour cela des vins de Roussillon, de Languedoc, de Cahors et du Cher, et en général tous vins capiteux, chargés en couleur, et conservant encore une saveur douceâtre, ce qui annonce qu'ils sont récens; car il est essentiel de ne pas employer de vin vieux.

Le vin et l'eau-de-vie, ou l'esprit, doivent toujours être ajoutés avant la fin de la fermentation du vin artificiel; c'est pour cela qu'il a été recommandé de séparer celui-ci du marc pendant que la fermentation se manifeste encore.

Lorsque toute fermentation a cessé, on bondonne le tonneau après l'avoir rempli, soit avec une portion du vin artificiel qu'on a réservée exprès dans un vase à part, ou avec quelques bouteilles de vin ordinaire. On dépose le tonneau à la cave et on le soutire au mois de novembre pour le séparer de la lie. On remplit encore le tonneau, et on a soin de l'ouiller de mois en mois dans les premiers temps, et ensuite de deux en deux mois.

Observations sur les vins artificiels.

Les vins de liqueurs naturels sont le produit d'une fermentation incomplète du jus de raisin; une partie de ce jus a produit de l'alcool, l'autre n'a subi aucune décomposition. Ces vins sont donc un mélange d'alcool avec un jus de fruits. Il y a beaucoup de raisins où la matière sucrée est assez abondante pour qu'en mêlant à leur jus une quantité suffisante d'alcool, on en fasse de très-bons vins de liqueurs sans beaucoup d'embarras et de frais.

Si le jus des raisins dont on dispose n'est pas assez sucré, il y a trois partis à prendre : 1° amener les raisins à un état de demi-dessiccation; 2° exprimer le jus et le faire réduire sur le feu en lui enlevant l'excès d'acide qu'il peut avoir; 3° ajouter du sucre, ou, ce qui est préférable, du miel dépuré.

Ces trois moyens donnent des résultats différents, mais toujours agréables.

Le jus étant amené à l'état de consistance sirupeuse qui est nécessaire pour produire un vin de liqueur, on peut y ajouter de suite la quantité d'alcool ou de bonne eau-de-vie suffisante pour lui donner une saveur vineuse telle qu'on la désire, ou laisser fermenter le jus pour qu'il produise la quantité d'alcool qui doit le constituer vin de liqueurs.

Dans le midi de la France, où les raisins contiennent beaucoup de sucre, on peut sans inconvénient s'en tenir à ce dernier parti; mais dans le nord, où les raisins sont, en général, peu sucrés et surabondent en ferment, on risquerait de ne produire souvent que des vins secs, si on n'arrêtait pas la fermentation avant que toute la matière sucrée ne soit décomposée; on y parvient en ajoutant de l'eau-de-vie, et s'il est nécessaire, une portion de jus très-concentrée qu'il est toujours bon de réserver pour le cas où le vin ne serait pas resté assez liquoreux.

On voit que nos vins de fruits sont une imitation parfaite des vins de liqueurs dits naturels; cette imitation est toujours complète, soit qu'on emploie le jus frais, ou le jus cuit, soit qu'après l'avoir concentré on y ajoute de l'eau-de-vie, ou qu'on laisse l'eau-de-vie se former par la fermentation.

Il est inutile de dire que ces vins seront d'autant plus parfaits qu'on aura mis plus de soin à les faire.

Les prescriptions ci-dessus donnent toujours de bons résultats; on peut les varier, en y introduisant d'autres sucs de fruits, et en en changeant les proportions.

Dans les départements où l'on fait du cidre, on peut composer un bon vin de liqueurs avec du jus de pommes et de poires.

On prend le premier jus qui coule du pressoir, on le passe à travers un tamis, et après l'avoir mis dans une chaudière, on le porte à l'ébullition; on écume, et lorsque le liquide est diminué d'environ un huitième, on le verse dans un vase quelconque; on attend qu'il soit un peu refroidi, et alors on y verse du blanc d'Espagne, ou de la craie délayée dans de l'eau, jusqu'à ce que, par une nouvelle addition de craie, il ne se manifeste plus qu'une faible effervescence ; on laisse reposer pendant quelques heures. Il se forme un précipité : on décante le liquide qui le surnage, et on le remet dans la chaudière ou dans une bassine. On ramasse le précipité, on le jette sur un filtre, et lorsqu'il est égoutté, on le lave avec un peu d'eau chaude ; ce qui passe est ajouté au jus qui est dans la chaudière ; on pousse à l'ébullition et on l'entretient jusqu'à ce que le liquide soit réduit à moitié de son volume primitif ; dans cet état, il doit peser dix à douze degrés à l'aréomètre pour les sirops.

On laisse refroidir le jus concentré jusqu'à ce qu'on puisse en supporter la chaleur en y plongeant le doigt : alors on le verse dans le vase où il doit subir la fermentation.

Le jus de pommes et de poires fermente avec une extrême lenteur lorsqu'il a été ainsi désacidifié. Pour accélérer sa fermentation, il faut y ajouter un ferment.

Le meilleur qu'on puisse employer est de la lie de vin blanc ; un litre ou un litre et demi pour dix litres de jus. A défaut de lie de vin blanc, on ajoute à la même quantité de jus quatre onces de levure en pâte, bien délayée auparavant dans un peu de jus : on brasse bien le tout.

Comme on ne peut se procurer le jus de pommes et de poires que vers la fin de l'automne, ou pendant l'hiver, il faut que le tonneau qui le contient soit déposé dans un endroit chauffé, dont la température s'élève au moins à dix ou douze degrés du thermomètre de Réaumur.

Lorsque la fermentation est près de son terme, ce qu'on reconnaît lorsqu'il ne s'élève plus que peu de bulles à la surface du liquide, on ajoute une bouteille d'eau-de-vie par dix litres de jus, et on passe le tout à la chausse, en ayant soin de repasser les premières portions qui coulent, jusqu'à ce que le liquide sorte parfaitement clair.

On peut aromatiser avec la fleur de sureau ou avec les feuilles d'orvale réunies à quelques amandes amères écrasées. Le capillaire du Canada est aussi un ingrédient qu'on peut employer utilement. Ces substances doivent être ajoutées pendant la fermentation.

CHAPITRE X.

CONFITURES.

Fruits ou sucs de fruits, cuits avec du sucre et amenés à une consistance telle, qu'ils se conservent pendant un long espace de temps, lorsqu'on les tient dans un endroit sain.

On peut ranger les confitures en quatre classes :

1° Les gelées, qui ne contiennent que le suc des fruits ;

2° Les marmelades, qui en contiennent toute la substance ;

3° Les pâtes, qui ne sont que des gelées qu'on épaissit par une addition de sucre et en les soumettant à une évaporation qui les concentre.

4° Les conserves, espèces de marmelades faites à froid avec du sucre et des fleurs, des feuilles, des tiges, et quelquefois des racines aromatiques.

Ce chapitre sera en conséquence divisé en quatre paragraphes, qui seront précédés par quelques considérations sur les confitures en général.

Pour les fruits et autres parties des végétaux confits au sec, *voy*. Fruits confits.

Considérations sur les confitures en général.

Il y a des personnes qui croient faire une grande économie en mettant peu de sucre dans les confitures ; elles sont dans l'erreur ; la plus forte économie qu'on puisse faire en ce genre s'élève à peine à un sou par livre de confitures, et elle est plus que compensée par la mauvaise qualité de celles qu'on obtient.

Voici un calcul qui prouve cela clairement : seize livres de groseilles donnent douze livres de jus clair ; si à ces douze livres de jus vous joignez seize livres de sucre, vous aurez au moins vingt-quatre livres de confitures d'une transparence parfaite et conservant dans toute sa pureté le goût du fruit.

Les seize livres de groseilles, à deux sous et demi la livre, vous ont coûté. . . . . 2 fr.
Seize livres de sucre à 1 fr. 20 c. . . 19 fr. 20 c.
                        Total. . . 21 fr. 20 c.

La livre de confitures revient donc à dix-sept sous et demi.

Si avec la même quantité de jus vous ne mettez que huit livres de sucre, vous obtiendrez, à force de cuisson, environ quatorze livres de confitures d'une vilaine couleur, sans transparence, sans parfum, très-acides, disposées à candir, et ayant une consistance désagréable ; vous aurez dépensé :

Pour les groseilles. . . . . 2 fr.
Pour le sucre. . . . . 9 fr. 60 c.
                      Total. . . 11 fr. 60 c.

Chaque livre de confitures vous reviendra à seize sous et demi.

Il y a donc un sou de différence entre les bonnes et les mauvaises confitures ; ce sou n'est pas même une économie, parce que, pour faire de mauvaises confitures, il vous aura fallu beaucoup plus de temps et de charbon.

Ce résultat est facile à expliquer ; la plupart des fruits, et surtout les groseilles, contiennent beaucoup d'eau et très-peu de matière solide. Si on les faisait cuire seuls, ils se réduiraient à un septième ou à un huitième de leur volume, avant d'acquérir la consistance nécessaire pour leur conservation. Le sucre qu'on y ajoute produit deux effets; il masque la saveur trop acide de ces fruits, et il retient en combinaison une partie du liquide qu'ils contiennent; d'où il résulte que, pour assurer leur conservation, on n'a pas besoin de les amener, par une évaporation prolongée, à une consistance aussi solide.

Ainsi plus on met de sucre, plus on a de confitures, plus elles sont agréables sans coûter plus cher, et en exigeant moins de temps et de soins.

Une autre économie mal entendue est celle qu'on croit trouver dans le prix du sucre; en général on prend, pour faire des confitures, du sucre inférieur qui coûte deux ou trois sous de moins que le sucre ordinaire de bonne qualité; on croit gagner ces deux ou trois sous, tandis qu'au contraire on dépense quelque chose de plus par livre de confitures que si on avait employé de beau sucre.

D'abord si on clarifie, comme on le doit, ces sucres inférieurs, le déchet qu'ils éprouvent les fait revenir au même prix que le plus beau sucre; si on ne les clarifie pas, leurs impuretés se mêlent aux confitures et en troublent la transparence.

Mais ce n'est pas tout; la clarification n'enlève que les matières terreuses et mucilagineuses; elle laisse dans le sirop la portion de mélasse qui constitue la qualité inférieure du sucre, qui l'empêche d'être bien sec et qui le rend gras au toucher; or, le sucre consolide d'autant plus de suc de fruit, qu'il est plus pur et plus sec. Ainsi, lorsque l'on emploie du sucre inférieur, il en faut davantage pour amener la même quantité de confitures au même point; et, en définitive, on fait un excès de dépense au lieu d'une économie.

C'est faute de se rendre un compte bien exact des résultats qu'on obtient, qu'on a adopté presque généralement les deux erreurs qui viennent d'être relevées. On pèse ordinairement le fruit et le sucre qu'on emploie; mais il est bien rare qu'on s'avise de peser les confitures que l'on obtient. On ne fait donc que la moitié de la besogne ; quand on voudra la faire tout entière, on reconnaîtra l'exactitude de ce qui est exposé dans ce paragraphe.

§ Ier.

GELÉES DE FRUITS.

Gelée de groseilles.

Pour faire de belle gelée, il faut prendre des groseilles qui ne soient pas très-mûres ; lorsqu'elles le sont tout-à-fait, la gelée est toujours louche, et on est obligé de la clarifier, ce qui améliore l'apparence et diminue la qualité.

Si on veut que la gelée soit peu foncée, on mêle de la groseille blanche avec la rouge. La groseille ayant peu de parfum, on y ajoute ordinairement des framboises.

Il faut une livre de sucre par livre de fruit pour faire de bonne gelée de groseilles ; pour la faire très-belle, la proportion du sucre doit être de cinq quarterons par livre de fruit. Les confitures ne reviendront pas à un plus haut prix dans un cas que dans l'autre.

Prenez 12 livres de groseilles rouges.
   3 livres de groseilles blanches.
   1 livre environ de framboises.
   16 livres de sucre blanc et sec.

Égrenez les groseilles et épluchez les framboises ; mettez celles-ci à part et saupoudrez les unes et les autres de sucre en poudre, lit par lit. Laissez macérer pendant quelques heures.

On peut mettre de suite et sans macération préalable les groseilles égrenées et le sucre cassé en morceaux gros comme des noix, dans la bassine, en mêlant bien le tout avec une spatule de bois (celles de fer peuvent noircir ou au moins foncer la couleur du suc). Cette opération froisse un peu les groseilles et les dispose à crever par l'action du feu et à rendre leur jus.

Commencez à petit feu et augmentez-le à mesure qu'il se rassemble du jus au fond de la bassine. Lorsque les groseilles sont bien crevées, que le sucre est bien fondu et que toute la masse est en grande ébullition, trempez la spatule dans le jus et laissez-en tomber quelques gouttes sur une assiette que vous éloignez de la chaleur, ou, ce qui est mieux, dans une grande cuillère d'argent que vous tenez dans une assiette à soupe remplie d'eau.

Par ce moyen, le refroidissement est rapide et l'on peut examiner si la gelée a acquis la consistance nécessaire pour sa conservation. Pour cela on incline la cuillère, et si les gouttes de gelée ne se déplacent qu'avec beaucoup de lenteur, la gelée est assez cuite.

Il vaut mieux que la gelée manque d'un peu de cuisson que d'en avoir trop; dans le premier cas, le remède est très-facile; on la remet sur le feu le lendemain et on lui fait jeter quelques bouillons; dans le second il n'y a rien à faire.

La gelée faite par ce procédé se conserve d'ailleurs très-bien, quoique gardant encore de la liquidité, et elle a l'avantage d'être parfaitement soluble dans l'eau chaude, et de former ainsi une eau de groseilles beaucoup plus agréable que celle qu'on fait avec du sirop, dans lequel on ne peut employer le jus de groseilles qu'après l'avoir fait fermenter.

Aussitôt que vous avez reconnu que la gelée est assez cuite, ajoutez les framboises, faites-les plonger avec l'écumoire, et, après quelques bouillons, retirez la bassine du feu et versez tout son contenu sur un grand tamis de crin posé au-dessus d'une terrine : laissez couler sans expression; couvrez seulement le tamis d'un linge plié en double pour que la chaleur se conserve plus long-temps. Lorsque le marc est assez refroidi pour qu'on puisse y toucher sans se brûler, et qu'il ne coule plus rien, retirez le tamis et remplissez avec les confitures les pots que vous avez préparés.

Il faut alors exprimer le marc sous une presse, si vous en avez une, ou dans un linge bien blanc que l'on tord à force de bras. Le jus que l'on obtient ainsi doit être mis dans des pots à part. Il donne des confitures très-bonnes, mais moins transparentes que les premières.

Il reste du sucre dans le marc. Il y a deux moyens de l'utiliser : l'un consiste à jeter dessus de l'eau chaude et à passer le tout à la chausse jusqu'à ce que l'eau soit claire. Ces eaux sont fort agréables à boire; mais on ne peut les conserver plus de quarante-huit heures, souvent moins, ce qui est assez embarrassant lorsqu'on en a des quantités considérables.

L'autre moyen, c'est d'employer ces résidus à faire un vin artificiel ou de les faire entrer dans les ratafias.

Pour faire un vin artificiel, versez sur le marc exprimé légèrement une quantité suffisante de bon vin rouge pour le baigner; laissez macérer pendant deux heures, puis passez le tout avec expression et filtrez; ajoutez un huitième d'eau-de-vie et un peu de sucre ou de sirop, si le vin ne vous paraît pas assez sucré.

Ou bien délayez le marc avec moitié eau et moitié eau-de-vie, exprimez après deux heures de macération, et filtrez; servez-vous de ce liquide, en y ajoutant du jus de cerises précoces et une nouvelle quantité d'eau-de-vie, pour préparer un ratafia dans lequel vous ajouterez à l'automne, ou à la fin de l'été, de belles cerises tardives.

Il y a des personnes qui opèrent différemment pour faire de la gelée de groseilles. Elles commencent par faire crever les groseilles, et elles en expriment le suc;

elles remettent ce suc sur le feu et y ajoutent alors le sucre en morceaux ou réduit en sirop et clarifié.

Ce procédé a pour objet d'éviter la perte du sucre qui reste dans le marc lorsqu'on opère d'après le procédé ci-dessus ; mais outre que ce sucre peut être utilisé, comme on vient de le voir, on n'obtient jamais, en faisant crever les groseilles seules, une gelée aussi parfumée et aussi limpide que par le procédé dont nous recommandons l'usage.

Gelée de groseilles à froid.

On écrase les groseilles après les avoir égrenées et on en exprime le jus.

Ce jus est mis de suite dans des pots qu'on ne doit pas remplir entièrement ; on en couvre la surface avec du sucre en poudre qui est bientôt absorbé, et on renouvelle cette opération, à des intervalles plus ou moins longs, jusqu'à ce que le jus n'absorbe plus de sucre, alors on couvre les pots.

Couverture des pots.

La couverture des pots est essentielle pour la conservation des confitures. Lorsqu'elles sont bien faites, il est vrai qu'elles ne s'altèrent pas au contact de l'air ; mais elles perdent une partie du liquide qu'elles conservent et prennent par là une consistance trop ferme.

Pour couvrir les confitures, on applique d'abord à leur surface une rondelle de papier trempé dans l'eau-de-vie ; cette rondelle doit être aussi grande que l'ouverture du pot ; il vaut même mieux qu'elle soit un peu plus grande, afin qu'elle ne laisse rien à découvert. Dans ce cas, on donne tout autour des coups de ciseaux dirigés vers le centre, afin que les bords puissent se relever sur le contour du pot sans faire de plis.

On couvre ensuite le pot avec un papier double qu'on

rabat sur les parois et qu'on attache avec une ficelle fine ou un gros fil.

On peut aussi couvrir avec des papiers trempés dans l'eau. Après les avoir égouttés, on les pose sur le pot, on y applique la main gauche pour appuyer le papier sur les bords; en même temps, avec la main droite, on tire en bas le papier qui déborde et qui se détache à l'endroit où il touche le bord du pot; on passe le doigt tout autour pour rendre le contact plus parfait, et on laisse sécher dans un endroit à l'abri du soleil et des courants d'air qui, en rendant la dessiccation trop rapide, feraient détacher le papier.

Lorsque celui-ci est sec, il est bien tendu et adhère fortement aux bords du pot. Cette couverture, qui est celle des religieuses, personnes très-habiles en confitures, est très-propre et très-bonne.

Il faut toujours employer du papier collé, c'est-à-dire du papier bon pour écrire; le papier dit d'*office*, qui n'est pas collé, absorbe trop facilement l'humidité de l'air.

Les pots de confitures doivent être conservés dans des armoires placées dans un endroit sec.

Gelée de pommes.

Pelez des pommes de reinette avec un couteau à lame d'argent; cette précaution est essentielle pour empêcher le jus de se colorer. Jetez les pommes pelées dans une terrine de grès, ou dans un vase de faïence rempli d'eau; ajoutez à cette eau le jus d'un ou de plusieurs citrons suivant la quantité de gelée que vous faites.

Mettez les pommes dans une bassine avec assez d'eau pour les baigner complétement. On emploie à cet usage l'eau acidulée dans laquelle on a mis les pommes épluchées.

Quand les pommes commencent à se fondre, versez tout ce qui est dans la bassine sur un tamis de crin; ne pressez pas le marc, laissez-le seulement égoutter; mettez dans le jus qui a passé poids égal de sucre très-blanc; versez le tout dans la bassine et faites bouillir jusqu'à ce que la gelée vous donne les mêmes signes que celle de groseilles (*voyez* p. 143); il est temps alors de la retirer; mais auparavant il faut y mettre de l'écorce de citron coupée en petits filets; laissez bouillir une minute ou deux, ensuite retirez la bassine du feu; enlevez les filets avec une écumoire, remplissez les pots avec la gelée et distribuez par-dessus les filets de citron.

On peut utiliser la pulpe des pommes qui ont servi à faire la gelée : on les écrase sur un tamis, on ajoute à la pulpe du jus de citron pour suppléer à l'acide qu'elle a perdu, et on achève de la cuire avec suffisante quantité de sucre et un bâton de cannelle : on obtient ainsi une compote qui n'est pas désagréable.

Il y a des personnes qui ne pèlent pas les pommes, et qui les font bouillir après les avoir lavées et brossées dans l'eau froide. On n'obtient pas, par ce procédé, une gelée aussi blanche, mais elle a davantage le goût de fruit; car c'est une chose remarquable que l'arome de la plupart des fruits réside dans l'écorce.

On emploie exclusivement les pommes de reinette pour faire la gelée de pommes : on en fait cependant d'excellente avec d'autres espèces. Le motif de la préférence accordée à la pomme de reinette, est qu'elle contient assez d'acide pour ne pas faire une gelée trop fade; cependant on y ajoute encore du jus de citron.

On peut donc, par l'addition du jus de citron, obtenir de bonne gelée de presque toutes les pommes douces.

Les reinettes de Canada et d'Angleterre en donnent de très-belle; mais il faut y ajouter une assez forte dose de jus de citron.

La reinette grise porte assez d'acide pour qu'il ne soit pas nécessaire d'en ajouter. Il est indispensable de la peler.

La pomme dite de Fenouillet, qui a un arome particulier, donne aussi une gelée très-agréable. Quoique sa peau soit grise, on ne doit pas la peler, il faut se contenter de la brosser dans l'eau.

Gelée de pommes déguisée.

Comme la gelée de pommes a peu ou point de parfum qui lui soit propre, la gelée qu'on en tire est un très-bon excipient pour celui qu'on veut y introduire. Je vais indiquer quelques prescriptions qui suffiront pour faire connaître la marche qu'il faut suivre.

Gelée de fleurs d'oranger.

Si vous avez employé dix livres de sucre, au moment où la gelée de pommes est à son point, retirez la bassine du feu et laissez l'ébullition tomber tout-à-fait, alors versez et mêlez rapidement dans la gelée quatre onces de teinture de fleurs d'oranger préparée dans la saison, de la manière suivante :

Prenez les pétales de deux livres de fleurs d'oranger, roulez-les dans du sucre en poudre fine et mettez-les dans un bocal ; versez par-dessus la fleur un litre d'esprit à 28 degrés ; laissez infuser pendant douze heures ; passez avec expression légère ; filtrez et conservez dans un flacon bien bouché.

Lorsqu'on met cette teinture dans la bassine, la gelée est encore assez chaude pour faire évaporer l'esprit, tandis que l'arome, dont la teinture est chargée, se combine avec le sucre.

Gelée d'oranges.

Lorsqu'on fait cuire les pommes, au lieu de jus de citron, on ajoute le jus de six ou huit oranges dont on a enlevé les zestes.

Lorsque ensuite la gelée est à son point de cuisson, on y jette les zestes d'oranges, on fait jeter un bouillon et on retire la bassine du feu; lorsque l'ébullition est tout-à-fait tombée, on retire les zestes avec une écumoire et on emplit les pots.

Gelée de roses.

On la fait en jetant dans la bassine une quantité suffisante d'eau double de roses (*voyez* pag. 53). On délaie un peu de carmin et on le mêle à la gelée de manière à lui donner une belle couleur de rose pâle.

On peut procéder de même avec toutes les teintures, de manière à obtenir avec la seule gelée de pommes une infinité de confitures toutes différentes par l'arome et la saveur. Avec le carmin on les colore en rose; avec une solution aqueuse de safran, en jaune. (*Voyez* pages 31 et 32.)

Gelée de coings.

Râpez les coings sans les peler, mais après en avoir brossé la peau pour enlever le duvet qui la recouvre; râpez de manière que la pulpe tombe à mesure dans l'eau; employez une râpe de fer-blanc neuve, et si vous interrompez le râpage, ayez soin de la bien nettoyer en la trempant dans l'eau.

Mettez la pulpe et l'eau qui l'a reçue dans une bassine avec un huitième du sucre que vous comptez employer. Il faut qu'il n'y ait d'eau qu'à peu près la quantité nécessaire pour couvrir la pulpe. Chauffez en remuant avec une spatule et faites bouillir seulement pendant quatre ou cinq minutes.

Versez alors le tout sur un tamis, et lorsque la pulpe est suffisamment refroidie, exprimez-la en la tordant dans un linge.

Remettez le jus dans la bassine avec les deux tiers

de son poids, et même poids égal de beau sucre. Il est difficile de préciser la dose qui dépend de l'état du jus; mais il vaut toujours mieux mettre trop de sucre que pas assez.

Faites bouillir jusqu'à ce que la gelée donne les signes indiqués pour la gelée de pommes. Retirez alors la bassine du feu et mettez la gelée en pots.

On peut aromatiser avec un bâton de cannelle qu'on met dans la bassine et qu'on retire avant d'empoter. Comme la gelée de coings est considérée comme un bon stomachique, la cannelle ne peut qu'ajouter à ses propriétés.

Gelée de cerises.

Écrasez les cerises et séparez-en les noyaux, à l'exception d'environ un huitième que vous laisserez et qui contribueront à donner un bon goût à la gelée.

Comme les cerises ont peu de disposition à se prendre en gelée, ajoutez un quart de groseilles égrenées et à moitié écrasées.

Mettez le tout dans une bassine avec trois quarterons de sucre par livre de fruit; mettez livre pour livre si les cerises sont très-aqueuses et acides.

Portez à l'ébullition et entretenez-la pendant un quart d'heure; versez alors le contenu de la bassine sur un tamis posé au-dessus d'une terrine de grès; laissez égoutter. Lorsque le marc est suffisamment refroidi, exprimez-le à la presse ou en le tordant dans un linge.

Remettez le jus dans la bassine, poussez à l'ébullition et entretenez-la jusqu'à ce que la gelée ait acquis la consistance prescrite (*voyez* page 143); retirez la bassine du feu et remplissez les pots lorsque la gelée est assez refroidie.

Le marc peut être traité comme celui de groseilles, et ce qu'on en tire est un bon excipient pour les cerises à l'eau-de-vie qu'on doit faire plus tard.

Gelée de prunes.

On peut faire de la même manière la gelée de prunes; mais il n'y a que la reine-claude qui y soit propre et vraisemblablement aussi la prune de perdrigon. Trois quarterons de sucre par livre de fruit sont suffisans.

Gelée d'abricots.

Il n'y a que l'abricot-pêche qui puisse donner de la gelée : on la fait aussi comme celle de cerises. Trois quarterons de sucre par livre de fruit.

Gelée de pêches.

J'ignore si on peut faire de la gelée avec les pêches; il est vraisemblable qu'on y parviendrait avec les pêches d'automne. Il faudrait au moins une livre de sucre par livre de fruit.

On peut faciliter la prise de la gelée de pêches, en faisant fondre dans la bassine une quantité suffisante de gelée de groseilles blanches. Comme l'arome de la pêche est très-fugace, il sera bon de mettre une douzaine ou deux de noyaux dans la bassine. On les retirera avant d'empoter.

Gelée de raisins.

Prenez dix livres de raisins muscats égrenés, écrasez-les légèrement et mettez-les dans une bassine avec demi-livre de sucre par livre de fruit ; portez à l'ébullition et entretenez-la pendant un quart d'heure : jettez le contenu sur un tamis de crin posé au-dessus d'une terrine; laissez égoutter; exprimez le marc et remettez le jus dans la bassine, faites bouillir jusqu'à ce que la gelée refroidie vous paraisse avoir la consistance requise.

Retirez alors la bassine du feu, et lorsque la chaleur commence à se dissiper, emplissez les pots.

A défaut de raisins muscats prenez des raisins blancs, à l'exception du chasselas, et traitez-les de même; on peut donner à cette gelée l'arome du muscat en plongeant dans la bassine, vers la fin, un nouet contenant une petite quantité de fleurs de sureau bien séchée et quelques amandes amères.

Si les raisins qu'on emploie ne sont pas très-sucrés, il faudra porter la dose du sucre à trois quarterons par livre de fruit.

Dans les pays méridionaux, où le raisin muscat est extrêmement sucré, il suffit de réduire le jus qu'on en exprime, pour obtenir une gelée très-agréable.

Il vaudrait mieux exprimer le jus des raisins avec une presse que de le faire bouillir avec la pellicule et les pepins. Quand on n'a pas de presse, on peut prendre le premier jus qui coule du pressoir lorsqu'on fait du vin blanc. Lorsqu'on emploie le jus exprimé des raisins frais, peu importe que ceux-ci soient noirs ou blancs : le jus est toujours sans couleur lorsqu'il n'a pas fermenté avec les pellicules.

§ II.

MARMELADES.

Pulpe de fruits concentrée par la cuisson qui en sépare en partie l'eau qui entre dans leur composition et les dispose par là à se conserver.

Lorsque les marmelades sont faites sans sucre, ou avec peu de sucre, on est obligé de les faire cuire longtemps pour les amener au degré de consistance convenable. Si au contraire on y ajoute une quantité suffisante de sucre qui s'empare de la partie aqueuse, on est dispensé de les concentrer aussi fortement; elles restent beaucoup plus liquides et sont plus agréables.

Dans les grandes maisons où il y a des *officiers,* on est dans l'usage de faire toutes les marmelades avec du sucre clarifié et cuit à ce qu'on appelle la grande plume; on obtient par là un peu plus de blancheur, mais on conserve moins le goût de fruit; ainsi avec cette méthode on perd plus qu'on ne gagne.

Le sucre cristallisé confusément, comme celui qui est en pains, a une merveilleuse propriété pour se charger des parfums de tous les corps avec lesquels on le met en contact; cette propriété paraît tenir surtout à sa porosité; aussi ne la retrouve-t-on qu'à un degré plus faible dans le sirop; en versant du sirop sur des fruits, il se charge très-peu de leur parfum; il s'en charge bien moins encore si on jette, comme on le fait, les fruits dans le sirop bouillant. Comme le sirop a une chaleur bien supérieure à celle qui détermine l'évaporation de l'eau, la partie aqueuse des fruits se réduit en vapeurs qui emportent avec elles presque tout leur parfum. Messieurs les officiers de *bouche* font très-bien en sacrifiant la réalité à un peu d'apparence; ils servent leurs maîtres dans leur goût; mais pour avoir d'excellentes confitures, il faut suivre les procédés développés ici et dont une longue expérience a confirmé les avantages.

Marmelade de prunes.

La prune de reine-claude est très-aqueuse, et quoiqu'elle paraisse très-sucrée, elle est très-acide lorsqu'elle est cuite ; cependant on en fait une marmelade très-passable avec une demi-livre de sucre par livre de fruit ; une très-bonne avec trois quarterons, et une excellente avec livre pour livre.

Ouvrez les prunes et enlevez les noyaux, couvrez-les avec le sucre concassé, et laissez macérer dans un endroit frais pendant douze ou quinze heures.

Faites bouillir dans une bassine à grand feu jusqu'à ce que la marmelade paraisse assez consistante, ce qu'on reconnaît en faisant le même essai que pour la gelée de groseilles ; versez ensuite sur un tamis de crin très-clair, et remuez sans cesse avec la spatule, pour faire passer toute la pulpe ; il ne doit rester sur le tamis que les pellicules.

Il y a des personnes qui pèlent les prunes de reine-claude avant de les cuire ; elles prennent une peine qui est non-seulement inutile, mais dont le résultat est nuisible ; c'est dans la peau que réside principalement le parfum de la plupart des fruits ; lorsqu'on l'enlève avant leur cuisson, ce parfum est entièrement perdu ; cependant il faut peler les prunes dont la peau communiquerait à la marmelade une saveur qui pourrait ne pas convenir.

Marmelade d'abricots.

Si vous employez des abricots communs, une demi-livre de sucre par livre de fruit est suffisante, et avec trois quarterons la marmelade sera très-belle ; mais si vous employez des abricots-pêches, il faut au moins trois quarterons, et pour avoir une belle marmelade, une livre de sucre n'est pas de trop.

Ici, comme dans les gelées, l'augmentation de la dose du sucre n'est pas une augmentation de dépense.

Ouvrez les abricots, séparez-en les noyaux et faites macérer le fruit avec le sucre concassé pendant douze ou quinze heures.

Jetez le tout dans une bassine, faites bouillir jusqu'à consistance; passez au tamis en pulpant jusqu'à ce qu'il ne reste plus que les peaux sur le tamis.

Ces résidus des marmelades peuvent être employés aux mêmes usages que ceux des gelées.

On a dû casser une partie des noyaux et monder les amandes après les avoir fait tremper quelques instans dans l'eau bouillante et ensuite dans l'eau fraîche.

On jette les amandes dans la bassine quelques momens avant de finir; on les enlève avec l'écumoire lorsqu'on retire la bassine du feu, et on en met quelques-unes à la surface de chaque pot.

Il est nécessaire d'employer des abricots très-mûrs.

Marmelade de pêches.

Prenez des pêches d'automne bien mûres, ce sont celles qui ont le plus de parfum et de saveur; pelez-les: si la peau est difficile à enlever, plongez-les une minute dans l'eau bouillante, alors la peau s'enlèvera sans peine.

Ouvrez les pêches, et après en avoir séparé les noyaux, rangez-les lit par lit que vous saupoudrerez de sucre. Laissez-les macérer ainsi dans un endroit frais pendant douze ou quinze heures.

Mettez-les ensuite dans une bassine avec au moins une livre de sucre par livre de fruit; cinq quarterons ne sont pas de trop; avec une livre et demie, il n'est pas nécessaire de faire bouillir si long-temps, et la marmelade conserve davantage le goût de la pêche.

Il faut casser quelques noyaux, peler les amandes, et les traiter comme il a été dit pour la marmelade d'abricots. On passe au tamis de crin comme à l'ordinaire.

Marmelade de mirabelles.

Prenez de la mirabelle très-mûre. La petite espèce, qui est un peu piquée de rouge, est la meilleure. La grosse a beaucoup moins de sucre et de parfum. Ouvrez-les pour en séparer les noyaux et faites-les macérer jusqu'au lendemain, avec du sucre en poudre, à raison d'une demi-livre de sucre par livre de fruit; avec trois quarterons la marmelade sera parfaite.

Faites cuire, passez au tamis, etc.

Ordinairement on se dispense de passer cette marmelade, ainsi que toutes celles de prunes et d'abricots; elles sont toujours fort bonnes quoique moins parfaites que celles qui ont été pulpées à travers un tamis.

On choisira le procédé qui convient le mieux.

Marmelade de cerises.

Prenez des cerises bien mûres sans être tournées, c'est-à-dire qui n'aient pas perdu leur transparence; ôtez-en les noyaux et les queues; on peut se dispenser de les faire macérer; cependant si on en fait une grande quantité à la fois, il est bon de les couvrir de sucre en poudre pour les empêcher de s'échauffer. Faites cuire à grand feu, comme toutes les confitures; ne passez pas au tamis.

Il faut trois quarterons de sucre pour faire de belle marmelade de cerises. On peut même aller jusqu'à livre pour livre si les cerises sont très-aqueuses.

On doit préférer les cerises communes : elles donnent une marmelade plus parfumée que les cerises douces.

Marmelade de framboises.

Mettez une livre de sucre, ou mieux encore cinq quarterons de sucre par livre de fruit. Faites macérer pendant trois ou quatre heures avec le sucre en poudre.

Mettez ensuite les framboises dans une bassine et faites cuire à grand feu; aussitôt que les framboises seront bien fondues, versez le tout sur un tamis assez fin pour que les graines, qui sont très-petites, ne puissent passer à travers. Faites passer la pulpe à travers le tamis en frottant avec une spatule ou une cuillère.

Remettez la pulpe dans la bassine avec l'autre moitié du sucre; chauffez vivement jusqu'à ce que la marmelade ait pris la consistance convenable. Retirez la bassine du feu et empotez lorsque la chaleur est tombée.

On fait souvent cette marmelade sans séparer les graines : elle est bonne, mais beaucoup moins agréable à la vue et au goût que lorsqu'elle est faite par le procédé ci-dessus.

Marmelade de verjus.

Prenez du verjus lorsque les grains commencent à être transparens; plus tôt il est acerbe, plus tard il a peu de saveur. Il faut l'égrener et enlever les pepins avec un cure-dent. Comme le verjus n'a pas de parfum, il est inutile de le faire macérer avec le sucre.

Mettez le verjus épluché dans la bassine avec poids égal de sucre cassé en morceaux; faites cuire à grand feu; ne passez pas au tamis lorsque la marmelade est à son point.

Si on passe au tamis, de manière que les pellicules restent à la surface, on obtient une gelée de verjus qui est fort agréable.

Marmelade d'églantine.

Prenez des fruits d'églantiers (gratte-cul) cueillis après les premières gelées, qui les attendrissent; ôtez les queues et les calices qui restent adhérens; fendez-les et enlevez avec soin toutes les graines. Ces graines sont velues, et c'est à l'effet qu'elles produisent quand on les avale que le fruit de l'églantier doit son nom vulgaire.

Il est bon de faire cet épluchage avec un couteau à lame d'argent; mettez les églantines épluchées dans une bassine avec assez d'eau pour les baigner; faites cuire tout doucement; quand les églantines cèdent sous le doigt, pulpez-les sur un tamis de crin, et si la pulpe passe mal, pilez-les auparavant dans un mortier de marbre; mettez dans l'eau où elles ont cuit leur poids de sucre; faites réduire, et quand le sirop aura pris de la consistance, ajoutez la pulpe.

Faites bouillir encore jusqu'à ce que la marmelade ait en refroidissant plus de fermeté que celle des autres fruits. Mettez dans des pots d'un petit volume.

Cette marmelade est agréable, mais elle est fortement astringente; c'est un bon stomachique dont il ne faut pas abuser.

Marmelade de fraises.

Le parfum de la fraise est très-fugace; il s'évapore lorsqu'on expose le fruit à une forte chaleur dans un vase découvert.

Épluchez de belles fraises de bois bien mûres et bien parfumées, couvres-les de sucre en poudre fine, lit par lit, et laissez-les macérer pendant une heure ou deux au plus; écrasez-les ensuite dans un mortier de marbre, en ajoutant du sucre jusqu'à ce que le tout forme une pâte bien liée ayant la consistance d'une marmelade ordinaire. Faites cette opération par parties, et déposez à mesure ce qui est pilé dans un bocal de verre qui puisse se fermer avec un bouchon de liége bien ajusté.

Plongez le bocal bien bouché dans un bain-marie dont l'eau sera entretenue à l'ébullition pendant une couple d'heures. Il n'est pas nécessaire que l'eau bouille à grands bouillons, il suffit que l'ébullition se manifeste.

Quand vous verrez que la masse qui remplit le bocal est bien fondue et bien homogène, laissez tomber le feu, et quand l'eau du bain-marie sera assez refroidie pour qu'on puisse y tenir la main, retirez le bocal.

Marmelade de poires.

Prenez des poires de rousselet, de martin-sec, de messire Jean, de bon chrétien, de royale d'hiver, ou toute autre espèce de poires cassantes. N'employez à la fois qu'une seule espèce, parce que si vous en employiez plusieurs, elles ne seraient pas cuites en même temps.

Pelez les poires et coupez-les par quartiers. Une demi-livre de sucre par livre de fruit suffit amplement; on peut en mettre moins, quoique par les raisons exposées précédemment ce soit à peu près la même chose, sous le rapport économique, de mettre peu ou beaucoup de sucre.

Mettez les poires dans une bassine avec assez d'eau pour les baigner, faites cuire à grand feu; quand les poires cèdent sous le doigt, retirez-les avec une écumoire, et mettez le sucre dans l'eau où elles ont cuit.

Pendant que le sucre se fond, écrasez les poires sur un tamis un peu clair ou dans une passoire; recevez la pulpe dans une terrine. Quand le tout est passé, mettez la pulpe dans la bassine et achevez de faire réduire au point de consistance convenable. On le reconnaît aux mêmes signes que pour les autres confitures.

L'avantage que vous aurez en mettant une demi-livre de sucre dans cette marmelade, c'est que vous pourrez la conserver plus liquide.

Si vous préférez que les poires restent en quartiers ou par moitié, ce qui permettra de les servir en compote, faites fondre votre sucre avec moitié de son poids d'eau; faites bouillir à grand feu; quand les poires sont cuites, si le sirop a assez de consistance, versez le tout dans des pots; si le sirop n'est pas assez cuit, retirez les poires, distribuez-les dans les pots que vous achèverez de remplir avec le sirop lorsqu'il sera suffisamment cuit.

Un peu de cannelle dans cette marmelade lui donne un parfum agréable.

Raisiné de poires.

Dans les vignobles on fait cuire des poires coupées en quartiers avec du moût de raisin qui n'a pas encore subi la fermentation. Cette confiture n'est pas désagréable, mais elle est un peu trop acide; pour la rendre tout-à-fait bonne, voici le procédé qu'il faut suivre.

Prenez du moût de raisins blancs, ou même de raisins noirs exprimés sous le pressoir; faites-le bouillir à grand feu jusqu'à ce qu'il soit réduit d'un quart; laissez refroidir jusqu'à ce qu'on puisse y tenir le doigt; versez-y du blanc d'Espagne ou de la craie délayée dans de l'eau; mêlez bien la craie avec le moût; il se fait une vive effervescence; lorsqu'elle est apaisée, on ajoute une nouvelle portion de craie, et on continue ainsi jusqu'à ce que l'effervescence diminue sensiblement. Si on mettait davantage de craie, le moût serait entièrement désacidifié, et il est bon qu'il reste acide pour que le raisiné ne soit pas trop fade. On laisse reposer pendant une nuit; il se forme un dépôt abondant. Le lendemain, décantez ce qui surnage le dépôt, et passez à la chausse ce qui peut se trouver trouble au fond; passez et repassez jusqu'à ce que le moût passe bien clair.

Remettez le moût sur le feu avec quelques blancs

d'œuf battus dans l'eau, faites bouillir et enlevez les écumes.

Mettez alors les poires pelées et coupées en morceaux dans le moût. Les meilleures poires à employer sont celles de messire Jean, de martin-sec et de bon chrétien. Faites bouillir jusqu'à complète cuisson des poires et réduction suffisante du moût.

Si vous trouvez que le raisiné est trop fade, parce qu'il a été trop désacidifié, vous pouvez y remédier en ajoutant dans la bassine une portion de moût frais.

Si vous ne pouvez vous procurer du moût, vous pouvez en faire en écrasant avec les mains et en tordant dans un linge des raisins blancs. N'égrenez pas les raisins avant de les écraser, car vous en viendriez difficilement à bout; écrasez les grappes entières; retirez ensuite les rafles; procédez pour ce moût comme pour celui de pressoir.

Dans les pays à cidre, on fait la même confiture avec le cidre sortant du pressoir; comme le suc de pommes est très-doux, il n'est pas nécessaire de le désacidifier.

Enfin en faisant bouillir avec de l'eau les pelures et les cœurs des poires, on en tire un sirop qui, après avoir été clarifié et, en y ajoutant un peu de sucre, est très-bon pour faire cuire les poires coupées en quartiers.

Raisiné de coings.

On pèle les coings après les avoir bien brossés pour en enlever le duvet. On met les pelures à part, on coupe les coings par morceaux et on en enlève les cœurs.

On prépare le moût comme pour le raisiné de poires, excepté qu'on y ajoute avant la désacidification les pelures et les cœurs des coings.

Pour le surplus on procède comme pour le raisiné de poires.

On pourrait faire aussi un raisiné de pommes, qui serait nécessairement en marmelade et qu'il faudrait passer au tamis avant que la cuisson ne fût complète; en aromatisant cette marmelade avec de la cannelle, elle ne pourrait être que très-bonne.

§ III.

PATES DE FRUITS.

Les pâtes de fruits sont des gelées auxquelles on a donné plus de consistance, en les cuisant davantage dans la bassine et en les évaporant ensuite dans l'étuve, où on les expose en surfaces minces. Ces pâtes, renfermées dans des boîtes bien closes et tenues dans un endroit ni humide ni trop sec, se conservent très-bien; mais il est rare qu'elles retiennent le goût de fruit comme les confitures liquides.

Pâte d'abricots.

Faites de la gelée d'abricots, comme il est prescrit pag. 151. Si on y ajoute du jus de groseilles, il faut qu'il soit tiré de groseilles blanches; faites cuire un peu plus qu'à l'ordinaire : retirez la bassine du feu et distribuez la gelée sur de petites assiettes à l'épaisseur d'un doigt; laissez refroidir totalement et saupoudrez la gelée avec du sucre en poudre fine; mettez les assiettes dans une étuve ou dans un four très-doux en les couvrant d'une rondelle de papier.

Aussitôt que les assiettes ont pris la température de l'étuve ou du four, retirez-les pour les exposer à un courant d'air sec, jusqu'à refroidissement complet; répétez plusieurs fois cette manœuvre.

Quand la gelée a pris de la consistance, retournez la plaque qu'elle forme; enlevez-la de l'assiette et posez-la sur une feuille de papier; saupoudrez de nouveau, et mettez alternativement les plaques dans l'étuve ou dans le four et à l'air, jusqu'à ce qu'elles soient suffisamment sèches.

Mettez-les ensuite dans des boîtes après les avoir encore saupoudrées légèrement de sucre fin; séparez chaque plaque avec un rond de papier.

On peut employer aussi, pour faire la pâte, la marmelade d'abricots, pourvu qu'elle ait été passée à travers un tamis un peu fin. Cette pâte est un peu moins belle que celle qui est faite avec la gelée, mais elle est aussi bonne.

Pâte de prunes.

On fait une pâte très-agréable avec de la marmelade de mirabelles passée au tamis. Pour l'avoir plus belle, on fait la marmelade avec une plus forte dose de sucre; on est dispensé alors de la faire cuire aussi long-temps que lorsqu'il y a moins de sucre; elle conserve mieux sa couleur et son goût.

Pâte de pommes.

On la fait avec de belle gelée de pommes; on peut aussi mettre en pâte toutes les gelées de pommes dans lesquelles on a introduit divers aromates.

Toutes ces pâtes se font comme celle d'abricots.

Cotignac.

Faites la gelée comme ci-dessus, en mettant une livre et demie de sucre par livre de jus exprimé. Faites bouillir jusqu'à ce que la gelée, en se refroidissant, prenne une consistance solide. Versez-la dans des petites boîtes plates garnies de papier. On colore si l'on veut le cotignac avec du carmin ou avec du safran.

Pâte de coings.

Il faut la faire avec la marmelade de coings bien passée au tamis, de manière qu'il n'y reste aucun grumeau. Le coing commun n'est pas très-bon pour faire toute espèce de confiture; le coing de Portugal, qui est rarement pierreux et dont la chair est moins compacte, est sous tous les rapports bien préférable.

La pâte de coings est considérée comme un puissant stomachique. Le docteur Chrétien, de Montpellier, célèbre par l'introduction, dans la matière médicale, de plusieurs préparations d'or, avait coutume de dire, lorsqu'il vantait les propriétés du coing, que si l'estomac pouvait parler, il dirait sans cesse : Coing ! coing !

Pâtes d'autres fruits.

Tous les fruits dont on fait des gelées ou des marmelades peuvent être convertis en pâtes, en suivant les procédés ci-dessus. Il ne s'agit toujours que de donner plus de consistance aux unes ou aux autres, ce qu'on obtient en les exposant en couches minces à la chaleur, et ensuite à un courant d'air sec.

On opèrerait beaucoup mieux et plus promptement si on avait une petite étuve.

Pourvu qu'on ait des gelées ou des marmelades, on peut faire des pâtes en toute saison ; il ne s'agit que de mettre les gelées ou les marmelades dans une bassine et de les faire amollir en chauffant doucement ; si elles avaient pris par le temps trop de consistance, on pourrait ajouter un peu de sirop de sucre pour faciliter la fusion.

Il faut se hâter d'enlever les pâtes de dessus les assiettes, parce que, tant qu'elles y sont, elles ne se dessèchent que par une seule surface.

Autres pâtes de fruits transparentes.

Tirez le jus des pommes en procédant comme pour faire de la gelée ; passez au tamis fin et remettez dans la bassine ; faites dissoudre dans ce jus une once de gomme arabique par livre. Lorsque la gomme est bien dissoute, retirez la bassine, versez le tout dans une terrine, et laissez refroidir jusqu'à ce qu'on puisse tenir le doigt dans le liquide sans se brûler.

Battez quelques blancs d'œuf avec un peu d'eau, et introduisez-les dans le jus que vous remettez dans la bassine; mêlez bien le tout, portez à l'ébullition, et enlevez les écumes à mesure qu'elles se forment.

Si après avoir bien écumé il restait quelques corps flottans dans le liquide, il faudrait le passer à travers une étamine.

Le jus bien clarifié, on y ajoute une demi-livre ou trois quarterons par livre de beau sucre cassé en morceaux; on le fait fondre en modérant le feu, et lorsqu'il est totalement fondu, on chauffe vivement et l'on continue jusqu'à ce que le sirop ait pris beaucoup de consistance. On reconnaît qu'il est au point convenable, lorsqu'en en laissant tomber quelques gouttes dans une cuillère posée sur une assiette remplie d'eau, elles se figent promptement et ne prennent que peu de mouvement lorsqu'on incline la cuillère.

Retirez alors la bassine du feu; laissez un peu refroidir et distribuez la pâte sur des assiettes en couches épaisses de quatre à cinq lignes; laissez refroidir complétement en exposant les assiettes dans un courant d'air; portez-les ensuite à l'étuve, où on peut les laisser, pourvu que l'étuve ait un courant d'air qui emporte les vapeurs à mesure qu'elles se forment. Retournez les plaques aussitôt qu'elles ont pris assez de consistance, et posez-les sur des feuilles de papier.

Si vous n'avez pas d'étuve, servez-vous d'un four doux; mais n'y laissez les assiettes que le temps nécessaire pour qu'elles prennent la température du four; exposez-les ensuite à l'air libre et répétez cette manœuvre jusqu'à ce que la pâte ait pris assez de consistance pour être enlevée; posez-les alors sur des feuilles de papier et continuez à les faire sécher.

Pâte transparente d'abricots, prunes, etc.

Exprimez à froid le suc des fruits; mettez-le dans une bassine avec deux ou trois onces de gomme arabique, selon le plus ou moins de consistance du suc.

Lorsque la gomme est bien fondue, clarifiez au blanc d'œuf en procédant comme ci-dessus; ajoutez le sucre et terminez comme pour la gelée de pommes.

On peut faire ainsi des pâtes d'abricots, de pêches, de prunes, de framboises, de cerises, de raisins, de verjus.

Ces pâtes sont très-bonnes et peuvent remplacer avec avantage la pâte de jujubes.

CONSERVES.

Les conserves sont composées de substances végétales sèches ou fraîches qu'on incorpore avec une quantité suffisante de sucre et d'eau, pour en faire une pâte assez consistante, mais toujours molle.

On en fait aussi avec des marmelades de fruits.

Voici quelques recettes des unes et des autres.

Conserve d'absinthe.

Prenez sommités d'absinthe sèches
   et pulvérisées. . . . . . 1/2 once.
   Sucre blanc en poudre. . . 8 onces.
   Eau distillée d'absinthe, quantité suffisante.

(*Voyez*, pour la dessiccation des plantes aromatiques, page 38.)

Lorsqu'on veut pulvériser l'absinthe et en général toutes les plantes sèches, il faut auparavant les exposer au soleil, jusqu'à ce qu'elles se pulvérisent en les froissant entre les doigts; à défaut de soleil, on peut les faire sécher sur un plateau de fer-blanc à rebords, dont on recouvre une casserole dans laquelle on entretient de l'eau bouillante.

Lorsque l'absinthe est suffisamment sèche, on la divise avec des ciseaux et on la pile dans un mortier de fer avec un pilon de même métal ; les mortiers de cuivre doivent être rejetés, à moins qu'on ne s'astreigne à les entretenir avec le plus grand soin ; ce qui suppose qu'on les fera récurer au sablon chaque fois qu'on s'en sera servi, et qu'on répètera cette opération avant de les employer de nouveau.

Lorsque la plante est bien pulvérisée, on la passe dans un tamis couvert à travers une gaze de soie. On repile ce qui reste sur le tamis pour le passer encore ; cependant lorsqu'on travaille sur des substances communes, on peut s'en tenir à un seul pilage et jeter le résidu.

On met la poudre dans un mortier de marbre ou de verre ; on ajoute le sucre en poudre et on mêle bien le tout ensemble, en versant peu à peu de l'eau distillée de la substance employée, ou, à défaut, de l'eau pure. L'eau distillée de la plante est très-préférable.

On continue à remuer avec le pilon jusqu'à ce que la poudre et le sucre forment une pâte bien homogène et qui ait la consistance d'une marmelade très-cuite.

Alors on enlève la conserve avec une spatule, et on en emplit de petits pots qu'on couvre bien. On les enferme dans un endroit sec.

La conserve d'absinthe est un excellent stomachique à la dose d'un demi-gros à un gros.

Conserve de fleurs d'oranger.

Fleurs d'oranger séchées et pulvérisées. 1/2 once.
Sucre en poudre fine. . . . . 8 onces.

Faites comme ci-dessus, en mouillant avec de l'eau double de fleurs d'oranger.

C'est encore un bon stomachique.

Ou bien

Prenez pétales séparés des calices. . . 2 onces.
Sucre. . . . . 8 onces.

Broyez les pétales avec un peu de sucre, et ajoutez-en successivement jusqu'à ce que le tout forme une pâte bien homogène, dans laquelle on ne puisse plus distinguer les débris des pétales; si la pâte devient trop sèche, ajoutez un peu d'eau de fleurs d'oranger.

Mettez la conserve dans de très-petits pots.

Conserve de roses.

Prenez pétales de roses séparés des calices. 2 onces.
Sucre. . . . . 8 onces.

Procédez comme ci-dessus.

Les roses communes (roses à cent feuilles) donnent une conserve qui est légèrement laxative.

Celle qu'on obtient en employant les roses dites de Provins est astringente.

On peut traiter de même toutes les fleurs qui perdent leur parfum en séchant; c'est le plus grand nombre. Quant aux plantes aromatiques, il est plus avantageux de les employer en poudre sèche.

Conserve d'angélique.

Prenez des tiges bien fraîches d'angélique; épluchez-les en enlevant les feuilles et en râclant les tiges; blanchissez-les à l'eau bouillante, et plongez-les ensuite dans l'eau froide. Il faut que l'eau bouille avant le blanchissage; c'est le moyen de conserver la verdeur des tiges : on ne doit les retirer que lorsqu'elles sont un peu amollies.

Divisez ces tiges en tronçons que vous pilerez dans un mortier en ajoutant un peu de sucre et d'eau, de manière à former une bouillie épaisse; versez le tout sur un tamis et faites passer la pulpe au travers. Rassemblez la pulpe ; mettez-la dans un mortier et ajoutez successivement, et en pilant toujours, assez de sucre pour que la pulpe acquière la consistance requise.

On peut traiter de même les tiges de céleri et les feuilles tendres de fenouil.

Cet exemple suffit.

Ces conserves sont des espèces de marmelades. On fait aussi des conserves sèches. Les procédés à suivre seront décrits à l'article des *fruits confits*.

CHAPITRE XI.

SIROPS.

Les sirops sont des solutions de sucre dans des jus de fruits ou dans de l'eau chargée d'un principe aromatique ou de toute autre nature.

On en fait aussi avec la simple solution de sucre dans l'eau, en y introduisant une certaine quantité de teinture aromatique.

Sirop simple.

On nomme sirop simple une dissolution de sucre dans l'eau qui a subi la clarification. *Voyez* chap. II, p. 21.

Le sirop simple se conservant sans altération, il est utile d'en avoir toujours en réserve, soit pour servir de base à des sirops composés, soit pour sucrer des liqueurs ou pour tout autre usage.

Par exemple, on se sert avec avantage du sirop simple pour sucrer de l'eau, et l'eau ainsi sucrée a une saveur plus agréable et une limpidité plus parfaite que celle dans laquelle on fait fondre instantanément du sucre cristallisé.

L'addition d'une petite quantité d'eau de fleurs d'oranger au sirop simple, lorsqu'on le destine à sucrer de l'eau, rend celle-ci très-agréable.

Sirop de groseilles.

Faites crever des groseilles sur le feu; passez avec expression; mettez le jus dans un bocal, et laissez la fermentation s'y établir; aussitôt que la fermentation est bien développée, filtrez le jus à la chausse jusqu'à ce qu'il sorte clair; mettez le jus dans une bassine, et faites-y fondre trois livres de sucre par pinte; clarifiez au blanc d'œuf; faites bouillir encore un quart d'heure; faites refroidir le sirop dans une terrine de grès, et lorsque la chaleur est tombée, mettez-le en bouteilles bien bouchées.

Plus ce sirop sera cuit, plus il se gardera; mais il sera disposé à *candir*, comme cela arrive souvent aux confitures et aux sirops acides.

On prévient cet inconvénient en ajoutant au sirop, un peu avant de le retirer du feu, une once ou une once et demie de très-beau miel par pinte. On le prévient encore en employant de belle cassonade, qu'il n'est pas nécessaire, dans ce cas, de clarifier au noir animal, parce que la couleur de la groseille couvre celle du sirop sucré.

Si on veut que le sirop soit framboisé, on jette dans la bassine, avant la clarification, une poignée de framboises qu'on enlève ensuite avec les écumes.

Celles-ci contiennent toujours du sucre; il faut les laisser égoutter sur l'étamine et les laver avec un peu d'eau bouillante. Cette eau sucrée peut être ajoutée, soit au sirop qu'on fait, et que, dans ce cas, on fait évaporer plus long-temps, soit à tout autre sirop analogue; soit enfin être employée pour le ratafia qui doit recevoir des cerises à l'eau-de-vie.

Sirop de framboises.

Faites un sirop simple avec quatre livres de sucre et deux livres d'eau; clarifiez-le, et lorsque après avoir enlevé les écumes il est en pleine ébullition, jetez-y une livre de framboises épluchées; plongez-les avec une écumoire; faites jeter un bouillon, et après avoir retiré la bassine du feu et laissé tomber la grande chaleur, versez le tout sur une étamine. Le sirop est fait; lavez les framboises avec un mélange de deux parties d'eau et d'une d'eau-de-vie ; passez à l'étamine et ajoutez ce qui aura coulé à quelque ratafia où l'arome de la framboise ne puisse pas nuire.

Sirop de fleurs d'oranger.

Mettez dans un bocal un litre d'eau de fleurs d'oranger (*voyez* page 50), ajoutez quatre livres et demie de beau sucre ; fermez le bocal et plongez-le dans de l'eau, non pas bouillante, mais chaude à ne pouvoir y tenir la main. Remuez de temps en temps pour faciliter la fusion du sucre ; lorsque tout est fondu, remuez encore et versez le sirop dans des bouteilles. Ce sirop conserve tout son arome ; pour qu'il soit bien limpide, le sucre employé doit être de la plus belle qualité. Le sucre candi serait préférable au sucre en pain. Trois livres et demie suffiraient avec deux onces de très-beau miel.

Sirop de vinaigre.

Vinaigre. . . . . 1 litre.
Sucre. . . . . 3 livres 1/2.

Faites fondre le sucre dans le vinaigre en mettant le bocal qui le contient au bain-marie, dont l'eau peut être chauffée successivement jusqu'à l'ébullition.

Si on veut avoir du sirop de vinaigre framboisé, le moyen le plus simple est d'y ajouter moitié ou un tiers de sirop de framboises.

Ou bien faites macérer deux livres de framboises pendant vingt-quatre heures avec un litre de vinaigre ; passez à travers une étamine avec légère expression, faites dissoudre dans ce qui a coulé trois livres de sucre. Aidez à la dissolution par le bain-marie.

Sirop de cerises.

Tirez le jus de cerises en les faisant crever sur le feu.

Il ne faut pas qu'elles soient trop mûres. Filtrez le jus à l'étamine; faites fondre le sucre dans le jus au bain-marie.

Ou bien, après avoir exprimé le jus, mettez-le dans une bassine avec deux livres de sucre par livre de jus. Ajoutez un verre d'eau d'œuf par deux livres de sucre employé; poussez à l'ébullition et enlevez les écumes; faites bouillir encore un quart d'heure après la clarification, et passez à l'étamine.

Sirop d'orgeat.

**Prenez amandes douces. . . . . . . 8 onces.
Amandes amères. . . . . . . 1 once 1/2.
Eau. . . . . 1 litre.
Sucre. . . . . 2 livres 1/2.
Eau de fleurs d'oranger. . . 2 onces.
Esprit de citron. . . . . . . 2 gros.**

Versez de l'eau bouillante sur les amandes; laissez-les infuser quelques instans, et ensuite jetez-les dans un vase rempli d'eau fraîche; enlevez les écorces, qui se séparent alors très-facilement.

Pilez les amandes mondées en versant de l'eau peu à peu, pour les empêcher de tourner en huile; on peut ajouter aussi un peu de sucre, ce qui facilite la combinaison de l'huile avec l'eau.

Quand les amandes sont bien réduites en pâte, ajoutez le restant de l'eau; mêlez bien le tout et passez à travers une étamine.

On fait fondre le sucre à froid dans l'émulsion, et on ajoute l'eau de fleurs d'oranger et l'esprit de citron.

L'esprit de citron est de l'alcool distillé sur des écorces fraîches de citron (*voyez* pag. 57): on en trouve chez les droguistes et les pharmaciens.

Sirop de capillaire.

Faites un sirop avec quatre livres de sucre et trois livres d'eau ; clarifiez et faites un peu réduire ; versez tout bouillant sur deux onces de capillaire haché que vous avez mis sur l'étamine.

Sur cette quantité, ajoutez une once d'eau de fleurs d'oranger.

Sirop de vanille.

Prenez vanille.	2 onces.
Sucre.	20 onces.
Eau.	12 onces.
Esprit à 21 degrés.	1 once.

Coupez la vanille en petits morceaux et triturez-la dans un mortier, en ajoutant alternativement un peu de sucre et d'eau-de-vie pour former une pâte molle et homogène ; mettez cette pâte dans un flacon avec le restant du sucre et de l'eau ; bouchez le flacon et plongez-le dans un bain-marie peu chaud pendant une journée ; laissez reposer pendant vingt-quatre heures, et passez à l'étamine.

Ce sirop, qui contient un demi-gros de vanille par once, convient parfaitement pour aromatiser le chocolat, des liqueurs, des gelées, des crêmes, etc. Son emploi est plus économique que celui de la vanille en substance.

Le marc de la vanille qui reste sur le filtre est encore aromatique ; pour l'utiliser, mettez-le dans un flacon et versez par-dessus dix onces d'esprit à 20 ou 21 degrés ; vous obtiendrez une teinture qui pourra servir à aromatiser des liqueurs, etc.

Sirop d'acide tartrique.

Sirop simple de sucre.	4 livres.

Acide tartrique cristallisé. . . 5 gros.
Esprit de citron. . . . . 2 onces.

Le sirop doit être très-cuit; on fait dissoudre l'acide tartrique dans une petite quantité d'eau bouillante, on l'ajoute au sirop ainsi que l'esprit de citron.

Il est bon de plonger dans un bain-marie médiocrement chaud le bocal qui contient le sirop, pour faciliter l'amalgame des diverses substances qu'on y ajoute.

Ce sirop peut remplacer celui de limons, dont il a le goût et les propriétés.

Sirop de limons.

On le fait comme le sirop de groseilles, excepté qu'on en tire le jus à froid par expression; on en sépare les pepins; on clarifie, et l'on cuit à consistance convenable. Il coûte plus cher et n'est pas supérieur au précédent.

Sirop de mûres.

Faites-le comme le sirop de framboises. Il ne faut pas que les mûres soient trop avancées; on les prend lorsque, approchant du terme de leur maturité, elles ont encore beaucoup d'acide. Il faut aussi les laisser bouillir plus long-temps dans le sirop, et éviter cependant qu'elles ne s'y fondent; on enlève les mûres avec une écumoire; on laisse refroidir le sirop jusqu'à ce qu'on puisse y tenir le doigt, et on le clarifie.

Sirop d'ananas.

On prend, pour faire le sirop d'ananas, les fruits en partie avortés, qui n'ont pas acquis une grosseur convenable pour être servis sur la table: on y emploie aussi avec avantage les écorces qu'on enlève aux gros ananas en les servant; ces écorces sont la partie la plus parfumée du fruit.

On coupe les ananas et les écorces en tranches ou en

morceaux qu'on saupoudre de sucre fin en quantité proportionnée à celle du sirop qu'on veut faire. Ce mélange doit se faire dans un vase de faïence, de porcelaine ou de verre. On couvre et on laisse macérer pendant dix ou douze heures.

Ensuite on jette le tout dans une bassine. Si les ananas n'ont pas fourni assez de jus, on ajoute de l'eau en quantité suffisante pour amener le sirop à une consistance convenable. On fait bouillir une minute ou deux, et on passe le tout à l'étamine sans expression. On laisse refroidir ce qui a coulé jusqu'à environ 30 degrés ; alors on remet le sirop dans la bassine et on y ajoute un blanc d'œuf battu avec une portion de sirop ; on mélange intimement, et aussitôt que le blanc d'œuf, en se coagulant, monte en écume à la surface et avant l'ébullition, on passe de nouveau à l'étamine.

On laisse refroidir le sirop et on le met en bouteilles.

Observation.

Les sirops acides ont la propriété de former ce qu'on appelle du candi. On prévient cet inconvénient en y ajoutant, par livre de sucre, une once ou une once et demie du plus beau miel de Narbonne.

Le sirop est un peu moins limpide, mais il est plus parfumé quand on évite la clarification. On obtient une limpidité très-suffisante en employant le plus beau sucre, de l'eau bien filtrée, et en filtrant à travers une étoffe un peu serrée.

L'ananas doit toujours être coupé avec un couteau à lame d'argent, pour éviter l'action de l'acide sur le fer, action dont le résultat est de colorer le liquide.

Sirop de coings.

Râpez des coings au moment où ils ont acquis toute leur maturité, ce qu'on reconnaît lorsqu'ils sont tout-à-fait jaunes.

Exprimez la pulpe sous une presse, et après avoir passé le jus à travers une étamine, mettez-le dans une bassine avec quatre livres de sucre par litre de jus; faites fondre le sucre à un feu doux; ajoutez deux blancs d'œuf fouettés dans deux verres d'eau et faites chauffer plus vivement; enlevez les écumes à mesure qu'elles se forment, et, lorsque le sirop est bien clair, versez-le dans une terrine à travers une étamine.

On peut aromatiser avec un ou deux gros d'esprit de citron qu'on verse dans la bassine, lorsque après avoir été retirée du feu l'ébullition est apaisée. La chaleur que conserve le sirop fait évaporer l'esprit, et l'arome se combine avec le sucre.

Il faut agiter le sirop avec la spatule au moment où on verse l'esprit, afin de le bien mélanger.

Sirop de gomme.

Prenez gomme arabique bien blanche.   4 onces.
         Sucre. . . . . 16 onces.
         Eau. . . . . 1 litre.

Faites dissoudre la gomme en la tenant pendant vingt-quatre heures dans l'eau. Lorsque la gomme est dissoute versez la solution dans la bassine, ajoutez le sucre et un blanc d'œuf battu avec un verre d'eau; chauffez doucement jusqu'à ce que le sucre soit entièrement fondu; poussez ensuite à l'ébullition; enlevez les écumes à mesure qu'elles se forment, et lorsqu'il n'y a plus à la surface que des bulles produites par le bouillonnement, versez le sirop dans une terrine à travers une étamine.

On peut aromatiser avec une once d'eau double de fleurs d'oranger qu'on ajoute et qu'on mélange bien avec le sirop lorsqu'il est un peu refroidi.

Sirop de raisin gommeux.

Faites dissoudre deux onces de gomme arabique et une livre de sucre dans un litre de moût de raisin récemment exprimé. Lorsque la dissolution est complète, laissez refroidir le sirop jusqu'à ce qu'on puisse y tenir le doigt sans se brûler.

Ajoutez au sirop un blanc d'œuf battu dans un verre d'eau; poussez à l'ébullition et enlevez les écumes à mesure qu'elles se forment; faites cuire à consistance convenable et versez sur une étamine.

Ce sirop est très-bon pour la poitrine.

Il faut nécessairement faire dissoudre la gomme et le sucre sur le feu, car si on voulait opérer cette dissolution à froid, le sirop fermenterait.

On peut remplacer le moût de raisin par une quantité égale de décoction de raisins de Corinthe et de Malaga.

Sirop de baume de Tolu.

Mêlez à deux livres de sirop simple bien cuit, deux onces de teinture de baume de Tolu (*voyez* p. 48); plongez le bocal dans un bain-marie bouillant pour faire évaporer l'esprit; laissez refroidir et conservez dans des bouteilles bien bouchées.

On fait de même les sirops
- de benjoin,
- de styrax,

et en général de tous les aromates résineux.

Conservation des sucs de fruits pour faire des sirops en toutes saisons.

Les sirops faits avec des sucs de fruits sont très-sujets à s'altérer; pour prévenir cette altération, on les cuit davantage; mais alors ils sont moins agréables et souvent ils candissent.

Il vaut mieux n'en faire à la fois que ce qui est nécessaire pour la consommation de quelques mois et conserver en nature les sucs de fruits.

Il y a deux moyens de conserver ces sucs.

Le premier consiste à y laisser développer la fermentation; lorsqu'elle est bien établie, on passe le jus à l'étamine et on filtre ensuite au papier gris. On ajoute au liquide filtré une once et demie d'esprit 3/6 par litre, et on conserve dans des bouteilles bien bouchées et *cachetées* qu'on doit tenir à la cave. Il faut que les jus soient extraits par la cuisson.

Lorsqu'on emploie ces jus pour en faire du sirop, on y fait fondre le sucre à l'aide de la chaleur, qui doit être portée à 70 degrés au moins, ce qui suffit pour l'évaporation de l'alcool qui s'est formé pendant la fermentation et de celui qui a été ajouté.

Le second moyen est celui qu'a publié M. Appert pour la conservation de toutes les substances alimentaires.

Il consiste à les enfermer dans des bouteilles dont les bouchons sont assujettis par un lien de fil de fer croisé et qu'on plonge ensuite, pendant un temps plus ou moins long, dans un bain-marie bouillant.

Voici comme il faut procéder pour les sucs de fruits.

On écrase les fruits sur un tamis un peu clair; on exprime le marc et on repasse ensuite le jus qui a coulé à travers une étamine mouillée. On met en bouteilles qu'on bouche en contenant le bouchon par un fil de fer croisé.

On arrange les bouteilles dans une chaudière sur un lit de foin, on les entoure aussi de foin, pour que le mouvement imprimé par l'ébullition ne brise pas les bouteilles en les faisant choquer les unes contre les autres. On remplit d'eau la chaudière jusqu'à ce qu'elle s'élève à la hauteur de la bague qui termine le col des bouteilles. Il est bon que celles-ci ne s'élèvent pas au-delà des bords de la chaudière, pour avoir la facilité de la couvrir avec un rond de bois.

Ce rond de bois doit être composé de deux couches de planches de six à huit lignes d'épaisseur, posées l'une sur l'autre à angle droit, c'est-à-dire de manière que les files du bois d'une des couches croisent ceux de l'autre.

On peut aussi le faire d'une seule couche de planches

en le doublant en plomb. Sans l'une ou l'autre de ces précautions, le couvercle se voilera par l'effet de la vapeur qui s'élève de la chaudière.

Tout étant ainsi préparé, on allume le feu et on l'entretient jusqu'à ce que l'eau commence à bouillir. Alors on retire le feu, et un quart d'heure après on vide la chaudière sans en retirer les bouteilles, qui pourraient se casser si on les exposait brusquement à l'air froid. On attend que la chaleur soit assez tombée pour qu'on puisse retirer les bouteilles avec la main.

Pour pouvoir vider la chaudière à l'époque prescrite, il est indispensable qu'elle ait un robinet à son fond.

Lorsque les bouteilles sont totalement refroidies, on les trempe par le haut du goulot dans le mastic à bouteilles, qu'on tient en fusion, et on les dépose dans un endroit sec. La cave n'est pas nécessaire; l'essentiel, c'est que les bouteilles soient parfaitement bouchées.

Ce procédé est applicable à tous les sucs de fruits sans exception. Par ce moyen ils conservent pendant plus d'un an toutes leurs propriétés avec la même saveur et le même parfum que s'ils venaient d'être extraits récemment par le feu.

Observations générales sur les sirops.

Si l'on fait un sirop très-chargé, il faut le clarifier avant qu'il soit trop rapproché. Les sirops peu chargés se clarifient bien au moment de leur cuisson; on enlève l'écume à mesure qu'elle se forme, car elle se diviserait par l'ébullition et empêcherait le sirop de passer par l'étamine.

Plusieurs signes indiquent la cuisson suffisante d'un sirop; d'abord, en le versant de haut avec une cuillère, il file comme une huile épaisse et tombe sans rejaillir; les gouttes prennent la forme de perles. Si on les divise sur une assiette, elles ne se rejoignent que lentement; ou bien en soufflant sur le sirop, il se forme à la surface une pellicule ridée; c'est le sirop cuit à la nappe.

Le sirop bien cuit exige pour bouillir 84 degrés au thermomètre de Réaumur.

Les sirops acides exigent vingt-huit onces de sucre sur seize onces; les sirops par infusion, trente à trente-deux onces de sucre sur dix-sept onces de liquide.

CHAPITRE XII.

FRUITS CONFITS AU SUCRE.

Les confitures sont toujours dans un état de mollesse plus ou moins grand : les fruits confits sont dans un état de dessiccation beaucoup plus avancée. A poids égal ils contiennent plus de sucre. A ces différences il faut ajouter celle des procédés employés pour faire les uns et les autres.

Les fruits confits se conservent parfaitement pourvu qu'ils soient renfermés dans des boîtes disposées en lieu sec : ils se conservent encore mieux et presque indéfiniment dans des bocaux de verre bien bouchés.

Quelques-uns conservent leur parfum; d'autres n'ont presque plus que la saveur du sucre. Ces derniers sont peu agréables; on peut cependant leur donner un arome qui remplace celui qu'ils ont perdu.

Abricots confits.

Choisissez des abricots quelques jours avant leur complète maturité; fendez-les un peu vers la tête, et en poussant du côté de la queue avec une pointe de bois dur, faites sortir le noyau.

Il faut exclure les abricots-pêches et toutes les espèces abondantes en jus. Les abricots charnus et un peu pâteux sont préférables, pourvu qu'ils soient bien parfumés.

Faites blanchir les abricots dans un sirop clair; c'est-à-dire composé d'une partie de sucre et d'une partie d'eau; pendant le blanchissage le sirop doit être très-chaud sans bouillir; retirez les abricots quand ils commencent à fléchir sous le doigt.

Ajoutez alors au sirop une partie de sucre; c'est-à-dire autant que vous en avez mis d'abord; clarifiez; faites un peu réduire et versez le tout, chaud, sur les abricots.

Le lendemain, mettez dans la bassine le sirop seul; faites-le cuire à la *nappe* (*voyez* p. 19 et 170.) et versez-le encore sur les abricots; répétez cette opération une troisième fois, mais faites cuire le sirop à un degré voisin du *perlé*.

Quand les abricots ont séjourné pendant vingt-quatre heures dans ce dernier sirop, on les égoutte et on les range sur des ardoises ou des assiettes couvertes de sucre en poudre; faites-les sécher dans une étuve ou dans un four très-doux; retournez-les pour qu'ils se couvrent de sucre partout, et lorsqu'ils sont secs, rangez-les dans des boîtes avec des feuilles de papier entre chaque couche.

Prunes confites.

Les prunes de reine-claude, de mirabelle, de perdrigon, sont les meilleures à confire. Il faut les prendre un peu avant leur maturité.

On n'en retire pas les noyaux, qui sont trop adhérens à la chair pour qu'on puisse les faire sortir sans déformer le fruit. Il faut les piquer avec une épingle en divers endroits, pour qu'elles puissent rendre leur eau et se pénétrer de sirop sans crever.

On suit le même procédé que pour les abricots; mais au lieu de trois opérations, il en faut cinq ou six en concentrant toujours le sirop qui se décuit chaque fois qu'on le verse sur les prunes, parce qu'il absorbe une partie de l'eau qu'elles contiennent.

A la dernière cuite, lorsque le sirop est à peu près au perlé, on y jette les prunes et on leur fait essuyer un gros bouillon. On verse le tout dans une terrine, et on laisse les prunes dans le sirop pendant quarante-huit heures. Il faut que pendant tout ce temps le sirop ne refroidisse pas entièrement.

Comme cela est assez difficile quand on n'a pas tous les ustensiles et les appareils nécessaires, on peut abréger le temps en donnant un peu plus de concentration au sirop de la dernière cuite; alors six heures de séjour dans le sirop sont suffisantes.

On fait sécher les prunes comme les abricots.

Pêches confites.

On en retire les noyaux en les poussant avec un bâton comme ceux des abricots; on a soin de choisir les espèces de pêches dont les noyaux sont le moins adhérens.

Comme les pêches ne conservent presque pas de parfum, on les prépare avec un sirop qui a servi à confire des abricots ou des prunes; ce sirop est aromatisé, et on peut lui communiquer encore un arome qui s'allie très-bien avec celui de la pêche, en le faisant bouillir avec quelques amandes amères.

On suit le même procédé que pour les abricots: il faut faire blanchir à petit feu et rester au-dessous de l'ébullition; dans les premières cuites, il ne faut pas verser le sirop bouillant sur les pêches; il faut attendre que l'ébullition soit entièrement tombée.

Comme les pêches contiennent beaucoup d'eau, elles décuisent beaucoup le sirop et il faut le ramener chaque fois à son point; il faut au moins six à sept cuites pour confire les pêches.

Terminez comme pour les abricots.

Cerises confites.

Prenez les cerises les plus charnues: cueillez-les un peu avant leur complète maturité; ôtez-en les noyaux en tirant la queue. Faites blanchir très-légèrement dans un sirop clair, comme il a été prescrit à l'article des abricots. Traitez-les du reste comme les prunes.

Les espèces de cerises les plus convenables sont les ambrées, les griottes et les cerises du Nord ; ces deux dernières ont le jus coloré et sont les plus charnues.

Verjus confit.

Enlevez-en les pepins avec un cure-dent et traitez-le comme les prunes et les cerises. Il ne faut pas attendre qu'il soit mûr ; il est nécessaire qu'il ait une acidité très-marquée sans être acerbe. Le moment de le cueillir est quand les grains commencent à prendre de la transparence.

Le muscat, surtout le gros violet, est excellent à confire ; il faut le cueillir à moitié mûr, lorsqu'il a déjà développé son parfum et qu'il est encore acide.

Noix confites.

Pelez légèrement des noix vertes à l'époque où le bois n'est pas encore formé. Jetez-les à mesure dans l'eau fraîche pour les empêcher de noircir. Il faut employer à cette opération un couteau à lame d'argent ; faites-les blanchir en les jetant dans l'eau bouillante et remettez-les ensuite dans l'eau fraîche ; clarifiez et faites cuire du sucre au *lissé* (*voyez* pag. 23) ; laissez un peu refroidir et versez sur les noix. Le lendemain faites chauffer le sirop sans le faire bouillir, et ajoutez un peu de sucre pour remplacer celui que les noix ont absorbé ; versez ensuite sur les noix après l'avoir laissé refroidir un peu ; répétez cinq fois cette opération en ajoutant chaque fois assez de sucre pour que le sirop revienne à la même consistance. Faites sécher à l'étuve ou au four sur des assiettes saupoudrées de sucre en poudre, dans lequel vous roulerez les noix.

Le sirop qui a servi à confire les noix ne peut plus être employé qu'à sucrer du ratafia de noix ; on peut aussi en faire un ratafia, qui sera un bon stomachique, en y faisant infuser du gingembre, un peu de girofle et de macis, après y avoir ajouté poids égal d'eau-de-vie.

Poires de rousselet confites.

On pèle les poires, mais on les laisse entières et on n'en sépare pas les queues. Les poires ne doivent pas être trop mûres.

On les fait blanchir jusqu'à ce qu'elles cèdent sous le doigt; on les soumet ensuite à cinq opérations. A la dernière on leur donne un bouillon dans le sirop cuit au perlé; on les laisse pendant six heures dans le sirop tenu chaud, sans bouillir, et qu'on a fait concentrer auparavant un peu au-delà du perlé.

On prépare aussi de cette manière les poires de bergamote, et en général toutes celles qui ont un peu de parfum.

Citrons verts confits.

Prenez des petits citrons gros comme des œufs de pigeon, ou des bigarades de même grosseur.

Faites-les blanchir dans un sirop clair, composé d'une partie d'eau et d'une partie de sucre, jusqu'à ce qu'ils soient assez attendris pour qu'ils puissent être percés facilement avec une allumette.

Retirez-les alors et ajoutez au sirop autant de sucre que vous en avez déjà mis; faites-le bouillir, et versez-le tout chaud sur les citrons; répétez encore deux fois la même opération; à la dernière, mettez les citrons dans la bassine avec le sirop, et donnez-leur un bon bouillon. Laissez-les dans le sirop, tenu chaud, pendant cinq ou six heures.

Vous pouvez, ou les faire sécher comme tous les autres fruits, ou, ce qui vaut mieux, les mettre dans un bocal que vous remplirez avec une partie du sirop qui a servi pour les faire cuire; ce sirop doit être alongé d'une partie d'eau sur deux de sirop.

Oranges confites.

Prenez de belles oranges dont l'écorce soit épaisse ; incisez la peau de place en place, jusqu'au-dessous du blanc. Mettez-les dans du sirop clair, composé d'une partie d'eau et d'une partie de sucre ; ne les mettez que dans le sirop bouillant, et prolongez l'ébullition jusqu'à ce que la tête d'une épingle pénètre dans les oranges en ne pressant que légèrement. Retirez-les alors.

Remettez du sucre dans le sirop de manière à l'amener au lissé ; faites-le bouillir et remettez-y les oranges auxquelles vous donnerez quelques bouillons ; écumez le sirop, retirez les oranges, mettez-les dans une terrine et versez le sirop par-dessus.

Le lendemain retirez les oranges ; donnez quelques bouillons au sirop et versez-le sur les oranges.

Le troisième jour on met le sucre à la nappe et on y ajoute les oranges auxquelles on donne un bouillon couvert.

On opère de même les deux jours suivans ; le dernier jour, après avoir amené le sirop au perlé, on y met les oranges auxquelles on donne trois ou quatre bouillons ; on les retire, on les égoutte et on les fait sécher à l'étuve.

On prépare de même les cédrats, les bergamotes et les autres fruits du même genre.

Marrons glacés.

Prenez de beaux marrons de Lyon ; enlevez la première peau et mettez-les dans une poêle sur un brasier de charbon bien ardent ; remuez sans cesse les marrons ; il ne s'agit pas de les faire cuire, mais de disposer la deuxième peau à se séparer aisément. Lorsque vous voyez qu'elle se détache, retirez les marrons du feu, en les tenant chaudement, et épluchez-les.

Lorsqu'ils le sont tous et qu'ils sont refroidis, faites-les blanchir dans un sirop clair jusqu'à ce qu'ils soient aux trois-quarts cuits. Il ne faut pas que le sirop bouille, mais il doit être assez chaud pour que les marrons puissent y cuire.

Lorsqu'ils sont assez avancés, on les retire et on ajoute du sucre au sirop de manière à l'amener au lissé; on le fait bouillir et on le verse sur les marrons qu'on y laisse plongés jusqu'au lendemain.

On répète trois fois cette opération.

A la dernière on amène le sirop au boulé, on y jette les marrons tandis qu'il est bouillant; on les y laisse un instant et ensuite on les enlève avec une écumoire. On les roule de suite dans du sucre en poudre, lorsqu'ils sont refroidis, on les arrange sur des ardoises ou sur des assiettes, et on les fait sécher à l'étuve ou dans un four doux. Si après avoir été séchés les marrons ne sont pas assez glacés, on les trempe un instant dans du sirop tiède, concentré au boulé; on les retire, on les égoutte et on les fait sécher de nouveau.

Emploi des sirops.

Les sirops qui ont servi à confire des fruits peuvent être employés à divers usages.

Ceux qui ont servi pour les abricots, les pêches, les prunes, les cerises, peuvent être employés à sucrer des ratafias, ou les fruits de même nature qu'on met à l'eau-de-vie.

Le sirop dans lequel on a fait confire des noix ne peut servir qu'à sucrer le ratafia de brou de noix, ou à faire un ratafia particulier qui a été indiqué page 185.

Le sirop qui a servi pour les poires et les marrons peut-être employé à presque tous les usages du sirop de sucre simple.

Le sirop employé pour confire les citrons, cédrats, oranges, etc., est fortement aromatique; en y ajoutant de l'esprit en suffisante quantité, on obtiendra une espèce de curaçao qui n'est pas désagréable.

§ II.
Des écorces et autres parties des végétaux que l'on fait confire.

Écorces d'oranges.

Faites blanchir les écorces fraîches dans l'eau, jusqu'à ce qu'elles cèdent sous le doigt; retirez-les alors, et, après les avoir égouttées, traitez-les comme les oranges confites. Trois ou quatre opérations suffisent.

A la dernière opération on leur fait faire un bouillon dans le sirop; on verse le tout dans une terrine et on n'enlève les écorces que le lendemain. On les fait égoutter; on les saupoudre de sucre fin et on les fait sécher à l'étuve ou dans un four doux.

On traite de même les écorces de citrons, de cédrats, de bergamotes, etc.

Tiges d'angélique.

Faites-les blanchir un quart d'heure dans l'eau bouillante. On ne doit mettre les tiges que lorsque l'eau est en pleine ébullition; retirez-les ensuite à l'eau froide.

Faites un sirop clair (parties égales en poids d'eau et de sucre); faites-le bouillir et versez le tout bouillant sur les tiges. Répétez cette opération trois fois en trois jours, en concentrant chaque fois le sirop davantage, de manière à ce que le troisième jour il soit au grand perlé; laissez toujours les tiges trempées dans le sirop.

Le quatrième jour, amenez le sirop au cassé; faites-le bouillir et plongez-y les tiges pendant quelques minutes, ou plutôt jusqu'à ce qu'elles paraissent solides et comme frites; retirez-les alors, faites-les égoutter, et faites sécher à l'étuve.

Tiges de fenouil et de céleri.

Prenez des tiges de fenouil qui ne soient pas encore durcies, jetez-les dans l'eau bouillante pour les faire blanchir; plongez-les ensuite dans l'eau froide, et après les avoir fait égoutter, traitez-les comme les tiges d'angélique.

Le céleri peut se préparer de même pourvu qu'on choisisse l'espèce dont les tiges sont pleines; l'espèce à tige creuse est ordinairement filandreuse, ce qui la rend peu agréable.

CHAPITRE XIII.

CONSERVES SÈCHES, PATES ET PASTILLES.

Conserve de fleurs d'oranger, blanches.

Prenez sucre très-blanc, deux livres; pétales épluchés de fleurs d'oranger, quatre onces. Faites fondre le sucre dans une livre d'eau, dans laquelle vous aurez fait dissoudre la moitié d'un blanc d'œuf; faites bouillir et enlevez les écumes à mesure qu'elles se forment; concentrez ensuite le sirop, et alors il approche du soufflé (*voyez* Sucre, page 23); jetez-y les pétales et continuez la cuite jusqu'à ce qu'il soit au petit cassé.

Alors retirez la bassine du feu et remuez vivement le sirop avec une spatule; saisissez le moment où le sirop se boursoufle pour le verser dans des caisses de papier, ou sur une plaque de marbre légèrement frottée d'huile et essuyée; formez-en des plaques rondes.

Conserve brûlée de fleurs d'oranger.

Faites la conserve comme ci-dessus, mais au lieu de retirer la bassine du feu, prolongez l'évaporation, en remuant toujours le mélange avec la spatule jusqu'à ce que le sucre, en se caramélisant, ait pris une teinte brun clair, comme celle du pain d'épice. Versez alors la conserve, par tas, sur un marbre frotté d'huile.

Conserve d'amandes douces grillées.

Prenez six onces d'amandes douces et deux livres de

sucre; mondez les amandes après les avoir fait infuser dans l'eau bouillante et ensuite dans l'eau fraîche; coupez-les en filets; mettez-les au four sur des feuilles de papier jusqu'à ce que les amandes soient roussies.

A défaut de four, posez une plaque de métal sur des cendres très-chaudes; mettez-y les amandes sur une feuille de papier; couvrez avec un four de campagne jusqu'à ce que les amandes soient roussies.

Aussitôt que le sucre est au petit cassé, jetez-y les amandes, après avoir retiré la bassine, et procédez comme pour les autres conserves.

Conserve de chocolat.

Prenez six onces de chocolat et deux livres de sucre; faites fondre le chocolat dans une quantité de sirop clarifié suffisante; faites cuire le sirop au petit cassé; jetez-y le chocolat et mêlez bien le tout ensemble. Poussez la cuite jusqu'au cassé; remuez toujours, et aussitôt que le mélange commencera à se boursouffler, versez dans des moules ou dans des caisses de papier.

Conserve de roses.

Faites cuire deux livres de sucre : lorsqu'il approche du soufflé, ajoutez-y une demi-livre d'eau de roses double; faites recuire le sucre, et procédez comme pour les autres conserves.

Conserve de cédrats.

Prenez une livre de sucre et dix gouttes d'essence de cédrats bien pure. Pilez dans un mortier de verre, avec un pilon de même matière, une à deux onces de sucre. Ajoutez les dix gouttes d'essence et amalgamez le tout ensemble par la trituration. Mettez le sucre aromatisé dans le sirop clarifié et froid. Faites cuire au degré ordinaire, et terminez comme les autres conserves.

On peut faire avec les essences, les conserves
> de citron,
> d'orange,
> de bergamote,
> de cannelle,
> de girofle,
> de macis,
> d'anis, etc., etc.

Il est essentiel de mettre le sucre aromatisé dans le sirop froid. L'arome peut alors se combiner avec le sucre. Si le sirop était bouillant, l'arome se volatiliserait avant d'avoir pénétré dans le sirop.

On peut employer aussi les esprits aromatiques en les ajoutant au sirop froid; l'arome se combinera avec le sucre, et l'alcool s'évaporera presque seul aussitôt que le sirop aura atteint 66 degrés.

Pour colorer les conserves

> Prenez cochenille. . . . . 1/2 once.
> Crême de tartre. . . . . . 1/2 once.
> Alun. . . . . 1 gros.

Pilez chaque substance en poudre fine. Mettez les poudres dans un poêlon avec une livre d'eau; faites bouillir pendant dix minutes; laissez refroidir et décantez le clair, que vous renfermerez dans une bouteille pour vous en servir au besoin.

On peut filtrer.

On obtient du jaune en faisant une infusion de safran dans l'eau bouillante. On ne doit jamais employer la gomme gutte, conseillée par plusieurs, parce que cette substance est un purgatif violent qui agit à très-petite dose.

GATEAUX SOUFFLÉS.

Gâteaux à la fleur d'oranger.

Prenez pétales de fleurs d'oranger. . 1/2 livre.
   Sucre . . . . 3 livres.

Fouettez un blanc d'œuf avec un peu de sucre en poudre, jusqu'à ce qu'il soit en crême.

Faites cuire le sirop préparé à l'avance jusqu'à ce qu'il soit au lissé; jetez-y la fleur d'oranger et faites cuire jusqu'au grand boulé, ou petit cassé. Retirez la bassine du feu et ajoutez une demi-cuillerée d'œuf battu. Remuez vivement avec une spatule autour du poêlon, jusqu'à ce que le sucre soit monté. Lorsqu'il est tombé, on agite de nouveau jusqu'à ce que le sucre monte une seconde fois.

On verse alors dans des moules ou dans des caisses frottées avec de l'huile d'olive et saupoudrées de sucre fin.

On colore ordinairement les gâteaux en rose ou en jaune. *Voyez* ci-dessus les procédés par lesquels on obtient ces deux couleurs.

Gâteau d'angélique.

Prenez tiges d'angélique. . . . . . 8 onces.
   Sucre. . . . . 2 livres.

Il faut prendre des tiges d'angélique qui soient encore tendres; on les fait blanchir fortement; on les épluche, et on achève de les faire cuire dans le sirop clarifié fait avec les deux livres de sucre.

Quand elles sont bien attendries, on les retire et on les pile dans un mortier; on passe la pulpe dans un tamis un peu clair, pour en séparer les fibres.

On procède du reste comme pour le gâteau de fleurs d'oranger.

OBSERVATION.

On peut faire des gâteaux aromatisés, comme des conserves, avec les essences ou les esprits aromatiques (*voyez* ci-dessus p. 193). La différence résulte de l'addition du blanc d'œuf battu qui détermine le boursoufflement du sucre cuit.

On peut en faire aussi au café, en ajoutant au sirop déjà cuit une forte infusion de café. Il faut que le café soit peu brûlé.

Fleurs d'oranger pralinées.

Prenez une livre de fleurs d'oranger que vous éplucherez en ne conservant que les pétales.

Faites un sirop clarifié avec deux livres de sucre, et faites-le cuire au petit perlé; jetez-y la fleur et remuez avec une spatule jusqu'à ce que le sucre revienne au perlé; retirez alors la bassine du feu et remuez avec une spatule jusqu'à ce que le sucre se sépare de la fleur et se réduise en poudre. On fait sécher le tout à l'étuve, et on passe au gros tamis pour séparer la fleur qu'on conserve dans des bocaux bien bouchés.

On peut aussi praliner la fleur d'oranger en lui faisant subir quelques bouillons dans un sirop cuit au lissé. On la retire, on la met égoutter, et ensuite on la roule dans du sucre en poudre. On passe au tamis pour séparer le sucre qui n'est pas adhérent à la fleur, et on fait sécher celle-ci à l'étuve.

Amandes pralinées.

Prenez une livre d'amandes douces; frottez-les dans un linge pour en séparer la poussière qui est adhérente à la peau. Mettez les amandes dans un poêlon avec une livre de sucre, un demi-verre d'eau et un peu de carmin.

Chauffez jusqu'à ce que les amandes commencent à

pétiller fortement ; retirez le poêlon du feu et remuez vivement avec la spatule jusqu'à ce que le sucre soit en sable et bien séparé des amandes.

Retirez alors une partie du sucre, et remettez les amandes sur le feu, en remuant légèrement avec la spatule : le feu ne doit pas être trop vif : lorsqu'elles auront pris le sucre, remettez celui que vous aviez réservé et continuez à chauffer jusqu'à ce que les amandes aient pris tout le sucre. Jetez-les sur un tamis couvert d'une feuille de papier et séparez celles qui tiennent ensemble.

Nougat.

Mondez une livre d'amandes douces, et coupez-les en filets, ou au moins en deux, dans le sens de leur longueur ; faites-les sécher sur le feu dans une bassine jusqu'à ce qu'elles se colorent un peu ; faites fondre à sec, en remuant toujours, douze onces de sucre dans une casserole non étamée et légèrement beurrée. Quand le sucre est fondu et commence à se colorer, jetez-y les amandes chauffées ; mêlez-les avec le sucre et étalez-les en les relevant sur les bords de la casserole, en en laissant au fond une couche d'égale épaisseur ; laissez refroidir la casserole et renversez-la sur une assiette.

Avelines et pistaches pralinées.

On procède comme pour les amandes ; il faut toujours poids égal de sucre et de fruit.

Sucre candi.

Clarifiez quatre livres de sucre et faites-le cuire au petit perlé ; ôtez-le du feu, et après avoir laissé tomber la chaleur, ajoutez-y un quart de verre d'esprit de vin. Versez-le dans une terrine que vous tiendrez à l'étuve pendant huit jours. Après ce temps, égouttez la terrine et retirez le candi. Il tient assez fortement à la terrine, mais on l'en détache en faisant chauffer celle-ci.

Fruits glacés.

On se sert ordinairement des fruits conservés à l'eau-de-vie pour faire les fruits glacés. Pour cela on les trempe dans du sucre cuit au cassé; on les retire de suite et on les pose sur des assiettes frottées d'huile.

On traite de même les marrons rôtis.

PASTILLES PAR LE MUCILAGE.

Pastilles de cannelle.

Cannelle en poudre fine. . . . 2 onces.
Sucre passé au tamis. . . . . . 8 onces.
Mucilage de gomme adraganthe, quantité suffisante.

Faites fondre la gomme dans l'eau de manière à obtenir un mucilage consistant.

Mêlez les deux poudres en les passant ensemble dans un tamis. Mettez-les dans un mortier et ajoutez successivement du mucilage jusqu'à ce que, en triturant, le mélange forme une pâte bien liée.

On étend cette pâte avec un rouleau sur un marbre saupoudré de sucre, et on la découpe avec un emporte-pièce.

On reprend les rognures, on les repétrit et on les découpe aussi jusqu'à ce que tout soit employé.

On fait sécher les pastilles à l'air dans un temps chaud et dans une étuve ou sur un poêle pendant l'hiver.

Pastilles digestives de Darcet.

Bi-carbonate de soude. . . . . . 4 gros.
Sucre. . . . . 12 onces.

Teinture aromatique, ou huile essentielle, quantité suffisante.

Mucilage de gomme adraganthe.

Faites une pâte bien liée et divisez en tablettes de douze grains, qui contiendront chacune un grain de bicarbonate.

Ces pastilles, prises au nombre de deux à trois après le repas, facilitent singulièrement la digestion.

Dans une indigestion caractérisée, on en peut prendre jusqu'à douze successivement. Cette quantité est rarement nécessaire pour faire cesser tous les symptômes.

Lorsque la pierre de la vessie a pour base l'acide urique, ce qui arrive fréquemment, l'usage habituel des pastilles de Darcet suffit pour la dissoudre.

Pastilles de vanille.

Vanille. . . . . 2 gros.
Sucre. . . . . 2 onces.
Mucilage, quantité suffisante.

Coupez la vanille en tranches minces et triturez-la dans un mortier avec le sucre et un peu de mucilage.

Faites une pâte bien liée et procédez comme ci-dessus.

Pastilles de cachou.

Cachou préparé en poudre. . . 2 onces.
Sucre. . . . . 10 onces.
Mucilage, quantité suffisante.

On peut aromatiser avec cannelle en poudre un gros, ou avec iris de Florence demi-gros.

Extrait de réglisse anisé.

Extrait de réglisse purifié. . . . 4 onces.
Gomme arabique. . . . . 8 onces.

Sucre. . . . . 4 onces.
Iris de Florence en poudre. . . 1/2 gros.
Essence d'anis. . . . . 6 gouttes.

Pour purifier l'extrait de réglisse, faites-le fondre dans de l'eau, passez la solution à l'étamine ; faites fondre et passez aussi la gomme. Mettez les deux solutions dans un poêlon avec le sucre et faites évaporer jusqu'à consistance de miel. Ajoutez alors l'essence d'anis et l'iris; versez sur un marbre et laissez refroidir. On fait ensuite sécher à l'étuve. L'extrait de réglisse anisé se coupe en petits cubes ; on peut aussi le rouler en bâtons gros comme une plume.

Pâte de guimauve.

Gomme arabique blanche. ⎱ de chaque
Sucre très-blanc. . . . . . ⎰ 1 livre.
Blancs d'œuf. 6
Eau de fleurs d'oranger. . . . . 4 onces.
Eau. . . . . 2 livres 1/2.

On fait fondre la gomme concassée dans de l'eau chaude non bouillante. On passe à travers un linge mouillé; on ajoute le sucre et on fait évaporer sans ébullition, en remuant sans cesse jusqu'à ce que le liquide soit comme un miel épais.

Alors on mêle par parties les blancs d'œuf bien fouettés dans l'eau de fleurs d'oranger.

On retire pour cela le mélange du feu, et on agite avec vivacité pour bien incorporer les blancs d'œuf à la matière.

On repose sur le feu, en agitant toujours le fond de la masse avec une large spatule de bois, pour éviter qu'elle ne brûle. La totalité des œufs bien mêlés, on diminue le feu, on continue l'évaporation jusqu'à ce que la matière étant frappée avec la main, n'y adhère pas.

On verse sur une table ou sur un marbre saupoudré

d'amidon en poudre ; on étend la pâte avec un rouleau, et on la conserve dans des boîtes, enveloppée de papier et saupoudrée d'amidon, pour empêcher qu'elle ne s'attache à l'enveloppe.

Il faut choisir le plus beau sucre et la gomme la plus blanche pour faire la pâte de guimauve.

Pâte de jujubes.

Sucre. . . . . 2 livres 1/2.
Gomme arabique. . . . . . . 1 livre 1/2.
Eau. . . . . 3 litres 1/2.

Faites fondre la gomme dans l'eau chaude sans être bouillante ; passez à travers un linge mouillé. Ajoutez le sucre et évaporez lentement le tout jusqu'à consistance d'un miel épais. Remuez continuellement avec une spatule pendant l'évaporation.

Versez sur une plaque pour continuer l'évaporation à l'étuve. Quand on emploie de beau sucre et de la gomme bien blanche, la pâte est transparente et sans couleur.

Cette pâte serait plus convenablement nommée pâte de gomme, depuis qu'on en a retranché les jujubes, qui n'ajoutaient rien à ses propriétés.

On peut ajouter à la pâte :

Raisins de Malaga. . . . . . . 4 onces.
Figues sèches. . . . . 2 onces.
Dattes. . . . . 2 onces.

Coupez les raisins et les figues ; mondez les dattes de leurs noyaux et faites infuser le tout dans deux litres d'eau bouillante pris sur la dose ci-dessus. Après quelques heures d'infusion, passez en exprimant légèrement et clarifiez avec un blanc d'œuf.

Servez-vous de cette infusion à laquelle vous ajouterez le reste de l'eau, pour faire fondre la gomme et ensuite le sucre.

On peut aromatiser avec quelques gouttes d'essence d'anis.

Autres pastilles de cachou.

Cachou préparé (extrait de cachou). 1 once 1/2.
Magnésie. . . . . 4 onces.
Cannelle fine en poudre. . . . . . 1 once.
Cassia lignea en poudre. . . . . 1 gros 1/2.
Sucre blanc en poudre. . . . . . . 1 livre.
Mucilage de gomme adraganthe préparée à l'eau de cannelle, quantité suffisante.

Toutes les substances sèches doivent être en poudre fine; pour les bien mélanger, on les tamise ensemble une ou deux fois.

On en forme une pâte par trituration avec le mucilage qu'on ajoute peu à peu. Lorsque la pâte est bien liée, on l'étend sur un marbre couvert de sucre en poudre et on découpe avec un emporte-pièce.

On fait sécher à l'étuve ou sur un poêle, ou à l'air pendant la belle saison.

Pastilles au sucre granulé.

Des pastilles en général.

Pour faire des pastilles, on triture le sucre; on le passe au tamis de soie. La poudre la plus fine est fondue sur le feu avec l'eau aromatique, si c'est une eau aromatique qu'on emploie.

On se sert d'un poêlon ayant un bec à droite afin de pouvoir verser de la main gauche.

Au premier bouillon du sucre, on y mêle la poudre la plus grossière qui est restée sur le tamis; on agite promptement, et prenant le poêlon de la main gauche, on verse par gouttes sur un marbre; de la main droite on facilite et on régularise, au moyen d'une petite spatule, le passage du sucre par le bec du poêlon.

Si on aromatise avec une essence, on la mêle au sucre granulé avant de l'ajouter au sirop.

Pastilles de roses.

Sucre très-blanc. . . . . 2 livres.
Eau de roses double. . . . . . 4 onces.

Procédez comme il est prescrit ci-dessus.

Les pastilles de citron, de fleurs d'oranger, de cannelle, peuvent se faire de même avec les eaux aromatiques de ces substances.

Pastilles pour la soif.

Acide oxalique, citrique ou tartrique. . . . . 2 gros.
Sucre. . . . . 1 livre.
Essence de citron. . . . . 20 gouttes.

Pulvérisez l'acide et le sucre; mélangez-les en passant au tamis; ajoutez suffisante quantité de mucilage de gomme adraganthe pour faire une pâte qu'on étend au rouleau et qu'on découpe à l'emporte-pièce.

Tablettes de guimauve.

Sucre. . . . . 1 livre.
Gomme arabique. . . . . 2 onces.
Eau de fleurs d'oranger. } quantité suffisante.
Gomme adraganthe. . . }

Faites fondre la gomme adraganthe avec l'eau de fleurs d'oranger; du reste procédez comme ci-dessus.

Pastilles de menthe poivrée.

Sucre. . . . . 4 onces.
Eau de menthe. . . . . 2 onces.

Faites cuire pendant quelque temps et ajoutez :
Sucre granulé. . . . . 4 onces.
Essence de menthe. . . . . . 1/2 gros.

Mêlez l'essence au sucre granulé, que vous incorporerez rapidement au sucre cuit.

Procédez, pour former les pastilles, comme il est prescrit ci-dessus.

Limonade sèche.

Acide tartrique. . . . . . . 1 gros.
Sucre. . . . . 8 onces.
Essence de citron. . . . . . 6 gouttes.

Pulvérisez le sucre et l'acide, ajoutez l'essence et conservez dans un flacon bien bouché.

Une cuillerée de cette poudre dans un verre d'eau fait de suite une limonade.

Diablotins.

Gingembre. . . . . 1 gros.
Safran d'Orient. . . . . 4 gros.
Musc. . . . . 2 grains.
Ambre gris. . . . . 8 grains.
Girofle. . . . . 2 gros.
Macis. . . . . 2 gros.
Mastic en larmes. . . . . . . 6 gros.
Sucre. . . . . 2 livres.

Pulvérisez toutes les substances; mêlez-les en les tamisant ensemble, et formez-en une pâte en les triturant avec du mucilage de gomme adraganthe fait avec une forte infusion de *teucrium marum*.

Étendez la pâte avec un rouleau, et découpez-la avec un emporte-pièce.

Wakaka des Indes.

Cacao mondé.	1 once 1/2.
Sucre.	6 onces.
Vanille.	3 gros.
Cannelle.	1 gros.
Rocou sec.	1 gros.

Pour éviter l'embarras de préparer une aussi petite quantité de cacao, prenez trois onces de bon chocolat à mi-sucre et à la vanille. Mettez-le en poudre.

Incisez la vanille et triturez-la dans un mortier avec un peu de sucre, jusqu'à ce qu'elle soit réduite en pâte sèche.

Pulvérisez les autres substances et mêlez-les exactement ensemble par trituration. Conservez cette poudre dans un pot couvert d'un parchemin.

Cette poudre aromatique et fortifiante convient surtout aux vieillards et aux convalescens. On en met une cuillerée à bouche dans un potage au riz, au vermicel, ou dans une jatte de lait. On peut en mettre une cuillerée à café dans une tasse de chocolat.

En ajoutant, à cette poudre, suffisante quantité de mucilage de gomme adraganthe, on peut en faire des pastilles.

Spongados des Espagnols.

1° On fait un sirop très-peu cuit avec quatre livres de sucre, quatre blancs d'œuf, deux jaunes et trois pintes d'eau. On fouette les blancs et les jaunes d'œuf dans toute la quantité d'eau prescrite. On réduit en mousse presque toute l'eau employée que l'on mêle avec le sucre, et l'on se sert de celle qui reste pour arrêter l'ébullition à trois ou quatre reprises différentes. Lorsque l'écume est bien formée, on passe à travers un tamis de crin croisé et on obtient un sirop très-peu cuit, dans lequel nagent des molécules d'œuf très-divisées qui en troublent la transparence.

2° On fait rapprocher jusqu'à consistance de sucre cuit à la grande plume quatre ou six onces de sirop.

3° On bat deux blancs d'œuf sans aucune addition et on les ajoute au sucre qu'on a fait un peu refroidir. On agite fortement avec une fourchette pour les bien lier ensemble ; ensuite on ajoute l'aromate qu'on veut unir au spongados.

4° Dans un poêlon de forme demi-ovoïde, on met à peu près une livre de sirop qu'on fait rapprocher jusqu'à ce que, par le refroidissement, il devienne cassant; arrivé à cet état, on le retire du feu et on y ajoute un ou deux petits morceaux de spongados, ou de sucre enveloppés de la pâte n° 3. On agite fortement et promptement avec une spatule de la largeur du fond du poêlon. La masse s'épaissit, et, lorsqu'on s'aperçoit du gonflement, on retire la spatule. Le spongados s'élève plus ou moins ; alors on expose le poêlon à un feu clair de petit bois pour le détacher des parois du vase qu'on renverse sur une feuille de papier.

Le spongados se prend en masse ; quand il commence à refroidir, on le divise, au moyen d'une petite scie, en morceaux longs de quelques pouces.

La forme du poêlon influe beaucoup sur la promptitude de l'opération. Il doit avoir la forme d'un dé à coudre, neuf pouces de haut, huit pouces de diamètre à son ouverture et un manche de vingt-deux pouces de long.

Le spongados sert à sucrer des verres d'eau. Il se fond presque instantanément.

CHAPITRE XIV.

BOISSONS CHAUDES.

CAFÉ.

Graine du cafier. Boisson qu'on extrait de la graine du cafier torréfiée et réduite en poudre.

La torréfaction qu'on fait subir au café développe dans cette graine un principe aromatique et une huile empyreumatique qui stimulent les organes digestifs; aussi l'usage du café est-il avantageux après le repas. L'action du café ne se borne pas aux organes digestifs; elle détermine une excitation générale de tous les organes et cette excitation est durable; elle ne se termine pas par une tendance à l'assoupissement comme l'excitation passagère qui suit l'usage des liqueurs alcooliques : de là l'insomnie et l'agitation générale que le café détermine chez les personnes qui n'y sont pas habituées, ou qui en ont pris une trop grande quantité.

Le café, sous le rapport de son action sur l'estomac et sur l'organe cérébral, est très-utile aux gens de lettres; aussi en font-ils, en général, un usage habituel. Fontenelle et Voltaire en prenaient beaucoup, et ils sont morts très-vieux.

Le lait qu'on associe au café modère sa trop grande activité et en forme un aliment, tandis que le café, par sa propriété tonique, facilite et accélère la digestion du lait. Si au lieu de lait on unit la crême au café, cette substance grasse étant plus difficile à digérer, exige une proportion plus forte de café.

Café a l'eau.

§ Ier. — *Torréfaction du café.*

Choisissez du café à petits grains, plutôt jaunâtre que vert, ayant une odeur franche, sans arrière-goût de moisi ou d'échauffé. On classe les cafés dans l'ordre suivant : Moka, c'est le meilleur, mais il y en a de deux qualités; l'une arrive en Europe par le cap de Bonne-Espérance, et comme le voyage est long et que les navires qui le transportent sont chargés d'autres marchandises de l'Inde et surtout d'épices, il est bien rare que le café qui arrive par cette voie ait conservé toute la pureté de son parfum. L'autre qualité se tire d'Égypte, où on l'apporte directement de l'Arabie; mais il faut encore distinguer deux nuances dans le café qu'on importe de cette contrée; l'une y est arrivée par la mer Rouge; l'autre est apportée par les caravanes qui viennent de la Mecque. Cette dernière qualité est, sous tous les rapports, la meilleure; mais elle est fort rare, et il est plus rare encore qu'elle ne soit pas mélangée avec les cafés d'Amérique que les Européens portent dans le Levant.

Après le café Moka, vient le café de l'île Bourbon, puis celui de la Martinique et de Marie-Galande; celui du *Borgne*, quartier de Saint-Domingue, etc.

Il y a deux manières de torréfier le café. La plus usitée n'est pas la meilleure; elle consiste à renfermer la graine dans un cylindre qu'on tourne continuellement sur un feu vif. En procédant ainsi, il est bien rare que le café qui éprouve l'action d'une chaleur forte et concentrée, ne dépasse pas le terme d'une simple torréfaction : il est souvent brûlé.

La seconde manière, très-usitée autrefois et qui l'est toujours dans le Levant, consiste à torréfier le café dans un vase de terre ou de métal entièrement ouvert. Par là on voit mieux ce qui se passe et on peut toujours arrêter l'opération au point convenable.

La torréfaction du café doit être poussée jusqu'à ce que les grains aient pris une couleur mordorée ou brun clair; en deçà de ce terme, il conserve une partie de sa saveur primitive qui a quelque chose d'herbacé : au-delà, le café est réellement brûlé; il a acquis de l'amertume qu'on qualifie *force*, mais il a perdu son arome.

§ II. — *Pulvérisation.*

Dans le Levant on pile le café torréfié, dans un mortier, jusqu'à ce qu'il soit réduit en poudre impalpable. Chez nous la plupart des moulins qui servent à moudre le café donnent une poudre très-grossière. Il est certain cependant que, plus une substance est divisée, plus on extrait de ses principes en la soumettant à l'infusion. Or, dans la préparation du café, on se propose toujours d'obtenir une infusion aussi chargée qu'il est possible. Il y a donc une économie réelle à réformer tout moulin qui, par vice de construction ou par usure, ne donne qu'une poudre grossière et peu égale.

Infusion du café.

La cafetière dite à la Dubelloi est trop connue pour qu'il soit nécessaire d'en donner la description. On sait qu'elle consiste en un cylindre de fer-blanc, ouvert par le haut et fermé par le bas au moyen d'une plaque percée de trous très-petits; ce cylindre se pose sur une cafetière; on y met le café, on le presse et on verse par-dessus de l'eau bouillante à travers une petite passoire, qui a pour objet de la diviser; sans cela l'eau se fraierait un passage à travers le café, dont la plus grande partie serait soustraite à son action.

Le café s'imbibe lentement, l'eau se charge de ses principes et s'écoule dans la cafetière. Le café est alors dépouillé de tout ce qu'il a d'agréable; et ce qui le prouve, c'est que si on y passe de nouvelle eau bouillante, elle sort peu colorée et avec une odeur et une amertume peu agréables.

Lorsque le café est en poudre fine et qu'il est tassé bien également, l'eau le traverse avec lenteur et se charge tellement de ses principes que la première tasse de liquide qui passe l'épuise entièrement, quoiqu'on ait mis assez de café dans le cylindre pour en faire trois ou quatre tasses; c'est une véritable essence de café, susceptible de se conserver long-temps en vase clos, surtout si on y ajoute un peu de sucre. On l'étend avec trois fois son volume d'eau bouillante quand on veut s'en servir. On a ainsi du café à l'instant.

On a inventé plusieurs cafetières qui ont toutes pour objet de rendre la partie extractive du café plus soluble, en l'imprégnant de vapeurs d'eau avant de le faire traverser par l'eau bouillante. On obtient par là du café plus fort et plus chargé, mais il a un arome moins pur et une amertume plus prononcée.

Un des grands avantages des cafetières à la Dubelloi, avantage qui se retrouve dans toutes celles où l'eau est obligée de traverser le café en poudre, c'est de donner de suite du café clair; on est dispensé par là de le faire clarifier par le repos pour le faire chauffer une seconde fois, ce qui altère toujours sa qualité, ou par la colle de poisson qui en précipite un des principes les plus essentiels.

On doit éviter de laisser le café dans des vases de fer-blanc, parce qu'il contient une substance qui attaque le fer; le café acquiert par là une saveur peu agréable. On fait depuis quelque temps des cafetières à la Dubelloi, dont toutes les pièces, à l'exception de la plaque percée qui ferme le cylindre par le bas, sont en faïence. La plaque percée est alors en étain fin : ces cafetières ne laissent rien à désirer.

Café à la crême.

En employant l'essence de café, telle qu'on l'obtient en ne tirant qu'une tasse d'infusion d'une quantité de café suffisante pour en faire trois ou quatre, on obtient réellement du café à la crême, au lieu de crême à l'eau de café, qui est le résultat du procédé ordinaire.

CHOCOLAT.

Le chocolat est une substance très-alimentaire; en effet, il est composé d'une fécule, d'une matière grasse très-abondante et d'une grande quantité de sucre.

Deux choses sont spécialement à considérer dans la fabrication du chocolat : 1° le degré de torréfaction qu'on a fait subir au cacao avant de le broyer; 2° l'aromate qu'on associe souvent à la pâte.

La torréfaction développe d'une part de l'empyreume et un aromate particulier, et de l'autre elle diminue la proportion du beurre de cacao. Or, on conçoit que les variations dans les proportions de cette substance grasse et de l'empyreume, influent sur les propriétés du chocolat.

On distingue, à cet égard, dans le commerce, deux espèces de chocolat; celui qui a été fabriqué à la manière espagnole, dans laquelle l'amande a été peu torréfiée, et le chocolat à l'italienne, pour la fabrication duquel on a employé le cacao fortement torréfié.

Le premier donne à l'eau dans laquelle on le délaie une couleur rouge-brun, et d'après ce qui vient d'être dit, il contient beaucoup de beurre de cacao et peu d'empyreume; le chocolat à l'italienne, délayé dans l'eau, est presque entièrement noir, et contient moins de beurre de cacao et plus d'empyreume que celui d'Espagne; aussi ces chocolats ont-ils des propriétés différentes.

L'un, celui d'Espagne, est plus onctueux, plus doux, plus agréable au goût, mais prend moins d'arome : il rassasie promptement et se digère quelquefois avec peine ; l'autre, celui d'Italie, est plus amer, prend plus d'arome à raison de sa torréfaction, est moins onctueux, excite l'appétit et se digère, en général, plus promptement, de manière que le sentiment de la faim se renouvelle quelquefois peu de temps après en avoir pris.

Les aromates qu'on ajoute souvent au chocolat sont la vanille et la cannelle ; l'une et l'autre ont pour effet de stimuler les organes gastriques ; la vanille est plus agréable, mais on lui attribue la propriété aphrodisiaque.

Chocolat à l'eau.

Il y a du chocolat dont la livre est divisée en douze tasses, et d'autre dont la livre est divisée en seize. Le premier sert pour le chocolat à l'eau ; et le second pour le chocolat au lait.

Mettez dans une chocolatière autant de tasses d'eau que vous voulez en faire de chocolat ; ajoutez le chocolat râpé ou broyé, et faites-le fondre en tournant le moussoir ; lorsqu'il est bien fondu, placez la chocolatière sur des cendres chaudes et laissez cuire doucement.

Au moment de servir, on tourne vivement la tige du moussoir entre les mains pour produire de la mousse.

Le chocolat au lait se fait de même.

Si on veut du chocolat à la vanille, il vaut mieux ajouter cet aromate au moment de servir, que d'employer du chocolat vanillé, dont le parfum s'évapore en partie pendant l'ébullition. Servez-vous pour cela du sirop de vanille (*Voyez* SIROP.). Une demi-cuillerée à café suffit pour chaque tasse.

Thé.

Il y a un très-grand nombre d'espèces de thé qui peuvent se diviser en deux grandes classes ; les thés verts et les thés noirs. Les premiers sont très-forts ; ils agitent violemment les nerfs. Les seconds sont beaucoup plus doux et ont d'ailleurs un parfum plus agréable. On fait un très-bon mélange avec un tiers ou moitié de thé vert et deux tiers ou moitié de thé noir. Le mélange du lait au thé modère beaucoup l'action qu'il exerce sur le système nerveux.

Les tartines de pain beurrées, qu'on mange ordinairement en prenant du thé, produisent le même effet que le lait.

Pour faire le thé, commencez par en mettre dans la théyère une quantité proportionnée au volume de l'infusion que vous voulez avoir ; versez par-dessus une demi-tasse d'eau bouillante ; laissez infuser pendant quatre ou cinq minutes ; achevez ensuite d'emplir la théyère.

Lorsqu'on met toute l'eau à la fois, les feuilles ne se développent pas bien et l'infusion se fait mal.

Bavaroise.

Pour la bavaroise à l'eau, sucrez une infusion de thé avec du sirop de capillaire ; ajoutez un peu d'eau de fleurs d'oranger.

Pour la bavaroise au lait, mettez moitié thé et moitié lait, sucrez avec le sirop de capillaire et aromatisez avec l'eau de fleurs d'oranger.

La bavaroise au lait à laquelle on ajoute une cuillerée de bonne eau-de-vie est une boisson sudorifique et tonique, qui convient beaucoup à la fin des rhumes. On la prend le soir en se couchant.

La bavaroise au chocolat est faite avec du lait dans lequel on a fait dissoudre une petite quantité de chocolat ; on ajoute du sucre en quantité suffisante.

Punch.

Prenez un quart de litre de rhum et trois quarts de litre de bonne eau-de-vie, six citrons, l'infusion de deux gros de thé et la quantité de sucre et d'eau bouillante nécessaire pour mettre le punch au degré de force qui vous convient.

Frottez des morceaux de sucre sur l'écorce des citrons, pour enlever l'huile essentielle qu'elle contient; coupez ensuite les citrons en deux et exprimez-en le jus sur une étamine qui retiendra les pepins, la pulpe et les écorces.

Versez, en deux reprises, de l'eau bouillante sur le thé et laissez-le infuser pendant dix minutes; jetez le thé sur l'étamine qui retiendra les feuilles. On doit avoir mis préalablement dans le bol à punch une livre de sucre, sauf à en rajouter si cette quantité n'est pas suffisante.

Versez l'eau-de-vie et le rhum sur l'étamine, à travers les feuilles de thé et les écorces de citron, lorsque le sucre est à peu près fondu; ajoutez ensuite de l'eau bouillante par portions; goûtez le punch de temps en temps; s'il n'est pas assez sucré, remettez du sucre; s'il est trop fort, ajoutez de l'eau bouillante.

Il est à peu près impossible d'indiquer des proportions exactes, parce qu'elles dépendent de deux élémens très-variables : la force du rhum et de l'eau-de-vie, et le goût particulier de chacun. En suivant la marche indiquée, on arrivera toujours à un bon résultat.

Surtout employez toujours de l'eau bouillante, pour que le punch soit très-chaud. Si vous devez en servir long-temps, tenez-le chaudement au bain-marie, dans un vase clos; ne faites pas bouillir l'eau du bain-marie.

Si vous voulez enflammer le bol, remplissez une grande cuillère de rhum ou d'eau-de-vie purs; mettez-y le feu en approchant un papier allumé; plongez tout doucement la cuillère pleine dans le bol ; retournez-la et retirez-la vide.

Le punch refroidi est une liqueur très-agréable et très-saine ; mais elle est ordinairement trop faible, car le punch doit la plus grande partie de sa force à la chaleur. On peut, lorsqu'il est froid, y ajouter de l'eau-de-vie et du sucre ; mais il vaut mieux procéder de la manière suivante, qui donne une bonne liqueur et fournit le moyen de faire du punch chaud très-promptement et sans embarras.

Punch froid.

Levez les zestes de trois citrons sans attaquer le blanc ; exprimez le jus d'une douzaine de citrons que vous passerez à travers une étamine pour en séparer les pepins et la pulpe ; faites une infusion d'une once de thé dans un litre d'eau bouillante ; mêlez le jus des citrons, les zestes et l'infusion de thé, à deux litres de bonne eau-de-vie et un litre de rhum ; ajoutez deux livres et demie de sucre ; laissez infuser pendant quarante-huit heures et filtrez au papier gris.

Froide, cette liqueur est très-agréable et très-saine.

Lorsqu'on veut faire du punch chaud, on prend une bouteille de la liqueur ci-dessus, on la verse dans un bol et on y ajoute la quantité d'eau bouillante nécessaire pour l'amener au degré de force que l'on désire : ce punch, si on l'étend de beaucoup d'eau, n'est pas assez sucré ; on y remédie en y ajoutant du sucre.

Punch au lait.

Faites le punch à l'ordinaire, mais sans jus de citron. Ajoutez-y un litre de lait que vous aurez fait bouillir avec un gros de cannelle ou avec quelques feuilles de laurier-amande. On peut y ajouter quelques jaunes d'œuf battus avec du sucre et de l'eau de fleurs d'oranger.

Punch au vin.

Versez dans un bol une bouteille de bon vin de Bordeaux, un verre ordinaire d'eau-de-vie, le jus de deux citrons et une pinte d'eau bouillante; aromatisez avec de la cannelle et du macis en poudre, ou, ce qui est préférable, avec les teintures de ces substances; ajoutez trois quarterons ou une livre de sucre.

Ou bien, prenez une bouteille de vin de Sauterne, un demi-verre d'eau-de-vie, deux petits verres d'anisette, et la même quantité d'eau et de sucre que ci-dessus.

Ou bien encore, ajoutez une bouteille de vin de Madère à une jatte de punch fait suivant le procédé ordinaire.

Vin chaud.

Mettez dans un bol une bouteille de bon vin rouge et versez par-dessus de moitié à deux tiers de bouteille d'eau bouillante, dans laquelle vous aurez fait fondre une demi-livre de sucre.

Ajoutez un peu de teinture de cannelle et du jus de citron. A défaut de teinture de cannelle, mettez de la cannelle concassée dans l'eau avant de la mettre sur le feu, et lorsqu'elle est bouillante, passez-la à l'étamine.

Si on veut aromatiser avec le citron, on le coupe en tranches, on en retire les pepins, on les plonge un instant dans l'eau bouillante, et on verse le tout sur l'étamine.

Le sucre doit toujours être ajouté à l'eau lorsqu'on la fait chauffer.

CHAPITRE XV.

GLACES ET BOISSONS GLACÉES.

GLACES.

Compositions diverses, dont la crême unie à un arome, les sucs de fruits et les sirops sont la base.

On les fait congeler en les soumettant à l'action d'un mélange de glace pilée et de sel qui produit un froid de plusieurs degrés au-dessous de zéro.

Procédé pour glacer les liquides.

Il faut se munir d'une sorbetière, d'un seau propre à la contenir, de glace et de sel. On prend ordinairement pour cet usage le sel des salpétriers, qui est impur et se vend moins cher que celui dont on se sert pour assaisonner les alimens.

La sorbetière est un cylindre en étain d'environ huit à dix pouces et au plus douze de hauteur totale. Ce cylindre est terminé par le bas en demi-sphère et ouvert par le haut. On le ferme avec un couvercle portant une forte poignée. Le couvercle s'ajuste à frottement avec la sorbetière, de sorte qu'en faisant tourner le premier, celle-ci est entraînée dans le mouvement.

C'est dans la sorbetière qu'on verse le liquide à glacer.

Le seau doit être en bois, assez profond pour que la sorbetière puisse y être plongée en entier, et assez large pour qu'il reste autour de celle-ci un espace de deux à trois pouces suivant la grosseur de la sorbetière; c'est dans cet intervalle qu'on met la glace. Le seau doit être muni d'un couvercle en bois et emboîtant en dehors.

La glace doit être pilée aussi fin qu'il est possible sans la faire fondre.

La quantité de sel qu'on doit ajouter à la glace dépend du degré de consistance qu'on veut donner au liquide à glacer et de sa nature.

Le *maximum* de la quantité de sel qu'on peut employer est d'une livre sur deux de glace. Lorsqu'on opère dans ces proportions, le froid produit est de quinze à dix-huit degrés sous zéro ; mais on n'a jamais besoin, pour faire de bonnes glaces, d'un froid aussi intense.

Lorsqu'on a préparé le liquide à glacer, on le met dans la sorbetière qu'on place dans le seau, où l'on a déjà mis une couche de glace mélangée de sel. On achève de remplir l'intervalle entre le seau et la sorbetière avec le même mélange.

On fait tourner la sorbetière, tantôt dans un sens et tantôt dans un autre, au moyen de la poignée. Cette manœuvre doit durer plus ou moins, selon la nature du liquide et l'intensité du froid produit. Elle ne doit jamais se prolonger au-delà de dix minutes.

Ensuite on ouvre de temps en temps la sorbetière pour remuer le liquide glacé en partie et ramener au centre ce qui est près de la circonférence ; par ce moyen on donne plus d'homogénéité à la masse.

Lorsque le liquide est bien pris on peut le servir ; si on est obligé de le garder, on laisse la sorbetière dans la glace, et on remue de temps en temps le contenu avec une espèce de petite houlette faite exprès pour ce travail.

Si le liquide glacé est trop grenu, on y ajoute un peu de sirop de sucre, et on le travaille en le remuant avec la houlette.

Glace de cerises.

Prenez deux livres de cerises bien mûres et non tournées; mettez-les dans un poêlon avec un quarteron de sucre, après en avoir ôté les queues et les noyaux; posez le poêlon sur le feu et faites jeter un bouillon couvert. Versez les cerises sur un tamis et pulpez-les, de manière à ce qu'il ne reste sur le tamis que les pellicules. Broyez une poignée de noyaux et mettez-les infuser pendant une heure avec le jus de deux citrons et un peu d'eau; ajoutez cette infusion à ce qui a passé des cerises avec une livre de sirop clarifié cuit au lissé.

Procédez comme il est prescrit ci-dessus.

Glace de fraises.

Choisissez des fraises bien mûres et les plus parfumées; passez-les au tamis fin pour en séparer les graines.

Pour chaque livre de pulpe, ajoutez une livre de sirop cuit au lissé et le jus de deux citrons.

Glace de framboises.

Procédez en tout comme pour la glace de fraises.

Glace de groseilles.

Égrenez deux livres de groseilles, et ajoutez-y un quarteron de framboises; mettez le tout dans un poêlon avec demi-livre de sucre et faites jeter un bouillon couvert.

Versez le tout sur un linge et exprimez en tordant. Ajoutez au jus exprimé une livre de sirop cuit au lissé.

Procédez comme pour les autres glaces.

Observations.

Dans la saison où l'on ne peut plus se procurer des fruits d'été, on les remplace par les sucs de fruits conservés d'après le procédé de M. Appert. On trouve de ces sucs tout préparés chez la plupart des marchands de comestibles.

On peut aussi employer avec avantage les gelées de fruit, lorsqu'elles ont été préparées par les procédés indiqués précédemment.

Ces gelées se dissolvent avec facilité dans l'eau bouillante. La proportion de l'eau doit être des deux tiers en poids de la gelée qu'on veut employer. Si on trouvait le liquide résultant de la fusion trop sucré, on y ajouterait de l'eau; dans le cas contraire on y ajouterait du sucre.

Glace à la fleur d'oranger.

Prenez un quarteron de fleurs d'oranger, dont vous ne conservez que les pétales; couvrez la fleur, lit par lit, de sucre en poudre, et laissez-la macérer ainsi pendant une heure; ensuite versez sur le tout deux livres d'eau bouillante et le jus de deux citrons; couvrez le vase et laissez infuser pendant deux heures.

Après ce temps, passez au tamis de soie et servez-vous de cette eau pour faire la glace.

Il faut employer de très-beau sucre, puisqu'on ne le clarifie pas.

On peut se servir aussi d'eau distillée de fleurs d'oranger.

Glace d'abricots.

Prenez des abricots de plein-vent bien mûrs; pulpez-les sur un tamis.

Ajoutez pour chaque livre de sucre une livre de sirop cuit au lissé.

Pulvérisez une douzaine d'amandes des noyaux, et mettez-les infuser avec un peu d'eau et le jus de deux citrons; passez cette infusion et ajoutez-la à la pulpe.

Du reste procédez comme à l'ordinaire.

Glace de pêches.

Procédez comme pour la glace d'abricots.

Glace de mirabelles.

Procédez comme pour la glace d'abricots.

Glace au citron.

Mettez infuser dans une livre de sirop cuit au lissé les zestes de deux citrons. Le sirop doit être chaud. Exprimez le jus de huit citrons et ajoutez-le au sirop. Si le tout est trop sucré, ajoutez de l'eau en quantité suffisante.

Procédez comme à l'ordinaire.

Glace à l'orange.

Employez les zestes de trois oranges et le jus de huit oranges et de deux citrons. Procédez comme ci-dessus.

Glace à la bigarade.

Employez les zestes de deux bigarades et le jus de huit avec celui de deux citrons. Il faut une livre et demie de sirop.

Glace à l'ananas.

Coupez un ananas par tranches sans en rien retrancher; couvrez-les de beau sucre en poudre et laissez macérer pendant deux heures. Versez alors sur le tout deux livres d'eau bouillante et le jus de deux citrons; laissez encore infuser pendant deux heures.

Passez au tamis et terminez comme les autres glaces.

Glace de crème à la rose.

Prenez deux ou trois onces de pétales de roses fraîchement épluchées; mettez-les dans un vase en les couvrant, lit par lit, de sucre en poudre; laissez macérer pendant deux heures. Après ce temps, faites bouillir une pinte de crême et versez-la toute bouillante sur les roses ; laissez infuser pendant deux heures.

Passez au tamis.

Prenez les jaunes de huit œufs frais ; délayez-les dans la crême et mettez le tout sur le feu au bain-marie ; remuez continuellement jusqu'à ce que la crême prenne une consistance suffisante. Passez-la à l'étamine, et lorsqu'elle sera froide ajoutez-y un peu de carmin délayé dans du sirop, pour lui donner une teinte rose ; procédez comme pour les autres glaces.

Glace de crême à la fleur d'oranger.

Une pinte de crême,
Huit jaunes d'œuf,
Trois quarterons de sucre,
Deux onces de fleurs d'oranger pralinées en poudre.

Mettez le tout ensemble et faites cuire la crême au bain-marie. Passez et laissez refroidir.

On peut aussi employer la fleur fraîche, en procédant comme il est prescrit page 219.

Crême grillée à la fleur d'oranger.

Elle se fait comme celle ci-dessus, à l'exception qu'on fait caraméliser une portion du sucre qu'on ajoute à la crême lorsqu'elle est à peu près cuite.

Glace de crême aux pistaches.

Mondez une demi-livre de pistaches et pilez-les le plus fin possible, avec un peu de crême et le zeste d'un citron.

Les pistaches étant bien en pâte, on les met dans un poêlon avec huit jaunes d'œuf et trois quarterons de sucre en poudre ; on mêle bien le tout et on ajoute successivement une pinte de crême ; faites cuire au bain-marie ; passez à l'étamine et laissez refroidir.

Faites glacer comme les autres crêmes.

Glace de chocolat à la crême.

Délayez huit jaunes d'œuf avec une pinte de crême et une demi-livre de sucre en poudre. Faites cuire au bain-marie. Pendant ce temps faites fondre une demi-livre de chocolat dans un verre d'eau ; lorsqu'il sera bien fondu, mêlez-le avec la crême et passez le tout à l'étamine ; faites glacer.

Glace au café.

Faites une forte infusion de café dans une Dubelloi. Employez du café peu brûlé. Délayez huit jaunes d'œuf avec une pinte de crême ; ajoutez l'infusion de café avec une livre de sucre.

Faites cuire au bain-marie, etc.

Fromage glacé.

Faites une glace quelconque. Lorsqu'elle est a son point, emplissez-en un moule que vous plongerez dans un mélange de glace et de sel.

Au moment de servir, on plonge rapidement le moule dans de l'eau chaude, et la glace s'en détache facilement.

Ordinairement on forme le fromage avec des glaces de différente nature, et on les distingue par leurs couleurs.

Glaces en fruits.

Lorsqu'on désire que les glaces aient la forme et la couleur des fruits dont le suc ou le parfum a servi à les faire, on en remplit des moules d'étain, dont le creux est une empreinte de ces fruits.

On plonge ces moules, après les avoir enveloppés d'un morceau de papier, dans un mélange de glace et de sel. Lorsqu'on veut servir, on trempe les moules dans l'eau chaude, on les essuie à l'instant et on en détache les fruits glacés.

Cette espèce de glace a nécessairement une fermeté et un degré de congélation qui ne plaisent pas à tout le monde.

Sorbet au citron.

Préparez le suc de fruit comme il est prescrit page 220; faites-le prendre dans la sorbetière; mais n'attendez pas qu'il le soit en masse; détachez avec la houlette ce qui tient aux parois de la sorbetière, et brouillez le tout jusqu'à ce que vous obteniez un mélange de glace solide, qui doit prédominer avec un peu de glace fondue.

Toutes les préparations indiquées pour faire des glaces avec des sucs de fruits peuvent être mises à l'état de sorbet.

Sorbet au marasquin.

Faites une préparation de glace au jus de citron, mais supprimez-en les zestes. Faites glacer un peu plus ferme qu'à l'ordinaire et brouillez bien le tout après avoir ajouté un demi-verre de marasquin.

On peut employer toute autre liqueur.

Punch à la romaine.

Faites un sorbet au citron et ajoutez-y un verre de bon sirop de punch. Le sorbet doit être plus fortement glacé qu'à l'ordinaire.

Boissons froides sans être glacées.

Préparez les divers sucs de fruits comme pour faire des glaces; passez-les à travers une étamine serrée, ou clarifiez-les au blanc d'œuf, et mettez-les dans des carafes que vous ferez refroidir dans de l'eau de puits ou en les entourant de glace.

Je termine ici ce traité de l'office dont il m'aurait été facile de faire un fort gros volume. Il aurait suffi pour cela de multiplier les recettes en en variant les dosages et en leur appliquant des dénominations nouvelles : c'est ainsi qu'en usent la plupart de mes confrères. Je n'ai pas été tenté d'imiter ce charlatanisme. Je me suis borné à exposer, le plus clairement qu'il m'a été possible, la manière d'opérer pour chaque nature de préparation ; quant aux modifications qu'on peut lui faire subir en diminuant ou augmentant le nombre et la proportion des substances employées, j'ai dû n'en indiquer que quelques-unes comme exemples. C'est en procédant ainsi que j'ai pu renfermer dans un mince volume plus de préceptes utiles qu'on n'en trouve dans de volumineux ouvrages publiés sur la même matière.

FIN.

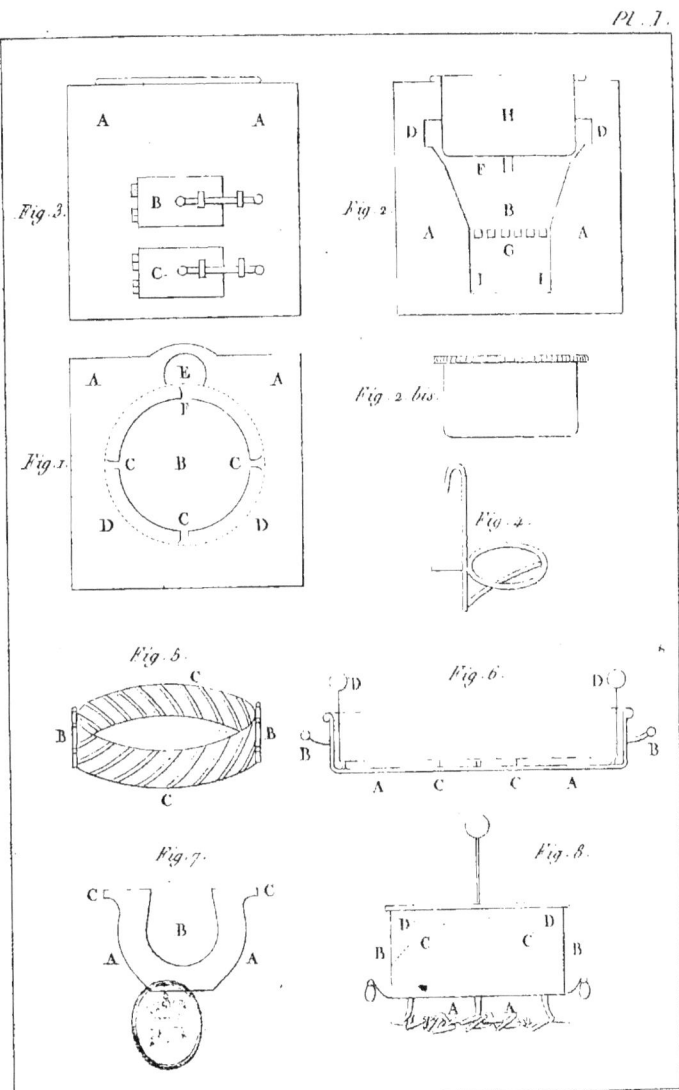

Chaudière montée.

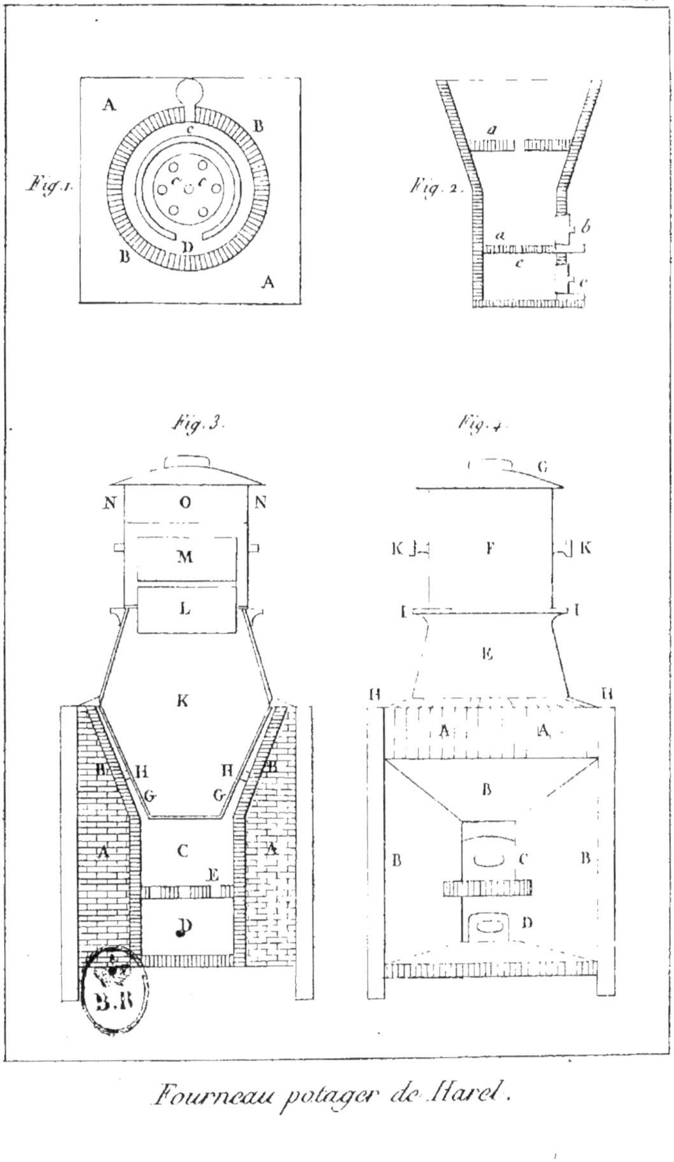

Pl. II.

Fig. 1.

Fig. 2.

Fig. 3.

Fig. 4.

Fourneau potager de Harel.

Traité de la prépar. des subst. alim.

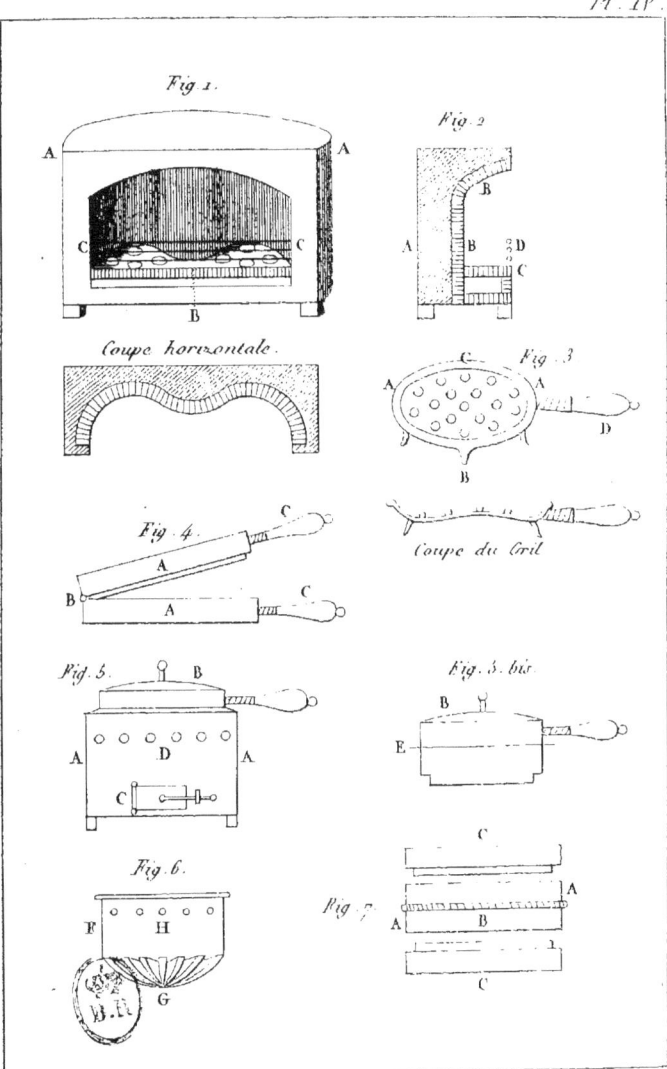

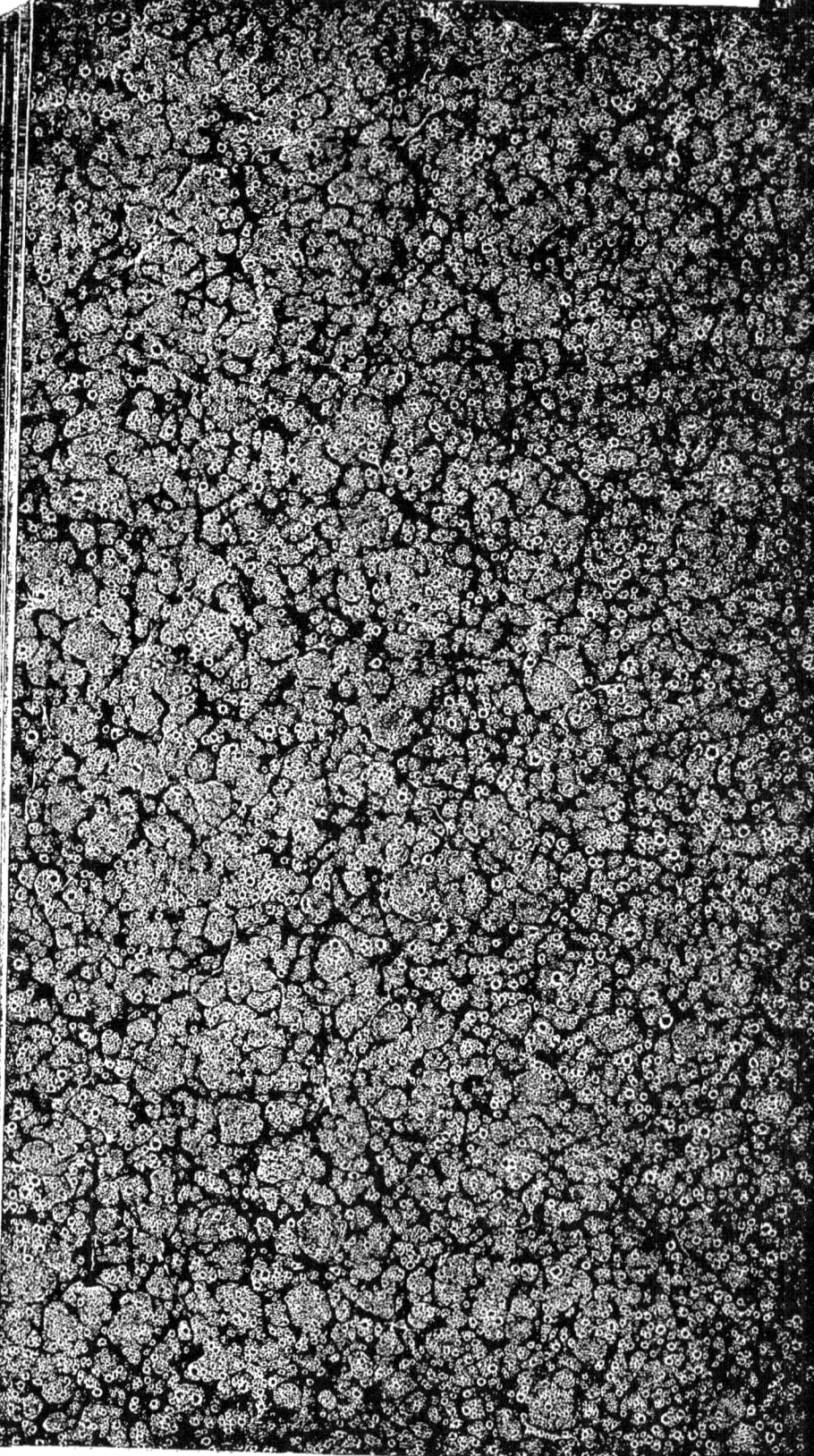

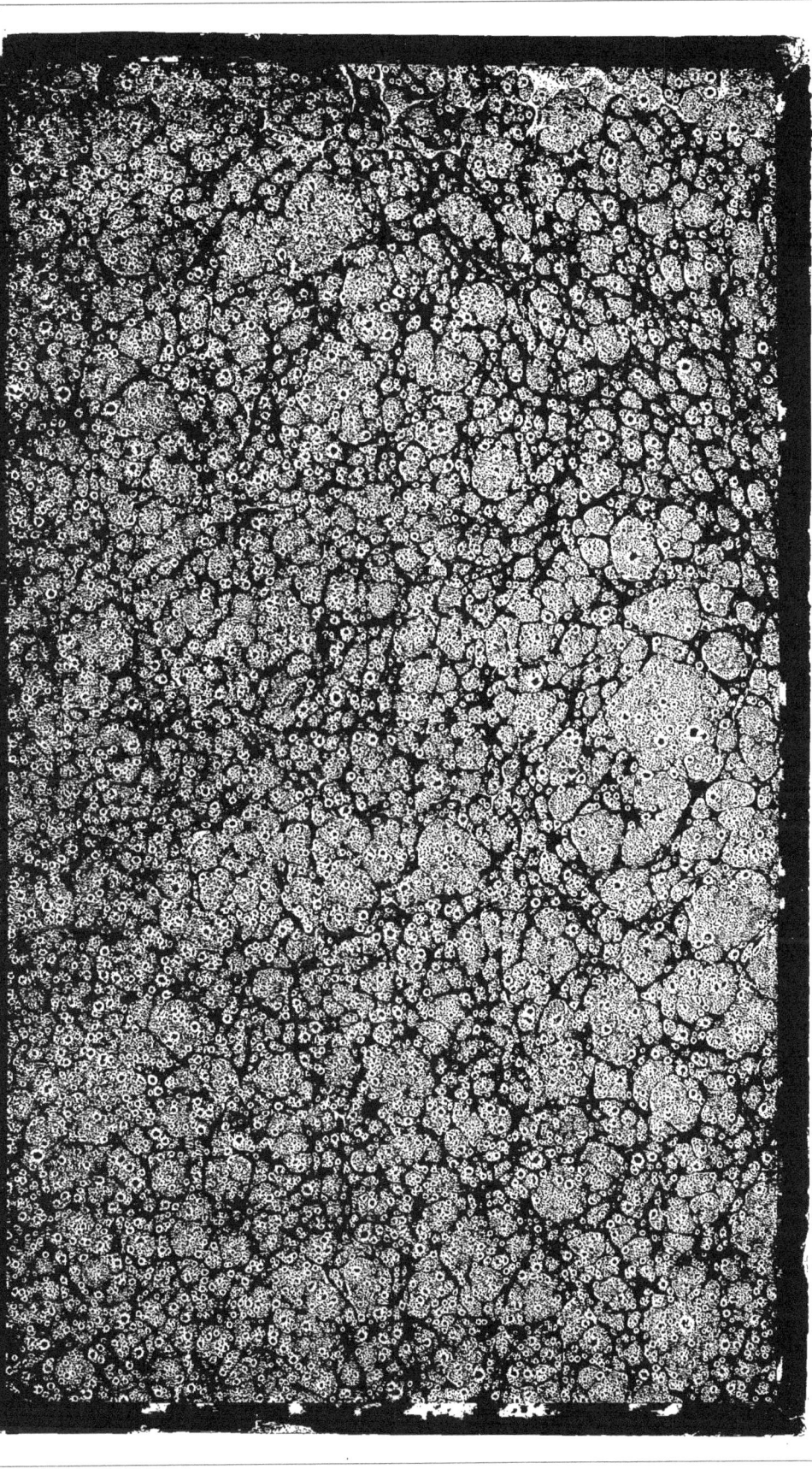

www.ingramcontent.com/pod-product-compliance
Lightning Source LLC
Chambersburg PA
CBHW070748020526
44115CB00032B/1295